Weiterführend empfehlen wir:

Beschäftigungsorientiertes Fallmanagement
ISBN 978-3-8029-7485-4

Erfolgreich im Studium der Sozialen Arbeit
ISBN 978-3-8029-7514-1

CD-ROM Die aktuelle Arbeitsförderung
ISBN 978-3-8029-9600-9

Der aktuelle Hartz IV-Ratgeber
ISBN 978-3-8029-7373-4

SGB II – Grundsicherung für Arbeitsuchende
ISBN 978-3-8029-7343-7

SGB III – Das neue Arbeitsförderungsrecht
ISBN 978-3-8029-7364-2

SGB IX – Rehabilitation und Teilhabe behinderter Menschen
ISBN 978-3-8029-7366-6

SGB XII – Sozialhilfe: Grundsicherung im Alter und bei Erwerbsminderung
ISBN 978-3-8029-7331-4

Weitere Titel unter: www.WALHALLA.de

E-Mail: WALHALLA@WALHALLA.de
http://www.WALHALLA.de

Walhalla Fachverlag · Haus an der Eisernen Brücke · 93042 Regensburg
Telefon (09 41) 56 84-0 · Telefax (09 41) 56 84-1 11

Göckler · Rübner · Kohn · Jäger · Franck

Beschäftigungs-orientiert beraten und vermitteln

Standards für die Arbeitsförderung (SGB III) und Grundsicherung (SGB II)

WALHALLA
FACHVERLAG

Bibliografische Information der Deutschen Nationalbibliothek
Die Deutsche Nationalbibliothek verzeichnet diese Publikation in der Deutschen Nationalbibliografie; detaillierte bibliografische Daten sind im Internet über http://dnb.dnb.de abrufbar.

Zitiervorschlag:
Rainer Göckler, Matthias Rübner, Karl-Heinz P. Kohn, Ursula Jäger, Michael Franck,
Beschäftigungsorientiert beraten und vermitteln
Walhalla Fachverlag, Regensburg 2014

Hinweis: Unsere Werke sind stets bemüht, Sie nach bestem Wissen zu informieren.
Die vorliegende Ausgabe beruht auf dem Stand von Januar 2014. Verbindliche Auskünfte holen Sie gegebenenfalls bei einem Rechtsanwalt ein.

Produktion: Walhalla Fachverlag, 93042 Regensburg
Umschlaggestaltung: grubergrafik, Augsburg
Druck und Bindung: Westermann Druck Zwickau GmbH
Printed in Germany
ISBN 978-3-8029-7521-9

SBL-WDZ-0114-18255-O

Schnellübersicht

Um Missverständnissen vorzubeugen: Die männlichen Bezeichnungen stellen lediglich eine Konvention sowie eine Vereinfachung dar. Männliche und weibliche Bezeichnungen wechseln beständig, sodass der Lesefluss nicht gestört wird und beide Geschlechter sich angesprochen fühlen können.

Gesamtinhaltsübersicht

Entstehungsgeschichte und Einführung in das Handbuch

Die Autoren dieses einführenden Handbuches sind seit mehreren Jahrzehnten in der Ausbildung von Fachkräften für die Beschäftigungsförderung tätig, insbesondere für Mitarbeiter und Mitarbeiterinnen der Bundesagentur für Arbeit. Alle Autoren waren immer wieder mit der Frage konfrontiert, ob nicht die jeweiligen Hochschulen Arbeitsmaterialien, Publikationen oder sonstiges Schulungsmaterial den Praktikern vor Ort zur Verfügung stellen könnten. Im Wissen darum, dass in Arbeitsagenturen und Jobcentern regelmäßig erheblicher Schulungsbedarf für neu eingestellte wie für erfahrene Mitarbeiterinnen und Mitarbeiter besteht, gleichzeitig aber der Markt für Publikationen bisher wenig oder nur selektiv Material bereithält, entstand die Idee, die wesentlichen Kompetenz- und Wissensaspekte im Arbeitsfeld der Beschäftigungsförderung in einem überschaubaren Handbuch zu bündeln.

Zielgruppen, die wir mit diesem Handbuch ansprechen wollen:

- Neue Fachkräfte der Arbeitsvermittlung, Berufsberatung und im Fallmanagement der Jobcenter und Arbeitsagenturen
- Neue Führungskräfte (mittleres Management), die sich schnell und unkompliziert in das neue Aufgabengebiet einarbeiten müssen
- Fachkräfte bei Bildungs- und Beschäftigungsträgern, die Integrationsaufgaben wahrnehmen oder in vielfältiger Weise mit den Fachkräften der Grundsicherung oder Bundesagentur zusammenarbeiten
- Studierende des Grundstudiums in arbeitsmarktnahen Studiengängen aus Wirtschaft, Verwaltung und Sozialer Arbeit

Seit den Reformen der rot-grünen Bundesregierung mit der Agenda 2010 haben sich die Strukturen und die Landschaft der Beschäftigungsförderung nachhaltig verändert. Das gilt für die sozialpolitische Ausrichtung und gesetzlichen Grundlagen der Beschäftigungsförderung genauso wie für deren organisatorische Um- und Ausgestaltung. Die Bundesagentur für Arbeit hat sich nicht nur namentlich, sondern auch in ihrem Aufbau und Verantwortungsbereich, ihrer Führung und Performanz nachhaltig verändert, die verantwortungsgeteilten Jobcenter sammeln immer noch ihre Erfahrungen mit der Umsetzung der einschneidendsten Arbeitsmarktreform der letzten Jahrzehnte („Hartz IV") und die bisherigen Bildungs- und Beschäftigungsträger sehen sich mit immer neuen Förderansätzen und Programmen, teils restringierenden Vergabeverfahren und kurzfristigen Mittelkürzungen konfrontiert.

Trotz der vielfältigen Veränderungen in den gesetzlichen Grundlagen, den organisationalen Strukturen und den neuen Steuerungsmodellen zeigt sich in der Praxis, dass den Begegnungen mit den betroffenen Menschen eine eigene Dynamik erwächst, die sich in diesen Neuerungen nicht vollständig abbilden bzw. mit ihnen steuern lässt. Fachkräfte der Arbeitsvermittlung, der Berufsberatung und im Fallmanagement stehen vor der Herausforderung, die Berufs- und Arbeitsmarktchancen der betroffenen Menschen in Beziehung zu ihrer konkreten Lebenssituation, ihren Ansprüchen und Erwartungen zu setzen. In den täglich stattfindenden Gesprächen mit den Arbeit und Ausbildung, Rat und Hilfe suchendenden Menschen müssen Fachkräfte konkrete Lösungs- und Integrationsstrategien entwickeln – und dies nicht selten unter unzureichenden Arbeitsmarktverhältnissen und limitierten Möglichkeiten der Betroffenen. Gute Arbeitsmarktkenntnisse, Kenntnisse der Berufs- und Bildungskunde sowie der rechtlichen und fachlichen Grundlagen der Vermittlungs- und Integrationsarbeit sind hierfür Voraussetzung. Diese Kenntnisse können ihre Wirkung jedoch nur in einem belastbaren Arbeitsbündnis zwischen der Fachkraft und dem jeweiligen Leistungsberechtigten entfalten. Dieses Arbeitsbündnis ist das Ergebnis einer offenen, wertschätzenden, aber zielgerichteten Kommunikation, die sich aus sozialintegrativen und beruflichen Beratungsansätzen speist, sowie einer guten Kenntnis der regionalen Partner, die zur Lösung bzw. Verbesserung nicht arbeitsmarktbezogener Schwierigkeiten benötigt werden. Aus diesen Überlegungen heraus sind die inhaltlichen Schwerpunkte dieses Buches entstanden.

Das Handbuch umfasst insgesamt sechs Kapitel, die inhaltlich das abbilden, was aus unserer Sicht zu den grundlegenden Kompetenzen einer beschäftigungsorientierten Beratungs- und Integrationsarbeit gehört:

- In **Kapitel 1 „Arbeitsmarkttheoretische Grundlagen“** gehen wir auf wichtige arbeitsmarktbezogene Grundzusammenhänge ein, die ein Verständnis für die Spezifik von Arbeitsmärkten im Vergleich zum Standardmodell des Gütertauschs vermitteln sollen. Anschließend werden die wichtigsten Arten von Arbeitslosigkeit und Erklärungsansätze für ihr Entstehen dargestellt.

- **Kapitel 2 „Bildungs- und Berufswissenschaften“** begründet zunächst, warum die Behandlung von bildungs- und berufsbezogenen Themenstellungen als wesentliche Gegenstände beruflicher Beratung und Integration anzusehen sind; dies ist im Licht von beobachteten Erst- und Folgegesprächen in der Praxis keineswegs immer eine Selbstverständlichkeit. Im weiteren Verlauf des Kapitels stellen wir eine Reihe von Übersichten über Bildungs- und Berufswege in Deutschland vor. Das Kapitel will aber auch methodische Anhaltspunkte bieten, wie Fachkräfte in der beschäftigungsorientierten Beratung und Vermittlung die enorme Komplexität und Dynamik der Bildungs- und Berufslandschaft bewältigen können.

- **Kapitel 3 „Vermittlung und Integration“** liefert einleitend einen Überblick über die geschichtliche Entwicklung der öffentlichen Arbeits- und Ausbildungsvermittlung. Die Hauptteile des Kapitels beschäftigen sich mit den rechtlichen und fachlichen Grundlagen der Vermittlung und Integrationsarbeit. Ziel ist es, ein umfangreiches und strukturiertes Bild über verschiedene Ansatzpunkte der Integrationsarbeit zu vermitteln und den Lesern die Möglichkeit zu bieten, die in der eigenen Dienststelle vorgefundenen Rahmenbedingungen und geschäftspolitischen Entscheidungen einzuordnen und hinsichtlich ihrer Ausgewogenheit differenzierter beurteilen zu können.

- In **Kapitel 4 „Instrumente der aktiven Arbeitsmarktpolitik"** wird zunächst der übergeordnete arbeitsmarktpolitische Gesamtzusammenhang verdeutlicht, in dem die einzelnen Förderleistungen eingebettet und zu verstehen sind. Basierend auf einer Systematik von grundlegenden Teilaufträgen der aktiven arbeitsmarktpolitischen Förderungen (Maßnahmen zur direkten Vermittlung in Arbeit, zur Förderung einer beruflichen Weiterbildung, zur Abwendung drohender Arbeitslosigkeit usw.) werden die wichtigsten Instrumente aus dem SGB II und SGB III im Einzelnen vorgestellt. Abschließend gehen wir auf die Wirkungen von arbeitsmarktpolitischen Maßnahmen ein, insbesondere im Hinblick auf die Perspektive der Fachkraft vor Ort.

- **Kapitel 5 „Beratung in der Arbeitsförderung und Grundsicherung"** vermittelt ein fundiertes Verständnis von Beratung im Kontext der Beschäftigungsförderung. Im Einzelnen werden die Funktion, Angebotsstruktur, Grundsätze und Voraussetzungen beruflicher und sozialintegrativer Beratung in den beiden Rechtskreisen (SGB II und SGB III) skizziert und erläutert. Wir verdeutlichen zum einen die besondere Bedeutung, die Beratung in der individuellen Arbeit mit arbeit- und ratsuchenden Personen hat, machen aber zum anderen auch auf die grundsätzlichen Herausforderungen und Spannungsfelder aufmerksam, auf die die Fachkräfte im Kontext der öffentlichen Beschäftigungsförderung stoßen.

- **Kapitel 6 „Case Management in der Beschäftigungsförderung"** bietet einen kompakten Überblick über das beschäftigungsorientierte Fallmanagement. Neben einer definitorischen Ein- und Abgrenzung zählen dazu u. a. ein geschichtlicher Abriss, rechtliche und konzeptionelle Grundlagen sowie das Prozessmodell des Case Managements, verschiedene Umsetzungsvarianten in den Jobcentern und Evaluationsergebnisse zur Umsetzung des Fallmanagements im SGB II. Weiterhin gehen wir auf Anforderungen und Kompetenzen von Case Managern/Managerinnen und die zentrale Aufgabe der Vernetzung im Case Management ein. Das Kapitel schließt mit einem Überblick über die sozialintegrativen Leistungen der Grundsicherung, die nicht nur im Fallmanagement von Bedeutung sein können, ab.

Die einzelnen Kapitel sind so angelegt, dass sie je nach Kenntnisstand und Interesse auch separat gelesen werden können, d. h., sie setzen keine speziellen Vorkenntnisse aus vorhergehenden Kapiteln voraus. In allen

Kapiteln findet der interessierte Leser zahlreiche Verweise auf Vertiefungsmöglichkeiten an anderen Stellen im Buch und in der weiterführenden Literatur.

Wir sind dankbar für Rückmeldungen jeder Art, wissend, dass in diesem dynamischen Arbeitsfeld Veränderung stetig und mehr Beständiges notwendig wäre.

Rainer Göckler
Matthias Rübner
Karl-Heinz P. Kohn
Ursula Jäger
Michael Franck

Arbeitsmarkttheoretische Grundlagen

– R. Göckler, M. Franck –

1

1.1 Arbeitsmarktbezogene Grundzusammenhänge

In den meisten Lehrbüchern zur allgemeinen Volkswirtschaftslehre spielt das Thema Arbeitsmarkt eine eher marginale Rolle (siehe stellvertretend für viele: Baßeler u. a. 2010 oder Altmann 2009). Die Funktionsweisen von Arbeitsmärkten werden in kürzeren Kapiteln und zumeist „weiter hinten" abgehandelt. Diesseits spezieller VWL-Literatur zu Fragen der „Labour Economics" (z. B. Borjas 2012, Franz 2009) erhält bestenfalls das Phänomen der Arbeitslosigkeit ein größeres Augenmerk, oft in Verbindung mit Themenkomplexen zur Wirtschafts- und Beschäftigungspolitik. Diese Beobachtung sollte uns nicht überraschen, denn für die das Fachgebiet ideologisch dominierenden Ökonomen neoklassischer Provenienz gibt es zunächst einmal keine Besonderheiten der Ware Arbeitskraft und deren Markt im Vergleich zu anderen Waren. Der Arbeitsmarkt ist in ihren Augen ein Markt wie jeder andere. Für den Faktor Arbeit gelten deshalb im Wesentlichen die gleichen Gesetzmäßigkeiten wie für alle übrigen Waren und Dienstleistungen. „Insoweit ist die neoklassische Arbeitsmarkttheorie lediglich ein Spezialfall der allgemeinen Gleichgewichtstheorie, aus der sie abgeleitet wird. Die Betrachtung des Arbeitsmarktes ist also vom Standardmodell des Gütertauschs geprägt. Der Lohn wird als Preis des Produktionsfaktors Arbeit interpretiert und wie alle anderen Preise durch Angebot und Nachfrage bestimmt" (Sesselmeier u. a. 2010, S. 76).

Für Fachkräfte in der Beschäftigungsförderung stellt sich aber schnell die Frage: Ist diese Sichtweise korrekt? Existieren nicht Spezifika, welche den Arbeitsmarkt von anderen Märkten so gravierend unterscheiden, dass wir weder Löhne mit Preisen noch Arbeitskräfte mit materiellen Gütern wie Waschmittel oder Kaugummis gleichsetzen können? Erleben Sie nicht oft genug, mit welchen Schwierigkeiten von Arbeitslosigkeit betroffene Menschen hinsichtlich einer Beschäftigungssuche und -aufnahme zu kämpfen haben? In dieser Richtung sollen vier Aspekte zum Nachdenken anregen:

Erstens: Das Geld, welches in Form von Löhnen und Gehältern aus Erwerbstätigkeit fließt, stellt für den überwiegenden Teil der Bevölkerung immer noch die wichtigste Einkommensquelle dar. An der Notwendigkeit, die eigene Arbeitskraft zu Markte zu tragen, hat sich für die meisten Personen in den letzten 100 Jahren kaum etwas verändert – trotz des enormen Wirtschaftswachstums. Noch immer gilt, dass unsere persönliche Wohlfahrt mehr oder minder von unseren Beschäftigungschancen bestimmt wird. Durchschnittlich entspringen über 60 Prozent des gesamten verfügbaren Einkommens privater Haushalte dem Entgelt aus Arbeitsleistungen (vgl. Krebs/Behrends 2002). Demzufolge haben Faktoren, welche auf die Löhne in ihrer Struktur, Höhe und Entwicklung wirken, einen gravierenden Einfluss auf die jeweiligen Einkommensverhältnisse. Arbeitslosigkeit, welcher Art auch immer, die durch offenkundiges Arbeitsmarktversagen hervorgerufen wird, ebenso wie Niedriglöhne, die durch ein systemisches Machtgefälle zwischen Anbietern und Nachfragern von Beschäftigung induziert werden, sollten wir daher mit größter Sorge betrachten.

Ein zweiter Grund, der unsere Aufmerksamkeit im Hinblick auf die Besonderheiten des Arbeitsmarktes lenken sollte, bezieht sich auf die Seite der Arbeitgeber. Diese können sich nicht darauf verlassen, dass mit der Auszahlung von Löhnen und Gehältern automatisch auch garantiert ist, dass ihre Arbeitskräfte tatsächlich einen guten Job erledigen. Zum Vergleich: Qualitativ weniger gute Äpfel, die auf einem Wochenmarkt gekauft werden, lassen sich oft äußerlich relativ leicht identifizieren und ggf. austauschen. Im Gegensatz dazu kann man konkrete Teilarbeitsmärkte nicht analysieren, ohne neben den berufsfachlichen die nicht mehr so einfach zu erkennenden sozialen und persönlichen Eigenschaften von Bewerbern zu berücksichtigen. Das Arbeitsvermögen mit all seinen Facetten ist nämlich untrennbar mit der Arbeitskraft verbunden. Zudem stehen Unternehmen und Beschäftigte immer in einer kooperativen Beziehung zueinander. Deren Basis, der Arbeitsvertrag, wird in der Regel explizite Unbestimmtheiten enthalten, da die Leistungen des Arbeitnehmers in einem Normalarbeitsverhältnis nur allgemein eingegrenzt werden können. Nicht-vertragliche Verhaltensgewohnheiten und soziale Normen sind dennoch impliziert, weil sie für ein funktionierendes Arbeitsverhältnis unerlässlich sind.

Ein dritter Grund, worin sich Arbeitsmärkte von anderen Märkten deutlich unterscheiden, liegt in der überwiegend beschränkten geografischen Mobilität der Arbeitsuchenden. Wir sind es mittlerweile gewohnt, bei Finanz- und Gütermärkten in globalen Dimensionen zu denken. Firmen jedoch rekrutieren die Mehrzahl ihrer Mitarbeiter gerne vor Ort. Von oberen Führungskräften und berufsfachlichen Spezialisten einmal abgesehen, suchen Unternehmen aus guten Gründen ihre Mitarbeiter zumeist auf den lokalen und regionalen Märkten im Umfeld ihres Firmensitzes. Während die internationale Fachkräftegewinnung eher selten ist, geschieht die überregionale Suche vor allem auf den hoch qualifizierten Teilarbeitsmärkten.[1] Nicht zuletzt tendiert auch die Seite der Bewerber dazu, großräumige Mobilität eher zu vermeiden.

Letztendlich, als vierter Grund, zeigt sich, dass auch die berufsbezogene Mobilität beider Seiten auf dem Arbeitsmarkt beschränkt bleibt. Unternehmen suchen Arbeitskräfte bezogen auf spezifische Anforderungsprofile, die von vielen Einflüssen determiniert werden (technische Entwicklung, Arbeitskräfteangebot, Produktionsprozess etc.). Andererseits bieten Arbeitskräfte spezifische Qualifikationen an, die teilweise von ganz anderen Einflussgrößen bestimmt werden (Schulwahl, Schulausbildung, Berufseinstieg, Interessen, Begabungen und Fähigkeiten). In der Mehrzahl finden zwar die Suchprozesse über einen mehr oder minder großen Zeitraum zueinander, jedoch nicht in jedem Fall. Diese strukturellen Diskrepanzen und Unübersichtlichkeiten werden uns noch beschäftigen.

---

[1] Grenzüberschreitende massenhafte Wanderungsbewegungen aus anderen Motiven, z. B. um der Armut im Herkunftsland zu entfliehen, gibt es natürlich auch, doch sollen die dahinterstehenden Motive hier zunächst unbeachtet bleiben.

Es sollte klar geworden sein, dass der Arbeitsmarkt eben *kein* Markt wie jeder andere ist. Wir werden uns in den nachfolgenden Ausführungen auf drei zentrale Fragestellungen beschränken, wissend, dass die Komplexität arbeitsmarktlichen Geschehens immer weiter reicht, als es hier skizziert wird:

1. Wie viele Menschen bieten ihre Arbeitsleistung wann und warum an? Wie viele Unternehmen fragen wann und warum nach Arbeitskräften? Welche Bestimmungsfaktoren von Angebot und Nachfrage lassen sich hierfür identifizieren?

2. Welche Arbeitsmarktungleichgewichte gibt es bzw. welche Arten von Arbeitslosigkeit lassen sich voneinander abgrenzen? Den oftmals unübersichtlichen, teilweise widersprüchlichen Definitionen in zahlreichen Lehrbüchern wollen wir ein klar gegliedertes Grundschema gegenüberstellen, aus dem sich die meisten übrigen Ausprägungen leicht ableiten lassen.

3. Wie erklären Sozialwissenschaftler und Ökonomen das Entstehen von Arbeitslosigkeit und Dumpinglöhnen?

Zu diesem Zweck soll zunächst die Logik des deskriptiv angelegten „Konten-Modells“ aus dem Institut für Arbeitsmarkt- und Berufsforschung vorgestellt werden, in dem nacheinander die Arbeitskräfte-Nachfrageseite, die entsprechende Angebotsseite und die Arbeitsmarktbilanz betrachtet werden. Anschließend folgt eine kurze Übersicht über die gängigen Arbeitslosigkeitsarten und deren Verursachungszusammenhänge, bevor wir uns am Ende einigen theoretischen Erklärungsmustern im Hinblick auf die Funktionsweise von Arbeitsmärkten widmen.

Auf eine Einbettung der Grundzusammenhänge in das gesellschaftliche Gesamtgefüge der sozialen Marktwirtschaft wird an dieser Stelle verzichtet. Auch eine weitergehende Einführung in volks- und betriebswirtschaftliche Zusammenhänge ist hier nicht vorgesehen. Es sei nur so viel angemerkt, dass sich soziale Marktwirtschaft in diesem Verständnis auszeichnet durch die Sicherstellung marktwirtschaftlicher Prinzipien und das Bemühen um einen sozialen Ausgleich, zu dem die Sozialversicherungen wie auch Arbeits- und Verbraucherschutz oder ökologische Maßnahmen gehören. Soziale Marktwirtschaft setzt in diesem Verständnis einen aktiven Staat voraus.

Zur besseren Verständlichkeit der verschiedenen Themenkomplexe werden wir mit Schaubildern arbeiten, die das Verständnis erleichtern sollen. Ein Grundverständnis arbeitsmarkttheoretischer Zusammenhänge kann man dabei auch ohne weitreichendere Kenntnisse der höheren Mathematik gewinnen.

1.1.1 Der Arbeitsmarkt als „Kontenmodell"[2]

Wie auf Gütermärkten wird auch das Geschehen auf den Arbeitsmärkten durch Angebot und Nachfrage bestimmt. Die Arbeitskräftenachfrage ist jedoch eine abgeleitete Nachfrage der Gütermärkte, da Arbeitskräfte überwiegend zur Produktion weiterer Güter herangezogen werden bzw. im Rahmen von Dienstleistungen für Handel und Produktion (Faktormarkt) benötigt werden. Von besonderer Bedeutung ist, dass hier – wie auch auf Gütermärkten – imperfekte Wettbewerbsbedingungen herrschen, die das Wechselspiel von Angebot und Nachfrage beeinflussen. Diese Einschränkungen werden u. a. hervorgerufen von dem „Zwang" der meisten Arbeitnehmer, ihre Arbeitskraft als einzige Einkommensquelle vermarkten zu müssen sowie durch gesetzliche Eingriffe des Staates (Schutzgesetze, Arbeitszeitregulierungen, Ladenschluss), fehlende Transparenz (Informationsdefizite), Tarifhoheit oder mangelnde berufliche oder räumliche Mobilität. Auch für die Unternehmen ist die Transparenz des Arbeitsmarktes nicht per se gegeben. Insbesondere kleine und mittelständische Unternehmen (KMU) sehen sich häufig dem Problem ausgesetzt, die passenden Mitarbeiter für ihre Stellen zu finden. Sie sind im Hinblick auf die Personalrekrutierungsstrategien der Großunternehmen deutlich weniger erfolgreich, aus den unterschiedlichsten Gründen (vgl. Dietz u. a. 2013). Auch hier herrscht zumindest eine partielle Intransparenz des Marktgeschehens.

Nicht selten hat seit Bestehen der Bundesrepublik die Politik Einfluss darauf genommen, wie sich Arbeitskräfteangebot und -nachfrage „sortieren". Denken wir an Anwerbeabkommen, Frühverrentung, Osterweiterung, Mauerfall, Zuwanderungsbegrenzung oder -erleichterung/Asyl (Blue Card) u. Ä.

Was auf dem Gütermarkt der Preis des Gutes ist, stellt in einer schlichten Auffassung auf dem Arbeitsmarkt der Lohn dar. Er ist die gehandelte „Währung", die maßgeblich mit darüber entscheidet, ob und unter welchen Bedingungen Unternehmen Arbeitskräfte nachfragen und Menschen ihre Arbeitskraft anbieten.

Das Grundgerüst der Arbeitsmarktbeziehungen stellt Abbildung 1 zusammen, das sich in einem ersten Zugriff noch als sehr dicht erweist. Wir werden aber die einzelnen Facetten von Angebot und Nachfrage auf dem Arbeitsmarkt später noch systematisch betrachten und die wesentlichen Einflussgrößen bestimmen.

---

2 Wesentliche Ausführungen basieren auf dem Buch von M. Franck u. a. (2002), an dem die Autoren mitgewirkt haben.

Abbildung 1: Grundstruktur von Angebot und Nachfrage auf dem Arbeitsmarkt mit wesentlichen Bestimmungsgrößen

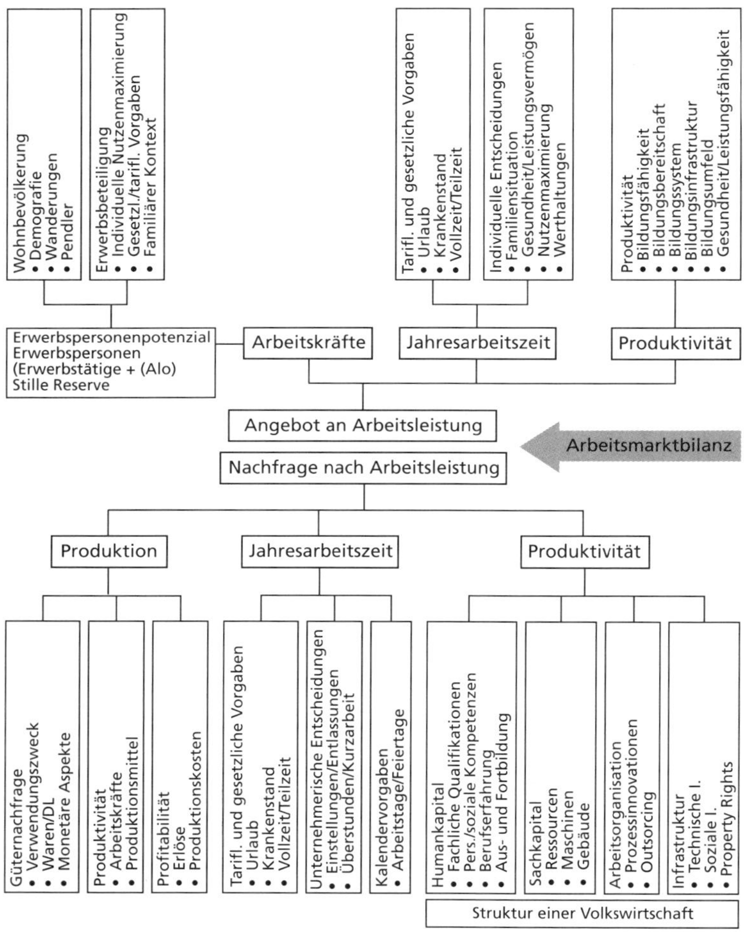

Quelle: eigener Entwurf

1.1.2 Das Angebot an Arbeitsleistung

Der Begriff Arbeitsleistung erfasst die Größen des Angebots, die auf den Arbeitsmärkten wirksam werden. Es handelt sich um

- die Gesamtzahl der auf dem Arbeitsmarkt sich anbietenden Menschen (quantitativer Aspekt, beeinflusst durch demografische Entwicklungen und Wanderungen),
- ihre angebotene Arbeitszeit, das sog. Arbeitsvolumen (beeinflusst durch die familiäre Situation, das gesamte Haushaltseinkommen, private Vermögen und Wertpräferenzen) und
- ihre vorhandene Produktivität (qualitativer Aspekt i. S. von Qualifikation/Humankapital, Motivation und Leistungsorientierung).

Vergleichbare Größen entfalten auch auf der Nachfrageseite (betriebliche Seite) ihre Wirkung. Ein optimaler Arbeitsmarktausgleich gelänge nur, wenn alle drei Größen auf der Angebot- und Nachfrageseite des Arbeitsmarktes übereinstimmen. In einer freiheitlichen und marktwirtschaftlich orientierten gesellschaftlichen Verfassung dürfte dies jedoch – wenn überhaupt – immer nur kurzfristig auftreten.

Demografische Entwicklungen

Basisgröße eines jeden Arbeitskräfteangebotes ist die Bevölkerung eines Landes, die bestimmt wird

a. vom generativen Verhalten der Bevölkerung (Geburtenziffer, Fruchtbarkeit),
b. von der Alterung und Sterblichkeit (a und b bilden die demografischen Komponenten i. e. S.) und
c. den Wanderungssalden und Pendlerströmen.

Geburtenziffer

Ähnlich einer Arbeitsmarktbilanz wird aus den Geburten und Sterblichkeitsfällen die jährliche Bevölkerungsbilanz gezogen. Sieht man sich diese drei Bestimmungsgrößen näher an, so zeigt sich, dass die Geburtenziffer sowohl in den alten wie den neuen Bundesländern seit den 60er-Jahren kontinuierlich gesunken ist, wenn auch aus unterschiedlichen Gründen. Seit 1971 übersteigt die Anzahl der Sterbefälle die Zahl der Lebendgeborenen. „Die zusammengefasste Geburtenziffer ist seit Ende des 19. Jahrhunderts von 4,7 Kindern je Frau auf das heutige Niveau von etwa 1,4 gefallen. Ursache dafür waren zwei einschneidende Geburtenrückgänge zu Beginn des 20. Jahrhunderts und Ende der 1960er Jahre" (Grünheid/Fiedler 2013, S. 26). Zusätzlich fallen in diesem Zeitraum natürlich die Folgen der beiden Weltkriege ins Gewicht.

Auch im restlichen Europa sieht insgesamt die demografische Entwicklung nicht besser aus. „Im gesamten EU-Raum variierte die zusammengefasste Geburtenziffer (...) im Jahr 2009 zwischen 1,3 Kindern je Frau in Lettland, Ungarn und Portugal einerseits und rund 2,0 Kindern je Frau in Irland, Frankreich, Schweden und im Vereinigten Königreich andererseits" (Statistisches Bundesamt 2012, S. 40). Zur Bestandserhaltung ist eine durchschnittliche Geburtenrate zwischen 2,0 und 2,1 Kindern erforderlich, abhängig von der landesspezifischen Säuglingssterblichkeit.

In der aktuellsten Bevölkerungsprojektion (12. koordinierte Bevölkerungsvorausberechnung des StBA) nimmt die Zahl der deutschen Gesamtbevölkerung seit 2003 ab. Von ca. 82 Millionen Menschen in Deutschland im Jahr 2008 werden 2060 zwischen 65 Millionen (bei jährlicher Zuwanderung von 100.000 Personen, Untergrenze der „mittleren" Bevölkerung) und 70 Millionen Menschen in Deutschland leben (bei jährlicher Zuwanderung von 200.000 Personen, Obergrenze der „mittleren" Bevölkerung). Die Varianten weisen bereits auf die Bedeutung einer geregelten und kontinuierlichen Zuwanderung nach Deutschland hin.

Das Statistische Bundesamt schreibt dazu:

> „Ähnlich wie die Bevölkerung insgesamt wird auch die Bevölkerung im Erwerbsalter (hier: von 20 bis 65 Jahren) deutlich altern und schließlich schrumpfen. Heute gehören knapp 50 Millionen Menschen dieser Altersgruppe an. Ihre Zahl wird erst nach 2020 deutlich zurückgehen und 2035 etwa 39 bis 41 Millionen betragen. 2060 werden dann etwa 36 Millionen Menschen im Erwerbsalter sein (–27 Prozent), falls der Saldo der Zu- und Fortzüge jährlich etwa 200.000 Personen betragen wird. Fällt die Nettozuwanderung nur halb so hoch aus, gibt es 2060 ein noch kleineres Erwerbspersonenpotenzial: knapp 33 Millionen oder –34 Prozent gegenüber 2008" (StBA 2009, S. 6).

Für die geringe Kinderzahl waren zwei Trends besonders entscheidend:

a) Ein Rückgang der großen Kinderzahl in den Familien nach dem 2. Weltkrieg, die sich bis zu den Geburtsjahrgängen Ende der 60er-Jahre auf einen Durchschnitt von zwei Kindern einpendelte.

b) Eine kontinuierliche Erhöhung der Zahl an Frauen, die gänzlich kinderlos bleiben. Heute sind rund 20 Prozent der Frauen eines Jahrgangs kinderlos. Dabei spielen unterschiedliche Faktoren eine Rolle, die man nach **soziodemografischen** (soziale, demografische und Humankapitalfaktoren, die entweder über die Kosten von Kindern, das Einkommen und/oder die Präferenzen der potenziellen Eltern wirken), **sozial-normativen** (Normen bezüglich der Biografiegestaltung, dominante Geschlechterrollenbilder, das Ausmaß der Wertschätzung von Familie und Kindern) und **politisch-rechtlichen** Determinanten (Wirkung familienpolitischer Leistungen und Maßnahmen auf die Fertilität) strukturieren kann (vgl. Boll u. a. 2013).

Für die Zukunft ist entscheidend, ob sich die Bereitschaft der Deutschen zu mehr Kindern zumindest mittel- und langfristig wieder ändert. Die bisher vorliegenden Befragungsergebnisse bieten ein eher düsteres Bild: „Die dargestellten Daten zeigen demnach, dass erstens immer weniger Frauen und vor allem Männer überhaupt planen, ein Kind zu bekommen. Zweitens werden insbesondere die Übergänge zum ersten und zum zweiten Kind seltener realisiert als von Frauen geplant" (Tivig/Waldenberger 2011, S. 25).

Lebenserwartung

Bei sinkender Geburtenrate werden gleichzeitig die Lebenden immer älter. Betrug im Jahr 1900 die durchschnittliche Lebenserwartung in Deutschland noch 48 Jahre für Frauen und 45 Jahre für Männer, so stieg sie bis Ende der 90er-Jahre auf rund 81 Jahre für Frauen und 75 Jahre für Männer (BGW). Für das Jahr 2009 weist die Sterbestatistik eine Alterserwartung bei Männern von 77,3 Jahren, bei Frauen von 82,5 Jahren aus.

Tabelle 1: Lebenserwartung – Projektionen 2030 und 2060

Geschlecht	Lebenserwartung bei Geburt					Zuwachs in Deutschland gegenüber 2006/2008*			
	2006/2008 Deutschland	Basisannahme (L1)		Annahme starker Anstieg (L2)		Basisannahme (L1)		Annahme starker Anstieg (L2)	
		2030	2060	2030	2060	2030	2060	2030	2060
Männer	77,2	81,0	85,0	82,3	87,7	+3,8	+7,8	+5,1	+10,6
Frauen	82,4	85,7	89,2	86,7	91,2	+3,3	+6,8	+4,3	+ 8,8
Differenz	5,2	4,7	4,2	4,4	3,5	–0,5	–1,0	–0,8	– 1,8

* Abweichungen durch Rundungsdifferenzen möglich

Quelle: BMI 2011, Demografiebericht, S. 22

Prognostisch werden bis zum Jahr 2060 die Deutschen eine Lebensspanne um 90 Jahren erreichen, je nachdem welche Annahme man den Projektionen zugrunde legt. Allerdings ist zu hinterfragen, ob die Annahme einer stetig höheren Lebenserwartung berechtigt ist. Die höhere Lebenserwartung der Menschen überrascht nicht, sondern ist das Ergebnis einer systematischen und für alle Bevölkerungsschichten gleichermaßen gestiegenen Gesundheitsversorgung. Die erkennbaren Entwicklungen im Bereich der Gesundheitsversorgung und Pflege lassen berechtigte Zweifel daran aufkommen, ob eine höhere Lebenserwartung für alle erreichbar ist. Relativ unbestritten in der empirischen Forschung ist, dass Niedriglohnbezieher und von Armut betroffene oder bedrohte Menschen eine insgesamt geringere Lebenserwartung haben als Wohlhabende (vgl. Lampert u. a. 2013). Der sozioökonomische Status nimmt gravierend Einfluss auf Gesundheit und Lebenserwartung der Menschen mit der Folge, dass für Menschen beispielsweise in der Grundsicherung das Risiko einer geringeren Lebenserwartung zunehmen wird.

Altersaufbau und sinkende Geburtenziffern werden weitreichende Auswirkungen auf Wirtschaft und Gesellschaft haben. Betroffen sind vor allem die sozialen Sicherungssysteme, die (betriebliche) Aus- und Weiterbildung, das Markt- und Konsumgeschehen, die öffentliche Infrastruktur, die Wohnsituation, das intergenerative Zusammenleben, die Pflegesituation sowie Fragen der Zuwanderung.

Jugend- und Altersquotient

Der Jugendquotient[3] ist zwischen 1955 und 2009 von 50,2 Prozent auf 31,0 Prozent gefallen, während gleichzeitig der Altersquotient[4] von 18,1 Prozent auf 34,1 Prozent zunahm. Diese Verschiebungen belegen die Bedeutung des intergenerativen Wandels und zeigen auch, dass politische Maßnahmen – wenn überhaupt – nur mittel- bis langfristig Wirkungen entfalten können.

Demografische Trägheit

Um diesen Trends entgegenzuwirken, werden seit mehr als einem Jahrzehnt in der Politik unterschiedliche familienunterstützende Maßnahmen diskutiert, bei denen es im Regelfall um finanzielle Unterstützung ging. Erst mit dem Bildungspaket und dem Ausbau der Ganztagsbetreuung sowie dem Recht auf einen Kindergartenplatz hat sich die Politik entschlossen, auch strukturelle Veränderungen anzupacken.

Dabei drängt die Zeit, denn gerade diese Trends zeichnen sich durch eine „demografische Trägheit" aus, die sich kurzfristigen Maßnahmen weitgehend entziehen und sich in nahezu allen europäischen Staaten ähnlich entwickeln, sodass Entlastung aus den europäischen Nachbarstaaten einschließlich der ost- und südosteuropäischen Staaten nicht zu erwarten ist. Selbst die momentan erkennbaren kurzfristigen Wanderungsgewinne aus Südeuropa beeinflussen den Trend nicht nachhaltig.

Im Altersaufbau der Bevölkerung ist quasi die Vergangenheit abgebildet, sodass es selbst bei abrupten und nachhaltigen Veränderungen der Geburten- oder Sterbeziffern nur sehr langsam – über mehrere Generationen

---

3 Jugendquotient: Altersgruppe der unter 20-Jährigen bezogen auf die Altersgruppe der 20- bis unter 65-Jährigen (in manchen Publikationen auch 20–60 Jahre).

4 Altersquotient: Altersgruppe der über 65-Jährigen bezogen auf die Altersgruppe der 20- bis unter 65-Jährigen.

hinweg – zu einer allmählichen Veränderung im Bevölkerungsaufbau kommt.

Allerdings gilt auch, dass Prognosen unerwartete Verhaltensänderungen und Migrationsströme nur unzureichend projizieren können. Wer hätte im Babyboom Deutschlands der 50er-Jahre schon mit einem so nachhaltigen Rückgang der Geburten gerechnet? Politische Entscheidungen und Zukunftserwartungen der Bevölkerungen sind als Summe von Millionen Einzelentscheidungen kaum zuverlässig prognostizierbar.

Es zeigt sich immer wieder das in der wissenschaftlichen Forschung bekannte „Projektionstrilemma", dass man nicht gleichzeitig die Güte der Aussage (Qualität), die Detailgenauigkeit der Aussage (Tiefe) und die Reichweite (zeitliche Dimension) gleichermaßen optimieren kann. Jede Veränderung einer Seite geht zulasten der beiden anderen Seiten.

Wanderungen

Der dritten Größe ist es zu verdanken, dass sich diese Bevölkerungstrends bisher in der bundesrepublikanischen Wirtschaft und Gesellschaft noch nicht in aller Schärfe zeigen. Das alte Bundesgebiet wies – mit wenigen Ausnahmen – immer einen deutlichen Überschuss im Wanderungssaldo auf, der Anfang der 90er-Jahre die Millionengrenze überschritt. Seit diesem Zeitpunkt verringern sich die Zuwanderungsraten kontinuierlich und weisen für 2008 bei der Zu-/Abwanderung sogar ein negatives Vorzeichen auf (vgl. Abbildung 2). Bedeutsam in diesem Zusammenhang sind auch die überproportional hohen Abwanderungen der deutschen Bevölkerung ins Ausland.

Auf den Umfang der Zu- und Abwanderung ausländischer Staatsangehöriger wirkten sich die Maßnahmen der Bundesregierung zur Steuerung der Wanderungsströme aus. Von besonderer Bedeutung waren in diesem Zusammenhang der 1973 erlassene Anwerbestopp, das Rückkehrhilfegesetz von 1983 sowie asyl- und zuwanderungsrechtliche Maßnahmen im Zuge gesamteuropäischer Regelungen.

Schon mehrfach hatte Deutschland befürchtet, nach einer Grenzöffnung von Migrationsströmen überrannt zu werden. Zuletzt war die Öffnung zu den ost- und südosteuropäischen Beitrittsstaaten mit diesem Argument verzögert worden. Von dieser Verzögerung profitierten während der Konjunkturerholung 2006–2008 insbesondere Großbritannien und Irland. Die meisten Szenarien gehen momentan davon aus, dass auch bei einer verstärkten Zuwanderung aus Ost- und Südosteuropa die Auswirkungen auf die deutsche Arbeitslosigkeit gar nicht oder nur gering sein werden und dass die Zuwanderung nicht ausreicht, den demografischen Effekt nachhaltig aufzuheben (vgl. Baas/Brücker 2010). Allerdings zeigen neuere Erhebungen, dass die Migrationsbewegungen aus dem ost- und südeuropäischen Raum deutlicher zugenommen haben, als zunächst angenommen.

Abbildung 2: Entwicklung des Wanderungssaldos in Deutschland

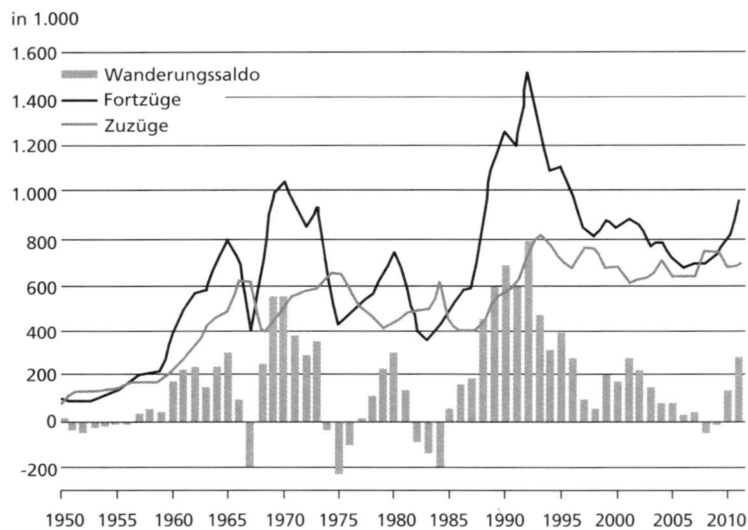

bis 1990 Früheres Bundesgebiet, ab 1991 Deutschland

Quelle: Grünheid/Fiedler 2013, S. 38 auf Datenbasis des StBA

Insbesondere aus den von der Finanz- und Eurokrise besonders hart betroffen Staaten Griechenland, Spanien und Portugal stiegen die Zuwanderungen an. Mit einem Positivsaldo von knapp 370.000 Zuwanderungen im Jahr 2012 erreichte die Bundesrepublik erstmalig wieder das Niveau um die Mitte der 90er-Jahre.

Auch wenn die mit der Krise in den Herkunftsländern einhergehende Armut und Not einen hohen Armutsanteil unter den Zuwanderern mit entsprechend geringerem Bildungsstatus aufweist, zeigen Zuwanderungsanalysen, dass die Zahl gut qualifizierter Einwanderer stärker zunimmt als diejenige schlechter qualifizierter Einwanderer. „Wenn wir die international vergleichbare Klassifikation der beruflichen und allgemeinbildenden Bildungsabschlüsse ISCED der UNESCO zugrunde legen, dann ist der Anteil der Personen mit höheren beruflichen und allgemeinbildenden Bildungsabschlüssen seit Beginn der vergangenen Dekade unter den Neuzuwanderern kontinuierlich gestiegen. (...) Nach den Angaben des Mikrozensus ist der Anteil der Personen mit tertiären Bildungsabschlüssen unter den Neuzuwanderern im erwerbsfähigen Alter (15–65 Jahre), die sich nicht in Bildung und Ausbildung befinden, von 23 Prozent im Jahr 2000 auf

43 Prozent im Jahr 2009 gestiegen. Im gleichen Zeitraum hat sich der Anteil von Personen ohne einen beruflichen Bildungsabschluss (ISCED 1 + 2) in dieser Gruppe von 41 Prozent auf 25 Prozent reduziert" (Brücker 2013, S. 12).

Gefordert wird seit Langem eine geregelte Zuwanderungspolitik, so wie es die Einwanderungsstaaten USA, Kanada und Australien seit Jahrzehnten vormachen. Das Institut zur Zukunft der Arbeit (Hinte u. a. 2011) hat hierzu ein erstes Punktesystem vorgelegt, in dem differenziert zwischen Hochqualifizierten und allgemeinen Fachkräften folgende Faktoren eine Rolle spielen: a) der Bildungsabschluss, b) die Sprachkenntnisse, c) die Berufserfahrung, d) das Lebensalter, e) das Arbeitsplatzangebot und abschließend besondere Integrationsvorteile (Studium in D., LebenspartnerIn qualifiziert, Aufenthalte oder Verwandte in D., Integrationskurs etc.).

Auswirkungen der demografischen Entwicklung

Trotzdem befürchten nicht nur Wirtschaftswissenschaftler, dass aufgrund der aufgezeigten demografischen Trends Wachstumsverluste auftreten, Kapitalrendite und Realkapitalbildung zurückgehen, die Investitions- und Innovationsraten sinken und der intergenerative Umverteilungsdruck erheblich zunehmen wird (vgl. Sievert/Klingholz 2012). Ein Risiko für Wirtschaft und Gesellschaft, und gleichzeitig die Chance für Arbeitsagenturen und Jobcenter, arbeitslose Menschen zu qualifizieren und im Arbeitsmarkt zu positionieren.

Die angebotene Arbeitszeit

Angebotene wie nachgefragte Arbeitszeit sind in den letzten Jahrzehnten – zumindest in den alten Bundesländern – mittels der vertraglichen Vereinbarungen der Tarifvertragsparteien weitgehend bestimmt gewesen. Im Zuge der Krise des Flächentarifvertrages werden aber immer häufiger Arbeitszeiten auch auf betrieblicher Ebene vereinbart. Für die individuelle Entscheidung des Arbeitszeitangebots spielen sicherlich Einflussgrößen wie Familieneinkommen, Vermögen, Haushaltsgröße (zu betreuende Kinder, pflegebedürftige Angehörige) oder persönliche Wertpräferenzen (Einkommensverzicht zugunsten von Freizeit) eine zentrale Rolle. Eine europaweite Repräsentativerhebung zu Erwerbswünschen und Arbeitszeitpräferenzen förderte ein großes Interesse an kürzeren Arbeitszeiten zutage, weniger i. S. einer allgemeinen Arbeitszeitverkürzung als vielmehr verstärkte Teilzeitangebote auch auf qualifizierten Arbeitsplätzen, Zeitkompensationen von Mehrarbeit und Sabbaticals (vgl. Bielenski 2000). Eine Studie des DIW konnte zeigen, dass „die in der arbeitsmarktpolitischen Diskussion häufig übersehenen Zeitpräferenzen der Arbeitnehmer und Arbeitnehmerinnen von hoher Relevanz für die Lebens-, Gesundheits- und Arbeitszufriedenheit sind. Fallen gewünschte und realisierte Arbeitszeit auseinander, sinkt die jeweilige Bereichszufriedenheit erheblich. Zufrieden mit ihrer Arbeitszeit ist ein gutes Viertel. Ihre bezahlten Wochenstunden erhöhen möchten weniger als ein Fünftel, vorwiegend teilzeitbeschäftigte Männer in den neuen Bundesländern. Dagegen wollen mehr als die Hälfte der Befragten sie senken, und zwar Männer wie Frauen. Alle Wünsche zusammengenommen ergibt sich, wie auch schon in anderen Studien berichtet, ein rechnerisches Umverteilungsvolumen von über 2,4 Mill. Vollzeitstellen" (Grözinger u. a. 2008, S. 1).

Arbeitszeitwünsche

Naturgemäß fallen Arbeitszeitpräferenzen zwischen beschäftigten und nicht-beschäftigten Arbeitnehmern unterschiedlich aus. Allerdings sind diese Ergebnisse zwischen den Geschlechtern nicht einheitlich. Frauen arbeiten häufiger in Teilzeit, während Männer überwiegend in Vollzeitstellen beschäftigt sind. „Die starken Unterschiede der Arbeitszeiten zwischen den Geschlechtern bilden allerdings nicht die Wunschvorstellungen von Müttern und Vätern ab. Eltern artikulieren ein deutliches Interesse daran, ihre Arbeitszeit einander anzunähern. Die Väter wollen ihre Wochenarbeitszeit vor allem durch den Abbau von Überstunden verringern. Ein großer Teil der Erwerbstätigen kann seine eigentlich präferierte Arbeitszeit nicht realisieren. „Gemessen an ihren Arbeitszeitwünschen würden fast die Hälfte der regulär teilzeitbeschäftigten Frauen und zwei Drittel der Mini-Jobberinnen die vereinbarte Arbeitszeit gerne deutlich ausweiten. Hier besteht noch beachtliches Arbeitszeitpotenzial, das bei entsprechend vorhandenen Rahmenbedingungen erschlossen werden kann" (Wagner 2011, S. 1).

Bei Berufsrückkehrerinnen zeigen sich deutliche Arbeitszeitpräferenzen zwischen Ost- und Westdeutschland. Während knapp ¾ der westdeutschen Rückkehrer eher an einer Teilzeit- bzw. Heimarbeitstätigkeit interessiert sind (72 Prozent), sind es in Ostdeutschland nur 19 Prozent (vgl. Böhm u. a. 2011).

Grundsätzlich gilt für eine Beurteilung der Arbeitszeiten: Je länger die Arbeitszeit bei Vollzeitarbeitsplätzen, desto unzufriedener sind die Eltern. Je kürzer die Arbeitszeiten bei Teilzeitarbeitsplätzen, desto unzufriedener die betroffenen Arbeitnehmer. Zudem spielen sicherlich Zukunftserwartungen, individuelle (finanzielle) Belastungen und konjunkturelle Faktoren eine große Rolle bei der Festlegung der Arbeitszeitwünsche. Diese Unzufriedenheit ruft nun schon seit Jahren die Politik auf den Plan, die einmal wegen der dadurch entstehenden Belastung der öffentlichen Haushalte (hohe Arbeitslosenzahlen bei Alleinerziehenden und Berufsrückkehrern), zum anderen wegen der notwendigen demografischen Anpassung die Unternehmen auffordert, ihre Arbeitsbedingungen für familiäre Kontexte zu sensibilisieren, d. h. familienfreundlicher zu gestalten.

Die angebotene Produktivität

Die angebotene Produktivität lässt sich nur indirekt erschließen, über eine Bewertung der in Geldwert berechneten Produktion und Dienstleistungserbringung. Sie ist auf der Arbeitnehmerseite abhängig vom Bildungsstand, von der Leistungsbereitschaft sowie weiteren förderlichen oder hemmenden Voraussetzungen, und auf der Unternehmensseite vom Technisierungsgrad und der Organisationsweise der Produktionsprozesse. Zwischen den Branchen und Wirtschaftssektoren gibt es erhebliche Unterschiede in der Produktivitätsentwicklung, folglich auch bei den darin arbeitenden Arbeitskräften.

Erwerbsverhalten und Erwerbsbevölkerung

Ob Menschen ihre Arbeitskraft auf dem Arbeitsmarkt anbieten oder nicht, hängt von der Verkettung vieler Lebensumstände ab. So beeinflussen die subjektive Einschätzung der Lebensbedingungen und Arbeitsmarktchancen, die Attraktivität angebotener Arbeitsplätze, infrastrukturelle, institutionelle, wirtschafts- und sozialpolitische Größen sowie selbstverständlich die Lohnhöhe die Entscheidung zur Abgabe eines Arbeitsplatzangebotes. Am Beispiel von Eltern mit schulpflichtigen Kindern kann man erkennen, wie unterschiedlich, sowohl zwischen den Geschlechtern insgesamt als auch zwischen den einzelnen Argumenten, die Gründe für eine Unvereinbarkeit von Familie und Beruf gewichtet werden (vgl. Abbildung 3). Individuelle Zeitpräferenzen spielen genauso eine Rolle wie Verantwortungsgefühl und berufliche Karriere. Das Antwortverhalten hängt zudem davon ab, ob man bereits Vollzeit berufstätig ist oder nicht.

Erwerbsbeteiligung

Für die Betrachtung des Arbeitsmarktes ist wesentlich, wie viele Menschen tatsächlich ihre Arbeitskraft anbieten und warum, da sich nur so Veränderungen im Gesamtgefüge statistisch erfassen lassen und letztendlich arbeitsmarktpolitische Schlussfolgerungen gezogen werden können.

Längere Ausbildungszeiten und das frühere Ausscheiden aus dem Erwerbsleben führten in den letzten Jahrzehnten sukzessive zu stetig sinkenden Erwerbsquoten. Die steigenden Ausbildungsanforderungen, die Verlängerung von hochschulischer Bildung und eine generell höhere Bildungsbeteiligung taten ihr Übriges. Erst seitdem die Politik versucht umzusteuern, zeigen sich bei den Erwerbsquoten wieder Veränderungen. Insbesondere durch die Zurücknahme der Frühverrentungsmöglichkeiten und in Ansätzen einer strikteren Kontrolle von (über-)langen Bildungsphasen stieg die Erwerbsquote wieder an und lag 2009 so hoch wie noch nie in der bundesrepublikanischen Geschichte. Die Zunahme resultierte insbesondere aus einer höheren Erwerbsquote der Frauen, während die Erwerbsquote für die Männer leicht rückläufig war.

Die zentralen Einflussgrößen für die Beteiligung am Erwerbsleben sind: das Geschlecht, das Alter, der Familienstand, der Bildungsstand, die Verfügbarkeit passender Arbeitsplätze, das Lohnangebot sowie gesundheitliche Faktoren. Arbeitsmarktforscher sehen in einer weiteren Steigerung der Frauenerwerbstätigkeit eine der zentralen Möglichkeiten, die arbeitsmarktlichen Auswirkungen der demografischen Entwicklung zu verzögern/mildern.

Die nachfolgende Abbildung 3 stellt das Gesamtsystem zusammen und fügt die formalen Berechnungsgrundlagen ein.

Stille Reserve (Arbeitsmarktreserve)

Für die Arbeitsmarktbilanz der Bundesagentur für Arbeit ist die Personengruppe der sog. Stillen Reserve von Bedeutung, die wir wie folgt unterscheiden:

- **Stille Reserve in Maßnahmen** (Leistungsempfänger mit vorübergehend eingeschränkter Leistungsfähigkeit bzw. während einer Antragstellung auf EU-Rente, Arbeitslose in den Übergangsphasen zum Vorruhestand, Teilnehmer an beruflichen Weiterbildungsmaßnahmen sowie weiteren Maßnahmen der aktiven Arbeitsmarktpolitik)
- **Stille Reserve im engeren Sinne** differenzieren wir in einen aktiven Teil (Personen, die aus ganz unterschiedlichen Gründen Arbeit nachfragen, ohne sich bei den Arbeitsagenturen registrieren zu lassen) und einen passiven Teil (Personen, die sich vorübergehend vom Arbeitsmarkt zurückgezogen haben, bei günstigeren Aussichten jedoch wieder aktiv Arbeit nachfragen würden). Aktive und passive Stille Reserve i. e. S. bilden den Arbeitsmarktpuffer, der bis in die 80er-Jahre eher von den (Haus-)Frauen dominiert wurde, in der sich jedoch jetzt zunehmend ausländische (häufig unqualifizierte) Arbeitnehmer, arbeitsmarktentwöhnte Arbeitnehmerinnen, ältere Erwerbslose und gesundheitlich beeinträchtigte und behinderte Menschen befinden.

Die Stille Reserve ist für die Praxis der Vermittlungsdienstleistungen deshalb interessant, weil mit ihr erklärt werden kann, warum sich im konjunkturellen Abschwung der Abbau der Erwerbstätigkeit nicht 1:1 in einer Zunahme der Arbeitslosigkeit abbildet und umgekehrt. Vor allem ist sie eine Größe, die auch herangezogen werden muss, wenn Arbeitsstellen gemeldet und dann von anderen, nicht registrierten Personen besetzt werden. Tabelle 2 fasst die besprochenen Größen der Arbeitsmarkbilanz auf der Angebotsseite zusammen und verdeutlicht in der Stillen Reserve noch einmal, in welcher Größenordnung sich Unterbeschäftigung in Deutschland in den letzten 20 Jahren entwickelt hat.

Abbildung 3: Von der Gesamtbevölkerung zur Beschäftigung

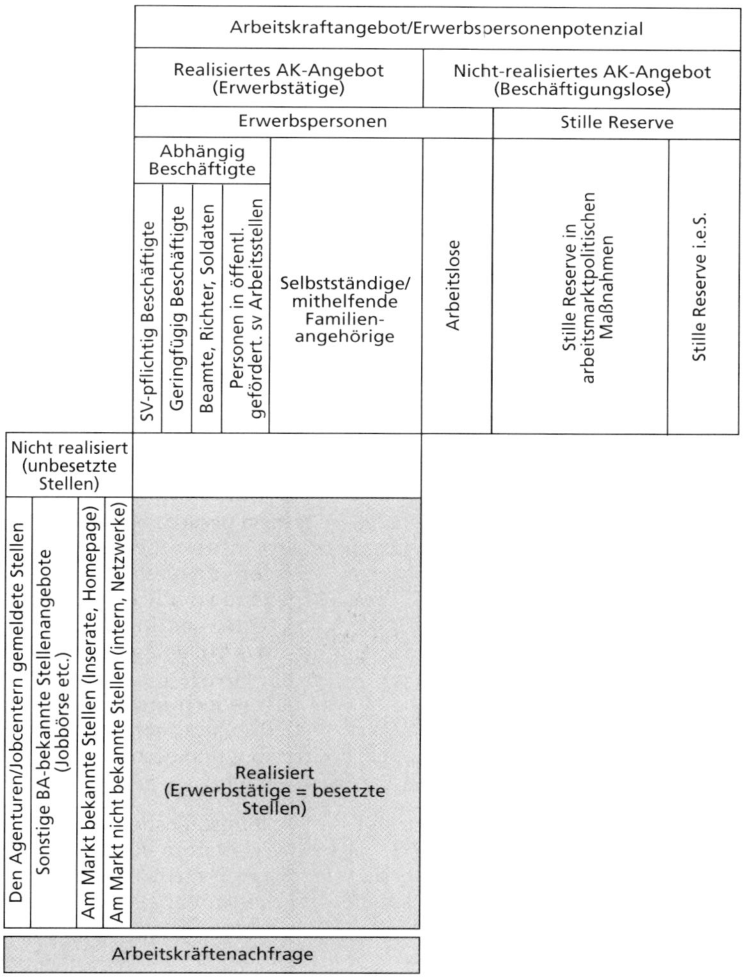

Quelle: auf Basis der BA-Arbeitsmarktberichte; eigene Anpassungen

Tabelle 2: Arbeitskräftebilanz nach dem Beschäftigungskonzept (1991–2010)

	Erwerbspotenzial*	davon						
		Erwerbstätige	davon		Registrierte Arbeitslose	Stille Reserve	davon	
			Selbstständige und Mithelfende	Beschäftigte Arbeitnehmer			im engeren Sinn	in Maßnahmen**
	Jahresdurchschnittsbestände in 1.000							
1991	42.950	38.712	3.564	35.148	2.602	2.079	912	1.167
1992	43.333	38.183	3.616	34.567	2.978	2.616	1.000	1.616
1993	43.642	37.695	3.675	34.020	3.419	2.890	1.269	1.621
1994	44.042	37.667	3.758	33.909	3.698	3.052	1.746	1.306
1995	44.011	37.802	3.806	33.996	3.612	2.981	1.917	1.064
1996	43.835	37.772	3.865	33.907	3.965	2.558	1.662	896
1997	44.163	37.716	3.913	33.803	4.384	2.639	1.935	704
1998	44.310	38.148	3.959	34.189	4.281	2.430	1.834	596
1999	44.130	38.721	3.986	34.735	4.100	2.006	1.391	615
2000	44.134	39.382	3.995	35.387	3.890	1.615	1.022	593
2001	44.241	39.485	4.020	35.465	3.853	1.563	939	624
2002	44.323	39.257	4.054	35.203	4.061	1.543	864	679
2003	44.443	38.918	4.118	34.800	4.377	1.607	923	684
2004	44.738	39.034	4.257	34.777	4.381	1.544	808	736
2005	44.840	38.976	4.417	34.559	4.861	1.293	687	606
2006	44.988	39.192	4.456	34.736	4.487	1.551	891	660
2007	44.839	39.857	4.498	35.359	3.760	1.381	717	664
2008	44.811	40.345	4.479	35.866	3.258	1.330	451	879
2009	44.842	40.362	4.468	35.894	3.415	1.252	369	883
2010	44.806	40.553	4.488	36.065	3.238	1.307	437	870

* Das Erwerbspersonenpotenzial setzt sich zusammen aus Erwerbstätigen, Erwerbslosen nach ILO und Stiller Reserve.

** Aufgrund von Änderungen des Maßnameprogramms im Zeitverlauf nicht miteinander vergleichbar.

Quelle: BA-Statistik

Die demografische Entwicklung hat in Gesamteuropa dazu geführt, dass sich immer mehr Mitgliedstaaten Gedanken darüber gemacht haben, wie man die Personen der Stillen Reserve aktivieren und für den Arbeitsmarkt gewinnen kann. Nicht zuletzt deshalb sprachen sich die Bundestagsfraktionen damals weitgehend einhellig für die Hartz-Reformen aus. Innerhalb der Europäischen Union (vgl. Auer 1996) hat sich statt des Begriffs der Stillen Reserve der Begriff der Inaktivität mit seinen entsprechenden Kennziffern (Inaktivitätsquoten) durchgesetzt, der umfassender ist als das Konzept der „Stillen Reserve" des IAB. Hinter der vermeintlichen „Inaktivität" können sich viele Aktivitäten verbergen, ohne die Erwerbsarbeit gar nicht möglich wäre und die in Wechselbeziehung mit dem Arbeitsmarkt stehen. Inaktivität heißt daher nicht pauschal Arbeitsmarktausschluss. Zu diesen Aktivitäten gehören u. a. allgemeine oder berufsbildende Bildungsphasen, Zeiten der Familienarbeit, vorzeitige Verrentung, Sicherungssysteme gegen Berufsunfähigkeit, fehlende Arbeitsgenehmigung oder Krankheitsphasen. In den Statistiken der Grundsicherung wird ein Teil dieses Personenkreises als „nicht aktivierbar" ausgewiesen. Insgesamt wird der Anteil der Inaktiven, der eben nur teilweise mit der Stillen Reserve identisch ist, auf 1,4 Millionen Menschen geschätzt (vgl. BMAS 2011, S. 48). In vielfacher Weise sind die Integrationsfachkräfte mit einem Teil dieser Personenkreise befasst.

1.1.3 Die Nachfrage nach Arbeitsleistung

Wie auf der Angebotsseite führen auch bei der betrieblichen Nachfrage nach Arbeitskräften makroökonomische (gesamtwirtschaftliche Nachfrage, Inflation, technische Entwicklung, sektoraler Wandel etc.) und betriebswirtschaftliche (Management, Anpassungsfähigkeit, Kunden/Lieferanten-Beziehungen, Investitionsquoten, betriebliche Weiterbildung etc.) Einflussgrößen zu einer Mehr- oder Mindernachfrage nach Arbeitskräften. Bei der Untersuchung von Erfolgsfaktoren wachstumsstarker Unternehmen unterstrich die *Deutsche Ausgleichsbank (DtA)* die Bedeutung der Unternehmerpersönlichkeit für den Erfolg der Unternehmen. Risikofreude, Ausdehnung der Absatzgebiete, Partnerbeteiligungen, die intensive Nutzung von IuK-Technologien und die familiäre Unterstützung erwiesen sich bei den Wachstumsfaktoren Umsatz, Beschäftigung, Investitionen und Ertragslage als dominant. Bisher zu wenig beachtete Einflussgrößen ergeben sich auch aus dem Managerverhalten, welches je nach Managementverständnis und betriebswirtschaftlicher Ausrichtung zum Abbau oder Aufbau von Personal beitragen kann (vgl. Beckmann 2000, S. 605).

Abbildung 4 verdeutlicht, wie sich das Bruttoinlandsprodukt als – durchaus zu kritisierende – Wohlstandsgröße für die Bundesrepublik Deutschland berechnet. An allen drei Ermittlungsformen ist die Erwerbstätigkeit beteiligt.

In den jeweiligen Sektoren (Entstehungsseite) erwirtschaften Beschäftigte mit den vorhandenen Betriebsmitteln (Produktivität) die Güter und Dienstleistungen, die zum Verkauf benötigt werden. Die Entstehungsseite des Bruttoinlandsprodukts errechnet sich wie folgt:

$$BIP_{(real)} = ET \times JAZ \times AP_{Std}$$

Das erwirtschaftete Vermögen wird von Unternehmen, privaten Haushalten und für öffentliche Konsumausgaben verwendet. Daraus entsteht die wirksame Binnennachfrage, die für die Bundesrepublik immer noch als eine Achillesferse des Wachstums gesehen wird, weil sie im Verhältnis zu den Exporten zu gering ausfällt (nicht ausgeglichene Handelsbilanz). Letztendlich

Abbildung 4: Entstehung, Verwendung und Verteilung des Bruttoinlandsprodukts

BRUTTOINLANDSPRODUKT

Entstehung	Verwendung	Entstehung
Landwirtschaft Produzierendes Gewerbe	– Konsumausgaben privater Haushalte und Organisationen ohne Erwerbszweck	– Arbeitnehmerentgelt – Unternehmens- und Vermögenseinkommen (Volkseinkommen)
Baugewerbe	– Konsumausgaben des Staates	+ Produktions- und Importausgaben
Handel und Verkehr	– Investitionen	+ Abschreibungen
Finanzierung und Vermittlung	+ Außenbeitrag	– Saldo der Primäreinkommen aus der übrigen Welt
Dienstleister		

Quelle: nach Datenreport 2011, S. 72

wird der Wohlstand als zentrale sozialpolitische Größe zwischen den abhängig Beschäftigten und den selbstständigen Einkommen aufgeteilt.

Überblick

In der Arbeitsmarkttheorie wird als realisierte Größe der Arbeitskräftenachfrage die Zahl der Beschäftigten (= alle Erwerbstätige) herzangezogen. Korrekterweise wäre hierzu noch das Potenzial der gesamtwirtschaftlich festzustellenden offenen, nicht nur den Agenturen gemeldeten Stellen hinzuzurechnen, so wie es in Abbildung 4 bereits angedeutet wurde. Bekannt ist, dass diese quantitative Nachfrage nach Arbeitskräften in den alten Ländern der Bundesrepublik Deutschland bereits seit Beginn der 70er-Jahre nicht mehr ausreichte, die Nachfrage nach Arbeitsplätzen (= Arbeitskräfteangebot) zu befriedigen. Inwieweit sich dies durch demografische Entwicklung nachhaltig ändert (Stichwort Fachkräftemangel), muss an dieser Stelle noch offen bleiben. Einige für die Gesamtnachfrage entscheidende Einflussgrößen werden nachfolgend kurz behandelt.

Strukturwandel

Bedeutung des Dienstleistungssektors

Insgesamt trat Deutschland etwas später als andere Staaten den Weg in die Dienstleistungsgesellschaft an. Der starke industrielle Sektor, der auch weiterhin die zentrale Stütze der Konjunktur in Deutschland bildet, geht jedoch in seiner Bedeutung für den Arbeitsmarkt zurück, wenn man außer Acht lässt, dass der Dienstleistungsbereich in erheblichem Umfang für die

Industrie seine Leistungen anbietet. Etwa 70 Prozent der Beschäftigten arbeiten heute in Dienstleistungsberufen.

Die Industrie verliert als Beschäftigungssektor immer mehr an Bedeutung. Mit dem Bausektor sind im produzierenden Gewerbe nur noch rund 25 Prozent aller Beschäftigten tätig. Parallel zu dieser Entwicklung läuft der zahlenmäßige Rückgang von beschäftigungsintensiven großen Betriebseinheiten hin zu kleineren Unternehmen. Mittlerweile arbeitet rund die Hälfte der Beschäftigten in Betrieben mit einer Beschäftigtenzahl von unter 50. Die Strategie im Arbeitgeberservice der Bundesagentur für Arbeit, sich auf „Premiumkunden" mit erheblichem „Umsatz" bei Neueinstellungen zu konzentrieren, muss vor dem Hintergrund dieser Erkenntnis als ausgesprochen fragwürdig interpretiert werden. Ähnlich stellte das IAB aktuell fest, dass „die deutsche Volkswirtschaft (...) stark kleinbetrieblich strukturiert [ist]. Rund 95 Prozent der Betriebe haben weniger als 50 Mitarbeiter und fast die Hälfte aller Beschäftigten arbeitet hierzulande in einem dieser Kleinbetriebe" (Dietz u. a. 2013, S. 1). Das BMAS (2011 S. 8) schreibt hierzu in einer Analyse: „Kleine Betriebe haben größere Schwierigkeiten, Stellen zu besetzen als die größeren. Da sie weniger Bewerber haben, können sie seltener, später oder mit weniger geeigneten Kräften die Stellen besetzen. Diese Problematik wird sich voraussichtlich mit zunehmenden Engpässen verstärken."

Gesellschaften, die den Strukturwandel als Vorreiter gestalteten, hatten weniger Probleme mit Arbeitslosigkeit und konnten häufig die Zahl wegbrechender Arbeitsplätze in neuen (Dienstleistungs-)Branchen zurückgewinnen. Branchen- und berufskundlich nicht immer ganz sauber zugeordnet spiegelt diese Veränderung den Konflikt zwischen der „Old and New Economy" wider, wobei sich die „Old Economy" als durchaus arbeitsplatzsichernder erwiesen hat. Gerade in der Finanzkrise zeigte sich, dass ein gut ausgebauter industrieller Sektor weniger anfällig ist für begrenzte Schocks an den Finanzmärkten.

Informationsgesellschaft

Im Strukturwandel zeigt sich ebenfalls die Hinwendung zur prognostizierten Wissens- oder Informationsgesellschaft. Die Anwendungen von IuK-Technologien nehmen gerade in den Wachstumsbranchen von Dienstleistungsunternehmen zu. „Der Übergang", so die OECD, „zu einer Beschäftigung im Dienstleistungssektor erhöht eindeutig den ökonomischen Vorteil formaler Bildungsgrundlagen" (OECD 2000, S. 108).

Konjunkturzyklen und Löhne

Die nichtsaisonalen Schwankungen der Nachfrage nach Gütern und Dienstleistungen bezeichnet man als Konjunkturzyklen. Spiegelbildlich fallen oder steigen die Auslastungsgrade der Produktion, wodurch Konjunktur und Wachstum verknüpft sind.

Zu den „harten" (messbaren) Standortfaktoren gehören die Löhne. Ein Vergleich der Löhne oder Lohnnebenkosten stellt allein jedoch keine zulässige Aussage im internationalen Vergleich der Kostenbelastung von Unternehmen dar. Erst wenn die in einer bestimmten Zeit erbrachte Leistung (= Produktivität) einbezogen wird, lassen sich unter Berücksichtigung weiterer Faktoren (Preisentwicklung, Kaufkraftparitäten) Löhne als Belastungsindikatoren international zulässig vergleichen.

Die hierzu gängige Größe stellen die Lohnstückkosten[5] dar, die eine bedeutende Rolle für Preisniveau, internationale Wettbewerbsfähigkeit, Wirtschaftswachstum und Beschäftigung darstellen (vgl. Abbildung 5). Allein die unternehmerischen Arbeitskosten zu betrachten erklärt jedoch nicht automatisch, ob ein Produkt sich verteuert; andere Kostenfaktoren, welche dem Sach- und Geldkapital entspringen, kommen hinzu.

Abbildung 5: Nominale Lohnstückkosten (2005 = 100) – jährliche Daten

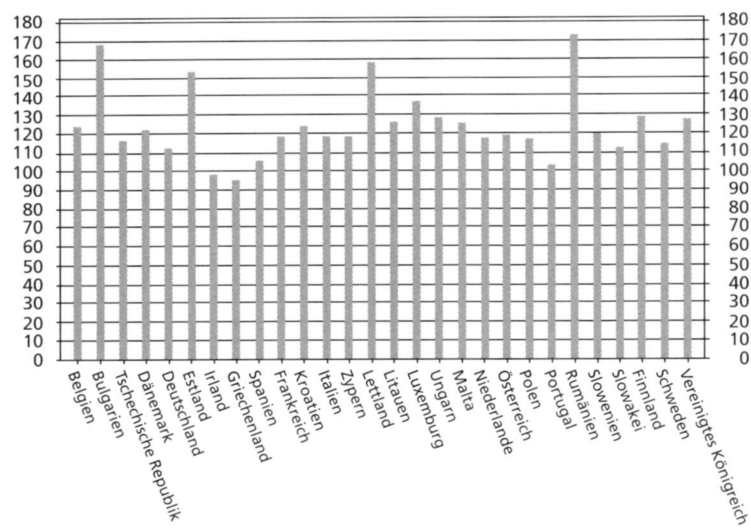

Die nominalen Lohnstückkosten werden nach folgender Formel berechnet: (Arbeitnehmerentgelt D1 in Landeswährung / Gesamtzahl der Arbeitnehmer in Personen) / (BIP zu Marktpreisen) in Landeswährung / Erwerbstätige insgesamt); Jahresdaten, ausgedrückt als Index

Quelle: Eurostat

[5] Relation zwischen den gesamten AG-bezogenen Lohnkosten je beschäftigten Arbeitnehmer im Verhältnis zum Bruttoinlandsprodukt (BIP). Als betriebliche und/oder volkswirtschaftliche Kennzahl gibt sie Aufschluss über die Leistungsfähigkeit des Einzelnen sowie der Arbeitnehmergesamtheit.

Ein gleichzeitiger Anstieg der Arbeitsproduktivität könnte die gestiegenen Arbeitskosten ausgleichen, weil trotz gestiegener Kosten mehr produziert wird. Deshalb ist es in Bezug auf die preisliche Wettbewerbsfähigkeit besser, die Lohnstückkosten heranzuziehen, in deren Berechnung die Produktivität eingeht. In Deutschland stiegen die Bruttolöhne in den vergangenen zehn Jahren langsamer als in anderen Staaten der Eurozone. Arbeit wurde billiger, deutsche Unternehmen wettbewerbsfähiger. Diese Entwicklung hat aber gesamtgesellschaftlich nicht nur Vorteile, denkt man an die Handelsbilanzüberschüsse, die Kritik an der Lohnentwicklung aus dem Ausland (Export von Arbeitslosigkeit) und die rasante Entwicklung eines Niedriglohnsektors in Deutschland, der immer stärker von der Grundsicherung ko-finanziert wird. Für nachfrageorientierte Ökonomen geht die augenblickliche Krise um Staatsverschuldung und Euro auf die seit Jahrzehnten stabilen Unterschiede in den Export-/Importraten der Länder zurück. International wird vor allem von Ländern wie den USA, China und Deutschland seit Langem gefordert, dass die Staaten zu einer ausgeglichenen Handelsbilanz kommen müssen.

Die Wechsel der Konjunkturlagen werden erklärt mit Investitionsbereitschaft, Verteilungskämpfen, falschen Anpassungsreaktionen der Wirtschaftssubjekte, externen Schockzuständen, psychologischen Einflussgrößen, Preis- und Lohnrigiditäten, Informationsasymmetrien und weiteren Wachstumsdeterminanten. Nimmt man die Löhne als zentralen Pfeiler der Binnenkonjunktur heraus, so zeigt sich, dass in den letzten beiden Jahrzehnten, von kurzfristigen Ausnahmen abgesehen, die Lohnquote[6] immer weiter zurückgegangen ist.

Die Folgen zeigen sich in den Jobcentern gleich auf zweierlei Weise:

a) Der Anteil der Leistungsberechtigten, die trotz einer vollzeitschichtigen Erwerbsarbeit auf aufstockende Grundsicherungsleistungen angewiesen sind, ist seit der Einführung des SGB II kontinuierlich gestiegen.

b) Die Integrationsfachkräfte verzeichnen einen zunehmenden Aufwand, Arbeitslose in der Grundsicherung von der Aufnahme einer Beschäftigung im Niedriglohnsektor zu überzeugen. Allein das Sanktionsdruckmittel ist hier wenig wirksam, zumal die sachliche Argumentation, dass der Lohn nicht zum Leben reichen würde, mit ethischen oder versicherungspolitischen Argumenten nur schwer zu entkräften ist.

---

6 Die Lohnquote (auch Arbeitskostenquote genannt) entspricht dem prozentualen Anteil des Arbeitnehmerentgeltes (Einkommen aus nichtselbstständiger Arbeit) am Volkseinkommen. Das Volkseinkommen setzt sich wiederum aus Arbeitnehmerentgelt sowie Unternehmens- und Vermögenseinkommen zusammen. Mithilfe der Lohnstückkosten wird das Verhältnis von Lohnkosten und Produktivität definiert. Dabei bezieht man die Kosten auf die real produzierte Stückzahl (real erwirtschaftete Leistung: Lohnstückkosten = Lohnkosten ÷ produzierte Stückzahl). Auf die gesamte Volkswirtschaft bezogen erweitert sich diese Formel auf die beiden folgenden Größen: Lohnstückkosten = Arbeitnehmerentgelt ÷ Bruttoinlandsprodukt (BIP).

Integrative Konjunkturtheorien

Eine Erklärung für die jeweiligen Konjunkturzyklen würde eine Aufarbeitung der älteren und jüngeren Theorieansätze der angebots- und nachfrageorientierten Wirtschaftspolitik bedeuten, die sich gerade in dieser Thematik bis heute unversöhnlich gegenüberstehen. Neuere integrative Konjunkturtheorien unterstreichen, dass es ein geschlossenes Erklärungsmodell nicht geben kann. Die Multikausalität von Milliarden Einzelentscheidungen, die strukturellen Probleme von Branchen und Anomalien einzelner Märkte, die Überlagerungen und Zeitverzögerungen verschiedener Konjunkturdeterminanten sowie das nicht determinierbare (z. T. nicht rationale) Entscheidungsverhalten der Wirtschaftssubjekte entziehen sich einem ganzheitlichen Erklärungsmodell (Conrad 1999). Konsequenterweise wäre der Einfluss der Politik auf die Wirtschaft gering zu halten (Politikineffizienzhypothese) und dann mehr ordnungspolitischer als prozessorientierter Natur. Auf der anderen Seite wird immer deutlicher, dass das freie Spiel der Marktkräfte so nicht stattfindet, weil die Ressourcen dabei ungleich verteilt sind und sich Marktstörungen grundsätzlich und regelmäßig einstellen. Sozialpolitisch ist es demnach ein Gebot, die Schwächeren vor Ausbeutung und Missbrauch zu schützen und zumindest auf Chancengleichheit zu achten.

Konjunktur und Arbeitskräftenachfrage

Unbestritten ist der direkte Zusammenhang zwischen konjunktureller Situation und Arbeitskräftenachfrage. Arbeitskräftenachfrage ist somit immer eine abgeleitete Nachfrage aus den Schwankungen der gesamtwirtschaftlichen Nachfragesituation.

Stellt man die Entstehungsgleichung des BIP um, so erhält man in einem geschlossenen (tautologischen) System die Determinanten der Arbeitskräftenachfrage:

$$ET = BIP_{(real)} / JAZ \times AP_{Std}$$

Leicht verständlich wird, dass die Nachfrage nach Arbeitskräften steigt, wenn entweder der Zähler größer wird (+ Zunahme des realen BIP) oder der Nenner kleiner (– Abnahme der Jahresarbeitszeit oder der Stundenproduktivität). Diese „Formel" offenbart Zusammenhänge, erklärt jedoch nicht die Ursachen der Veränderungsraten.

Die Arbeitskräftenachfrage ist auch davon abhängig, inwieweit sich der Produktionsfaktor Arbeit durch den Produktionsfaktor Kapital ersetzen lässt (substitutionale Produktionsfaktoren). Die Investitionstätigkeit der Unternehmen ist hierfür ein Kennzeichen, wobei zwischen den Investitionszielen zu unterscheiden ist. Rationalisierungs- und Ersatzinvestitionen sind in ihren

Arbeitsmarktwirkungen als eher ungünstig einzustufen; sie dienen der Erhaltung oder Stärkung der Wettbewerbsposition der Unternehmen. Erweiterungsinvestitionen hingegen wirken beschäftigungsfördernd.

Der technologische Fortschritt wird in seiner ambivalenten Erscheinungsform für manche Autoren zum Grab der Arbeitsgesellschaft. Wenn mit immer weniger Arbeitskräften immer mehr Güter produziert und Dienstleistungen angeboten werden können, gleichzeitig die Masse an Gütern und Dienstleistungen jedoch immer mehr Abnehmer oder Konsum bedeuten, sehen viele darin das „Ende der Arbeit" (Rifkin 1995). Nach den Anhängern der Freisetzungshypothese erhöht der technische Fortschritt das Rationalisierungspotenzial erheblich zügiger, als durch eine Zunahme der Produktmasse an anderer Stelle Arbeitskräfte neu beschäftigt werden können. Die Kompensationshypothese geht hingegen davon aus, dass insbesondere durch Produktinnovationen eine Vielzahl neuer Beschäftigungsmöglichkeiten entsteht, die in der Summe die Freisetzungen kompensieren. „Der technische Fortschritt kann zwar Arbeitsplatzverluste in einzelnen Sektoren und Unternehmen zur Folge haben, führt aber aufgrund des Kompensationseffektes sinkender Preise eben nicht zu gesamtwirtschaftlicher Arbeitslosigkeit. Dies ist bestenfalls eine indirekte Folge der technischen Entwicklung, wenn nämlich der notwendige Strukturwandel nicht gelingt" (van Suntum 2005 S. 136).

Nachgefragte Produktivität

Der technologische Fortschritt zeigt sich am deutlichsten in den Anforderungen der Betriebe an ihre Mitarbeiter. Mit Ausnahme der Beschäftigten ohne Berufsausbildung (NfQ) hat die Beschäftigung in allen anderen Qualifikationsstufen zugenommen. Diese Entwicklung zeigt sich gesamtwirtschaftlich in einer deutlichen Zunahme der Produktivität. Lag die Erwerbstätigenproduktivität je Stunde 1960 noch bei 17,75 D-Mark (BGW), stieg sie bis 2010 auf 109,43 Euro je Erwerbstätigenstunde.

Einflussfaktoren auf die Produktivitätsentwicklung sind insbesondere der technische Fortschritt, die Humankapitalausstattung der Arbeitskräfte (allgemeine und berufliche Bildung), der Kapitaleinsatz (Kapitalstock, Investitionsquote) sowie sektorale und institutionelle Einflussgrößen. Eine zentrale Größe der positiven Beeinflussung der Produktivität liegt auch in den betrieblichen Aus- und Weiterbildungsleistungen, deren Umfang und Qualität sich durch die demografische Entwicklung (Einbeziehung benachteiligter Jugendlicher, Förderung älterer Arbeitnehmer) und die sich ständig verkürzende „Halbwertzeit des Wissens" in den nächsten Jahren weiter steigern muss.

Volkswirtschaftlich gesehen ist Produktivität eine Kennziffer für die technische Effizienz der Produktionsstruktur, betriebswirtschaftlich das Verhältnis von Output zu Input. Die Produktivität kann ebenfalls wieder aus der Entstehungsgleichung abgeleitet werden, indem diese entsprechend umgestellt wird:

$$AP_{Std} = BIP_{(real)} / JAZ \times ET \text{ oder } AP_{ET} = BIP_{(real)} / ET$$

Produktivität ist definitorisch mit zwei wichtigen arbeitsmarkttheoretischen Größen verknüpft: dem Wirtschaftswachstum (BIP) und den Löhnen. Diesen Zusammenhängen soll an dieser Stelle kurz nachgegangen werden.

Die aufgezeigten hohen Wachstumsraten der Produktivität in Deutschland werden von vielen Experten mit dafür verantwortlich gemacht, dass die Beschäftigung in Deutschland in der Vergangenheit nicht Schritt gehalten hat mit dem Arbeitskräfteangebot. Mit anderen Worten: Bei hohen Produktivitätssteigerungsraten in einer nationalen Wirtschaft muss das gesamte Wirtschaftswachstum (BIP) höher ausfallen, um zusätzliche Beschäftigung zu schaffen. Dieser Zusammenhang wird in den Begriffen Beschäftigungsschwelle (Wachstumsgrad der Wirtschaft, bei der die Beschäftigung gleich bleibt) und Beschäftigungsintensität (Veränderung der Beschäftigung bei einem Wirtschaftswachstum von 1 Prozent) zum Ausdruck gebracht. Beschäftigungszuwächse stellen sich demnach erst ein, wenn das Produktionswachstum (Wirtschaftswachstum) über der Beschäftigungsschwelle liegt. Insgesamt scheint jedoch festzustehen, dass Konjunktur, Lohn- und Lohnstückkosten, Produktivität in Verbindung mit dem sektoralen Wandel die zentralen Größen für die Bestimmung der Beschäftigungsschwelle darstellen. Tendenziell nahm die hohe Beschäftigungsschwelle in Deutschland in den letzten beiden Jahrzehnten ab und nähert sich vergleichbaren Werten anderer OECD-Staaten. Durchschnittlich wird in Deutschland ein Wirtschaftswachstum um 1,5 Prozent notwendig sein, um zusätzliche Arbeit zu schaffen.

Nachgefragte Arbeitszeit

Wie bei der angebotenen Arbeitszeit bereits dargestellt, ist die Dominanz tarifvertraglicher Regelungen für die Gesamtentwicklung der Arbeitszeit in den letzten 50 Jahren verantwortlich. Auf betrieblicher Ebene spielen vor allem die Produktionsziele, die Produktionsverfahren (Wartungsintervalle etc.) und die Gewinn- und Umsatzziele eine zentrale Rolle bei der gesamtbetrieblichen Arbeitszeitnachfrage. Die weiterhin erhebliche Zahl von Mehrarbeitsstunden belegt, wie wichtig diese Arbeitszeitflexibilität zur lohnkostensparenden Ausnutzung der gesamten Produktionskapazität ist. Moderne Zeitsysteme wie roulierende Mehrschichtsysteme, Abrufarbeit, Tele-Heimarbeit, Sabbaticals, Zeit-Sparkonten, Lebensarbeitskonten, Saisonarbeit mit ganzjährigem Vertrag o. Ä. sind weitere Hinweise für neue Wege in der Arbeitszeitgestaltung („Mobilzeitoffensive der Bundesregierung") – durchaus nicht immer zum Vorteil der Arbeitnehmer!

Arbeitsvolumen

In der betrieblichen Wirklichkeit findet sich jedoch im Regelfall nicht die tarifliche bzw. angebotene Arbeitszeit. Die Unternehmen müssen eine Reihe von Arbeitszeit beeinflussenden Umständen berücksichtigen, sollen die Produktionspotenziale möglichst optimal ausgeschöpft werden. Zu diesen beeinflussenden Umständen gehören Ausfallzeiten durch Arbeitskämpfe (in Deutschland gering), Krankheitszeiten der Mitarbeiter, Kurzarbeit und Schlechtwetterzeiten, gesetzliche Freistellungszeiten (Erziehungsurlaub, Bildungsurlaub, Wehrübungen etc.) sowie verschiedene Teilzeitformen. Angebotene (tarifliche) und nachgefragte (tatsächliche oder effektive) Arbeitszeit sind demnach nicht deckungsgleich. Gleichzeitig spielt aber auch die konjunkturabhängige Mehrarbeit eine wichtige Rolle bei der gesamtwirtschaftlichen Erfassung der Arbeitszeit. Das Institut für Arbeitsmarkt- und Berufsforschung ermittelt in seiner jährlichen Arbeitsmarktbilanz und -projektion sehr genau die unterschiedlichen Arbeitszeitkomponenten (zur aktuellen Bilanz vgl. Fuchs u. a. 2013).

1.1.4 Arbeitsmarktbilanzierung

Die Arbeitsmarktbilanz stellt die quantitativen Größen von Angebot und Nachfrage auf dem Arbeitsmarkt gegenüber. Sie ist die Grundlage zur Beschreibung, Analyse und Projektion des Arbeitsmarktgeschehens. Gerade im Zuge der vom Gesetzgeber geforderten Eingliederungsbilanzen im SGB II und SGB III haben Tiefe und Breite der Bilanz in den letzten Jahren zugenommen. Damit lassen sich partielle Ungleichgewichte schneller erkennen und arbeitsmarktpolitische Maßnahmen zur Gegensteuerung gezielter einsetzen. Zudem gewinnt die Wirkungsforschung seit Einführung der Hartz-Gesetze an Bedeutung, die die einzelnen arbeitsmarktpolitischen Instrumente auf Effektivität und Effizienz stärker untersucht.

In einer Bilanz gebündelt, finden sich die bis hierhin besprochenen Themen in Tabelle 3 wieder. In den kurzfristigen Arbeitsmarktprojektionen des IAB werden bei diesen Grunddaten verschiedenen Varianten der Angebots- und Nachfrageseite angenommen. Auf der Nachfrageseite sind dies die Veränderungsraten des Wirtschaftswachstums, der Arbeitsproduktivität, der Arbeitszeit und Erwerbstätigkeit (= Arbeitsvolumen). Auf der Angebotsseite werden unterschiedliche Varianten der demografischen Entwicklung, der Wanderungssalden (einschl. Pendlersalden) und der Erwerbsbeteiligung herangezogen.

Tabelle 3: Arbeitsmarktbilanz des IAB nach dem Kontenmodell

Entwicklung von Wirtschaft und Arbeitsmarkt 2005 bis 2013

			2005	2006	2007	2008	2009	2010	2011	2012	Prognose 2013
A. Die Nachfrage nach Arbeitskräften											
Bruttoinlandsprodukt preisbereinigt Veränderungen gegenüber Vorjahr in %			+ 0,7	+ 3,7	+ 3,3	+ 1,1	– 5,1	+ 4,2	+ 3,0	+ 0,7	+ 1,3
Stundenproduktivität Veränderungen gegenüber Vorjahr in %			+ 1,2	+ 3,6	+ 1,7	– 0,1	– 2,5	+ 1,8	+ 1,6	+ 0,3	+ 0,6
Arbeitsvolumen Veränderung gegenüber Vorjahr in %			– 0,5	+ 0,1	+ 1,6	+ 1,2	– 2,7	+ 2,3	+ 1,4	+ 0,4	+ 0,7
Druchschnittliche Jahresarbeitszeit Veränderungen gegenüber Vorjahr in %			– 0,4	– 0,5	– 0,1	– 0,0	– 2,7	+ 1,7	– 0,0	– 0,7	+ 0,2
Erwerbstätige		Veränderung gegenüber Vorjahr in %	– 0,1	+ 0,6	+ 1,7	+ 1,2	+ 0,1	+0,6	+ 1,4	+1,1	+ 0,5
		Veränderung gegenüber Vorjahr in 1.000	– 58	+ 216	+ 665	+ 491	+ 22	+ 233	+ 561	+ 449	+ 228
		Jahresdurchschnitte in 1.000	**38.976**	**39.192**	**39.857**	**40,348**	**40.370**	**40.603**	**41.164**	**41.613**	**41.841**
	davon:	Sozialversicherungspflichtig Beschäftigte in 1.000	26.236	26.366	26.943	27.510	27.493	27.756	28.440	28.967	29.305
		Veränderung gegenüber Vorjahr in 1.000	– 325	+ 130	+ 577	+ 567	– 17	+ 263	+ 684	+ 548	+ 318
		Veränderung gegenüber Vorjahr in %	– 1,2	+ 0,5	+ 2,2	+ 2,1	– 0,1	+ 1,0	+ 2,5	+ 1,9	+ 1,1
		Nachrichtlich: Kurzarbeiter[1] in 1.000	125	67	68	101	1.144	503	148	106	111
B. Das Angebot an Arbeitskräften											
Erwerbspersonenpotenzial[2] Jahresdurchschnitte in 1.000			**45.085**	**44.981**	**44.922**	**44.786**	**44.781**	**44.718**	**45.135**	**45.334**	**45.471**
Veränderung gegenüber Vorjahr in 1.000			+ 438	– 104	– 59	– 136	– 5	– 63	+ 417	+ 199	+ 137
C. Die Arbeitsmarktbilanz											
Arbeitslose		Jahresdurchschnitte in 1.000	**4.861**	**4.487**	**3.760**	**3.258**	**3.415**	**3.238**	**2.976**	**2.897**	**2.856**
		Veränderung gegenüber Vorjahr in 1.000	+ 480	– 374	– 727	– 502	+157	– 177	– 262	– 79	– 41
		Arbeitslosenquoten in % aller zivilen Erwerbspersonen	11,7	10,8	9,0	7,8	8,2	7,7	7,1	6,8	6,7

Entwicklung von Wirtschaft und Arbeitsmarkt 2005 bis 2013											
			2005	2006	2007	2008	2009	2010	2011	2012	Prognose 2013
Arbeitslose	davon:	SGB III in 1.000	2.091	1.664	1.245	1.006	1.190	1.075	892	902	910
		Veränderung gegenüber Vorjahr in 1.000		– 427	– 419	– 239	+ 184	– 115	– 183	+ 10	+ 8
		SGB II in 1.000	2.770	2.823	2.515	2.252	2.225	2.163	2.064	1.995	1.946
		Veränderung gegenüber Vorjahr in 1.000		+ 53	– 308	– 263	– 27	– 62	– 79	– 89	– 49
		Anteil SGB II in %	57,0	62,9	66,9	69,1	65,2	66,8	70,0	68,9	68,1
		Veränderung gegenüber Vorjahr in %-Punkten		+ 5,9	+ 4,0	+ 2,2	– 4,0	+ 1,6	+ 3,2	– 1,2	– 0,7
Stille Reserve	Jahresdurchschnitte in 1.000		**1.538**	**1.544**	**1.464**	**1.302**	**1.183**	**1.169**	**1.469**	**1.403**	**1.394**
	Veränderung gegenüber Vorjahr in 1.000		+ 85	+ 6	– 80	– 162	– 119	– 14	+ 300	– 66	– 9
	davon:	Stille Reserve im engeren Sinn in 1.000	922	871	785	423	300	299	731	743	718
		Veränderung gegenüber Vorjahr in 1.000	+ 222	– 51	– 86	– 362	– 123	– 1	+ 432	+12	– 25
		Stille Reserve in Maßnahmen[3] in 1.000	616	673	679	879	883	870	738	660	676
		Veränderung gegenüber Vorjahr in 1.000	– 137	+ 57	+ 6	+ 200	+ 4	– 13	– 132	– 78	+ 16

Abweichungen zu den Summen kommen durch Rundung zustande.

[1] Enthält seit der Neuregelung der Kurzarbeit 2007 Konjunktur-Kug. Saison-King und Transfer-Kug. Ab 2009 Umstellung auf die Statistik „Daten nach Abrechnungslisten", vorher Statistik, „Betriebsmeldungen zur Kurzarbeit" der Bundesagentur für Arbeit.

[2] Das Erwerbsgenossenpotenzial setzt sich zusammen aus Erwerbstätigen, Erwerbslosen nach RO und Stiller Reserve.

[3] Aufgrund von Änderungen des Maßnahmeprogramms im Zeitverlauf nicht miteinander vergleichbar.

Quelle: Fuchs u. a. 2013, S. 10, auf Datenbasis StBA, BA, IAB

1.2 Arbeitsmarktstatistik

Arbeitslos sind nach dem Dritten Buch Sozialgesetzbuch (§ 16 SGB III) Personen, die vorübergehend nicht in einem Beschäftigungsverhältnis stehen, das 15 Wochenstunden und mehr umfasst, eine versicherungspflichtige Beschäftigung von mindestens 15 Wochenstunden suchen und dabei den Vermittlungsbemühungen der Agenturen für Arbeit bzw. der Träger der Grundsicherung zur Verfügung stehen sowie sich dort persönlich arbeitslos gemeldet haben. Hinter jeder einzelnen Arbeitslosemeldung steht ein individuelles Schicksal, welches häufig in den dürren Arbeitslosenzahlen, die die Bundesagentur monatlich an die Presse gibt, nicht erkennbar wird. Die Bundesagentur für Arbeit (BA-Statistik 2011c, S. 1) beschreibt das Arbeitsmarktgeschehen aus dem Blickwinkel der Statistik wie folgt:

„Der Arbeitsmarkt ist kein starrer Block. Es gibt viel Dynamik, die jedoch erst bei Betrachtung der Bewegungen am Arbeitsmarkt deutlich wird. Die öffentliche Diskussion über den Arbeitsmarkt wird nach wie vor von monatlichen Bestandsgrößen und Arbeitslosenquoten beherrscht. Ein Verständnis des Bewegungszusammenhangs auf dem Arbeitsmarkt und ein frühzeitiges Erkennen von Trendwenden werden durch diesen eingeschränkten Blick eher verhindert. Der Arbeitsmarkt liefert wesentlich mehr statistische Indikatoren, die die gesamtwirtschaftlichen Geschehnisse deutlich umfassender beschreiben können.

Arbeitslosigkeit weist ganz unterschiedliche Grundgesamtheiten auf. Neben der Betrachtung des Arbeitslosenbestandes, der den Arbeitsmarkt oft als recht starres Gebilde erscheinen lässt, lohnt stets die Untersuchung der Zu- und Abgänge in bzw. aus Arbeitslosigkeit. Erst die dynamische Analyse der Arbeitslosigkeit kann die beachtlichen Ströme zwischen den verschiedenen Aggregaten des Arbeitsmarktes beleuchten. Die Informationen, woher die Arbeitslosen kommen bzw. wohin die Arbeitslosen gehen, wenn sie ihre Arbeitslosigkeit beenden (jeweils unterschieden nach Erwerbstätigkeit, Ausbildung/Maßnahmeteilnahme, Nichterwerbstätigkeit oder Sonstigem) zeigen schnell, dass es nicht nur um Wechsel zwischen Beschäftigung und Arbeitsuche geht."

Es wird deutlich, dass für politische Entscheidungsträger wie für handelnde Akteure vor Ort ein näherungsweise realitätsnahes Bild entscheidend ist für einen wirksamen Einsatz der arbeitsmarktpolitischen Instrumente (vgl. Kapitel 4) sowie einen wirkungsvollen Einsatz der organisatorischen und personellen Ressourcen. Die Bundesagentur für Arbeit kommt diesem Auftrag u. a. dadurch nach, dass sie monatlich in einer Pressekonferenz die Öffentlichkeit über die wichtigsten Vorgänge auf dem Arbeitsmarkt unterrichtet und die aktuellen Daten des Arbeitsmarktes interpretiert. In ähnlicher Weise werden auch die regionalen Arbeitsmarktergebnisse in den Arbeitsagenturen und Jobcentern der Öffentlichkeit vorgestellt. Bei der Darstellung des aktuellen Arbeitsmarktgeschehens werden Informationen und Interpretationen in den Monatsberichten zu folgenden Themenbereichen vorgenommen:

- **Arbeitsmarkt:** Realisierte Nachfrage (Entwicklung der Erwerbstätigkeit, Entwicklung der sv.-pflichtigen Erwerbstätigkeit, Kurzarbeit), nicht-realisierte Nachfrage (gemeldete Arbeitsstellen, Stellenindex, gesamtwirtschaftliches Stellenangebot) sowie Arbeitslosigkeit und Unterbeschäftigung (Bundes- und regionale Entwicklungen der Alo, Zu- und Abgänge, AQ, Unterbeschäftigungsquoten, Erwerbslosenquoten)
- **Soziale Sicherung bei Arbeitslosigkeit:** Arbeitslosenversicherung (Alg I-Bezieher, Zu- und Abgang, Höhe der Leistungen) sowie Grundsicherung für Arbeitsuchende (erwerbsfähige und erwerbstätige Leistungsbezieher, Bedarfsgemeinschaften, Zu- und Abgänge, Hilfequoten, Höhe der Ausgaben)

- **Ausbildungsmarkt:** Bewerber um Ausbildungsplätze (Nachvermittlungsaktionen, Bewerberstand zum 30.09., neue und unversorgte Bewerber), neue Stellen, neu abgeschlossene Ausbildungsverträge sowie Ergebnisse zur Einstiegsqualifizierung
- **Arbeitsmarktpolitische Instrumente, Überblick und differenziert nach SGB II und SGB III, Förderung der Berufsausbildung**
- **Interpretationshinweise, Gesamtübersicht, Tabellenanhang**

Die gemeinsamen und kommunalen Jobcenter liefern ihre Daten für eine einheitliche bundesweite Berichterstattung in aggregierter Form, ergänzt um regionale Veröffentlichungsreihen.

1.2.1 Gesetzliche Grundlagen und Bedeutung

Der Gesetzgeber hat in Kapitel 7 SGB II (§§ 53–55) und Kapitel 7 Erster Abschnitt SGB III (§§ 280–283) die Bundesagentur für Arbeit und die Grundsicherungsträger damit beauftragt, aus den in ihrem Geschäftsbereich anfallenden Unterlagen Statistiken zu erstellen. Diese sollen ermöglichen, dass die Lage und Entwicklung der Beschäftigung und des Arbeitsmarktes im Allgemeinen und nach Berufen, Wirtschaftszweigen und Regionen sowie die Wirkungen der aktiven Arbeitsförderung beobachtet, untersucht und ausgewertet werden können. Der Auftrag zur Statistik ist verbunden mit der Weisung, die Ergebnisse dem zuständigen Bundesministerium (BMAS) vorzulegen. Dieses kann wiederum Art und Umfang sowie Tatbestände und Merkmale der Statistiken und der Berichterstattung näher bestimmen. Eine weitere Aufgabe der BA liegt in der Arbeitsmarkt- und Berufsforschung, die vom Institut für Arbeitsmarkt- und Berufsforschung (IAB) in eigener Regie durchgeführt wird.

Das Hauptziel der Arbeitsmarktstatistik besteht in der Politikberatung, d. h., Statistik ist eine Grundlage für arbeitsmarktpolitische Entscheidungen. Dazu stellt die Statistik aktuelle globale und differenzierte Strukturdaten für bestimmte Teilarbeitsmärkte zur Verfügung mit dem Ziel, den Arbeitsmarkt insgesamt transparenter zu machen. Weiterhin dient die Arbeitsmarktstatistik auch der Öffentlichkeitsarbeit (Arbeitsmarktbeobachtung und Arbeitsmarktberichterstattung) sowie der Arbeitsmarkt- und Berufsforschung. Arbeitsmarktpolitische Maßnahmen können mittels statistischer Daten und Methoden auf ihre Wirkung hin analysiert werden.

Daneben werden statistische Kennziffern als Grundlage für Überlegungen, Planungen und Entscheidungen bei der Durchführung der Fachaufgaben der Bundesagentur für Arbeit und Jobcenter benötigt, so für Effizienzuntersuchungen der Dienststellen, zur Personalbedarfsberechnung und zur Aufstellung von Haushaltsansätzen u. Ä.

Das Erhebungsprogramm der Arbeitsmarktstatistik der BA umfasst alle von ihr betreuten oder beaufsichtigten Bereiche des Arbeitsmarktes. Die

Statistiken und ihre Erhebungsmerkmale ergeben sich aus Forderungen und Wünschen im Rahmen der Politikberatung, der Arbeitsmarkt- und Berufsforschung sowie den technischen Möglichkeiten innerhalb der EDV-Konzeptionen von BA und zugelassenen kommunalen Trägern. Die regelmäßigen Arbeitsmarktstatistiken der BA werden fast ausschließlich aus den bei der Wahrnehmung der Fachaufgaben anfallenden Geschäftsunterlagen gewonnen. Nicht zuletzt seit Einführung der Hartz-Gesetze und der damit verbundenen Intensivierung der Wirkungsforschung hat sich die Transparenz, aber auch die Datenfülle erheblich verbessert.

Abbildung 6: Methodische Unterschiede bei der Erfassung der Arbeitslosigkeit

Unterschiede von ILO-Erwerbsstatistik und SGB-Arbeitsmarktstatistik		
	ILO-Erwerbsstatistik	**SGB-Arbeitsmarktstatistik**
Erhebung	– Bevölkerungsbefragung – Stichprobe – Plausibilitätsprüfung – Zeitnahe Befragung durch Interviewer/in	– Meldung und Angaben bei einer Agentur für Arbeit, einer Arbeitsgemeinschaft oder einer optierenden Kommune – Totalerhebung – Angaben werden von einem Vermittler geprüft und beurteilt – Gespräch mit Vermittler kann länger zurückliegen
Aktive Suche, wenn	– eine Beschäftigung von mindestens einer Wochenstunde gesucht wird und – der Arbeitsuchende in den letzten vier Wochen spezifische Suchschritte unternommen hat	– eine Beschäftigung von mindestens 15 Wochenstunden gesucht wird und – der Vermittler zu dem Ergebnis kommt, dass der Arbeitsuchende alle Möglichkeiten nutzt oder nutzen will, Beschäftigungslosigkeit zu beenden
Verfügbarkeit, wenn	– der Arbeitsuchende in den nächsten zwei Wochen eine neue Tätigkeit aufnehmen kann	– der Arbeitsuchende arbeitsbereit und arbeitsfähig ist, insbesondere Vermittlungsvorschlägen zeit- und ortsnah Folge leisten kann
Beschäftigungslosigkeit	– Auswirkung nur dann, wenn andere Kriterien betroffen sind	– eine Beschäftigung von weniger als 15 Wochenstunden ausgeübt wird
Teilnahme an arbeitsmarktpolitischer Maßnahme	– keine Beschäftigung ausgeübt wird (bzw. weniger als eine Wochenstunde)	– Teilnahme hat eigenständige Bedeutung unabhängig von anderen Kriterien

Quelle: BA-Statistik 2010

Für internationale Vergleiche ergibt sich in der Arbeitsmarktstatistik immer noch das Problem, dass die erhobenen Daten nach dem Registrationsverfahren der BA und dem Befragungsverfahren der EU/ILO[7] nicht korrespondieren, z. T. mit erheblichen Abweichungen (vgl. Abbildung 6).

> „Ab Januar 2005 wurden die Erwerbslosenzahlen nach ILO-Konzeption in monatlichen Telefonbefragungen zeitnah ermittelt. Seit September 2007 geschieht dies im Rahmen einer monatlichen Zusatzaufbereitung des Mikrozensus, einer 1-Prozent-Stichprobe der deutschen Bevölkerung. Der Mikrozensus wird seit Anfang 2005 als kontinuierliche Erhebung in monatlichen Teilstichproben durchgeführt, so dass jeden Monat eine repräsentative Teilstichprobe vorliegt, die zur Hochrechnung der Erwerbslosenzahlen verwendet werden kann.
>
> Aber nicht nur die ILO-Erwerbslosen-, sondern auch die BA-Arbeitslosenstatistik wurde im Zuge der Hartz-Reformen verändert. So wurde mit Hartz III (2004) die Legaldefinition von Arbeitslosigkeit durch § 16 Abs. 2 SGB III insofern verändert, als alle Teilnehmer an Maßnahmen der aktiven Arbeitsmarktpolitik nicht mehr als arbeitslos zählen. Das galt bis dahin bereits für die Teilnehmer an Fort- und Weiterbildungsmaßnahmen sowie an Arbeitsbeschaffungsmaßnahmen (ABM) und seitdem auch für die Teilnehmer an Trainingsmaßnahmen und für Arbeitsuchende, die einen Ein-Euro-Job mit einer Arbeitszeit von mehr als 15 Stunden pro Woche annehmen. Teilnehmer an öffentlichen Beschäftigungsprogrammen und an Qualifizierungsmaßnahen werden auch in den nationalen Arbeitslosenstatistiken anderer europäischer Länder wie Dänemark, Großbritannien, den Niederlanden oder Schweden zwar als Arbeitsuchende, aber nicht als Arbeitslose erfasst" (Konle-Seidl 2009, S. 3).

1.2.2 Allgemeine Datenquellen der Arbeitsmarkt- und Sozialberichterstattung

Statistiken entstehen, wenn Menschen Sachverhalte erfassen und maschinell verarbeiten. Die entwickelten Staaten in Europa haben mittlerweile einen Stand in der statistischen Erfassung von Lebensverhältnissen ihrer Bürger erreicht, wie man ihn in der Geschichte vorher nie hatte. Die Gefahr ist groß, dass Daten um ihrer selbst willen gesammelt werden und die hierfür entstehenden Kosten (Aufwand) durch Personal, Zeit und Maschinen in keinem Verhältnis mehr zu ihrem Nutzen stehen. In letzter Zeit häufen sich die Hinweise, dass es weniger ein Defizit in der Erkennung von Zusammenhängen gibt denn ein Defizit in der richtigen Nutzung der zur Verfügung stehenden Daten. Dennoch gilt, dass eine moderne Politik über die Daten verfügen muss, die sie für eine vorausschauende Gestaltung der Lebensverhältnisse ihrer Bürger benötigt.

---

[7] ILO = International Labour Organization, dt. Internationale Arbeitsorganisation

1.2.3 Bestands- und Bewegungsstatistik

Durch die Beschäftigung mit den Bewegungsgrößen, sprich den Zu- und Abgangsmassen, wird deutlich, dass der Arbeitsmarkt entgegen den in der Öffentlichkeit vielfach vorhandenen Auffassungen auch bei einem hohen und unveränderten Bestand an Arbeitslosen „in Bewegung" sein kann und die Arbeitslosigkeit nicht aus einem festen Block von Dauerarbeitslosen bestehen muss. Die Arbeitsmarktstatistik versucht daher, die meist hinter den Bestandsgrößen verborgene Dynamik bei folgenden vier statistischen Größen sichtbar zu machen. Nur wenn neben den Bestandsgrößen und deren Veränderungen auch die dahinterstehenden Bewegungsgrößen (Zugänge und Abgänge) berücksichtigt werden, wird die „Dynamik" des Arbeitsmarktgeschehens sichtbar und die Gefahr von Fehlinterpretationen verringert, die mit einfachen Bestandsbetrachtungen verbunden sind.

Tabelle 4: Dimensionen der Arbeitslosigkeit im Jahr (Arbeitslosigkeitsvolumen)

	Bewegungsgrößen			**Bestandsgröße jährlich**
Risikoarten	Betroffenheit (Wie viele?)	Häufigkeit (Wie oft?)	Dauer (Wie lange?)	
Betroffenheit	12 Alo	1 x	1 Monat	12
Häufigkeit	1 Alo	12 x	1 Monat	12
Dauer	1 Alo	1 x	12 Monate	12

Quelle: eigene Darstellung

Tabelle 4 verdeutlicht die Bedeutung der Dynamik für den Arbeitsmarkt und die amtliche Arbeitslosenstatistik. Wie wichtig diese für die (regionale) Arbeitsmarktpolitik ist, lässt sich an diesem Rechenbeispiel demonstrieren. Wie man sieht, können drei völlig unterschiedliche Bewegungsvorgänge zum gleichen Arbeitslosenbestand führen, von denen jeder für sich genommen eine andere arbeitsmarktpolitische Reaktion erfordern würde.

In seiner gesamten Dimension wird das Geschehen auf dem Arbeitsmarkt erst deutlich, wenn man sich die Zu- und Abgangszahlen für ein ganzes Jahr einmal genauer ansieht (BA 2012b, S. 18). Die Zahlen (vgl. Tabelle 5) im Zu- und Abgang für 2011 zeigen, dass sich rund 8,2 Millionen Menschen im Laufe des Jahres arbeitslos meldeten, gleichzeitig aber auch 8,45 Millionen Menschen in diesem Zeitraum die Arbeitslosigkeit wieder verließen. Im Arbeitslosenbestand waren jahresdurchschnittlich aber nur rund 3 Millionen Arbeitslose registriert.

Tabelle 5: Zugang, Abgang und Dauer der Arbeitslosigkeit im Jahr 2011

Zugang		Bestand		Abgang und abgeschlossene Dauer	
Insgesamt	**8.218.000**	**Insgesamt**	**2.976.000**	**Insgesamt**	**8.449.000** nach 36,9 Wochen
davon aus:		davon eine bisherige Dauer der Arbeitslosigkeit von			davon in:
Erwerbstätigkeit	41 % →	bis zu 3 Monaten:	28 %	→ 37 %	Erwerbstätigkeit nach 25,0 Wochen
Qualifizierung	23 % →	3 bis 12 Monaten:	36 %	→ 20 %	Qualifizierung nach 33,4 Wochen
sonstige Nichterwerbstätigkeit	32 % →	12 bis 24 Monaten:	17 %	→ 35 %	sonstige Nichterwerbstätigkeit nach 50,6 Wochen
ohne Angabe	4 % →	24 Monaten und mehr:	18 %	→ 8 %	ohne Angabe nach 43,7 Wochen
Bei den Auswertungen zu Dauern werden die Daueranteile auf alle Arbeitslosen mit Dauern bezogen.					

Quelle: Bundesagentur für Arbeit

Die in Tabelle 4 dargestellte Zerlegung der Arbeitslosigkeit in die Größen Betroffenheit, Häufigkeit und Dauer wird nachfolgend formelhaft gefasst. Um die Dynamik der Arbeitslosigkeit genauer zu untersuchen, zerlegt man die Arbeitslosenquote (AQ) häufig in folgende drei Komponenten oder Teilrisiken:

- **Betroffenheit von Arbeitslosigkeit (BETR)**, um herauszufinden, wie viele Personen in einem bestimmten Zeitraum von Arbeitslosigkeit betroffen sind
- **Dauer der Arbeitslosigkeit (ADAU)**, um herauszufinden, wie lange die einzelne Arbeitslosigkeitsperiode dauert
- **Häufigkeit des Auftretens von Arbeitslosigkeit (H)**[8], um herauszufinden, wie viele Personen wie oft in einem Jahreszeitraum Erfahrungen mit der Arbeitslosigkeit gemacht haben

Das Risiko, wiederholt arbeitslos zu werden, lässt sich aus den regelmäßig veröffentlichten Arbeitsmarktstatistiken nicht berechnen, da nur die aufgetretenen Arbeitslosigkeitsfälle, nicht jedoch die sich dahinter verbergende individuelle Personenzahl statistisch erfasst werden. Die Arbeitslosenquote

8 Auch durchschnittliche Mehrfacharbeitslosigkeit (DMFA) genannt.

kann daher faktisch nur in zwei Komponenten zerlegt werden: In ein Zugangs- und ein Verbleibrisiko:

$$\text{Zugangsrisiko (ZR)} = \frac{\text{Jahressumme Zugänge Arbeitslose (Fälle)}}{\text{Erwerbspersonen (EP)}}$$

$$\text{Verbleibrisiko (VR)} = \frac{\text{Jahresdurchschnittsbestand x (Zeiteinheit)}}{\text{Jahressumme Zugänge Arbeitslose Fälle}}$$

Die Zerlegung der Arbeitslosenquote in ihre beiden Teilrisikokomponenten ist u. a. wichtig, um die Arbeitslosigkeit mit den geeigneten regionalen arbeitsmarktpolitischen Instrumenten gezielt verringern zu können. Für Integrationsfachkräfte in der Grundsicherung bedeutet ein hohes Zugangsrisiko von Zielgruppen z. B. einen Bedeutungszuwachs für berufliche Beratung und Vermittlung, Kurzqualifizierung von arbeitslosen Personen oder der von Arbeitslosigkeit bedrohten Menschen oder ein verstärkter Einsatz des Instruments Kurzarbeitergeld. Bei hohem Verbleibrisiko geht es verstärkt um eine Vermittlungsoffensive für (Langzeit-)Arbeitslose, die Förderung beruflicher Weiterbildung sowie einer verstärkten Selbstaktivität von Arbeitslosen bei der Jobsuche. Ist Langzeitarbeitslosigkeit eingetreten, sind auch beschäftigungsschaffende Maßnahmen zu überlegen.

1.2.4 Zur Aussagefähigkeit der Arbeitsmarkt-Statistiken

Die Aussagefähigkeit der Statistiken der Bundesagentur für Arbeit und der Grundsicherungsträger werden insbesondere in Zeiten konjunktureller Belebung immer wieder in Zweifel gezogen. Es wird angezweifelt, ob die von ihr erfassten und veröffentlichten Zahlen über die Zahl der Arbeitslosen und offenen Stellen der Wirklichkeit entsprechen. Vielfach wird behauptet, dass die tatsächliche Zahl der Arbeitslosen niedriger und die tatsächliche Zahl der offenen Stellen höher wäre als die von der Bundesagentur für Arbeit veröffentlichten Zahlen.

Ein Grundproblem der Arbeitsmarkt-Statistik besteht darin, dass sie eine reine „Geschäftsstatistik" der Bundesagentur für Arbeit ist. Die statistische Erfassung von Arbeitslosen und offenen Stellen hängt also u. a. davon ab, ob Arbeitnehmer und Arbeitgeber es für sinnvoll erachten, mit der Agentur für Arbeit „Geschäftsbeziehungen" zu unterhalten. Arbeitgeber melden offene Stellen, wenn sie überzeugt sind, dass die Arbeitsagenturen ihnen bei der Personalsuche behilflich sein und ihnen für das aktuelle Stellenangebot geeignete und unmittelbar verfügbare Arbeitslose vorschlagen können. Sie erwarten daher eine Arbeitslosenstatistik, die Niveau und Struktur der unmittelbar für das aktuelle Stellenangebot verfügbaren Arbeitslosen anzeigt.

Für Arbeitslose ist die Meldung bei der Arbeitsagentur zwingend, wenn sie ihren Anspruch auf Arbeitslosengeld einlösen wollen oder – wenn kein Anspruch besteht – von den Vermittlungs- und Integrationsleistungen profitieren wollen (Arbeitsuchende).

Die Arbeitsmarktstatistik arbeitet hier mit unterschiedlichen Konzepten (vgl. Abbildung 7), die erklären, warum das jeweilige Datenmaterial begründungs- und erklärungsbedürftig ist: So arbeitet das IAB mit dem hier vorgestellten Konzept der Stillen Reserve, der Sachverständigenrat zur Begutachtung der gesamtwirtschaftlichen Entwicklung mit dem Konzept der „verdeckten Arbeitslosigkeit", die Bundesagentur für Arbeit mit dem Unterbeschäftigungskonzept, auf europäischer Ebene wird zusätzlich noch mit dem Begriff der „Inaktivität" gearbeitet und von verschiedenen Wirtschaftsforschungsinstituten liegen weitere Unterbeschäftigungskonzepte vor (IWH, IAW).

Zum Verständnis ist der Hinweis wichtig, dass die Trennlinien nicht klar gezogen sind; eine einzelne Person kann – je nach Erfassungskonzept – manchmal bis zu drei Kategorien angehören.

Abbildung 7: Komponenten der Unterbeschäftigung

Gesamtes Arbeitskräfteangebot (Bevölkerung im Alter von 15–65/67 Jahre)

	Arbeitslose	**Aktive Stille Reserve**	**Passive Stille Reserve**	**Gruppe der Inaktiven**
Unterbeschäftigung	• Registrierte ALO (Konzept der BA) • ILO-Konzept der ALO	• In Maßnahmen geförderte ALO • Vorübergehend AU • Existenzgründer • KUG (Vollzeitäquivalent)	• Suchend ohne Leistungsansprüche • Vorruhestand • Wartend/ resignierte Suchende	• Aus familiären Gründen nicht suchend • Bildungsmaßnahmen • Passive Sozialleistungen (EU, Vorruhestand) • Sonstige Nicht-ET

Gesamte Arbeitskräftenachfrage (gesamtwirtschaftliches Stellenangebot)

Quelle: eigene Darstellung

So kann auch der Kreis der Erwerbspersonen bzw. der Erwerbstätigen unterschiedlich abgegrenzt werden und erklärt, warum die BA in ihren amtlichen Statistiken zwei unterschiedliche Arbeitslosenquoten veröffentlicht.

1. **Arbeitslosenquote bezogen auf alle zivilen Erwerbspersonen**, d. h. die Summe aus den abhängigen zivilen Erwerbstätigen sowie Selbstständigen und mithelfenden Familienangehörigen

2. **Arbeitslosenquote bezogen auf die abhängigen zivilen Erwerbspersonen:** Der Nenner enthält nur die abhängigen zivilen Erwerbstätigen (abh. ziv. ET), d. h. die Summe aus sozialversicherungspflichtig Beschäftigten (einschl. Auszubildende), geringfügig Beschäftigten, Personen in Arbeitsgelegenheiten (Mehraufwandvariante), Beamten (ohne Soldaten) und Grenzpendlern. Diese Art der Quotenberechnung hat in Deutschland die längere Tradition.

Schwierig wird eine objektive Darstellung des Arbeitsmarktgeschehens, wenn Betroffene aus politischen Gründen „statistisch bereinigt" werden. Immer wieder haben politische Parteien per Gesetz oder Verordnung in die amtliche Statistik der BA eingegriffen und Personenkreise aus der Arbeitslosigkeit herausdefiniert, die faktisch noch arbeitslos waren oder sind. Sie finden sich dennoch in der amtlichen Statistik, versteckt in den Größen der Unterbeschäftigung oder Stillen Reserve. Die Bundesagentur für Arbeit setzt die Unterbeschäftigung wie folgt zusammen:

Im Juni 2013 lag zwischen dem offiziellen Arbeitslosenbestand von 2,86 Millionen Menschen und der Unterbeschäftigung mit 3,74 Millionen eine Differenz von 880.000 Personen, die nicht zur offiziellen Arbeitslosigkeit gezählt wurden. Diese Zahlen sind zwar für Fachleute leicht zu ermitteln, werden auch regelmäßig veröffentlicht, spielen aber in der politischen Öffentlichkeit nur auf Fachtagungen eine Rolle und werden vom „normalen" Bürger kaum wahrgenommen.

1.2.5 Chancenindikatoren am Arbeitsmarkt

Neben den Risikokennziffern ist es für berufliche und regionale Entscheidungsprozesse wichtig, sich ein Bild über die regionalen Chancen am Arbeitsmarkt machen zu können. Eine einfache Chancen-Risiko-Analyse des regionalen Arbeitsmarktes gelingt bereits, wenn man die in Kapitel 2.3 dargestellten Kennziffern [Dauer der Arbeitslosigkeit (ADAU), Laufzeit von offenen Stellen (ODAU), Nachfrage/Angebotsrelation (N/A-R)] analysiert:

Die Kennziffern können wie folgt berechnet werden:

ADAU = Jahresdurchschnittsbestand Arbeitslose x (Zeiteinheit)/Jahressumme Zugänge Arbeitslose (Fälle)

ODAU = Jahresdurchschnittsbestand Offene Stellen (OST)/Jahressumme Zugänge Offene Stellen

N/A-R = Gesamtes Stellenangebot (= Nachfrage)[9]/Gesamtzahl von Arbeitsuchenden (= Angebot)[10]

---

[9] N = Anfangsbestand offene Stellen + Jahressumme offene Stellen, inklusive der nicht bei der Agentur für Arbeit gemeldeten offenen Stellen.

[10] A = Anfangsbestand Arbeitsuchende + Jahressumme Arbeitsuchende. Gemeldete Arbeitslose + gemeldete nicht-arbeitslos Arbeitsuchende.

Abbildung 8: Komponenten der Unterbeschäftigung in der Erfassung durch die Bundesagentur für Arbeit

die monatlich veröffentlichte Zahl der bei Arbeitsagenturen oder Jobcentern gemeldeten Arbeitslosen		= Arbeitslosigkeit nach § 16 SGB III
plus		
Personen, die im weiteren Sinne arbeitslos sind	Teilnehmer in Maßnahmen zur Aktivierung und beruf. Eingliederung und Personen, die unter die sog. 58er-Regelung nach § 53a SGB II fallen.	= Arbeitslosigkeit im weiteren Sinne (nach § 16 Abs. 1 SGB III)
plus		
Personen, die nahe am Arbeitslosenstatus sind	Teilnehmer in Qualifizierungsmaßnahmen Beschäftigte am 2. Arbeitsmarkt, vorruhestandsähnliche Regelungen, kurzfristige Arbeitsunfähigkeit	= Unterbeschäftigung im engeren Sinne
plus		
Personen, die weit weg vom Arbeitslosenstatus sind	Personen in Kurzarbeit, Altersteilzeit und geförderter Selbstständigkeit	= Unterbeschäftigung nach BA-Konzept

Quelle: Bundesagentur für Arbeit – Statistik

Mit den ersten beiden Kennziffern lassen sich die regionalen Arbeitsmärkte wie folgt typisieren:

Überdurchschnittliche Dauer der Arbeitslosigkeit bei überdurchschnittlicher Laufzeit von offenen Stellen: Signalisiert einen Arbeitsmarkt, bei dem es schwierig ist, Angebot und Nachfrage zusammenzuführen. Die Arbeitsmarktexperten sprechen hier von einer Tendenz zu einer strukturellen oder Mismatch-Arbeitslosigkeit.

Unterdurchschnittliche Dauer der Arbeitslosigkeit bei überdurchschnittlicher Laufzeit von offenen Stellen: Dieser Arbeitsmarkt zeigt eine Tendenz zu Arbeitskräftemangel. Wenn offene Stellen gemeldet werden, dauert es lange, bis sie besetzt werden können; gemeldete Arbeitslose kommen aber relativ schnell wieder in Beschäftigung.

Unterdurchschnittliche Dauer der Arbeitslosigkeit bei unterdurchschnittlicher Laufzeit von offenen Stellen: Hier liegt ein bewegungsintensiver Arbeitsmarkt vor, der insbesondere die Arbeitsagenturen in ein gutes Licht rückt: Es gelingt nach kurzer Zeit, sowohl Arbeitslose in Arbeit zu bringen als auch offene Stellen zu besetzen.

1 **Überdurchschnittliche Dauer der Arbeitslosigkeit bei unterdurchschnittlicher Laufzeit von offenen Stellen:** Arbeitslose bleiben überdurchschnittlich lang arbeitslos, offene Stellen werden schnell besetzt. Da es jedoch zu wenige davon gibt, erfahren die Arbeitslosen ein überdurchschnittlich hohes Verbleibrisiko. Es herrscht Arbeitsplatzmangel.

Dass dabei die regionalen Märkte die bedeutsamste Rolle spielen, hatte H. Rudolph (1998, S. 12) schon früher untersucht. Innerhalb der Subarbeitsmärkte spielen dann wiederum individuelle Zugangsbarrieren eine zentrale Rolle.

> „Die starken regionalen Unterschiede im Verbleibrisiko Langzeitarbeitslosigkeit veranschaulichen (...), dass das Risiko in erster Linie durch die regionale Arbeitsmarktlage beeinflusst wird. Die regionale Arbeitslosenquote zeigt die Länge der Warteschlange an. Innerhalb der Warteschlange führen persönliche Risikomerkmale zu einer „Sortierung", die Personen in fortgeschrittenem Alter, mit gesundheitlichen Beeinträchtigungen und mit Erwerbsunterbrechungen nach hinten rücken lassen und damit das Verbleibrisiko erhöhen.
>
> Präventive Maßnahmen können daher, solange nicht zusätzliche Arbeitsplätze angeboten werden, versuchen, passive Ausgaben für Lohnersatzleistungen in aktive Ausgaben umzuwandeln. Dadurch wird eine Entfernung der Langzeitarbeitslosen vom Arbeitsmarkt verhindert und in beschränktem Umfang Einfluss auf die Reihenfolge in der Warteschlange genommen. Die registrierte Arbeitslosigkeit kann dadurch entlastet werden."

Die Bundesagentur für Arbeit stellt mittlerweile tief gegliederte Daten zur Verfügung, mit denen sich noch sehr viel differenziertere Analysen, beispielsweise nach Berufsbereichen, im Zeitablauf oder regional, durchführen lassen. Im Hinblick auf die erwartete demografische Verknappung des Arbeitskräfteangebotes kommt einer frühzeitigen Analyse von Fachkräftemangel wirtschaftlich eine große Bedeutung zu. Die BA nutzt ihre Daten seit einiger Zeit, um eine monatliche Engpassanalyse vorzunehmen. Dabei werden Größen wie die Vakanzzeit offener Stellen (berufsspezifisch) und die Zahl der gemeldeten Arbeitslosen (berufsspezifisch) in Beziehung gesetzt. So liegt „ein Fachkräftemangel [...] für die ausgewählte Berufsgruppe vor, wenn die Vakanzzeit mindestens 40 Prozent über dem Bundesdurchschnitt aller Berufe liegt und es weniger als 150 Arbeitslose je 100 gemeldete Stellen gibt oder es weniger Arbeitslose als gemeldete Stellen gibt." Die Verwendung statistischer Daten in der Beratung zur Lösung individueller Anliegen ist oft problematisch, worauf in Kapitel 2 detaillierter eingegangen wird.

1.3 Arbeitsmarkttheorie: Ungleichgewichte und Erklärungsansätze für ihre Entstehung

1.3.1 Traditionelle Arten von Arbeitslosigkeit

Betrachtet man im Folgenden den Angebotsüberhang an Arbeitskräften, sprich die Unterbeschäftigung hinsichtlich ihrer wichtigsten Entstehungsursachen, liefern diese wichtige Hinweise dafür, wie die Arbeitslosigkeit entsteht und welche Ansätze helfen können, die Auswirkungen zu begrenzen. Die wichtigsten Entstehungsursachen werden in der klassischen Arbeitsmarkttheorie nach fünf Arten der Arbeitslosigkeit geordnet: saisonale, friktionelle, keynesianische, klassische und strukturelle Arbeitslosigkeit. Dabei wird in der neueren Literatur die keynesianische (konjunkturelle) Arbeitslosigkeit zusammen mit der klassischen Arbeitslosigkeit als Niveau-Arbeitslosigkeit bezeichnet. Im Einzelnen können diese Arbeitslosigkeitsarten wie folgt beschrieben werden:

1.3.1.1 Saisonale Arbeitslosigkeit

Saisonale Arbeitslosigkeit entsteht, wenn Produktion und Nachfrage stark von der Jahreszeit abhängen. Dabei können sowohl biologische, klimatische, verhaltens- und institutionell bedingte Faktoren Unstetigkeiten in der Produktion und der Nachfrage verursachen. Beispiele hierfür sind die Abhängigkeit der Land- und Forstwirtschaft von biologischen Faktoren (Erntezyklen), des Baugewerbes vom Wetter, bestimmte Dienstleistungen (z. B. Tourismus, Weihnachtsgeschäft) von verhaltensbedingten zeitlichen Nachfrageballungen sowie die Abhängigkeit von institutionellen Faktoren wie Quartalsterminen, Schulentlassterminen und Betriebsferien. Das Ausmaß saisonaler Arbeitslosigkeit hängt somit zum einen vom Umfang der von ihr betroffenen Branchen, zum anderen aber auch davon ab, inwieweit es gelingt, durch den Einsatz arbeitsmarktpolitischer Instrumente (z. B. produktive Winterbauförderung, Schlechtwettergeld) das Entstehen saisonaler Arbeitslosigkeit zu verhindern oder bei eingetretener Arbeitslosigkeit durch Vermittlungsaktivitäten befristete Beschäftigungsmöglichkeiten in anderen Branchen zu erschließen. Insgesamt ist die saisonale Arbeitslosigkeit kurzzeitiger Natur, sodass ihr „Schweregrad" eher gering ist.

Gemessen werden kann der saisonale Anteil an der Arbeitslosigkeit mithilfe des sog. Saisonbereinigungsverfahrens (Karr 1973 sowie Rudolph 1998), bei dem die Originalreihe der Arbeitslosigkeit in einzelne Komponenten zerlegt wird. In der Arbeitsmarkttheorie hat sich die Darstellung einer saisonbereinigten AQ bewährt, um die vorübergehenden Schwankungen durch saisonale Einflüsse zu eliminieren.

1.3.1.2 Friktionelle Arbeitslosigkeit

Die friktionelle Arbeitslosigkeit (auch Such- oder Fluktuationsarbeitslosigkeit genannt) hängt im Wesentlichen von zwei Faktoren ab:

- Zum einen ergibt sie sich aus den in marktwirtschaftlich organisierten Gesellschaften häufigen Arbeitsplatzwechselvorgängen (Fluktuation), wenn Beendigung der alten und Beginn der neuen Tätigkeit zeitlich auseinanderfallen. Die Beurteilung des „Schweregrades" der friktionellen Arbeitslosigkeit hängt davon ab, von welcher Seite des Arbeitsmarktes der Anstoß zum Arbeitsplatzwechsel ausging.
- Der zweite Faktor, der das Ausmaß der friktionellen Arbeitslosigkeit bestimmt, ist die Suchdauer. Informationen über den neuen Arbeitsplatz, Kündigungszeiten, Bewerbungen, Vorstellungen, Eignungstests und ggf. ein Wohnortwechsel erfordern Zeit und führen dadurch zu einer sog. „Sucharbeitslosigkeit". Diese kann u. U. noch durch vermittlungsbezogene „Mismatch"-Strategien verstärkt werden, wenn es aufgrund von organisatorischen oder personellen Vermittlungsengpässen in den Arbeitsagenturen und Jobcentern nicht gelingt, Arbeitslose und Arbeitgeber in kurzer Zeit mit dem Ziel zusammenzubringen, neue Beschäftigungsverhältnisse zu begründen.

Das Ausmaß der friktionellen Arbeitslosigkeit wird also insgesamt durch den Umfang der Fluktuation und den Zeitbedarf zwischen der Aufgabe des alten und der Annahme des neuen Arbeitsplatzes bestimmt. In modernen Gesellschaften wird diese Art der Arbeitslosigkeit auch häufig als „natürliche" Arbeitslosigkeit bezeichnet, weil sie Kennzeichen eines modernen und flexiblen Arbeitsmarktgeschehens ist. Moderne Arbeitsvermittlung wird genau an diesem Punkt ansetzen, indem sie mit unterschiedlichen Maßnahmen (Öffentlichkeitsarbeit, Selbstinformationssysteme, schnellere und genauere Vermittlung etc.) diesen Suchprozess für beide Seiten verkürzt. Sie ist eng mit der Job-Search-Theorie verknüpft (s. nächstes Kapitel).

1.3.1.3 Niveau-Arbeitslosigkeit

Unter Niveau-Arbeitslosigkeit versteht man mit Kromphardt (1987, S. 57 ff.) diejenige Arbeitslosigkeit, die durch die Differenz im Niveau von Angebot und Nachfrage auf dem Arbeitsmarkt entsteht und auf einen Mangel an Beschäftigungsmöglichkeiten zurückzuführen ist. Sie umfasst damit die Arbeitslosigkeit, die nicht saisonaler, friktioneller und struktureller Natur ist. Sie verteilt sich weitgehend gleichmäßig auf die verschiedenen Sektoren, Regionen und Berufsgruppen. Zur Erklärung der niveaubedingten Arbeitslosigkeit stehen sich zwei ökonomische Theorien kontrovers gegenüber:

- Auf der einen Seite befinden sich die „Keynesianer", die die Ursache für diese Arbeitslosigkeit in einem allgemeinen Nachfragemangel auf den Gütermärkten sehen. Dieser kann wiederum in einem konjunkturellen Rückgang der einzelnen Komponenten der gesamtwirtschaftlichen Nachfrage, also des Bruttoinlandsproduktes, begründet und damit vorübergehend sein (konjunkturelle Arbeitslosigkeit).

- Auf der anderen Seite stehen die „Neoklassiker" (Monetaristen), die die niveaubedingte Arbeitslosigkeit allein darauf zurückführen, dass der bestehende Reallohn höher als der Vollbeschäftigungs-Reallohn ist, mit der Folge eines Angebotsüberhanges auf dem Arbeitsmarkt. Die Ursachen für diese sog. klassische Arbeitslosigkeit liegen daher nach diesen Vorstellungen in einem zu hohen und zu inflexiblen Lohnniveau.

Der Schlüssel für die Bekämpfung der niveaubedingten Arbeitslosigkeit liegt nach keynesianischer Auffassung insbesondere bei der Regierung und der von ihr unabhängigen Bundesbank, die mit ihren fiskal- und geldpolitischen Instrumenten die Voraussetzungen für einen kurz- bzw. längerfristigen Anstieg von Produktion und Beschäftigung schaffen können. Nach Auffassung der Neoklassiker fällt dagegen den Tarifparteien die entscheidende Rolle bei der Realisierung eines vollbeschäftigungskonformen Reallohnniveaus zu.

1.3.1.4 Strukturelle Arbeitslosigkeit

Strukturelle Arbeitslosigkeit liegt vor, wenn Angebot und Nachfrage auf dem Arbeitsmarkt deshalb nicht zusammenpassen, weil beide Seiten des Arbeitsmarktes bezüglich vermittlungsrelevanter Merkmale unterschiedlich zusammengesetzt („strukturiert") sind. Für die Höhe der strukturellen Arbeitslosigkeit ist demnach maßgebend, wodurch und in welchem Tempo sich die Struktur der Arbeitskräftenachfrage und des Arbeitskräfteangebots auseinanderentwickeln. Für die Veränderung der Struktur der Nachfrage nach Arbeitskräften sind insbesondere die folgenden Faktoren maßgebend (vgl. Kromphardt 1987, S. 45 ff.): die Verschiebung der Struktur der Güternachfrage und der technische Fortschritt.

Hauptkomponenten für die Güternachfrageänderung sind der Konsum der privaten Haushalte sowie die Ausgaben des Staates. Ursachen für die Veränderung der staatlichen Ausgaben liegen im politischen Bereich: Beispiele hierfür sind Verlagerungen von Ausgaben vom Verteidigungs- und Verkehrsbereich in den Umweltschutz und den Wohnungsbau. Eine Ursache für die Veränderung der privaten Konsumausgaben liegt im Anstieg/der Absenkung des verfügbaren Einkommens und den unterschiedlich hohen Einkommenselastizitäten der Konsumgüternachfrage. Eine unterdurchschnittliche Elastizität wird z. B. für Massenprodukte aus dem Nahrungsmittelbereich sowie dem Textilbereich angenommen; eine überdurchschnittliche Elastizität liegt dagegen bei neuen Produkten und Dienstleistungen vor.

Eine weitere Ursache für den Strukturwandel in der Güternachfrage resultiert aus der mit der Globalisierung zusammenhängenden Zunahme der internationalen Arbeitsteilung. Dieser führt zu einem ständig zunehmenden Warenaustausch zwischen den Industrie-, Schwellen- und Entwicklungsländern. Aufgrund der unterschiedlich hohen Kosten für die Produktionsfaktoren Arbeit und Kapital kommt es zu einer Verlagerung der Produktion arbeitsintensiver Produkte in Länder mit niedrigem Lohnniveau, also den

Entwicklungs- und Schwellenländern, während sich die Industrieländer verstärkt auf kapitalintensive Produkte konzentrieren, die wiederum einen verstärkten Einsatz von qualifizierten Arbeitskräften erforderlich machen. Mit dieser Strukturänderung der Güternachfrage ändert sich somit insbesondere in der Bundesrepublik Deutschland die Qualifikationsstruktur der Arbeitskräftenachfrage: Die Nachfrage nach un- und angelernten Arbeitskräften sinkt, diejenige nach qualifizierten und hoch qualifizierten steigt.

Ebenso führt der technische Fortschritt zu einer Veränderung der Nachfrage nach Arbeitskräften. Verzögerungen in der gegenseitigen Anpassung der Angebots- und Nachfragestrukturen werden durch die Strukturanalysen der Arbeitslosen und offenen Stellen belegt. Die Streuung der Arbeitslosenquoten bei wichtigen Strukturmerkmalen (z. B. Region, Qualifikation, Beruf) ist ein Maß für die „Segmentierung" des Arbeitsmarktes und damit die Höhe der strukturellen Arbeitslosigkeit. Eine besondere Art der strukturellen Arbeitslosigkeit tritt in Form des sog. „qualifikatorischen Mismatches" auf, wenn die Diskrepanzen zwischen Arbeitskräfteangebot und Arbeitskräftenachfrage auf der qualifikatorischen Ebene angesiedelt sind. Insgesamt erfordert dies einen verstärkten und differenzierten Einsatz der arbeitsmarktpolitischen Instrumente. Der Handlungsbedarf der Arbeitsmarktpolitik besteht dabei zunächst darin, die Ursachen für die starke Segmentierung aufzuspüren. Diese können z. B. in einer zu geringen regionalen und/oder beruflichen Mobilität der Arbeitnehmer oder in einer zu geringen Substitutionsbereitschaft der Arbeitgeber liegen. Ein weiterer Grund könnte in zu wenig differenzierten Lohnstrukturen zwischen den Arbeitsmarktsegmenten bestehen. Nicht zuletzt können auch die Vermittlungsinstanzen nicht wirkungsvoll genug sein, um Angebot und Nachfrage auf dem Arbeitsmarkt zusammenzubringen. Friktionelle und strukturelle Arbeitslosigkeit bilden in der Summe die sog. Mismatch-Arbeitslosigkeit.

1.3.2 Vorherrschende Theorien zur Erklärung arbeitsmarktlicher Ungleichgewichte[11]

1.3.2.1 Das neoklassische Modell

Unterstellt man aus dem Blickwinkel der neoklassischen Ökonomie, dass der Arbeitsmarkt ein ganz normaler Markt ist, auf dem Arbeitsleistung gegen Lohn getauscht wird, dann müsste sich unter diesen Voraussetzungen normalerweise immer wieder ein Gleichgewicht herausbilden. Wenn darüber hinaus die Löhne vollständig flexibel sind, führen Lohnerhöhungen bei zu geringem Arbeitskräfteangebot und Lohnsenkungen bei zu hohem Arbeitskräfteangebot zu einem entsprechenden Gleichgewicht auf dem Arbeitsmarkt. Dabei wird unterstellt, dass sowohl die Arbeitsnachfrage als

[11] Wesentliche Ausführungen zu diesem Kapitel entstammen den Publikationen von Eichhorst u. a. 2001 und Franck 2002.

auch das Angebot typisch reagieren, d. h. dass bei steigendem Lohnsatz das Arbeitskraftangebot zu- und die Arbeitskraftnachfrage abnehmen.

Gewinnmaximierende Unternehmen fragen Arbeit so lange nach, wie sich Einstellungen für sie lohnen. Sie vergleichen dabei die Kosten einer zusätzlichen Arbeitseinheit, d. h. den Lohnsatz, mit den Erlösen der resultierenden Mehrproduktion. Eine Mehrnachfrage nach Arbeit erscheint lohnenswert, wenn der erwartete Grenzerlös aus dem Grenzprodukt der Arbeit, sprich der durch den Mehreinsatz von Arbeit zusätzlich möglich gewordene Erlös, die zusätzlichen Lohnkosten übertrifft. Die Nachfrage der Unternehmen wird somit vom Grenzertrag der Arbeit bestimmt. Da die Neoklassiker annehmen, dass der Grenzertrag der Arbeit bei zunehmendem Arbeitseinsatz abnimmt, können zusätzliche Arbeitskräfte ceteris paribus (unter sonst gleichbleibenden Bedingungen) nur bei einem fallenden Lohnsatz rentabel beschäftigt werden. Die Arbeitskräftenachfragefunktion verläuft deswegen durchgehend fallend.

Bei der Rentabilitätsüberlegung eines Unternehmers ist aber nicht nur der Nominallohn (der tatsächlich in Geldeinheiten ausgezahlte Lohn), sondern auch die Höhe der Güterpreise wichtig. Warum? Die Arbeitskraftnachfrage wird vom Verhältnis der zusätzlichen Arbeitskosten zum zusätzlich erzielbaren Erlös bestimmt. Dieser wiederum hängt allein von der Höhe der Güterpreise ab, jedenfalls solange die Produktionsmenge auf den Güter- und Dienstleistungsmärkten vollständig absetzbar ist (was das Modell unterstellt). Daher entscheidet die Relation der Löhne zu den Güterpreisen (der sog. Reallohn), ob eine Ausweitung des Arbeitseinsatzes den Gewinn der Unternehmung erhöht. Für die Neoklassiker gilt: Je höher ceteris paribus der Reallohn, desto ungünstiger ist aus Sicht der Beschäftiger das Verhältnis von Lohnsatz und Grenzerlös der Arbeit, desto unattraktiver somit der Einsatz des Faktors Arbeit. Umgekehrt: Je niedriger der Reallohn ist, desto mehr Arbeitsvolumen wird rentabel, desto höher ist mithin die Arbeitskraftnachfrage.

Das Arbeitskräfteangebot erklärt sich aus einem einfachen Kalkül der als Anbieter von Arbeit auftretenden privaten Haushalte. Diese wollen den Nutzen, welchen sie aus Konsum und Freizeit erzielen, maximieren. Dabei gilt das erste Gossensche Gesetz: je höher der Konsum, desto geringer der Grenznutzen der letzten konsumierten Gütereinheit. Je mehr Freizeit, umso geringer der Grenznutzen der letzten Freizeiteinheit. Schließlich vergleichen die Arbeitskraftanbieter den Grenznutzen des Mehrkonsums, der möglich wird, wenn sie ihr Arbeitsangebot ausweiten, mit dem Nutzenverlust aufgrund der entgangenen Freizeit. Steigende Löhne verschieben die Haushaltspräferenzen zugunsten des Arbeitsangebotes, fallende Löhne dagegen zugunsten der Freizeit, d. h. zulasten des Arbeitsangebotes. Die Arbeitskräfteangebotskurve verläuft somit typischerweise steigend.

Bei einem normalen Verlauf der Nachfrage- und Angebotskurve kommt es bei flexiblen Löhnen nach neoklassischer Auffassung zu einem Gleichgewicht bei Vollbeschäftigung. Es wird sehr schnell ein Reallohnniveau gefunden, bei dem jeder, der zu diesem Reallohn arbeiten will, Arbeit findet, und jedes Unternehmen, das zu diesen Bedingungen Arbeitskräfte sucht, Arbeitswillige findet. Die Höhe des Gleichgewichtslohns und die Zahl der Beschäftigten finden sich im Schnittpunkt der beiden Kurven (s. Abbildung 9).

Abbildung 9: Der Arbeitsmarkt als System von Angebot und Nachfrage im neoklassischen Modell

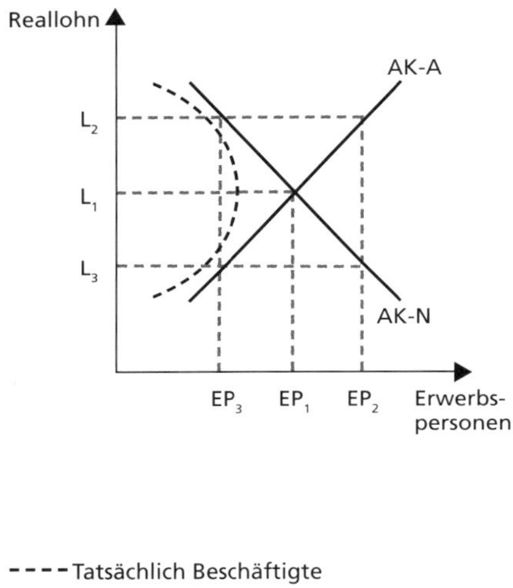

Prämissen

- Marktteilnehmer verfügen über vollständige Informationen
- Marktteilnehmer reagieren auf veränderte Bedingungen sofort
- AK sind vollständig mobilitätsbereit und -fähig
- Marktteilnehmer verhalten sich gewinn- bzw. nutzenmaximierend
- Produzierte Waren sind komplett absetzbar
- AK-Angebot wird über den Grenznutzen erklärt
- AK-Nachfrage wird über die Grenzproduktivität erklärt
- Arbeitsmarktliches Gleichgewicht wird über den markträumenden Lohn hergestellt
- AK sind homogen

Quelle: eigene Darstellung

Die klassische Folgerung aus dieser Betrachtung lautet: Solange die Preise (der Unternehmen) und die Löhne (der Arbeitskräfte) flexibel sind, kann es keine unfreiwillige Arbeitslosigkeit geben. Wer nicht bereit ist, zum gleichgewichtigen Reallohnsatz zu arbeiten, ist aus klassischer Sicht freiwillig arbeitslos. Aus Sicht der neoklassisch orientierten Ökonomen beruht Arbeitslosigkeit auf Mängeln am Arbeitsmarkt, die sich im Wesentlichen auf mangelnde Transparenz, mangelnde Mobilität oder – regulierungsbedingt – auf mangelhafte Lohnflexibilität zurückführen lassen. Deshalb lautet eine ihrer Kernforderungen, die Funktionsfähigkeit der Arbeitsmärkte durch „Deregulierung", d. h. durch den Abbau tarifvertraglicher Vereinbarungen und sozialer Gesetze zum Schutze der Beschäftigten, zu verbessern. Ob auf diesem Wege jedoch ein arbeitsmarktliches Gleichgewicht erreicht werden kann, ist fraglich.

1.3.2.2 Das keynesianische Modell

Das Modell von Keynes unterscheidet sich in zwei Punkten wesentlich von der neoklassischen Auffassung. Zwar unterstellt auch er, dass das Arbeitskräfteangebot und die -nachfrage von der Reallohnhöhe abhängen. Die Hauptunterschiede werden jedoch schon in der grafischen Darstellung deutlich (s. Abbildung 10). Bezogen auf die Nachfrage nach Arbeitskräften geht Keynes davon aus, dass die Unternehmen bei sinkendem Reallohnsatz die Arbeitsnachfrage erhöhen, aber nur bis zu einem bestimmten maximalen Arbeitseinsatz. Die Unternehmen erwarten bestimmte Absatzmöglichkeiten für ihre Produkte, welche wiederum von der Höhe der gesamtwirtschaftlichen Güternachfrage abhängen. Selbst wenn der Reallohn weiter sinken würde, würde die Nachfrage nach Arbeitskräften nicht mehr über den vorgenannten Arbeitseinsatz hinaus ausgeweitet werden, da die Unternehmen bei gegebener gesamtwirtschaftlicher Nachfrage davon ausgehen, nicht mehr als die bereits realisierte Produktionsmenge absetzen zu können. Dies führt dazu, dass die Arbeitsnachfrage von einem bestimmten Lohnsatz an lohnunabhängig ist. Die Arbeitskraftnachfragekurve verläuft dann senkrecht. Engpassfaktor ist deshalb hier die gesamtgesellschaftliche Güternachfrage.

Abbildung 10: Der Arbeitsmarkt als System von Angebot und Nachfrage im keynesianischen Arbeitsmarktmodell

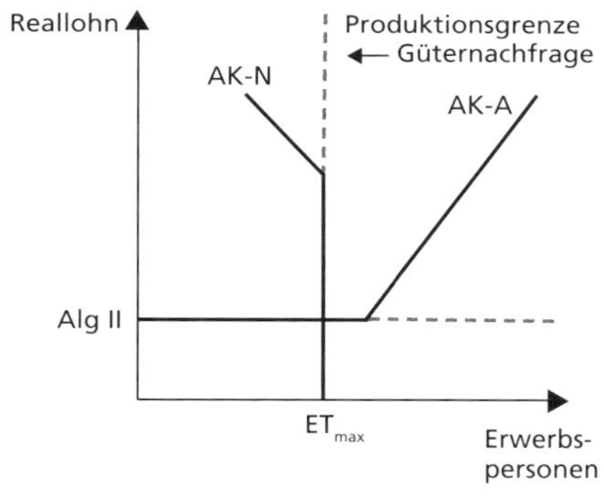

Engpassfaktor für die Arbeitskräftenachfrage ist die zu geringe gesamtwirtschaftliche Güternachfrage. Gründe hierfür sind u.a.:

- Technischer Fortschritt
- Wandel der Arbeitsorganisation
- Vorsorgesparen bei Konsumenten
- Ungleichverteilung der Einkommen
- Bevölkerungsrückgang
- „Lange Wellen"
- Produktlebenszyklus
- Sättigungstendenzen bei zahlreichen Konsumgütern

Das Arbeitskräfteangebot ist nur teilweise elastisch. Es wird angenommen, dass es einen Mindestlohnsatz gibt, etwa in Form von staatlichen Entgeltersatzleistungen („Reservationslohn"), woraufhin die Arbeitskraftanbieter nicht bereit sind, zu einem geringeren Lohn zu arbeiten.

Die Löhne sind außerdem starr aufgrund arbeitsvertraglicher Regelungen und Effizienzgesichtspunkten der Unternehmen.

Quelle: eigene Darstellung

Beim Arbeitskräfteangebot unterstellt Keynes, dass es einen Mindestlohnsatz gibt, der aufgrund von institutionellen Regelungen, z. B. Alg-II Zahlungen, nicht unterschritten wird. Arbeitsuchende sind deshalb nicht bereit, zu einem gegenüber Hartz IV geringeren Lohn zu arbeiten. Dies bewirkt, dass die Löhne ab einer gewissen Grenze nach unten starr sind. Die Angebotskurve verläuft ab diesem Punkt waagerecht. Der Alltag der Vermittlungsfachkräfte bestätigt oftmals diese Annahme.

Ungleichgewichtslagen auf dem Arbeitsmarkt lösen demnach nicht immer Anpassungsprozesse hin zu einem stabilen Gleichgewicht aus. Unfreiwillige Arbeitslosigkeit kann entstehen, wenn entweder die nach unten starren Löhne verhindern, dass sich ein markträumender Lohnsatz bildet oder wenn die gesamtwirtschaftliche Güternachfrage zu gering ist. Die Unternehmen wollen nicht mehr Arbeitskräfte einstellen, weil sie bei gegebenen Produktionsmöglichkeiten mit größerem Arbeitseinsatz eine Produktionsmenge herstellen würden, welche sie für nicht absetzbar halten. Für Keynes ist somit ein Gleichgewicht auf dem Gütermarkt – ebenso auf dem Geldmarkt – vorstellbar, welches mit einem Ungleichgewicht auf dem Arbeitsmarkt einhergeht. Er spricht in dieser Situation von einem Unterbeschäftigungsgleichgewicht.

1.3.2.3 Die Job-Search-Theory (Suchtheorie)

Eine wesentliche Grundlage für die aktuelle Arbeitsmarkt-Ausgleichspolitik in der Bundesrepublik Deutschland und die Einführung der Hartz-Reformen ist die sog. „Job-Search-Theory". In diesem theoretischen Ansatz wird die Arbeitslosigkeit als zentrale Ursache für das Niveau der Arbeitslosigkeit dargestellt und daraus weitreichende Konsequenzen für eine marktwirtschaftliche Lösung des Problems abgeleitet. In der Job-Search-Theorie erklärt man die Höhe der Arbeitslosigkeit mit den individuellen Erwartungen der Arbeitslosen hinsichtlich der Vor- und Nachteile einer verlängerten Suchzeit. Die Vorteile liegen in dem zusätzlichen Informationsgewinn über offene Stellen und die dort gebotenen Verdienste und Arbeitsbedingungen. Die Nachteile bestehen aus dem entgangenen Einkommen, das sich aus der verlängerten Arbeitslosigkeitszeit ergibt (Opportunitätskosten).

> „Bleibt die Stellensuche aus Arbeitnehmersicht insbesondere in Zeiten hoher Arbeitslosigkeit einige Zeit erfolglos, kann davon ausgegangen werden, dass das (Lohn-)Anspruchsniveau sukzessive fällt. Da es realistischerweise nicht unter das Niveau der Lohnersatzleistung fallen wird, ist es wahrscheinlich, dass sich unter den Langzeitarbeitslosen einige Personen befinden, die sich resigniert von der (aktiven) Stellensuche zurückgezogen haben.
>
> Diese Personen befinden sich in einem Dilemma. Aufgrund leicht zu identifizierender Merkmale werden sie bei der aktiven Stellensuche abgelehnt. Werden sie trotz Senkung des Anspruchsniveaus bei erneuten Bewerbungen nicht berücksichtigt, so können sie ihr Anspruchsniveau

aufgrund der Höhe der Lohnersatzleistung ab einem bestimmten Zeitpunkt – zumindest rational betrachtet – nicht weiter reduzieren. Die Bürde der Arbeitslosigkeit verteilt sich damit im Zeitverlauf auf einige wenige Schultern und manifestiert sich bei den Betroffenen in einer langen Verweildauer im Zustand der Arbeitslosigkeit" (Zielkowski 2009, S. 47 f.).

Da mit zunehmender Arbeitslosigkeitsdauer die Nachteile größer und die Vorteile geringer werden, gibt es nach dieser Theorie einen „optimalen" Zeitpunkt, um die Suchzeit zu beenden. Arbeitslosigkeit ist aus dieser Sicht eine „freiwillige" Angelegenheit des Einzelnen, wenn man die vorhergehenden Einschränkungen außer Acht lässt. Arbeitsmarktpolitisch könnte man gegen die friktionelle Arbeitslosigkeit vorgehen, wenn

- einerseits der notwendige Informationsgewinn über offene Stellen und Arbeitsbedingungen durch mehr Arbeitsmarkttransparenz und effizientere Vermittlungs- und Beratungsdienste rascher befriedigt werden könnten, sodass die Vorteile einer längeren Arbeitsplatzsuche schnell zurückgehen, und
- andererseits die Nachteile mit zunehmender Zeitdauer dadurch zusätzlich erhöht werden, dass die Arbeitslosenunterstützungszahlungen nach Höhe und Anspruchsdauer gesenkt werden mit dem Ziel, den Anreiz zur schnellen Beendigung der Arbeitslosigkeit zu verstärken.

Die folgende Grafik (Abbildung 11) zeigt den Wirkungszusammenhang einer Optimierung der Suchprozesse am Arbeitsmarkt und kann als ein wichtiges Umsetzungskonzept des neuen sozialpolitischen Prinzips des „Förderns und Forderns" angesehen werden (Klös/Egle 1999, S. 36 ff.). Diese Theorie stellt daher auch eine Grundlage für die Wirkung einer offensiven (privaten und öffentlichen) Arbeitsvermittlung am Arbeitsmarkt dar.

Die Bedeutung der öffentlichen Arbeitsvermittlung und Beratung in diesem Kontext liegt auch darin, dass sich bildungsnahe Arbeitsuchende und Betriebe mit großen Personalabteilungen sehr viel schneller und umfangreicher die notwendigen Informationen besorgen können als Personen mit geringerer Qualifikation oder Betriebe ohne eigene Personalverwaltung.

Hauptkritikpunkt an dieser Theorie ist die Annahme, dass die Arbeitslosen selbst über den Zeitpunkt der Beendigung ihrer Arbeitslosigkeit bestimmen können, die Arbeitslosigkeit also im Prinzip „freiwillig" ist. Dahinter verbirgt sich die Vorstellung, dass genügend offene Stellen vorhanden sind, um alle Arbeitslosen beschäftigen zu können. Dass dies weder in einer Hochkonjunkturphase und erst recht nicht in einer Rezession zutrifft, belegen die Statistiken der Bundesagentur für Arbeit über Arbeitslose und offene Stellen seit Jahrzehnten. Zudem bleibt unklar, inwieweit dieses Problem auch aus Sicht der einstellenden Unternehmen erkennbar bleibt. Homogene, vollständig informierte und mobile Arbeitskräfte und Unternehmen sind wohl eher eine (statische) Theorieannahme als eine reale Erscheinung.

Abbildung 11: Modellhafte Darstellung der Job-Search-Theorie

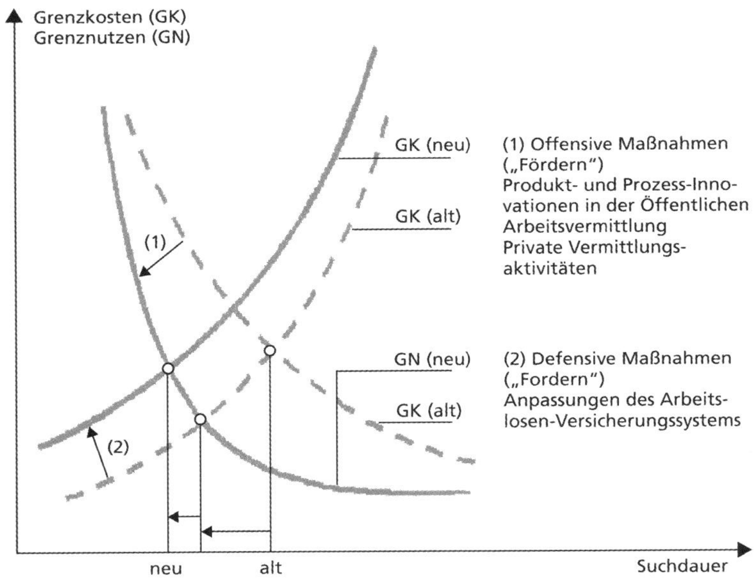

Quelle: eigene Darstellung

1.3.2.4 Humankapitaltheorie

Ausgangspunkt der Humankapitaltheorie, aus deren Erkenntnissen heraus qualifikationsbedingte Teile der strukturellen Arbeitslosigkeit erklärt werden können, sind zwei grundlegende Annahmen (vgl. Adnett 1996, S. 95 ff.). Zum einen wird unterstellt, dass Einzelpersonen bzw. Haushalte ihre Lebenseinkommensströme maximieren wollen und zum anderen, dass jede unterscheidbare Stufe allgemeiner und beruflicher Aus- und Weiterbildung mit einer bestimmten Einkommenshöhe korrespondiert (Bildungsrendite). „Die Bildungsrendite ist ein Indikator für den monetären Netto-Ertrag, den höhere Bildung im Verlauf des Erwerbslebens abwirft. Sie wird zum einen durch die Lohnprämie bestimmt, also den Zuwachs beim (Brutto-)Lohn, der aufgrund besserer Bildung zu erwarten ist. Dieser Zuwachs kann aber durch die Steuerprogression wieder geschmälert werden. Deshalb ist auch die Wirkung des Steuer- und Abgabensystems zu berücksichtigen. Ferner ist die Erwerbsbeteiligung im Lebensverlauf einzubeziehen, die bei Männern insgesamt höher liegt als bei Frauen. Bei Letzteren spielen vor allem Familienpausen wegen Kinderbetreuung eine Rolle" (Mendolicchio/Rhein 2012, S. 2 f.).

Mit dem Modell der Humankapitaltheorie wird begründet, warum sich die Arbeitsagenturen und Jobcenter an der Förderung der beruflichen Aus- und Weiterbildung bei Beschäftigungslosigkeit beteiligen. Die fachlichen und außerfachlichen Qualifikationen von Arbeitslosen gehen infolge des Nichtgebrauchs von Humankapital allmählich verloren. Ab einem bestimmten Zeitpunkt im Laufe der Arbeitslosigkeitsperiode unterschreitet die verbliebene Produktivität der Arbeitskraft wertmäßig die Höhe des ortsüblichen Lohnes; d. h., von da an kostet diese Kraft den Unternehmer mehr, als sie an wertäquivalenter Leistung für das Unternehmen erbringt. Sehr bald schon spielt es dann aus der Perspektive potenzieller Arbeitgeber keine Rolle mehr, ob sich der Verlust an beruflichen Kenntnissen und Fähigkeiten wirklich ereignet hat oder bloß als gegeben unterstellt wird („Screening Effect"). Um diesen Entwertungsprozess zu stoppen und die individuelle Arbeitsproduktivität des Arbeitslosen wieder auf das Normalmaß von vergleichbaren beschäftigten Arbeitskräften anzuheben, fördern Bundesagentur und Grundsicherungsträger die Teilnahme an beruflichen Bildungsmaßnahmen. Im Rahmen denkbarer Vermittlungsstrategien wäre es dementsprechend umso wichtiger, unmittelbar nach Eintritt der Arbeitslosigkeit ein Bündel von Maßnahmen zu ergreifen, die den Übertritt in Langzeitarbeitslosigkeit unterbinden. Für die individuellen Bildungsentscheidungen bedeutet dies ein beständiges Abwägen, ob die investierten Kosten (Zeit, Geld) sich tatsächlich amortisieren. Studien zeigen aber immer wieder, dass sich frühzeitige Bildungsinvestitionen rechnen. „Die Ergebnisse des vorliegenden europäischen Vergleichs bestätigen, dass das Bildungsniveau sowohl bei Frauen als auch bei Männern eine wichtige Determinante des individuellen Einkommens ist. Besonders hoch sind die Bildungsrenditen in Portugal, Spanien, Luxemburg und Irland. Die für Deutschland ermittelten Werte von rund 5 Prozent sind niedriger, aber immer noch beachtlich. Tendenziell erzielen Frauen höhere Renditen als Männer, besonders in Irland und Spanien, während es sich in Schweden umgekehrt verhält. Die Daten für Deutschland deuten auf keinen signifikanten geschlechtsspezifischen Unterschied hin. In allen Ländern erweist sich die Lohnprämie als wichtigste Determinante der Bildungsrendite" (Mendolicchio/Rhein 2012, S. 8).

1.3.2.5 Segmentationstheorien

In der soziologischen Arbeitsmarktforschung gelten die Segmentationsansätze als wichtige Basis für empirische Analysen und werden für verschiedene Fragestellungen herangezogen (vgl. Sengenberger 1987; Pfau-Effinger 2004). In den 50er-Jahren in den USA als dualistisches Arbeitsmarktmodell entwickelt, besteht das Wesensmerkmal dieses Ansatzes darin, dass Teilarbeitsmärkte (sowohl innerbetriebliche wie branchenbezogene) so gegeneinander abgeschottet sind, dass es bestimmten Arbeitnehmergruppen zeitlich oder dauerhaft nicht gelingt, diese Barrieren zu überwinden:

„Diese Überlegungen führen zu einer theoretisch begründeten Typologie eines dreigeteilten Arbeitsmarktes in der Bundesrepublik Deutschland (mit der Beschränkung der Angebotsseite auf gewerbliche Arbeitnehmer, der Nachfrageseite auf das Produzierende Gewerbe). Für sie zerfällt dieser Arbeitsmarktbereich in zwei zutrittsbeschränkte Segmente (das betriebliche und das berufsfachliche) und in ein externes Segment ohne oder mit nur geringfügigen Zutrittsbeschränkungen" (Wagner 1985, S. 357 f.).

Wir verdeutlichen diese drei Teilarbeitsmärkte noch einmal, die jeweils durch verschiedene Allokationsmechanismen und differierende Stabilität der Beschäftigung gekennzeichnet sind:

- Ein **betriebliches Segment**, das durch ein hohes Ausmaß der Besetzung von Arbeitsplätzen mit bereits vorher im Betrieb Beschäftigten gekennzeichnet ist, und in dem nur wenige Arbeitsplätze (Ausbildungsplätze für Angelernte, Arbeitsplätze für Ungelernte) Betriebsfremden offenstehen; größtenteils sind Inländer dieser Gruppe zuzurechnen.
- Ein **berufsfachliches Segment** mit Facharbeiter-Arbeitsplätzen, die meist mit Betriebsfremden besetzt werden, die jedoch Branchenerfahrung und/oder die einschlägigen fachbezogenen Aus- und Weiterbildungen besitzen. Auch hier sind die meisten Beschäftigten männliche Inländer, allerdings mit Brüchen an den Rändern, insbesondere bei KMU.
- Ein **externes Segment** mit Hilfsarbeiter- oder Anlerntätigkeiten ohne Anforderungen an eine Berufsausbildung, in dem die Arbeitskräfte betriebsextern rekrutiert werden, und das etwa die Hälfte der erfassten Arbeitsplätze enthielt. Hier war ein relativ hoher Anteil von ausländischen Arbeitnehmern, Frauen und älteren Inländern beschäftigt.

Die Beschäftigungsverhältnisse waren dabei im betrieblichen Segment durch eine sehr hohe, im berufsfachlichen durch eine deutlich geringere Stabilität, im externen durch eine hohe Instabilität gekennzeichnet. Die Segmentationstheorie zeigt also, dass der Gesamtarbeitsmarkt in verschiedene Teilsegmente zerfällt, die in unterschiedlichem Ausmaß gegeneinander abgeschottet sind. Dies hat nicht nur für Arbeitnehmer eine große Bedeutung, sondern auch für die Arbeitgeberseite (Betriebstreue, Verlässlichkeit, Engagement etc.).

Für Integrationsfachkräfte stellt sich die Frage, wie man die Abschottung der verschiedenen Teilarbeitsmärkte durchbrechen und zu einer größeren Übertrittsmobilität beitragen kann. Eine gute Vernetzung durch den Arbeitgeberservice, betriebliche Qualifizierung, Weiterbildung bei eintretender Arbeitslosigkeit und Praktika gehören hier zum Handlungsrepertoire der Fachkräfte.

1.3.2.6 Übergangsmärkte

Die auf G. Schmid (1993, 2002, 2004) zurückgehenden Überlegungen zu den Übergangsmärkten brechen die Konzentration der bisherigen Modelle auf, die sich auf (sozialversicherungspflichtige) Normalarbeit konzentrieren, und beziehen weitergehende Überlegungen zu einem generellen

Beschäftigungsbegriff ein. Der Begriff der Vollbeschäftigung ist nach Schmid neu zu definieren, in dem „die Grenzen zwischen bezahlten und unbezahlten Tätigkeiten fließender und die wählbaren Beschäftigungsformen vielfältiger werden. Vollbeschäftigung im Sinne kontinuierlicher Erwerbsarbeit für alle, im vollzeitigen Lohnarbeitsverhältnis und womöglich ‚lebenslang' im selben Betrieb ist immer weniger möglich und auch immer weniger wünschenswert. Der Arbeitsbegriff, lange Zeit mit Erwerbsarbeit gleichgesetzt, muss erweitert und qualitativ angereichert werden" (Schmid 2002, S. 17 f.).

Eine Anreicherung von Arbeit mit verschiedenen Formen der Beschäftigung schafft Ressourcen für eine sozialere Gesellschaft, macht Individuen risikofreudiger und bereichert Arbeitserfahrungen. Voraussetzung ist, dass die bisherigen Unsicherheitssphären (Arbeitslosigkeit, Erziehung und Pflege, Bildungsphasen, ehrenamtliches Engagement etc.) nicht zu einer biografischen und ökonomischen Sackgasse werden.

Der Staat müsste hiernach einige Rahmenbedingungen verbessern („institutionelle Arrangements"), um die verschiedenen Sphären der Beschäftigung besser miteinander zu verzahnen. Für Schmid stehen hier insbesondere Beschäftigungsbrücken im Vordergrund:

- Übergänge zwischen Beschäftigung und (Weiter-)Bildung (realisiert beispielsweise im Programm WegebAU, Qualifizierung während KUG, Qualifizierung ungelernter AN)
- Übergänge zwischen Tätigkeiten am ersten Arbeitsmarkt und Selbstständigkeit, teilweise auch in Kombination durch Teilzeitansprüche
- Gestaltung von Übergängen zwischen nützlichen sozialen, künstlerischen oder privaten Aktivitäten und bezahlter Berufsarbeit (z. B. Rentenanwartschaftszeiten, Zugangserleichterungen für Qualifizierungen etc.)
- verbesserte Übergänge zwischen Arbeitslosigkeit und Beschäftigung
- verbesserte und flexiblere Übergänge zwischen Erwerbsunfähigkeit und Beschäftigung bzw. zwischen Beschäftigung und Rente

An vielen Stellen hat der Gesetzgeber bereits Öffnungen zu einer Flexibilisierung verschiedener Beschäftigungsformen eingebaut (so schließt eine ehrenamtliche Tätigkeit nicht generell den Bezug von Arbeitslosengeld aus, können Mütter und Väter wegen der Erziehung oder Pflege Auszeiten nehmen usw.), diese jedoch nicht zu einem kohärenten System ausgebaut und vernetzt.

> „Übergangsarbeitsmärkte (ÜAM) regeln den Übergang zwischen verschiedenen Beschäftigungsverhältnissen, zwischen ‚Inaktivität' und Beschäftigung oder die Kombination verschiedener Beschäftigungsverhältnisse (etwa selbstständige und abhängige Beschäftigung, Eigenarbeit und Erwerbstätigkeit). Ziel ist es, sowohl die damit verbundenen Einkommensrisiken abzusichern als auch individuelle oder betriebliche Entscheidungen zu fördern, riskante Übergänge bzw. entsprechendes

> Personalmanagement zu wagen. ÜAM sollen die während des Erwerbsverlaufs auftretenden kritischen Ereignisse durch institutionelle Arrangements (finanzieller, rechtlicher und organisatorischer Art) „überbrücken" helfen – z. B. beim Übergang zwischen Bildung und Arbeit, zwischen abhängiger und selbstständiger Beschäftigung, zwischen Voll- und Teilzeitarbeit, zwischen Erwerbs- und Familienarbeit, zwischen Arbeitslosigkeit und Beschäftigung sowie zwischen Erwerbsarbeit und beruflicher Invalidität oder Rente" (Schmid 2004, S. 35).

Für Arbeitsagenturen und Jobcenter stellt dieses Modell einen hochinteressanten Ansatz dar, betrachtet es doch Arbeitslosigkeit und Integration aus einer ganz anderen Warte als es Gesetzgeber und umsetzende Organisationen bisher tun, einschließlich der Steuerung, d. h. der Auswahlkriterien der arbeitsmarktpolitischen Instrumente.

1.3.2.7 Weitere Ansätze

Gerade in der Ökonomie, je nach makroökonomischer Ausrichtung, gibt es zahlreiche weitere Modelle, die das Entstehen von Arbeitslosigkeit in Teilaspekten erklären können.

Im neoklassischen ökonomischen Verständnis ist es vor allem die Überregulierung (Lohnstrukturen, Arbeitszeitgesetze, Steuerrecht, Sozialbeiträge, Arbeitsschutz etc.) der Märkte, die die Flexibilität der Arbeitsmärkte aushöhlen und zu einer Verfestigung der (Langzeit-)Arbeitslosigkeit beitragen (Regulierungstheorien).

Effizienzlohntheorien begründen das Festhalten insbesondere der Arbeitgeberseite an festen und nicht-markträumenden Lohngestaltungen. Für beschäftigte Arbeitnehmer lohnt sich bei einem Lohnsatz über dem Marktlohn gleichsam das Bleiben beim gleichen Arbeitgeber, der durch höhere Arbeitsleistung, verlässlichere Arbeitsstrukturen, Reputation u. Ä. erhebliche Opportunitätskosten einspart, die ansonsten anfallen würden (Neuausschreibungen von Stellen, Rekrutierungskosten, Einarbeitung, Störungen im Betriebsablauf, Unzuverlässigkeit etc.).

Ähnlich argumentieren Insider-Outsider-Theorien, die davon ausgehen, dass vor allem die beschäftigten Arbeitnehmer wenig Interesse daran haben können, dass ihre Arbeitsplätze und die Qualität der Tätigkeit durch hineindrängende Konkurrenz von Arbeitslosen gefährdet werden. Das erworbene Insiderwissen erhöht deren Produktivität gegenüber den Externen und lässt sich in Lohnverhandlungen auch als Druckmittel einsetzen. Ein gutes Beispiel hierfür waren die Lok- und Flugzeugführerstreiks der letzten Jahre.

In der modernen Arbeitsmarkttheorie hat sich in den letzten zehn Jahren eine Art neues „Standardmodell" durchgesetzt, welches das (wirklichkeitsfremde) neoklassische Bild von der vollständigen Konkurrenz aufgibt und stattdessen von der Marktform des monopolistischen Wettbewerbs[12] auch auf den Arbeitsmärkten ausgeht (vgl. Kromphardt 1999, S. 508 f.). Maßnahmen der aktiven Arbeitsmarktpolitik entfalten in diesem Kurvengeflecht ganz unterschiedliche Effekte:

- Zum einen können sie mittels der Förderung öffentlicher Beschäftigung auf dem sog. Zweiten Arbeitsmarkt die Arbeitskräftenachfrage anregen.
- Zum Zweiten würden großzügige Lohnkostensubventionen auf dem Ersten Arbeitsmarkt, etwa in Form von Eingliederungszuschüssen bei leistungsgeminderten Arbeitnehmern, eine Anhebung der preisbestimmten Reallohnkurve bewirken.
- Zum Dritten: Einen ebensolchen Effekt, sprich eine Anhebung dieser Kurve, würden massive Humankapitalinvestitionen nach sich ziehen, z. B. durch die Förderung der beruflichen Aus- und Weiterbildung.
- Schließlich leistet auch die passive Arbeitsmarktpolitik einen nicht gering zu schätzenden beschäftigungsfördernden Beitrag, indem sie einkommensmultiplikativ über die Gewährung von Entgeltersatzleistungen an Arbeitslose nicht nur primär die (regionale) Konsumgüternachfrage stabilisiert, sondern auf diese Weise auch indirekt die Kräftenachfrage in den verbrauchernahen Wirtschaftszweigen sichert.

Ein Grundwissen zu den arbeitsmarkttheoretischen Zusammenhängen ist für jede Fachkraft, die in der Beschäftigungsförderung arbeitet, wichtig. Einerseits trägt dieses Grundwissen dazu bei, sich hin und wieder von der Problematik der Einzelfallbetreuung zu lösen und nach generellen Tendenzen und Erscheinungsformen des (über-)regionalen Arbeitsmarktes zu schauen. Dies wird gerade bei der Perspektivplanung mit arbeitslosen Menschen erforderlich, um zielgerichtet die Instrumente der Arbeitsmarktpolitik (siehe Kapitel 4) einsetzen zu können.

Zum anderen verhindern Blicke auf diese Zusammenhänge, dass sich eine einseitige „Lastenverschiebung" auf die von Arbeitslosigkeit betroffenen Menschen ergibt, wie es Teile der Politik insbesondere vor Wahlen nahelegen. Die (nahezu) Vollbeschäftigungssituation in einzelnen Landesteilen Süddeutschlands zeigt, dass es nur in wenigen Fällen am tatsächlichen Willen der Betroffenen zur Arbeitsaufnahme mangelt. Viele Einschränkungen, die wir in überlasteten Märkten als „Vermittlungshemmnis" kennzeichnen und abbilden, sind in suchenden Arbeitsmärkten plötzlich nicht mehr/kaum relevant, verhindern jedenfalls nicht, dass die Betroffenen auch eingestellt werden. Dies sollten Fachkräfte in ihrem Arbeitsalltag nicht vergessen.

---

[12] Vollkommene Konkurrenz ist in der Realität äußerst selten. Meist gibt es Marktunvollkommenheiten, z. B. nachfrageseitige Präferenzen für einen bestimmten Standort, für ein bestimmtes Sortiment, für eine bestimmte „Marke" usw., welche dem Anbieter von Gütern einen gewissen, oft jedoch nur sehr kleinen Preisgestaltungsspielraum erlauben, vergleichbar dem eines Monopolisten. Diese Zwitterform von Konkurrenz und Monopol, die mit dem Begriff der ‚monopolistischen Konkurrenz' eingefangen wird, wird heute auch für die Mehrzahl der Arbeitsmärkte als real vorherrschend angenommen.

Bildungs- und Berufswissenschaften

– K.-H. P. Kohn, R. Göckler –

2

2.1 Herausforderung und Struktur der Bildungs- und Berufswissenschaften

Bei schätzungsweise mehr als 30.000 deutschsprachigen Berufsbenennungen sowie rund 3.000 allgemeinen Berufsbezeichnungen und rund 345 dualen Ausbildungsberufen[13] ist es schwierig, einen umfassenden Überblick zu erhalten. Dennoch kommt es für Fachkräfte, deren Auftrag die berufliche Beratung und Vermittlung in Arbeit oder Ausbildung ist, darauf an, einen Zugang zu dieser Vielfalt zu gewinnen und ihren Ratsuchenden die Hilfen an die Hand zu geben, die sie benötigen, um Entscheidungen auf fundierter Grundlage treffen zu können. Dabei geht es zum einen um die (gute und angemessene) Information selbst, zum anderen aber auch um die beraterische Frage, wie die Ratsuchenden mit diesen Informationen weiterarbeiten können.

Als Berufswissenschaft bezeichnen wir allgemein die Forschung, Lehre und wissenschaftliche Publikation zu den Berufen. Sie lässt sich differenzieren in eine allgemeine Berufswissenschaft, die sich generalistisch mit Berufen oder Berufsfeldern beschäftigt. Diese greift beispielsweise die Entstehungsursachen neuer Berufe auf, beschäftigt sich mit ethischen, soziologischen oder rechtlichen Aspekten der Berufswelt, forscht zu Themen wie Berufszufriedenheit oder Berufsmotivation und zur Absicherung einer eigenständigen Berufstheorie. Ihre Bezugswissenschaften sind heute die Berufspädagogik, die Arbeitspsychologie, verschiedene Forschungsrichtungen der Soziologie (Industriesoziologie, Berufssoziologie) sowie die Rechtswissenschaft. „Funktion und Aufgabe dieser generalisierenden Berufswissenschaft ist es, allgemeine Aussagen zu den Gegenständen ‚Beruf', ‚Berufsfeld' und zur ‚Berufstheorie' zu liefern" (Pahl 2013, S. 25). Die spezifische Berufswissenschaft beschäftigt sich hingegen mit konkreten Berufen bzw. Berufsfeldern, systematisiert diese, klärt Zusammenhänge zwischen Ausbildungen und Berufstätigkeiten, berufsspezifischen Qualifikationen und Kompetenzen und weiteren Berufscharakteristika (vgl. ebd. S. 11 f.).

Die allgemeine Bildungskunde galt in der Vergangenheit als Lehre von den (meist staatlichen) Bildungsangeboten mit ihren Zugangsvoraussetzungen und Verzweigungen (Bildungssystem). Ihre Bedeutung ergab sich traditionell aus den Aufgaben der kommunalen Bildungsberatungen, die primär darauf abzielten, die kommunale Bildungsinfrastruktur potenziellen Interessenten zu erschließen. Die Bildungskunde ist spezifischer Lehrinhalt in (sozial-)pädagogischen Ausbildungen und Studiengängen. So sind beispielsweise die Beratungen von Lehrkräften an Schulen in den verschiede-

---

13 In den über 30 Jahren seit Einführung des BBiG ist die Anzahl der Berufe stark gesunken: Mit 345 anerkannten Ausbildungsberufen im Jahr 2012 (Stand: 01.08.) gibt es heute nur noch gut halb so viele Berufe wie 1971 mit 606 anerkannten Ausbildungsberufen. Neben den 345 anerkannten dualen Ausbildungsberufen existieren jedoch zunehmend weitere Ausbildungsgänge, in denen außerhalb des dualen Systems ausgebildet wird, wie etwa in berufsqualifizierenden vollzeitschulischen Ausbildungsgängen an Berufsfachschulen.

nen Ausprägungsformen als „Bildungsberatung“ zu identifizieren, z. B. wenn es um Fragen des Schulwechsels oder der Versetzung geht. Die neuere Bildungskunde hat sich in einem modernen Verständnis von Bildungsberatung als Angebot zur „Anregung, Unterstützung und Begleitung der Bildungs-, Berufs-, Erwerbs- und Karriereentwicklung“ (Schlüter 2010, S. 9) entwickelt, hat also das enge Geflecht staatlicher Angebote verlassen und sich als Angebot der Erwachsenenpädagogik allen Formen und Angeboten beruflicher und allgemeiner Bildung geöffnet. Insbesondere lernberaterische Aufgaben gehören heute zu einem erweiterten Verständnis der Bildungsberatung. In der beruflichen Beratung wachsen die Aufgaben der Bildungs- und Berufsberatung, wachsen auch die Bildungs- und Berufswissenschaft mehr und mehr zusammen, nicht nur weil im strukturellen Wandel von Wirtschaft, Gesellschaft und Arbeitsmarkt (Aus- und Weiter-)Bildungsentscheidungen über die gesamte Biografie von Menschen relevant werden und bleiben können (Herausforderung des „lebenslangen Lernens“), sondern auch, weil in diesem Wandel staatliche und private, betriebliche, schulische, trägereigene und akademische Angebote zu einem Gesamtsystem relevanter Optionen verschmelzen.

2.2 Bildung und Beruf als wesentliche Gegenstände beruflicher Beratung und Sozialintegration

Sowohl die Arbeitsförderung nach dem III. Buch des Sozialgesetzbuches (SGB III) als auch die Grundsicherung für Arbeitsuchende nach dem II. Buch (SGB II) haben als zentrale Aufgabenstellung die Befähigung anspruchsberechtigter Ratsuchender, eine der zahlreichen Optionen des Bildungs- und Beschäftigungssystems zu ergreifen, um damit nachhaltig und existenzsichernd ihren beruflichen Weg entwickeln zu können. Ganz gleich, ob die Ratsuchenden junge Berufswähler sind, versicherte Arbeitslose, auf- oder umstiegsorientierte Erwerbstätige oder arbeitsuchende Hilfebedürftige: Immer wird mit den Beratungs- und Vermittlungsdiensten der öffentlichen Hand versucht, eine Interessenharmonie zwischen individuellen Wachstumszielen und denen von Unternehmen, Volkswirtschaft und (Sozial-)Staat zu erreichen, weil nur so ein gemeinsames und nachhaltiges Wachstum möglich ist (vgl. Abbildung 12).

Auch wenn es – anders als im Rechtskreis des SGB III[14] – in der Grundsicherung für Arbeitsuchende grundsätzlich keinen Berufsschutz und keine Sicherung eines spezifischen Einkommensniveaus geben kann (und deshalb keine erst im Zeitverlauf sich verstärkende Zumutbarkeitskaskade), so kann doch das oberste Ziel dieses Sozialgesetzes, „dass [erwerbsfähige Leistungsberechtigte und Personen, die mit ihnen in einer Bedarfsgemeinschaft leben] ihren Lebensunterhalt unabhängig von der Grundsicherung

[14] In dessen Leitnorm sind insbesondere die volkswirtschaftlichen Zielsetzungen der Arbeitsförderung formuliert (§ 1 Abs. 1 Satz 4 SGB III).

Abbildung 12: Bildungs- und Berufssystem: Matching der Interessen am Arbeitsmarkt

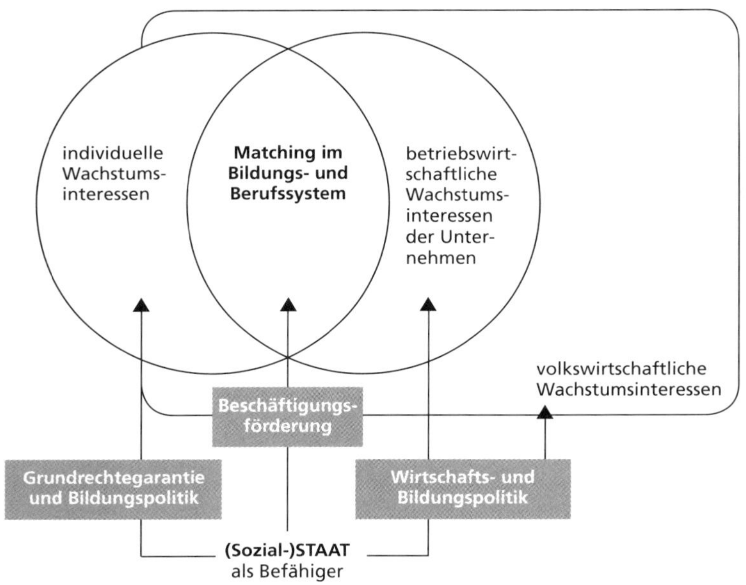

Quelle: eigene Darstellung

aus eigenen Mitteln und Kräften bestreiten können" (§ 1 Abs. 2 Satz 1 SGB II), nur durch eine Integrationsstrategie erreicht werden, die in kooperativer Übereinstimmung zwischen den Rat- und Arbeitsuchenden und ihren Beratern und Vermittlern erarbeitet wird und die als Ziel eine nachhaltig existenzsichernde Beschäftigung setzt. Insofern unterscheiden sich letztlich die Zielsetzungen nicht, weder zwischen den unterschiedlichen o. g. Ratsuchendengruppen (Erst- und Weiterbildungswähler, kurz- und langzeitig Arbeitslose) noch zwischen ihnen und den sie betreuenden Fachkräften in Beratung und Vermittlung und ihrem gesetzlichen Auftraggeber (vgl. dazu im Einzelnen Kapitel 5.7).

Eine existenzsichernde Beschäftigung setzt in aller Regel voraus, dass möglichst alle in der Person vorhandenen, z. T. bisher ungenutzt schlummernden (Qualifikations- und Kompetenz-)Potenziale erkannt, genutzt, ausgebildet und ausgeweitet und in höchstmöglicher Wertschöpfung und somit Entlohnung am Arbeitsmarkt genutzt werden. Auch dies verweist auf eine Interessenübereinstimmung, die im politischen Raum, aber auch im Bewusstsein aller Beteiligten am Arbeitsmarkt, und damit auch der Ratsuchenden und der

Integrationsfachkräfte, allzu häufig falsch als Gegensatz wahrgenommen wird: Dass eine erwerbsfähige Person, wie beschrieben, alle Potenziale nutzt und das höchstmögliche Einkommen zu erzielen sucht, entspricht nicht nur ihren eigenen individuellen Wachstumsinteressen. Es entspricht auch den in Kapitel 1 beschriebenen strukturellen Veränderungen des Arbeitsmarktes hin zur Nachfrage nach höheren Qualifikationen und damit auch den Interessen der Unternehmen, den volkswirtschaftlichen Wachstumszielen und letztlich auch den Interessen der öffentlichen Hand, die notwendigen Transferzahlungen und die Finanzierung öffentlicher Dienstleistungen am Arbeitsmarkt mittel- bis langfristig spürbar zu begrenzen.

Deshalb sollten Fachkräfte in der Beratung und Vermittlung und deren Führungskräfte ihre eigene Perspektive auf die Schnittstelle zwischen Individuum und Arbeitsmarkt selbstkritisch reflektieren: Werden die Ziele von Rat- und Arbeitsuchenden und die Nachfrage der Unternehmen regelmäßig tendenziell eher als Gegensatz gesehen denn als gemeinsame Chance? Werden kurzfristige Integrationen als geschäftspolitische Zielmarke gesetzt, auch wenn sie den ökonomisch und sozialpolitisch sinnvollen nachhaltigen Erfolg gefährden, der auch dem Willen des Gesetzgebers entspricht – und der durch eine Verringerung der Rückkehrquote in Arbeitslosigkeit und Hilfebedürftigkeit auch alle geschäftspolitischen Ziele mittelfristig leichter erreichen lässt?

Ein im oben beschriebenen Sinne zu kurzfristig orientiertes Denken und Handeln kann sich sowohl auf der Seite der Beratungs- und Vermittlungskräfte einstellen, aber auch bei den Rat- und Arbeitsuchenden selbst. Insbesondere die Perspektive auf geeignete und nachhaltige Integration versprechende Bildungs- und Berufsoptionen wird systematisch verkürzt durch

- die Komplexität möglicher Bildungs- und Berufswege sowie
- die außerordentliche Herausforderung, Chancen auf beruflichen Teilarbeitsmärkten einzuschätzen.

Diesen beiden Themen werden deshalb zwei Unterabschnitte gewidmet, die das vorliegende Kapitel strukturieren.

Zunächst aber ein vertiefter Blick auf die als essenziell identifizierte Schnittstelle Bildungs- und Berufssystem und auf das Matching, das innerhalb dieses Systems zu leisten ist. Die Aufgabe, Eignung und Neigung der Rat- und Arbeitsuchenden mit der qualitativen und quantitativen Nachfrage der Unternehmen nach qualifizierten Fachkräften in Einklang zu bringen, stellt sich direkt (als Vermittlungsauftrag – vgl. hierzu Kapitel 3) oder indirekt (als Erwägung der Chancen auf dem Arbeitsmarkt nach beruflichen Bildungs- und Bewerbungsentscheidungen).

2.2.1 Anlässe und Fragestellungen in der Beratung zu Bildungs- und Berufswegen

Da dieses Kapitel sich auf die *fachlichen* Inhalte der beruflichen Beratung konzentriert, sollen im folgenden Unterabschnitt die typischen Anlässe skizziert werden, aus denen sich ein Bedarf an Beratung ergibt, sowie die typischen bildungs- und berufsbezogenen Fragestellungen, die in solchen Beratungen zu behandeln sind (auf die Handlungsform der Beratung selbst, ihre rechtlichen Grundlagen und sozialpolitische Funktion gehen wir in Kapitel 5 ausführlich ein). Sie sind ohne ein vertieftes Wissen über Bildungs- und Berufswege nicht zu bewältigen. Die Strukturierung der folgenden Inhalte entlang typischer Anlässe und Themen gewährleistet eine Konzentration auf die erforderlichen Inhalte – unabhängig davon, in welcher sozialrechtlich normierten Form und in welcher aktuellen Organisationsphilosophie die Beratungs- und Vermittlungsdienstleistungen angeboten werden. So ist etwa für eine erst seit Kurzem alleinerziehende Berufsrückkehrerin (nach längerer Unterbrechung ihrer Erwerbsbiografie) uninteressant, ob ihr Alter unter oder über einer von den Dienstleistern gezogenen Altersgrenze der organisatorischen Zuständigkeit liegt („U25" oder „Ü25") oder ob sie noch Anspruch auf eine Versicherungsleistung oder die Grundsicherung hat. Was sie braucht, ist ein kompetenter Gesprächspartner, der im Meer der Informationen zu Bildung und Beruf zu navigieren weiß, um sie bei ihrer anstehenden Berufsneuwahl genauso gut unterstützen zu können wie einen jungen Schulabgänger oder eine neu Zugewanderte ohne in Deutschland anerkannte Schul- oder Berufsabschlüsse. Berufsorientierung[15] ist eine in der beruflichen Beratung erwachsener Ratsuchender häufig zu kurz oder gar nicht in Angriff genommene Beratungsaufgabe. Wer als Laie im Thema Bildungs- und Beschäftigungssystem vor einer außerordentlich komplexen Entscheidungslandschaft steht, benötigt Orientierung, wie sie nur Experten geben können. In dieser Situation befinden sich nicht nur alle jungen Berufserstwähler, sondern auch erwachsene Erst- oder Wiederwähler, die sich beruflich neu orientieren wollen oder müssen. Das können Rat- und Arbeitsuchende sein, die – z. B. nach einer längeren Phase der ausschließlichen Familienarbeit oder nach Zuwanderung – neu in das Beschäftigungssystem einmünden wollen oder denen durch gesundheitliche Einschränkungen der weitere Weg im ausgeübten Beruf dauerhaft verwehrt ist. Für erst kurzzeitig Arbeitslose ist es jedoch ebenso sinnvoll, den Blick auf ihre berufliche Verortung auch auf Nachbargebiete auszuweiten, um die Auswahl möglicher Integrationsoptionen zu erweitern.[16]

---

[15] Der Begriff „Berufsorientierung" wird hier nicht i. S. d. Abgrenzung eines bestimmten Beratungsformats gebraucht, also nicht zur Bezeichnung von orientierenden Gruppen- oder Unterrichtsmaßnahmen, sondern in seiner inhaltlichen Bedeutung.

[16] Diese Integrationsstrategie hatte die Kommission „Moderne Dienstleistungen am Arbeitsmarkt" (sog. „Hartz-Kommission") mit ihrem Konzept von der „Job-Familien"-Suche im Auge, wenngleich unter dem Eindruck starker Unterbeschäftigung und neoliberal verkürzter Perspektive auf die Entwicklung des Erwerbspersonenpotenzials mit Blick auf eine erzwungene Abwärtsmobilität. Auch wurde wie so häufig die komplexe Beratungsleistung vor einem potenzialorientierten Matching unterschätzt und für datentechnisch automatisierbar gehalten. Der Begriff der „Job-Familie" weist auch im Kommissionsbericht den Weg zu einer Orientierung an „bestimmte[n] Befähigungen oder verwandte[n] Berufe[n]" (Kommission „Moderne Dienstleistungen am Arbeitsmarkt" 2002, S. 71).

Die Aufgabe der Berufsorientierung gehört somit zum Wesenskern beruflicher Beratung, die neben der allgemeinen Hilfe zur Strukturierung des (nicht selten selbst komplexen) Anliegens und des Gesprächs darüber (mithilfe professioneller Gesprächstechniken) den Einsatz personaler Beratung überhaupt notwendig macht. Denn es geht hier ja nicht um die Vermittlung von Informationen, die man sich mit dem Fortschreiten der (Online-) Medientechnik mit immer weniger Aufwand in Selbstinformationssystemen auch selbstständig beschaffen könnte. Die Fülle und die in ihren Zusammenhängen liegende Komplexität der Informationen über Bildungs- und Berufswege sowie über Entwicklungen am Arbeitsmarkt lassen für den Laien kaum zu, was den Erwerb von (entscheidungsrelevantem) Wissen von der reinen Informationsbeschaffung unterscheidet

- das gezielte Auswählen der für eine bestimmte berufliche Entscheidungssituation relevanten Informationen, sprich das Wissen um:
  - spezifische Suchwege
  - Suchbegriffe
  - die Abgrenzung gegenüber benachbarten Informationsfeldern
- sowie insbesondere die Bewertung dieser Informationen unter den Aspekten, die für die individuelle Person in ihrer spezifischen Lebens- und Entscheidungslage von Bedeutung sind.

Um diese Expertenrolle wirklich ausfüllen zu können, dürfen die Fachkräfte in der beruflichen Beratung und Vermittlung die Herausforderung nicht scheuen, sich zu Lotsen im Meer der Bildungs- und Berufsinformationen auszubilden – im Bewusstsein, niemals alle Routen, Untiefen und noch unbekannten Inselgruppen kennen zu können, aber alle wesentlichen Fahrrinnen und die nautischen Instrumente, um bisher unbefahrene Seegebiete zu erobern. Nur so können sie Ratsuchenden in ihren typischen Entscheidungssituationen und in ihren typischen Fragestellungen die notwendige Unterstützung geben. Beratungs- und Vermittlungsfachkräfte müssen bildungs-, berufs- und wirtschaftskundliches Wissen vorhalten – über alle wesentlichen Strukturen und über die häufiger gefragten Details dieser Fachgebiete. Nur so können sie die Beratungsgespräche auch inhaltlich „führen", also den Ratsuchenden nach der Identifizierung ihrer Anliegen durch inhaltliche Strukturierung und das aktive Einbringen auch von den Ratsuchenden selbst nicht erfragten Informationen den Weg zu den entscheidungsrelevanten Optionen und Faktoren zu erleichtern.

Berufliche Beratung wird bedeutsam an sehr vielen unterschiedlichen Orten innerhalb der Bildungs- und Erwerbsbiografie von Ratsuchenden.[17] Solche Orte, an denen sich spezifischer Beratungsbedarf ergibt, liegen zum einen häufig an Übergängen zwischen gegeneinander abgrenzbaren Phasen in Bildung und Beruf, etwa am Übergang von der allgemeinen Schul-

[17] Für die folgenden Textpassagen vgl. Kohn, 2011, S. 5 f.

bildung zur beruflichen Ausbildung, am Übergang zwischen Berufsausbildung und erster Erwerbsarbeit oder auch zwischen aufeinanderfolgenden beruflichen Stationen innerhalb des Erwerbslebens. Beratungsaufgaben stellen sich aber auch innerhalb noch laufender Phasen von Bildung und Erwerbstätigkeit, z. B., wenn eine Weiterbildung geplant oder ein Wechsel erwogen wird. Abbildung 13 präsentiert die Topografie aller berücksichtigten Orte im Laufe eines Erwerbslebens:

Abbildung 13: Aufgabenfeld beschäftigungsorientierter Beratung – die wesentlichen Orte im Berufsleben

	Zuzug aus anderen Staaten (Z)			
	Berufliche Erstausbildung	erste Erwerbsphase	berufliche Weiterbildung	
	(B)	(E)	(W)	
Allgemeinbildung (AB)	hochschulische Wege (hB)	Arbeitsstelle (A1)	beruflicher Aufstieg (AW)	zweite Erwerbsphase (E+)
	schulische Wege (sB)	Arbeitsstelle in gleicher beruflicher Stellung (A2)	berufliche Umorientierung (UW)	
	duale Wege (dB)	Selbstständigkeit (S)	beruflicher Wiedereinstieg (EW)	
	Arbeitslosigkeit/Nichterwerbstätigkeit (Alo/N)			

Quelle: Kohn 2011, S. 5

Zwischen diesen unterschiedlichen Orten im Laufe von Bildungs-, Berufs- sowie Erwerbs- und Familienbiografien entstehen unterschiedlichste Übergänge und Entscheidungserfordernisse, die zu typischen Beratungsanlässen beruflicher Beratung führen.

Gemeinsam ist bei allen Beratungsanlässen ein typisches Set von Fragestellungen:[18]

- *Welche Bildungs- und Berufswege passen zu meinen Interessen, meiner derzeitigen Lebenssituation und zu meinem Lebensentwurf?*

Für Jugendliche an der „Ersten Schwelle" ist dies eine natürliche Frage vor dem Start in die erste berufliche Bildungs- und anschließende erste Erwerbsberufsphase. Für arbeitslos gewordene Erwachsene kann unter dem Druck ausbleibenden Erwerbseinkommens die Beschäftigung mit dieser Fragestellung in den Hintergrund geraten. Die Aufgabe professioneller Bildungs- und Berufsberatung kann es deshalb sein, sie mit in den Vordergrund zu holen – auch i. S. für die Ratsuchenden nachhaltiger Entscheidun-

[18] Vgl. Kohn 2009a, S. 7 f.

gen. Denn im strukturellen Wandel der Berufs- und Arbeitswelt ist der nahtlose oder zumindest kurzfristige Übergang auf eine neue Stelle, die den inhaltlichen Bedingungen der früheren entspricht, die also weder eine Anpassungsqualifizierung erfordert noch gar eine weiterreichende Neuorientierung, nur eine von mehreren Optionen. Orientierungshilfe für berufliche Anreicherungen oder Veränderungen kann folglich häufig zu den impliziten oder expliziten Beratungsanliegen zählen.

- *Welche Bildungs- und Berufswege passen zu meinem Leistungsprofil und zu meinem Entwicklungspotenzial?*

Zur Bearbeitung dieser Fragestellung brauchen Fachkräfte Kenntnisse im eignungsdiagnostischen Bereich. Analysiert werden muss nicht nur das aktuelle Leistungsprofil der Ratsuchenden. Um ihr weiteres Entwicklungspotenzial zu erkennen, ist auch die Erhebung bisher nicht formal zertifizierter Kompetenzbereiche wichtig. Hier wie auch bei der erstgenannten Fragestellung ist deshalb von Bedeutung, dass das zu besprechende Berufespektrum zunächst weitest möglich geöffnet wird, bevor ein wieder einengender Selektionsprozess beginnt. Dies erfordert das aktive Einbringen zusätzlicher Informationen über Optionen, die die Ratsuchenden von sich aus nicht ins Blickfeld genommen haben. (Ein typischer Inhalt also, der die persönliche Beratung durch einen Experten von dem unterscheidet, was ein Ratsuchender durch Selbstinformation erreichen könnte.)

- *Welche Berufe haben Zukunft, wie groß wird die Beschäftigungschance nach den besprochenen Bildungs- und Berufswegen sein?*

Solange eine deutliche Unterbeschäftigung den Arbeitsmarkt bestimmt, bleibt diese Fragestellung zentral in praktisch allen Beratungsgesprächen zu Bildung und Beruf. In einigen Berufssegmenten wird sie es auch nach einer Trendwende am Arbeitsmarkt bleiben. Im Fachgebiet der Bildungs- und Berufsberatung stellt sich die Bearbeitung dieser Fragestellung mitunter als höchst anspruchsvoll dar. Hier wird deutlich, dass sich die Expertise von Beratungsfachkräften nicht nur auf die beiden Felder der Bildungs- und Berufskunde erstrecken kann, sondern dass zu kompetenten Aussagen immer auch die Wirtschaftskunde gehört – Angebot und Nachfrage des Arbeitsmarktes müssen in ihrer dynamischen Entwicklung gemeinsam betrachtet werden.

- *Wie kann ich einen ausgewählten Bildungs- und Berufsweg realisieren?*

Die Realisierung getroffener Entscheidungen zählt ebenfalls zum Kompetenzbereich des Wissens über Bildung, Beruf und Arbeitsmarkt, denn die unterschiedlichen Wege zur Realisierung sind so vielfältig und spezifisch wie das System der danach zu absolvierenden Wegstrecken selbst, und sie unterliegen genauso einem dynamischen Wandel. Dabei geht es sowohl um das Wissen über konkrete Adressaten und Verfahren als auch um die

Einschätzung der jeweiligen Einmündungschancen und ggf. alternative Wege. Neigung und Eignung, Angebot und Nachfrage spielen hier zusammen: Welche Anforderungen müssen von Bewerbern erfüllt werden? Diese Frage spielt sowohl bei der Bewerbung um einen Bildungsweg eine Rolle, für den es mehr Interessierte gibt als Ausbildungs-, Schul- oder Studienplätze, als auch bei der Bewerbung bei einem Arbeitgeber.

2.2.2 Komplexität des Systems von Bildungs- und Berufswegen und Möglichkeiten ihrer Bewältigung

Das System der Bildungs- und Berufswege in Deutschland ist außerordentlich komplex. Schließlich sollen in ihm alle Qualifikationen abgebildet werden, die für die Gesamtheit möglicher produktiver Tätigkeiten in einer fortgeschrittenen Volkswirtschaft benötigt werden – mit differenzierten Angeboten sowohl im sekundären Sektor, sprich den Wirtschaftszweigen, in denen es um die Herstellung materieller Güter geht, als auch im tertiären Sektor, also den außerordentlich verzweigten und am Arbeitsmarkt seit Langem deutlich überwiegenden Dienstleistungsbranchen.[19] Angesichts dieser Komplexität wird die oben beschriebene Aufgabe für Beratungsfachkräfte, sich vertieftes fachliches Wissen anzueignen und stetig zu aktualisieren – weil das System der Bildungs- und Berufswege nicht nur komplex ist, sondern auch einem steten dynamischen Wandel unterliegt –, zu einer besonderen Herausforderung. Diese Herausforderung muss allerdings angegangen werden – deren Bewältigung ist auch möglich. Denn selbst wenn die Anfangsinvestition der Erarbeitung eines Grundstocks an Wissen hoch ist, so wird doch im Laufe der Beschäftigung mit diesem Fachgebiet schnell deutlich, dass es sich eben um ein System handelt und dass es folglich wiederkehrende typische Strukturen gibt, innerhalb derer die Innovationen stattfinden: Es steht nicht regelmäßig etwa das System der dualen Berufsausbildung oder fachschulischen Berufsausbildung zur Disposition. Und auch eine große Reform wie die des Studienabschlusssystems hin zum dualen Aufbau nach Bachelor- und Mastergraden ist etwas, dessen Häufigkeit weniger nach Jahren als nach Jahrzehnten zu bemessen wäre. Auf der Ebene der einzelnen Bildungsangebote und Berufsbezeichnungen (noch mehr als bei den geschützten Bezeichnungen beruflicher Abschlüsse bei den werbewirksam formulierten Stellenangebots- und Tätigkeitsbezeichnungen) kommt es beständig zu Neuerungen. Der Experte in der beruflichen Beratung wird aber im Wissen um die typischen Strukturen und Bezeichnungsebenen auch neue oder bisher unbekannte Angebote relativ schnell einordnen und Detailinformationen bewerten können. Was etwa

---

[19] Die traditionell und in der aktuellen Wirtschafts- und Finanzkrise erneut demonstrierte Stärke der deutschen Volkswirtschaft bei global nachgefragten und außerordentlich wettbewerbsfähigen industriellen Gütern – überwiegend aus der Produktion kleiner und mittelständischer Betriebe – führt häufig dazu, dass in der wirtschaftspolitischen Diskussion der Dienstleistungssektor unterschätzt und in seiner Bandbreite verkürzt wahrgenommen wird.

eine staatlich geprüfte Technikerin Fachrichtung Medizintechnik vom Orthopädiemechaniker unterscheidet sowie von der Orthopädietechnikermeisterin oder vom Bachelor Technische Orthopädie, darauf lässt in einer ersten Einordnung schon die Begriffsbildung schließen.

Es geht darum, sich zunächst ein Grundwissen über die Gesamtheit der möglichen Arbeits- und Berufsfelder zu erschließen sowie sich einen Überblick über den systematischen Aufbau der Bildungs- und Berufswege zu verschaffen. Wie diese Aufgabe in Angriff genommen werden kann, das sollen erste Informationen, besonders aber methodische Hinweise in den beiden folgenden Unterabschnitten (2.2.2.1 und 2.2.2.2) beschreiben. In Abschnitt 2.4 werden dann Qualitätsaspekte der fachlichen Kompetenzbildung behandelt.

2.2.2.1 System allgemeinbildender und beruflicher Bildungswege

In der Bildungspolitik wird üblicherweise im Selbstverständnis einer klar möglichen Trennung von allgemeinbildender und beruflicher Bildung gesprochen. Diese Trennung ist aber bei genauerem Hinsehen zumindest nur sehr schwierig, vielleicht gar nicht möglich. So vermittelt beispielsweise in der dualen Berufsausbildung die Berufsschule auch allgemeinbildende Inhalte, Wirtschafts- und Sozialkunde ist Teil der Abschlussprüfung auch gewerblich-technischer Berufe. In der zunehmenden Bedeutung außerfachlicher persönlicher und sozialer Kompetenzen werden allgemeinbildende Abschlüsse zum Wettbewerbsvorteil auch dort, wo sie formal nicht zu den Zugangsvoraussetzungen gerechnet werden.[20] Und schließlich ist bei akademischen Bildungswegen zwischen allgemeinbildenden, wissenschaftlich grundlagenorientierten und berufsqualifizierenden Inhalten nur sehr schwer zu unterscheiden. Überhaupt ist in diesem Bildungsbereich der Studienabschluss zwar grundsätzlich berufsqualifizierend, erschließt aber häufig allein nicht das weite Spektrum akademischer Ausübungsberufe außerhalb wissenschaftlicher Hochschulen und Forschungsinstitute.[21] Für Fachkräfte ist das Wissen um (vermeintlich) allgemeinbildende Bildungswege schon deshalb zusätzlich zu ihrem Wissen um (vermeintlich) berufsbildende Wege zu erwerben, weil für nicht wenige Ratsuchende auch in späteren Abschnitten ihrer Berufs- und Erwerbsbiografie allgemeinbildende

[20] So kann es in einer Region z. B. typisch sein, dass Auszubildende von privaten Geschäftsbanken nur mit der Allgemeinen Hochschulreife akzeptiert werden, die öffentlich-rechtlichen Sparkassen sich mit der Mittleren Reife begnügen, während das Berufsbildungsgesetz keine bestimmte schulische Vorbildung bestimmt. Berufs(bildungs-)kunde geht über rein rechtlich-formales Wissen auch dort hinaus, wo dieses vermeintlich Thema ist: Was rechtlich anerkannt ist, ist das eine; was der Markt anerkennt, das andere; Ratsuchende interessiert natürlich die **realistische** Chance am Markt.

[21] Aus dieser Unterscheidung zwischen der akademischen Berufsbezeichnung auf der Basis des Studienabschlusses und auf der Basis des Ausübungsberufes entsteht eine besondere Herausforderung für die Einschätzung der Beschäftigungschancen auf akademischen Teilarbeitsmärkten; siehe dazu auch Abschnitt 2.3.

Abschnitte zum Erwerb der Voraussetzung weiterer beruflicher Bildung absolviert werden müssen. So besteht eine häufig gewählte Option etwa darin, nach einem dualen oder fachschulischen ersten Berufsabschluss und möglicherweise einigen Jahren Berufspraxis im erlernten Beruf, die weitere Entwicklung über ein Studium voranzutreiben, für das zunächst – je nach Konstellation – die Fachhochschulreife, die fachgebundene Hochschulreife oder die Allgemeine Hochschulreife nachgeholt werden muss. Menschen auf diesem Bildungs- und Berufsweg zu beraten, ist – i. S. d. zu Beginn dieses Kapitels beschriebenen Interessenharmonie und des gesetzlichen Auftrags – ebenfalls Aufgabe der beruflichen Beratung, auch in der Trägerschaft der beiden Sozialgesetzbücher II und III. Häufig wird diese Aufgabe nicht wahrgenommen, weil die direkte Vermittlung in Erwerbsarbeit im Vordergrund steht oder weil wegen der fehlenden Förderbarkeit schulischer und akademischer Bildungswege im Rahmen dieser beiden Sozialgesetze[22] auch die Pflicht zur inhaltlichen Beratung zu diesen Themen nicht gesehen wird. Im Ergebnis werden solche allgemeinbildenden Phasen zum notwendigen Bestandteil eines potenzialorientierten Erwerbslebensweges, den zu unterstützen das oberste Ziel der staatlich finanzierten beruflichen Beratung darstellt. Als Nebeneffekt können sich Haushaltseinsparungen innerhalb der Rechtskreise des SGB II und SGB III ergeben, denn wer mit Mitteln aus dem Bundesausbildungsförderungsgesetz (BAföG), dem Aufstiegsfortbildungsförderungsgesetz (AFBG oder „Meister-BAföG"), einem Stipendium, einem (freiwillig) Unterhaltszahlenden, einem Nebenjob oder einer Kombination aus diesen Elementen seinen Unterhalt (teilweise) selbst finanzieren kann oder der Arbeitsvermittlung aktuell nicht zur Verfügung steht, wird auch kein Arbeitslosengeld (II) mehr erhalten.

Für jugendliche Erstberufswähler, gerade aus der Grundsicherung, zeigt sich häufig, dass weitere allgemeinbildende und berufsvorbereitende Maßnahmen erforderlich werden, damit ein Einstieg in Arbeit oder Ausbildung überhaupt gelingen kann.

Fachkräfte in der beruflichen Beratung sollten daher einen Überblick auch über die allgemeinbildenden Wege in ihrer Region haben und wissen, wo sie bei Bedarf Detailinformationen nachschlagen können, wenn solche Wege realisiert werden sollen. Wegen des föderalen Bildungssystems in Deutschland gibt es ein entsprechendes Wegesystem in 16 einerseits voneinander abweichenden Ausführungen, die andererseits aber alle Erst- und Zweitwege zu den wesentlichen Schulabschlüssen verzeichnen:[23] Allgemeine Hochschulreife, Fachgebundene Hochschulreife, Fachhochschulreife, Mittlere Reife, Hauptschulabschluss und Abschluss in einem Förderschwerpunkt.

Abbildung 14 über die länderübergreifend gemeinsamen Strukturen verdeutlicht die zentralen Bildungswege in der Bundesrepublik:

---

22 Eine Ausnahme bilden hier sowohl berufsvorbereitende Inhalte als auch der nachträgliche Erwerb des Hauptschulabschlusses als Pflichtleistung nach §§ 53 und 81 Abs. 3 SGB III, letzterer i. V. m. § 16 Abs. 1 Satz 2 SGB II auch in der Grundsicherung für Arbeitsuchende.

23 Vgl. Leschinsky/Cortina 2008, S. 21–30

Abbildung 14: Schematische Darstellung der Bildungswege im deutschen Bildungssystem

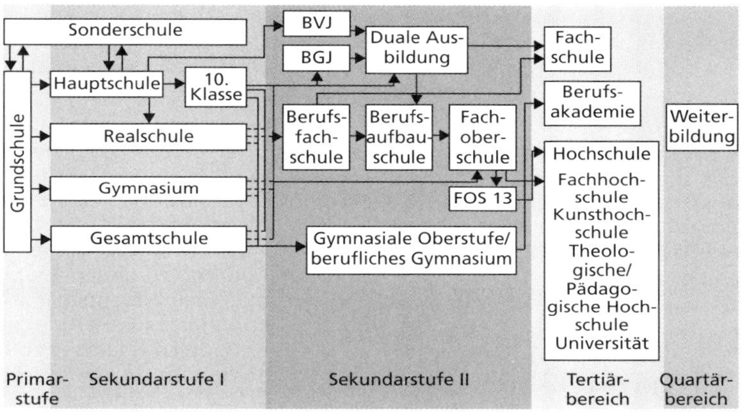

Quelle: Wikimedia Commons, Datei: Deutsches Bildungssystem-quer.svg (Auswahl und in den Bundesländern z. T. unterschiedlich bezeichnet)

Sinnvoll für Gespräche mit regional mobilen Ratsuchenden ist die Speicherung aller 16 Landessysteme. Die wesentlichen Wege der leicht erreichbaren Teilregionen insbesondere zu den unterschiedlichen Hochschulzugangsberechtigungen sollten Beratungsfachkräften präsent sein. Dazu gehören auch die Möglichkeiten teilzeitorganisierter und berufsbegleitend möglicher Bildungswege. Besonders in landesgrenznahen Regionen und solchen mit hohen Pendlerverflechtungen in ein angrenzendes Bundesland sind Kenntnisse über die unterschiedlichen Möglichkeiten der betreffenden Nachbar-Bundesländer hilfreich.

2.2.2.2 System der Berufswege

Das System der Berufswege ist so vielfältig, wie es eben auch die Möglichkeiten für Erwerbspersonen sind, durch Herausbildung spezifischer Kompetenzen produktiv erwerbstätig zu werden, d. h. einen Arbeitgeber finden zu können, der genau das erworbene Kompetenzprofil für die von ihm organisierte Produktion von Gütern oder Dienstleistungen wertschöpfend und gewinnbringend einsetzen kann. Um noch unabhängig von der individuellen Personenauswahl das angebotene und das nachgefragte Kompetenzprofil mehr oder weniger genau signalisieren zu können, existieren die in der Kommunikation am Arbeitsmarkt zu verwendenden Berufsbezeichnungen. Es gibt sie in gesetzlich kontrollierter Form, also in vom Gesetzgeber durch Ausbildungs-, Studien- und Prüfungsordnungen inhaltlich geregelten Bahnen, die durchlaufen und erfolgreich absolviert werden müssen, um die entsprechende Berufszeichnung tragen zu dürfen (Beispiele: Industriekauffrau, staatlich geprüfter Physiotherapeut oder Diplomingenieurin bzw. Master of Engineering Fachrichtung Maschinenbau).[24] Es gibt daneben aber eine ebenso große, wenn nicht größere Vielfalt ungeregelter Berufsbezeichnungen, die sich weniger an durchlaufenen Ausbildungswegen als vielmehr an konkreten Inhalten der Berufsausübung orientieren, sprich eher eine konkrete Tätigkeit erfassen sollen, die jemand ausübt oder für die eine Erwerbsperson gesucht wird (Beispiele: Personenschützer, Unternehmensberaterin, Tierheilpraktiker oder Key Account Manager).

Beide Typen von Berufsbezeichnungen können sowohl von Ratsuchenden in Beratungsgesprächen als mögliche Berufs- oder Einmündungsziele thematisiert werden als auch von Arbeitgebern bei ihrer Suche nach passenden Bewerbern verwendet werden.

In Deutschland hat sich ein bundeseinheitlich geregeltes System der dualen Berufsausbildung mit seinen beiden Lernorten Betrieb und Berufsschule herausgebildet, das sich außerordentlich bewährt hat und dessen Berufswege deshalb weiten Bevölkerungskreisen bekannt sind.

Es stellt aber, wiewohl es in der öffentlichen, z. T. auch in der wissenschaftlichen Diskussion häufig quasi als Synonym für Berufsausbildung überhaupt gebraucht wird, nur einen Teil des Gesamtsystems der gesetzlich geregelten Ausbildungswege dar. Abbildung 15 gibt einen Überblick über dieses Gesamtsystem.

Abbildung 15: System der Berufsausbildungswege

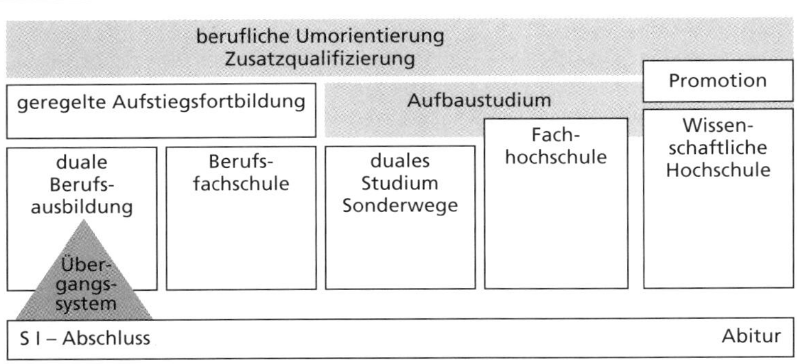

Quelle: eigene Darstellung (z. T. landesunterschiedliche Bezeichnungen)

Duales Ausbildungssystem: Das System dualer Berufsausbildung hat seine Geschichte in der Industrialisierung der deutschen Volkswirtschaft und einen deutlichen Schwerpunkt bei den gewerblich-technischen, eher männlich

[24] Für Details zum beruflichen Bildungssystem in Deutschland vgl. Baethge, M. (2008).

dominierten, aber auch bei den kaufmännischen, eher weiblich dominierten Berufen. Aufsicht und Prüfungshoheit haben regional zuständige Stellen, wie etwa die Handwerks- oder die Industrie- und Handelskammern. Das jeweilige Bundesland organisiert und verantwortet den Betrieb der Berufsschule, aber alle wesentlichen organisatorischen wie arbeitsrechtlichen Vorschriften und die Ausbildungsinhalte werden im Konsens von Arbeitnehmer- und Arbeitgebervertretern bestimmt und bundesgesetzlich nach dem Berufsbildungsgesetz (BBiG) geregelt (man spricht deshalb häufig auch verkürzt von den „BBiG-Berufen"). Das duale Ausbildungssystem wurde lange Jahre als besonders träge gegenüber Neuerungen kritisiert, auch weil die konsensuale Entscheidungsbildung ihre Zeit beansprucht. In den letzten beiden Jahrzehnten haben alle Beteiligten die Innovationsgeschwindigkeit deutlich erhöht und sowohl einige gewerblich-technische Berufsfelder neu systematisiert (wie etwa die Metall- und Elektroberufe Anfang der 1990er-Jahre), als auch neue Untersysteme und Einzelberufe insbesondere für den lange unterrepräsentierten Dienstleistungsbereich hinzugefügt (wie etwa die Palette der IT-Berufe oder die Fachkraft Systemgastronomie Ende der 1990er-Jahre und die Fachkraft Schutz und Sicherheit 2002).

2

Schulisches Ausbildungssystem: Neben den dualen Ausbildungswegen existierte von Anbeginn ein System vollschulischer geregelter Berufsausbildungen, hier mit den Schwerpunkten nicht-ärztliche Therapie, Pflege, Sprachen, Erziehung und Laborassistenz, allesamt traditionell weiblich dominiert. Diese Ausbildungswege werden nach Länderrecht geregelt und können deshalb im selben Beruf voneinander abweichenden Regelungen unterliegen.[25] Im strukturellen Wandel von Wirtschaft und Arbeit hin zu Dienstleistungen erfährt insbesondere auch die vollschulische, auch berufsfachschulisch genannte Ausbildung stetig Neuerung und Erweiterung. Dies entspricht zwar grundsätzlich der Veränderung auf der Nachfrageseite des Arbeitsmarktes. Da schulische Ausbildungsgänge – anders als in der dualen Ausbildung – aber zunächst unabhängig von konkreten möglichen Arbeitgebern und nicht nur von öffentlichen, sondern auch von gewinnorientierten privaten Bildungsträgern angeboten werden, kann sich hier bei einzelnen Bildungsgängen tendenziell ein stärkerer Mismatch zwischen Angebot und Nachfrage nach Beendigung der Ausbildung ergeben.[26]

---

25 Denen sollte man wie bei den oben geschilderten allgemeinbildenden Wegen besonders in Bundeslandgrenzregionen Aufmerksamkeit widmen.

26 Man spricht von diesem Übergang zwischen Ausbildungsende und Aufnahme der ersten Erwerbstätigkeit als Fachkraft auch von der „Zweiten Schwelle" (im Gegensatz zur „Ersten Schwelle" zwischen allgemeinbildendem Schulabschluss und Aufnahme einer Ausbildung). Ursache für die im internationalen Vergleich niedrige Jugendarbeitslosigkeit in Deutschland ist sicher auch die Tatsache, dass im Bereich der dualen Ausbildung zum einen die Betriebe als Ausbildungsanbieter die Zahl ihrer Plätze nach einem absehbaren künftigen Fachkraftbedarf ausrichten und zum anderen (auch deshalb) der Ausbildungsbetrieb nicht selten nahtlos auch zum Beschäftiger des Ausbildungsabsolventen wird. Im schulischen Ausbildungssystem ist das nicht der Fall und deshalb die Wahrscheinlichkeit entweder einer Suchphase und damit einer kurzfristigen friktionellen Arbeitslosigkeit oder gar einer Ausbildung ohne entsprechenden aktuellen Bedarf, also ein Mismatch und damit einer nicht nur kurzfristigen strukturellen Arbeitslosigkeit höher.

Das Studiensystem: Das System der Studienangebote an wissenschaftlichen und Fachhochschulen dürfte das sich am stärksten dynamisch verändernde sein. So mussten im sog. „Bologna-Prozess" nicht nur praktisch alle Studiengänge und Studienabschlüsse dem neuen modularen Studien- und Abschlusssystem (Bachelor und Master) inhaltlich und organisatorisch angepasst werden. Die Hochschulen reagieren in ihrem Bildungssegment auf die einerseits verstärkte Nachfrage nach akademisch ausgebildeten Fachkräften und andererseits mittelfristig stark rückläufigen Schulabgängerzahlen mit stetig neuen Angeboten. Die stärkste Ausweitung dürfte aber das System dualer Studienangebote verzeichnen, das sich an das duale Ausbildungssystem anlehnt: Die Studierenden haben bereits einen Vertrag mit einem ausbildenden Unternehmen und werden von diesem in der Regel in der Hälfte ihrer dreijährigen Ausbildungs- und Studienzeit an eine duale Hochschule entsandt, an der sie am Ende einen staatlich geregelten Studienabschluss (in der Regel den Bachelor-Grad) erwerben. Immer mehr Unternehmen nutzen diese für sie durchaus kostspielige Möglichkeit, junge Schulabgänger mit Hochschulzugangsberechtigung zu akademisch ausgebildeten Fachkräften zu machen und an ihr Unternehmen zu binden.

Das Übergangssystem: Als Übergangssystem bezeichnet die Bildungs- und Berufswissenschaft außerschulische Maßnahmen und schulische Bildungsgänge, die zu keinem qualifizierten Berufsabschluss führen. Hierzu zählen im Regelfall das schulische Berufsgrundbildungsjahr (BGJ), soweit es nicht als erstes Ausbildungsjahr anerkannt wird, die Berufsfachschulen, die keinen beruflichen Abschluss vermitteln, die Berufsschulen – Jungarbeiterklassen –, die berufsvorbereitenden Bildungsmaßnahmen der Bundesagentur für Arbeit und sonstige Bildungsgänge, wie z. B. Lehrgänge der Arbeitsverwaltung, Fördermaßnahmen der Berufsausbildung Benachteiligter, sofern sie nicht im Rahmen des Dualen Systems stattfinden, Maßnahmen der Jugendberufshilfe oder entsprechende Sonderprogramme von Kommunen, Ländern oder des Bundes, die nicht auf das reguläre Ausbildungssystem zurückgreifen.

Die nachfolgende Abbildung 16 zeigt, in welchem Ausmaß in den letzten Jahren die unterschiedlichen Ausbildungssysteme von den Schulabsolventen genutzt wurden:

Berufsbezeichnungen: Berufsbezeichnungen, die sich aus dem Versuch der begrifflichen Fassung einer konkreten beruflichen Tätigkeit/Ausübungsform ergeben, existieren – schon weil es für jeden erlernten Beruf in der Regel eine Vielzahl adäquater Ausübungsformen gibt – in höherer Zahl als die Abschlussbezeichnungen nach einem der oben skizzierten beruflichen Bildungswege. Dies liegt nicht nur an einem steten Wandel benötigter Ausübungsformen, der der strukturellen Veränderung von Produktion und also Arbeit entspricht. Es liegt auch am beschleunigten Wandel betrieblicher Organisationskonzepte, die sich aus Veränderungen der Unternehmensformen (Größe, Aufbau, Standorte) selbst ergeben, aber auch aus Impulsen von Unternehmensberatungen. Zuschnitte von Tätigkeiten und

Positionen werden verändert, Begrifflichkeiten internationalen Gepflogenheiten angepasst, aber auch Marketinginteressen und modische Anpassungen verfolgt. Das in Deutschland doch stark reglementierte System der Berufsausbildung – mit seinen darauf gründenden Berufsbezeichnungen – unterscheidet sich von anderen Staaten dadurch, dass sich die vermittelten Kompetenzen in der Regel an übergreifenden Systematiken von Branchen oder Berufsfeldern orientieren und nicht an den spezifischen Qualifikationen eines Betriebs. Die Vorteile liegen auf der Hand, für Arbeitnehmer wie Unternehmen gleichermaßen. Trotz mancher Krisen erlebt das deutsche duale Ausbildungssystem mit seinen Festlegungen der Berufsbezeichnungen momentan weltweit ein großes Interesse und dient vielen Ländern innerhalb und außerhalb Europas als nachahmenswertes Modell und „Bollwerk" gegen die Jugendarbeitslosigkeit.

Abbildung 16: Einmündung in die Ausbildungssektoren zwischen 2005 und 2010

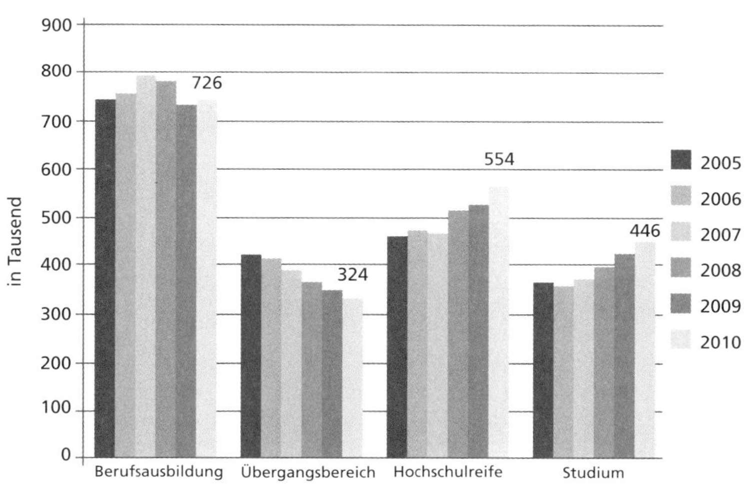

Quelle: Dionisius/Lissek/Schier 2011, S. 4 f.

Um Berufsbezeichnungen zu erfassen, muss das System der beruflichen Bildungswege hin zu Berufsabschlussbezeichnungen unterschieden werden vom Begriffssystem der Ausübungsberufe. Wer sich etwa vom Abschluss her Jurist nennen kann, kann sich gleichzeitig Anwalt, Richter, aber auch Abteilungsleiter oder Vorsitzender der Geschäftsführung nennen. Es kommt auf die Fragestellung an – auch in der Beratung. Im Ergebnis aber stehen wir vor einer ausgesprochen komplexen Landschaft, über die es gilt, sich zumindest für die wichtigsten Strukturen, Berufsfelder und Einzelberufe Wissen anzueignen und Übersicht zu gewinnen.

2.2.2.3 Wissensmanagement im System der Bildungs- und Berufswege

2

Die geschilderte Komplexität kann sowohl in der Praxis als auch in der Wissenschaft zur vorzeitigen Kapitulation vor dieser Herausforderung führen.[27] Um einzelne Berufe in ihrer Entwicklung verfolgen zu können, ist aber im Zusammenspiel von Statistik[28] und Forschung[29] eine „Klassifikation der Berufe" verabredet, die im Jahr 2010 neu überarbeitet wurde.[30] Sie gliedert die Berufelandschaft in fünf Ebenen und lässt eine systematische Suche und Einordnung einzelner Berufe zu, wobei Gemeinsamkeiten und Unterschiede zwischen den Berufen deutlich werden – gemäß einer Suche nach beruflichen Alternativen, aber auch i. S. d. vergleichenden Lernens. Auf der obersten Ebene wurden zehn große Berufsbereiche abgegrenzt. Diese sind:[31]

1. Land, Forst- & Tierwirtschaft und Gartenbau
2. Rohstoffgewinnung, Produktion & Fertigung
3. Bau, Architektur, Vermessung & Gebäudetechnik
4. Naturwissenschaft, Geografie & Informatik
5. Verkehr, Logistik, Schutz & Sicherheit
6. Kaufmännische Dienstleistungen, Warenhandel, Vertrieb, Hotel & Tourismus
7. Unternehmensorganisation, Buchhaltung, Recht & Verwaltung
8. Gesundheit, Soziales, Lehre & Erziehung
9. Sprach-, Literatur-, Geistes-, Gesellschafts- & Wirtschaftswissenschaften, Medien, Kunst, Kultur & Gestaltung
10. Militär

Abbildung 17 zeigt den systematischen Aufbau des Ziffernsystems anhand der Berufe in der Maschinen- und Fahrzeugtechnik:

---

27 So findet sich z. B. in einem wissenschaftlichen Sammelband, der unterschiedlichste Aspekte zur „Beratung in Bildung, Beruf und Beschäftigung" beleuchten soll (Sickendiek, U. u. a. (Hrsg.) 2007), im Überblicks- und Einleitungsartikel „Theorien und Konzepte beruflicher Beratung" folgende Aussage: „Vorauszuschicken ist dabei, dass in diesem Beitrag nicht auf die für bildungs-, berufs- und beschäftigungsbezogene Beratung unerlässlichen Fachkenntnisse des Bildungswesens bzw. und an erster Stelle die Berufskunde eingegangen wird. Dass BeraterInnen über entsprechendes Fachwissen verfügen müssen, versteht sich von selbst" (Sickendiek 2007, S. 54 f.) und im gesamten weiteren Verlauf des Sammelwerks wird auf diese unerlässliche Thematik nicht mehr eingegangen.

28 Statistisches Bundesamt und Statistik der Bundesagentur für Arbeit

29 Institut für Arbeitsmarkt- und Berufsforschung

30 Vgl. Wiebke, P. u. a. 2010; für andere aktuelle Ansätze, die Berufelandschaft typisierend zu strukturieren, vgl. Kohn 2009b

31 Vgl. Wiebke, P. u. a. 2010, S. 34

Abbildung 17: Exemplarischer Aufbau der Klassifikation der Berufe 2010

Beispiel für den Aufbau der Klassifikationsstruktur der KldB 2010

2	Rohstoffgewinnung, Produktion, Fertigung	1-Steller
25	Maschinen- & Fahrzeugtechnikberufe	2-Steller
252	Fahrzeug-, Luft-, Raumfahrt- & Schiffbautechnik	3-Steller
2521	Berufe in der Kraftfahrzeugtechnik	4-Steller
2521**2**	Berufe in der Kraftfahrzeugtechnik – fachlich ausgerichtete Tätigkeiten	5-Steller
	Karosserie- und Fahrzeugbauer/in Automobilmechaniker/in, Kraftfahrzeugmechatroniker/in …	*zugeordnete Berufsbenennungen (Beispiele)*
2521**3**	Berufe in der Kraftfahrzeugtechnik - komplexe Spezialistentätigkeiten	5-Steller
	Techniker/in – Karosserie- und Fahrzeugbautechnik, Kraftfahrzeug-Servicetechniker/in …	*zugeordnete Berufsbenennungen (Beispiele)*
2521**4**	Berufe in der Kraftfahrzeugtechnik – hoch komplexe Tätigkeiten	5-Steller
	Ingenieur/in – Kraftfahrzeugtechnik, KfZ-Sachverständiger/in …	*zugeordnete Berufsbenennungen (Beispiele)*

KldB = Klassifikation der Berufe

Quelle: Paulus, W. u. a. (2010)

Auf der fünften Ebene (fünfte und letzte Ziffer einer Berufenummer) erschließt sich das Anforderungsniveau der Tätigkeit, das üblicherweise erst ab einem bestimmten Ausbildungsniveau bewältigt werden kann bzw. für das im Beschäftigungssystem üblicherweise ein bestimmtes Ausbildungsniveau zum Bewerberauswahlkriterium wird. In der Systematik zeichnet diese letzte Ziffer folgende Qualifikationsstufen aus:

1. Helfer-/Anlerntätigkeiten, die einfache und wenig komplexe Routinetätigkeiten erfassen (Bsp.: Pflegehelfer, Helfer im Garten- und Landschaftsbau, Hauswirtschaftshelfer)

2. Fachlich ausgerichtete Tätigkeiten, die fundierte berufliche Kenntnisse im Regelfall nach einer Ausbildung voraussetzen (Bsp.: Altenpfleger, KFZ-Mechatroniker, Medienkaufmann)

3. Komplexere Spezialistentätigkeiten, die neben einer grundlegenden beruflichen Bildung über besondere Spezialkenntnisse und -fertigkeiten in einem Praxisfeld verfügen (Bsp.: Metzgermeister, Metallbautechniker, Fachkrankenschwester)

4. Hochkomplexe Tätigkeiten, bei denen in der Regel ein Hochschulabschluss vorausgesetzt wird. (Bsp.: Arzt, Ingenieur, Rechtsanwalt)

Abbildung 18: Übersicht über Berufsgruppe „Betreuung Hilfebedürftiger“

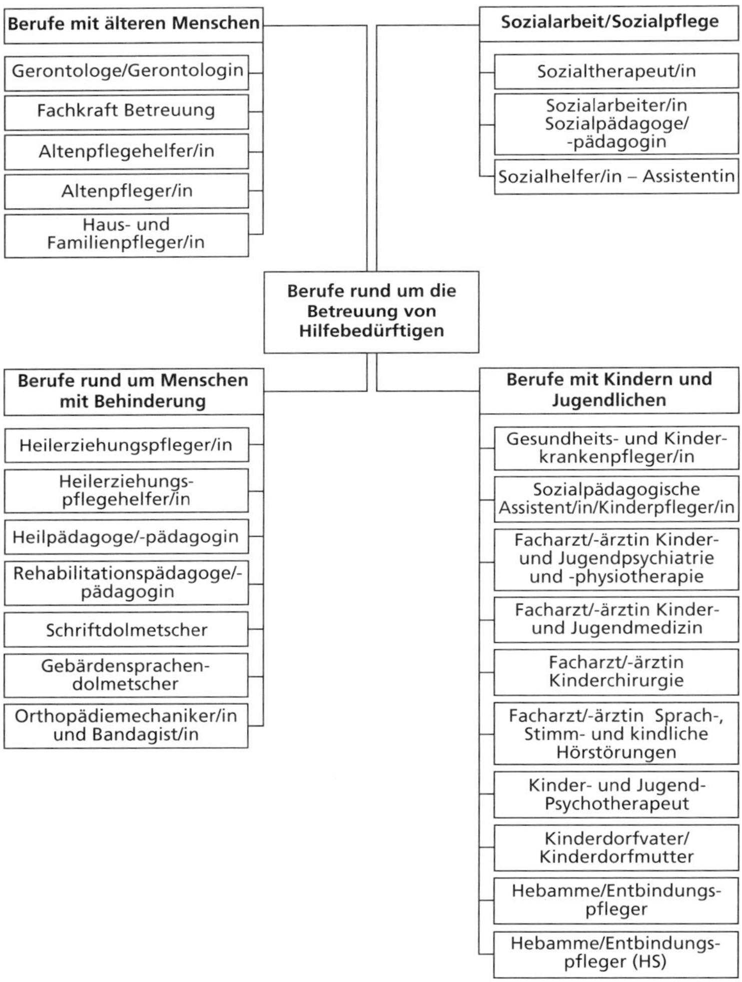

Quelle: Studierendenarbeit an der Hochschule der Bundesagentur für Arbeit

In dieser grundlegenden Systematik lässt sich die Berufswelt näherungsweise einordnen und erfassen. Sie dient als zentrales Erfassungssystem für zahlreiche statistische Registrierungsverfahren.

Für das Vorhalten berufskundlichen Wissens und das aktive Einbringen entsprechender Informationen in die Beratung wird eine Fachkraft ein solch verzweigtes System aber nicht präsent und anwendungsfähig halten können. Es empfiehlt sich deshalb die Erarbeitung eigener, gröberer Übersichten, die einen Überblick über das gesamte Spektrum bieten und (zunächst) nur nach individuellem Bedarf vertieft werden (z. B. nach dem Gesichtspunkt der in der eigenen regionalen Praxis am häufigsten vorkommenden Berufe). Eine solche eigene Erarbeitung bietet den Vorteil, dass die Informationen durch die erforderliche Verarbeitung schon im Prozess strukturiert und bewertet werden und so zu angeeigneten Informationen und Wissensbestandteilen werden können. Ein zweiter Vorteil liegt darin, dass individuell und selbst erarbeitete Übersichten am ehesten dem eigenen Lern- und Merktypus entsprechen, was besonders angesichts der Komplexität der Materie von Bedeutung ist. Im Rahmen des Studiums in den Studiengängen Arbeitsmarktmanagement sowie Beschäftigungsorientierte Beratung und Fallmanagement wird die Erarbeitung solcher Übersichten zur Aufgabe gestellt. Im Folgenden seien zwei Beispiele gezeigt, die von Studierenden in diesem Zusammenhang erarbeitet wurden.

Das erste Beispiel gruppiert verwandte Berufe im Stile einer Mindmap und ergänzt die Information des Ausbildungsniveaus (siehe Abbildung 18).

Das zweite Beispiel versucht, Übersicht mithilfe eines tabellarisch aufgebauten Rasters zu schaffen (Abbildung 19).

Wenn auf solche Weise grundsätzlich Übersicht über ein (Teil-)Berufsfeld geschaffen wurde, können Detailinformationen zu einzelnen Berufen, z. B. aus dem von der Bundesagentur für Arbeit im Internet zur Verfügung gestellten „BerufeNet", abgerufen werden.[32] Zu Beginn einer Tätigkeit in der Beratung und Vermittlung gilt es, den ersten Grundstock fachlichen Wissens zu errichten. Berufskundliche Expertise erfordert allerdings die regelmäßige Ausweitung und Aktualisierung eines solchen Grundwissens. Niemand wird je alle wesentlichen Verzweigungen des Berufssystems präsent halten können. Professionelle Berufskunde braucht immer auch Erfahrungswissen und reichert sich im Verlauf einer Beratungstätigkeit an. Dabei spielen die Kenntnisse, die die Ratsuchenden aus der Arbeitswelt mitbringen, eine Schlüsselrolle beim Erwerb berufskundlichen Praxiswissens. Das Wissen um die Grundstrukturen des Bildungs- und Berufssystems und eine exemplarische Vertiefung an ausgewählten Stellen lässt aber eine schnelle Aneignung auch neuer Teilgebiete der Berufelandschaft zu. Für das zu Beginn dieses Kapitels skizzierte wirklich nachhaltige Matching im Bildungs- und Berufssystem ist diese Expertise unerlässlich.

[32] Die Adresse hierfür lautet: http://berufenet.arbeitsagentur.de

2

Abbildung 19: Übersicht über das Berufsfeld Tourismus, Freizeit, Hotel, Gaststätten und Dialogmarketing

Tourismus- und Freizeitwirtschaft	Hotel- und Gaststättengewerbe	Fremdsprachen	Dialogmarketing
schulisch: - Assistent/in Freizeitwirtschaft - Assistent/in Gesundheitswirtschaft - Internationale/r Luftverkehrsassistent/in	**schulisch:** - Assistent/-in Hotelmanagement - Assistent/-in Systemgastronomie - Servicekraft	**schulisch:** - Fremdsprachensekretär/-in - Fremdsprachenkorrespondent/in - Dolmetscher/in, Übersetzter/in	**schulisch:** - Fachkaufmann/ -frau Teleservice - Call-Center-Agent/in
betrieblich: - Fachangestellte/r für Bäderbetriebe - Kaufmann/-frau (Privat- und Geschäftsreisen) - Sport- und Fitnesskaufmann/-frau - Servicekaufmann/ -frau Luftverkehr - Veranstaltungskaufmann/-frau	**betrieblich:** - Fachkraft Gastgewerbe - Fachmann/-frau Systemgastronomie - Hotelfachmann/ -frau - Hotelkaufmann/ -frau - Koch/Köchin - Restaurantfachmann/-frau	**betrieblich:** - Kaufmann/-frau Groß- und Außenhandel	**betrieblich:** - Kaufmann/-frau Dialogmarketing - Servicefachkraft Dialogmarketing
Studienrichtungen: - Kulturwissenschaften/ -management - Geografie - International Tourism Management - Eventmanagement - Sport- und Freizeitmanagement - Sportwissenschaften/ - pädagogik	**Studienrichtungen:** - Eventmanagement - Gesundheitswirtschaft - Hotelmanagement	**Studienrichtungen:** - Dolmetschen und Übersetzen	

Ökonomie, Betriebswirtschaftslehre (allgemein, international, Marketing, Tourismus), Regionalwissenschaften, Veranstaltungstechnik/-management

Quelle: Studierendenarbeit an der Hochschule der Bundesagentur für Arbeit

2.3 Einschätzung von Integrationschancen auf beruflichen Teilarbeitsmärkten

Bildungs- und berufskundliches Wissen ist von Bedeutung schon für die ersten beiden der vier typischen in Abschnitt 2.2 genannten Fragestellungen – die nach passenden Bildungs- und Berufswegen für ein individuelles Neigungs- und Eignungsprofil. Hier müssen Beratungsfachkräfte zunächst den

Horizont über der Berufelandschaft weit öffnen können, um danach in entscheidungsfördernder Methodik zu einer Auswahl von Optionen und Kriterien zu führen, die einen Ratsuchenden in die Lage versetzt, seine grundrechtlich verbriefte Berufswahlfreiheit[33] wahrnehmen zu können. Hierzu bedarf es neben der Präsenz der wichtigsten strukturierenden Informationen bei den Beratungsfachkräften auch der Fähigkeit, berufliche Realitäten möglichst anschaulich darstellen zu können.[34]

Eine erhöhte Anforderung ergibt sich, wenn die dritte genannte Fragestellung, die nach der Einschätzung der nachhaltigen Einmündungschancen in einem bestimmten Beruf, professionell bearbeitet werden soll. Die Frage nach dem „Arbeitsmarkt" oder den „Arbeitsmarktaussichten" für einen bestimmten Beruf zählt zu den häufigsten von Ratsuchenden in die Gespräche eingebrachten Themen und es wird erwartet, dass Fachkräfte in der beschäftigungsorientierten Berufsberatung hierzu orientierende Auskünfte geben können. Allerdings gehört es zur Professionalität beruflicher Berater, einem möglichen Verlangen nach schneller und möglichst klar bezifferbarer Auskunft zu berufsspezifischen Arbeitsmarktindikatoren nicht nachzukommen. Denn eine solche Auskunft wird durch eine ganze Reihe unterschiedlicher Analyseprobleme unmöglich. Sie werden im Folgenden unter drei Teilaspekten zusammengefasst skizziert.

- **Analyseproblem 1:** Die Schwierigkeit der Bildung einer belastbaren berufsspezifischen Angebots-Nachfrage-Relation

  Da in der amtlichen Arbeitsmarktstatistik der Bundesagentur für Arbeit sowohl Arbeitslose als auch gemeldete offene Stellen erfasst und nach Berufen gegliedert ausgelesen werden können, werden häufig – wohl auch unter dem Eindruck des oben angedeuteten Verlangens nicht nur einzelner Ratsuchender, sondern auch der (politischen) Öffentlichkeit insgesamt – berufsspezifische Arbeitslosen-Stellen-Relationen veröffentlicht und sprachlich nicht selten nach dem Muster kommentiert: „Auf eine Stelle kamen x Arbeitslose." Eine solche Interpretation der Daten ist aber außerordentlich irreführend. Zum einen wird die Angebotsseite des Arbeitsmarktes sehr viel stärker erfasst als die Nachfrageseite. Alle Arbeitslosen werden automatisch erfasst und bilden in ihrer

---

33 gemäß Art. 12 Abs. 1 Grundgesetz

34 Für den Erwerb eigener Anschauung sind Betriebsbesuche, die die Exkursion zu den berufstätigen Menschen und den Arbeitsprozessen, in denen sie stehen, einschließt, das optimale Mittel. Da dies aber zeitaufwändig und deshalb für eine relevante Berufepalette nicht schon in der Vorbereitung auf eine Beratungstätigkeit zu leisten ist, bietet es sich an, die zweite Möglichkeit zu nutzen: Die Bundesagentur für Arbeit hat unter der Adresse www.Berufe.tv filmische Darstellungen für eine breite Palette sowohl von Ausbildungs- als auch von Studienberufen öffentlich zugänglich gemacht. Diese Informationsquelle kann neben der Eigeninformation der Beratungsfachkräfte auch in Beratungsgesprächen zur Anwendung kommen und von Ratsuchenden zudem über mobile Smartphone-Applikationen abgerufen werden. Der Zugang erfolgt über einen konkreten Einzelberuf oder über Berufsfelder, denen dann mehrere Einzelberufsfilme zugeordnet sind.

Gesamtheit etwa drei Viertel der zu einem bestimmten Zeitpunkt arbeitsuchendender Menschen ab – und damit des unversorgten Arbeitsangebotes.[35] Auf der Nachfrageseite des Arbeitsmarktes erfasst die amtliche Statistik dagegen nur etwa ein gutes Drittel bis 40 Prozent der offenen Stellen.[36] Eine einfache Gewichtung beider Seiten zum Ausgleich des unterschiedlichen Grades der Untererfassung verbietet sich, weil es keine gesicherte Erkenntnis über die (wahrscheinlich höchst unterschiedliche) Verteilung der Berufe hinweg gibt und starke Differenzen wahrscheinlich sind.[37] Hinzu kommt, dass solche Relationen in der Regel aus Stichtagsmessungen[38] gebildet werden, Arbeitslose und offene Stellen aber stark unterschiedliche Verbleibsdauern zeigen und also wiederum bei Stichtagserhebungen unterschiedlich stark zur Geltung kommen. In der Summe besitzen folglich berufsspezifisch ermittelte Arbeitslosen-Stellen-Relationen aus der amtlichen Statistik praktisch keinen Aussagewert, insbesondere nicht im Vergleich der Relationswerte unterschiedlicher Berufe.

- **Analyseproblem 2:** Die Schwierigkeit der Bildung einer belastbaren berufsspezifischen Arbeitslosenquote

  Die Arbeitslosenquote gehört[39] zu den arbeitsmarktstatistischen Kennziffern, die ein Ungleichgewicht zwischen Angebot und Nachfrage am Arbeitsmarkt am besten in einer Zahl auf den Punkt und damit zum Ausdruck bringen (vgl. Hinweise in Kapitel 1). Dadurch, dass sie zu einem Zeitpunkt erfolglos arbeitsuchende Menschen nicht nur auf gleichzeitig offene Stellen bezieht, sondern auf alle Menschen, die in Arbeit sind oder Arbeit suchen, wird das Ausmaß des Angebotsüberhangs und damit das Risiko, arbeitslos zu sein, in prozentualer Relation leicht einschätzbar. Ideal wäre es für die Einschätzung von Chancen und Risiken auf beruflichen Teilarbeitsmärkten daher, berufsspezifische Arbeitslosenquoten ausweisen und miteinander vergleichen zu können. Dies ist aber nicht sinnvoll möglich, weil die Erwerbstätigen sich nur dann

---

35 Ein weiteres Viertel entfällt auf die sog. Stille Reserve des Arbeitsmarktes. Das sind Menschen, die entweder zur Zeit der Erfassung an arbeitsmarktpolitischen Maßnahmen teilgenommen haben oder ohne Inanspruchnahme der Arbeitslosenversicherung selbstständig auf Arbeitsuche waren.

36 Eine aktuelle Untersuchung des Instituts für Arbeitsmarkt- und Berufsforschung weist 43 Prozent aus (vgl. Brenzel u. a. 2012, S. 6); frühere vergleichbare Untersuchungen lagen unter diesem Wert, z. T. unter einem Drittel. Ein mittelfristig sich abzeichnender steigender Trend dieser Meldequote könnte bereits eine Reaktion auf die Verknappung des Angebots am Arbeitsmarkt sein.

37 Die Neigung von Arbeitgebern, offene Stellen der öffentlichen Arbeitsvermittlung zu melden, dürfte sich zwischen den gesuchten Berufen ebenso unterscheiden wie der Anspruch auf Arbeitslosengeld bei unterschiedlichen Berufen und die Neigung nicht lohnersatzleistungsberechtigter Arbeitsuchender, sich der öffentlichen Vermittlung zur Verfügung zu stellen.

38 oder Durchschnittswerten aus mehreren Stichtagsmessungen

39 neben der noch umfassenderen Unterbeschäftigungsquote, die nicht nur Arbeitslose, sondern auch Arbeitsuchende in der Stillen Reserve mit einbezieht

aktuell, umfassend und regionalisierbar abbilden lassen, wenn sie sozialversichert oder geringfügig beschäftigt sind und deshalb vollständig in der Beschäftigungsstatistik erfasst werden. Erwerbstätige, die eine selbstständige Tätigkeit, als mithelfende Familienangehörige oder als Beamte ihren Beruf ausüben, können nur zeitverzögert, stichprobenartig und damit kaum regionalisierbar über den Mikrozensus berufsspezifisch erfasst werden. Der Anteil derer, die in anderen Erwerbsformen als der sozialversicherten Beschäftigung arbeiten, differiert zwischen den unterschiedlichen Berufen aber außerordentlich stark. Die folgende tabellarische Übersicht (Tabelle 6) enthält einige Beispiele:

Tabelle 6: Erwerbstätige nach ausgewählten Berufsordnungen und Stellung im Beruf

Berufsordnung Berufsgruppe	**Erwerbstätige insgesamt**	**davon als Selbstständige oder mithelfende Familienangehörige**	**davon Beamt/inn/e/n**	**davon Angestellte oder Arbeiter/innen**
	Zeichenerklärung: „–" = „nichts vorhanden", „/" = „keine Angaben, da Zahlenwert nicht sicher genug"			
254 Konstruktionsmechaniker/innen	284.000	15.000 (5 %)	–	269.000 (95 %)
501 Tischler/innen	281.000	60.000 (21 %)	/	221.000 (79 %)
60 Ingenieur/inn/e/n insgesamt	1.042.000	157.000 (15 %)	38.000 (4%)	847.000 (81 %)
609 Architekt/inn/en, Raumplaner/innen	133.000	58.000 (44 %)	/	72.000 (54 %)
66 Verkaufspersonal	1.746.000	114.000 (7 %)	/	1.631.000 (93 %)
81 Berufe im Rechts- und Vollstreckungswesen	286.000	97.000 (34 %)	102.000 (36 %)	86.000 (30 %)
821 Publizist/inn/en	166.000	74.000 (45%)	/	91.000 (55 %)

Quelle: Statistisches Bundesamt 2012, Mikrozensus 2011, Fachserie 1 Reihe 4.1.2; Prozentwerte: eigene Berechnungen

Diese wenigen Beispiele zeigen, dass etwa die Notlösung der Bildung einer Arbeitslosenquote, die ausnahmsweise nicht alle, sondern nur die sozialversicherten Erwerbstätigen in die Bezugsgröße einbezieht, vollkommen in die Irre führte. Sie wäre – insbesondere im Vergleich zwischen einzelnen Berufen – nicht mehr in einer tolerablen Bandbreite mehr oder weniger repräsentativ. Sie würde die Arbeitslosigkeit etwa der Architekten doppelt so hoch erscheinen lassen als realistisch wäre, die der Juristen sogar dreimal so hoch.[40]

- **Analyseproblem 3:** Die Flexibilität sowohl der Anbieter als auch der Nachfrager von Arbeit und das Interesse an der künftigen Entwicklung

  Das bereits erwähnte Auseinanderfallen von Ausbildungs- und Studienberuf einerseits und den möglichen Ausübungsberufen andererseits ermöglicht beiden Seiten des Arbeitsmarktes ihr Matching flexibel zu gestalten. Nicht nur im akademischen Bereich gibt es zahlreiche adäquate berufliche Einmündungsoptionen für fachspezifisch ausgebildete Studienabsolventen. So kann etwa ein Ingenieur der Elektrotechnik Konstrukteur, Qualitätsmanager, Vertriebsingenieur oder Technischer Redakteur werden. Auch im nicht akademischen Bereich gibt es hohe Flexibilitäten bei der beruflichen Passung. So ist es etwa von geringer Bedeutung, welche der zahlreichen möglichen kaufmännischen Ausbildungen ein Bewerber zum Bilanzbuchhalter absolviert hat. Und ein Berufskraftfahrer kann als Taxifahrer, Dienstwagenfahrer, Testfahrer oder Verkaufsfahrer tätig sein.

Dies sind nur einige knappe Skizzenstriche aus dem Gesamtbild möglicher komplexer Verflechtungen zwischen Ausbildungs- und Ausübungsberuf, zwischen Angebot und Nachfrage. Diese Komplexität macht einen berufsspezifischen Abgleich zwischen Angebot und Nachfrage kaum möglich, zumal der Grad der Flexibilität sich im Zeitablauf mit den Marktverhältnissen ändern kann. Hinzu kommt, dass die Frage nach berufsspezifischen Chancen am Arbeitsmarkt von Ratsuchenden eigentlich immer nur prospektiv, also auf die Entwicklung der näheren oder weiteren Zukunft gerichtet ist. Das gilt am stärksten natürlich für Ratsuchende vor der (ersten oder erneuten) Berufswahl, die der Arbeitsmarkt nach dem Ende ihrer in der Regel mehrjährigen Ausbildung interessiert. Aber auch für eine Person, die ganz aktuell mit ihrer bereits erworbenen Qualifikation der Arbeitsvermittlung bedarf, kann eine Einschätzung ihrer Chancen auf der Grundlage der bis-

[40] Leider werden solche Quoten aber vereinzelt berechnet und ausgewiesen, z. B. im unter der Internetadresse http://bisds.infosys.iab.de allgemein zugänglichen Informationssystem „Berufe im Spiegel der Statistik" des Instituts für Arbeitsmarkt- und Berufsforschung (IAB), dessen Daten auch in das „BerufeNet" der Bundesagentur für Arbeit eingespeist werden. Nach diesen Daten hätte im Jahr 2005 die Arbeitslosenquote der Akademiker – berechnet auf der Grundlage nur sozialversichert Beschäftigter – 8,9 Prozent betragen. In einer Graupapier-Veröffentlichung des gleichen Instituts werden grafisch etwa 4 Prozent ausgewiesen (vgl. http://doku.iab.de/grauepap/2011/quali_alo-quoten_1975-2009.pdf). Die Arbeitslosenquote der Juristen wird auf der Grundlage der ausschließlich sozialversichert Beschäftigten für das Jahr 2005 mit 26,9 Prozent angegeben. Nach oben Ausgeführtem dürfte sie in der Realität wohl eher bei 8 Prozent gelegen haben.

herigen Entwicklung nur ein Anhaltspunkt sein. Die Entwicklung der Nachfrage hängt einerseits ab von der wirtschaftlichen Lage in den infrage kommenden Branchen, aber auch von der demografischen Entwicklung aufseiten der Fachkräfte. Hier kann es auf einem beruflichen Teilarbeitsmarkt, der bisher wenig Bewegung zeigte, zu einem quantitativ bedeutsamen Altersabgang bisher beschäftigter Fachkräfte und folglich zu entsprechendem Ersatzbedarf kommen. Umgekehrt kann ein Teilarbeitsmarkt, der über längere Zeit offene Stellen verzeichnete, zu einem konkreten Zeitpunkt in einer konkreten Region für eine Weile gesättigt sein. Wissenschaftliche Projektionen des Arbeitsmarktes und seiner qualifikationsspezifischen Nachfrage werden nur in sehr groben beruflichen Abgrenzungen vorgenommen.[41]

Für die Einschätzung berufsspezifischer Chancen am Arbeitsmarkt gilt mithin Ähnliches wie für das Wissen um die Struktur der Bildungs- und Berufswege selbst: Eine ausgesprochen hohe Komplexität des Materials lässt eine schnell zu erwerbende Expertise kaum zu. Fundierte Kenntnisse und Aussagen sind für die berufliche Beratung aber unerlässlich, denn:

- Ratsuchende haben einen Anspruch auf Auskunft auf ihre Fragen nach berufsspezifischen Chancen.
- Die Feststellung der in Kapitel 4 genannten „negativen Notwendigkeit“[42] einer aktiven Förderleistung in den beiden Rechtskreisen SGB III und SGB II erfordert eine qualifikations- und berufsspezifische Analyse des Arbeitsmarktes.
- Die Feststellung der in Kapitel 4 genannten „positiven Notwendigkeit“[43] und die Auswahl entsprechender beruflicher Qualifikationsziele erfordert diese Analyse ebenfalls.

Die oben beschriebenen systematischen Probleme bei der berufsspezifischen Analyse können also nicht dazu führen, dass diese Herausforderung wegen fachlich begründbarer Skrupel nicht angenommen wird. Es gilt allerdings, den Begriff der „Einschätzung“ ernst zu nehmen, d. h. zu versuchen, möglichst abgesicherte Aussagen zu treffen, ohne der Versuchung zu erliegen, Scheingenauigkeiten zu formulieren. Drei Maximen seien auf diesem Weg empfohlen:

- Plausibilitätsprüfung auf breiter Informationsgrundlage

  Zur Einschätzung berufsspezifischer Chancen existiert eine Fülle von Datenmaterial und Informationsmedien. Publikationen aus dem breiten Feld der Arbeitsmarkt- und Berufsforschung, der sich eine Reihe

[41] Vgl. z. B. Zika, G. u. a. 2012

[42] also die Feststellung „Nichts anderes geht mehr“, vgl. Kapitel 4

[43] die Aussage „Mit der gewählten Förderung wird sich die Integrationschance am Arbeitsmarkt voraussichtlich deutlich erhöhen“, vgl. Kapitel 3

wissenschaftlicher Einrichtungen widmen,[44] bilden die wesentliche Grundlage für den professionellen Wissenserwerb von beschäftigungsorientierten Beratern. Gleichwohl sind schon sie nicht immer widerspruchsfrei in ihren Einschätzungen[45] und folgen (insbesondere aufseiten der Wirtschaftsforschungsinstitute) bisweilen Erkenntnisinteressen, die sich an bestimmten wirtschaftspolitischen Grundpositionen orientieren. Horizontverengende Zuspitzungen existieren besonders im Bereich der Publikumsmedien. Hier versprechen sich die Produzenten sowohl von Buch- als auch von Zeitschriften-Publikationen höhere Auflagen durch vermeintlich eindeutige Aussagen und Formate wie Ranglisten der „Zukunftsberufe". Verengungen statt Erweiterungen des Erkenntnishorizontes sind auch zu befürchten, wenn aufgrund der demografischen Schrumpfung und Alterung der Erwerbsbevölkerung in Deutschland finanziell potente Arbeitgeber ihre um Bewerber werbende, und deshalb natürlich ihren eigenen Interessen verpflichtete Kommunikation verstärken werden.

Beratungsfachkräfte müssen deshalb auf einer breiten Informationsgrundlage Plausibilitätsprüfungen vornehmen. Dabei ist Vorsicht insbesondere bei unplausibel genauen Zahlen und Aussagen geboten und jeweils zu hinterfragen, mit welchen finanziellen Mitteln und in wessen Interesse eine Publikation entstanden ist.

- Bewusstsein über systematische Unterzeichnung von Integrationschancen

Oben wurden bereits einige Mess- und Analyseprobleme skizziert. Die auf ihnen beruhenden Analysefehler heben sich nicht gegenseitig auf (auch nicht teilweise), sondern verstärken sich gegenseitig und führen gemeinsam und gleichgerichtet zu einer deutlichen Unterschätzung der Arbeitsmarktchancen für die Anbieter von Qualifikationen und Arbeitsleistung: Die amtliche Statistik kennt drei Viertel der Arbeitsuchenden, aber nur ein gutes Drittel der offenen Stellen, es existieren deutlich mehr Arbeitsplätze, als es die Beschäftigtenstatistik erfassen kann (in einzelnen Berufen doppelt bis dreimal so viele), und die beruflichen Flexibilitätsprozesse ergeben häufig mehr Optionen, als es die Konzentration auf die Berufsabschlussbezeichnung nahelegt. Hinzu kommt der psychologische Effekt der Wahrnehmung von Fachkräften in der öffentlichen Berufsberatung und Arbeitsvermittlung, die es sehr viel häufiger und intensiver mit vergeblich Arbeitsuchenden zu tun haben als mit gelingenden Stellenbesetzungen, weil ein Großteil dieser Prozesse an ihnen vorbeigeht.

Deshalb gilt es, ausgesprochen (selbst-)kritisch mit der Interpretation insbesondere von Geschäftsdaten und mit der eigenen Wahrnehmung

---

44 Neben den beiden Hauptinstitutionen im Feld, dem Institut für Arbeitsmarkt- und Berufsforschung (IAB) und dem Bundesinstitut für Berufsbildung (BiBB), veröffentlichen zu einzelnen Fragestellungen auch alle großen wirtschafts- und sozialwissenschaftlichen Forschungsinstitute.

45 Vgl. Fußnote 40

umzugehen, sich vor zu schnellen Negativdiagnosen zu hüten und aktiv Informationen aus dem funktionierenden Arbeitsmarkt einzuholen, insbesondere bei Betriebsbesuchen.

- Stetiger fachlicher Austausch

  Sowohl die Unmöglichkeit punktgenauer Analysen und das Erfordernis einer Einschätzung im Wortsinne als auch die Fülle und Breite der Informationen erzwingen, dass professionell agierende Berater und Vermittler sich regelmäßig auch untereinander in ihren Fachkreisen austauschen. Einschätzungen können besser im Abgleich unterschiedlicher Perspektiven vorgenommen werden, einmal gefasste Positionen sind ständig im fachlichen Diskurs zu überprüfen, fehlende Sicherheit des Einzelnen kann durch Absicherung mit anderen gewonnen werden. Addition der gemeinsam gewonnenen Informationen, aber auch das Abstützen einer tragfähigen Bewertung von Daten durch mehrere Wissensträger ist unerlässlich für die Meisterung der beschriebenen fachlichen Herausforderungen.

2.4 Konsequenzen aus den Wissensanforderungen zu Bildung und Beruf für die Qualitätssicherung beruflicher Beratung[46]

In diesem Kapitel wurde mehrfach auf den hohen Umfang und die Komplexität des Wissensgebiets beschäftigungsorientierter Beratungsinhalte hingewiesen. Die zu bewältigenden Sachinhalte und Strukturen unterliegen außerdem fast sämtlich einem sehr dynamischen Wandel, der sich aus demografischen, gesellschaftlichen und insbesondere volks- und betriebswirtschaftlichen Veränderungen ergibt. Für die Sicherung professioneller Qualität des fachlichen Wissens über Bildungs- und Berufswege sowie berufliche Arbeitsmärkte ergeben sich deshalb hohe Herausforderungen.

Diese Herausforderungen beziehen sich auf die Vielfalt der Informationswege, auf die Intervalle zur Aktualisierung von Informationen und auf die inhaltliche Qualitätskontrolle der genutzten Informationsmedien. Folgende Aktivitäten zur Bildung, Anreicherung und Aktualisierung des eigenen Fachwissens sollten von Beratern in Bildungs- und Berufsfragen regelmäßig unternommen werden:

- Erschließung der Systematik und exemplarischer Inhalte der wesentlichen Datenbanken und systematischen Medien aus öffentlichen, nicht von Interessenvertretern zur Verfügung gestellten Quellen

  Hier sind insbesondere die Internetdatenbanken „BerufeNet" „KursNet"[47] und „Hochschulkompass", die Buchpublikationen „Beruf aktuell. Lexikon

[46] Für den folgenden Abschnitt vgl. Kohn, K., 2009a, S. 12 f.
[47] Die Internetadresse lautet: http://kursnet-finden.arbeitsagentur.de

der Ausbildungsberufe“[48] sowie „Studien- und Berufswahl“[49] zu nennen. Bei diesen umfassenden und über längere Zeiträume angebotenen Medien ist besonders darauf zu achten, welche Veränderungen sich seit der letzten systematischen Erschließung ergeben haben.

- regelmäßige Lektüre fachlicher Periodika

  Hier sind insbesondere zu nennen die Medien des Bundesinstituts für Berufsbildung (vor allem die Publikationsreihe „BiBB-Report“) sowie des Instituts für Arbeitsmarkt- und Berufsforschung (speziell die Publikationsreihe „IAB-Kurzbericht“).

- regelmäßige kritische Sichtung von Publikumsmedien, insbesondere von Angeboten kommerzieller und interessengebundener Anbieter an Berufswähler sowie von Qualitätsmedien mit Nachrichtenangeboten zu Wirtschaft und Beruf

  Hier geht es insbesondere darum zu wissen, was die Ratsuchenden potenziell im Vorfeld von Beratungsgesprächen wahrgenommen haben und welche möglichen (Fehl-)Einschätzungen aus diesen Medien zu thematisieren sind, eventuell auch, um von Ratsuchenden vorschnell geschlossene Themenhorizonte wieder zu öffnen.

- regelmäßige praktische Anschauung beruflicher Realitäten durch Besuche von Bildungseinrichtungen, Betrieben und Verwaltungen (außerhalb von Kundenwerbungs- und Vermittlungsaktivitäten)

  Diese Informationsquelle, der reale Ort, an dem sich Angebot und Nachfrage des Arbeitsmarktes treffen, an dem reale Berufstätigkeiten beobachtet und an dem Einschätzungen der Arbeitgeber über ihre Produktion und ihre weitere wirtschaftliche Entwicklung plastisch eingeholt werden können, ist sicher der beste Ort, um professionelles Wissen zu tanken. Der Aufwand, den ein Betriebsbesuch erfordert, kann dazu führen, dass diese wertvolle Quelle tendenziell vernachlässigt wird. Die Investition der Nutzung dieser Quelle ist jedoch unabdingbar.

- (regionaler) Austausch mit Kammern, Verbänden und Institutionen der Wirtschaftsförderung

- regelmäßige kollegiale Besprechungen zum Austausch von Informationen über aktuelle Entwicklungen, neue Informationsangebote sowie insbesondere zur diskursiven Einschätzung und Gewichtung von Entwicklungen am Bildungs- und Arbeitsmarkt

- regelmäßiger Besuch von Fortbildungsveranstaltungen zu Bildung, Beruf und Arbeitsmarkt

---

48 Im pdf-Format auch unter folgender Internetadresse zu finden: http://www.arbeitsagentur.de/zentraler-Content/Veroeffentlichungen/Ausbildung/Lexikon-Ausbildungsberufe.pdf

49 Bestellbar unter folgender Internetadresse: www.studienwahl.de

Das im Eingang zu diesem Kapitel skizzierte potenzialorientierte Matching von Angebot und Nachfrage im System der Bildungs- und Berufswege ist nachhaltig nur möglich, wenn die Beratungsfachkräfte zu Experten zu Bildungs- und Berufswegen sowie zu beruflichen (Teil-)Arbeitsmärkten werden. Dies schließt das Wissen um die wirtschaftliche Entwicklung der Produktion von Gütern und Dienstleistungen ein (siehe Abbildung 20).

Abbildung 20: Kompetenzkreise zu Bildung, Beruf und Arbeitsmarkt

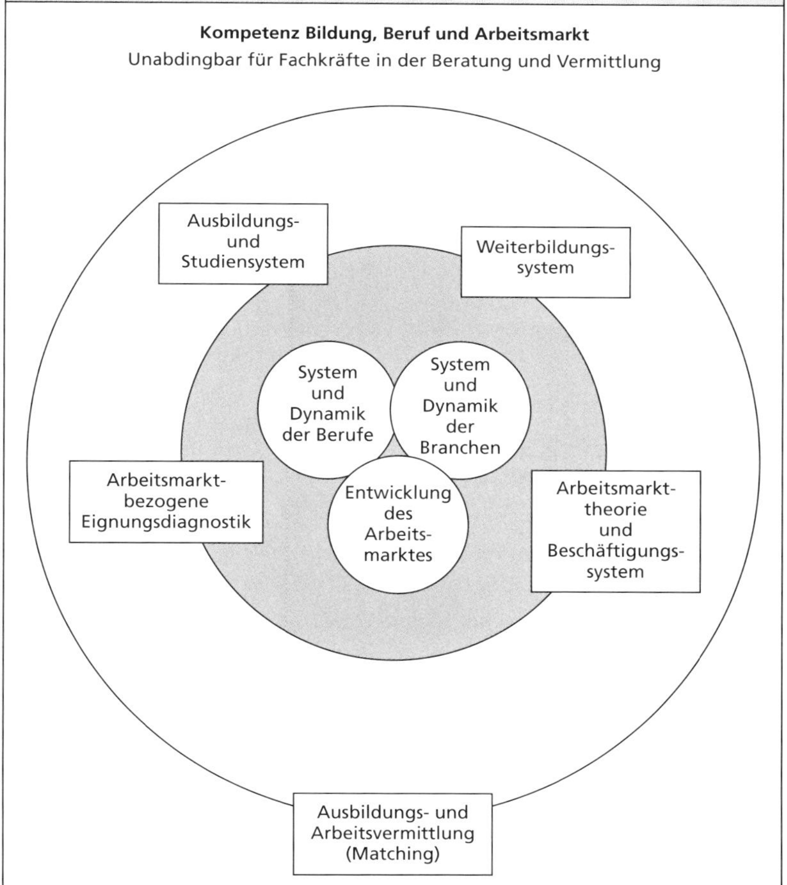

Quelle: eigene Darstellung

Diese fachliche Kernkompetenz ist neben dem Beherrschen professioneller Beratungs- und Fallmanagementmethoden (vgl. Kapitel 5 und 6) essenziell für das Gelingen arbeitsmarktbezogener Dienstleistungen (nicht nur) in den Rechtskreisen der Sozialgesetzbücher II und III. Beratung ohne inhaltliches Wissen kann nicht zu nachhaltigen Lösungen führen. Umgekehrt ist die Erschließung der Fülle fachlichen Wissens für die konkreten Anliegen der Ratsuchenden ohne professionelle Beratungskommunikation nicht möglich.

Vermittlung und Integration

– M. Rübner, U. Jäger –

Gegenstand dieses Kapitels sind rechtliche und fachliche Grundlagen der Vermittlungs- und Integrationsarbeit. Diese Trennung beruht darauf, dass der Gesetzgeber zwar einen rechtlichen Rahmen für die Vermittlungs- und Integrationsarbeit in der Arbeitsförderung bzw. Grundsicherung gesetzt hat, der jedoch den jeweiligen Trägern erhebliche Spielräume zur Ausgestaltung lässt.

3.1 Geschichtliche Aspekte der öffentlichen Arbeits- und Ausbildungsvermittlung

Erste als Arbeitsnachweise bezeichnete Stellenvermittlungsbüros gab es bereits in den 1840er-Jahren in einigen Großstädten Deutschlands. Sie wurden von Wohltätigkeitsvereinen oder den kommunalen Verwaltungen getragen, hatten jedoch zunächst wegen der damals noch üblichen „Umschau" als Form der Arbeitsuche kaum Bestand. „Als *Umschau* bezeichnete man die aus dem vorindustriellen Zeitalter übernommene Form der Arbeitsuche, bei der die Arbeitslosen aufs Geratewohl von Werkstor zu Werkstor zogen" (Schmuhl 2003, S. 21). Bis zum Ersten Weltkrieg stieg die Zahl der Arbeitsnachweise stark an; die öffentliche Arbeitsvermittlung blieb jedoch gegenüber gewerbsmäßig tätigen Vermittlungsbüros von geringer Bedeutung. Diese wiederum standen z. T. wegen dubioser Geschäftspraktiken in einem schlechten Ruf. Die öffentliche Arbeitsvermittlung gewann zunächst im Kontext der kriegsbedingten Mobilisierung aller Arbeitskraftreserven an Bedeutung. Verbunden mit der Demobilmachung mussten dann ab 1919 Arbeitgeber, die fünf oder mehr Arbeitsplätze zu vergeben hatten, diese an die öffentlichen Arbeitsnachweisstellen melden und sie bei Einstellungen einschalten. Im gleichen Jahr wurde Deutschland in die Internationale Arbeitsorganisation (IAO) aufgenommen. Deren Konvention Nr. 2 vom 28.11.1919 war ein wichtiger Bezugspunkt für das 1922 verabschiedete Arbeitsnachweisgesetz, mit dem die gewerbliche Stellenvermittlung in Deutschland verboten wurde, jedoch ohne eine sofortige Aufhebung der Konzessionen der gewerbsmäßigen Arbeitsnachweise (vgl. a. a. O., S. 110 ff.).

Mit dem Gesetz über Arbeitsvermittlung und Arbeitslosenversicherung (AVAVG) vom 16.07.1927 wurden für Deutschland sowohl ein einheitliches Arbeitslosenversicherungsrecht als auch eine einheitliche Arbeits- und Ausbildungsvermittlungsstruktur geschaffen. Die Wirren der nachfolgenden Jahre und eines weiteren Weltkriegs zeigten sich auch in den gesetzlichen Vorschriften und der Tätigkeit der Reichsanstalt für Arbeit, die tief in die totalitäre Struktur des NS-Regimes verwickelt war. Das AVAVG hatte mit „demokratischen Anpassungen" bis zum Erlass des Arbeitsförderungsgesetzes (AFG) im Jahr 1969 Bestand. Dies betraf auch die gewerbliche Arbeitsvermittlung, die mit Ausnahme bestimmter gemeinnütziger Aktivitäten oder der Vermittlung oberster Führungskräfte weiterhin verboten blieb.

Im Kontext des kontinuierlichen Anstiegs der Arbeitslosigkeit seit den 1970er-Jahren in Westdeutschland wurde die Berechtigung des Monopols der BA durch politische und rechtliche Entwicklungen zunehmend kritisch gesehen. Der Europäische Gerichtshof entschied am 23.04.1991, dass das Monopol gegen die Wettbewerbsbestimmungen des EWG-Vertrags verstieß. Deutschland, noch vertraglich an die kostenlose Arbeitsvermittlung gebunden, konnte jedoch erst 1993 entgeltliche private Personalvermittlung zulassen. Am 01.08.1994 wurde das Alleinvermittlungsrecht der BA aufgehoben. Die gewerbsmäßige Arbeitsvermittlung war unter Erlaubnisvorbehalt jetzt zulässig. Für die Ausbildungsvermittlung bestand das Alleinvermittlungsrecht der BA zunächst weiter, wurde jedoch mit Inkrafttreten des SGB III 1998 aufgehoben.

Seit der Aufhebung des Alleinvermittlungsrechts der BA ist es Personalberatern/-vermittlern erlaubt, gegen Honorar für Arbeitgeber Personal zu suchen und zu vermitteln. Schnell entstanden zahlreiche Unternehmen auf dem Markt, von denen sich einige als Experten der Personalvermittlung positionierten, andere schnell wieder verschwanden. Nachdem die BA Anfang 2002 aufgrund falsch ausgewiesener Vermittlungszahlen öffentlich ins Kreuzfeuer geraten war, wurde die private Arbeitsvermittlung weitgehend dereguliert. Das neue Gesetz trat im März 2002 in Kraft und hob die Erlaubnispflicht für private Vermittler auf. Sie können sowohl für Arbeitgeber als auch für Arbeitnehmer tätig werden und benötigen seitdem nur noch eine Gewerbeanmeldung. Ein Gesetzesvorbehalt besteht lediglich noch für Vermittlungsaktivitäten über den Europäischen Wirtschaftsraum hinaus (§ 292 SGB III). Arbeitslose können bei Inanspruchnahme privater Vermittler gefördert werden.

Inzwischen existiert im Feld der Vermittlung eine Vielzahl von Akteuren mit unterschiedlichem Selbstverständnis; die folgenden Ausführungen konzentrieren sich jedoch auf die Vermittlungs- und Integrationsaufgaben der Agenturen für Arbeit und Jobcenter.

3.2 Rechtliche Grundlagen der Arbeits- und Ausbildungsvermittlung

Wie Abbildung 21 zeigt, sind bei der Arbeits- und Ausbildungsvermittlung im Kontext des SGB III diverse rechtliche Regelungen zu beachten:

Die in den §§ 1–11 SGB III geregelten Grundsätze der Arbeitsförderung legen maßgebliche Eckpunkte fest. Vermittlung hat nach § 4 SGB III grundsätzlich Vorrang vor der Zahlung von Arbeitslosengeld und vor Leistungen der aktiven Arbeitsförderung, es sei denn, eine solche Leistung ist für eine dauerhafte Eingliederung erforderlich (vgl. Kapitel 4). Die Dienstleistung Vermittlung wird in § 35 SGB III definiert; außerdem finden sich hier wie in den §§ 37 und 40 Aussagen zur Ausgestaltung der Vermittlung. § 36 Abs. 4 SGB III trägt der Tatsache Rechnung, dass sich Integrationsarbeit über die Arbeits- und Ausbildungsvermittlung im engeren Sinne hinaus auch auf Angebote zur Aufnahme einer selbstständigen Tätigkeit erstrecken muss.

Abbildung 21: Rechtliche Einordnung der Vermittlungsarbeit

Vermittlung im SGB III – ein komplexes Regelwerk

Grundsätze der Arbeitsförderung (§§ 1 –11)	
Reichweite des Vermittlungsauftrags der BA, Ziele, Ausgestaltung • § 35 • § 36 Abs. 4 • § 37 • § 40	Begleitung durch Beratung und Berufsorientierung • § 29 • § 30 • § 34 • § 33
Grenzen für das vermittlerische Handeln der BA • § 36 • § 40 Abs. 3 • § 41 • § 42 • §§ 394–396	Pflichten der Dienstleistungsnehmer • § 38 • § 39
Beachte weitergehende Regelungen bei Bezug von Arbeitslosengeld!	

Quelle: eigene Darstellung

§§ 36, 40 Abs. 3, 41, 42 sowie 394–396 SGB III beinhalten Grenzen bzw. Grundsätze, die bei der Vermittlungsarbeit zu beachten sind; diese stehen teilweise in Verbindung mit dem Arbeitsrecht. Als Adressaten der Vermittlung nennt der Gesetzgeber Arbeitsuchende, Ausbildungsuchende und Arbeitgeber. Die Pflichten dieser Dienstleistungsnehmer sind in §§ 38 und 39 geregelt. Auf die darüber hinausgehenden Pflichten, die sich aus dem Bezug von Arbeitslosengeld bzw. Arbeitslosengeld II ergeben, wird in diesem Kapitel nicht eingegangen. Nähere Ausführungen zur die Vermittlung begleitenden Beratung und Berufsorientierung sind Kapitel 5 zu entnehmen.

Die folgenden Abschnitte konzentrieren sich auf die Definition des Begriffs Vermittlung in § 35 SGB III und Grundsätze der Vermittlung, die insbesondere in § 36 SGB III geregelt sind. Gleichzeitig werden Querverbindungen zu weiteren, im Schaubild genannten Paragrafen und zum SGB II dargestellt, um einen Überblick über die Zusammenhänge zu geben.

3.2.1 Definition und Reichweite von Vermittlung (§ 35 SGB III)

§ 35 Abs. 1 SGB III definiert den Begriff der Vermittlung, bestimmt Arbeits- und Ausbildungsvermittlung zur Pflichtaufgabe der Agentur für Arbeit und fordert von dieser verstärkte vermittlerische Unterstützung bei voraussichtlich erschwerter beruflicher Eingliederung. In Abs. 2 ist geregelt, dass die Vermittlung individuell auszugestalten ist. Gleichzeitig muss die Agentur für Arbeit diese Dienstleistung nach Abs. 3 auch über Selbstinformationseinrichtungen im Internet durchführen. Vermittlung ist gemäß § 16 Abs. 1 Satz 1 SGB II auch eine Pflichtleistung der Jobcenter, jedoch nur für Leistungsberechtigte (§ 7 SGB II).

Inhaltlich ist der Begriff der Vermittlung in § 35 Abs. 1 Satz 2 SGB III weit gefasst. Die Dienstleistung richtet sich an Arbeitgeber bzw. Ausbildung- und Arbeitsuchende, wobei Letztere in § 15 SGB III sehr allgemein als Personen definiert sind, die eine Berufsausbildung bzw. eine Beschäftigung als Arbeitnehmer suchen. Der Begriff Berufsausbildung wird hier nicht eingegrenzt, z. B. hinsichtlich betrieblicher Berufsausbildung oder Ausbildung in einem anerkannten Ausbildungsberuf. Auch eine Beschränkung auf Jugendliche bzw. eine erstmalige Ausbildung existiert nicht. Die Vermittlungsbemühungen der Agenturen für Arbeit bzw. der Grundsicherungsstellen müssen jedoch auf die Begründung eines Ausbildungsverhältnisses mit einem Arbeitgeber ausgerichtet sein. Dies schließt schulische Ausbildungsgänge, die in der Regel nicht versicherungspflichtig sind (Ausnahme: z. B. Altenpfleger), aus. Informationen über schulische Ausbildungsplätze können jedoch gemäß § 30 Nr. 6 SGB III Gegenstand einer begleitenden Berufsberatung sein.

Die Suche nach einer Beschäftigung als Arbeitnehmer umfasst sowohl versicherungspflichtige als auch versicherungsfreie Beschäftigungsverhältnisse. Ziel ist entsprechend der Definition in § 7 Abs. 1 SGB IV die Aufnahme nichtselbstständiger Arbeit, insbesondere in einem Arbeitsverhältnis. Der Personenkreis der Arbeitsuchenden reicht somit begrifflich über den der Arbeitslosen hinaus (vgl. § 16 SGB III). Die aktuelle Ausübung einer Beschäftigung oder einer selbstständigen Tätigkeit ist nach § 15 Satz 2 SGB III kein Ausschlusskriterium. Arbeitsuchender ist auch, „wer nur eine **vorübergehende oder nebenher ausgeübte Beschäftigung** sucht, z. B. neben einem Studium, eine Ferienbeschäftigung als Schüler, Hausfrauen oder Rentner im Rahmen der Geringfügigkeitsgrenzen" (Rademacher in GK-SGB III, § 35 Rn. 66). Auf die Unterstützung bei der Suche nach einer selbstständigen Tätigkeit wird in den Erläuterungen zu § 36 Abs. 4 SGB III näher eingegangen.

Mangels einer Definition des Begriffs „Arbeitgeber" im SGB III ist hierunter in Anlehnung an das Arbeitsrecht jeder (z. B. eine natürliche oder juristische Person) zu verstehen, der einen Arbeitnehmer beschäftigt. Im Bereich der Arbeitsförderung schließt dies jedoch auch denjenigen ein, der erst zukünftig einen Arbeitnehmer in einem Arbeitsverhältnis beschäftigen will (vgl. BT-Drucksache 13/4941, S. 151, zu § 3 SGB III).

Hier folgt ein kurzer Exkurs zu den in §§ 38 und 39 SGB III geregelten Rechten und Pflichten der Ausbildung- und Arbeitsuchenden bzw. Arbeitgeber. Diese sog. Berechtigten können die Dienstleistungen der BA (freiwillig) in Anspruch nehmen, müssen dann aber auch die für eine Vermittlung erforderlichen Auskünfte geben und Unterlagen vorlegen (vgl. § 38 Abs. 2 Satz 1 bzw. § 39 Abs. 1 Satz 1 SGB III). Beide Vorschriften regeln auch, unter welchen Umständen die Agentur für Arbeit die Vermittlung einstellen kann. Verpflichtungen, deren Nichteinhaltung finanzielle Folgen hat

(Sperrzeit – vgl. § 148 SGB III), bestehen für Personen, deren Arbeits- oder Ausbildungsverhältnis endet (§ 38 Abs. 1 SGB III) bzw. weitergehend bei Arbeitslosengeldbezug (vgl. §§ 137, 138 SGB III).

Zur Vermittlung gehören nach § 35 Abs. 1 Satz 2 SGB III alle Tätigkeiten, die auf die Begründung von Ausbildungs- bzw. Beschäftigungsverhältnissen zwischen den o. g. Berechtigten ausgerichtet sind. „Auch Maßnahmen, die sich im **Vorfeld eines Zusammenführens** abspielen, (...) stellen Vermittlung dar" (Rademacher in GK-SGB III, § 35 Rn. 49). Der gesetzliche Rahmen ermöglicht demnach eine Vielzahl von Aktivitäten, die als beschäftigungsorientierte Vermittlungs- und Integrationsstrategien in den nachfolgenden Abschnitten näher beschrieben sind. Die weit gefasste gesetzliche Definition hat auch zur Folge, dass der Erfolg des Zusammenführens der o. g. Berechtigten rechtlich betrachtet keine Bedingung darstellt. Die Agenturen für Arbeit bzw. Jobcenter schulden den Berechtigten Vermittlungsbemühungen, jedoch keine erfolgreiche Vermittlung (vgl. Urteil des Landessozialgerichts Baden-Württemberg vom 28.01.2011 – AZ L 8 AL 3586/10). Allerdings betont der Gesetzgeber durch Formulierungen wie „hat ... anzubieten" (§ 35 Abs. 1 Satz 1) und „hat ...darauf hinzuwirken" (§ 35 Abs. 2 Satz 1) die aktive Rolle, die die Arbeitsagenturen bzw. die Grundsicherungsstellen hinsichtlich der Ausgleichsprozesse am Arbeitsmarkt einnehmen müssen. Bei der Vermittlungstätigkeit handelt es sich um schlicht hoheitliches Handeln; ein Verwaltungsakt liegt vor, wenn Berechtigte ganz oder teilweise von der Vermittlung ausgeschlossen werden (z. B. aufgrund der Regelungen nach § 36 SGB III). Die Dienstleistung Vermittlung wird für die o. g. Berechtigten unentgeltlich erbracht. Die Agentur für Arbeit kann jedoch unter bestimmten Umständen vom Arbeitgeber die Erstattung besonderer, bei einer Arbeitsvermittlung entstehender Aufwendungen oder Gebühren bei der Auslandsvermittlung verlangen (vgl. § 42 SGB III).

Hinsichtlich der statistischen Erfassung von Vermittlung ist der unbestimmte Begriff „alle Tätigkeiten" problematisch. Die BA hat jedoch nach § 280 SGB III u. a. Statistiken zur Lage und Entwicklung der Beschäftigung und des Arbeitsmarktes sowie zu den Wirkungen der aktiven Arbeitsförderung zu erstellen. Um die Vielfalt integrationsorientierter Aktivitäten abzubilden, wird in der statistischen Darstellung bei einem Abgang in Erwerbstätigkeit zwischen „Vermittlung nach Auswahl und Vorschlag" und weiteren, in einem kaskadierenden Modell erfassten Hilfen und Unterstützungsleistungen unterschieden, welche im Vorfeld der Beschäftigungsaufnahme von den Agenturen für Arbeit bzw. Jobcentern erbracht wurden (vgl. BA 2011a, S. 12 ff.).

Wie bereits erwähnt, handelt es sich bei der Vermittlung um eine Pflichtaufgabe der Agenturen für Arbeit (SGB III) und der Jobcenter (SGB II). Die Schwierigkeiten, die sich aus dieser rechtlichen und finanziellen Trennung (Versicherungs- bzw. Fürsorgeleistung) zwischen Arbeitsförderung und Grundsicherung ergeben können, zeigen sich in Zusammenhang mit der Berufsberatung und der Ausbildungsvermittlung insbesondere für Jugendliche. Berufsberatung nach § 30 SGB III ist eine Pflichtleistung der Arbeitsagenturen für Ratsuchende – unabhängig vom Bezug finanzieller Leistungen nach dem SGB II oder SGB III. Die Arbeitsagenturen dürfen jedoch nach § 22 Abs. 4 Satz 1 Nr. 1 SGB III mit wenigen Ausnahmen für erwerbsfähige Leistungsberechtigte (SGB II) keine Arbeits- oder Ausbildungsvermittlung durchführen. Demgegenüber ist Berufsberatung gemäß § 16 Abs. 1 Satz 2 Nr. 1 SGB II eine Kannleistung der u. a. von der BA getragenen gemeinsamen Einrichtungen bzw. der kommunalen Jobcenter. Alle Jobcenter sind gleichzeitig aufgrund § 16 Abs. 1 Satz 1 verpflichtet, für erwerbsfähige Leistungsberechtigte (Ausbildungs-)Vermittlung durchzuführen. Dies kann zu der paradoxen Situation führen, dass ein Jugendlicher von einem Berufsberater der Arbeitsagentur beraten wird, in diesem Rahmen jedoch keinen Vermittlungsvorschlag für einen Ausbildungsplatz bekommen darf. Zur Vermeidung dieser Situation hat der Gesetzgeber in § 16 Abs. 4 Satz 1 SGB II folgende Regelung getroffen: „Die Agentur für Arbeit als Träger der Grundsicherung für Arbeitsuchende kann die Ausbildungsvermittlung durch die für die Arbeitsförderung zuständigen Stellen der Bundesagentur wahrnehmen lassen." Jobcenter (auch rein kommunal getragene) können danach die Ausbildungsvermittlung auf die Arbeitsagentur rückübertragen, müssen aber die Aufwendungen erstatten (vgl. § 16 Abs. 4 Satz 2 SGB II).

Um für Jugendliche die Schnittstellen zwischen Agentur für Arbeit, gemeinsamer Einrichtung und kommunaler Jugendhilfe zu verringern, initiierte die BA 2010 das Projekt „Arbeitsbündnisse Jugend und Beruf". Unter diesem Dach setzen die drei Akteure an bundesweit 20 Standorten (Stand 2012) unterschiedliche Ansätze zur ganzheitlichen und vernetzten Betreuung von Jugendlichen um.

3.2.2 Grundsätze der Vermittlung (§ 36 SGB III)

§ 36 SGB III zeigt im Wesentlichen Grenzen auf, die die Agenturen für Arbeit und – über § 16 Abs. 1 Satz 4 SGB II – die Grundsicherungsstellen bei der Vermittlung in Ausbildung und Beschäftigung zu beachten haben. Die Vorschrift beinhaltet absolute (Abs. 1) und relative (Abs. 2) Vermittlungsverbote, Regelungen zur Neutralitätspflicht bei Arbeitskämpfen (Abs. 3), verneint eine Prüfpflicht der Agentur für Arbeit bei der Vermittlung hinsichtlich des zwischen Arbeitgeber und Arbeitnehmer abzuschließenden Vertrages und ermöglicht den Vermittlungsfachkräften Hinweise auf Angebote zur Aufnahme einer selbstständigen Tätigkeit (Abs. 4).

Vermittlungsverbot bei Verstoß gegen ein Gesetz bzw. die guten Sitten

§ 36 Abs. 1 SGB III verbietet es den Agenturen für Arbeit zu vermitteln, wenn ein Ausbildungs- oder Arbeitsverhältnis begründet werden soll, das gegen ein Gesetz oder die guten Sitten verstößt. Die BA ist als Teil der vollziehenden Gewalt bereits über Art. 1 Abs. 3 GG an die Beachtung der

Grundrechte und über Art. 20 Abs. 3 GG an die Beachtung von Gesetz und Recht gebunden.

„§ 36 Abs. 1 knüpft an dem allgemein geltenden Rechtsgrundsatz an, dass Rechtsgeschäfte, die gegen ein gesetzliches Verbot oder die guten Sitten verstoßen, **nichtig** sind (vgl. §§ 134, 138 BGB). (...) Unter Gesetz sind nicht nur **formelle**, vom Bundestag oder den Länderparlamenten verabschiedete Gesetze zu verstehen. Nach dem Zweck der Vorschrift bezieht sich der Begriff auf Gesetze im materiellen Sinne; er schließt (...) Rechtsverordnungen und rechtsbegründendes Satzungsrecht mit ein" (Rademacher in GK-SGB III, § 36 Rn. 20 und Rn. 25).

Beispiele für wichtige Gesetze sind: Berufsbildungsgesetz, Jugendarbeitsschutzgesetz, Arbeitnehmerüberlassungsgesetz, Arbeitszeitgesetz, Allgemeines Gleichbehandlungsgesetz, Tarifvertragsgesetz, Arbeitnehmerentsendegesetz und Mindestarbeitsbedingungengesetz. Letztere spielen in der Diskussion um Mindestlöhne eine Rolle. Der normative Teil eines Tarifvertrages ist ein Gesetz im materiellen Sinne.

Fokussiert auf die Entlohnung muss sich eine Fachkraft im Umgang mit einem Stellenangebot folgende Fragen stellen:

- Existiert ein Tarifvertrag?
- Ist der Tarifvertrag nach § 5 Tarifvertragsgesetz für allgemein verbindlich erklärt worden?
- Gelten auf der Grundlage des Mindestarbeitsbedingungengesetzes oder des Arbeitnehmerentsendegesetzes Mindestlöhne für alle Arbeitgeber und Arbeitnehmer im betroffenen Wirtschaftszweig bzw. in der Branche?
- Gibt es Anzeichen für eine sittenwidrige Entlohnung (vgl. BAG-Urteil v. 22.04.2009 – 5 AZR 436/08)?

Ein Stellenangebot, das diesen rechtlichen Regeln nicht entspricht, ist abzulehnen, wenn der Arbeitgeber nicht zu Änderungen bereit ist. Dabei handelt es sich um einen – zunächst mündlichen – Verwaltungsakt.

Die Frage, ob ein Arbeitsverhältnis begründet werden soll, das gegen die guten Sitten verstößt, stellt sich für die Agenturen für Arbeit und Jobcenter sowohl bei Fragen der Entlohnung als auch bei Tätigkeiten im Umfeld von Prostitution. Aufgrund des Gesetzes zur Regelung der Rechtsverhältnisse der Prostituierten ist Prostitution in Deutschland seit 2002 rechtlich betrachtet nicht mehr sittenwidrig. Dadurch „sollte explizit die rechtliche Stellung der Prostituierten, nicht jedoch die der Kunden, der Bordellbetreiber oder anderer verbessert werden" (Kavemann/Steffan 2013, S. 10). 2009 hat das Bundessozialgericht die Klage eines Bordellbesitzers abgelehnt, mit der dieser von der BA die Vermittlung von Prostituierten verlangte (Urteil v. 06.05.2009 – B 11 AL 11/08 R). Die Position der BA, nicht in Prostitution zu vermitteln, wurde damit bestätigt. Im Einzelfall kann es jedoch schwierig sein, solche Stellen von angrenzenden Tätigkeiten im

Erotikbereich abzugrenzen. Dies gilt insbesondere für die Onlineplattform „Jobbörse" der BA, in der Arbeitgeber eine Stelle einstellen können, ohne die BA mit der Vermittlung zu beauftragen (unbetreuter Arbeitgeber). Nach den Nutzungsbedingungen der BA dürfen Angebote, die erotische Dienstleistungen bewerben, Mitarbeiter für Stellen im erotischen/pornografischen/Prostitutions- und prostitutionsnahen Gewerbe suchen, gegen die guten Sitten oder die Menschenwürde verstoßen (z. B. Angebote für Telefonerotik), nicht eingestellt werden. Die BA löscht solche Stellenangebote im Rahmen der Prüfverfahren bezüglich der Inhalte der Jobbörse.

Verbot von Benachteiligung durch Einschränkungen des Arbeitgebers

Das relative Vermittlungsverbot in § 36 Abs. 2 SGB III dient dazu, Ausbildungsplatz- bzw. Arbeitsplatzbewerber vor Benachteiligungen durch Einschränkungen seitens eines Arbeitgebers bei einem Stellenangebot bzw. der Vermittlung zu schützen. Es geht hier um Diskriminierungsverbote, die in europäischen Richtlinien zur Verwirklichung des Grundsatzes der Gleichbehandlung und in Art. 3 GG verankert sind. Nach § 36 Abs. 2 Satz 1 SGB III dürfen die Agenturen für Arbeit Einschränkungen hinsichtlich Geschlecht, Alter, Gesundheitszustand, Staatsangehörigkeit oder ähnlicher Merkmale, die regelmäßig nicht die berufliche Qualifikation betreffen, nur berücksichtigen, wenn diese nach Art der Tätigkeit unerlässlich sind. „‚Unerlässlich' bedeutet: der Sinn der auszuübenden Tätigkeit, so wie ihn der potenzielle Arbeitgeber im Hinblick auf die Wahrnehmung seiner Güter im Publikum definiert, muss ansonsten verloren gehen" (Rixen in Eicher/Schlegel, § 36 Rn. 65). Ein Beispiel ist eine Tätigkeit bei der Werbung für Produkte, die auf eine bestimmte Altersgruppe zugeschnitten sind.

Die Regelungen in § 36 Abs. 2 Satz 1 SGB III existierten bereits vor Inkrafttreten des Allgemeinen Gleichbehandlungsgesetzes (AGG) im Jahr 2006. Auf dieses Gesetz bezieht sich seither § 36 Abs. 2 Satz 2 und zwar konkret auf die weiteren Benachteiligungsgründe nach § 1 AGG, die in § 36 Abs. 1 Satz 1 nicht genannt sind. Danach dürfen Einschränkungen eines Arbeitgebers hinsichtlich der Rasse, ethnischen Herkunft, Religion oder Weltanschauung, einer Behinderung oder der sexuellen Identität nur in den engen Grenzen des AGG berücksichtigt werden. In den §§ 8–10 des AGG sind Bedingungen genannt, unter denen eine unterschiedliche Behandlung wegen beruflicher Anforderungen, der Religion oder Weltanschauung bzw. des Alters zulässig ist. Hinsichtlich beruflicher Anforderungen muss die unterschiedliche Behandlung von Arbeitsplatzbewerbern „wegen der **Art der auszuübenden Tätigkeit** oder der **Bedingungen ihrer Ausübung** eine **wesentliche** und **entscheidende berufliche Anforderung** darstellen" (Rademacher in GK-SGB III, § 36 Rn. 58).

Ein Beispiel hierfür zeigt der folgende Auszug aus einer Pressemitteilung des Bundesarbeitsgerichts (Pressemitteilung Nr. 54/09):

Beispiel: Diskriminierung aufgrund des Geschlechts

Der Träger eines Gymnasiums darf bei der Besetzung einer Betreuerstelle für das von ihm betriebene Mädcheninternat die Bewerberauswahl auf Frauen beschränken, wenn die Tätigkeit auch Nachtdienste im Internat beinhalten soll. Das beklagte Land hatte für das Mädcheninternat seines staatlichen Gymnasiums in N. mittels einer Stellenausschreibung eine Erzieherin/Sportlehrerin oder Sozialpädagogin gesucht. (...) Der Achte Senat hielt die unterschiedliche Behandlung wegen des Geschlechts hier für zulässig. Für die Tätigkeit in einem Mädcheninternat, die auch mit Nachtdiensten verbunden ist, stellt das weibliche Geschlecht der Stelleninhaberin eine wesentliche und entscheidende Anforderung i. S. d. § 8 Abs. 1 AGG dar. Dabei steht es dem Arbeitgeber grundsätzlich frei festzulegen, welche Arbeiten auf einem zu besetzenden Arbeitsplatz zu erbringen sind.

Bundesarbeitsgericht, Urteil vom 28.05.2009 – 8 AZR 536/08

Auf die zulässige unterschiedliche Behandlung wegen der Religion oder Weltanschauung wird wegen der Bedeutung der großen Kirchen in Deutschland als Arbeitgeber im Folgenden näher eingegangen. § 9 AGG sagt hierzu:

§

(1) Ungeachtet des § 8 ist eine unterschiedliche Behandlung wegen der Religion oder der Weltanschauung bei der Beschäftigung durch Religionsgemeinschaften, die ihnen zugeordneten Einrichtungen ohne Rücksicht auf ihre Rechtsform oder durch Vereinigungen, die sich die gemeinschaftliche Pflege einer Religion oder Weltanschauung zur Aufgabe machen, auch zulässig, wenn eine bestimmte Religion oder Weltanschauung unter Beachtung des Selbstverständnisses der jeweiligen Religionsgemeinschaft oder Vereinigung im Hinblick auf ihr Selbstbestimmungsrecht oder nach der Art der Tätigkeit eine gerechtfertigte berufliche Anforderung darstellt.

(2) Das Verbot unterschiedlicher Behandlung wegen der Religion oder der Weltanschauung berührt nicht das Recht der in Absatz 1 genannten Religionsgemeinschaften, der ihnen zugeordneten Einrichtungen ohne Rücksicht auf ihre Rechtsform oder der Vereinigungen, die sich die gemeinschaftliche Pflege einer Religion oder Weltanschauung zur Aufgabe machen, von ihren Beschäftigten ein loyales und aufrichtiges Verhalten im Sinne ihres jeweiligen Selbstverständnisses verlangen zu können.

Das Selbstbestimmungsrecht der Religionsgemeinschaften ist im Grundgesetz verankert (Art. 140 GG i. V. m. mit Art. 137 Abs. 3 der Weimarer Reichsverfassung). Ob die Zugehörigkeit zu einer Religionsgemeinschaft auf dieser Grundlage bei jeglicher Tätigkeit gefordert werden kann, ist immer wieder Gegenstand arbeitsrechtlicher Auseinandersetzungen. Unter dem Titel „§ 9 AGG und die europäischen Grenzen für das kirchliche Arbeitsrecht" kommt Joussen (2008) in Zusammenhang mit einem Urteil des Arbeitsgerichts Hamburg zu der Auffassung, dass die Kirchen in jedem Fall selbst festlegen können, ob die Religion eine wesentliche Anforderung für eine zu besetzende Stelle ist. Demgegenüber hat das Arbeitsgericht Aachen in seinem Urteil v. 13.12.2012 (2 Ca 4226/11) entschieden, dass die Ablehnung eines Intensivpflegers für den Dienst in einem katholischen Krankenhaus allein wegen fehlender Religionszugehörigkeit eine entschädigungspflichtige Diskriminierung i. S. d. AGG darstellt. Denn nach den eigenen Vorgaben der katholischen Kirche darf nur bei der Besetzung von Stellen im pastoralen, katechetischen und im erzieherischen Bereich sowie bei leitenden Aufgaben die Mitgliedschaft in der katholischen Kirche verlangt werden.

Für Arbeitsagenturen und Jobcenter ist in Zusammenhang mit § 36 Abs. 2 SGB III wesentlich, dass die Verantwortung für diskriminierungsfreie Stellenausschreibungen bei den Arbeitgebern liegt. Analog zu § 36 Abs. 1 SGB III ist ein Stellenangebot ggf. abzulehnen (vgl. BA 2006, S. 2).

Darf die Religionszugehörigkeit nur bei der Beschäftigung durch Religionsgemeinschaften (u. a.) eine Rolle spielen, so gilt nach § 36 Abs. 2 Satz 3 SGB III für die Zugehörigkeit zu einer Gewerkschaft, Partei oder vergleichbaren Vereinigung, dass eine diesbezügliche Einschränkung eines Arbeitgebers nur bei einer Ausbildungs- oder Arbeitsstelle in Tendenzunternehmen oder -betrieben zu berücksichtigen ist. Nach § 118 Abs. 1 Satz 1 des Betriebsverfassungsgesetzes handelt es sich dabei um solche, die unmittelbar und überwiegend politischen, koalitionspolitischen, konfessionellen, karitativen, erzieherischen, wissenschaftlichen oder künstlerischen Bestimmungen dienen. Des Weiteren fallen hierunter Betriebe, deren Zweck Berichterstattung oder Meinungsäußerung ist und auf die Art. 5 Abs. 1 Satz 2 GG Anwendung findet (Pressefreiheit und Freiheit der Berichterstattung). „Weiter ist Voraussetzung, dass die **Art der auszuübenden Tätigkeit** die Einschränkung rechtfertigt. Maßgebend ist die funktionelle und inhaltliche Bedeutung der Tätigkeit. Vornehmlich wird von leitenden, herausgehobenen und Mitarbeitern in einem besonderen Verantwortungs- oder Vertrauensverhältnis verlangt werden müssen, dass sie den **geistig-ideellen Betriebszweck** billigen. Einfache, untergeordnete Tätigkeiten stellen i. d. R. keinen Grund für eine Einschränkung dar" (Rademacher in GK-SGB III, § 36 Rn. 66).

Wenn eine Religionsgemeinschaft, eine politische Partei oder eine Gewerkschaft im Einzelfall berechtigte Einschränkungen hinsichtlich der Auswahl eines Bewerbers macht, ist zu klären, ob die Agentur für Arbeit bzw. die Grundsicherungsstelle den Betroffenen überhaupt nach der Zugehörigkeit zu einer Religionsgemeinschaft, Partei oder Gewerkschaft fragen darf. Hierzu trifft § 41 SGB III eine spezielle Regelung:

a) Danach sind solche Daten nur beim Ausbildung- bzw. Arbeitsuchenden selbst und keinesfalls bei anderen Stellen zu erheben (§ 41 Satz 2).

b) Es muss sich um eine Ausbildungs- oder Arbeitsstelle in einem Tendenzunternehmen (s. o.) bzw. einer Religionsgemeinschaft oder ihr zugehörenden karitativen oder erzieherischen Einrichtung (z. B. Krankenhaus, Kindertagesstätte) handeln (§ 41 Satz 3 Nr. 1a und b).

c) Der Ausbildung- bzw. Arbeitsuchende muss bereit sein, auf eine solche Stelle vermittelt zu werden (§ 41 Satz 3 Nr. 2).

d) Bei einer Vermittlung in einen Tendenzbetrieb muss die Art der auszuübenden Tätigkeit die Einschränkung der Zugehörigkeit z. B. zu einer Partei oder Gewerkschaft rechtfertigen. Hinsichtlich der Religionsgemeinschaften hat der Gesetzgeber keine Begrenzung in Bezug auf die Tätigkeit festgelegt (§ 41 Satz 3 Nr. 3).

Neutralität bei Arbeitskämpfen

Der Grundsatz der Neutralität bei Arbeitskämpfen ist in § 36 Abs. 3 SGB III geregelt. Unabhängig davon, ob die Agentur für Arbeit über die Anzeige eines Arbeitgebers nach § 320 Abs. 5 SGB III oder auf anderen Wegen von einem Arbeitskampf erfährt, darf sie in einen unmittelbar betroffenen Bereich nur unter den hier genannten Voraussetzungen vermitteln. „Unmittelbar betroffen" können ein ganzer Betrieb, eine oder mehrere Betriebsabteilungen oder bestimmte Berufsgruppen sein. Die Arbeitsagentur muss Arbeitsuchende und Arbeitgeber auf den Arbeitskampf hinweisen und darf nur in den unmittelbar betroffenen Bereich vermitteln, wenn beide dies verlangen.

Hinweise auf selbstständige Tätigkeiten

Aufgrund einer Änderung des § 36 Abs. 4 SGB III sind Arbeitsagenturen und Jobcenter seit 2007 bei der Vermittlung generell nicht zur Prüfung verpflichtet, ob es sich bei dem zwischen Arbeitgeber und Arbeitnehmer abzuschließenden Vertrag tatsächlich um einen Arbeitsvertrag handelt, oder ein anderes Rechtsverhältnis begründet werden soll (z. B. Werkvertrag). Des Weiteren ist es nach § 36 Abs. 4 Satz 2 seither den Vermittlungsfachkräften erlaubt, auf Angebote zur Aufnahme einer selbstständigen Tätigkeit hinzuweisen, ohne dass es sich dabei um Vermittlung handelt. Hintergrund für die Änderung waren kritische Äußerungen zu den Künstlerdiensten der BA. Deren Vermittlungsaktivitäten in Engagements mit einem im Kulturbereich üblichen fließenden Übergang zwischen kurzfristiger abhängiger Beschäftigung und selbstständiger Tätigkeit waren von der vorherigen Rechtslage nur z. T. gedeckt. Erläuterungen zur Rechtsänderung sind der Begründung zum neu gefassten § 36 Abs. 4 zu entnehmen (BT-Drucksache 16/4578):

> § Da die Ausübung einer selbstständigen Tätigkeit stets mit gewissen Risiken verbunden ist, handelt es sich insoweit um ein zusätzliches Angebot für die Arbeitsuchenden, die an der Ausübung einer selbstständigen Tätigkeit interessiert sind. Es besteht weder eine Pflicht, dieses Angebot der Agenturen für Arbeit anzunehmen, noch ist eine fehlende Mitwirkungsbereitschaft mit leistungsrechtlichen Konsequenzen verbunden. (...) Die Tätigkeit der Agenturen für Arbeit wird in erster Linie darin bestehen, Informationen zur Verfügung zu stellen, mit deren Hilfe Anbieter selbstständiger Tätigkeiten (z. B. Franchisegeber) und Arbeitsuchende zusammenfinden können. Insoweit

werden die Agenturen für Arbeit nicht als Vermittler tätig. Gleichwohl haben die Agenturen für Arbeit vorab zu prüfen, ob die angebotenen selbstständigen Tätigkeiten für die in Betracht kommenden Arbeitsuchenden generell geeignet sind; insbesondere haben sie geeignete Vorkehrungen zu treffen, damit Angebote, die gegen ein Gesetz oder die guten Sitten verstoßen (wie z. B. Schneeballsysteme), ausgeschlossen werden.

Der letzte Satz verdeutlicht, dass § 36 Abs. 1 auch in Zusammenhang mit selbstständigen Tätigkeiten gilt.

3.2.3 Einschränkungen des Fragerechts (§ 41 SGB III)

Die Einschränkungen des Fragerechts waren bis 31.03.2012 inhaltsgleich in § 42 SGB III geregelt. In Zusammenhang mit § 36 Abs. 2 SGB III war hiervon bereits die Rede – vgl. § 41 Satz 2 und 3 SGB III. Ganz grundsätzlich besteht nach § 41 Satz 1 bei der Beratung und Vermittlung kein größerer Spielraum zur Erhebung von Daten, als er einem Arbeitgeber vor Begründung eines Ausbildungs- oder Arbeitsverhältnisses eingeräumt wird. Die Vorschrift ist Teil umfangreicher datenschutzrechtlicher Bestimmungen im Sozialgesetzbuch, die hier nur im Überblick genannt werden sollen. Zu ihnen zählen weitere spezialgesetzliche Regelungen im SGB III (z. B. §§ 38, 39, 394, 395, 396) und im SGB II (z. B. § 51b) sowie allgemeine Regelungen im SGB I (§ 35) und im SGB X (§ 67 ff.). Die allgemeinen Regelungen sind dann von den Arbeitsagenturen und Jobcentern anzuwenden, wenn die speziellen Vorschriften im SGB II bzw. SGB III nicht ausreichen.

Im Alltag der Vermittlungs- und Integrationsarbeit werden datenschutzrechtliche Regelungen von den Fachkräften häufig als Behinderung eines auch i. S. von Arbeitsuchenden und Arbeitslosen zügigen und in der notwendigen Tiefe gestalteten Arbeitsprozesses gesehen. Der Bundesbeauftragte für den Datenschutz (BfDI) äußert sich hierzu wie folgt: „Datenschutz ist Grundrechtsschutz. Das Grundgesetz gewährleistet jedem das Recht, über Verwendung und Preisgabe seiner persönlichen Daten zu bestimmen (Grundrecht auf informationelle Selbstbestimmung). Geschützt werden also nicht Daten, sondern die Freiheit der Menschen, selbst zu entscheiden, wer was wann und bei welcher Gelegenheit über sie weiß" (BfDI 2011, S. 5).

Mit diesen Aussagen wird deutlich, dass der Schutz persönlicher Daten Verfassungsrang hat (Allgemeines Persönlichkeitsrecht – Art. 2 Abs. 1 i. V. m. Art. 1 Abs. 1 GG). Das Grundrecht auf informationelle Selbstbestimmung stößt allerdings dann an Grenzen, wenn Bürger staatliche Sozialleistungen (Dienst-, Geld-, Sachleistungen) in Anspruch nehmen wollen oder müssen. Sozialleistungsträger benötigen hier ggf. sensible personenbezogene Daten, deren Offenlegung jedoch nur auf der Grundlage gesetzlicher Regelungen verlangt werden kann. Dieses Spannungsfeld beschreibt der BfDI (2012, S. 9) wie folgt:

„Aufgabe des Sozialdatenschutzrechts ist es, das grundrechtlich geschützte Interesse des Einzelnen auf Geheimhaltung der ihn betreffenden, besonders schützenswerten Sozialdaten und das staatliche Interesse an einer funktionsfähigen Sozialverwaltung weitestgehend in Einklang zu bringen. Dazu hat der Gesetzgeber mit den datenschutzrechtlichen Regelungen im Sozialgesetzbuch Normen geschaffen, die zwar das Recht auf informationelle Selbstbestimmung im notwendigen Umfang einschränken, den Betroffenen aber gleichzeitig durch eindeutige Grenzen dieser zulässigen Einschränkungen vor den nachteiligen Folgen einer Datenverarbeitung schützen."

§ 41 Satz 1 SGB III ist ein Beispiel für Probleme, die beim Ausgleich zwischen diesen unterschiedlichen Interessen entstehen können. Wie bereits erwähnt, verknüpft hier der Gesetzgeber das Sozialrecht mit dem Arbeitsrecht. Anders als bei der Besetzung einer konkreten Stelle in einem Betrieb steht zu Beginn der Integrationsarbeit jedoch nur bedingt fest, welche konkreten Arbeitsplätze für die Vermittlung in Betracht gezogen werden sollen. Auch im Hinblick auf die auslösenden Faktoren lang anhaltender Arbeitslosigkeit im SGB II, welche nicht auf rein marktbedingte Faktoren zurückzuführen ist, und den umfassenden Unterstützungsauftrag nach § 14 Satz 1 SGB II erscheint diese Beschränkung des Fragerechts in vielen Fällen wenig sinnvoll.

3.3 Rechtliche Verankerung zentraler Begriffe der Integrationsarbeit

Im vorherigen Abschnitt ging es um den rechtlichen Rahmen von Vermittlung im engeren Sinne: Wie ist diese Dienstleistung definiert und welche Grenzen sind zu beachten? Zur inhaltlichen Ausgestaltung ist damit noch nichts gesagt. Der Gesetzgeber trifft hierzu Regelungen im SGB II und im SGB III, die Gegenstand dieses Kapitels sind, gleichzeitig jedoch fachlich unterfüttert werden müssen. An dieser Stelle wird die Schwelle von der Vermittlung mit dem Fokus auf zügige Stellenbesetzung bzw. Beschäftigungsaufnahme zur weiter gefassten Integrationsarbeit überschritten. Je nach Fallkonstellation umfasst diese auf der Arbeitnehmerseite die Analyse integrationsrelevanter Merkmale des Beschäftigungsuchenden, die gezielte Unterstützung des Integrationsprozesses durch Beratung, Integrationsplanung, Vermittlung und den Einsatz von arbeitsmarktpolitischen und sozialintegrativen Instrumenten. Diese Aktivitäten überschneiden sich mit denen für Arbeitgeber: Beratung, Vermittlung und Förderung zur Unterstützung bei der Besetzung, Gestaltung und Stabilisierung von Ausbildungs- und Arbeitsstellen.

§ 35 Abs. 2 SGB III besagt, dass die Vermittlung individuell durchzuführen ist. Der Begriff Eignung spielt dabei eine zentrale Rolle:

> Die Agentur für Arbeit hat durch Vermittlung darauf hinzuwirken, dass Ausbildungsuchende eine Ausbildungsstelle, Arbeitsuchende eine Arbeitsstelle und Arbeitgeber geeignete Auszubildende sowie geeignete Arbeitnehmerinnen und Arbeitnehmer erhalten. Sie hat dabei die Neigung, Eignung und Leistungsfähigkeit der Ausbildungsuchenden und Arbeitsuchenden sowie die Anforderungen der angebotenen Stellen zu berücksichtigen.

Auch beim Einsatz arbeitsmarktpolitischer Instrumente (vgl. Kapitel 4) hat die Agentur für Arbeit nach § 7 SGB III die für den Einzelfall am besten geeignete Leistung u. a. unter Berücksichtigung der Fähigkeiten der zu fördernden Person auszuwählen. Wie bereits erörtert, gilt § 35 Abs. 2 SGB III analog für die Grundsicherung. § 3 Abs. 1 Satz 2 Nr. 1 SGB II verpflichtet die Jobcenter außerdem, u. a. die Eignung des Leistungsberechtigten bei den Leistungen zur Eingliederung in Arbeit zu berücksichtigen. Leistungsrechtlich sind Stellenangebote nur zumutbar, wenn Bezieher von Arbeitslosgeld bzw. Arbeitslosengeld II die Mindestanforderungen erfüllen (Minimaleignung).

Die Berücksichtigung von Eignung bei der Beratung, Vermittlung und Förderung ist bereits seit Langem[50] ein gesetzlich verankertes Kriterium, welches von der Fachkraft eine Auseinandersetzung mit der individuellen Situation des Kunden fordert. Diese Aufgabe wurde in Richtung einer expliziten und eingehenden Analyse im Jahr 2002 mit dem sog. Job-AQTIV-Gesetz erweitert, um einerseits das Risiko des Eintritts von Langzeitarbeitslosigkeit frühzeitig erkennen und entsprechend reagieren zu können, und um andererseits den Integrationsprozess insgesamt effektiver und effizienter auszugestalten. In der Gesetzesbegründung wurde erstmals der Begriff Profiling genannt: „Nunmehr sind schon zu Beginn der Arbeitslosigkeit die für die Vermittlung notwendigen Merkmale festzustellen und, darauf fußend, das Risiko des Eintritts von Langzeitarbeitslosigkeit mit dem Ziel zu ermitteln, diese zu vermeiden. Zu diesem Zweck sollen umfassender als bisher die Stärken und Schwächen des Arbeitslosen festgestellt werden. Dazu wird eine obligatorische individuelle Chanceneinschätzung (Profiling) eingeführt, die das Arbeitsamt gemeinsam mit dem Arbeitslosen vorzunehmen hat" (BT-Drucksache 14/6944, S. 28).

Diese Regelungen sind 2009 in § 37 Abs. 1 SGB III aufgegangen. Der Gesetzgeber verwendet hier nun für den ersten Schritt im Integrationsprozess den Terminus „Potenzialanalyse". In der Potenzialanalyse nach dem SGB III soll ein breites Spektrum vermittlungsrelevanter Kriterien erhoben, festgestellt und erarbeitet werden. Berücksichtigung finden sollen die für die Vermittlung erforderlichen beruflichen und persönlichen Merkmale, berufliche Fähigkeiten und die Eignung. Neben dem Leistungspotenzial des Ausbildung- und Arbeitsuchenden ist darüber hinaus festzustellen, ob und durch welche Umstände die berufliche Eingliederung voraussichtlich erschwert sein

50 Vgl. § 14 Arbeitsförderungsgesetz, welches 1998 durch das SGB III abgelöst wurde.

wird. Es geht also um eine gesamthafte Feststellung und Beurteilung von Potenzialen und Eingliederungschancen für den weiteren Vermittlungsprozess. Ob bereits im Vorfeld der Potenzialanalyse ein berufliches Eingliederungsziel bestimmt werden kann oder erst aus dieser resultiert, hängt einerseits von der Bildungs- und Berufsbiografie des Leistungsberechtigten und andererseits von der spezifischen Ausbildungs- bzw. Arbeitsmarktsituation ab. Der Gesetzgeber nimmt hier jedenfalls keine Festlegungen vor. Wie die §§ 5, 7 und 37 Abs. 2 SGB III verdeutlichen, sollen die Ergebnisse dieser Analyse in die Auswahl und Ausgestaltung einer Vermittlungsstrategie einfließen.

§ 16 Abs. 1 Satz 2 Nr. 1 SGB II verweist zwar auch auf die Potenzialanalyse nach dem SGB III. Im SGB II finden sich jedoch spezielle vorrangige Regelungen. In der Grundsicherung sind die Leistungsberechtigten „umfassend" zu betreuen (§ 14 SGB II), was eine darauf abgestimmte, im Gesetz aber nicht explizit ausformulierte Analyse der aktuellen Situation des Leistungsberechtigten voraussetzt. Jedoch finden wir bei den Leistungsgrundsätzen in § 3 SGB II entsprechende Hinweise, wonach beim Einsatz der Leistungen zur Eingliederung in Arbeit neben der Eignung die individuelle Lebenssituation, insbesondere die familiäre Situation, zu berücksichtigen ist – ein Aspekt, der in § 37 SGB III keine Erwähnung findet.[51] Entsprechend dem Handlungsauftrag der Grundsicherungsarbeit bedeutet das unter anderem, dass die gesamte Bedarfsgemeinschaft berücksichtigt werden soll, wozu auch die noch nicht erwerbsfähigen Kinder zählen, Ansprüche auf soziale Teilhabe zu berücksichtigen sind und – soweit erforderlich – sozialintegrative Bedarfe (Schulden, Betreuung, Sucht, psychosoziale Probleme) erhoben und bearbeitet werden. Daraus ergibt sich je nach Fallkonstellation eine unter Umständen anspruchsvolle und mehrstufige Erhebungs- und Analysearbeit.

Mit dem bereits erwähnten Job-AQTIV-Gesetz wurde im SGB III die Eingliederungsvereinbarung eingeführt. Die Regelungen hierzu finden sich inzwischen in § 37 Abs. 2, 3 SGB III; für die Jobcenter ist § 15 SGB II maßgeblich. In der Eingliederungsvereinbarung soll idealtypisch in beiden Rechtskreisen die aus dem gemeinsamen Profiling/der Potenzialanalyse abgeleitete individuelle Integrationsstrategie festgehalten werden. Diese umfasst nach § 37 Abs. 2 Satz 1 SGB III das zwischen der Agentur für Arbeit und einem Ausbildungsuchenden bzw. Arbeitsuchenden vereinbarte Eingliederungsziel, die Vermittlungsbemühungen der Arbeitsagentur, die Eigenbemühungen des Kunden sowie die vorgesehenen Leistungen der aktiven Arbeitsförderung. Die Eingliederungsvereinbarung zwischen dem Jobcenter und einem erwerbsfähigen Leistungsberechtigten soll nach § 15 Abs. 1 Satz 2 SGB II bestimmen, welche Leistungen die Person zur Eingliederung in Arbeit erhält, welche Bemühungen sie in welcher Häufigkeit zur Eingliederung in Arbeit mindestens unternehmen und nachweisen muss sowie welche

51 Die Rechtsnorm wurde im Lauf der Zeit durch immer neue Regelungen angereichert, die überwiegend zielgruppenspezifische Vorrangregelungen enthalten (§ 3 Abs. 2, 2a, 2b SGB II).

(Sozial-)Leistungen Dritter wegen des Nachrangs der Grundsicherung zu beantragen sind. Wenn der Leistungsberechtigte die hier festgelegten Pflichten nicht erfüllt, kann dies direkte Sanktionsfolgen nach §§ 31 ff. SGB II nach sich ziehen.

Auf der Grundlage einer Analyse der Praxis der Dienstleistungserbringung in der Vermittlung SGB II und SGB III beschreibt das Institut für Arbeitsmarkt und Berufsforschung die Situation der Integrationsfachkräfte in Bezug auf die Eingliederungsvereinbarung als handlungspraktisches Dilemma:

> „Unter juristischen Aspekten haben Arbeitsagenturen und Grundsicherungsstellen ein hohes Interesse am Abschluss legal wirksamer, also ‚gerichtsfester' Eingliederungsvereinbarungen. Dafür müssen diese aber sowohl nachweislich am Einzelfall ausgerichtet als auch juristisch nicht anfechtbar formuliert sein. Aber gerade weil eine sprachlich individuelle Ausgestaltung der Inhalte für Vermittlungsfachkräfte ein hohes rechtliches Anfechtungsrisiko birgt, werden in der Praxis eher standardisierte und rechtssichere Formeln verwendet – was tendenziell eine Ausrichtung am Einzelfall unterläuft. Stimmen aus der Praxis zufolge wäre eine individuell ausgestaltete und zugleich gerichtsfeste Eingliederungsvereinbarung nur mit erheblichem zeitlichen Mehraufwand erreichbar. Schließlich weisen die Analysen für beide Rechtskreise auf ein Ungleichgewicht der definierten Leistungen zwischen den beteiligten Parteien hin: Fördernde und fordernde Aktivierung sind in den Eingliederungsvereinbarungen nicht ausbalanciert, auch wenn – vor allem im SGB II – die Fachkräfte diesen Anspruch durchaus formulieren" (Schütz/Kupka/Koch/Kaltenborn 2011, S. 7).[52]

3

In dieser Beschreibung der Handlungssituation von Integrationsfachkräften drückt sich das komplexe Verhältnis von Recht und Verwaltungspraxis aus. Mit Blick auf die bislang dargestellten rechtlichen Grundlagen der Vermittlungsarbeit kommt hinzu, dass der Gesetzgeber kein ausgearbeitetes Integrationskonzept vorlegt, sondern den zuständigen Trägern einen erheblichen organisatorischen und inhaltlichen Gestaltungsspielraum einräumt. So bleiben zahlreiche Rechtsbegriffe relativ unbestimmt und es werden nur wenige organisationsrechtliche Regelungen im Hinblick auf die Vermittlungsarbeit getroffen. Die Träger der Arbeitsförderung und Grundsicherung sind somit gehalten, die Vermittlungs- und Integrationsarbeit fachlich wie organisatorisch auszugestalten. Für die Arbeitsförderung ist die BA alleiniger Verwaltungsträger und kann als Körperschaft des öffentlichen Rechts in Abstimmung mit der Selbstverwaltung bundesweit einheitliche Integrations- und Organisationskonzepte implementierten. Im Bereich der Grundsicherung für Arbeitsuchende sind die Trägerstruktur und damit die Abstimmungsprozesse deutlich komplizierter, zumal hier Bundes-, Landes- und Kommunalzuständigkeiten, Ministerien und Verwal-

---

52 Nähere Ausführungen zur rechtlichen Einordnung und Kritik an der Eingliederungsvereinbarung im Kontext des SGB II vgl. Göckler 2012a, S. 139 f.

tungsträger koordiniert werden müssen. Aus diesem Grund treffen wir im Handlungsfeld der Grundsicherung auf eine deutlich größere Bandbreite an Fach- und Organisationskonzepten.

3.4 Fachliche Grundlagen der Vermittlung und Integrationsarbeit

Die Darstellung der fachlichen Grundlagen der Vermittlungs- und Integrationsarbeit untergliedert sich in zwei große Teile:

3

1. **Beschäftigungsorientierte Situationsanalyse:** Sie bildet das Herzstück der Integrationsarbeit, denn auf ihrer Grundlage sollen die weitere Integrationsarbeit zusammen mit dem Arbeit- und Ausbildungsuchenden bedarfsgerecht geplant und umgesetzt werden. Wir konzentrieren uns hier auf fachliche Grundlagen der arbeitnehmerorientierten Situationsanalyse, denn für die Zielgruppe der Arbeitgeber liegen bislang keine ausgearbeiteten Analysekonzepte und wissenschaftliche Untersuchungen vor (Koch/Krug/Stops 2009).
2. **Vermittlungs- und Integrationsstrategien:** Im zweiten Teil wird eine strukturierte und kommentierte Übersicht über strategische Ansatzpunkte der Arbeits- und Ausbildungsvermittlung entwickelt. Mit Blick auf die Forschungslage ist folgender Aspekt zu berücksichtigen: Während „die Evaluation einzelner arbeitsmarktpolitischer Instrumente schon recht weit fortgeschritten ist, weiß man über die Wirkungen des Vermittlungsprozesses noch recht wenig. Systematisch evaluiert wurden bisher einzelne Aspekte, die Evaluation des Prozesses insgesamt steht erst am Anfang" (Koch/Krug/Stops 2009, S. 243). Das hat unter anderem etwas mit der Finanzierung der Arbeitsmarktforschung zu tun, denn die großen Studien der letzten zehn Jahre wurden im Gefolge der jeweiligen Instrumentenreformen von den zuständigen Bundesministerien in Auftrag gegeben. In Erweiterung eines Argumentes von Brussig/Knuth (2011, S. 75) kann man konstatieren, dass die Konzentration auf die Instrumentenwirkungen, sprich die üblicherweise Dritten übertragenen Formen der Förderung, der Tatsache ausweicht, dass die Vermittlungs- und Integrationsarbeit noch keineswegs den fachlich-professionellen Stand erreicht hat, der mit den Hartz-Reformen versprochen wurde. Auch wenn sich die Forschungslage seither etwas besser darstellt, bleiben prozessübergreifende Studien zur Vermittlungs- und Integrationsarbeit nach wie vor die Ausnahme.

3.5 Die beschäftigungsorientierte Situationsanalyse

Sowohl im Recht der Arbeitsförderung als auch der Grundsicherung hat der Gesetzgeber klargestellt, dass zur Sicherstellung eines bedarfsgerechten Einsatzes von Eingliederungsleistungen die für die Vermittlung erforderlichen beruflichen und persönlichen Merkmale des Arbeit- oder Ausbildungsuchenden festzustellen sind. Diese geforderte gesamthafte Feststellung von vermittlungsrelevanten Merkmalen der Person dient als Basis und Bezugspunkt für die konkrete Ausgestaltung des Integrationsprozesses und ist anlassbezogen zu aktualisieren. Während der Gesetzgeber im Recht der Arbeitsförderung hierfür den Terminus „Potenzialanalyse" gewählt hat (§ 37 SGB III), verzichtet er in der Grundsicherung für Arbeitsuchende auf eine zusammenfassende Bezeichnung, sieht eine eingehende Berücksichtigung der individuellen Lebenssituation und Eignung des Leistungsberechtigten aber gleichwohl vor (§§ 3, 14 SGB II). Die fachlich-inhaltliche Ausgestaltung dieser Analysearbeit obliegt den zuständigen Trägern.

3.5.1 Begriffsbestimmung

In diesem Zusammenhang sind die beiden Begriffe „Profiling" und „Assessment" zu sehen, die zwar nie Einzug in die Sozialgesetzbücher gefunden haben, jedoch zu den einschlägigen Fachbegriffen der Vermittlungspraxis und der wissenschaftlichen Diskussion – auch im internationalen Kontext – gehören.

3.5.1.1 Profiling

Beim Profiling geht es um die Beurteilung der Integrationschancen eines Leistungsberechtigten im Hinblick auf eine bestimmte Zielposition auf dem Ausbildungs- und Arbeitsmarkt. Diese Zielposition kann je nach Fallgestaltung unterschiedlich konkret bestimmt sein, d. h., sie kann sich auf klar umrissene berufliche Positionen auf dem lokalen oder überregionalen Ausbildungs- bzw. Arbeitsmarkt beziehen, aber auch grundsätzlich auf die aktuelle Ausbildungs- und Beschäftigungsfähigkeit des Leistungsberechtigten Bezug nehmen. In diesem Fall werden allgemeine Anforderungen und Bedingungen des Ausbildungs- und Arbeitsmarktes zugrunde gelegt (dazu mehr im nächsten Abschnitt). Das Profiling mündet in eine Integrationsprognose und – sofern ein System von Profillagen vorliegt – in eine entsprechende Einstufung. Die Integrationsprognose und die Profillage bilden die Grundlage für die Auswahl von Integrationsstrategien und Eingliederungsleistungen. Damit ist auch der Gedanke einer spezifischen Ressourcensteuerung verbunden, d. h. die verschiedenen Leistungskomplexe Vermittlung, Betreuung und Förderung sind so zu kanalisieren, dass sie die berufliche Eingliederung der Arbeit- und Ausbildungsuchenden unter institutionell bestimmten Effizienz- und Effektivitätsgesichtspunkten maximieren. Eine möglichst genaue Prognose ist daher eine wichtige Voraussetzung für die Wirksamkeit eines Profiling-Systems, da es bei ungenauen Vorhersagen zu einer beträchtlichen Fehlallokation der Mittel kommen kann (vgl. Konle-Seidl 2011).[53]

---

[53] Auch die BA nutzt den Begriff „Profiling" in ihrem rechtskreisübergreifenden Integrationskonzept. Dieses, meist als „Vier-Phasen-Modell" oder kurz „4PM" bezeichnete Konzept findet im Handlungsfeld der Beschäftigungsförderung breite Anwendung, so in allen Agenturen für Arbeit im Rechtskreis SGB III (in der Arbeitsvermittlung, Berufsberatung für junge Menschen und der Betreuung beruflicher Rehabilitanden) sowie in den gemeinsamen Einrichtungen im Rechtskreis SGB II (BA 2012). Demgegenüber nutzen die zugelassenen kommunalen Träger (§ 6a SGB II) jeweils eigene Integrationskonzepte.

3.5.1.2 Assessment

Seit Einführung des Case Managements in der Beschäftigungsförderung wird auch der Begriff des „Assessments" verwendet.[54] Damit ist eine gegenüber der Potenzialanalyse und dem Profiling deutlich breiter angelegte Erhebungs- und Analyseform angesprochen, um die im Case Management besonderen Problemlagen der Klienten erkennen zu können. Das Assessment ist dabei als „Prozesselement eines komplexen Beratungs- und Unterstützungsablaufs" zu verstehen (DGCC 2011, S. 18). Angelehnt an den gesetzlichen Auftrag der Grundsicherung wird im Assessment gemeinsam mit dem Leistungsberechtigten dessen berufliche, soziale und persönliche Situation erfasst und analysiert, soweit dies für die beschäftigungsorientierte Arbeit erforderlich ist. Ziel ist es, hieraus Ressourcen und Probleme zu erkennen, die für die weitere Integrationsarbeit von Bedeutung sind (vgl. weiterführend Kapitel 6).

Fassen wir zusammen: Die im Recht der Arbeitsförderung eingeführte Bezeichnung „Potenzialanalyse" zielt im Kern auf eine vermittlungsorientierte Situationsanalyse des Leistungsberechtigten, um eine zielgerichtete Eingliederungsstrategie umsetzen zu können. Im Recht der Grundsicherung wird dieser Bezugspunkt zwar beibehalten, aber aufgrund des erweiterten Handlungsauftrags („umfassende Betreuung") und der explizit zu berücksichtigenden „individuellen Lebenssituation" des Leistungsberechtigten breiter aufgestellt und bei Bedarf um sozialintegrative Aspekte erweitert. Der Fachbegriff „Profiling" bezeichnet das Verfahren der Chancen- und Risikoeinschätzung des Leistungsberechtigten im Hinblick auf ein bestimmtes Integrationsziel. Der Fachbegriff „Assessment" bezeichnet ein Verfahren, das explizit bei komplexen Fallkonstellationen eingesetzt wird, um auf Basis einer ganzheitlich ansetzenden Analyse schrittweise Ansatzpunkte für die Entwicklung von realistischen Handlungszielen und Beschäftigungsperspektiven zu erarbeiten.

Soweit wir nicht auf spezifische Konzepte im Handlungsfeld der Arbeitsförderung und Grundsicherung zurückgreifen, wählen wir im Folgenden den Begriff der „Situationsanalyse" und verstehen darunter eine systematische, beschäftigungsorientierte Analyse der aktuellen Situation des Leistungsberechtigten im Kontext von Arbeitsmarkt und Arbeitsmarktpolitik. Unser Verständnis von beschäftigungsorientierter Situationsanalyse schließt damit explizit die Rahmenbedingungen ein, in denen die Integrationsarbeit mit dem Leistungsberechtigten steht. Ähnlich wie der Potenzialanalyse nach § 37 SGB III soll die Situationsanalyse nicht nur die vermittlungsrelevanten Personen- und Kontextmerkmale in Bezug auf einen bereits vorab festgelegten Zielberuf beurteilen, sondern auch dazu beitragen, einen solchen Zielberuf mit Blick auf die vorhandenen Potenziale des Leistungsberechtigten und verfügbaren institutionellen Ressourcen zu erarbeiten.

---

[54] Der Begriff „Assessment" hat seine Wurzeln im personalwirtschaftlichen Kontext und bezeichnet dort bestimmte, überwiegend verhaltensorientierte Verfahren und Methoden (Assessment Center-Verfahren) zur Feststellung der beruflichen Eignung und Potenziale von Bewerbern und Mitarbeitern (Höft/Funke 2006).

3.5.2 Bezugspunkte der Situationsanalyse

In Abbildung 22 sind – in idealtypischer Abgrenzung – die wichtigsten Bezugspunkte der Situationsanalyse aufgeführt.[55]

Abbildung 22: Beurteilungskriterien einer Situationsanalyse

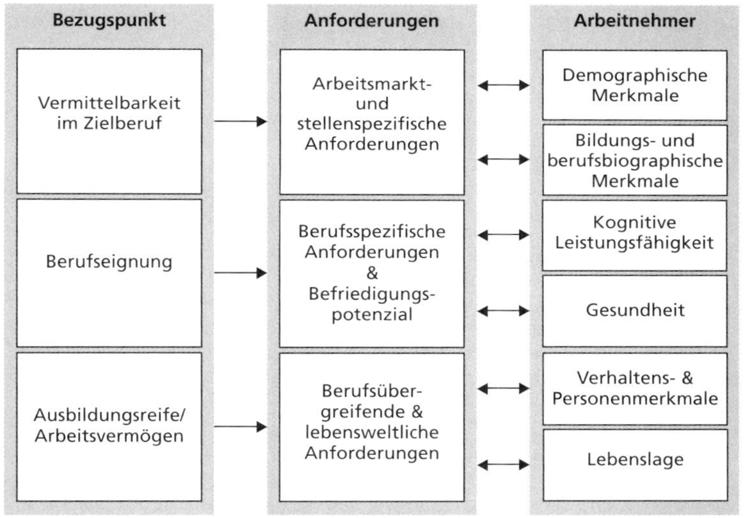

Quelle: eigene Darstellung

Vermittelbarkeit: Die Beurteilung der Vermittelbarkeit eines Arbeit- und Ausbildungsuchenden setzt voraus, dass im Vorfeld ein oder mehrere Berufe bestimmt worden sind, auf die hin die weiteren Vermittlungsbemühungen zielen sollen.[56] In vielen Fällen ist eine solche berufliche Zielbestimmung unmittelbar aus der Berufsbiografie des Arbeitsuchenden ableitbar, in anderen Fällen bedarf es hierzu mehr oder weniger umfassender Vorklärungen. Mit Blick auf den Zielberuf ist zu bestimmen, welche Personen- und Kontextmerkmale des Leistungsberechtigten eine Vermittlung befördern bzw. erschweren. Die Fachkraft hat dabei die Fähigkeiten, Kenntnisse

55 Das Schaubild greift Überlegungen aus dem Kriterienkatalog zur Ausbildungsreife auf und führt diese fort (Nationaler Pakt 2006, S. 12).

56 Wir legen hier ein weites Verständnis von „Beruf" zugrunde und verstehen darunter alle auf Erwerb gerichtete Tätigkeiten, die auf Dauer angelegt sind und der Schaffung und Aufrechterhaltung einer Lebensgrundlage dienen (so auch das BVerfG (2000, S. 212 f.) mit Blick auf Art. 12 GG).

und Fertigkeiten des Leistungsberechtigten mit den einschlägigen berufs- und arbeitsmarktspezifischen Anforderungsmerkmalen zu vergleichen. Neben dem beruflichen Leistungsprofil des Arbeitnehmers können auch Fragen nach dessen Mobilität, Alter und familiärer Situation eine Rolle spielen. Ebenso beeinflussen die jeweils verfügbaren arbeitsmarktpolitischen Programme und Förderstrategien die Einschätzung der Vermittelbarkeit des Arbeitnehmers in einem bestimmten Zielberuf.

Eine differenzierte Prüfung der Vermittelbarkeit berücksichtigt demnach nicht nur die individuellen Merkmale des Leistungsberechtigten („individuelle Beschäftigungsfähigkeit"), sondern auch die Einbettung dieser Merkmale in die aktuelle Lage und Entwicklung des Arbeitsmarktes und in die arbeitsmarktpolitischen Beschäftigungsstrategien („eingebettete oder interaktive Beschäftigungsfähigkeit"). „Während im ‚eingebetteten' und ‚interaktiven' Konzept von Beschäftigungsfähigkeit alle potenziellen Einflussfaktoren auf die Beschäftigungsaufnahme einer Person enthalten sind, sind im Modell der individuellen Beschäftigungsfähigkeit nur die individuell zurechenbaren Faktoren enthalten, und es ist eine empirisch offene Frage, für wen und unter welchen Bedingungen die individuelle Beschäftigungsfähigkeit mit den beobachteten Beschäftigungschancen zusammenhängt" (Brussig/Knuth 2011, S. 19). Während im zweiten Konzept nur der Leistungsberechtigte in den Blick kommt (individuelles Fordern und Fördern), wird im ersten Konzeptansatz auch die Angebotsstruktur berücksichtigt.

Berufseignung: Bei der Berufseignung geht es um die Frage, ob eine bestimmte Person die für den Beruf charakteristischen und einschlägigen Leistungsanforderungen erfüllen und ob der Beruf dieser Person ein ausreichend hohes Befriedigungspotenzial bieten kann (Rübner/Höft 2012). Je höher die prognostizierte Berufseignung ausfällt, desto höher ist die unterstellte Leistungsfähigkeit, Erfolgswahrscheinlichkeit und Zufriedenheit in dem Beruf. Zu beachten ist, dass Eignungsaussagen über die voraussichtliche Leistungshöhe und über die Chancen auf künftigen Erfolg und berufliche Zufriedenheit stets Prognosen beinhalten, die ein Wissen über die Stabilität oder aber über regelhafte Veränderungen von Personmerkmalen voraussetzen (Nationaler Pakt 2006, S. 15). Beispielsweise kann durch gezielte Förderung berufliche Eignung zu einem späteren Zeitpunkt vorliegen. Gleichwohl geht es bei der Eignungsbeurteilung in erster Linie um jene Merkmale, die eine gewisse zeitliche Stabilität besitzen. Dies gilt für beide Seiten: für Merkmale der Person und für Merkmale der Berufe. „Das Fehlen von in kurzer Zeit zu erwerbenden Kenntnissen bezeichnen wir nicht als Eignungsmangel (ebenso wenig wie wir dies bei einer vorübergehenden Erkrankung tun würden). Eine temporäre Nachfrageabschwächung auf einem Teilarbeitsmarkt verändert zwar möglicherweise die Einstellungsmaßstäbe der Beschäftigten, man kann aber bei einem Arbeitsuchenden, der in einer solchen Situation beruflich schwer unterzubringen ist, nicht von mangelnder Eignung sprechen" (Eckardt 1979, S. 52). Im Unterschied zur Vermittelbarkeit wird bei der Eignungsbeurteilung also von den Besonderheiten der jeweiligen Betriebe und der spezifischen Lage des Arbeitsmarktes abgesehen. Beurteilt wird die generelle Eignung für einen Beruf oder eine Ausbildung.[57] Eignungsbezogene Fragestellungen ergeben sich in der Integrationsarbeit typischerweise dann, wenn der Arbeitnehmer seinen bisherigen Beruf nicht mehr ausüben kann (z. B. im Fall einer beruflichen Rehabilitation oder sonstiger gesundheitlicher Beeinträchtigungen), eine Eingliederung in den Herkunftsberuf unrealistisch erscheint (z. B. bei Migranten ohne anerkannten Bildungsabschluss, Langzeitarbeitslosen, älteren Arbeitnehmern) oder die bisher ausgeübte Tätigkeit auf Dauer keine nachhaltige Integration verspricht, der Leistungsberechtigte aber in einem anderen Berufsfeld über ein berufliches Entwicklungspotenzial verfügt. In allen Fällen ist die Bestimmung des Zielberufs mit gewissen Unsicherheiten behaftet, weil die betroffene Person in diesem Beruf noch nicht tätig war. Erfordert der Zugang zum neuen Zielberuf eine Aus- oder Weiterbildung, umfasst die Beurteilung der Berufseignung des Leistungsberechtigten ebenso die Frage, ob er die geforderten Lerninhalte auch tatsächlich bewältigen kann und will. Hierzu werden häufig eine psychologische oder ärztliche Eignungsfeststellung veranlasst sowie bei Bedarf Arbeitsproben bei einem Träger oder Arbeitgeber durchgeführt.

Ausbildungsreife/Arbeitsvermögen: Im Kontext der Beschäftigungsförderung wird die Frage nach der Ausbildungsreife bzw. nach dem Arbeitsvermögen eines Leistungsberechtigten aufgeworfen, wenn Anhaltspunkte auftauchen, dass dieser möglicherweise nicht in der Lage ist, eine Ausbildung oder Erwerbstätigkeit aufzunehmen, aufrechtzuerhalten bzw. erfolgreich abzuschließen.

Ausbildungsreife: Eine der gängigsten Definitionen zur Ausbildungsreife lautet: „Eine Person kann als ausbildungsreif bezeichnet werden, wenn sie die allgemeinen Merkmale der Bildungs- und Arbeitsfähigkeit erfüllt und die Mindestvoraussetzungen für den Einstieg in die berufliche Ausbildung mitbringt" (Nationaler Pakt 2006, S. 13). Nach dieser Definition zählen zu den wichtigsten Merkmalsbereichen:

a) schulische Grundkenntnisse wie die Beherrschung der Grundrechenarten, Lesen und Rechtschreiben

b) soziale Fähigkeiten sowie allgemeine Persönlichkeitseigenschaften, insbesondere Zuverlässigkeit, Durchhaltevermögen, Bereitschaft zu lernen und Leistung zu zeigen

---

57 Die Unterscheidung von Berufseignung und Vermittelbarkeit, die auch im Sozialrecht zugrunde gelegt wird (§ 32 SGB III), ist für die Gestaltung der Integrationsarbeit wichtig, denn damit sind im Regelfall unterschiedliche Handlungsstrategien verbunden. Wenn Betriebe die Eignung von Bewerbern beurteilen, geht es natürlich nicht allein um die Frage der allgemeinen Eignung für den Beruf, sondern insbesondere auch darum, in welchem Maße der Bewerber die stellenspezifischen Anforderungen erfüllt, um aus dem Bewerberpool den bestgeeigneten Kandidaten auswählen zu können. Insofern umfasst der Eignungsbegriff im betrieblichen Kontext zumeist beide Aspekte (vgl. Schuler 2002).

c) psychologische Leistungsmerkmale wie Sprachbeherrschung, rechnerisches Denken, Merkfähigkeit, Befähigung zu Daueraufmerksamkeit

d) gesundheitliche Voraussetzungen

Während die ersten beiden Merkmalsbereiche zu den allgemeinen Bildungs- und Sozialisationszielen zu rechnen sind, stellen die beiden letztgenannten Merkmalsbereiche die psychologische und physische Grundausstattung der Arbeits- und Lernfähigkeit eines Jugendlichen dar (Rübner/Höft 2012). Zu wenig Beachtung findet in dieser ansonsten breit aufgestellten Konzeption der familiäre und soziale Kontext junger Menschen, der die Entwicklung von Ausbildungsreife beeinträchtigen kann (vgl. Forschungskonsortium 2012). Tauchen Zweifel an der Ausbildungsreife eines jungen Menschen auf, sind die möglichen Handlungsbedarfe und Veränderungspotenziale genauer zu lokalisieren und einzuschätzen. Typischerweise lassen sich Veränderungen in Richtung Ausbildungsreife am ehesten im Bereich der Bildungs- und Sozialisationsziele (Merkmalsbereiche a. und b.) erreichen. Darauf sind auch die in diesem Bereich verfügbaren Leistungen der Beschäftigungsförderung für junge Menschen ausgerichtet (vgl. Kapitel 3). Liegen Beeinträchtigungen im Bereich der kognitiven und gesundheitlichen Leistungsfähigkeit vor, ist – in der Regel über eine psychologische bzw. ärztliche Begutachtung – zu beurteilen, ob Ausbildungsreife erreicht werden kann oder unter Umständen besondere, rehabilitationsspezifische Maßnahmen ergriffen werden müssen (z. B. wenn eine Lernbehinderung diagnostiziert wird). Im Fall erkennbar schwieriger sozialer Lebensumstände ist an zusätzliche Betreuungsangebote wie das beschäftigungsorientierte Fallmanagement im SGB II oder die Berufseinstiegsbegleitung (§ 49 SGB III) zu denken.[58]

Arbeitsvermögen: Nach den gesetzlichen Bestimmungen kann eine Person als erwerbsfähig gelten (§ 8 SGB II), ohne dass sie aktuell über realistische Eingliederungsperspektiven verfügt, unabhängig von der konkreten Tätigkeit (zur Quantifizierung vgl. Koch/Kupka 2012). Ziel ist es hier, die Person wieder an eine regelmäßige Erwerbstätigkeit heranzuführen, ihr Arbeitsvermögen wieder so weit aufzubauen, dass sie mittel- bis langfristig in der Lage ist, auf dem allgemeinen Arbeitsmarkt tätig zu sein. Mit dem Begriff des „Arbeitsvermögens" werden auch die Fähigkeiten des Subjekts berücksichtigt, „die jenseits formaler Qualifikationen und zertifizierbarer Kompetenzen liegen und die gleichermaßen die Basis legen für die (Selbst-)Herstellung der eigenen Arbeitskraft und für lebensweltliche Bewältigungsformen. Arbeitsvermögen ist keine rein intrapersonale Qualität, es entsteht in der handelnden Aneignung von Welt" (Pfeiffer u. a. 2008, S. 5). Diese grundlegenden Fähigkeiten zur Selbstherstellung der eigenen Arbeitskraft und Bewältigung der persönlichen Lebenssituation können zum Bezugspunkt für die beschäftigungsorientierte Situationsanalyse werden,

[58] Zur kritischen Auseinandersetzung mit dem Konzept der Ausbidungsreife vgl. Dobischat/Kühnlein/Schurgatz 2012, S. 4.

wenn die Lebensumstände des Arbeitsuchenden durch eine langfristig geringe Ressourcenausstattung geprägt sind (z. B. fragmentierter Erwerbsverlauf, prekäre soziale Lebenslage, gesundheitliche Beeinträchtigungen). Eine breit ansetzende Berücksichtigung des Arbeitsvermögens bietet aber auch die Chance, mit dem Arbeitsuchenden einen Zugang zu verschütteten Ressourcen und Potenzialen zu finden, die für die Wiederherstellung der Arbeitskraft wichtig sind. Situationsanalyse und Integrationsstrategien bedürfen insoweit eines ganzheitlicheren Ansatzes als in den Fällen, in denen das Arbeitsvermögen nicht infrage steht. Wir werden diesen Aspekt insbesondere im Abschnitt „Ausgestaltungsvarianten" weiter vertiefen.

3.5.3 Integrationsrelevante Personen- und Kontextmerkmale

Jede bei einer Agentur oder einem Jobcenter beschäftigte Fachkraft trifft auf ein institutionell etabliertes System zur Erfassung und Dokumentation von integrationsrelevanten Merkmalen des Leistungsberechtigten und seines Umfeldes. Es ist nun nicht beabsichtigt, in diesem Abschnitt ein alternatives System von Merkmalskomplexen zu entwickeln, das dann in Konkurrenz zu den organisationsinternen Verfahren stünde. Es soll auch keine Handlungsanleitung zur praktischen Umsetzung der Analysephase vorgestellt werden. Mit der hier vorgelegten Systematik ist vielmehr ein breit angelegter Überblick über integrationsrelevante Personen- und Kontextmerkmale beabsichtigt, die für unterschiedliche Komplexitätsgrade und Anforderungssituationen der Integrationsarbeit genutzt werden können. Dabei soll der Blick auf wesentliche Aspekte und Gesichtspunkte bei der Erfassung und Beurteilung der einzelnen Merkmale gelegt werden, um sowohl ein Grundverständnis über die einzelnen Merkmalsbereiche zu erzeugen, als auch neue Perspektiven auf vermeintlich vertraute Sachverhalte anzuregen.

In Tabelle 7 wird zwischen Merkmalen unterschieden, die die Person und Lebensumstände des Arbeit- und Ausbildungsuchenden betreffen, und Merkmalen, die als personenunabhängige, beschäftigungsrelevante Kontextbedingungen eine Rolle spielen.[59] Diese Erhebungsbereiche unterscheiden sich jedoch im Umfang wie in der beraterischen Umsetzung vom Verfahren des Assessments im Case Management (vgl. Kapitel 6), weil es als Teil des Integrationsverfahrens primär mit der Brille des Arbeits- und Ausbildungsstellenmarktes auf die Situation der Betroffenen schaut.

Die einzelnen Merkmalsgruppen können zwar je für sich erhoben und beurteilt werden, jedoch zielt die Situationsanalyse im Endeffekt auf ein zu-

---

[59] Die Zusammenstellung der integrationsrelevanten Personen- und Kontextmerkmale geht auf eine Sichtung zahlreicher Quellen zurück. Einen wichtigen Ausgangspunkt bildeten die Zusammenstellungen von Eckardt (1979, S. 53), Bahrenberg u. a. (2002, S. 227). Weitere wichtige Referenzquellen waren Schuler (2002) und Asendorpf (2007) sowie Brussig/Knuth (2011).

sammenhängendes Bild der vermittlungsrelevanten Potenziale und Handlungsbedarfe des Arbeit- und Ausbildungsuchenden.

<table>
<tr><th colspan="7">Tabelle 7: Integrationsrelevante Personen- und Kontextmerkmale</th></tr>
<tr><th rowspan="2">Soziodemografische Merkmale</th><th colspan="2">Bildungs- und berufsbiografische Merkmale</th><th rowspan="2">Persönliche und Verhaltensmerkmale</th><th rowspan="2">Psychologische Leistungsfähigkeit</th><th rowspan="2">Physische und gesundheitsrelevante Merkmale</th><th rowspan="2">Soziale Lebenslage</th></tr>
<tr><th>Formal</th><th>Inhaltlich</th></tr>
<tr><td rowspan="3">Lebensalter
Geschlecht
Familienstand
Nationalität
Migrationshintergrund
Religionszugehörigkeit
Wohnort</td><td>Schulische/berufliche Ausbildung und Abschlüsse
Weiterbildung</td><td>Kenntnisse
Fertigkeiten
Kompetenzen</td><td rowspan="3">Interessen und Ziele
Einstellungen und Werthaltungen
Motivation
Arbeits- und Sozialverhalten</td><td rowspan="3">Kognitive Fähigkeiten
Psychomotorische Fähigkeiten</td><td rowspan="3">Physische Fähigkeiten
Gesundheitszustand
Neurovegetative Belastbarkeit</td><td rowspan="3">Mobilität
Familiäre Situation
Finanzielle Situation
Wohnform
Soziale Einbindung
Soziale Herkunft</td></tr>
<tr><td colspan="2">Verlauf</td></tr>
<tr><td colspan="2">Beschäftigungsformen
Verlaufsmuster</td></tr>
<tr><td colspan="7">Berufliches und betriebliches Tätigkeits- und Anforderungsprofil</td></tr>
<tr><td colspan="7">Lage und Entwicklung des Ausbildungs- und Arbeitsmarktes</td></tr>
<tr><td colspan="7">Sozial- und Arbeitsmarktpolitik</td></tr>
</table>

Quelle: eigene Darstellung

3.5.4 Die Merkmale im Einzelnen

Soziodemografische Merkmale

Angaben zu Alter, Geschlecht, Familienstand, Wohnort und zur Nationalität werden im Rahmen der Antragstellung eines Leistungsberechtigten standardmäßig erhoben. Das hängt damit zusammen, dass sie teils aus administrativen (z. B. Anschrift) und teils aus leistungsrechtlichen Gründen (Alter, Familienstand, Nationalität) erforderlich sind. Diese Merkmale können aber auch aus dem Blickwinkel der Vermittlung von Bedeutung sein. Dabei ist zunächst zu beachten, dass diese Merkmale nach den für beide Rechtskreise geltenden Grundsätzen der Vermittlung für sich genommen keine Einschränkung im Vermittlungsprozess rechtfertigen, es sei denn, dass die Berücksichtigung dieser Merkmale für die berufliche Zielposition zwingend erforderlich ist (vgl. dazu den rechtlichen Abschnitt oben). Berücksichtigungsfähig sind die genannten Merkmale noch aus einem weiteren Grund, wenn es um die Beseitigung von bestehenden Nachteilen auf dem Arbeitsmarkt geht, etwa für ältere Arbeitnehmer, Frauen und Personen mit Migrationshintergrund. Bei der Entwicklung von zielgruppenspezifischen Integrationsstrategien spielen sie daher ebenfalls eine herausgehobene Rolle (siehe Abschnitt 3.6.5). Auch der Wohnort kann ein Benachteiligungskriterium auf dem Ausbildungs- und Arbeitsmarkt darstellen, z. B. in Großstädten mit ausgeprägten Segregationseffekten oder strukturschwachen Regionen, und bestimmte Gegenmaßnahmen rechtfertigen (z. B. ein Quartiersmanagement).

Bei der Berücksichtigung dieser Merkmale ist darauf zu achten, dass sie für sich genommen nicht als Indikatoren für eine bestimmte Leistungsfähigkeit, Motivation oder Verfügbarkeit gedeutet werden. Dies geschieht in der Praxis allerdings laufend: Merkmale wie „Alter", „Geschlecht" und „Migrationshintergrund" sind nicht einfach nur neutrale, amtlich feststellbare Sachverhalte, sondern sind mit unterschiedlichen, mehr oder weniger bewussten Zuschreibungen von Eigenschaften assoziiert. So wurde in einer amerikanischen Studie (Schramm u. a. 2009) gezeigt, dass bei Variation des Merkmals „ethnische Herkunft" identische Verhaltensweisen von Arbeitsuchenden unterschiedlich beurteilt werden. In dieser Studie wurden Integrationsfachkräften verschiedene Fallkonstellationen vorgelegt, die sich lediglich im Hinblick auf Hinweisreize über die ethnische Herkunft unterschieden (Namen der Arbeitsuchenden). Konkret ging es um junge Mütter mit mehreren Kindern, die trotz rechtlicher Verpflichtung keine Bewerbungsaktivtäten nachweisen konnten. Während die befragten Integrationsfachkräfte farbigen Müttern signifikant häufiger eine fehlende Arbeitsmotivation zuschrieben („Nicht-Wollen"), wurde hingegen bei weißen Müttern die Lebenslage stärker berücksichtigt („Nicht-Können"). Die unterschiedliche Attribution (Motivation vs. Umstände) hatte zudem Auswirkung auf die Frage nach der Sanktionsbereitschaft der Integrationsfachkräfte. Die ungleiche Interpretation und Behandlung gleicher Sachverhalte wurde im Übrigen am wenigsten stark bei berufserfahrenen Fachkräften nachgewiesen.

Auch das Merkmal „Geschlecht" ist nach wie vor sozial belegt. Geschlechtsspezifische Zuschreibungen beruflicher Fähigkeiten und Kompetenzen sind von zwei Seiten zu beobachten: Zum einen sind es die betroffenen Personen selbst, die sich in geschlechtsspezifischer Weise bestimmte Fähigkeiten zuschreiben. So trauen sich männliche Befragte in technischen Tätigkeitsfeldern typischerweise mehr zu als weibliche Befragte, trotz gleicher oder schlechterer Leistungen in naturwissenschaftlichen Fächern (Bandura 1997, S. 430 ff.). Zum anderen sind es wichtige Bezugspersonen (Eltern, Lehrer, Vorgesetzte) und die Massenmedien, die solche Zuschreibungen regelmäßig vornehmen (vgl. Gorlov 2009).

Eine systematische und individuelle Situationsanalyse, das Wissen über die besprochenen Zusammenhänge sowie eine kritische Selbstprüfung sind wichtige Ansatzpunkte, um solchen automatisierten Zuschreibungen nicht zu unterliegen, was angesichts enger Zeitfenster, hoher Fallzahlen und begrenzter Maßnahmeplätze keine leichte Übung darstellt. Wichtig erscheint, dass die Fachkraft jene im Handlungsfeld vorhandenen Ungleichgewichte nicht fortschreibt.

Bildungs- und berufsbiografische Merkmale

Diese Merkmalsgruppe gehört zu den Kernbereichen der beschäftigungsorientierten Situationsanalyse. Wir unterteilen diesen Merkmalskomplex in drei Gruppen:

1. Formale Merkmale: Diese lassen sich am leichtesten erheben, auch was die Mitwirkungsbereitschaft des Leistungsberechtigten angeht. Auch wenn die Bedeutung beruflicher Kenntnisse, Fertigkeiten und Erfahrungen an Bedeutung zunimmt, haben Qualifikationsabschlüsse auf dem deutschen Arbeitsmarkt nach wie vor eine entscheidende Signalfunktion (Brussig/Knuth 2011, S. 22). Die erreichten schulischen und beruflichen Abschlüsse und Noten können dokumentierten Nachweisen (Urkunden, Zertifikaten usw.) entnommen werden. Die Relevanz dieser Abschlüsse und Noten muss dann von Tätigkeit zu Tätigkeit beurteilt werden. Traditionell spielen bei der Einstellung von Berufseinsteigern und jüngeren Mitarbeitern Schul- und Examensnoten eine wichtige Rolle und stellen gute Prädiktoren für den Ausbildungs- und Berufserfolg dar (Schuler 2002).

2. Inhaltliche Merkmale: Ob ein Bewerber tatsächlich die Anforderungen einer bestimmten beruflichen Tätigkeit erfüllen kann, hängt maßgeblich von seinen beruflichen Kenntnissen, Fertigkeiten und Erfahrungen ab. Primäre Bezugspunkte für die einzelfallbezogene Einschätzung dieser Merkmale sind die berufliche Ausbildung und die Berufstätigkeit des Leistungsberechtigten. Mit zunehmender Komplexität der beruflichen und betrieblichen Anforderungen werden von Arbeitnehmern Kompetenzen erwartet, die zur Bewältigung von erfolgskritischen und anspruchsvollen Situationen befähigen. Häufig wird dabei auf ein Modell von Grundkompetenzen zurückgegriffen, aus denen dann für berufliche Anforderungssituationen eigenständige Kompetenzen abgeleitet werden. Am bekanntesten sind wohl die folgenden Grundkompetenzen (vgl. Rübner/Höft 2012, S. 27 f.):

a) Fachkompetenz: Hier wird die fachgerechte Anwendung von Kenntnissen und Fertigkeiten in fachlichen Problemfällen beschrieben. Dabei muss auf bestehendes Wissen in unterschiedlichen Bereichen (Fachwissen, Sprache, Methoden und Techniken) zurückgegriffen werden.

b) Methodenkompetenz: Sie beinhaltet die Art der Aufgabenerledigung mit Einzelaspekten wie Problemlösestrategien, Wissensmanagement und Vermittlungstechniken.

c) Soziale Kompetenz: Sie beschreibt die Interaktion mit anderen; dazu zählen z. B. das generelle Kommunikationsverhalten, Kooperation, Rücksichtnahme und Durchsetzungsfähigkeit.

d) Personalkompetenz: Damit ist das Selbstmanagement der Person mit Aspekten wie Leistungsbereitschaft, analytisches Denken, Selbstreflexion und Belastbarkeit gemeint.

Für die drei letztgenannten Kompetenzen wird auch der Begriff „Soft Skills" verwendet, dies in Abgrenzung zu sog. „Hard Skills" (berufstypische Qualifikationen). Während die Fachkompetenz noch sehr dicht an beruflichen Kenntnissen und Fertigkeiten orientiert ist und insbesondere deren sachgerechten Einsatz in kritischen Handlungssituationen betont, fokussieren die anderen Grundkompetenzen zunehmend auf berufsübergreifende Merkmale und verweisen teilweise auf außerberuflich erworbene Fähigkeiten.

3. Verlauf der Bildungs- und Erwerbsbiografie: Neben der Beurteilung einzelner Merkmale wird im Rahmen der Situationsanalyse auch der Verlauf der Bildungs- und Erwerbsbiografie des Leistungsberechtigten chronologisch erfasst. Dazu gehören insbesondere die Etappen Schulzeit, Ausbildung, Berufstätigkeit, Berufs-/Tätigkeits-/Betriebswechsel, Familien- und Betreuungszeiten, Weiterbildung, Arbeitslosigkeit und Erwerbsunfähigkeit. In einer gesamthaften Betrachtung zeichnet sich so ein Verlaufsmuster ab, das von Integrationsfachkräften im Lichte möglicher Zielpositionen eingeschätzt wird, insbesondere im Hinblick darauf, ob es sich um einen eher günstigen oder ungünstigen Verlauf handelt. Breiter angelegte Interventionen wie das beschäftigungsorientierte Fallmanagement können erforderlich sein, wenn im Lebenslauf bestimmte Risikofaktoren erkannt werden, z. B. die kumulative Zunahme von Arbeitslosigkeitszeiten gepaart mit Problemen im familiären und sozialen Umfeld. Umgekehrt eröffnet die biografische Perspektive die Möglichkeit, Veränderungspotenziale und Entwicklungslinien zu erarbeiten, die der Arbeitsuchende selbst noch nicht entdeckt hat. Insoweit kann die Situationsanalyse auch Ausgangspunkt für eine berufs- und potenzialorientierende Beratung sein. Ein ganzheitliches Fallverstehen bleibt nicht bei der Feststellung von Einzelmerkmalen stehen, sondern berücksichtigt auch das erwerbsbiografische Gesamtbild, um zu einer fundierten Integrationsprognose zu gelangen.

Persönliche Merkmale und Verhaltensmerkmale

Bei den Verhaltens- und Personenmerkmalen ist zunächst darauf hinzuweisen, dass es nicht Aufgabe der Fachkraft ist, allgemeine Aussagen über die Persönlichkeit des Arbeit- oder Ausbildungsuchenden zu treffen, sondern grundsätzlich der Bezug zur gesetzlichen Aufgabenstellung gewahrt bleiben muss. Die Berücksichtigung der entsprechenden Sozialdaten muss also für die Aufgabenerledigung erforderlich sein. Die hier aufgelisteten Merkmalsbereiche können für die Integrationsarbeit insbesondere unter zwei Gesichtspunkten von Bedeutung sein: erstens im Hinblick auf die Frage der Eingliederung in Arbeit und Ausbildung und zweitens im Hinblick auf die Eignung für bestimmte Berufe, Tätigkeiten und Stellen.

Jenseits formaler Qualifikationen ist die Bedeutung der Persönlichkeit für eine erfolgreiche Stellenbesetzung unbestritten. Dies ist nicht erst in modernen Arbeitsgesellschaften der Fall. Die Rede von Arbeitstugenden oder auch der Begriff „Arbeitsethos" verweisen vielmehr seit der Neuzeit auf den Charakter eines „Berufsmenschen", der über Einstellungen und Fähigkeiten verfügt, die nicht nur in der Sphäre der Arbeitswelt gelten oder ausgeprägt werden, sondern Ausdruck einer spezifischen Lebensführung und gesellschaftlicher Wertvorstellungen sind. Was im Bereich des Handwerks auf eine lange Tradition verweist, wird unter den Vorzeichen moderner Arbeitsorganisation und Personalkonzepte neu belebt und weitergeführt: Organisationen wollen auf möglichst viele Ressourcen und Potenziale des individuellen Arbeitsvermögens ihrer Arbeitnehmer zugreifen können. Dabei geht es um kommunikative Fähigkeiten, Empathie, Kreativität, Selbstständigkeit und Identifikation sowie um zeitliche, räumliche und soziale Ressourcen der Lebenswelt, die neue Arbeits- und Flexibilitätspotenziale eröffnen (vgl. Kratzer 2003). Diese Entwicklung ist keineswegs auf innovative Branchen und hochqualifizierte Arbeitnehmer beschränkt, sondern greift in allen Bereichen moderner Arbeitsgesellschaften durch, nicht zuletzt in der Arbeitsmarktpolitik selbst. Persönlichkeit, Arbeits- und Sozialverhalten sind somit bedeutsame Kategorien, wenn es um Fragen der Eingliederung und Einstellung von Arbeitnehmern geht. Vor diesem Hintergrund ist auch der Aufstieg des Kompetenzbegriffs zu interpretieren (siehe oben).

a) Interessen und Ziele

Wenn es um langfristig stabile Eingliederungsperspektiven geht, kommt man kaum umhin, sich mit der Interessenlage und den Zielen des Leistungsberechtigten auseinanderzusetzen. Studien zur Kongruenz von Berufsinteressen und beruflicher Tätigkeit untermauern die Vermutung, dass bei hohen Kongruenzwerten die berufliche Stabilität und Zufriedenheit der Arbeitnehmer höher ausfällt (Spokane/Luchetta/Richwine 2002). Entsprechend ist die Berücksichtigung von Interessen ein fester Bestandteil der Eignungsfeststellung (Schuler 2012). Auch Arbeitgeber wollen naturgemäß nur Bewerber vermittelt bekommen, die Interesse an der Stelle und am Betrieb haben.

Neben Interessen sind berufliche Ziele und Pläne ein wichtiger Indikator für die individuelle Aktivitätsbereitschaft von Arbeit- und Ausbildungsuchenden. Es gibt gute Belege dafür, dass die Zielklarheit von Arbeitnehmern mit der tatsächlich gezeigten Einsatz- und Veränderungsbereitschaft sowie beruflichen Leistungen korreliert (Egan 2009; Locke/Latham 1990). Gerade in den Fällen, in denen eine schnelle Integration in den Arbeitsmarkt nicht realistisch ist, wird berichtet, dass die betroffenen Akteure keine konkreten und realistischen Ziele und Pläne zur Überwindung ihrer Hilfebedürftigkeit ausgebildet haben. Es sind eher vage Vorstellungen von einer besseren Zukunft oder es herrschen resignative Züge vor (vgl. Zahradnik u. a. 2012; Haller 2006). In Fällen wie diesen erscheint eine realistische Zielarbeit von besonderer Bedeutung zu sein und könnte auch eine Reflexion über grundlegende Werte und Motive einbeziehen.

b) Einstellungen und Werthaltungen

Psychologisch gesehen handelt es sich bei Einstellungen und Werthaltung um relativ persönlichkeitsstabile Bewertungsdispositionen. Gerade im Fall von Langzeitarbeitslosigkeit liegt die besondere Herausforderung darin, Werte und Einstellungen der Hilfebezieher zu identifizieren, die eine eigenverantwortliche Veränderung der aktuellen Lebenslage befördern können (vgl. Kapitel 5 und 6).

c) Motivation

Der insbesondere in den Anfangsjahren der sog. Hartz-Reformen ausgesprochen einseitig geführte „Aktivierungsdiskurs“ hat das Image von einem antriebsarmen Arbeitslosen geschürt, der erst durch strenge Gesetze und personale Kontrolle zum Handeln gebracht werden muss (vgl. Hirseland/Ramos Lobato 2012). Inzwischen werden regelrechte Gegenkampagnen initiiert, um dieses – schon von jeher – einseitige Bild in der Öffentlichkeit und bei Arbeitgebern wieder zurechtzurücken (vgl. die Imagekampagne der BA: www.ich-bin-gut.de). Offensichtlich wirft das Thema „Motivation“ im Spannungsfeld von gesetzlich definierten Mitwirkungspflichten und Eigenverantwortung grundsätzliche Fragen auf. Wann sollten das „konsequente“ Einfordern der Eigenverantwortung und eine Belehrung über Rechte und Pflichten im Mittelpunkt stehen? Wann sollte es um die „geduldige“ Bearbeitung einer unsteten Leistungsbereitschaft gehen? Inwieweit kann über unterschiedliche Zielvorstellungen im Rahmen der Eigenbemühungen „verhandelt“ werden?

Folgt man der These aus der kognitiven Psychologie, dann umfasst Motivation nicht nur den Aspekt, bestimmte, positiv bewertete Zielzustände erreichen zu wollen, sondern auch die Zuversicht, diese tatsächlich erreichen zu können (Miller/Rollnick 2004, S. 26 ff.). Ist diese Zuversicht nicht vorhanden, führt das häufig zu einem Vermeidungshandeln, einem Aufschieben, einer Abwertung der Bedeutung und Delegation der Verantwortung an andere (vgl. grundlegend dazu: Bandura 1997). Eine differenzierte Auseinandersetzung mit der Thematik der Motivation berücksichtigt insoweit neben der aktuellen Handlungsbereitschaft auch die Motive (Werte, Ziele, Interessen) und das Zutrauen in die eigene Leistungsfähigkeit als Komponenten von Motivation. Divergenzen zwischen den Vorstellungen des Arbeitsuchenden einerseits und gesetzlichen Mitwirkungspflichten andererseits sind von der Fachkraft offen zu thematisieren und nicht pauschal als Ausdruck mangelnder Motivation zu sehen.

d) Arbeits- und Sozialverhalten

Welche Merkmale des Arbeits- und Sozialverhaltens im Kontext der beschäftigungsorientierten Situationsanalyse besonders relevant sind, ergibt sich letztendlich aus dem Anforderungsbezug der gewählten Zielposition. Auf generell wichtigen Merkmalen wie Zuverlässigkeit, Durchhaltevermögen, Sorgfalt oder Umgangsformen ist in der Regel nur einzugehen, wenn es

Anhaltspunkte dafür gibt, dass diese Merkmale in einem die Integration gefährdenden Maße nicht vorhanden sind. Immerhin handelt es sich bei diesen Merkmalen um grundlegende Arbeitstugenden eines verlässlichen Arbeitnehmers. In diesen Fällen ist bei jungen Menschen unter Umständen die Ausbildungsreife, bei Erwachsenen die allgemeine Beschäftigungsfähigkeit (Arbeitsvermögen) zu beurteilen.

Eine Fachkraft kommt nicht umhin, sich einen „Persönlichkeitseindruck" von ihrem Gegenüber zu machen. Und es ist gerade dieser Bereich der Eindrucksbildung, in denen die in der Psychologie beschriebenen typischen „Beurteilungsfehler" am stärksten durchgreifen. Es kann an dieser Stelle nicht auf die verschiedenen Arten dieser fehlerhaften Beurteilungsprozesse eingegangen werden (z. B. Effekt des ersten Eindrucks, Überbewertung eines zentralen Merkmals). Gemeinsam ist diesen Beurteilungsfehlern jedoch, dass die Wahrnehmung der anderen Person durch einige wenige Beurteilungskriterien verzerrt wird und wir zu Persönlichkeitsaussagen gelangen, die mindestens einseitig, häufig aber auch falsch sind. Vielfach sagen diese Urteile mehr über den Beurteiler selber aus – nämlich über sein implizites Menschenbild – als über die andere Person. Welche Schlussfolgerungen können daraus gezogen werden?

- Eigene Beurteilungstendenzen, die wir in der Regel so gar nicht kennen oder wahrhaben wollen, sollten regelmäßig im Rahmen von Weiterbildungen, Supervision oder kollegialer Beratung reflektiert werden, insbesondere im Verbund mit einer theoretischen Durchdringung der sozialen Urteilsbildung (einen Einstieg für das Selbststudium bieten Gerrig/Zimbardo 2011; eine anwendungsorientierte Vertiefung findet sich bei Schuler 2002).
- Soweit möglich, ist zwischen der Wahrnehmung und der Beurteilung von Verhalten zu unterscheiden. Die eigentliche, zusammenfassende Beurteilung sollte erst auf Basis unterschiedlicher Einzelbeobachtungen erfolgen. Die Verhaltensebene kann gesprächsmethodisch zunächst dadurch in den Vordergrund gerückt werden, dass man sich eine Situation genau beschreiben lässt. Eine Leitfrage könnte lauten: Habe ich tatsächlich ein ausreichend klares und vollständiges Bild von meinem Kunden/Klienten, sodass ich valide Aussagen zu seiner Person und Situation treffen kann?
- Beurteilungen von „inneren Tatsachen" und Einstellungen sind durch mehrfache Beobachtungen, unterschiedliche Quellen und bei Bedarf durch fachdienstliche Diagnostik abzusichern („iterativ-analytisches Vorgehen"). Es ist stets ein längerer Betrachtungshorizont zu berücksichtigen.

Psychologische Leistungsfähigkeit

Fähigkeiten werden in der Psychologie als Leistungsmerkmale definiert, die einen grundlegenden, dispositionalen und relativ dauerhaften Charakter aufweisen und Leistungsvergleiche ermöglichen. Zu nennen sind hier insbesondere psycho-motorische und kognitive Fähigkeiten. Zu den psychomotorischen Fähigkeiten zählen beispielsweise Reaktionszeit, Hand- und Fingergeschick, bei den kognitiven Fähigkeiten handelt es sich um spezifische Intelligenzleistungen. In unserem Zusammenhang ist das Anwendungsfeld der beruflichen Eignungsdiagnostik von besonderem Interesse, in der Leistungsmerkmale einer Person in Bezug auf einen Beruf, eine Weiterbildungsmaßnahme oder konkrete Arbeitsstellen beurteilt werden (vgl. Schuler/Höft 2007).

Im Unterschied zu Kenntnissen und Fertigkeiten weisen kognitive Fähigkeiten eine deutlich höhere Stabilität auf und zwar mit Blick auf die *relative* Position einer Person im Vergleich zu anderen (Schuler 2012, S. 144 ff.). Kognitive Fähigkeiten setzen gewisse Leistungsgrenzen, die auch bei erhöhter Anstrengungsbereitschaft nicht überschritten werden können. In Anlehnung an das Berliner Intelligenzstrukturmodell von Jäger (1984) lassen sich die kognitiven Fähigkeiten unterteilen in

- operative Fähigkeiten (Bearbeitungsgeschwindigkeit, Einfallsreichtum, Verarbeitungskapazität, Gedächtnis) und
- inhaltsgebundene Fähigkeiten (sprachgebundene, zahlengebundene und anschauungsgebundene Fähigkeiten).

Die letztgenannten Fähigkeiten werden je nach Anwendungszweck weiter unterteilt, z. B. in mündliches und schriftliches Verständnis, Umgang mit Zahlen, mathematisches Schlussfolgern, räumliches und bildliches Vorstellungsvermögen (vgl. Kleinmann u. a. 2010). Je nach Fragestellung der Fachkraft können Teilleistungsfähigkeiten des Arbeit- oder Ausbildungsuchenden psychologisch untersucht werden.

Damit sind wir bei der Frage der Messung von kognitiven Fähigkeiten, die in unserem Zusammenhang in eine implizite und explizite Messung unterteilt werden kann: „*Explizit* wollen wir die durch Form oder Inhalt der Items bedingte oder durch den Interviewer intentional aufgrund von Verhaltens- oder Ausdrucksbeobachtungen vorgenommene Einschätzung nennen, *implizit* diejenige Erfassung, die nicht vorsätzlich-instrumentell geschieht, sondern sich durch das Medium des Gesprächs oder andere Aspekte der Interaktion übermittelt, sich durch Verhalten, Aussagen und Ausdruck des Bewerbers unwillkürlich zu einem Eindruck beim Beobachter formt, ohne dass dieser sich darum bemüht hätte" (Schuler 2002, S. 147). So kommt eine Fachkraft gar nicht umhin, sich einen Gesamteindruck von der Leistungsfähigkeit des betreuten Arbeit- und Ausbildungsuchenden zu bilden („Intelligenzeindruck"). Entscheidend ist, ob die Fachkraft aufgrund ihres persönlichen Eindrucks und ihrer Erfahrung erkennt, ob ein Anlass besteht, eine diagnostische Untersuchung („explizite Messung") einzuleiten. Es sind vor allem zwei Anlässe, in denen eine solche eignungsdiagnostische Untersuchung indiziert ist:

1. Im Rahmen der Situationsanalyse tauchen deutliche Zweifel auf, dass der Arbeit- und Ausbildungsuchende die Leistungsanforderungen der Zielposition bewältigen kann.
2. Es liegen keine ausreichend sicheren Informationen darüber vor, ob der Arbeitnehmer das geforderte Leistungsniveau der Zielposition erfüllen kann, z. B. weil der Arbeitsuchende bislang nur einfache Arbeiten verrichtet hat und zu prüfen ist, ob eine Umschulung vom Leistungsniveau erfolgreich absolviert werden kann.

Eine psychologische Untersuchung wird grundsätzlich von der zuständigen Fachkraft veranlasst, d. h. der psychologische Fachdienst wird in dessen Auftrag tätig und ist daran gebunden; er kann also nicht ganz andere Fragestellungen als die beauftragten untersuchen. Aus diesem Grund sind möglichst klare und präzise Fragestellungen im Hinblick auf die jeweilige Anforderungssituation erforderlich.

Bei der Einschaltung des psychologischen Fachdienstes werden in vielen Fällen kombinierte Fragestellungen verwendet, sprich zusätzlich nach Merkmalen der Persönlichkeit (z. B. Motivation), des Arbeitsverhaltens (etwa Zuverlässigkeit) oder nach bestimmten Kompetenzen (insbesondere soziale) gefragt. Dies ist fachlich häufig geboten, um festzustellen, ob Merkmalsausprägungen in einem Teilbereich mit solchen in einem anderen Bereich zu erklären sind oder zumindest zusammenwirken. Schlechte Schulleistungen eines Bewerbers können mit einer unterdurchschnittlichen Teilleistungsfähigkeit zusammenhängen, genauso aber mit einer geringen Leistungsmotivation, schlechten Sprachkenntnissen oder häuslichen Problemen. Für die fachgerechte Integrationsarbeit ist die Kenntnis über solche Zusammenhänge wichtig, um Fehleinschätzungen und falsche Weichenstellungen hinsichtlich des „Könnens" (Leistungsfähigkeit) und „Wollens" (Leistungsbereitschaft) von Arbeit- und Ausbildungsuchenden zu vermeiden. Diagnosestellungen über Teilleistungsstörungen wie Dyskalkulie oder Aktivitäts- und Aufmerksamkeitsstörungen (AD(H)S) werden von den psychologischen Fachdiensten nicht vorgenommen – weder gehört dies zu ihren gesetzlich definierten Aufgaben noch verfügen sie über die erforderlichen diagnostischen Untersuchungsmöglichkeiten.

Physische und gesundheitsrelevante Merkmale

Auch die physischen und gesundheitsrelevanten Merkmale des Arbeit- oder Ausbildungsuchenden sind nur berücksichtigungsfähig, wenn sie für den Integrationsprozess einschlägig sind (Einschränkung des Fragerechts). In der Vermittlungspraxis werden diese Merkmale insbesondere relevant, wenn sie sich als einschränkend erweisen, d. h. bestimmte Tätigkeiten unter Umständen nicht oder nicht mehr ausgeübt werden können. Im Vergleich zu anderen Faktoren hat die Gesundheit das größte Einzelgewicht, wenn es um Einschränkungen bei der Beschäftigungsaufnahme von Leistungsberechtigten im SGB II geht, gefolgt von der tatsächlichen Stellensuche und der Qualifikation (Brussig/Knuth 2011, S. 19 ff.). Die Bedeutung gesundheitsrelevanter Einschränkungen wird auch dadurch unterstrichen, dass schätzungsweise 35 Prozent der Leistungsberechtigten im SGB II gesundheitliche Einschränkungen aufweisen (Dietz/Müller/Trappmann 2009, S. 5 ff.).

Die Begutachtung von vermittlungsrelevanten Erkrankungen und gesundheitlichen Einschränkungen obliegt grundsätzlich Ärzten. Eine ärztliche Untersuchung kann veranlasst werden, wenn der Leistungsberechtigte für die Vermittlung relevante Gesundheitsstörungen geltend macht. Weiterhin kann eine Begutachtung veranlasst werden, wenn die Fachkraft Gesundheitsstörungen vermutet und die Klärung für die weitere Aufgabenerledigung als entscheidend ansieht, auch im Hinblick auf eine möglicherweise berufliche Rehabilitation (z. B. infolge eines Unfalls oder einer Erkrankung). Hierzu sind Grundkenntnisse von Krankheitsbildern erforderlich, aber auch eine Aufmerksamkeit gegenüber Anzeichen für psychische Probleme (z. B. Antriebsarmut, Stimmungsschwankungen) und starkem Suchtmittelkonsum (Händezittern, Konzentrationsstörungen, Unruhe, körperliche Verwahrlosung). Bei Unsicherheit über die Notwendigkeit einer ärztlichen bzw. ggf. psychologischen Begutachtung kann eine Vorklärung mit dem Fachdienst sinnvoll sein, etwa im Rahmen einer sozialmedizinischen Sprechstunde. In ärztlichen Gutachten werden je nach Fragestellung der Fachkraft Aussagen zu folgenden Bereichen getroffen (vgl. Rübner 2013b):

- zu vermittlungsrelevanten Gesundheitsstörungen
- zum positiven Leistungsbild: Arbeiten, die verrichtet werden können, z. B. im Freien oder in Werkhallen, über Arbeitszeiten, Arbeitsschwere und Arbeitshaltung
- zum negativen Leistungsbild: Arbeiten und Belastungen, die auszuschließen sind, z. B. Zeitdruck, Staub, Lärm, Zwangshaltungen
- zu aktuellen und zu erwartenden Entwicklungen der beruflichen Leistungsfähigkeit
- zu Krankheitsverlauf, Prognosen und Empfehlungen zu arbeitsmarktpolitischen, ggf. sozialmedizinischen Maßnahmen (Epikrise)

Die genaue Planung und Entscheidung über den weiteren Verlauf des Integrationsprozesses obliegt der Fachkraft, d. h. sie muss auf Grundlage der Begutachtung – zusammen mit dem Leistungsberechtigten – sachgerechte Schlussfolgerungen für das weitere Vorgehen ziehen und umsetzen, z. B. bestimmte Berufe aus der Vermittlung ausschließen, eine Umschulung in Erwägung ziehen oder auch ablehnen, eine Prüfung auf berufliche Rehabilitation veranlassen etc.

Was die Dokumentation von Erkrankungen anbelangt, sind besondere Maßstäbe hinsichtlich des Datenschutzes anzulegen, da sie gemäß § 67 Abs. 12 SGB X zu den besonderen Arten personengebundener Daten gehören und gemäß § 203 StGB zu den Privatgeheimnissen zu zählen sind, die einem Amtsträger in Ausübung seines Amtes bekannt geworden sind.

Soziale Lebenslage

3

Der Merkmalskomplex der „Lebenslage" kann unter Vermittlungsgesichtspunkten in zwei Gruppen unterteilt werden. Die erste Gruppe dreht sich um die Mobilitätsmöglichkeiten des Leistungsberechtigten und ist routinemäßig zu klären: Stellt ein fehlender Führerschein oder PKW ein Mobilitätshindernis dar oder können die infrage kommenden Arbeitsstellen mit öffentlichen Verkehrsmitteln erreicht werden? Ist der Leistungsberechtigte aufgrund familiärer Verpflichtungen (Betreuung von Kindern oder Angehörigen) zeitlich und räumlich eingeschränkt? Welche Bedeutung haben diese Einschränkungen für die Eingliederungsaussichten und die Wahl eines Eingliederungsziels? Die Vermittlungsrelevanz dieser Fragen ist unmittelbar gegeben und insoweit durch die Einschränkung des Fragerechts nicht betroffen.

Die zweite Gruppe ist deutlich komplexer und datenschutzrechtlich komplizierter. Hierbei geht es um Merkmale wie etwa die familiäre und finanzielle Situation, die soziale Einbindung und Wohnform, ggf. auch um Fragen der sozialen Herkunft, und zwar im Hinblick auf ihre stabilisierende oder destabilisierende Funktion im Lebenszusammenhang des Betroffenen. In der Vermittlungsarbeit wird die persönliche Lebenslage in der Regel erst dann explizit berücksichtigt, wenn diese als Hindernis für den Vermittlungsprozess in Erscheinung tritt (z. B. ungeklärte Betreuungssituation, Überschuldung, soziale Entwurzelung) oder im Gegenteil als Ressource genutzt werden kann, um Probleme in einem anderen Handlungsfeld zu bewältigen (z. B. Nutzung des persönlichen Netzwerks, Vorbildfunktion gegenüber eigenen Kindern).

Die soziale Lebenslage einer Person stellt gleichsam das lebensweltliche Fundament des Arbeitsvermögens dar, insofern sind kritische Entwicklungsverläufe in diesem Bereich besonders zu berücksichtigen. Nach Befunden einer qualitativen Längsschnittstudie gehören dazu teils massive Einschränkungen der materiellen Versorgung sowie eine deutliche Reduktion oder gar der Verlust von persönlichen sozialen Kontakten und Beziehungen. „Der Grund für Letzteres liegt darin, dass sich das Leben im Hilfebezug zwangsläufig von jenem entfernt, das Erwerbstätige mit durchschnittlichen Einkommen führen. Was aus der Arbeitslosigkeitsforschung seit Jahrzehnten bekannt ist (...), wiederholt sich auch hier: Dem Zwang zu sparsamsten Wirtschaften aufgrund der geringen finanziellen Spielräume fallen außerhäusliche (Freizeit-)Aktivitäten zum Opfer und der Tagesrhythmus wird zunehmend von den normalen Tagesabläufen ‚der Anderen' desynchronisiert. (...) All dies führt mit zunehmendem Auseinanderdriften der jeweiligen Lebenslagen zu einer schleichenden Entkoppelung auch der Lebenswelt" [der Betroffenen] (Hirseland/Ramos Lobato 2012, S. 282).

Die Einbeziehung der sozialen Lage eines Leistungsberechtigten kann fallbezogen in beiden Rechtskreisen relevant werden, für eine schulmüde Schülerin genauso wie für einen alleinstehenden, älteren Langzeitarbeitslosen. In allen Fällen ist die Fachkraft aber auf die Bereitschaft des Leistungsberechtigten angewiesen, über die familiäre und private Lebenssituation zu sprechen. Diese Bereitschaft ist unter den Bedingungen des Tagesgeschäfts weder im SGB II noch im SGB III selbstverständlich, wie empirische Studie belegen. In Zusammenfassung der groß angelegten Evaluationsstudie zum Leistungsvergleich der Grundsicherungsträger (sog. § 6a-Evaluation) schreiben Brussig/Knuth (2011, S. 32 f.):

> „Am weitesten verbreitet waren Schulden (ca. 30 Prozent aller Leistungsbezieher) sowie familiäre Konflikte, die Betreuung minderjähriger Kinder sowie psychische Probleme bzw. Suchtprobleme (jeweils zwischen ca. 17 und 14 Prozent). Derartige Dinge im Beratungsgespräch zu thematisieren setzt einen gewissen Problemdruck und wohl auch eine gute Vertrauensbasis zum persönlichen Ansprechpartner voraus. Dass folglich nur ein Teil der Betroffenen angab, ihre individuellen Probleme in der Beratung zu besprechen, kann daher nicht verwundern. Dass es allerdings nur etwa 20 Prozent derjenigen taten, die ihrer Auskunft im Telefoninterview zufolge eines dieser Probleme hatten (9,1 Prozent bezogen auf alle Leistungsbeziehenden (...) erscheint wenig. (...) Der Anteil jener, die davon berichten, dass ihr individuelles Problem nach erfolgter Ansprache dann auch tatsächlich bearbeitet wurde – die „Interventionsquote" –, ist dann nochmals erheblich geringer."

3

Wenn Themen wie Schulden oder familiäre Probleme zur Sprache kommen, ob nun in Gesetzesbegründungen, auf Arbeitsmarktkonferenzen oder in Beratungsgesprächen, wird häufig auf „schwerwiegende Vermittlungshemmnisse" geschlossen, sprich es werden deutliche Diskrepanzen zwischen arbeitsmarktlichen Anforderungen und dem aktuellem Arbeitsvermögen der Betroffenen angenommen. Ob damit tatsächlich „schwerwiegende Vermittlungshemmnisse" verbunden sind, muss jedoch in jedem Einzelfall und in Abhängigkeit von der regionalen Arbeitsmarktlage beurteilt werden (vgl. Göckler/Rudolph 2004). Dies soll am Beispiel der Schuldenthematik kurz verdeutlicht werden.

Zunächst ist zu fragen, ab wann überhaupt eine *vermittlungsrelevante* Überschuldungsproblematik vorliegt. Der Blick auf die objektive Verschuldungshöhe oder die Zahl der Gläubiger reicht hier nicht aus. Wie Studien zeigen, können der erlebte Problemdruck und die Bewältigungszuversicht in prekären Lebenslagen unterschiedlich ausfallen: „Als wenig hilfreich empfundene Ressourcen machen den Handelnden anfällig für defensive Antworten auf äußere Anforderungen, für Rückzug, Umdeutung, Resignation; das Wissen oder die Überzeugung um die Verfügung starker Ressourcen dagegen lässt den Handelnden offensiv in die Auseinandersetzung mit einer belastenden Lage hineingehen, indem er oder sie auf Änderung, aktive Eingriffe und vermehrte Anstrengung setzt. Das Bewältigungshandeln beruht demnach nicht so sehr auf den ‚objektiven' Tatsachen einer Situation, sondern zuerst auf deren Einschätzung und Bewertung, die wiederum von einem subjektiven Vergleich zwischen wahrgenommener Anforderung und verfügbaren Ressourcen determiniert werden" (Bude/Lantermann 2006, S. 236). So kann neben einer fachkundigen Schuldenberatung die Aussicht auf eine geregelte Arbeit einen wichtigen Motivator und Anknüpfungspunkt darstellen, um aus der Verschuldungsspirale auszusteigen. Aber nicht nur die Seite des Betroffenen ist ausschlaggebend für die Beurteilung, ob mit der Schuldenthematik ein vordringliches Vermittlungsproblem vorliegt, auch die Arbeitgeberseite ist von Bedeutung. Die Relevanz einer Überschuldung ist zunächst von berufsspezifischen Ausprägungen abhängig (je geldnäher, je problematischer). Weitere Bestimmungsfaktoren sind die Größe des Betriebs, der Auftragsdruck und Personalbedarf und nicht zuletzt die Einstellung der Personalverantwortlichen zu diesem Thema. Erst auf Grundlage einer ganzheitlichen Berücksichtigung dieser Faktoren ist es möglich zu entscheiden, ob die Verschuldungsthematik des Leistungsberechtigten in seinem Herkunftsberuf ein schwerwiegendes Vermittlungshemmnis darstellt und wie das weitere Vorgehen auszusehen hat.

3.5.5 Ausgestaltungsvarianten der Situationsanalyse

Wir sind im vorherigen Abschnitt die wichtigsten Merkmalsbereiche der beschäftigungsorientierten Situationsanalyse durchgegangen. In diesem Abschnitt wollen wir wieder eine ganzheitliche Perspektive einnehmen und uns in Abhängigkeit von der unterschiedlichen Komplexität der Fallgestaltung unterschiedliche Ausprägungsvarianten der Situationsanalyse ansehen.[60]

Zwischen ziel- und fallorientierter Analyse

Bei dieser Unterscheidung geht es um die Frage, ob zu Beginn der Situationsanalyse ein eindeutiger Bezugspunkt für die Beurteilung der Integrationsaussichten des Arbeit- oder Ausbildungsuchenden feststeht. Dies ist der Fall, wenn aus der Erwerbsbiografie eines Arbeitsuchenden und der bestehenden Arbeitsmarktsituation unmittelbar auf eine realistische berufliche Eingliederungsperspektive geschlossen werden kann. Je eindeutiger und einvernehmlicher dieser Bezugspunkt zu Beginn des Integrationsprozesses bestimmt werden kann, desto zielorientierter kann die weitere Analyse verlaufen. Beispielsweise möchte eine langjährig beschäftigte Industriekauffrau, die aufgrund betrieblicher Insolvenz von Arbeitslosigkeit bedroht ist, schnellstmöglich wieder eine vergleichbare Tätigkeit aufnehmen. Die gemeinsame Situationsanalyse kann sich in diesem Fall gezielt auf ihre für den Beruf der Industriekauffrau einschlägigen Fähigkeiten, Kenntnisse und Fertigkeiten sowie auf Fragen der Mobilität und zeitlichen Verfügbar-

[60] Wir greifen im Folgenden auf eine Systematisierung von Reis u. a. (2003, S. 38 ff.) zurück, erweitern diese aber sowohl terminologisch als auch in inhaltlicher Hinsicht beträchtlich; zudem wenden wir sie hier auf beide Rechtskreise an.

keit konzentrieren und diese im Lichte der aktuellen Arbeitsmarktsituation beurteilen.

Der Gegenpol zur zielorientierten Analyse ist die fallorientierte Analyse, womit ein Vorgehen bezeichnet werden soll, in dem es darum geht, realistische Zielperspektiven für die weitere Integrationsarbeit zu identifizieren. Damit sind keineswegs nur unmittelbar berufliche Ziele gemeint, sondern auch Ziele, die auf die Stabilisierung einer prekären Lebenslage gerichtet sein können. Eine fallorientierte Analyse bezieht konsequenterweise die soziale Lebenslage der betroffenen Person mit ein, um nach geeigneten, vielfach auch ganz grundsätzlichen Anknüpfungspunkten für die Integrationsarbeit zu suchen. Ein solcher Analyseansatz ist nur außerhalb der Regelvermittlung möglich und nicht in einem Gesprächskontakt umsetzbar.

Zwischen beiden Polen liegen zahlreiche Ausprägungsvarianten. In vielen Fällen ist weder eine unmittelbar zielorientierte Analyse möglich oder sinnvoll, noch ist eine grundsätzlich fallorientierte Analyse erforderlich. Zu denken ist an Fallkonstellationen, in denen die frühere Tätigkeit aufgrund von gesundheitlichen Einschränkungen, veränderten Arbeitsmärkten oder fehlender Nachfrage nicht mehr erreichbar ist. Auch bei vielen Berufserstwählern, Berufsrückkehrern und beruflichen Rehabilitanden ist die Situationsanalyse zunächst eher potenzialorientiert auszurichten, um aussichtsreiche Zielberufe identifizieren zu können. Dies kann auch für Personen gelten, die über keinen oder über einen nicht mehr verwertbaren Ausbildungsabschluss, jedoch jenseits von Helfertätigkeiten über gute Beschäftigungspotenziale verfügen. Gerade bei dem letztgenannten Personenkreis wäre zwar ein zielorientiertes Profiling mit Ausrichtung auf Helfertätigkeiten unmittelbar möglich, aber nicht immer sinnvoll, gerade dann nicht, wenn der Arbeitsuchende motiviert und in der Lage ist, qualifiziertere berufliche Tätigkeiten auszuüben.

Zwischen spezifischer und umfassender Analyse

Mit spezifischer Analyse ist gemeint, dass sich die Fachkraft und der Leistungsberechtigte auf die Erfassung unmittelbar vermittlungsrelevanter Merkmale konzentrieren können. In der Zusammenschau dieser Merkmale wird eine Integrationsprognose vorgenommen, die als Basis für die Bestimmung eines Eingliederungsziels und von Vermittlungsstrategien fungiert. Das berufliche Eingliederungsziel muss dabei nicht immer sofort realisierbar, sondern kann durchaus erst mittelfristig erreichbar sein, z. B. weil die verfügbaren Qualifikationen veraltet sind oder Arbeitsmärkte sich verändert haben. Entscheidend ist vielmehr, dass die Integrationsperspektive selbst nicht infrage steht und durch beschäftigungsorientierte Strategien wie die Vermittlung von Stellenangeboten, die Ermöglichung von Berufserfahrungen oder die Förderung der beruflichen Weiterbildung erreichbar ist.

Eine umfassende Analyse wird dagegen erforderlich, wenn sich im Gespräch mit dem Leistungsberechtigten eine prekäre biografische Verlaufskurve und Lebenslage abzeichnet. Dazu können biografische Brüche, chronische Krankheitsverläufe, soziale Verarmung oder komplizierte Familiengeschichten gerechnet werden. Kurz: In Fällen wie diesen geht es um mehr als darum, einen passenden Arbeitsplatz zu finden und eine berufsbezogene Abklärung vorzunehmen. Die Funktion einer umfassenden Analyse besteht zunächst darin, mit den betroffenen Personen ein zusammenhängendes, für sie selbst verständliches Bild ihrer Situation zu erarbeiten. Handlungsleitende Idee bleibt – wenn auch manchmal als gesetzlich geforderte Fiktion – auf mittlere Sicht, eine Integrationsperspektive in Beschäftigung zu erarbeiten.

Zwischen einmaliger Ausgangsanalyse und kontinuierlicher Analysearbeit

Aus den bisherigen Ausführungen ist deutlich geworden: Je gezielter und spezifischer die Situationsanalyse mit dem Arbeit- und Ausbildungsuchenden erfolgt, desto eher kann sie als eine klar abgrenzbare Phase im Integrationsprozess konzipiert werden. Wenn überhaupt, wird sie nur anlassbezogen aktualisiert. Ansonsten wird überwiegend der Stand der vereinbarten Aktivitäten erfragt, nicht aber eine neue Situationsanalyse vorgenommen, wie rechtskreisübergreifende Analysen der Vermittlungspraxis in Arbeitsagenturen und Jobcentern bestätigen (Schütz u. a. 2011, S. 92, 109). Wird dagegen eine fallorientierte und umfassende Situationsanalyse erforderlich, geht diese in der Regel von einer reinen Ausgangsanalyse in eine kontinuierliche Analysearbeit über, bei der insbesondere der weitere Fallverlauf – Fortschritte und Rückschritte im Integrationsprozess, Veränderungen in der individuellen Lebenssituation – in den Blick genommen und hinsichtlich von Folgeaktivitäten beurteilt werden. Phasen der Komplexitätszunahme, nicht-lineare Fallverläufe, längere Betreuungszeiten mit wechselnder Intensität und gelegentliche Notfallinterventionen sind typische Bestimmungsmerkmale einer solchen Analysearbeit, insbesondere im Bereich des beschäftigungsorientierten Fallmanagements. Hier geht die Fallsteuerung immer auch mit einer kontinuierlichen Bewertung der Möglichkeiten und Grenzen des Leistungsberechtigten einher.

Auch in dieser Dimension existieren zahlreiche Varianten. Eine davon stellt die erneute Situationsanalyse gegen Ende einer längeren Bildungs- oder Eingliederungsmaßnahme dar, um die erreichten Fortschritte zu beurteilen. Weitere, aus der Praxis bekannte Beispiele sind: Ein als „marktnah" eingeschätzter Arbeitsuchender erzielt keinen Integrationsfortschritt, es treten vermittlungsrelevante Veränderungen in der Lebenssituation des Arbeitsuchenden ein (z. B. Erkrankung, veränderte Betreuungssituation) oder es werden neue, zielgruppenorientierte Programme gestartet und nach potenziellen Kandidaten im Arbeitslosenbestand der Agentur bzw. dem Jobcenter gesucht.

Zwischen instrumenteller und kommunikativer Analyse

Die Situationsanalyse mit dem Leistungsberechtigten kann weiterhin zwischen den Polen einer mehr instrumentellen oder kommunikativen Ausrichtung variieren. Mit „instrumentell" ist hier vor allem der Einsatz von psychologischen und medizinischen Verfahren gemeint, in denen die Teilnehmer normierte und weitgehend standardisierte Anforderungssituationen bewältigen oder sich bestimmten Untersuchungen unterziehen müssen. Demgegenüber steht die kommunikative Analyse, in der der Leistungsberechtigte nicht primär „Datenlieferant", sondern „Ko-Produzent" ist. Hierbei fungiert der Leistungsberechtigte immer auch als Experte seiner eigenen Arbeitskraft, zudem soll er durch reflexive Klärungsprozesse der eigenen Situation in seiner Zuversicht und Handlungsbereitschaft gestärkt werden.

Die „klassische" Situationsanalyse im Rahmen der Vermittlungsarbeit bewegt sich zwischen diesen beiden Polen einer instrumentellen und kommunikativen Analyse. Es wird zwar immer auch auf Ergebnisse von Eignungsfeststellungen und Leistungsbeurteilungen zurückgegriffen, aber selten ausschließlich. In der Regel fließt zudem die Einschätzung des Leistungsberechtigten in die Situationsanalyse mit ein, z. B. wenn es um die Einschätzung der Bedeutung und Ausprägung einzelner beruflicher Kenntnisse, Fertigkeiten und Kompetenzen geht (vgl. Schütz u. a. 2011, S. 90, 108).

Zwischen personen- und angebotsorientierter Analyse

Im Regelfall konzentriert sich die gemeinsame Situationsanalyse auf die individuellen und eingliederungsrelevanten Voraussetzungen des Arbeit- und Ausbildungsuchenden. Die Angebotssituation des Ausbildungs- bzw. Arbeitsmarkts wird dabei nur insoweit berücksichtigt, als dass daraus Konsequenzen und Forderungen für die Anpassungsbereitschaft des Arbeitnehmers abgeleitet werden. Indirekt gilt dies auch für Ressourcen und Defizite des lokalen Maßnahmefeldes (Reis u. a. 2003, S. 41). Die Gefahr einer rein auf das Individuum fokussierten Blickrichtung besteht darin, dass es zu einer einseitigen Verantwortungszuschreibung kommt. In einer Befragung von Integrationsfachkräften aus beiden Rechtskreisen aus dem Jahr 2009 sieht immerhin noch ein Fünftel aller Befragten die Ursachen für Arbeitslosigkeit ausschließlich auf der individuellen Ebene (Boockmann u. a. 2010, S. 3). Insoweit ist eine wechselseitige Bezugnahme auf beide Seiten der Integrationsarbeit, d. h. die Bewerber- und die Angebotsseite sachlich angemessener als die einseitige Weiterleitung der gesetzlichen Pflichten und Marktgegebenheiten an die Adresse des Bewerbers.

Fassen wir zusammen: Je eindeutiger sich aus der Bildungs- und Berufsbiografie des Leistungsberechtigten ein unmittelbar berufliches Integrationsziel ableiten lässt, desto spezifischer und zielorientierter kann die Situationsanalyse i. S. einer gemeinsamen Ausgangsanalyse ausfallen. Je weniger diese Ausgangsbedingung erfüllt ist, desto eher muss diese fokussierte Form der Situationsanalyse um weitere Elemente angereichert werden: Die Analyse wird umfassender, potenzial- und fallorientierter sowie stärker prozessbegleitend auszugestalten sein. Auch der Gesichtspunkt einer wechselseitigen Berücksichtigung der Bewerber- und Angebotssituation spielt dann eine zunehmende Rolle. Wie weit sich die Analyse dabei tatsächlich zum jeweils anderen Pol bewegen muss, hängt – fachlich gesehen – von der Bedarfslage der betroffenen Person ab.

3.5.6 Erfolgskritische Faktoren der Situationsanalyse

So wie von der BA das „Profiling" werden in den meisten kommunal geführten Jobcentern bestimmte Analysesysteme für die Erstellung einer Integrationsprognose genutzt, um auf dieser Basis die weitere Integrationsarbeit zu planen. Auch in den öffentlichen Arbeitsverwaltungen anderer Industrienationen kommen verschiedene, in Funktion und Umfang aber beträchtlich variierende Analysesysteme zum Einsatz, wie Konle-Seidl (2011) in ihrer ländervergleichenden Studie feststellt. Auf Basis dieser Studie wollen wir einige erfolgskritische Faktoren für den Einsatz einer sachgerechten Situationsanalyse kurz beleuchten (a. a. O., S. 20 ff.). Beurteilungsmaßstab ist dabei die Frage, ob die notwendigen Voraussetzungen dafür geschaffen werden, um eine ausreichend fallangemessene und präzise Integrationsprognose zu ermöglichen, um darauf aufbauend bedarfsgerechte Integrationsstrategien planen zu können.

Konzeptionelle Voraussetzungen:

- Die Situationsanalyse sollte zunächst ein ausreichend komplexes, für ganz unterschiedliche Fallkonstellationen nutzbares Spektrum an integrationsrelevanten Merkmalen enthalten. Neben objektivierbaren Statusmerkmalen (Geschlecht, Alter, Schulbildung, Berufsabschlüsse, Beschäftigungs- und Arbeitslosenzeiten) sind weitere Personen- und Kontextmerkmale (z. B. Kompetenzen, Motivation, Interessen, Lebenslage) zu berücksichtigen und fachlich zu hinterlegen.
- Die Erfassungsmöglichkeiten von Einzelmerkmalen sollten sich nicht auf Ankreuzlisten beschränken (i. S. von Handlungsbedarf „ja/nein"), sondern frei beschreibbare Textfelder enthalten, in der faktenbasierte Einschätzungen dokumentiert werden können. Gleiches hat für die Gesamteinschätzung (Integrationsprognose) zu gelten, d. h. ein bloßes Ankreuzfeld für unterschiedliche Profillagen würde der Komplexität der zu beurteilenden Sachverhalte nicht gerecht; stattdessen wäre ein (zwingend auszufüllendes) Textfeld für die Gesamteinschätzung vorzusehen. Auf diese Weise wird ein analytisches Vorgehen ermöglicht, ohne einer schematischen Arbeitsweise Vorschub zu leisten.
- Eine einseitige Gewichtung von Hindernissen und Handlungsbedarfen im Analysesystem versperrt den Blick auf vorhandene Potenziale und Ressourcen des Leistungsberechtigten. Sofern mit Profillagen gearbeitet

wird, sollten diese nicht in der Hauptsache auf festgestellten Defiziten beruhen.

- Ein System, das überwiegend auf einen vorher festgelegten Zielberuf abstellt, schöpft die Möglichkeiten einer Potenzialanalyse zu wenig aus, insbesondere in Situationen, in denen der Leistungsberechtigte nicht unmittelbar über die Qualifikationen verfügt, die auf dem Arbeitsmarkt gerade besonders nachgefragt werden. Der Ansatz einer breiten Erfassung beruflicher Kompetenzen und einer Entwicklung aussichtsreicher Zielpositionen aus den Potenzialen des Arbeitnehmers heraus wird damit konzeptionell versperrt.
- Eine aus dem Case Management stammende Anforderung an eine qualitativ hochwertige Situationsanalyse lautet, dass die Gesamteinschätzung der Situation in Form einer „integrierten Gegenüberstellung der im Einzelfall von fachlich-professioneller Seite feststellbaren Ressourcen und Probleme sowie der subjektiven Einschätzung, Bedürfnisse, Erwartungen und Wünsche des Adressaten/Klienten hinsichtlich seiner Versorgungs- und Lebenssituation" erfolgt (DGCC 2011, S. 19). Es geht also um eine aktive Einbindung des Leistungsberechtigten in den Prozess, letztendlich um eine beraterische Rahmung der Situationsanalyse, in der neben diagnostischen Elementen auch Selbstklärung und Motivationsbildung eine wichtige Rolle spielen. Konzeptionell sind insoweit die Bedingungen zu schaffen, die Analysearbeit immer auch als kommunikativen Prozess mit dem Leistungsberechtigten auszugestalten, in dem beraterische Grundprinzipien explizit berücksichtigt werden (dazu ausführlich Kapitel 5).
- Die Situationsanalyse sollte in ein Handlungskonzept eingebunden sein, in dem auf Basis dieser Analyse Handlungsstrategien entwickelt werden können („Targeting"). Eine enge Vorabfestlegung zwischen Profillage und Strategie birgt das Risiko von unterkomplexen, schematischen Zuordnungen und Fehlallokation (vgl. iso & Ochs 2006, S. 181 ff.).

Organisatorische und geschäftspolitische Voraussetzungen:

- Die Qualifikation des Personals ist ein entscheidender Schlüssel für die Qualität der Situationsanalyse, jedenfalls so lange, wie diese im Kern von den Integrationsfachkräften durchgeführt wird (in den Arbeitsverwaltungen der USA wird die Profillage des Antragstellers ausschließlich anhand von statistischen Daten computergestützt und vor dem ersten Kontakt mit der Fachkraft bestimmt; Konle-Seidl 2011, S. 5 ff.). Insbesondere wird die Stärkung von Fertigkeiten und Fähigkeiten im Bereich Fallverstehen, Diagnostik und Beratung als ein erfolgskritischer Faktor herausgestellt.
- Die fachgerechte Nutzung eines differenzierten Analysesystems erfordert darüber hinaus eine adäquate Personalausstattung und zeitliche

Ressourcen für die Durchführung. Andernfalls entsteht die Gefahr, dass es verstärkt zu unterkomplexen, fehlerhaften oder nur scheinbar am System orientierten Umsetzungsvarianten kommt. So können von der Anlage her anspruchsvoll konzipierte Analyseverfahren im Praxisalltag schnell ins Leere laufen, weil sie aus Zeitgründen nicht oder nicht adäquat umsetzbar sind (Reis/Ludwig 2011).

- Angesichts der im Handlungsfeld der Beschäftigungsförderung anzutreffenden hohen Varianz der Fälle sind organisatorisch Vorkehrungen zu treffen, damit die Bediensteten diese auch fachlich angemessen bearbeiten können. Neben unterschiedlichen Fachteams sind insbesondere unterschiedliche Bearbeitungszeiten je nach Komplexität der Fallgruppen zu berücksichtigen. Die in der § 6c-Evaluation über alle Komplexitätsgrade hinweg gemessene durchschnittliche Bearbeitungszeit von zwölf Minuten für die beschäftigungsorientierte Situationsanalyse bei allen Trägern der Grundsicherung verdeutlicht diesen organisatorischen Differenzierungsbedarf (ISR u. a. 2008, S. 269). Ein durch enge Zeitfenster aufgebauter Handlungsdruck kann die prognostische Validität und Funktion der Situationsanalyse beeinträchtigen und somit ihre Aussagekraft im Hinblick auf eine Integrationsprognose und angemessene Handlungsstrategien schmälern. Gerade Risikofaktoren für den Integrationserfolg werden so leicht unterschätzt (Konle-Seidl 2011, S. 20). Das mag auch die in der § 6c-Evaluation teilweise festgestellten negativen Wirkungen von Klassifikationsschemata – Einteilung von Leistungsberechtigten in „Kundenkategorien" oder „Profillagen" – auf die Integrationswahrscheinlichkeit erklären (ZEW, IAQ & TNS Emnid 2008, S. XVII).

- Dokumentationsstandards sind für eine nachvollziehbare Fallführung und für fallübergreifende Steuerungsaufgaben erfolgskritisch. Organisatorisch müssen entsprechende Vorkehrungen getroffen werden, damit die Fallarbeit auch entsprechend dokumentiert wird. Gerade bei Rechtskreiswechseln – zumeist vom SGB III ins SGB II – wird immer wieder die fehlende Transparenz der bereits getätigten Fallarbeit bemängelt (ISR u. a. 2008, S. 196).

- Ein erfolgreiches Profiling mit einem darauf aufbauenden Strategiekonzept erfordert eine hohe Selbstverpflichtung aufseiten der Geschäftsführung auf den unterschiedlichen Verantwortungsebenen und letztendlich auch der Politik. Es besteht nämlich die in der Praxis immer wieder bestätigte Gefahr, dass die unterjährigen Zielvereinbarungen und Maßnahmeplanungen einen konkurrierenden Handlungsdruck erzeugen und es weniger auf die individuelle Problemlage des Leistungsberechtigten ankommt, sondern auf Zielerreichung und zu besetzende Maßnahmeplätze.

3.6 Beschäftigungsorientierte Vermittlungs- und Integrationsstrategien

Wenn wir im Folgenden von Vermittlungs- und Integrationsstrategien sprechen, sind damit am Bedarf und den Ressourcen der jeweiligen Marktteilnehmer ausgerichtete, methodisch planvolle Aktivitäten gemeint, die darauf zielen, dem Entstehen von Arbeitslosigkeit entgegenzuwirken, die Dauer der Arbeitslosigkeit zu verkürzen und den Ausgleich von Angebot und Nachfrage auf dem Ausbildungs- und Arbeitsmarkt zu unterstützen. Für die Grundsicherungsarbeit ist darüber hinaus bedeutsam, auch eine öffentlich geförderte Beschäftigungsperspektive mitzudenken, die einem ansonsten ausgeschlossenen Personenkreis arbeitsmarktliche und soziale Teilhabe ermöglicht.

Alle hier skizzierten Strategien weisen eine beschäftigungsorientierte Zielperspektive auf, erkennbar an der jeweiligen Bezeichnung der Strategien, und greifen in spezifischer Weise auf Instrumente der Arbeitsförderung und Grundsicherung zurück, um die in der jeweiligen Strategie verfolgten Ziele zu erreichen. Die Zielperspektiven der einzelnen Strategien sind aus den Zielen der Arbeitsförderung und Grundsicherung abgeleitet. Die rechtlichen Grundlagen der Förderinstrumente werden in Kapitel 4 dargestellt.

Wir verbinden mit unserer Übersicht über die einzelnen Strategiefelder den Anspruch, ein möglichst umfangreiches und strukturiertes Bild über strategische Ansatzpunkte der Arbeits- und Ausbildungsvermittlung zu zeichnen. *Ausschließlich* auf die Prüfung von Mitwirkungspflichten oder die Ermittlung von Sanktionstatbeständen gerichtete Aktivitäten werden hier nicht behandelt, da wir diese nicht als Vermittlungs- und Integrationsstrategien interpretieren. Worauf ebenfalls verzichtet wird, ist der Versuch, für einzelne Profillagen bestimmte Strategiepfade abzubilden. Wir werden uns bei der Vorstellung der einzelnen Strategien vielmehr auf generelle Hinweise für eine bedarfsgerechte Auswahl und Ausgestaltung konzentrieren. Ein solcher Gesamtüberblick kann insoweit dazu beitragen, die im Handlungsfeld vorgefundenen Strategie- und Förderschwerpunkte einzuordnen und hinsichtlich ihrer Ausgewogenheit kritisch zu beurteilen.

Aus § 1 SGB II und § 1 SGB III lassen sich fünf übergeordnete Zielfelder ableiten und für die Entwicklung von Vermittlungs- und Integrationsstrategien nutzen:

I. **Zügige Stellenbesetzung und Beschäftigungsaufnahme:** Als gleichsam „natürliches" Ausgangsziel beider Rechtskreise ist die (Wieder-)Aufnahme einer Erwerbstätigkeit bzw. die Besetzung offener Stellen zu sehen. Hier geht es um Ausgleichsprozesse von Angebot und Nachfrage, die Erhöhung von Markttransparenz, die Ermöglichung beruflicher und räumlicher Mobilität, um zügige Stellenbesetzung und Anreize zur Aufnahme und Ausübung einer Erwerbstätigkeit. In beiden Rechtskreisen wird explizit die Zielerwartung formuliert, dass dadurch

Arbeitslosigkeit, Bezugsdauer von Leistungen und Hilfebedürftigkeit reduziert wird. Die Erreichung der auf dieser Ebene angesiedelten Ziele setzt voraus, dass es Stellen und Bewerber gibt, die grundsätzlich zueinander passen. Vielfach muss eine solche Passung aber erst entwickelt werden.

II. **Verbesserung der Beschäftigungsfähigkeit:** Der Gesetzgeber setzt hier insbesondere auf die Verbesserung der individuellen Arbeits- und Beschäftigungsfähigkeit von Arbeitnehmern; es finden sich aber auch Ansatzpunkte, die auf die Verbesserung der betrieblichen Beschäftigungsfähigkeit gerichtet sind.

III. **Prävention und Stabilisierung:** Über die Förderung der Beschäftigungsaufnahme und Stellenbesetzung hinaus formuliert der Gesetzgeber arbeitsmarktpolitische Ziele, die auf die Vermeidung von Arbeitslosigkeit und die Stabilisierung von Beschäftigungsverhältnissen zielen. Hier kommen präventive und in Ansätzen auch nachsorgende Gesichtspunkte ins Spiel. Es soll der Arbeitslosigkeit entgegengewirkt, Langzeitarbeitslosigkeit vermieden, Beschäftigungs- und Erwerbsfähigkeit erhalten und Anreize zur Ausübung einer Erwerbstätigkeit aufrechterhalten werden.

IV. **Beschäftigungsstruktur und Zielgruppenförderung:** Darüber hinaus werden strukturelle arbeitsmarktpolitische Ziele formuliert. So soll die Arbeitsförderung dazu beitragen, einen hohen Beschäftigungsstand zu erreichen, die Beschäftigungsstruktur ständig zu verbessern sowie unterwertiger Beschäftigung entgegenzuwirken. Zielgruppenspezifische Formulierungen finden sich unter anderen darin, dass die berufliche Situation von Frauen verbessert, geschlechts- und behindertenspezifische Nachteile überwunden und Langzeitarbeitslosigkeit vermieden werden soll. In der Arbeitsförderung werden speziell hierzu Rahmenziele zwischen Bundesregierung und Bundesagentur geschlossen.[61]

V. **Gesellschaftspolitische Ziele:** Schließlich finden wir im Handlungsfeld der Beschäftigungspolitik noch einige grundlegende, gesellschaftspolitische Zielsetzungen und Wertevorstellungen verankert. Das ist nicht verwunderlich – immerhin konkretisieren sich in der Sozialpolitik grundlegende Werte- und Gerechtigkeitskonzepte einer Gesellschaft, vielfach auch mit Verfassungsrang ausgestattet. In modernen Arbeitsgesellschaften wie der Bundesrepublik Deutschland, in denen die Erwerbsarbeit mit Grundwerten wie Würde, Teilhabe, Persönlichkeitsentfaltung, Gleichberechtigung und Berufsfreiheit verknüpft wird, ist immer auch zu fragen, welchen Beitrag hierbei die Beschäftigungspolitik, in unserem Fall die Arbeitsförderung und Grundsicherung zu leis-

[61] In der 2011 geschlossenen Vereinbarung werden die Rahmenziele „Arbeitsmarktausgleich verbessern", „Langzeitarbeitslosigkeit vermeiden", „Strukturwandel begleiten" und „Frauenerwerbstätigkeit steigern" verankert (BMAS 2011; vgl. dazu den Bericht der BA 2012).

ten hat. Zu nennen ist zum einen das durchgängig zu verfolgende Prinzip der Gleichstellung von Männern und Frauen, das sich explizit in beiden Gesetzbüchern findet. Zusätzlich wird im SGB II die Zielsetzung formuliert, dass die Grundsicherung dazu beitragen soll, ein Leben zu führen, das der Würde des Menschen entspricht. Im SGB III finden wir – zwar nicht auf der Ebene der Ziele der Arbeitsförderung verankert, wohl aber als Pflicht ausgestaltet – den Auftrag, allen Bundesbürgern, die am Arbeitsleben teilnehmen oder teilnehmen wollen, Berufsberatung anzubieten und damit einen Beitrag zur Gewährleistung der grundrechtlich geschützten Berufswahlfreiheit (Art. 12 Abs. 1 GG) zu leisten (vgl. dazu ausführlich Kapitel 5).

Diese fünf Zielfelder bilden einen wichtigen Bezugspunkt für die Systematisierung von Strategien der Vermittlungs- und Integrationsarbeit.[62] Zunächst unterscheiden wir zwischen direkten und indirekten Strategien:

1. **Direkte Strategien:** Diese Strategien sind unmittelbar und direkt auf die Begründung eines Beschäftigungsverhältnisses zwischen Arbeitnehmer und Arbeitgeber ausgerichtet, ggf. durch vermittlungsunterstützende und betriebsnahe Teilstrategien angebahnt, vorbereitet oder begleitet. Im Mittelpunkt stehen Aktivitäten, die diese direkte Form der Zusammenführung beider Marktseiten unterstützen. Strategien dieser Art richten sich vor allem an den Zielfeldern I und II aus.

2. **Indirekte Strategien:** Diese Strategien sind stärker darauf ausgerichtet, die Voraussetzungen für eine erfolgreiche Beschäftigungsaufnahme zu schaffen bzw. Arbeitslosigkeit erst gar nicht entstehen zu lassen. Indirekte Strategien bedienen so vor allem die Zielfelder II und III.

Darüber hinaus können drei weitere Strategiefelder der Vermittlungs- und Integrationsarbeit unterschieden werden:

3. **Strategien zur Unterstützung selbstständiger Tätigkeit:** Bei diesen Strategien geht es weder um die Anbahnung eines Beschäftigungsverhältnisses (§ 7 SGB IV), wie im Fall der direkten Strategien, noch um dessen mittel- und langfristige Ermöglichung, wie im Fall der indirekten Strategien. Ziel ist vielmehr die Aufnahme einer (selbstständigen) Erwerbstätigkeit bzw. deren Stabilisierung. Diese Strategien bewegen sich damit auf den Zielfeldern I–III unserer Systematik.

Den direkten, indirekten und auf selbstständige Tätigkeit zielenden Strategien gemeinsam ist, dass sie unmittelbar bei einem Arbeitnehmer bzw. Arbeitgeber ansetzen. Darüber hinaus finden wir in der Arbeitsmarktpoli-

---

[62] Wir greifen bei unserer Systematisierung von Vermittlungs- und Integrationsstrategien teilweise auf Überlegungen von Göckler (2012a, S. 139 f.) zurück und entwickeln diese weiter, insbesondere auch im Hinblick auf einen über das beschäftigungsorientierte Fallmanagement hinausgehenden Anwendungsbereich. Ansatzpunkte für unterschiedliche, direkte und indirekte Vermittlungsstrategien finden sich darüber hinaus bei Sell (2006).

tik aber auch Strategien, die sich an definierte Zielgruppen wenden oder allen Bürgern eine Plattform für die berufliche Laufbahngestaltung bieten:

4. **Zielgruppenspezifische Strategien:** Strategien dieses Typs beziehen sich auf das vierte unserer arbeitsmarktpolitischen Zielfelder. Basierend auf soziologischen und volkswirtschaftlichen Analysen werden Potenzial- und Risikogruppen des Arbeitsmarktes identifiziert, entsprechende Arbeitsmarktprogramme erprobt und ggf. als Regelangebote verstetigt.
5. **Beschäftigungsorientierte Informationsangebote und Kommunikationssysteme:** In modernen Wissensgesellschaften spielen Informationsangebote und unterschiedliche Kommunikationswege auch im Bereich der aktiven Arbeitsmarktpolitik eine immer wichtigere Rolle. Beschäftigungsorientierte Informations- und Kommunikationssysteme können strategisch alle Zielebenen der Arbeitsförderung und Grundsicherung bedienen. Sie können unabhängig von weiteren Arbeitsmarktdienstleistungen genutzt werden, aber auch integraler Bestandteil einzelner Vermittlungsstrategien sein.

Den gesellschaftspolitischen Zielen werden wir keine gesonderten Strategien und Maßnahmen zuordnen. Vielmehr sehen wir darin Leitlinien für die Ausgestaltung der Vermittlungs- und Integrationsarbeit.

Gesellschaftspolitische Leitlinien: Ganz i. S. d. Mainstreaming-Ansatzes müssen diese – zumeist auch rechtlich verankerten – Leitlinien als durchgängige Prinzipien in allen einschlägigen Strategien der Beschäftigungsförderung erkennbar sein, so im Fall der Gleichstellung von Männern und Frauen oder der Ermöglichung eines Lebens, das der Würde des Menschen entspricht. Auch dürfen die beschäftigungsorientierten Strategien grundsätzlich nicht das Recht auf die freie Wahl des Berufs einschränken. Weiterhin fließt die 2008 in Kraft getretene und von der Bundesrepublik ratifizierte UN-Behindertenrechtskonvention als gesellschaftspolitische Leitlinie in die Arbeitsmarktpolitik ein.

Unsere Überlegungen zu den Vermittlungs- und Integrationsstrategien wären unvollständig, wenn wir nicht auf den sozial- und arbeitsmarktpolitischen Kontext eingehen würden, in den diese eingebettet sind. Dies betrifft nicht nur die Ebene des geltenden Rechts, sondern auch die dahinter stehenden Leitideen und Sozialstaatsvorstellungen, die in den unterschiedlichen politischen Arenen zirkulieren und sich in politischen Programmen und Entscheidungen Geltung verschaffen.

Sozial- und Arbeitsmarktpolitik: Wie die Geschichte der Arbeitslosenversicherung zeigt, variiert die konkrete Ausgestaltung und Gewichtung der beschäftigungsorientierten Strategiefelder über die Zeit hinweg beträchtlich (vgl. Kapitel 4). Es sind dabei weniger die Instrumente selbst, als vielmehr deren strategische Ausrichtung und Einbettung, die einer besonderen Veränderungsdynamik unterliegen, auch wenn unbestritten ist, dass die Anzahl und Komplexität der Maßnahmen schrittweise zugenommen hat. Bereits die Vorgängergesetze der Arbeitsförderung (AVAVG, AFG) und

Grundsicherung (BSHG) kannten die meisten grundlegenden und heute noch zum Einsatz kommenden Eingliederungsleistungen (vgl. Oschmiansky/ Ebach 2009).

Geschäftspolitik und Arbeitsmarktprogramme: Aufgrund ihres körperschaftlichen Charakters mit paritätischer Selbstverwaltung können die BA und die im Verwaltungsrat vertretenden Arbeitnehmer und Arbeitgeber auf die Ausgestaltung des sozial- und arbeitsmarktpolitischen Strategierahmens der Arbeitsförderung (SGB III) unmittelbar Einfluss nehmen. Im Rahmen ihrer Geschäftspolitik und Entscheidungsbefugnis werden flächendeckend Zielsysteme, Steuerungsgrößen und Integrationskonzepte sowie darauf abgestimmte Budget- und Personalplanungen entwickelt und umgesetzt. Dies gilt im Übrigen auch für den Bereich der Grundsicherung (SGB II), wenn der Einfluss der BA hier auch stärker aus der Expertise und den Ressourcen einer wirkmächtigen, z. T. sozialgesetzlich privilegierten Verwaltung resultiert. Beispiele dafür sind:

- Weisungen für die rechtmäßige und zweckmäßige Erbringung von Eingliederungsleistungen der gemeinsamen Einrichtungen (gem. § 44b Abs. 3 Satz 1 SGB II)
- Zielvereinbarungen mit den gemeinsamen Einrichtungen (gem. § 48b Abs. 1 SGB II)
- Bereitstellung einer den Vermittlungsprozess prägenden IT-Infrastruktur (gem. § 50 Abs. 3 SGB III)
- Stellungnahmen und Empfehlungen im Rahmen der Gesetzgebung und untergesetzlichen Regelungen

Schließlich verfügen die Agenturen für Arbeit sowie alle Jobcenter über dezentrale Gestaltungsspielräume, um lokale Arbeitsmarktprogramme zu verabschieden und Förderschwerpunkte festzulegen. Hinzu kommen innerorganisatorische Entscheidungen wie Personalqualifizierung und Personaleinsatz.

Wenn wir nun die bisherigen Überlegungen zusammenführen, ergibt sich eine Systematik von Strategiefeldern der Vermittlungs- und Integrationsarbeit, die ihrerseits von gesellschafts-, sozial- und arbeitsmarktpolitischen Inklusionsparadigmen und Programmen unterschiedlicher Tragweite gerahmt und beeinflusst werden. Innerhalb dieses komplexen Handlungsrahmens bewegt sich die konkrete Integrationsarbeit, die ihren Ausgangspunkt in einer Situationsanalyse bzw. Auftragsklärung findet. Zwischen den verschiedenen Ebenen dieses Aktionsfeldes kommt es regelmäßig zu Spannungen, die – so sie manifest und von einflussreichen Gruppen aufgegriffen werden – auch zu Veränderungen des strategischen Handlungsrahmens führen können.

In dem folgenden Überblick konzentrieren wir uns auf den inneren Kreis der Vermittlungs- und Integrationsstrategien (Abbildung 23) und werden jeweils deren Zielsetzung sowie Einsatz- und Ausgestaltungsmöglichkeiten skizzieren. Wir stützen uns dabei auf empirische Studien, die mit konzeptionellen Überlegungen kombiniert werden. Wegen ihres übergreifenden Charakters beginnen wir mit dem Strategiefeld der beschäftigungsorientierten Informationsangebote und Kommunikationssysteme. Es folgen die direkten und indirekten Strategien sowie das Strategiefeld der geförderten selbstständigen Tätigkeit. Wir schließen unsere Ausführungen mit Überlegungen zu den zielgruppenspezifischen Strategien und nehmen dabei den Faden zur politischen Rahmung der Strategiefelder noch einmal auf.

Abbildung 23: Strategiefelder der Vermittlungs- und Integrationsarbeit

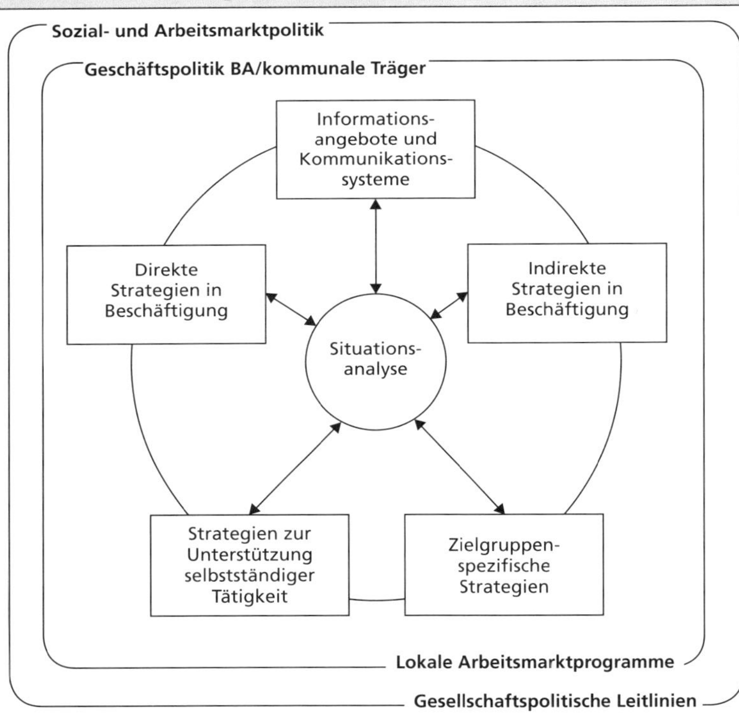

3.6.1 Beschäftigungsorientierte Informationsangebote und Kommunikationssysteme

Die technischen Möglichkeiten zur Aufbereitung und Distribution von Informationen rund um die Themenfelder Bildung, Beruf und Beschäftigung haben sich seit Ende des 20. Jahrhunderts genauso rasant weiterentwickelt wie die Mediengewohnheiten der Bürger selbst. Die BA, die gesetzlich dazu verpflichtet ist, ein bundesweit zugängliches Informations- und Medienangebot anzubieten (§§ 33, 40 SGB III), hat erst mit einiger zeitlicher Verzögerung damit begonnen, diese neuen Möglichkeiten für alle am Vermittlungsprozess Beteiligten systematisch zu nutzen. Seit einigen Jahren sind in diesem Handlungsfeld umfangreiche Veränderungen zu verzeichnen. Dies betrifft:

1. die Diversifizierung der Informations- und Medienangebote, die allen Bürgern in unterschiedlichen Lebenslagen (Übergang Schule/Beruf, Arbeitslosigkeit, Berufsrückkehr) und unabhängig von einem persönlichen Kontakt zur Arbeitsagentur offenstehen
2. die Integration dieser Angebote in die tägliche Vermittlungsarbeit

Parallel dazu hat der Gesetzgeber den Rechtsrahmen für die Einbeziehung von elektronischen Kommunikationswegen und Selbstinformationseinrichtungen in den Vermittlungsprozess schrittweise erweitert (z. B. elektronische Arbeitsuchendmeldung, Vermittlung auf Stellenangebote aus Selbstinformationseinrichtungen nach § 40 SGB III).

Die Entwicklung, Bereitstellung und Nutzung von Informationsangeboten und Kommunikationstechnologien kann insoweit als eine übergeordnete Strategie der Beschäftigungsförderung verstanden werden. Mit oder ohne persönliche Unterstützung durch die Arbeitsagenturen und Jobcenter zielt sie u. a. darauf, die Ausgleichsprozesse auf dem Arbeitsmarkt zu fördern, die Informationsmöglichkeiten der Marktteilnehmer zu erweitern und die Vernetzung und Austauschmöglichkeiten der handelnden Akteure und Einrichtungen zu verbessern. Auch Zielgruppen, die für den Vermittlungsprozess gewonnen werden sollen, können durch eine adressatengerechte Ansprache und Angebote motiviert werden, sich verstärkt mit beschäftigungsorientierten Themen auseinanderzusetzen und ggf. mit der Arbeitsagentur oder dem Jobcenter in Kontakt zu treten.

Bei aller Euphorie über die neuen technischen Möglichkeiten im Informationszeitalter, die in den Führungsetagen der Arbeitsmarktpolitik zu beobachten ist, kann dieses Strategiefeld personale Dienstleistungen realistischerweise weder ersetzen noch wirklich entlasten. Tatsächlich führen technologische Innovationen eher zu einer Verdichtung, Intensivierung und Beschleunigung der Kommunikation, als dass sie Freiräume schaffen (dazu grundlegend: Rosa 2005). Zudem darf nicht für alle Marktteilnehmer gleichermaßen eine voll entwickelte Informationskompetenz unterstellt werden, sodass diese nur noch auf die richtigen Angebote hingewiesen werden müssten, um sich dann gezielt zu informieren und zu vermarkten. Darauf werden wir im Zusammenhang mit den direkten und indirekten Strategien noch näher eingehen.

Neben den IT-gestützten und sonstigen Printmedien werden in Arbeitsagenturen und Jobcentern zahlreiche Kontaktmessen und Informationsveranstaltungen angeboten. Darüber hinaus stellen die Träger der Beschäftigungsförderung immer wieder zielgruppenspezifische Angebote bereit (z. B. für Gründungsinteressierte, Berufsrückkehrer, branchenspezifische Arbeitgeber).

3.6.2 Direkte Strategien der Vermittlungs- und Integrationsarbeit

Gemeinsamer Bezugspunkt der direkten Integrationsstrategien der Beschäftigungsförderung ist ihr unmittelbarer Vermittlungs- und Eingliederungsbezug, d. h. die von der Agentur für Arbeit oder dem Jobcenter unterstützte Anbahnung und Aufnahme eines sozialversicherungspflichtigen Beschäftigungsverhältnisses. Damit zählt dieses Strategiefeld zu einem wesentlichen Leistungskomplex der öffentlichen Beschäftigungsförderung. Bevor wir darauf im Einzelnen eingehen, wollen wir uns kurz mit der Frage beschäftigen, welchen Mehrwert eine öffentliche Arbeits- und Ausbildungsvermittlung eigentlich bieten kann.

Arbeitsmärkte sind – wie in Kapitel 1 dargestellt – Suchmärkte mit unvollkommener Information. Dass Arbeitsuchende und Arbeitgeber passend zueinander finden, ist also keine Selbstverständlichkeit. Diese Unvollkommenheit der Arbeitsmärkte trägt im Ergebnis mit zum parallelen Vorliegen von Arbeitslosigkeit und offenen Stellen bei und erklärt z. T. auch Klagen über Fachkräftemangel (BA 2011a, S. 4). Es gibt keinen „homogenen Arbeitsmarkt, sondern vielmehr heterogene Teilarbeitsmärkte und dies mit offenbar zunehmender Tendenz. Weil die Beschaffung von Informationen Zeit und manchmal auch viel Geld erfordern kann, haben sich auf dem Arbeitsmarkt, als einem Suchmarkt, Institutionen herausgebildet, die das Zueinanderfinden von Angebot und Nachfrage erleichtern" (Walwei 1995, S. 521). Vor diesem Hintergrund kann die Aufgabe einer bundesweit präsenten, öffentlichen Arbeits- und Ausbildungsvermittlung darin gesehen werden, dass sie zur Transparenz über Angebot und Nachfrage auf den jeweiligen Teilarbeitsmärkten beitragen, Suchprozesse für Arbeitnehmer und Arbeitgeber strukturieren und Besetzungsprozesse beschleunigen soll. Diese Ansatzpunkte stellen auf „transaktionskostensenkende Effekte" der öffentlichen Arbeits- und Ausbildungsvermittlung ab. Allerdings setzt das eine positive Marktreputation voraus, damit sie im erforderlichen Maße in Anspruch genommen wird (Sell 2006, S. 51). Dies gilt insbesondere für Arbeitgeber und beschäftigte Arbeitnehmer, die frei entscheiden können, inwieweit sie die öffentliche Vermittlung in Anspruch nehmen. Darüber hinaus hat die öffentliche Arbeits- und Ausbildungsvermittlung einen gesetzlich verankerten arbeitsmarkt- und sozialpolitischen Auftrag zu erfüllen:

> „Erstens könnte sich bei ausschließlich privatwirtschaftlicher Organisation eine Unterversorgung mit Vermittlungsdienstleistungen in Gebieten mit niedrigerer wirtschaftlicher Leistungskraft und damit geringerem Stellenumschlag ergeben. Zweitens könnten in Phasen der Rezession, also bei geringerem Arbeitskräftebedarf, die Angebote der dann weniger aktiven privaten Agenturen (v. a. für die erwerbslosen Arbeitsuchenden) eventuell nicht ausreichen. Drittens wären schwer vermittelbare Personen, deren Vermittlungschancen seitens der privaten Agenturen als eher gering eingeschätzt werden, und Betriebe, die sich teure Vermittlungsgebühren nicht leisten können, weithin auf sich selbst gestellt, was möglicherweise zu noch größeren Problemen beim Arbeitsmarktausgleich führen könnte. Vor allem die Wiederbeschäftigungschancen von Arbeitslosen könnten sich bei Fehlen einer öffentlichen Arbeitsvermittlung verringern, weil in vielerlei Hinsicht Marktversagen zu vermuten wäre" (Walwei 1995, S. 521).

Die Aktivitäten der öffentlichen Arbeits- und Ausbildungsvermittlung gehen damit weit über ein rein matchingorientiertes Vorgehen – sprich den Abgleich von Bewerber- und Stellenprofilen – hinaus. Entsprechend breit angelegt sind die vermittlungsunterstützenden Ansätze der Agenturen für Arbeit und Jobcenter. Insgesamt dreht sich auch die immer wieder geführte Diskussion um die Rolle der öffentlichen Arbeits- und Ausbildungsvermittlung weniger um die Frage ihrer Existenzberechtigung als vielmehr um die Frage, wie sie möglichst effektiv und effizient ausgestaltet werden kann (BT-Drucksache 17/6277, 2011).

Wir unterteilen die direkten Strategien in drei Gruppen, und zwar in matchingorientierte, arbeitnehmer- und arbeitgeberorientierte Strategien.

Tabelle 8: Direkte Integrationsstrategien

Direkte Strategien der Beschäftigungsförderung	
Matchingorientierte Strategien *Vermittlung nach Auswahl und Vorschlag*	
Arbeitnehmerorientierte Strategien	**Arbeitgeberorientierte Strategien**
a. Unterstützung bei der Stellensuche – Beratung und Begleitung selbstständiger Stellensuche – Vertiefte Stellen- und Bewerberanalyse b. Unterstützung im Bewerbungsprozess c. Verbesserung der arbeitsplatzbezogenen Beschäftigungsfähigkeit d. Nachbetreuung zur Stabilisierung eines Beschäftigungsverhältnisses	a. Bewerberorientierte Akquise – Bewerberorientierte Neuakquise und Kundengewinnung – Huckepack-Verfahren b. Schaffung von betrieblichen Einstellungsanreizen

Quelle: eigene Darstellung

3.6.2.1 Matchingorientierte Strategien

Mittels matchingorientierter Strategien werden von der Fachkraft die Anforderungen von Stellenangeboten mit dem Bewerberprofil verglichen und bei ausreichend hoher Passung beide Marktteilnehmer zusammengebracht. Die Vorauswahl von Stellen bzw. Bewerbern erfolgt zumeist IT-gestützt und basiert auf im Suchsystem festgelegten Matchingkriterien (z. B. Ausbildung, Arbeitszeit, Ausübungsorte, Einsatztermin, Reisebereitschaft, Berufserfahrung). Die vorgeschlagenen Bewerber oder Stellen werden dann in der Regel von der Fachkraft gesichtet und münden im positiven Fall in Vermittlungsvorschlägen. Auch persönliche Rücksprachen mit dem Bewerber hinsichtlich Eignung und Interesse an der Stelle sind üblich und – soweit es um eine nachhaltige Integration gehen soll – auch wichtig. Erfahrene Integrationsfachkräfte besitzen zumeist weitere Kenntnisse über einzelne Arbeitgeber oder Bewerber, die für die gezielte Suche hilfreich sein können. Diese Kenntnisse können insbesondere bei den weiter unten beschriebenen Teilstrategien eine ausschlaggebende Rolle spielen. Bei Stellenangeboten mit marktunüblichen Anforderungen können auch allgemeine Suchläufe mit groben Auswahlkriterien und breiter gestreuten Vermittlungsvorschlägen ausreichen.

Matchingorientierte Strategien finden bevorzugt bei marktnahen Bewerbern Anwendung, d. h. wenn seitens der Integrationsfachkräfte eine gute Vermittlungsfähigkeit diagnostiziert worden ist. Durch den Vermittlungsvorrang gemäß § 4 SGB III und § 3 SGB II fungieren matchingorientierte Strategien aber auch als generelle Leitlinie der Integrationsarbeit, d. h. wenn sich eine aussichtsreiche Vermittlung in Arbeit abzeichnet, geht diese den sonstigen Integrationsleistungen vor. Eine Relativierung dieses Vermittlungsvorrangs findet sich expressis verbis nur im SGB III, wonach dieser Vorrang nicht gilt, wenn die sonstigen Leistungen der Arbeitsförderung für eine dauerhafte Eingliederung erforderlich sind (§ 4 Abs. 2 SGB III). Diese Vorgehensweise kann mit dem Einsatz weiterer arbeitsmarktpolitischer Instrumente gekoppelt sein, die auch zu einer Zusammenführung hier getrennt dargestellter Strategien führt.

Vermittlungsprozesse können arbeitgeber- oder arbeitnehmerorientiert ausgestaltet werden, d. h. man wählt entweder passende Bewerber für ein Stellenangebot bei einem Arbeitgeber aus (Personalauswahl) oder sucht nach passenden Stellen für einen bestimmten Bewerber (Stellenauswahl). Arbeitgeber sind an der Auswahl der am besten geeigneten Bewerber interessiert, Arbeitnehmer an der Auswahl von Stellen, die zu ihren Voraussetzungen und Erwartungen passen. Die ausschließliche Orientierung am Maßstab der Maximaleignung eines Bewerbers kann allerdings dazu führen, unrealistische Erwartungen zu erzeugen. Weder die Unternehmen selbst orientieren sich immer und in jedem Fall an ihren optimalen Einstellungskriterien, noch ist es immer möglich, alle Kriterien eines Anforderungsprofils zu erfüllen. Im konkreten Vorgehen der Integrationsfachkräfte empfiehlt es sich deshalb, die harten Einstellungskriterien eindeutig zu identifizieren.

Worin bestehen die Standards einer guten Vermittlungsdienstleistung aus dem Blickwinkel von Arbeitgebern? Angelehnt an die Analyse von Kretschmer (2005 S. 55 ff.) sind dies vor allem:

- Möglichst geringe Kosten der Vermittlungsdienstleistung
- Kundenfreundlicher Service (Erreichbarkeit, definierte Reaktionszeiten, kompetente Ansprechpartner) und geringer administrativer Aufwand des Suchweges
- Schnelligkeit, mit der eine Suchanfrage bearbeitet wird, sowie zeitnahe Rückmeldung über die Chancen, das Stellenangebot mit passenden Bewerbern besetzen zu können
- Anzahl geeigneter Bewerber, die mit dem Suchweg erreicht werden
- Passgenauigkeit der Bewerberauswahl, d. h. keine Vermittlung von Kandidaten, die kein Interesse an der Stelle haben, und nur vorstellig werden, um negative Rechtsfolgen zu vermeiden

Die Passgenauigkeit der Bewerberauswahl gehört sicherlich zu den entscheidenden Standards einer guten Vermittlung. Gerade aber in diesem Punkt wurde die Leistung der öffentlichen Arbeitsvermittlung – zumindest in der Vergangenheit – am stärksten kritisiert. Immerhin geben nach wie vor knapp ein Fünftel aller Betriebe als Grund für die Nichteinschaltung der Agenturen für Arbeit an, dass in der Vergangenheit eine „Vermittlung ungeeigneter Bewerber" erfolgte (Müller/Rebien/Stops 2011, S. 8).

3.6.2.2 Arbeitnehmerorientierte Strategien

Nach der Labour-Queue Theory (Arbeitskräfteschlange nach Thurow 1975) wird angenommen, dass Personen in einen Wettbewerb um Arbeitsplätze eintreten, wenn die Arbeitskräftenachfrage geringer ist als das Arbeitskräfteangebot. Arbeitgeber stufen potenzielle Bewerber anhand von Merkmalen wie Ausbildung, Berufserfahrung und persönlichen Merkmalen ein und platzieren sie dann in einer Rangfolge von besonders geeignet bis gerade noch geeignet. Arbeitnehmerorientierte Vermittlungsstrategien setzen darauf, die Wettbewerbsposition der betroffenen Arbeitslosen bezogen auf ein konkretes Stellenangebot zu verbessern, zielen also auf sog. „Individualeffekte". Gesamtwirtschaftliche und fiskalische Effekte wären aber erst dann zu erwarten, wenn durch diese Strategien nicht nur andere in der Schlange zurückgestuft werden, sondern die Schlange insgesamt kürzer wird, Besetzungsprozesse schneller und effizienter verlaufen und mehr Arbeitnehmer und Arbeitgeber Sozialversicherungsbeiträge bezahlen, also gesamtwirtschaftliche Beschäftigungseffekte erzielt werden. Solche Effekte sind möglich, entstehen aber in der Regel nicht isoliert, sondern erst im Zusammenspiel mit anderen institutionellen und ökonomischen Faktoren und sind deutlich schwerer nachzuweisen (vgl. Heyer u. a. 2012).

Bezugspunkt der folgenden Vermittlungsstrategien bleibt daher die Mikroebene und somit die Frage, wie die Arbeitsuche und Beschäftigungsaufnahme von Arbeitnehmern gezielt und bedarfsgerecht unterstützt werden kann. Die Strategien konzentrieren sich auf verschiedene Facetten der Vermittlung in bestehende Stellenangebote.

a) Unterstützung bei der Stellensuche

Die Unterstützung von Arbeitnehmern bei der Stellensuche gehört sicherlich zum Kerngeschäft von Integrationsfachkräften und geht über die Aufnahme matchingrelevanter Bewerberdaten, IT-gestützter Stellensuchläufe sowie Auswahl und Vorschlag von Vermittlungsvorschlägen hinaus. Wir möchten hier zwei Ausprägungsvarianten dieser Teilstrategie näher vorstellen.

Rat und Auskunft bei der Stellensuche: Arbeit- und Ausbildungsuchende, die in der Lage sind ihre Integrationsgeschicke weitgehend selbst in die Hand zu nehmen, benötigen oftmals nur Rat und Auskunft darüber, wo und wie sie an geeignete Stellenangebote herankommen und welche Wege der Selbstsuche in ihrem Fall besonders Erfolg versprechend sind. Die Rolle der Fachkraft in dieser Strategie ist vor allem eine beratende, ihre Fachexpertise und Feldkenntnisse sind gefragt. Die Planung und Umsetzung der Stellensuche wird zwar über Folgegespräche begleitet und in Bezug auf Mitwirkungspflichten überprüft, liegt ansonsten aber weitgehend in der Hand des Arbeitnehmers. Folglich kann man hier als Teil der Forderungen nach Eigenverantwortung und aktiver Mitwirkung des Arbeitsuchenden auf die guten Chancen der Selbstvermittlung, des Selbstmarketing und des Networking setzen. Allerdings ist dabei auch darauf zu achten, ob der Bewerber tatsächlich in der Lage ist, weitgehend selbstständig und vor allem effektiv und effizient auf Stellensuche zu gehen. Die Wahl dieser Strategie sollte auf einer fundierten Prognose basieren, d. h. den bisherigen Erwerbsverlauf und die Verhaltens- und Personenmerkmale des Bewerbers (Zielorientierung, Selbstwirksamkeitsüberzeugung, Motivation) berücksichtigen.

Vertiefte Stellen- und Bewerberanalyse: Bei diesem Vorgehen geht es um die gemeinsame Analyse und Verbesserung der Einstellungschancen von Bewerbern im Hinblick auf konkret vorhandene Stellenangebote. Dieses Vorgehen bietet sich an, wenn Stellensuchläufe nur mittlere Übereinstimmungen mit dem Bewerberprofil ergeben, dennoch ausreichend gute Chancen gesehen werden, den Bewerber ohne Förderung zu vermitteln. Im Mittelpunkt stehen insoweit nicht die Einstellungshindernisse des Bewerbers, sondern seine Stärken und Potenziale. Wir gehen davon aus, dass die integrationsrelevanten Personen- und Kontextmerkmale des Bewerbers erfasst wurden und eine Vorauswahl von Stellenangeboten vorliegt. Um nun zu prüfen, wie die Einstellungschancen des Bewerbers verbessert werden können, geht es darum, zusätzliche Informationen zu recherchieren bzw. zu erarbeiten.

- Bezogen auf die ausgewählten Stellenangebote geht es um Fragestellungen von zusätzlichen Informationen aus den eigenen Datenbanksystemen, der Herausarbeitung von Unternehmensinformationen aus den jeweiligen Homepages, den bisherigen Vermittlungswegen in den Betrieb, Nutzung potenzieller Netzwerkressourcen oder der Analyse von Auswahlverfahren im Betrieb.
- Im Hinblick auf den Bewerber kann etwa gefragt werden, was er dem Betrieb konkret bieten kann, wie sich der Lebenslauf auf das Stellenangebot und den Betriebskontext hin anpassen lässt, inwieweit fehlende Teilqualifikationen durch vorhandene Berufserfahrungen kompensiert werden können oder wie die Bewerbungsmappe branchen- und betriebsspezifisch zu gestalten ist.

Dieses Vorgehen ist zeitaufwendiger als die üblichen Routinen in Vermittlungsgesprächen und lässt sich nur für einige wenige, potenziell aussichtsreiche Stellenangebote anwenden. Es liefert dem Bewerber aber zugleich wertvolle Tipps, wie er künftig selbst an der Verbesserung seiner Einstellungschancen arbeiten kann. Insoweit kann der Einstieg über einige wenige konkrete Stellenangebote erfolgversprechender sein, als pauschale Vorgaben von monatlich nachzuweisenden Bewerbungsbemühungen. Es liegen inzwischen einige gut dokumentierte Beispiele dafür vor, dass eine vertiefte Beschäftigung mit der individuellen Situation des Bewerbers zu verbesserten Eingliederungschancen und höheren Integrationsquoten führt als in der Regelvermittlung (vgl. Hoffmann 2010; SOFI 2011). Zudem kann diese Teilstrategie jederzeit als Parallelstrategie im Integrationsprozess eingesetzt werden. Sind die für eine intensivere Betreuung erforderlichen Kapazitäten in den Agenturen bzw. Jobcentern nicht vorhanden, kann sich die Einschaltung von externen Dienstleistern anbieten.

b) Unterstützung im Bewerbungsprozess (Bewerbungsunterlagen und Vermittlungsbegleitung)

Diese Teilstrategie zielt auf die eigentlichen Bewerbungsaktivitäten, die nach dem Auffinden aussichtsreicher Stellen eingeleitet werden. Sie ist insbesondere dann indiziert, wenn der Arbeitsuchende mit den aktuellen Bewerbungsmodalitäten nicht oder nicht mehr vertraut ist, in persönlichen Auswahlverfahren trotz guter Voraussetzungen nicht zum Zuge kommt oder von sich aus Unsicherheiten anspricht. Die Teilstrategie kann je nach Bedarfslage unterschiedlich ausgestaltet werden, insbesondere sind zu nennen:

- die gemeinsame Sichtung und Optimierung von Bewerbungsunterlagen (auch im Hinblick auf beschäftigungsfreie Zeiten und Arbeitslosigkeit, Betonung von sozialem Engagement, familiären Diensten, Erwerb von Sprachkenntnissen); Besprechung von typischen Situationen aus Vorstellungsgesprächen
- Angebote zur Erstellung von Bewerbungsunterlagen: entweder im Rahmen von Inhouse-Schulungen oder Bewerbungscentern, die durch beauftragte Dienstleister betrieben werden, bei denen Bewerber mit einer entsprechenden Bescheinigung ihre Bewerbungsunterlagen mit Unterstützung der dort arbeitenden Fachkräfte erstellen und verbessern können
- Angebot eines mehrtägigen Bewerbungsseminars (z. B. Erstellung von Bewerbungsmappen, Simulationsübungen, Selbstvermarktung)

Als rein finanzielle Hilfe kommt eine Förderung aus dem Vermittlungsbudget in Betracht, um die Anbahnung eines Beschäftigungsverhältnisses zu unterstützen (z. B. Gewährung einer Bewerbungskostenpauschale, Übernahme von Reisekosten).

Erwähnen wollen wir schließlich noch die sog. „Vermittlungsbegleitung", bei der der Bewerber von der betreuenden Fachkraft zum Arbeitgeber begleitet wird. Diese Form der Bewerbungsunterstützung erscheint nur im Rahmen einer breiter angelegten Handlungsstrategie zielführend, bei der nach intensiver Vorarbeit nunmehr der Übergang in eine Ausbildungs- oder Arbeitsstelle konkret angebahnt wird (vgl. die Teilstrategie „Ganzheitliche Unterstützung im Integrationsprozess"). Eine Vermittlungsbegleitung – normalerweise von Arbeitgebern eher skeptisch beurteilt – kann Erfolg versprechend sein, wenn die Fachkraft den Arbeitgeber kennt und den betreuten Bewerber persönlich „ins Spiel bringen" will. Auch in Branchen, in denen die Einstellungspraxis nicht standardisiert abläuft, kann sich eine solche assistierte Vermittlung lohnen (z. B. im Baubereich). Zudem kann die Vermittlungsbegleitung dazu genutzt werden, um mit dem Arbeitgeber eine zielgerichtete Förderstrategie zu besprechen (vgl. die Teilstrategie „Schaffung von betrieblichen Einstellungsanreizen").

c) Verbesserung der arbeitsplatzbezogenen Beschäftigungsfähigkeit

Ziel dieser Teilstrategie ist es, die Beschäftigungsfähigkeit eines Bewerbers arbeitsplatzbezogen zu verbessern. Indiziert ist die Teilstrategie, wenn der Bewerber für den ausgewählten Zielberuf grundsätzlich geeignet und motiviert ist sowie gute Voraussetzungen für eine zügige und nachhaltige Eingliederung in den Arbeitsmarkt mitbringt, allerdings nicht über alle Teilqualifikationen verfügt, die in den aktuell vorliegenden Stellenangeboten erwartet werden. Mit der Übernahme der Qualifizierungskosten verbindet die Fachkraft eine positive Eingliederungsprognose: Im Anschluss an die Kurzqualifikation kann der Bewerber direkt und nachhaltig auf eine Arbeitsstelle vermittelt werden, andernfalls ist mit einer längeren Arbeitslosigkeitsdauer zu rechnen. Eine zusätzliche Absicherung erfolgt dadurch, dass die Jobcenter und Arbeitsagenturen häufig die Vorlage einer Einstellungszusage verlangen. In den letzten Jahren wurde ein breiter Pool von arbeitsplatzbezogenen Qualifizierungen finanziert, beispielsweise Staplerführerscheine, Schweißerscheine, EDV-Nachweise und Sprachzertifikate. Je nach Art und Umfang der Qualifizierung erfolgt die Finanzierung entweder über die Aktivierungsleistungen (§ 45 SGB III) oder die Förderung der beruflichen Weiterbildung (§ 81 SGB III – siehe Kapitel 4).

d) Nachbetreuung zur Stabilisierung eines Beschäftigungsverhältnisses

Die Integrationsarbeit der Agenturen und Jobcenter konzentriert sich zwar auf die berufliche Eingliederung von Arbeitnehmern, kann sich aber auch auf die Zeit nach Beginn einer Berufsausbildung oder Aufnahme einer Arbeit eine Nachbetreuung erstrecken, wenn dies zur Stabilisierung des bestehenden Beschäftigungsverhältnisses erforderlich ist. Es können drei Wege einer Nachbetreuung beschritten werden:

1. **Nachbetreuung durch die Agentur für Arbeit:** Die Agentur für Arbeit kann sich nach Beginn einer Berufsausbildung oder nach der Aufnahme einer Arbeit um Auszubildende oder Arbeitnehmer bemühen, wenn diese ihr Einverständnis erklärt haben und sie beraten wurden, soweit dies für die Festigung des Ausbildungs- oder Arbeitsverhältnisses erforderlich ist (§ 31 Abs. 2 SGB III). Der hier angesprochene Erforderlichkeitsgrundsatz bedeutet, dass die Fachkraft zu der Einschätzung gelangen muss, dass die Einmündung des Auszubildenden oder des Arbeitnehmers erfolgskritisch und eine weiterführende Beratung und Betreuung zielführend ist. Wie genau die Stabilisierung von Beschäftigungsverhältnissen auszusehen hat, bleibt im Gesetz unerwähnt, d. h. der Agentur für Arbeit eröffnet sich grundsätzlich ein breiter Handlungsradius (etwa Kontaktaufnahme mit wichtigen Beteiligten, Konfliktmoderation, Entwicklung eines Unterstützungsnetzwerks, weiterführende Bildungsplanung). Anders als für den Rechtskreis SGB III besteht nach aktueller

Rechtslage für Jobcenter derzeit kein rechtliches Mandat, Personen nach Beendigung ihrer Hilfebedürftigkeit zu betreuen (§ 7 SGB II). Die in einigen gemeinsamen Einrichtungen laufenden Projekte, in denen auf freiwilliger Basis eine Nachbetreuung von ehemaligen Leistungsberechtigten angeboten wird, haben insoweit Modellcharakter; eine gesetzliche Klarstellung steht noch aus (Stand 2013). Sollte der erwerbsfähige Leistungsberechtigte durch eine Beschäftigungsaufnahme seine Hilfebedürftigkeit nicht beendet haben, besteht für den zuständigen Leistungsträger die Pflicht einer weitergehenden Betreuung (z. B. Stabilisierung oder Ausbau des bestehenden Beschäftigungsverhältnisses).

2. **Nachbetreuung als Bestandteil einer Maßnahme:** Die Vergabe einer Maßnahme an einen Träger kann z. B. mit einer Nachbetreuungspflicht verbunden werden. Hierzu zählen ganzheitliche Integrationsmaßnahmen (§ 45 Abs. 1 Nr. 2, 5 SGB III) und die Berufseinstiegsbegleitung (§ 49 SGB III). Hier fungiert die Nachbetreuung als freiwilliges Zusatzangebot eines umfassenderen Betreuungsansatzes, in dem nach erfolgreicher Einmündung des Bewerbers der Verbleib in Ausbildung oder Arbeit unterstützt wird (vgl. Teilstrategie „Ganzheitliche Unterstützung im Integrationsprozess"). Eine eher indirekt stabilisierende Möglichkeit besteht im Bereich der Grundsicherung mit der Förderung bei Wegfall der Hilfebedürftigkeit (§ 16g SGB II). Danach können Maßnahmen zur Eingliederung auch dann noch weiter gefördert werden, wenn die Hilfebedürftigkeit des Erwerbsfähigen wegfällt. Voraussetzung ist, dass diese Förderung wirtschaftlich erscheint oder der Erwerbsfähige die Maßnahme voraussichtlich erfolgreich abschließen wird.
3. **Spezielle Instrumente der Stabilisierung:** Hierzu zählt etwa die ausbildungsbegleitende Hilfe (§ 75 SGB III), die sich an förderungsbedürftige junge Auszubildende in einem betrieblichen Ausbildungsverhältnis oder einer Einstiegsqualifizierung wendet. Sie umfasst u. a. die Förderung fachpraktischer und fachtheoretischer Fertigkeiten, Kenntnisse und Fähigkeiten sowie sozialpädagogische Begleitung. Darüber hinaus kann sie bis zu sechs Monate nach Begründung eines Arbeitsverhältnisses gewährt werden, wenn sie zu dessen Festigung erforderlich ist.

3

3.6.2.3 Arbeitgeberorientierte Strategien

Die direkten, arbeitgeberorientierten Strategien unterteilen wir in zwei Teilstrategien, die in der Praxis häufig kombiniert werden: die bewerberorientierte Akquise und die Schaffung von betrieblichen Einstellungsanreizen.

a) Bewerberorientierte Akquise

Es kommt in der Vermittlungspraxis nicht selten vor, dass vor dem eigentlichen Vermittlungsvorschlag noch einige Vorarbeit zu leisten ist, sprich das Matching von Bewerber und Stellenangebot vorbereitet werden muss. Bislang haben wir solche vorbereitenden Strategien mit Blick auf Arbeitnehmer vorgestellt. Wir wollen nun den Blick stärker auf die Arbeitgeber als Stellenanbieter richten. Es kann unterschiedliche Gründe geben, warum eine explizit bewerberorientierte Akquise beim Arbeitgeber erforderlich wird, weshalb diese Vermittlungsstrategie auch jeweils eine etwas andere Vorgehensweise erfordert.

Bewerberorientierte Neuakquise und Kundengewinnung: Die Fachkraft hat einen Bewerber für ein bei der Agentur bzw. dem Jobcenter nicht gemeldetes Stellenangebot gefunden und möchte über eine gezielte Kontaktaufnahme mit dem Arbeitgeber die Stelle akquirieren und den Arbeitgeber nach Möglichkeit für weitere Aufträge gewinnen.[63] Auf diese Weise können etwaige Vorbehalte gegenüber der Zusammenarbeit mit einer „trägen Behörde", die in erster Linie „leistungsschwache Kandidaten" vermittelt, abgebaut werden und eine serviceorientierte Zusammenarbeit entstehen, wie auch eine Betriebsbefragung des Instituts für Arbeitsmarkt- und Berufsforschung bestätigt (Dietz/Röttger/Szameitat 2011).

Leistungsschwächere Arbeitnehmer im Gepäck („Huckepack-Verfahren"): Das „Huckepack-Verfahren" steht für eine seit vielen Jahrzehnten bewährte Technik, Arbeitgebern neben leistungsstarken Arbeitnehmern auch einen Arbeitnehmer anzubieten, der bestimmte Leistungseinschränkungen aufweist. Im Regelfall ist ein derartiges Verfahren nicht mit einem standardisierten Vermittlungsvorschlag zu administrieren, sondern setzt einen vorhergehenden Kontakt mit dem Arbeitgeber voraus, da ein solches Bewerberangebot nicht unmittelbar dem Arbeitgeberinteresse entspringt. Ein unkommentiertes „Unterschieben" dieser Bewerber im Rahmen der üblichen Vermittlungsvorschläge würde den Vermittlungsstandards nicht gerecht werden, könnte den betroffenen Arbeitnehmer als unqualifizierten Arbeitslosen stigmatisieren und die Zusammenarbeit mit den betroffenen Arbeitgebern gefährden. Wenn die Fachkraft die Bewerber dennoch für grundsätzlich geeignet hält, die wesentlichen Anforderungen der Stelle zu erfüllen, kann sie versuchen, den Arbeitgeber von der Eignung zu überzeugen. Sind mehrere offene Stellen verfügbar, kann die Auswahl geeigneter Arbeitnehmer z. B. so weit begrenzt werden, dass eine Stelle für einen leistungsschwächeren Arbeitnehmer offen bleibt. Im Hinblick auf die hohe Passgenauigkeit der leistungsstärkeren Bewerber sind Arbeitgeber dann ggf. bereit, sich auch mit dem leistungsschwächeren Arbeitnehmer intensiver zu beschäftigen und eine Einstellung zu prüfen, insbesondere wenn betriebsnahe Förderleistungen einbezogen werden (z. B. Betriebspraktikum, Eingliederungszuschuss, Qualifikation). Dieses Vorgehen kann sich auch anbieten, wenn zu dem betreffenden Bewerberprofil kein aktuelles Stellenangebot vorliegt, das Unternehmen aber in der Vergangenheit bereits häufiger Personen mit einem vergleichbaren Leistungsprofil eingestellt hat (vgl. Bertelsmann Stiftung 2003, S. 22).

Angesichts der partiellen Verschiebung der Nachfragesituation auf dem Arbeitsmarkt in Richtung eines Bewerbermarktes und der damit verbunde-

63 Die Bundesagentur für Arbeit stellt ihren Fachkräften für die Stellenrecherche eine eigene Metasuchmaschine zur Verfügung, um aussichtsreiche, aber nicht gemeldete Stellen auf dem Markt zu identifizieren. Darüber hinaus ist es den Mitarbeitern der Arbeitsagenturen und Jobcenter unbenommen, auch andere, marktgängige Suchmaschinen zu nutzen.

nen Personalknappheit, die in einigen Regionen Deutschlands bereits erkennbar ist (vgl. Kapitel 1), dürfte diese Teilstrategie in Zukunft deutlich an Bedeutung gewinnen.

b) Schaffung von betrieblichen Einstellungsanreizen

Es ist schon bei den bewerberorientierten Akquisestrategien angeklungen, dass die öffentlichen Träger in vielen Fällen erst bestimmte finanzielle Anreize anbieten müssen, um Arbeitgeber davon zu überzeugen, arbeitslose Bewerber mit Einschränkungen in der Arbeitsleistung einzustellen bzw. zu beschäftigen. Die Ausgangsfragestellung für die Schaffung von betrieblichen Einstellungsanreizen lautet also: Ist nach Abgleich des Leistungsprofils des Bewerbers und dem Anforderungsprofil der Stellenangebote tatsächlich eine zu erwartende Minderleistung zu erwarten oder ist eine berufliche Eingliederung in absehbarer Zeit auch ohne Förderung möglich? Kommt die Fachkraft zu dem Schluss, dass eine Minderleistung vorliegt, ist darüber zu entscheiden, was die am besten geeignete Strategie ist, um eine erfolgreiche Vermittlung zu realisieren. Eine Variante besteht nun darin, den arbeitslosen Bewerber möglichst rasch wieder in den betrieblichen Alltag einzugliedern. Verfügt der Bewerber über ein ausreichend stabiles Arbeitsvermögen, erweisen sich betriebsnahe Strategien als besonders erfolgversprechend und nachhaltig (Heyer u. a. 2012).

Hierzu bedarf es der Bereitschaft von Arbeitgebern, für die die Beschäftigung von nicht voll leistungsfähigen Mitarbeitern Zusatzkosten bedeutet, die gegenfinanziert werden müssen. Aus dieser Logik heraus finden sich im Instrumentenkasten der Arbeitsmarktpolitik verschiedene Zuschuss-Varianten zum Arbeitsentgelt, die die Mehrkosten im Unternehmen für eine Übergangszeit kompensieren sollen (Kosten aufgrund von geringerer Arbeitsproduktivität, Einarbeitungskosten, Betreuungskosten). Für Betriebe rechnet sich ein solcher übergangsweise möglicher Zuschuss im Regelfall nur, wenn davon auszugehen ist, dass die aktuelle Einschränkung der Arbeitsleistung des Arbeitnehmers keine dauerhafte ist oder aber, weil die Minderleistung faktisch gar nicht so gravierend ausfällt, sodass mit den bezuschussten Arbeitnehmern unmittelbar ein Gewinn erzielt werden kann. Dieser Aspekt wird in der Praxis und Forschung häufig unter dem Stichwort „Mitnahmeeffekt" diskutiert. Ein anderes Beispiel für einen Mitnahmeeffekt wäre, wenn die geförderte Einarbeitungszeit allein zur Überbrückung von Auftragsspitzen genutzt wird, ohne dass die Arbeitnehmer im Anschluss an die Förderphase tatsächlich übernommen werden sollen.

3.6.3 Indirekte Strategien der Vermittlungs- und Integrationsarbeit

Wie schon bei den direkten Strategien unterscheiden wir zwischen arbeitnehmerorientierten und arbeitgeberorientierten Strategien. Da die indirekten Integrationsstrategien keinen *unmittelbaren* Vermittlungsfokus aufweisen, sondern Beschäftigungsperspektiven zunächst erarbeitet werden müssen, entfällt die matchingorientierte Variante. An deren Stelle tritt spiegelbildlich dazu die Strategie „Eingliederung in öffentlich geförderte Beschäftigung".

Tabelle 9: Indirekte Integrationsstrategien

Indirekte Strategien der Beschäftigungsförderung	
Arbeitnehmerorientierte Strategien	**Arbeitgeberorientierte Strategien**
a. Entwicklung beruflicher Zielperspektiven b. Ganzheitliche Unterstützung im Integrationsprozess c. Verbesserung der Eingliederungschancen durch Förderung von beruflicher/schulischer Bildung d. Unterstützung von ehrenamtlichem und zivilgesellschaftlichem Engagement	a. Stabilisierung betrieblicher Beschäftigungsverhältnisse b. Unterstützung des betrieblichen Personalmanagements c. Differenzierte Akquisestrategien – Gewinnung vorhandener Stellen – Generierung neuer Stellenausschreibungen
Vermittlung öffentlich geförderter Beschäftigung	

Quelle: eigene Darstellung

3

3.6.3.1 Arbeitnehmerorientierte Strategien

Die Untergliederung in Teilstrategien folgt der gleichen Grundlogik wie bei den direkten Strategien; in diesem Fall werden wichtige Facetten der Integrationsvorbereitung abgebildet und zwar:

a) die Entwicklung beruflicher Zielperspektiven

b) die ganzheitliche Unterstützung im Integrationsprozess

c) die Verbesserung der Eingliederungschancen durch Förderung von beruflicher/schulischer Bildung

d) die Unterstützung von ehrenamtlichem und zivilgesellschaftlichem Engagement

a) Entwicklung beruflicher Zielperspektiven

Im Vergleich zu den direkten Teilstrategien, die durch Beratung und Anleitung auf eine Verbesserung der Such- und Bewerbungsstrategien zielen, stellt das Beratungsangebot bei den indirekten Strategien auf grundsätzlichere Themen und Bedarfe ab, z. B. auf eine berufliche Neuorientierung und die Entwicklung von Beschäftigungsalternativen. Im Rahmen einer strategisch breit aufgestellten und an unterschiedlichen Bedarfslagen ansetzenden Arbeitsmarktpolitik räumen wir diesem Dienstleistungsangebot einen wichtigen Stellenwert ein, dies auch vor dem Hintergrund der Veränderungsprozesse auf dem Arbeitsmarkt und in der Gesellschaft (demografischer Wandel, internationaler Wettbewerb, technologische Innovationszyklen, Veränderung der Arbeitsformen und Erwerbsbiografien). Wir hatten bereits bei den unterschiedlichen Bezugspunkten der Situationsanalyse einige typische Fallgruppen benannt, in denen Beratungsbedarf entstehen kann: Ausbildung- und Arbeitsuchende ohne Berufserfahrung oder Berufsabschluss, Berufswechsler (aufgrund von veralteten oder nicht anerkannten Qualifikationen, Krankheit), Berufsrückkehrer, Langzeitarbeitslose ohne realistische Chancen, in den Ursprungsberuf zurückkehren zu können. Wegen der grundsätzlichen Bedeutung von beruflicher Beratung in der Beschäftigungsförderung gehen wir darauf in den Kapiteln 2 und 5 gesondert ein.

b) Ganzheitliche Unterstützung im Integrationsprozess

In den Fällen, bei denen Beratungsgespräche allein nicht ausreichen, um die geplanten Schritte zu unternehmen, sich aktiv Hilfe zu holen, Ansprüche bei Dritten zu stellen oder belastende Situationen anzugehen, kann eine ganzheitliche Unterstützungsleistung angezeigt sein (Stimmer 2006, S. 114). Während es in der zuvor genannten Teilstrategie um die Erarbeitung geeigneter Zielperspektiven ging, steht in dieser Teilstrategie das Arbeitsvermögen des Leistungsberechtigten stärker im Fokus. Ganzheitliche Unterstützungsangebote gibt es für unterschiedliche Fallkonstellationen und Zielgruppen des Arbeitsmarktes. Grundidee aller Interventionen dieser Art ist es, die betroffene Person über einen definierten Zeitraum mit unterschiedlichen Methoden bei der Entwicklung, Planung und Umsetzung berufsbezogener Strategien intensiv zu unterstützen. Dabei beschränkt sich der Kreis der angesprochenen Themen nicht auf berufliche Fragen allein, sondern schließt in der Regel auch Fragen der persönlichen Lebensverhältnisse und sozialen Bezüge mit ein. Der Aufbau und die Vermittlung von Kontakten und Netzwerkpartnern bis hin zur personalen Begleitung dorthin gehören zu den integralen Bestandteilen dieser Interventionsform. Die aktive Mitarbeit des Teilnehmers ist von zentraler Bedeutung, muss in einigen Fällen aber aufgrund von Resignation, Rückzug oder fehlendem Problembewusstsein erst entwickelt werden.

Im Regelbetrieb der Agenturen und Jobcenter ist eine solche Unterstützung nicht zu leisten. Die zuständige Fachkraft muss vielmehr entscheiden, welche spezialisierten Hilfsangebote sie einschalten kann und sollte. Hierbei ist zwischen internen und externen Angeboten zu unterscheiden. Von besonderer Bedeutung ist der Aufbau eines Kooperationsnetzwerks bestehend aus unterschiedlichen Akteuren und Trägern. Nach eigenen Angaben will die BA in den nächsten Jahren ganzheitliche Beratungs- und Betreuungsangebote im Bereich der Grundsicherung stärken und verweist dabei auf die weitere Zunahme ungleicher Teilhabechancen auf dem Arbeitsmarkt (BA 2013a, 2013b).

- **Ganzheitliche interne Betreuung:** In allen Agenturen für Arbeit wurde inzwischen ein über die Regelvermittlung hinausgehendes Angebot für Personen mit schwerwiegenden Vermittlungshemmnissen etabliert. Die Kernaufgaben der sog. „Integrationsberatung SGB III“[64] umfassen u. a. Dienstleistungen wie ganzheitliche Steuerung und Begleitung des

[64] Die von der Bundesagentur gewählte Bezeichnung „Integrationsberatung“ ist hier nicht ganz präzise, da das Angebot deutlich über Beratung hinausgeht.

Integrationsprozesses, Aufbau, Pflege und Weiterentwicklung des Betreuungsnetzwerks, berufliche Beratung, Orientierung und Unterstützung bei Entscheidungsprozessen, Anleitung und Schulung zur aktiven Selbstsuche oder die Durchführung von anleitenden Gruppenseminaren (BA 2011b, S. 7). Auch der unmittelbare Kontakt zum Arbeitgeber, die fallbezogene Stellenakquise und das Angebot einer Nachbetreuung nach erfolgter Integration gehören zum Dienstleistungsspektrum des Dienstleistungsportfolios. Evaluationsbefunde zu den Wirkungen dieses ganzheitlichen Ansatzes liegen für sechs Erprobungsstandorte vor: Es werden u. a. verbesserte Betreuungsrelationen, ganzheitliche Bearbeitungsformen, höhere Zufriedenheitswerte der Arbeitsuchenden und im Vergleich zu Kontrollgruppen verkürzte Arbeitslosigkeitszeiten und höhere Vermittlungsquoten berichtet (SOFI 2011; Krug/Stephan 2011).

- **Ganzheitliche Integrationsleistung durch externe Dienstleister:** Hierbei handelt es sich um Maßnahmen, die speziell für junge Menschen und erwachsene Arbeitslose mit schwerwiegenden Vermittlungshemmnissen, wie längere Zeiten der Nichtbeschäftigung oder schwierigen persönlichen Problemen, eingerichtet werden können. Im Vordergrund steht die Heranführung an den Ausbildungs- und Arbeitsmarkt, die Förderung der Beschäftigungsfähigkeit und die Reaktivierung. Die Maßnahmen sind längerfristig ausgerichtet, die Betreuung soll intensiver sein und kann auch aufsuchenden Charakter haben. Je nach Maßnahmekonzeption spielen dabei Elemente wie Strukturierung des Tagesablaufs, Gesundheitsorientierung und die Orientierung auf eine Erwerbstätigkeit an sich eine wichtige Rolle. Handlungsleitend für diese Maßnahmen ist ein Stärkenansatz, durch den mittels einer ganzheitlichen Herangehensweise Potenziale der betreuten Personen für den Ausbildungs- und Arbeitsmarkt entwickelt werden sollen.

Von den förderrechtlichen Möglichkeiten her gesehen kommen insbesondere folgende Leistungen in Betracht:

- Maßnahmen zur Aktivierung und beruflichen Eingliederung, die die Dauer eines Jahres überschreiten und in beiden Rechtskreisen angeboten werden können (§ 45 Abs. 1 Satz 2 SGB III; § 16 SGB II; BT-Drucksache, 17/6277, 2011, S. 93).
- Erweiterte vertiefte Berufsorientierung, die sich an förderungsbedürftige Schüler allgemeinbildender Schulen wendet, bei denen u. a. die Berufswahl- und Ausbildungsreife über einen längeren Zeitraum mittels intensiver Gruppen- und Einzelarbeit gefördert werden soll (§ 130 i. V. m. § 48 SGB III; Kupka/Wolters 2010).
- Berufsvorbereitende Bildungsmaßnahmen mit sozialpädagogischer Begleitung, die dazu genutzt werden können, um noch nicht ausbildungsreife junge Menschen im Bereich berufsbezogener Bildungs- und Sozialisationsziele zu fördern (insbesondere in der Grund- und Förderstufe; § 51 SGB III; Plicht 2010, S. 8 ff.).

- Berufseinstiegsbegleitung, die darauf zielt, abschlussgefährdete Schüler beim Übergang von der allgemeinbildenden Schule in die Ausbildung individuell und kontinuierlich zu begleiten. Hierbei handelt es sich um ein präventiv ansetzendes Instrument, das Arbeitslosigkeit und berufliche Warteschleifen im Übergangssystem vermeiden soll (§ 49 SGB III; Forschungskonsortium 2012).

c) Verbesserung der Eingliederungschancen durch Förderung beruflicher und schulischer Bildung

Die Bedeutung schulischer und beruflicher Bildung ist in modernen Arbeitsgesellschaften unstrittig. In der Arbeitsförderung und Grundsicherung steht dabei naturgemäß die berufliche Bildung im Fokus (Berufsvorbereitung, Berufsausbildung, berufliche Fortbildung und Umschulung). Vor dem Hintergrund der generellen Zielsetzung der Verbesserung der beruflichen Eingliederungschancen existieren allerdings auch einige Ansätze zur Förderung schulischer Bildungsprozesse.

Förderung der beruflichen Aus- und Weiterbildung: Die qualifikationsspezifischen Arbeitslosenquoten weisen seit Jahrzehnten darauf hin, dass Personen ohne beruflichen Abschluss mit Abstand am stärksten von Arbeitslosigkeit betroffen sind (Lott 2010; Kaufmann/Hummel/Rudolph 2012). Darüber hinaus zeigen die Wirkungsanalysen der letzten Jahre, „dass berufliche Weiterbildung die Arbeitsmarktchancen von Arbeitslosen verbessert, wobei gerade den längeren Maßnahmen zum Erwerb eines anerkannten Ausbildungsabschlusses die höchsten und nachhaltigsten Wirkungen attestiert werden. […] Bildungsförderung – lebensbegleitend, möglichst früh beginnend, mit besonderem Augenmerk auf bildungsferne Schichten – ist langfristig die beste Arbeitsmarkt- und Sozialpolitik" (Brücker u. a. 2012, S. 254 f.). Auch die BA betont nach Jahren der massiven Reduzierung der Weiterbildungsförderung wieder deren strategische Bedeutung zur Flankierung des Strukturwandels: „Angesichts des sich zunehmend abzeichnenden Fachkräftebedarfs stehen für Geringqualifizierte abschlussorientierte und berufsanschlussfähige Qualifizierungsmaßnahmen noch deutlicher im Fokus" (BA 2012d, Initiative zur Flankierung des Strukturwandels).

Je nach Personengruppe kann die Fachkraft in beiden Rechtskreisen auf diverse Instrumente zurückgreifen, um die Eingliederungsaussichten von Ausbildung- und Arbeitsuchenden mithilfe beruflicher Qualifizierungsprozesse zu fördern. Dazu zählen insbesondere:

- Förderung der Berufsvorbereitung in Form von berufsvorbereitenden Bildungsmaßnahmen und Einstiegsqualifizierung (§ 51 ff. SGB III)
- Förderung der Berufsausbildung in Form einer Finanzierung einer außerbetrieblichen Berufsausbildung (§ 76 ff. SGB III)
- Förderung der beruflichen Weiterbildung für unterschiedliche Personengruppen, insbesondere Arbeitslose, Ungelernte, Berufsrückkehrer, Wiedereinsteiger, behinderte Menschen, Arbeitnehmer in klein- und mittelständischen Betrieben (§§ 81, 131a SGB III)

Förderung schulischer Bildung: Neben der beruflichen Bildung ist im Rahmen der Arbeitsförderung und Grundsicherung auch die Förderung der schulischen Bildung möglich oder sogar geboten. Mit der Förderung der schulischen Bildung unterstreicht der Gesetzgeber, dass insbesondere der Bildung bei der nachhaltigen Überwindung von Arbeitslosigkeit und Hilfebedürftigkeit sowie der Verbesserung der zukünftigen Lebenschancen eine Schlüsselfunktion zukommt (BT-Drucksache 16/10810, 2008, S. 23 f., 26; BT-Drucksache 17/3404, 2010, S. 104). Bildungspolitisch kann die Fachkraft im Rahmen von Beratungsgesprächen dazu beitragen, dass Leistungsberechtigte von ihrem Recht auf Vorbereitung auf einen Hauptschulabschluss bzw. auf Leistungen aus dem Bildungspaket auch tatsächlich Gebrauch machen. Es können zwei Arten von Förderleistungen genutzt werden:

- Nachträglicher Erwerb des Hauptschulabschlusses: Seit 2009 werden im Zusammenhang mit einer Berufsvorbereitungs- oder beruflichen Weiterbildungsmaßnahme die Kosten für den nachträglichen Erwerb des Hauptschulabschlusses übernommen, um die Eingliederungsaussichten des Leistungsberechtigten weiter zu verbessern (§§ 51 Abs. 3; 81 Abs. 3 SGB III). Die Einbettung der schulischen in die berufliche Qualifizierung stellt sicher, dass die primäre Funktion der Arbeitsförderung und Grundsicherung i. S. d. beruflichen Eingliederung gewahrt bleibt.
- Leistungen für Bildung: Mit Wirkung zum 01.01.2011 wurden neben den Leistungen für Teilhabe auch Leistungen für Bildung eingeführt (§ 28 SGB II). Sie umfassen insbesondere Schulbedarf, Beförderung, Nachhilfe, Klassenfahrten und gehen auf das Urteil des Bundesverfassungsgerichts vom 09.02.2012 zurück, wo es unter anderem heißt: „Bei schulpflichtigen Kindern, deren Eltern Leistungen nach dem Sozialgesetzbuch Zweites Buch beziehen, besteht die Gefahr, dass ohne hinreichende staatliche Leistungen ihre Möglichkeiten eingeschränkt werden, später ihren Lebensunterhalt aus eigenen Kräften bestreiten zu können. Dies ist mit Art. 1 Abs. 1 GG in Verbindung mit dem Sozialstaatsprinzip des Art. 20 Abs. 1 GG nicht vereinbar" (BVerfG 2010, Rn. 192). Die Leistungen für Bildung sind dementsprechend als Rechtsanspruch ausgestaltet und zielen auf Bildungsteilhabe und Verbesserung der beruflichen Startchancen der leistungsberechtigten Schülerinnen und Schüler.

d) Unterstützung von ehrenamtlichem und zivilgesellschaftlichem Engagement

In neueren Gesetzesinitiativen wird die Stärkung des ehrenamtlichen und zivilgesellschaftlichen Engagements in der Bundesrepublik Deutschland unterstrichen.[65] Mögliche Betätigungsformen sind der zum 01.06.2011 eingeführte Bundesfreiwilligendienst, die in die Zuständigkeit der Länder fallenden Jugendfreiwilligendienste sowie ehrenamtliche Tätigkeiten. Auch die BA bekennt sich in eigener Entscheidung zur Unterstützung des freiwil-

[65] Vgl. zuletzt das sog. „Gesetz zur Entbürokratisierung des Gemeinnützigkeitsrechts", in dem das zivilgesellschaftliche Engagement durch Entbürokratisierung und Flexibilisierung der rechtlichen Rahmenbedingungen erleichtert werden soll (Deutscher Bundestag 2012) sowie die erweiterte Förderung ehrenamtlicher Strukturen und der Selbsthilfe in der Pflege im Rahmen des Pflege-Neuausrichtungs-Gesetzes (§ 45d SGB XI in Kraft ab 01.01.2013).

ligen bzw. zivilgesellschaftlichen Engagements: „Mit der Ausübung entsprechender Tätigkeiten können Kundinnen bzw. Kunden in beiden Rechtskreisen wertvolle Kompetenzen erwerben bzw. erhalten. Im Beratungsgespräch sollen Jobcenter und Agenturen für Arbeit daher im Bedarfsfall Auskünfte erteilen und auf Informationsquellen verweisen. Von einer aktiven Beratung bzw. speziellen lokalen Vermittlungsinitiativen ist grundsätzlich abzusehen. Unter [...] Voraussetzungen können die Freiwilligendienste und ehrenamtlichen Tätigkeiten für erwerbsfähige Leistungsberechtigte jedoch auch als nachrangiges und freiwilliges Unterstützungsangebot in Betracht gezogen werden" (BA 2012c). Anders als bei den beiden Freiwilligendiensten schließt eine ehrenamtliche Tätigkeit Arbeitslosigkeit und Leistungsbezug in beiden Rechtskreisen nicht aus, wenn dadurch die berufliche Eingliederung nicht beeinträchtigt wird (vgl. Tabelle 10).

Tabelle 10: Beschäftigung im Rahmen ehrenamtlichen oder zivilgesellschaftlichen Engagements

	Bundesfreiwilligendienst	**Jugendfreiwilligendienste**	**Ehrenamt**
Rechtsgrundlage	Bundesfreiwilligendienstgesetz	Jugendfreiwilligendienstgesetz	Verschiedene bundes- und landesrechtliche Regelungen (z. B. Ehrenamtsverordnung)
Quantität	Maximal 35.000 Plätze jährlich	Maximal 35.000 staatlich geförderte Plätze jährlich im FSJ/FÖJ	ca. 24 Mio. bundesweit
Dauer	Minestens 6, höchstens 24 Monate; nach 5 Jahren erneut ausübbar	Mindestens 6, höchstens 24 Monate	Keine Vorgaben
(Sozial-) Versicherung	volle Sozialversicherung	Volle Sozialverscherung	i. d. R. keine bzw. lediglich Haftpflicht- und Unfallversicherung (teils über die Länder finanziert)
Arbeitslosigkeit SGB III	Während der Ausübung keine Arbeitslosigkeit nach § 138 SGB III	Während der Ausübung keine Arbeitslosigkeit nach § 138 SGB III	i. d. R. arbeitslos
Zumutbarkeit SGB II	Unterliegt § 10 Abs. 1 Nr. 5 SGB II. Im Einzelfall Prüfung, ob weitere TZ-Beschäftigung zumutbar ist.	Unterliegt § 10 Abs. 1 Nr. 5 SGB II.	Ehrenamt kann jederzeit zugunsten einer Beschäftigung abgebrochen werden; weitere Beschäftigung i. d. R. daneben zumutbar.

Quelle: BA 2012c, S. 23 (gekürzte Darstellung)

Je nach Lebenslage und Lebensphase können die Motive für ein freiwilliges oder zivilgesellschaftliches Engagement unterschiedlich ausfallen. „Neben den gesellschaftlichen Aspekten, wie dem Bedürfnis zur Mitgestaltung sowie dem Wunsch nach sozialen Kontakten und Einbindung, ist die Erweiterung von Kenntnissen und Schlüsselkompetenzen eines der Hauptmotive ehrenamtlicher Tätigkeiten. Für Personen, bei denen eine unmittelbare Integration in den Arbeitsmarkt aktuell nicht realisierbar ist, kann das Ehrenamt eine Möglichkeit bieten, die zuvor beschriebenen Kenntnisse und Erfahrungen zu sammeln. Auch junge Menschen können Ehrenämter (z. B. Übungsleiter/-innen im Jugendbereich von Sportvereinen, Gruppenleiter/-innen der Pfadfinder etc.) wahrnehmen und damit Schlüsselqualifikationen wie Sozialkompetenz und Verantwortungsbewusstsein stärken, was für eine künftige Berufsausbildung förderlich ist“ (BA 2012c, S. 20). Für den beschäftigungsorientierten Kontext sind gerade diese Brücken- und Transferfunktionen von besonderem Interesse. Zudem können ehrenamtliche Tätigkeiten als Indikator dafür dienen, dass eine langzeitarbeitslose Person ihr Interesse an einer regulären Beschäftigung nicht aufgegeben hat. Diese Gesichtspunkte sind in der Beratungs- und Vermittlungsarbeit entsprechend zu verstärken und im Rahmen der Vermittlungs- und Integrationsstrategien zu nutzen. In diesem Sinne kann das ehrenamtliche und zivilgesellschaftliche Engagement von Arbeit- und Ausbildungsuchenden unterstützt werden, wenngleich es nicht als Ersatz für berufliche Eingliederungsbemühungen fungieren darf.

3.6.3.2 Arbeitgeberorientierte Strategien

Bei den indirekten, arbeitgeberorientierten Strategien unterscheiden wir drei Teilstrategien: die Stabilisierung betrieblicher Beschäftigungsverhältnisse, die Unterstützung des betrieblichen Personalmanagements und verschiedene Akquisestrategien zur Neugewinnung von Stellenangeboten.

a) Stabilisierung betrieblicher Beschäftigungsverhältnisse

Im Rahmen dieser Teilstrategie bieten sich im Wesentlichen folgende Ansatzpunkte:

- **Weiterbildungsförderung im Unternehmen:** Diese inzwischen in das Regelinstrumentarium der Arbeitsförderung aufgenommene Strategie setzt darauf, sowohl beschäftigte Arbeitnehmer ohne Berufsabschluss als auch ältere Arbeitnehmer, die in einem klein- und mittelständischen Unternehmen beschäftigt sind, durch Übernahme der Weiterbildungskosten zu fördern (§§ 81, 82 SGB II). Im ersten Fall können Arbeitgeber zusätzlich durch Zuschüsse zum Arbeitsentgelt gefördert werden. Diese Strategie hat erkennbar eine arbeitnehmer- und arbeitgeberorientierte Stoßrichtung. Für Arbeitgeber soll sie einen Anreiz schaffen, auch in jene Mitarbeiter zu investieren, die über keinen beruflichen Abschluss verfügen. Speziell KMU (mit bis zu 250 Beschäftigten) sollen einen Anreiz erhalten, auch ihrer „älteren“ Belegschaft – ab dem vollendeten 45. Lebensjahr – Weiterbildungsmaßnahmen anzubieten. Der auch als WeGebAU (Weiterbildungsförderung Geringqualifizierter und beschäftigter älterer Arbeitnehmer im Unternehmen) bekannte Förderansatz trägt dem Umstand Rechnung, dass sowohl ungelernte als auch ältere Arbeitnehmer nach wie vor nicht zum bevorzugten Teilnehmerkreis von betrieblichen Weiterbildungsmaßnahmen gehören, überdurchschnittlich häufig von Entlassungen betroffen sind und im Durchschnitt einen längeren Zeitraum benötigen, um wieder eine Beschäftigung zu finden (Lott/Spitznagel 2010). Bei Bedarf wird die Förderung mit einer Qualifizierungsberatung verknüpft, in der es um Personalentwicklungsstrategien und Fördermöglichkeiten geht (siehe Teilstrategie: „Unterstützung des betrieblichen Personalmanagements").

- **Arbeitshilfe für behinderte Menschen:** Auch dieses Instrument soll Arbeitgebern einen Anreiz schaffen, den förderungsbedürftigen Personenkreis der behinderten Menschen dauerhaft zu beschäftigen. Um die dauerhafte Teilnahme am Arbeitsleben zu erreichen oder zu sichern, können sie Zuschüsse für eine behindertengerechte Ausgestaltung von Ausbildungs- oder Arbeitsplätzen erhalten (§ 46 Abs. 2 SGB III).
- **Kurzarbeitergeld:** Die prominenteste Förderleistung im Bereich der präventiven Arbeitsmarktpolitik ist das sog. Kurzarbeitergeld, das – neben den beiden Varianten des Saison- und Transferkurzarbeitergeldes – verstärkt in arbeitsmarktpolitischen Krisen eingesetzt und für die von Kurzarbeit betroffene Belegschaft gezahlt wird, um deren Entlassung vorzubeugen (§ 95 ff. SGB III).

b) Unterstützung des betrieblichen Personalmanagements

So wie die Agenturen junge Menschen und Erwachsene zu Fragen der Laufbahnplanung auch jenseits eines konkreten Stellengesuchs beraten können, ist es möglich, Arbeitgeber über einen unmittelbaren Vermittlungsauftrag hinaus im Bereich des betrieblichen Personalmanagements zu unterstützen. Vergleicht man die wesentlichen Handlungsfelder des Personalmanagements mit den Unterstützungsmöglichkeiten seitens der Beschäftigungsförderung (vgl. Tabelle 11), so zeigt sich, dass in den meisten dieser Handlungsfelder entsprechende Dienst- und Förderleistungen von den Agenturen und Jobcentern unterbreitetet werden können.

Die prominente Rolle der Beratung in zentralen Handlungsfeldern des Personalmanagements zeigt, dass diese sowohl als eigenes Leistungsangebot als auch zur Vorbereitung und Anbahnung verschiedener Teilstrategien der Beschäftigungsförderung eingesetzt werden kann. Initiativ soll die Beratung im Zusammenhang mit der Gewinnung von Stellenangeboten und der Verbesserung von Ausgleichsprozessen auf dem Arbeitsmarkt angeboten werden (§§ 34 Abs. 2, 39 Abs. 2 SGB III). Art und Umfang dieser Beratungsangebote hängen von der Grundsatzentscheidung der Geschäftsführung, aber auch von der Größe der Arbeitsagentur bzw. des Jobcenters ab.

<table>
<tr><th colspan="3">Tabelle 11: Integrationsansätze im Rahmen des betrieblichen Personalmanagements</th></tr>
<tr><th>Betriebliches Personalmanagement</th><th colspan="2">Mögliche Unterstützung durch Beratung, Vermittlung und Förderung</th></tr>
<tr><td>Personalbedarfs-planung</td><td>Beratung zur Lage und Entwicklung des Arbeitsmarktes und der Berufe</td><td rowspan="5">Beratung zur Eingliederung von förderungsbedürftigen Auszubildenden und von förderungsbedürftigen Arbeitnehmern
darauf bezogene Förderleistungen</td></tr>
<tr><td>Personalbeschaffung</td><td>Informationsangebote und Stellenbörsen Beratung zur Besetzung von Ausbildungs- und Arbeitsstellen</td></tr>
<tr><td>Personalauswahl</td><td>Vermittlung nach Auswahl und Vorschlag</td></tr>
<tr><td>Personaleinführung & Personaleinarbeitung</td><td>Zuschüsse zu und Finanzierung von Einarbeitungs- und Erprobungszeiten</td></tr>
<tr><td>Personaleinsatz</td><td>Beratung zur Gestaltung von Arbeitsplätzen, Arbeitsbedingungen und der Arbeitszeit von Auszubildenden und Arbeitnehmern</td></tr>
<tr><td>Personalerhaltung</td><td colspan="2">Kurzarbeitergeld (saisonale oder konjunkturelle Anlässe)</td></tr>
<tr><td>Personalentwicklung</td><td colspan="2">Beratung zur betrieblichen Aus- und Weiterbildung
Weiterbildungsförderung im Unternehmen</td></tr>
<tr><td>Personalbeurteilung</td><td colspan="2">___</td></tr>
<tr><td>Personalfreisetzung</td><td colspan="2">___</td></tr>
</table>

Quelle: eigene Darstellung

Im Rahmen ihrer strategischen Ausrichtung hat die BA die sog. „Qualifizierungsberatung" als Teil der Arbeitsmarktberatung in den Mittelpunkt gerückt. Diese hebt insbesondere auf die Beratung zur betrieblichen Weiterbildung ab. Mit der Beratung sollen „den Unternehmen wirksame Impulse für eine systematische, strategisch-vorausschauende betriebliche Weiterbildung gegeben werden. Ziel ist die Unterstützung des Betriebes bei der eigenständigen Planung und Organisation einer systematischen Personalentwicklung und damit die Stärkung der Handlungskompetenz" (BA 2012e). Die BA versteht dieses Angebot, das sich an den Bedürfnissen von kleinen und mittelständischen Unternehmen ausrichtet, insoweit als eine indirekte, den Strukturwandel flankierende Integrationsstrategie, um Arbeitgebern eine wirksame „Hilfe zur Selbsthilfe" bei der Entwicklung einer zukunftsfähigen Personalstrategie zu bieten.

c) Differenzierte Akquisestrategien

Nach Berechnungen des Instituts für Arbeitsmarkt- und Berufsforschung schalteten im Jahr 2010 48 Prozent aller Betriebe in Deutschland die Arbeitsagenturen und Jobcenter bei der Personalsuche und den damit zusammenhängenden Stellenbesetzungsprozessen ein. 85 Prozent der Betriebe, die die Arbeitsagentur bzw. das Jobcenter in diesem Zeitraum nicht einschalteten, zeigten aber generell Interesse an einer Kontaktaufnahme (Müller/Rebien/Stops 2011, S. 7, 11). Daraus lässt sich ein erkennbares Potenzial für die Stellenakquise ableiten. „Die Befunde sprechen dafür, dass proaktive Akquise-Anstrengungen in Form von schriftlichen oder telefonischen Informationskampagnen durch die Arbeitgeberservices durchaus wirksam sein könnten und zumindest von einem nicht unerheblichen Teil der Betriebe positiv aufgenommen werden würden" (a. a. O., S. 15).

Den folgenden Akquisestrategien ist gemeinsam, dass sie nicht darauf gerichtet sind, für einen bestimmten Arbeitnehmer ein Stellenangebot zu gewinnen, sondern dass sie das Stellenpotenzial für den Vermittlungsprozess insgesamt erhöhen wollen. Wir unterscheiden zwischen Akquisestrategien, die auf die Gewinnung von bereits ausgeschriebenen Stellen zielen, und solchen, die überhaupt erst zu einer offiziellen Stellenausschreibung führen.

Gewinnung vorhandener Stellen für die öffentliche Vermittlung

Begleitende Akquise: Wenn ein Unternehmen eine Stelle veröffentlicht hat und die Fachkraft das genauere Anforderungsprofil abklärt, bietet sich die Chance, generell nach weiteren offenen Stellen oder Ausbildungsmöglichkeiten zu fragen. Gleiches gilt im Zusammenhang mit einer Arbeitsmarktberatung, die ebenfalls zur Akquise von neuen Stellen genutzt werden soll. Auch bei Rückfragen zu laufenden Stellenbesetzungsprozessen, die noch nicht abgeschlossen sind, kann nach weiteren offenen Arbeits- oder Ausbildungsplätzen gefragt werden.

Gezielte Akquise: Verfügt die Agentur bzw. das Jobcenter über einen Pool von Arbeitsuchenden, für die auf dem Arbeitsmarkt Stellenangebote vorhanden sind, die aber nicht bei ihnen gemeldet wurden, können die betreffenden Arbeitgeber gezielt kontaktiert und ein Vermittlungsangebot unterbreitet werden.

Offene Akquise: Diese zielt insgesamt auf einen höheren Einschaltungsgrad der öffentlichen Träger bei betrieblichen Stellenbesetzungsverfahren und wird in vielen Spielarten praktiziert:

- Eine Variante ist die sog. Kaltakquise, bei der ein Arbeitgeber erstmalig von der Agentur für Arbeit bzw. dem Jobcenter auf offene Stellen angesprochen wird (z. B. bei Neuansiedlung oder Neuausschreibungen).
- Bei der Warmakquise kann die Fachkraft bereits auf vorhandenen Kontakten aufbauen, die in anderen Kontexten geknüpft worden sind (z. B. auf einer Messe, in einem lokalen Netzwerk oder Arbeitskreis, bei der Besetzung von Arbeitsstellen, wenn es zusätzlich um die Gewinnung von Ausbildungsstellen geht).
- Großflächige Akquiseaktionen bestehen darin, dass alle für die Aktion einschlägigen Arbeitgeber kontaktiert werden. Beispiel: Alle regionalen Arbeitgeber mit einer Ausbildungsberechtigung werden einmal jährlich

von der lokal zuständigen Agentur für Arbeit angeschrieben und um Meldung offener Ausbildungsstellen gebeten. Auch der Ende April/Anfang Mai bundesweit stattfindende „Tag des Ausbildungsplatzes" zählt zu dieser Form der Akquise, bei der die Fachkräfte der Berufsberatung die Betriebe persönlich kontaktieren, um Ausbildungsplätze für das laufende oder Folgejahr zu akquirieren (in der Praxis auch als „Maikäferaktion" bekannt).

Generierung neuer Stellenausschreibungen für die öffentliche Vermittlung

Diese Form der Akquise zielt darauf, Ausbildungs- und Arbeitsplätze zu erschließen, die noch nicht ausgeschrieben sind oder erst auf Initiative der Agentur bzw. des Jobcenters geschaffen werden.

Huckepack-Akquise: Werden Außendienste generell dazu genutzt, nicht nur das vorhandene Stellenangebot zu besprechen, sondern nach Beschäftigungsmöglichkeiten zu suchen, die die Personalverantwortlichen und Praktiker selbst noch nicht in Betracht gezogen haben, wendet man das „Huckepack-Verfahren" von der anderen Seite aus an. Gerade bei KUM bestehen Chancen, Beschäftigungsmöglichkeiten im eher un- oder angelernten Bereich zu erschließen, die bisher nicht erkannt oder aus Scheu vor dem Rekrutierungsaufwand und den arbeitsintensiven Einarbeitungen nicht verfolgt wurden (vgl. Eisentraut/Wagner 2002, S. 89, ebenso Hierming u. a. 2005, S. 234 f.).

Job Carving & Job Stripping: Ziel dieser beiden Instrumente ist es, einen individuellen Arbeitsplatz für einen behinderten Menschen zu schaffen, indem die Arbeitsanforderungen auf dessen Leistungspotenzial zugeschnitten (Job Carving) bzw. überfordernde Teilaufgaben aus den Arbeitsplätzen herausgelöst werden (Job Stripping). Dadurch können andere Arbeitnehmer im Betrieb von bestimmten Tätigkeiten entlastet werden, die nicht zu ihrem Kernbereich gehören. Lagert man bei den Fachkräften diese Tätigkeiten aus, so lässt sich deren Produktivität steigern und gleichzeitig ein neuer Arbeitsplatz mit geringerer Anforderung erschließen (vgl. Bundesarbeitsgemeinschaft für Unterstützte Beschäftigung 2011). Bei dieser komplexen Form der Arbeitsplatzgestaltung können Arbeitgeber durch Mitarbeiter des Technischen Beratungsdienstes der BA und der Integrationsfachdienste (§ 110 SGB IX) unterstützt werden.

Offene Akquise: Mittels einer offene Akquise können nicht nur bereits vorhandene Stellen gewonnen, sondern es kann unter Umständen auch der Anstoß zu einer erstmaligen Stellenausschreibung gegeben werden. Voraussetzung hierfür ist eine entsprechend vorbereitete Akquise, die sich mit den Interna des Unternehmens (Maschineneinsatz, Produktionsverfahren, Arbeitszeitregelungen, wirtschaftliche Lage) genau auseinandergesetzt hat.

Outbound-Aktivitäten: In bestimmten Fällen können auf Akquise spezialisierte Callcenter damit beauftragt werden, Angebote zu erschließen, die Arbeitgeber aus den unterschiedlichsten Gründen bisher nicht öffentlich ausgeschrieben oder gemeldet haben.

3.6.3.3 Vermittlung öffentlich geförderter Beschäftigung

Die Vermittlung öffentlich geförderter Beschäftigung bildet das Pendant zu den matchingorientierten Strategien. In beiden Strategien geht es um die Vermittlung von Beschäftigungsverhältnissen, jedoch unter ganz unterschiedlichen Voraussetzungen: Während der matchingorientierte Ansatz auf den „ersten" Arbeitsmarkt zielt, ist die Vermittlung öffentlich geförderter Beschäftigung auf den „zweiten" Arbeitsmarkt bezogen. Die Leitidee dieser Eingliederungsstrategie besteht darin, für langzeitarbeitslose Menschen mit besonderen Vermittlungshemmnissen eine Beschäftigungsperspektive zu schaffen und deren soziale Teilhabechancen zu verbessern. Mit dieser Strategie verbinden sich zwei Förderinstrumente, die jeweils zum 01.04.2012 neu akzentuiert worden sind:

1. „Arbeitsgelegenheiten" bei einem Träger (§ 16d SGB II)
2. „Förderung von Arbeitsverhältnissen" bei einem Arbeitgeber (§ 16e SGB II)[66]

Die Vermittlung einer öffentlich geförderten Beschäftigung ist aktuell nur im Recht der Grundsicherung möglich; die ohnehin kaum noch bewilligten Arbeitsbeschaffungsmaßnahmen im SGB III wurden mit Wirkung zum 01.04.2012 abgeschafft (vgl. Kapitel 4).

Dass es sich bei dieser Strategie um keine ganz gewöhnliche Beschäftigungsstrategie handelt, sondern sich damit arbeitsmarktpolitische Positionsbestimmungen verbinden, wie mit besonders arbeitsmarktfernen Leistungsberechtigten umzugehen ist, zeigen die zahlreichen Veränderungen des rechtlichen Förderrahmens und die massiven Schwankungen bei den jährlichen Zugangsraten in die jeweiligen Maßnahmen (vgl. Koch/Kupka 2012). Inwieweit die beiden neu zugeschnittenen Instrumente insgesamt zu einer Neuausrichtung der Eingliederungsphilosophie im Bereich der öffentlichen Beschäftigungsförderung führen werden, bleibt abzuwarten.

Klar ist, dass sich diese Beschäftigungsstrategie an Personen richtet, die mit den üblichen Eingliederungsleistungen nicht in den ersten Arbeitsmarkt integriert werden können, auch nicht in eine Helfertätigkeit. Dies wird in den Gesetzesmaterialien deutlich herausgestellt: „Erst wenn der Einsatz dieser Instrumente eine unmittelbare Integration in den Ausbildungs- oder Arbeitsmarkt nicht unterstützen kann, soll die Förderung von Arbeitsgelegenheiten oder von Arbeitsverhältnissen in Betracht gezogen werden. Damit wird die Ausrichtung der öffentlich geförderten Beschäftigung auf einen

[66] In die gleiche Richtung geht das bundesweite Modellprojekt „Bürgerarbeit". Es handelt sich dabei ebenfalls um eine öffentlich geförderte Beschäftigung, die in der Ausgestaltung zahlreiche Parallelen zum Regelinstrument der Förderung von Arbeitsverhältnissen aufweist (vgl. Bundesverwaltungsamt 2011). Da es sich hier um eine zeitlich begrenzte Erprobung handelt und die Teilnehmerrekrutierung bereits abgeschlossen ist, wollen wir darauf nicht gesondert zu sprechen kommen.

arbeitsmarktfernen Personenkreis zur Aufrechterhaltung und (Wieder-) Herstellung der Beschäftigungsfähigkeit geschärft. Die Chancen auf eine schrittweise Wiedereingliederung in den allgemeinen Arbeitsmarkt sollen auch für sie verbessert werden" (BT-Drucksache 17/6277, 2011, S. 115). Es sind somit umfangreiche Modifikationen am Anforderungsprofil des Beschäftigungsangebots und hohe Kompensationsleistungen gegenüber dem Beschäftigungsträger bzw. Arbeitgeber erforderlich, um den infrage kommenden Personenkreis temporär eingliedern zu können. Mit der Eingliederung in ein öffentlich gefördertes Arbeitsverhältnis werden daneben persönlichkeitsfördernde und sozialintegrative Ziele angesprochen, etwa Steigerung des Selbstwertgefühls, Stabilisierung der persönlichen Lebenslage und gesellschaftliche Teilhabe.[67]

Während die Matchingstrategien i. S. einer unmittelbaren und ungeförderten Vermittlung in den ersten Arbeitsmarkt das eine Ende der Eingliederungsskala markieren, stellt die Eingliederung in eine öffentlich geförderte Beschäftigung das andere Ende dieser Skala dar. Insoweit kann diese Form der Eingliederungsstrategie als Ultima Ratio der aktiven Beschäftigungsförderung gelten. Das spiegelbildliche Verhältnis dieser beiden Strategietypen wird besonders deutlich im Fall der Förderung von Arbeitsverhältnissen (§ 16f SGB II). Diese Eingliederungsstrategie ist am „Referenzmodell des Normalarbeitsverhältnisses" (Hirseland/Ramos Lobato 2012, S. 280) orientiert und weist zahlreiche Parallelen zum Matching-Ansatz auf: Ein Arbeitgeber muss das Arbeitsverhältnis schaffen, die Fachkraft muss für das Stellenangebot einen geeigneten Leistungsberechtigten finden und bei ausreichender Passung einen (statistisch zählbaren) Vermittlungsvorschlag unterbreiten. Auf diese Weise wird ein reguläres Beschäftigungsverhältnis auf dem ersten Arbeitsmarkt nachgebildet. Es handelt sich aber eben nur um eine Nachbildung, denn faktisch wäre ein solches Arbeitsverhältnis ohne die öffentliche Förderung nicht zustande gekommen. Zudem handelt es sich bei der Mehrzahl der Arbeitgeber um gemeinnützig und nicht erwerbswirtschaftlich ausgerichtete Betriebe, die parallel auch als Träger von Arbeitsgelegenheiten fungieren. In der Praxis dürfte die Entscheidung für eine der beiden Eingliederungsvarianten davon abhängig sein, welche vom Jobcenter genehmigten Arbeitsangebote es vor Ort tatsächlich gibt und welche davon am besten zum Profil des Leistungsberechtigten passen.

67 Auch wenn es auf Basis von Selbsteinschätzungen der Maßnahmeteilnehmer Indizien dafür gibt, dass solche Effekte während der Teilnahme auftreten (Apel u. a. 2011, S. 165 ff.), ist die Befundlage dazu immer noch vergleichsweise dünn (Koch/Kupka 2012, S. 18, 22 ff., die auch auf methodische Herausforderungen der Untersuchung von solchen Effekte hinweisen).

a) Regionale Angebotsstruktur

Vor der eigentlichen Eingliederung eines Leistungsberechtigten in ein öffentlich gefördertes Arbeitsangebot steht die Entwicklung einer regionalen Angebotsstruktur. Die Arbeitsangebote können entlang eines Kontinuums differenziert werden, das sich zwischen „maximaler Arbeitsmarktnähe" und „maximaler Arbeitsplatzanpassung" bewegt. Während beim einen Pol das Beschäftigungsangebot so weit wie möglich an reale Arbeitsbedingungen angepasst wird, ist der andere Pol soweit wie möglich an dem eingeschränkten Arbeitsvermögen des Teilnehmers orientiert (z. B. hinsichtlich Arbeitszeit und Anleitungsbedarf). Die meisten Beschäftigungsangebote bewegen sich – mit einer Tendenz in die eine oder andere Richtung – zwischen diesen Maximalausprägungen. Die grundsätzliche Herausforderung bei der Ausgestaltung der Arbeitsangebote liegt darin, die infrage kommenden Personen weder zu unter- noch zu überfordern. Je marktferner die Anpassung des Beschäftigungsangebots ausfällt, desto wahrscheinlicher ist es, dass Lock-In- und Stigmatisierungseffekte auftreten, die eine Eingliederung in den regulären Arbeitsmarkt noch unwahrscheinlicher machen. Arbeitsangebote dieser Art können für bestimmte Zielgruppen aber auch stabilisierende und langfristig beschäftigungsfördernde Wirkungen entfalten, z. B. für psychisch beeinträchtigte oder am Rande der Gesellschaft stehende Leistungsberechtigte. Vor dem Hintergrund der unterschiedlichen Handlungsbedarfe und Eingliederungsaussichten der Leistungsberechtigten erscheint es daher sinnvoll, auf lokaler Ebene ein Spektrum von unterschiedlich ausgestalteten Beschäftigungsangeboten zu ermöglichen.

b) Individuelle Integrationsstrategie

Neben der sozial- und arbeitsmarktpolitischen Ausgestaltung einer regionalen Angebotsstruktur ist auf der Einzelfallebene eine individuelle Integrationsstrategie zu entwickeln, die über die bloße Auswahl eines der beiden Instrumente hinausreicht. In einem Prüfbericht zu den Arbeitsgelegenheiten hatte der Bundesrechnungshof im Jahr 2010 festgestellt, dass eine solche individuelle Integrationsstrategie aus den Falldokumentationen heraus vielfach nicht nachweisbar sei. Gefordert wurde, dass die persönlichen Integrationshemmnisse umfassend ermittelt und darauf aufbauend die Integrationsschritte nachvollziehbar geplant und dokumentiert werden. Vor allem sei am Einzelfall deutlich zu machen, warum vorrangige Integrationsinstrumente keine Wirkung entfalten könnten. Diese Forderung lässt sich generalisieren und wird durch die Evaluationsforschung eindeutig gestützt: „Alle Evaluationsergebnisse zeigen, dass die Maßnahmen dann am erfolgreichsten sind, wenn sie sich tatsächlich an die Klientel richten, die angezielt ist. Zuweisungsprozesse, die die Kriterien aufweichen, schaden in aller Regel den Integrationschancen der Teilnehmerinnen und Teilnehmer, verschlechtern damit die Wirkung der Maßnahme und entziehen ihr möglicherweise die Legitimation" (Koch/Kupka 2012, S. 33). Bei der

Evaluation des Beschäftigungszuschusses, dem Vorgängerinstrument der Förderung von Arbeitsverhältnissen, wurden für den Untersuchungszeitraum 2008–2009 deutliche Hinweise auf eine Fehlallokation festgestellt (Apel u. a. 2011, S. 16).

3.6.4 Strategien zur Unterstützung selbstständiger Tätigkeit

Ähnlich wie die vorgestellten direkten und indirekten Strategien zielt die Förderung einer selbstständigen Tätigkeit auf die Integration von arbeitslosen Menschen in den ersten Arbeitsmarkt; im Unterschied dazu aber nicht in eine sozialversicherungspflichtige Beschäftigung, sondern in eine selbstständige Tätigkeit. Aktuell verfügen die Integrationsfachkräfte über zwei nach Rechtskreisen getrennten Optionen, um arbeitslose Menschen bei der Aufnahme einer selbstständigen Tätigkeit zu unterstützen:

1. In der Arbeitsförderung ist das der Gründungszuschuss (§ 93 SGB III).
2. In der Grundsicherung handelt es sich um das Einstiegsgeld in der Variante Aufnahme einer selbstständigen Erwerbstätigkeit (§ 16b SGB II) und die Leistungen zur Eingliederung von Selbstständigen in Form von Zuschüssen und Darlehen zur Beschaffung von Sachgütern (§ 16c Abs. 1 SGB II).

Es soll hier aber nicht um die förderrechtliche Ausgestaltung dieser Optionen gehen (vgl. Kapitel 4), sondern um Gesichtspunkte, die für die Ausgestaltung der Unterstützung selbstständiger Tätigkeiten von Bedeutung sind:

Selbstständigkeit als aussichtsreiche Option: Die bislang vorliegenden Evaluationsbefunde weisen durchgängig hohe Integrationsquoten aus und – sofern Kontrollgruppenanalysen durchgeführt werden konnten – auch signifikant höhere Integrationseffekte für die einzelnen Fördervarianten in beiden Rechtskreisen. Zudem werden bei den ehemaligen Überbrückungsgeld- und heutigen Gründungszuschuss-Empfängern in beachtlicher Zahl zusätzliche Arbeitsplätze geschaffen (Heyer u. a. 2012, S. 51 f.). Auch das erzielte Einkommen liegt – insbesondere bei Männern – über dem des durchschnittlichen Nettoeinkommens, in der überwiegenden Mehrzahl kann ein existenzsicherndes Einkommen erzielt werden. Bei den Gründungszuschuss-Geförderten sind 19 Monate nach der Gründung noch immer 75 bis 84 Prozent selbstständig (Caliendo u. a. 2012). Aufgrund der häufigen Wechsel der Fördervoraussetzungen sind zur Absicherung dieser Befunde aber weitere Wirkungsstudien erforderlich. Erscheinen die individuellen Voraussetzungen und die Tragfähigkeit der Geschäftsidee gegeben, kann die Aufnahme einer selbstständigen Tätigkeit insoweit eine aussichtsreiche Option darstellen.

Aktive Ansprache: Vielfach wird die Idee, sich selbstständig zu machen, vom arbeitslosen Leistungsberechtigen selbst angesprochen. Das ist angesichts der Tragweite einer solchen Entscheidung auf die Berufsbiografie auch nachvollziehbar. Zudem sind Eigeninitiative und Selbstvertrauen wichtige persönliche Voraussetzungen, um ein solches Projekt gezielt angehen zu können. Nach Einschätzung von Vermittlern im SGB III kann sich aber auch die aktive Ansprache des Leistungsberechtigten anbieten, wenn Potenziale in der Berufsbiografie und auf dem Markt erkennbar sind (Bernhard/Wolff 2011, S. 5 f.).

Begleitende Beratung: Wird eine selbstständige Tätigkeit ernsthaft in Erwägung gezogen, zählt es zu den Aufgaben der Fachkraft, den Gründungswilligen bis zur ersten Leistungsauszahlung begleitend zu beraten. Danach gefragt gibt die Mehrzahl der Vermittler im SGB III an, dass sie dies von ihrem eigenen Selbstverständnis her als eine wichtige Aufgabe sieht (Bernhard/Wolff 2011, S. 5 f.). Bestandteile einer solchen Beratung können sein: die erfolgskritische Abwägung von Chancen und Risiken einer Existenzgründung, die Besprechung und Prüfung der persönlichen Eignung des Gründungswilligen, eine erste Abklärung der Tragfähigkeit der Geschäftsidee, die Sondierung der spezifischen Arbeitsmarktgegebenheiten, die Identifizierung von Ansprech- und Netzwerkpartnern, die Überprüfung der Aktivitäten im Zusammenhang mit der Entwicklung der Geschäftsidee und Erstellung des Businessplans.

Gezielte Heranführung an die Tätigkeit: Sofern die grundsätzliche Eignung für eine selbstständige Tätigkeit gegeben und eine tragfähige Geschäftsidee entwickelt worden ist, kann es dennoch erforderlich sein, dass der Leistungsberechtigte im Zusammenhang mit der konkreten Umsetzung und dem Erwerb spezieller Kenntnisse und Kompetenzen einer zusätzlichen Unterstützung bedarf, die durch Beratung und fachkundige Prüfung allein nicht abgedeckt werden kann. Für arbeitslose Leistungsberechtigte beider Rechtskreise kann hierzu auf Maßnahmen zur Aktivierung und beruflichen Eingliederung zurückgegriffen werden (§ 45 SGB III; § 16 SGB II).

Besonderheiten in der Grundsicherung: Im Hinblick auf die Armutsverfestigung in der Grundsicherung ist bei der Existenzförderung in diesem Kontext die sozialpolitische Verantwortung höher zu bewerten als in der Arbeitsförderung. Zu berücksichtigen ist unter anderem das (familiäre) Lebensumfeld des Leistungsberechtigten und die Frage, ob die selbstständige Tätigkeit tatsächlich zu einer dauerhaften Überwindung oder Verringerung der Hilfebedürftigkeit und zu einer ausreichend hohen sozialen Absicherung führt (vgl. Koller u. a. 2012; Gerner/Wießner 2012). Es empfiehlt sich in der Grundsicherung, die Existenzgründungsförderung in die Hände besonders qualifizierter Fachkräfte zu legen und zudem eine enge Vernetzung mit entsprechenden Beratungsstellen zu suchen, letztendlich um weiteren – nicht nur finanziellen – Schaden vom Leistungsberechtigen und seiner Bedarfsgemeinschaft abzuwenden (vgl. das Beispiel bei Walter 2005).

Es gibt drei weitere gesetzlich vorgesehene Möglichkeiten, in denen die Thematik einer selbstständigen Tätigkeit eine Rolle spielen kann: Hinweise auf gemeldete Angebote für Selbstständige (§ 36 Abs. 4 SGB III), Stabilisierung einer selbstständigen Tätigkeit (§ 16c SGB II) sowie die berufliche Beratung zur selbstständigen Tätigkeit (§§ 29, 30 SGB III).

3.6.5 Zielgruppenspezifische Strategien

Wir beschränken uns in diesem Strategiefeld auf die Identifizierung möglicher Zielgruppen und erfolgskritischer Faktoren bei der Konzeption und Implementierung entsprechender Programme. Bei einer zielgruppenorientierten Vorgehensweise lösen sich die vermittlungsspezifischen Strategien von einem individuellen Ansatz und besetzen nach einer entsprechenden Arbeitsmarkt- und Sozialstrukturanalyse die Felder, in denen sich arbeitslose Menschen nach bestimmten Merkmalen gruppieren lassen. Zielgruppenspezifische Strategien flankieren das Vermittlungsgeschäft und stellen einen zentralen Bestandteil der Arbeitsmarktpolitik und der jeweiligen Arbeitsmarktprogramme der Arbeitsagenturen und Jobcenter dar. In den jährlich zu erstellenden Eingliederungsbilanzen werden für beide Rechtskreise folgende besonders förderungsbedürftige Personengruppen ausgewiesen (§ 11 Abs. 2 Nr. 2 SGB III; § 54 SGB II): Langzeitarbeitslose, schwerbehinderte Menschen, Ältere, Berufsrückkehrende und Personen mit geringer Qualifikation. Weiterhin ist im Rahmen der Eingliederungsbilanzen der Arbeitsmarktsituation von Personen mit Migrationshintergrund und der gleichberechtigten Teilhabe von Frauen am Arbeitsmarkt besondere Aufmerksamkeit zu schenken (§§ 11 Abs. 2 Nr. 4, 9 SGB III; § 54 SGB II). Der Gesetzgeber versteht diese Aufzählung nicht als abschließend, denn die in unserem Zusammenhang einschlägigen Sozialgesetzbücher weisen an verschiedenen Stellen weitere Zielgruppen der Arbeitsmarktpolitik aus. Insbesondere sind zu nennen: förderungsbedürftige junge Menschen (u. a. §§ 52, 78 SGB III) und behinderte Menschen i. S. d. SGB III, d. h. Personen, deren Aussichten, am Arbeitsleben (weiter) teilzuhaben, wegen Art oder Schwere ihrer Behinderung nicht nur vorübergehend wesentlich gemindert sind und die deshalb Hilfen zur Teilhabe am Arbeitsleben benötigen, einschließlich lernbehinderter Menschen (§ 19 Abs. 1 SGB III i. V. m. § 2 Abs. 1 SGB IX).

Die Mehrzahl der bundesweit vorgehaltenen, zielgruppenspezifischen Strategien kann in diesen gesetzlich aufgespannten Bezugsrahmen eingeordnet werden. In den jeweils lokal oder bundesweit aufgelegten Programmen werden die Zielgruppen weiter spezifiziert, indem bestimmte Förderschwerpunkte für die Integrationsarbeit ausgewiesen werden. Beispiele sind Programme für junge Menschen ohne Schul- und Ausbildungsabschluss, für junge Erwachsene bis 35 Jahre, die über keine verwertbare Berufsqualifikation verfügen, für ältere Arbeitnehmer ab dem 50. Lebensjahr (50plus-Programme) oder für Berufsrückkehrer mit akademischem Bildungshintergrund.[68]

Arbeitsmarktpolitische Zielgruppenansätze zeichnen sich in der Regel dadurch aus, dass abseits von individualisierten Vorgehensweisen der Beratung und Vermittlung strukturelle Lösungen für komplexe Probleme und Herausforderungen gefunden werden müssen. Diese treten in der Zielgruppe zwar in sozial typischer Weise auf, prägen sich aber für jeden Einzelnen in einer individuellen Lebensgeschichte aus, z. T. über mehrere Jahre hinweg. Vor diesem Hintergrund sollen einige erfolgskritische Faktoren thematisiert werden, die sich in verschiedenen Evaluationsstudien und Projektbeschreibungen gezeigt haben:

Rekrutierung der Programmteilnehmer: Der Zugang der Programmteilnehmer sollte fachlich eindeutig und zugleich praxistauglich definiert sein. Eine Möglichkeit besteht darin, dass der Bestand an Leistungsberechtigten systematisch nach bestimmten, zielgruppenspezifischen Merkmalen gesichtet wird (z. B. zwischen 25 und 35 Jahren, kein Berufsabschluss), um dann in persönlichen Gesprächen die Auswahl zu verfeinern und in Absprache mit der betroffenen Person abzusichern. Eine andere, in der Praxis vielfach genutzte Möglichkeit ist der Zugang über die Regelvermittlung, d. h. der Leistungsberechtigte befindet sich bereits in der Betreuung der Agentur für Arbeit bzw. dem Jobcenter. Auf Basis der definierten Zugangskriterien kann die Fachkraft einen zielgruppenspezifischen Handlungsbedarf beim Leistungsberechtigten erkennen und ihn über das betreffende Programm informieren und vorschlagen. Organisatorisch ist darauf zu achten, dass die in der Regelvermittlung tätigen Fachkräfte über ausreichende Zeitressourcen und Kompetenzen verfügen, damit entsprechende Handlungsbedarfe im Rahmen der Integrationsarbeit überhaupt erkannt werden; insbesondere dann, wenn die Zugangskriterien über soziodemografische Merkmale und formale Bildungsabschlüsse hinausgehen (z. B. gesundheitliche Situation, soziale Einbindung). Auf Führungsebene ist weiterhin darauf zu achten, dass es in der Regelvermittlung angesichts hoher Fallzahlen und erwarteter Integrationsquoten nicht zu Fehlanreizen kommt, Teile der „schwierigen Kundschaft" in Zielgruppenprogramme abzuschieben. Regelmäßig stattfindende Qualitätszirkel der an den Schnittstellen operierenden Teams können helfen, sich mit der Arbeitsweise und den Schwerpunkten des Zielgruppenprogramms vertraut zu machen sowie Abstimmungsprobleme und Zielkonflikte zu bearbeiten.

[68] Aktuelle Übersichten über laufende Programme auf Bundesebene finden sich in den jährlich erscheinenden Geschäftsberichten der Bundesagentur für Arbeit und dem vom Bundesinstitut für Berufsbildung (BIBB) herausgegebenen „Datenreport zur Berufsbildung" (vgl. BA 2013; Bundesinstitut für Berufsbildung 2013). Lokale Strategien werden häufig auf den Seiten der Agenturen für Arbeit und Jobcentern dokumentiert.

Speziell qualifiziertes Personal: Das zuständige Personal sollte für die Durchführung der zielgruppenspezifischen Strategie fachlich und methodisch geschult sein und nicht zuletzt auch persönlich für die Arbeit mit der jeweiligen Personengruppe motiviert und geeignet sein. Gerade wenn ein intensive Fallarbeit Teil des Programms ist und die ausgewählte Personengruppe keine normalbiografischen Lebensverläufe aufweist, sollte die Fachkraft über gute kommunikative und soziale Kompetenzen verfügen. Wer von Anfang an unter dem Paradigma der schnellstmöglichen Vermittlung sozialisiert worden ist, dem wird ein Paradigmenwechsel hin zu einer intensivierten beraterischen Auseinandersetzung und Begleitung von Leistungsberechtigten nicht immer leicht fallen. Ansatzpunkte sind hier Schulungen im Bereich der Beratungsmethodik, aber auch Reflexionsprozesse zu praktizierten Handlungsmodellen und Haltungen der Fachkräfte selbst (vgl. Behrend u. a. 2006). Auch das fachliche Know-how, z. B. über das Bildungs- und Weiterbildungswesen, muss in vielen Fällen erst wieder aufgebaut werden.

Handlungsspielräume: Dort wo zielgruppenspezifische Programme mit geschäftspolitischer Priorität aufgesetzt werden, ist zu beobachten, dass im Vergleich zur Regelvermittlung z. T. deutlich veränderte Rahmenbedingungen und Handlungsspielräume geschaffen werden (beispielsweise mehr Personal, selbstständige Terminierung, verschiedene Tätigkeitsschwerpunkte). Detaillierte Prozessvorgaben und enge Zielindikatoren befördern dagegen Standardlösungen eher als auf die Bedarfslage der Zielgruppe abgestimmte Ansätze. Auch wenn zielgruppenbezogene Strategien gemeinsame Globalziele aufweisen – etwa Erhöhung der Qualifikations- oder Integrationsquoten in dem jeweiligen Marktsegment – so ist einer Vielzahl von Programmen gemeinsam, dass der Weg dorthin vergleichsweise hohe Umsetzungsspielräume zulässt, d. h. den Akteuren vor Ort eine eigene, fachliche Entscheidungskompetenz zugetraut und zugestanden wird. Die Teams und Bediensteten können stärker nach eigenem fachlichem Ermessen bestimmte Teilstrategien auswählen und kombinieren.

Prozessbegleitende Beratung und Betreuung: Der hohe Stellenwert der individuellen und prozessbegleitenden Beratung und Betreuung wird von Projektteilnehmern und Fachkräften immer wieder hervorgehoben. So können individuelle Bedarfe auch in der Beratung selbst bearbeitet werden, statt sie mangels Kenntnis und Zeit einfach in die Verantwortung der Betroffenen zu delegieren. Aktivitäten können zeitnah geplant, überprüft und modifiziert werden. Zudem kann man unterschiedliche personale Unterstützungsformen anbieten (z. B. neben der Einzelberatung Gruppenveranstaltungen, Schulungen, assistierte Vermittlung, vgl. SOFI 2011).

Begründeter Ressourceneinsatz: Hinter zielgruppenspezifischen Strategien steht der (geschäfts-)politische Wille, über einen gewissen Zeitraum für eine definierte Gruppe von Menschen verstärkt Ressourcen zu bündeln und zu verausgaben, um bestimmte arbeitsmarktpolitische, aber auch generell sozialpolitische Ziele zu erreichen. Der erhöhte Ressourceneinsatz rechtfertigt sich in der Regel aufgrund von festgestellten arbeitsmarktpolitischen Nachteilen und Integrationshürden der Zielgruppe.

Vernetzung: Inzwischen gehört es zum Commonsense, dass eine ganzheitliche Fallarbeit auf die Vernetzung mit unterschiedlichen Akteuren angewiesen ist. Das gilt für die Heranführung von sozial benachteiligten Schülern an den Ausbildungsmarkt genauso wie die Unterstützung von älteren Berufsrückkehrern mit akademischem Background. Wie im Kapitel zum Fallmanagement näher beschrieben, setzt die Vernetzung von lokalen Akteuren einerseits am konkreten Einzelfall an, andererseits auf der Ebene der lokalen Versorgungsstruktur – hier jeweils in Bezug auf die Zielgruppe der Förderstrategie (vgl. Kapitel 6).

Instrumente der aktiven Arbeitsmarktpolitik

– K.-H. P. Kohn, R. Göckler –

4.1 Rechtsentwicklung und Wille des Gesetzgebers

Wie bei anderen Sozialversicherungszweigen auch, entwickelte sich in der Arbeitslosenversicherung neben der Unterhaltssicherung bei Arbeitslosigkeit[69] eine erweiterte Zielsetzung, die Strategien zur Beendigung des Versicherungsfalles ebenso umfasste wie Überlegungen zur Prophylaxe gegen das Eintreten des Versicherungsfalls.[70] Diese entwickelten den sozialpolitischen Schutzauftrag konsequent weiter (i. S. eines Kampfes gegen die Ursachen der Symptome), verfolgten aber auch immer das Interesse der Versichertengemeinschaft an der Begrenzung der finanziellen Lasten.[71]

Knapp (2004) definiert (staatliche) Beschäftigungspolitik als den Versuch, Arbeitsangebot und -nachfrage auf makro-ökonomischer Ebene so zu beeinflussen, dass niveaubedingte Arbeitslosigkeit und (...) Arbeitskräfteknappheiten vermieden werden. Beschäftigungspolitik orientiert sich an gesamtwirtschaftlichen Zielen (Beschäftigung und Arbeitslosigkeit, Wachstum, Inflationsbekämpfung); sie setzt grundsätzlich an Niveaugrößen wie dem Lohnniveau, der gesamtwirtschaftlichen Nachfrage, der Geldmenge, dem Zinsniveau u. ä. Indikatoren an.

Die zentralen Instrumente der Beschäftigungspolitik sind die Geld- und Währungspolitik, die Fiskalpolitik, die Lohnpolitik, die Arbeitszeitpolitik und die Arbeitsmarktpolitik im engeren Sinne. Unter letzterer wird hier die staatliche Arbeitsmarktpolitik verstanden, die im Rahmen des SGB IIII von der Bundesagentur für Arbeit, im Rahmen des SGB II von der BA und den Kommunen sowie durch EU, Bund und Länder umgesetzt wird. Sie dient vor allem der existenziellen Absicherung der Arbeitslosen (passive Arbeitsmarktpolitik) und der aktiven Arbeitsförderung (z. B. durch Vermittlung, Qualifizierungsmaßnahmen, Arbeitsgelegenheiten). Nachfolgend soll die staatliche Arbeitsmarktpolitik im Fokus der Betrachtung stehen, wie sie in den Arbeitsagenturen und Jobcentern sowie den beteiligten Netzwerkpartnern wirksam wird.

Für die zielgerichtete Auslegung und Anwendung der arbeitsmarktpolitischen Förderung ist es – wie für jede Rechtsanwendung – von Bedeutung, den rechtssystematischen Bezugsrahmen zu verstehen. Insbesondere geht es dabei auch darum, den gesellschaftlichen und politischen Anlass zu kennen, der zu einer neuen rechtlichen Regelung geführt hat, und alle rechtlich normierten Einzelinstrumente im Lichte der sog. Leitnormen zu sehen, also die allgemeinen Bestimmungen im Einführungsteil des Gesetzes, die die Gesamtausrichtung und die Setzung des obersten Ziels aller folgenden Regelungen zum Ausdruck bringen.

---

69 durch Transferzahlungen aus Zwangsbeiträgen von Arbeitnehmern und Arbeitgebern an die jeweils bedürftigen Versicherungsnehmer

70 Im Falle der Rentenversicherung geht es nicht um die Beendigung des Versicherungsfalls, wohl aber um die Prophylaxe durch rehabilitative Maßnahmen zum Erhalt der Erwerbsfähigkeit und damit zur Verlängerung der aktiven Erwerbsphase.

71 In der Verfolgung dieses Interesses kommt es nicht selten zu einem Konflikt zwischen der Minderung langfristiger und kurzfristiger Kosten; dazu weiter unten mehr.

4.1.1 Aktive Arbeitsmarktpolitik als Teil volkswirtschaftlicher Gesamtsteuerung

Gesundheitsvorsorge in der Krankenversicherung, Unfallprävention in der Unfallversicherung und Erhalt der Erwerbsfähigkeit in der Rentenversicherung – all diese Ziele haben sowohl eine originär sozialpolitische, auf das Individuum und seine Grundrechte orientierte Dimension. Sie dienen aber zumindest mittelbar auch dem Erhalt des volkswirtschaftlichen Humankapitals als wesentlichem Produktionsfaktor. In der Arbeitslosenversicherung werden die im vorhergehenden Kapitel bereits skizzierten Zielsetzungen explizit als oberste Leitnorm in § 1 Abs. 1 SGB III kodifiziert:

§

(1) $_1$Die Arbeitsförderung soll dem Entstehen von Arbeitslosigkeit entgegenwirken, die Dauer der Arbeitslosigkeit verkürzen und den Ausgleich von Angebot und Nachfrage auf dem Ausbildungs- und Arbeitsmarkt unterstützen. $_2$Dabei ist insbesondere durch die Verbesserung der individuellen Beschäftigungsfähigkeit Langzeitarbeitslosigkeit zu vermeiden. $_3$Die Gleichstellung von Frauen und Männern ist als durchgängiges Prinzip der Arbeitsförderung zu verfolgen. $_4$Die Arbeitsförderung soll dazu beitragen, dass ein hoher Beschäftigungsstand erreicht und die Beschäftigungsstruktur ständig verbessert wird. $_5$Sie ist so auszurichten, dass sie der beschäftigungspolitischen Zielsetzung der Sozial-, Wirtschafts- und Finanzpolitik der Bundesregierung entspricht.

4

Hier ist deutlich der Widerhall des „Gesetzes zur Förderung der Stabilität und des Wachstums der Wirtschaft" von 1967 zu hören. Der Paradigmenwechsel der bis dahin weitgehend passiven Entgeltersatzversicherung und Arbeitsvermittlung zu einer aktiven, den Vermittlungsprozess verbessernden oder eigentlich (durch Qualifizierung) erst ermöglichenden Förderung erfolgt zwei Jahre später durch das „Gesetz über die Leistungen und Aufgaben zur Beschäftigungssicherung und zur Förderung des Wirtschaftswachstums" (AFG) von 1969. Dies verdeutlicht bereits in seinem vollständigen Titel den unmittelbaren Zusammenhang zum Stabilitäts- und Wachstumsgesetz und normiert konkret Maßnahmen, mit denen das Ziel „hoher Beschäftigungsstand" des „Magischen Vierecks" verfolgt werden soll.[72] Nach dem Auftrag zu Maßnahmen gegen Arbeitslosigkeit sowohl als volkswirtschaftlichem wie individuellem Krisenphänomen, der auch genutzt werden soll, um den gesellschaftspolitischen Auftrag der Gleichstellung von Frauen und Männern in der Rechts- und Lebenswirklichkeit umzusetzen, folgt der wirtschaftspolitische Auftrag zur Erhöhung des Beschäftigungsstandes und zur Verbesserung der Beschäftigungsstruktur. Damit wird das Ziel eines Ausgleichs zwischen Angebot und Nachfrage am Arbeitsmarkt sowohl quantitativ wie qualitativ gesetzt.

---

[72] Mit dem Begriff des „Magischen Vierecks" werden die vier – tendenziell in Zielkonflikt zueinander stehenden – Teilziele des Stabilitäts- und Wachstumsgesetzes bezeichnet: Preisniveaustabilität, hoher Beschäftigungsstand und außenwirtschaftliches Gleichgewicht bei angemessenem und stetigem Wirtschaftswachstum (§ 1 StabG).

Der Begriff des hohen Beschäftigungsstandes – die quantitative Dimension – hat ihren Ursprung zwar in der Konzentration auf den Abbau von Arbeitslosigkeit und darüber hinausgehend Unterbeschäftigung insgesamt (vgl. Kapitel 1), also aus der Erfahrung andauernden Angebotsüberhangs, dem mit der Schaffung zusätzlicher Arbeitsplätze als beschäftigungspolitischem[73] Ziel entgegengewirkt werden sollte. Ein möglichst hoher Beschäftigungsstand bleibt als quantitative Zielsetzung aber auch dann gültig, wenn – wie durch die massive demografische Schrumpfung des Erwerbspersonenpotenzials bei anhaltend hoher Nachfrage nach Arbeitskräften – der Arbeitsmarkt seine Balance in Richtung der anderen Seite zu verlieren droht, sprich wenn Arbeitgeber mit vollen Auftragsbüchern erfolglos nach entsprechenden Arbeitskräften suchen werden. Dann wird ein hoher Beschäftigungsstand nicht durch Schaffung zusätzlicher Arbeitsplätze zu erreichen sein, sondern indem zusätzliche Erwerbspersonen gewonnen werden.

4.1.2 Vorrangiges Ziel der dauerhaften, weil qualifizierten Integration

Der Auftrag zur Verbesserung der Beschäftigungsstruktur führt zu unterschiedlichen strukturellen Teilzielen. Während ein spürbarer und gesellschaftlich kaum mehr akzeptierter Anteil von Arbeitsplätzen nicht bedarfsdeckend entlohnt oder lediglich befristet zur Verfügung gestellt wird, muss es im Fokus sozialstaatlicher Arbeitsmarktpolitik liegen, Arbeitsuchende in solche Erwerbsarbeit zu vermitteln, die dazu geeignet ist, dauerhaft unabhängig von staatlicher Grundsicherung zu leben. Dieses Ziel formuliert bereits die Leitnorm des § 1 zur Grundsicherung für Arbeitsuchende im Zweiten Buch des Sozialgesetzbuches (SGB II).

Die qualitative Dimension des Begriffs Beschäftigungsstruktur zielt aber insbesondere auch auf das berufliche Qualifikationsniveau der Arbeitnehmer. Die deutsche Volkswirtschaft unterliegt – wie in anderen vergleichbaren Ländern auch – seit Jahrzehnten einem stetigen strukturellen Wandel der Wirtschaft. Der Mix der absatzfähigen Produkte wandelt sich innerhalb der materiellen Güter immer stärker in Richtung wissensbasierter Produkte, und die Gesamtpalette der Produkte wandelt sich immer stärker in Richtung marktfähiger Dienstleistungsangebote – ebenfalls mit einem starken Akzent auf wissensbasierten Dienstleistungen. In der Folge steigt die Nach-

[73] Der Begriff der Beschäftigungspolitik beschreibt das gegenüber dem Begriff der Arbeitsmarktpolitik umfassendere Ziel. Während es bei der Arbeitsmarktpolitik im Wesentlichen um den Ausgleich zwischen vorhandenem Angebot und vorhandener Nachfrage am Arbeitsmarkt geht, diese selbst aber (mit Ausnahme von Arbeitsgelegenheiten auf dem Zweiten Arbeitsmarkt) keine zusätzlichen Arbeitsplätze schaffen kann, zielt die Beschäftigungspolitik in Zeiten hoher Unterbeschäftigung genau darauf: auf die Schaffung von mehr Arbeitsplätzen, um allen Menschen, die Erwerbsarbeit brauchen, um also dem Angebot am Arbeitsmarkt gerecht werden zu können. (vgl. Engelen-Kefer u. a. 1995).

frage am Arbeitsmarkt nach höheren Qualifikationen. Arbeitsplätze, die ohne formale berufliche Qualifikation, d. h. ohne anerkannten Berufsabschluss ausgefüllt werden können, schwinden mit hohem Tempo, Arbeitsplätze auf der Ebene qualifizierter beruflicher Abschlüsse erfordern immer höhere theoretische Kenntnisse, und Arbeitsplätze, auf denen ein Studienabschluss gefordert wird, wachsen mit den höchsten Raten.

Wenn Arbeitsmarktpolitik den in § 1 SGB III formulierten Auftrag, zur Verbesserung der Beschäftigungsstruktur beizutragen, annehmen soll, gilt es insbesondere auch zur beruflichen Qualifizierung von Erwerbspersonen beizutragen. Hierzu hat der Gesetzgeber ein umfangreiches Instrumentarium zur beruflichen Weiterbildung zur Verfügung gestellt. (Einzelheiten zu einzelnen Instrumenten werden nachfolgend thematisiert.) Phasen der Arbeitslosigkeit können ein sinnvoller Anlass sein, noch nicht erworbene berufliche Qualifikationen nachzuholen oder erworbene Qualifikationen an den aktuellen Stand des Arbeitsmarktes anzupassen. Seit Kurzem hat der Gesetzgeber aber auch die Förderung vorbeugender Qualifizierung aus Beitragsmitteln ermöglicht: Arbeitnehmer ohne Berufsabschluss können nun bei Qualifizierungsmaßnahmen gefördert werden, selbst dann, wenn sie bisher weder arbeitslos geworden noch unmittelbar von Arbeitslosigkeit bedroht sind, sprich sogar während eines bestehenden und absehbar fortdauernden Beschäftigungsverhältnisses. Damit wurde ein starkes Paradigma der Arbeitsmarktpolitik konsequent weiterentwickelt: Qualifizierung ist das Mittel erster Wahl für Erwerbspersonen ohne Berufsabschluss. Hier treffen sich beide Teilaspekte der qualitativen Dimension in der Beschäftigungspolitik: Dauerhaft und unterhaltssichernd in den Arbeitsmarkt integriert kann in der wissensbasierten Volkswirtschaft nur sein und bleiben, wer zumindest über grundständige formal zertifizierte berufliche Qualifikationen verfügt. Deshalb ist der Vermittlungsvorrang für diese Zielgruppe vom Gesetzgeber ausdrücklich aufgehoben.

In § 4 SGB III heißt es:

„(2) Der Vermittlungsvorrang gilt auch im Verhältnis zu den sonstigen Leistungen der aktiven Arbeitsförderung, es sei denn, die Leistung ist für eine dauerhafte Eingliederung erforderlich."

Konkretisiert wird der Qualifizierungsvorrang in § 81 Abs. 1 Nr. 1 SGB III:

„(1) Arbeitnehmerinnen und Arbeitnehmer können bei beruflicher Weiterbildung durch Übernahme der Weiterbildungskosten gefördert werden, wenn

1. die Weiterbildung notwendig ist, um sie bei Arbeitslosigkeit beruflich einzugliedern, eine ihnen drohende Arbeitslosigkeit abzuwenden oder weil bei ihnen wegen fehlenden Berufsabschlusses die Notwendigkeit der Weiterbildung anerkannt ist,

[...]."

Hier wird deutlich, wie stark der Gesetzgeber den Auftrag zur beruflichen Qualifizierung als prioritäres Mittel der arbeitsmarktpolitischen Förderung normiert hat. Er ist dafür nicht nur bereit, die grundsätzlichen Prioritätsprinzipien – Vermittlung vor Lohnersatz, Vermittlung vor Förderung – für Personen ohne Berufsabschluss außer Kraft zu setzen. Er ist auch bereit, die grundlegende Zuständigkeitsschranke – allgemeinbildende Abschlüsse Ländersache, Förderung beruflicher Abschlüsse Bundessache – zu überwinden, indem er sowohl für jugendliche Berufswähler wie für arbeitsuchende Erwachsene ohne Hauptschulabschluss das Nachholen dieses allgemeinbildenden Abschlusses zur Pflichtleistung aus der Arbeitsförderung macht (in §§ 53 und 81 Abs. 3 SGB III).

4.1.3 Sechs grundlegende Teilaufträge der aktiven arbeitsmarktpolitischen Förderung

Seit der ersten Formulierung und rechtlichen Normierung einer aktiven Arbeitsmarktpolitik haben sich außerhalb des besonderen Bereichs beruflicher Rehabilitation von Menschen mit Behinderungen[74] sechs große unterschiedliche Teilaufträge der aktiven Arbeitsmarktpolitik herausgebildet und dauerhaft etabliert. Dies geschah in einem Prozess stetiger Innovation der Einzelinstrumente der Förderung, teils durch Veränderungen des Designs bestehender Instrumente, teils durch Einbezug zunächst zusätzlicher politischer Sonderprogramme in den Regelkatalog des AFG[75] und späteren SGB II und III, z. T. auch mittels Streichung klassischer Instrumente. Die Teilaufträge lauten wie folgt:

1. Maßnahmen, die die Aktivierung der Arbeitsuchenden und ihre Vermittlung in Arbeit direkt unterstützen
2. Maßnahmen zur Förderung von Aufnahme und Abschluss einer beruflichen Erstausbildung (ausbildungsmarktpolitische Maßnahmen)
3. Maßnahmen zur Förderung der beruflichen Weiterbildung Erwachsener
4. Maßnahmen zur Stabilisierung der ersten Phase einer wieder aufgenommenen Erwerbstätigkeit
5. Maßnahmen zur Abwendung drohender Arbeitslosigkeit Beschäftigter
6. Maßnahmen zur Schaffung eines öffentlich geförderten zusätzlichen Arbeitsmarktsegments („Zweiter Arbeitsmarkt")

---

[74] Maßnahmen zur beruflichen Rehabilitation werden in dieser Veröffentlichung nicht behandelt. Sie erfordern zusätzliche komplexe Darstellungen, die in einer spezifischen Veröffentlichung besser zu leisten sind.

[75] z. B. der „Benachteiligtenförderung" in das AFG (vgl. BIBB 2005)

Diese Bezifferung arbeitsmarktpolitischer Teilaufträge wird sich durch die folgenden Abschnitte dieses Kapitels ziehen als Kennzeichnung einzelner Instrumente und zur Zuordnung einzelner Instrumente in den Übersichtstabellen. Sie entfalten ihre Wirkung sozialrechtlich bestimmter finanzieller Förderung als materielle Unterstützung der in Kapitel 3 beschriebenen, stark von den individuellen Anforderungen der betroffenen Personen aus zu entwickelnden Vermittlungs- und Integrationsstrategien.

Mit der Reform vom 01.04.2012 wurden nicht nur einige Instrumente verändert, ergänzt oder aus dem Katalog genommen – es wurden auch alle verbleibenden Instrumente neu gegliedert und mit neuen Paragrafenziffern gekennzeichnet. Eine solche Totalrevision erscheint allerdings arbeitsmarktpolitisch sehr sinnvoll, denn die Instrumente sind nun auch auftragslogisch in den o. g. Gruppen gegliedert. Alle Fördermaßnahmen – außer der Teilaufgabe „Zweiter Arbeitsmarkt" – finden sich im Dritten Kapitel des SGB III unter der Überschrift „Aktive Arbeitsförderung".

Sie werden von den übrigen Abschnitten des Kapitels zur aktiven Arbeitsförderung eingerahmt: dem ersten Abschnitt zum Thema Beratung und Vermittlung – diese beiden aktiven Leistungen behandeln die Kapitel 3 und 5 dieses Buchs – und dem Siebten Abschnitt zur Teilhabe behinderter Menschen am Arbeitsleben, der als Teilgebiet der beruflichen Rehabilitation in dieser Publikation wegen seiner Eigenständigkeit und Komplexität nicht behandelt wird. In einem Achten Abschnitt werden nur noch befristet zur Verfügung gestellte Instrumente versammelt, die im Folgenden ebenfalls unbehandelt bleiben.

4.1.4 Pflicht und Ermessen, Arbeitsförderung und Grundsicherung: Ein Überblick über alle wesentlichen Leistungen

Es gibt zahlreiche Einzelinstrumente zur aktiven arbeitsmarktpolitischen Förderung. Nur wenige davon hat der Gesetzgeber im SGB III als Pflichtleistung gestaltet, d. h. als Leistung, bei der bei Vorliegen der Fördervoraussetzung ein einzelner Antragsteller einen rechtlichen Anspruch auf Gewährung der Förderung hat. Diese werden in einer abschließenden Liste in § 3 Abs. 3 SGB III explizit als Ausnahmen benannt (in der unten folgenden Übersichtstabelle zu den einzelnen Leistungen sind diese Pflichtleistungen in einer eigenen Spalte gekennzeichnet). Alle anderen Förderinstrumente sind grundsätzlich als Ermessensinstrumente gestaltet. Die Entscheidung über die Förderung liegt bei den Fachkräften in der Beratung und Vermittlung.[76]

---

[76] Allerdings darf eine Pflichtleistung nicht missverstanden werden als eine Förderung, die grundsätzlich jeder Antragsteller, der sie beantragt, erhält. Auch bei einem als Pflichtleistung gestalteten Förderinstrument müssen die jeweils im Gesetz normierten Förder*voraussetzungen* vorliegen. Die Prüfung dieser Voraussetzungen liegt ebenfalls bei den Fachkräften in der Beratung und Vermittlung.

Eine Richtschnur zur Ausübung dieses Ermessens zieht § 7 SGB III:

§

> „₁Bei der Auswahl von Ermessensleistungen der aktiven Arbeitsförderung hat die Agentur für Arbeit unter Beachtung des Grundsatzes der Wirtschaftlichkeit und Sparsamkeit die für den Einzelfall am besten geeignete Leistung oder Kombination von Leistungen zu wählen. ₂Dabei ist grundsätzlich auf
>
> 1. die Fähigkeiten der zu fördernden Personen,
> 2. die Aufnahmefähigkeit des Arbeitsmarktes und
> 3. den anhand der Ergebnisse der Beratungs- und Vermittlungsgespräche ermittelten arbeitsmarktpolitischen Handlungsbedarf
>
> abzustellen."

Die Rahmenbedingung der Sparsamkeit erhält rechtliches Gewicht, letztlich aber in untergeordneter Position. Gesicherte Rechtsprechung ist, dass eine Leistung nicht nur deshalb verwehrt werden darf, weil globale Haushaltsmittel fehlen. Vielmehr hat die ausführende Behörde dafür Sorge zu tragen, dass in ausreichendem Maße, insbesondere auch – durch vorausschauende Haushaltsführung – zu allen Zeiten des Haushaltsjahres die erforderlichen Mittel zur Verfügung stehen. Der Grundsatz der Wirtschaftlichkeit und Sparsamkeit legt den Entscheidern allerdings auf, die kostengünstigere Maßnahme zu wählen, wenn mehrere gleich wirksame Optionen zur Verfügung stehen, um ein als notwendig erkanntes Förderziel zu erreichen.

Im Zentrum der Ermessensentscheidung liegt somit die Prüfung der Notwendigkeit einer Maßnahme und ihrer voraussichtlichen Wirksamkeit. Man könnte sagen, die zu prüfende Notwendigkeit lässt sich in einen negativen und einen positiven Aspekt differenzieren. Um die negativ zu begründende Notwendigkeit festzustellen, muss die Frage beantwortet werden, ob es ein anderes Mittel zur dauerhaften und unterhaltssichernden Integration in den regional zumutbaren Arbeitsmarkt gibt. Hier ist insbesondere zu prüfen, ob eine ungeförderte oder mit geringerem Förderungsaufwand mögliche Vermittlung einer gleichwertigen[77] beruflichen Beschäftigung möglich ist. Die Antwort dieser Prüffrage muss daher lauten: Ohne die zu entscheidende Förderung ist eine angemessene Integration in den Arbeitsmarkt voraussichtlich nicht möglich. Die Prüfung der positiven Notwendigkeit erfordert eine positive Antwort auf die Frage: Wird die zu entscheidende Förderung voraussichtlich die Integrationschancen spürbar erhöhen, wird z. B. eine bestimmte berufliche Qualifizierung die Zahl möglicher Erfolg versprechender Bewerbungen deutlich steigern, weil es mehr offene Stellen gibt, die die entsprechende Qualifizierung voraussetzen,

[77] Die Anforderung der qualitativen Gleichwertigkeit ergibt sich aus dem Auftrag in der Leitnorm des § 1 SGB III, unterwertige Beschäftigung zu vermeiden. Quantitativ, d. h. bezogen auf die Wertigkeit der Entlohnung zumutbare Beschäftigungen regelt § 140 Abs. 3 SGB III, regionale Zumutbarkeiten werden in § 140 Abs. 4 SGB III normiert.

oder enthält eine zu fördernde Neugründung eines selbstständigen Unternehmens erkennbar die Chance auf eine dauerhafte unterhaltssichernde Platzierung am Markt? Hierzu brauchen die Fachkräfte in Beratung und Vermittlung sowohl hohe Expertise zur Analyse des Arbeitsmarktes, aber auch der Warenmärkte sowie exzellente berufskundliche Kenntnisse insbesondere außerhalb des Horizonts der den öffentlichen Arbeitsmarktdienstleistern gemeldeten offenen Stellen, die regelmäßig nur etwa ein Drittel bis gut 40 Prozent des gesamtwirtschaftlichen Stellenangebotes ausmachen.

Ausdehnung der arbeitsmarktpolitischen Förderung auf alle erwerbsfähigen Hilfebedürftigen

Mit der Einführung der Grundsicherung für Arbeitsuchende als Zweitem Buch in das Gesamtwerk des Sozialgesetzbuches im Jahr 2005 wurde vom Gesetzgeber insbesondere das Ziel verfolgt, die aktiven arbeitsmarktpolitischen Förderinstrumente nicht nur für Arbeitslose mit aktuellem Anspruch auf Arbeitslosengeld bereitzustellen, sondern auch für alle erwerbsfähigen Hilfebedürftigen, sprich nicht nur für jene, die als ehemalige Arbeitslosengeldempfänger anschließend Anspruch auf Arbeitslosenhilfe hatten, sondern auch jenen Arbeitsuchenden, die vor Einführung der gemeinsamen Grundsicherung ihren Unterhalt aus Mitteln der Sozialhilfe bestreiten mussten und weit überwiegend keine Integrationsleistungen am Arbeitsmarkt erhielten.[78]

„Die Zusammenlegung von Arbeitslosen- und Sozialhilfe war das letzte und wohl wichtigste Element der Arbeitsmarktreformen, die zwischen den Jahren 2003 und 2005 auf den Weg gebracht wurden. Die Einführung der Grundsicherung für erwerbsfähige Hilfebedürftige durch das Sozialgesetzbuch II (SGB II) wird mit Fug und Recht als eine große Zäsur in die Geschichte der deutschen Sozialpolitik eingehen, die einschneidende Veränderungen mit sich brachte. [...] Die Reform ist mit einem deutlichen Paradigmenwechsel verbunden. Dieser räumt der Beendigung der Hilfebedürftigkeit durch Erwerbstätigkeit Vorrang vor einer reinen Alimentierung ein. Aktivierung für und Teilhabe durch Beschäftigung waren und sind die erklärten Ziele des veränderten Regelwerks" (Möller/Walwei 2009, S. 11).

Zu diesem Zweck wurde die Grundsicherung als dritte Ebene zwischen die Sozialhilfe und die Arbeitslosenversicherung eingezogen, um erwerbs-

[78] Mit Ausnahme der „Hilfen zur Arbeit" nach § 19 Bundessozialhilfegesetz (BSHG), Arbeitsgelegenheiten, die weit überwiegend mindestens zwölf Monate als sozialversicherungspflichtige Beschäftigungsverhältnisse gefördert wurden (vgl. Eichert, 1994/2001, S. 25–28), auch mit dem Ziel, zur „Aktivierung von Leistungsansprüchen bei der Arbeitsverwaltung" (Empter/Frick (Hrsg.) 1999, S. 92) beizutragen, d. h. Langzeitarbeitslose aus der Zuständigkeit der kommunal finanzierten Sozialhilfe in den bundesfinanzierten Bezug von Arbeitslosengeld zu überführen.

fähige Hilfebedürftige entweder aktiv direkt in den Arbeitsmarkt zu integrieren oder sie – auf eine Integration vorbereitend – aktiv mit Mitteln der Arbeitsmarktpolitik zu fördern (vgl. Abbildung 24).

Abbildung 24: Einführung der Grundsicherung für Arbeitsuchende

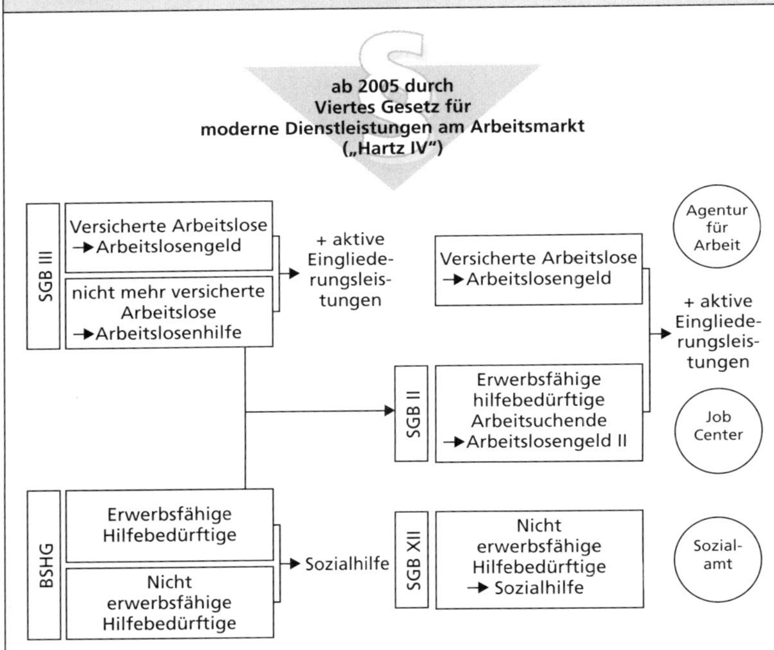

Quelle: eigene Darstellung

Mit dieser grundlegenden Änderung im System öffentlicher Dienstleistungen am Arbeitsmarkt werden nun auch alle relevanten arbeitsmarktpolitischen Förderinstrumente für alle erwerbsfähigen Hilfebedürftigen (nicht mehr nur den Beziehern von Arbeitslosenhilfe) zur Verfügung gestellt. Die rechtliche Schaltstelle hierfür ist § 16 SGB II. Dort heißt es:

> „(1) [... Die Agentur für Arbeit] kann folgende Leistungen des Dritten Kapitels des Dritten Buches erbringen:
>
> [...]
>
> 2. Leistungen zur Aktivierung und beruflichen Eingliederung nach dem Zweiten Abschnitt,

3. Leistungen zur Berufsausbildung nach dem Vierten Unterabschnitt des Dritten Abschnitts und Leistungen nach § 54a,

4. Leistungen zur beruflichen Weiterbildung nach dem Vierten Abschnitt [...],

5. Leistungen zur Aufnahme einer sozialversicherungspflichtigen Beschäftigung nach dem Ersten Unterabschnitt des Fünften Abschnitts [...].

[...]

(2) Soweit dieses Buch nichts Abweichendes regelt, gelten für die Leistungen nach Absatz 1 die Voraussetzungen und Rechtsfolgen des Dritten Buches."

Wenn man von diesen Besonderheiten absieht, so lässt sich festhalten: Im § 16 des SGB II wird deutlich, dass der Gesetzgeber durch einfache Übernahme aller wesentlichen Instrumente arbeitsmarktpolitischer Förderung in das neue Gesetzbuch seinen oben herausgearbeiteten Willen deutlichen Ausdruck verleiht: Mit der Einführung der Grundsicherung für Arbeitsuchende sind die zuvor bestehenden zwei Klassen von Arbeitsuchenden mit unterschiedlichem Anspruch auf aktive Leistungen aufgehoben.

Die folgende Tabelle 12 systematisiert die in den beiden Rechtskreisen des Dritten und des Zweiten Sozialgesetzbuchs einsetzbaren Förderinstrumente. Dabei sind hellgrau unterlegt alle Instrumente, die in beiden Rechtskreisen angewendet werden können, weiß unterlegt alle Instrumente, mit denen ausschließlich im SGB III, dunkelgrau unterlegt alle Instrumente, mit denen ausschließlich im SGB II gefördert werden kann.

Tabelle 12: Übersicht Grundsatznormen aller wesentlichen arbeitsmarktpolitischen Instrumente in den Rechtskreisen SGB II und SGB III

Arbeitsmarktpolitische Förderinstrumente (Grundsatznormen der wesentlichen Instrumente)									
Im Rechtskreis der Arbeitsförderung (SGB III) förderbare Instrumente					Im Rechtskreis der Grundsicherung (SGB II) förderbare Instrumente				
Rechtsnorm		Kurzbezeichnung	Teilstrategie	Pflichtleistg.	Rechtsnorm		Kurzbezeichnung	Teilstrategie	
§ 44	SGB III	Vermittlungsbudget	1		§ 44	SGB III	Vermittlungsbudget	1	
§ 45	SGB III	Maßnahmen zur Aktivierung und beruflichen Eingliederung	1	z. T.	§ 45	SGB III	Maßnahmen zur Aktivierung und beruflichen Eingliederung	1	

noch: Tabelle 12: Übersicht Grundsatznormen aller wesentlichen arbeitsmarktpolitischen Instrumente in den Rechtskreisen SGB II und SGB III

Arbeitsmarktpolitische Förderinstrumente (Grundsatznormen der wesentlichen Instrumente)									
Im Rechtskreis der Arbeitsförderung (SGB III) förderbare Instrumente					Im Rechtskreis der Grundsicherung (SGB II) förderbare Instrumente				
Rechtsnorm		Kurzbezeichnung	Teilstrategie	Pflichtleistg.	Rechtsnorm		Kurzbezeichnung	Teilstrategie	
§ 48	SGB III	Berufsorientierungsmaßnahmen	2						
§ 49	SGB III	Berufseinstiegsbegleitung	2						
§ 51	SGB III	Berufsvorbereitende Bildungsmaßnahmen	2						
§ 53	SGB III	Vorbereitung auf den Hauptschulabschluss	2	P					
§ 54a	SGB III	Einstiegsqualifizierung	2		§ 54a	SGB III	Einstiegsqualifizierung	2	
§ 56	SGB III	Berufsausbildungsbeihilfe	2	P					
§ 75	SGB III	Ausbildungsbegleitende Hilfen	2		§ 75	SGB III	Ausbildungsbegleitende Hilfen	2	
§ 76	SGB III	Außerbetriebliche Berufsausbildung	2		§ 76	SGB III	Außerbetriebliche Berufsausbildung	2	
§ 81	SGB III	Berufliche Weiterbildung	3		§ 81	SGB III	Berufliche Weiterbildung	3	
§ 82	SGB III	Berufliche Weiterbildung besonderer Arbeitnehmer	3	z. T.	§ 82	SGB III	Berufliche Weiterbildung besonderer Arbeitnehmer	3	
§ 88	SGB III	Eingliederungszuschuss	4		§ 88	SGB III	Eingliederungszuschuss	4	
§ 93	SGB III	Gründungszuschuss	4		§ 16b	SGB II	Einstiegsgeld	4	
§ 95	SGB III	Kurzarbeitergeld	5	P	§ 16c	SGB II	Sachleistungen für Selbstständigkeit	4	
§ 101	SGB III	Saison-Kurzarbeitergeld	5	P	§ 16d	SGB II	Arbeitsgelegenheiten	6	

noch: Tabelle 12: Übersicht Grundsatznormen aller wesentlichen arbeitsmarktpolitischen Instrumente in den Rechtskreisen SGB II und SGB III

Arbeitsmarktpolitische Förderinstrumente (Grundsatznormen der wesentlichen Instrumente)									
Im Rechtskreis der Arbeitsförderung (SGB III) förderbare Instrumente					Im Rechtskreis der Grundsicherung (SGB II) förderbare Instrumente				
Rechtsnorm		Kurzbezeichnung	Teilstrategie	Pflichtleistg.	Rechtsnorm		Kurzbezeichnung		Teilstrategie
§ 102	SGB III	Wintergeld	5	P	§ 16e	SGB II	Beschäftigungszuschuss		6
§ 103	SGB III	Kurzarbeitergeld Heimarbeit	5	P	§ 16f	SGB II	Freie Förderung		
§ 110	SGB III	Transfermaßnahmen	5	P					
§ 111	SGB III	Transferkurzarbeitergeld	5	P					

Legende

- *Nummerierung der Teilstrategien:*

1 = Maßnahmen, die die Aktivierung der Arbeitsuchenden und ihre Vermittlung in Arbeit direkt unterstützen

2 = Maßnahmen zur Förderung von Aufnahme und Abschluss einer beruflichen Erstausbildung (ausbildungsmarktpolitische Maßnahmen)

3 = Maßnahmen zur Förderung der beruflichen Weiterbildung Erwachsener

4 = Maßnahmen zur Stabilisierung der ersten Phase einer wiederaufgenommenen Erwerbstätigkeit

5 = Maßnahmen zur Abwendung drohender Arbeitslosigkeit Beschäftigter

6 = Maßnahmen zur Schaffung eines öffentlich geförderten zusätzlichen Arbeitsmarktsegments („Zweiter Arbeitsmarkt")

- *Pflichtleistung*:

P = Pflichtleistung

z. T. = zum Teil – für einzelne Zielgruppen oder für Teilleistungen Teil – als Pflichtleistung gestaltet

- *Farbunterlegung*:

weiß unterlegte Instrumente = nur im SGB III förderbar

hellgrau unterlegte Instrumente = in beiden Rechtskreisen förderbar

dunkelgrau unterlegte Instrumente = nur im SGB II förderbar

- *Auswahlkriterien für wesentliche Leistungen:*

ohne Beratung und Vermittlung (3. Kapitel, 1. Abschnitt SGB III und 3 16a SGB II), ohne Leistungen für Menschen mit Behinderungen (3. Kapitel, 7. Abschnitt SGB III), ohne befristete Leistungen (3. Kapitel, 8. Abschnitt SGB III)

Quelle: eigene Darstellung

Diese Gegenüberstellung macht deutlich: Alle wesentlichen Instrumente des SGB III werden auch für den Rechtskreis des SGB II übernommen. Zwei Blöcke von Einzelinstrumenten sind in der Grundsicherung nicht förderbar, weil sie dort nicht sinnvoll gebraucht werden könnten (in der Übersichtstabelle weiß unterlegt). Das ist zum einen der Teil der ausbildungsmarktpolitischen Maßnahmen (Teilaufgabe 2), bei dem es noch nicht um die Förderung einer konkreten Ausbildung geht – diese Maßnahmen nach den §§ 54a sowie 75 und 76 werden übernommen –, sondern um die Förderung von jugendlichen Schülern oder Schulabgängern, die noch nicht über die „Grundlagen für den Erwerb der beruflichen Handlungsfähigkeit" (nach § 1 Abs. 2 BBiG) verfügen und daher noch nicht erwerbsfähig sind. Der zweite im SGB II nicht anwendbare Block umfasst alle Maßnahmen zur Abwendung drohender Arbeitslosigkeit Beschäftigter (Teilaufgabe 5). Hier geht es nicht um die (Re-)Integration von Arbeitsuchenden ohne Anspruch auf die Versicherungsleistung Arbeitslosengeld, sondern gerade um die Vermeidung neuer Arbeitsuche durch die Stabilisierung bestehender Beschäftigungsverhältnisse von Arbeitnehmern, die weit überwiegend einen Anspruch auf die Leistungen der Arbeitslosenversicherung erworben haben dürften, deren Inanspruchnahme zugleich mit der Förderung verhindert wird. Anstelle des im Rechtskreis des SGB II nicht förderbaren Gründungszuschusses steht in der Grundsicherung ein eigenes, den Bedürfnissen erwerbsfähiger Hilfebedürftiger angepasstes Instrument zur Förderung der Selbstständigkeit zur Verfügung: mit einer Variante des Einstiegsgeldes nach § 16b SGB II. Allerdings werden mit der Setzung der Bestimmung „kann" in der zentralen Verweisungsnorm des § 16 Abs. 1 Satz 2 alle Instrumente, die im Rechtskreis des SGB III als Pflichtleistung gestaltet sind, für ihre Anwendung in der Grundsicherung zu Ermessensleistungen. Dies erweitert noch einmal den Gestaltungsfreiraum angesichts der vielfältigen, nicht selten komplexen individuellen Lebenslagen, mit denen sich Arbeitsuchende in der Grundsicherung konfrontiert sehen (vgl. Kapitel 6).

Zusätzlich zu diesem aus dem Bereich der Arbeitsförderung nach SGB III übernommenen Katalog von Maßnahmen hat der Gesetzgeber mit der Einführung der Grundsicherung und ihrem stärkeren Akzent auf Aktivierung und Eingliederung hilfebedürftiger Arbeitsuchender vier weitere auf die besonderen Bedürfnisse dieser Zielgruppe zugeschnittene Instrumente geschaffen, von denen zwei der Erleichterung eines Neustarts am Arbeitsmarkt dienen können (§§ 16b und 16c SGB II) und die beiden anderen (§§ 16d und 16e SGB II) die klassische Strategie eines „Zweiten Arbeitsmarktes", d. h. die öffentliche Förderung zusätzlicher Beschäftigungsverhältnisse in der Grundsicherung fortsetzen. Maßnahmen des „Zweiten Arbeitsmarktes" standen in ihrer Anwendung für die tendenziell marktnäheren Leistungsberechtigten des Versicherungsbereichs nach SGB III wegen ihrer geringen direkten Integrationserfolge[79] in der Kritik. Erwerbsfähige Hilfe-

[79] Gemessen an den Übergangsraten in ungeförderte Beschäftigung, verstärkt durch die Messung sog. „lock in"-Effekte, d. h. nicht verkürzter, sondern verlängerter Zeiten der Arbeitslosigkeit gegenüber Vergleichspersonen (vgl. BMAS/IAB (Hrsg.) 2011).

bedürftige haben häufig längere Zeiten der Arbeitslosigkeit erlebt oder sind aus anderen Gründen oft weiter entfernt vom „Ersten Arbeitsmarkt" und müssen deshalb eine längere Wegstrecke bis zur Integration bewältigen. Auf einem solchen Weg kann eine zeitlich befristete, öffentlich geförderte Arbeitsgelegenheit ein wichtiger erster Teilschritt sein. Eine Möglichkeit zur „Freien Förderung", sprich zur Erprobung innovativer Instrumente, rundet die zusätzlichen[80] Möglichkeiten in der Grundsicherung ab.

In der Summe lässt sich also festhalten: Die arbeitsmarktpolitischen Instrumente des Rechtskreises SGB III können und sollen auch in der Grundsicherung eingesetzt werden. Sie werden im Gesetzestext des SGB II an erster Stelle genannt und zusätzlich durch mehrere originäre arbeitsmarktpolitische Instrumente der Grundsicherung ergänzt, mit denen insbesondere Personen nach langer Arbeitslosigkeit und weiterer Ferne vom Arbeitsmarkt auf ihrem Weg (zurück) in Arbeit unterstützt werden können.

Mit der direkten, nur über Verweis auf die Einzelbestimmungen des SGB III normierten Übernahme aller (für die Zielgruppe der erwerbsfähigen Hilfebedürftigen) wesentlichen Instrumente – und der Vorschrift des Abs. 2 in der Verweisungsnorm des § 16 zur grundsätzlichen vollkommenen Analogie der Förderung – wird die gesamte innere Logik des Förderungskatalogs auch in der Grundsicherung vorgeschrieben. Damit wird auch ihr deutlicher Akzent auf Marktnähe, sozialversicherungspflichtige Beschäftigung und dem vom Gesetzgeber stark ausgeprägten Auftrag zur beruflichen Qualifizierung insbesondere von Leistungsberechtigten ohne formalen Berufsabschluss einbezogen[81]. Zwar gibt es in der Grundsicherung – anders als in der Arbeitsförderung nach dem SGB III – keinen expliziten Auftrag zur Vermeidung unterwertiger Beschäftigung, sondern vielmehr die Verpflichtung aller erwerbsfähigen Leistungsempfänger, „alle Möglichkeiten zur Beendigung oder Verringerung ihrer Hilfebedürftigkeit aus[zu]schöpfen" (§ 2 Abs. 1 Satz 1 SGB II). Es ist damit auch die Aufnahme jeder legalen Arbeit grundsätzlich zumutbar. Oberstes Ziel der Grundsicherung ist aber, dazu beizutragen, dass hilfebedürftige Leistungsberechtigte „ihren Lebensunterhalt unabhängig von der Grundsicherung aus eigenen Mitteln und Kräften bestreiten können" (§ 1 Abs. 2 Satz 1). Somit muss jede Integration in eine nicht unterhaltssichernde oder befristete Beschäftigung erkennen lassen, dass sie einen sinnvollen Schritt auf dem sowohl von den Arbeitsuchenden als auch von ihren Beratern und Vermittlern zu beschreitenden Weg zum Ziel einer Erwerbstätigkeit darstellt, deren Entlohnung den vollen Unterhalt der Bedarfsgemeinschaft sichern kann und also auch ergänzende Leistungen der Grundsicherung vermeidet, und die auf Dauer angelegt ist, also Leistungen der Grundsicherung auch auf Dauer nicht mehr erforderlich

80 Im Bereich der Arbeitsförderung nach SGB III bestand diese Möglichkeit für eine Reihe von Jahren ebenfalls im hier normierten Umfang von bis zu 10 Prozent der insgesamt zur Verfügung stehenden finanziellen Fördermittel. Sie wurde inzwischen auf ein Prozent Höchstumfang und zeitlich bis zum 31.12.2016 begrenzt und fällt danach aus dem Katalog des SGB III.

81 Nähere Ausführungen zu diesem Auftrag folgen in Abschnitt 3.2.3 dieses Buchs.

werden lässt. Solche Beschäftigungen erfordern am deutschen Arbeitsmarkt regelmäßig zumindest einen formalen Berufsabschluss. Die Instrumente zur Förderung des Nachholens (oder Wiedererlangens) einer solchen beruflichen Qualifikation hat der Gesetzgeber mit der vollen Übernahme der arbeitsmarktpolitischen Teilstrategie 3 zur Förderung der beruflichen Weiterbildung Erwachsener zur Verfügung gestellt. Der beschriebene Zusammenhang mit den prioritären Zielen der beiden Gesetzbücher verleiht ihnen einen hohen Stellenwert.

4.2 Teilaufgaben aktiver arbeitsmarktpolitischer Förderung im Einzelnen

Wie aus der bisherigen Übersicht schon deutlich wurde, hat der Gesetzgeber zur aktiven arbeitsmarktpolitischen Förderung ein sowohl umfangreiches als auch differenziertes Gesamtinstrumentarium aus zahlreichen Einzelinstrumenten gestaltet. Von der rechtlichen Konstruktion kann sich ein Instrument sowohl über mehrere Einzelparagrafen hinweg erstrecken (wie etwa die Förderung der beruflichen Weiterbildung) oder trotz mehrerer Detailbestimmungen auf nur einen Paragrafen (mit dann entsprechend differenzierter Absatzstruktur) konzentriert sein (wie alle originären arbeitsmarktpolitischen Instrumente in der Grundsicherung der §§ 16b ff.). In den Übersichtstabellen dieses Kapitels wird jeweils nur auf den Grundsatzparagrafen Bezug genommen. Zudem werden weitere Details nur dann angesprochen, wenn sie zum Verständnis der grundsätzlich beabsichtigten Förderidee des Instruments dienen, d. h. veranschaulichen können, für welchen Personenkreis in welcher Situation und mit welcher beabsichtigten Wirkung gefördert werden soll. Wenn diese grundsätzliche Förderlogik eines Instruments, so wie sie vom Gesetzgeber vorgegeben wird, verstanden wurde, erschließen sich Sinn und Verfahren der weiteren Detailbestimmungen sehr viel leichter. In den folgenden sechs Teilabschnitten dieses Kapitels geht es zum einen darum, die Gemeinsamkeit unterschiedlicher Instrumente desselben Strategiebündels zu verdeutlichen, und zum anderen, durch Kontrastierung ihre jeweils spezifisch unterschiedliche Ausrichtung innerhalb der gemeinsamen Förderlogik herauszustellen.

4.2.1 Maßnahmen, die die Aktivierung der Arbeitsuchenden und ihre Vermittlung in Arbeit direkt unterstützen

Wenn Menschen auf der Suche nach Erwerbsarbeit zunächst nicht erfolgreich in den Arbeitsmarkt einmünden können, kann mitunter eine relativ niedrige Hürde in ihrem Weg stehen. Mit einer Förderung entsprechend relativ geringeren Umfangs kann diesen grundsätzlich marktnahen Personen geholfen werden. Die folgende Tabelle 13 zeigt, dass es hierzu zwei wesentliche Instrumente gibt, die beide sowohl in der Arbeitsförderung (SGB III) als auch in der Grundsicherung für Arbeitsuchende (SGB II) eingesetzt werden können: Mittel aus dem Vermittlungsbudget und Maßnahmen zur Aktivierung und beruflichen Eingliederung (Förderinstrumente der Aktivierung und Vermittlung).

Tabelle 13: Förderinstrumente zur Aktivierung und Vermittlung
(Teilstrategie 1 – Grundsatznormen der wesentlichen Instrumente)

Im Rechtskreis der Arbeitsförderung (SGB III) förderbare Instrumente					Im Rechtskreis der Grundsicherung (SGB II) förderbare Instrumente			
Rechtsnorm		Kurzbezeichnung	Teilstrategie	Pflichtleistg.	Rechtsnorm		Kurzbezeichnung	Teilstrategie
§ 44	SGB III	Vermittlungs-budget	1		§ 44	SGB III	Vermittlungs-budget	1
§ 45	SGB III	Maßnahmen zur Aktivierung und beruflichen Eingliederung	1	z. T.	§ 45	SGB III	Maßnahmen zur Aktivierung und beruflichen Eingliederung	1

Legende

- Pflichtleistung: z. T. = zum Teil – für einzelne Zielgruppen oder für Teilleistungen Teil – als Pflichtleistung gestaltet
- beide Instrumente in beiden Rechtskreisen förderbar
- Auswahlkriterien für wesentliche Leistungen: s. Tabelle 12

Quelle: eigene Darstellung

Vermittlungsbudget

Die Setzung des Budgetbegriffes in § 44 SGB III macht – insbesondere mit Bezug auf die Rechtsentwicklung gegenüber vergleichbaren Vorgängerinnen dieser Regelung – deutlich, dass der Gesetzgeber hier bewusst auf eine detaillierte Auflistung möglicher Produkte und Dienstleistungen verzichtet, deren Erwerb für die einen Ausbildungsplatz oder eine Arbeitsstelle suchende Person subventioniert werden kann. Bedingungen sind lediglich: Sie müssen „der Anbahnung oder Aufnahme einer versicherungspflichtigen Beschäftigung" dienen und ihre Förderung muss notwendig sein (§ 44 Abs. 1 Satz 1 SGB III). Typische Beispiele für förderbare Kosten aus dem Vermittlungsbudget sind solche für Bewerbungsmaterialien wie Fotos, Bewerbungsmappen o. Ä. sowie Fahrtkosten zu einem Bewerbungsgespräch. Die Gestaltung als Budgetleistung lässt aber grundsätzlich die Förderung aller „angemessenen Kosten" (§ 44 Abs. 1 Satz 3 SGB III) zu. Denkbar ist hier vieles, vom Friseurbesuch und dem Erwerb einer formal tauglichen Garderobe vor einem Bewerbungsgespräch bis hin zum Erwerb des Führerscheins, wenn es die regionale Mobilität erfordert. Solche größeren Anfangsinvestitionen können insbesondere im Bereich der Grundsicherung sehr sinnvoll sein, weil die Leistungsberechtigten dort hilfebedürftig sind, also sich in der Regel auch vermeintlich selbstverständliche Produkte oder Dienstleistungen für den Alltag von Berufstätigen selbst nicht (mehr) finanzieren können. Im Rechtskreis der Arbeitslosenversicherung, in dem Leistungsberechtigte in der Regel höhere monatliche Entgeltersatzleistungen erhalten und über Sparvermögen verfügen können, gehört zur Prüfung der Notwendigkeit der Förderung auch die Abwägung der finanziellen Eigenleistungsfähigkeit der Arbeitsuchenden. In beiden Rechtskreisen ist außerdem zu prüfen, ob „gleichartige Leistungen nicht oder voraussichtlich nicht" vom künftigen Arbeitgeber übernommen werden (§ 44 Abs. 1 Satz 3 SGB III).

Maßnahmen zur Aktivierung und beruflichen Eingliederung

§ 45 SGB III bietet die Grundlage für Maßnahmen, die entweder in einem Unternehmen oder bei einem Bildungsträger durchgeführt werden können. Mit dem Begriff „Maßnahme" wird in der arbeitsmarktpolitischen Förderung in der Regel die Gewährung eines Zeitraums bezeichnet, während dessen die leistungsberechtigte Person einer die Integration in den Arbeitsmarkt vorbereitende Aktivität nachgeht und ihre monatliche Entgeltersatzzahlung weiter erhält. Häufig dienen solche Maßnahmen der Vermittlung praktischer oder theoretischer Kenntnisse. Sie können aber auch der Inanspruchnahme einer anderen förderlichen Dienstleistung dienen, wie hier etwa auch der Teilnahme an einer privaten Arbeitsvermittlung. Maßnahmen zur Aktivierung und beruflichen Eingliederung lassen sich für sehr unterschiedliche Ziele einsetzen, die in § 45 Abs. 1 abschließend aufgezählt werden. Dazu zähle die Heranführung an den Ausbildungs- und Arbeitsmarkt, die Feststellung, Verringerung oder Beseitigung von Vermittlungshemmnissen, die Vermittlung in eine versicherungspflichtige Beschäftigung oder Heranführung an eine selbstständige Tätigkeit und letztlich auch die Stabilisierung einer Beschäftigungsaufnahme (§ 45 Abs. 1 SGB III).

Damit kann ein vielfältiges Bündel von Optionen gefördert werden, denen gemeinsam die Einschätzung ist: Nach dieser relativ kurzen Intervention wird es möglich sein, direkt als Erwerbstätiger in den Arbeitsmarkt einzumünden, entweder als abhängig Beschäftigter oder als Selbstständiger. Es können berufliche Kenntnisse vertieft erprobt und in geringerem Umfang angepasst, erforderliche Routinen im privaten Umfeld eingeübt oder neu begonnene Beschäftigungsverhältnisse stabilisiert werden. Maßnahmen zur Aktivierung und beruflichen Eingliederung sind eher kurzfristig angelegt. Insbesondere für die Vermittlung von Kenntnissen und Fertigkeiten, die eine längere Zeit benötigen, stehen Maßnahmen der Teilstrategie 3, also eigene Maßnahmen zur beruflichen Weiterbildung zur Verfügung, dort in der Regel mit dem Ziel, ein berufliches Zertifikat zu erwerben, oder Maßnahmen für eine längere intensivere Einarbeitung auf einer neuen Stelle: der Eingliederungszuschuss (Teilstrategie 4).

Eine Besonderheit stellt die Option nach Nr. 3 dar: die Möglichkeit, aus Mitteln der Beitragszahler (SGB III) oder der Steuerzahler (SGB II) die Inanspruchnahme privater Arbeitsvermittlung zu finanzieren. Hiermit macht der Gesetzgeber deutlich, dass alle Such- und Vermittlungswege genutzt werden sollen und reagiert auf den Umstand, dass den öffentlichen Dienstleistern am Arbeitsmarkt in der Regel nur etwa ein Drittel bis gut 40 Prozent aller offenen Stellen gemeldet werden (vgl. Fußnote 14). Mit der Bestimmung des Absatzes 7 erhebt er diese Option für Arbeitslose, die mit ihren Vermittlern bereits sechs Wochen erfolglos nach einer Stelle gesucht haben, zur Pflichtleistung[82] (deshalb die Kennzeichnung „z. T." in der Übersichtstabelle) und erhöht damit auch den Druck auf die öffentliche Arbeitsvermittlung.

Mit der Übernahme der niedrigschwelligen Förderung zur Aktivierung und Vermittlung (Teilaufgabe 1) für den Bereich der Grundsicherung stehen auch hier Instrumente zur Verfügung, mit denen gezielt Arbeitsuchende gefördert werden können, die dem Arbeitsmarkt (bereits) nahe stehen. Allzu häufig wird in der fachlichen und politischen Öffentlichkeit der Kreis der erwerbsfähigen Leistungsberechtigten in der Grundsicherung assoziiert mit den Phänomenen Marktferne, Langzeitarbeitslosigkeit oder fehlenden formalen Qualifikationen. Solche Problemlagen kommen im Rechtskreis des SGB II ganz gewiss sehr viel häufiger vor als im Bereich der Arbeitslosenversicherung. Es gilt aber, auch im Bereich der Grundsicherung den Blick für die Heterogenität der Gesamtgruppe und insbesondere auf die Potenziale der Gesamtgruppe offenzuhalten. Alleinerziehende Frauen haben nicht selten eine gute Ausbildung, Hochschulabsolventen ohne direkte Einmündung in den Arbeitsmarkt haben häufig keinen Anspruch auf die Versicherungsleistung Arbeitslosengeld und Neuzuwanderer verfügen ebenso wie Selbstständige nach Geschäftsaufgabe in der Regel über arbeitsmarktlich verwertbares Wissen. Immer dann, wenn keine größeren Hindernisse der Einmündung in den Arbeitsmarkt im Wege stehen, der Versuch einer schnellen Vermittlung ohne Förderung aber erfolglos bleibt, sind Maßnahmen der Teilaufgabe 1 zu erwägen. Das gilt auch für Personen, die zunächst vor größeren Hindernissen standen, die durch andere Maßnahmen aber – etwa durch Beratung und Hilfestellungen im privaten Umfeld oder durch zunächst erforderliche intensivere arbeitsmarktpolitische Förderung nach den folgenden Teilstrategien – inzwischen beseitigt werden konnten[83].

4.2.2 Maßnahmen zur Förderung von Aufnahme und Abschluss einer beruflichen Erstausbildung (ausbildungsmarktpolitische Maßnahmen)

Die größte Vielfalt unterschiedlicher Instrumente im selben Strategiebereich gibt es in der Förderung der Berufsausbildung. Die gemeinsame Zielstellung aller Maßnahmen dieser Teilstrategie ist es, möglichst keine jugendliche Person unter 25 Jahren ohne berufsqualifizierenden Abschluss zu lassen. Das Spektrum unterschiedlicher Ansatzpunkte hierzu ist dabei so weit

---

82 Für Leistungsberechtigte im Rechtskreis des SGB III, nicht des SGB II – vgl. die Ausführungen zur „Ausdehnung der arbeitsmarktpolitischen Förderung auf alle erwerbsfähigen Hilfebedürftigen" in Abschnitt 4.1.4 dieses Kapitels. In der Grundsicherung gibt es ausschließlich Ermessensleistungen der aktiven Förderung.

83 Vgl. die Ausführungen zu „Förderketten oder Förderpläne?" in Abschnitt 4.3.1 dieses Kapitels.

4

gefächert wie alle übrigen Teilaufgaben für erwachsene Arbeitsuchende zusammengenommen – es gibt ausbildungsvorbereitende, Ausbildung anbahnende, ausbildungsbegleitende und Ausbildung völlig ersetzende Maßnahmen. Der politische, ökonomische und pädagogische Konsens darüber, dass ein Scheitern junger Menschen an der sog. „Ersten Schwelle" des Berufslebens, sprich am Übergang von der allgemeinen Schulbildung in die berufliche Erstausbildung, die Gefahr negativer Langzeitfolgen in sich birgt – sowohl für die Integration in den Arbeitsmarkt als auch für die gesellschaftliche Integration insgesamt – hat zum immer umfassenderen Ausbau und zur immer stärker verfeinerten Differenzierung des ausbildungsmarktpolitischen Instrumentariums geführt. Diese Entwicklung wurde insbesondere durch die Aufnahme zusätzlicher Instrumente aus zwei politischen Sonderprogrammen getragen.

In Summe gibt es – außerhalb des Kreises junger Menschen mit Behinderungen – insgesamt sechs Teilzielgruppen, für die Instrumente zur Förderung der Berufsausbildung in den Rechtskreisen des SGB III und des SGB II zur Verfügung stehen:

1. Schüler gegen Ende ihrer Schullaufbahn
2. Jugendliche, die noch nicht über die Grundlagen zum Erwerb der vollen beruflichen Handlungsfähigkeit verfügen („fehlende Berufsreife")
3. lernbeeinträchtigte Jugendliche
4. sozial benachteiligte Jugendliche
5. marktbenachteiligte Jugendliche
6. Auszubildende mit nicht bedarfsdeckendem Familieneinkommen

Diese Zielgruppen sind kaum trennscharf wahrnehmbar. Zum einen ist die jeweilige Zugehörigkeit zu den Gruppen 2 bis 4 nicht anhand klarer Legaldefinitionen feststellbar und muss von den Beratungsfachkräften innerhalb eines weiten Interpretations- und Entscheidungsraums festgestellt werden (insbesondere die Trennschärfe zwischen einer Lernbeeinträchtigung und einer Lernbehinderung ist schwierig zu erreichen, entscheidet aber über den Zugang zum umfangreichen Bereich rehabilitativer Fördermaßnahmen). Hier kann die Konsultation psychologischer Fachdienste von großem Nutzen sein. Zum anderen zeigen sich Überschneidungen in der Gruppenzugehörigkeit, auch weil sich eine Problemlage aus einer anderen ergeben kann. So leben insbesondere lernbeeinträchtigte Jugendliche nicht selten in sozial benachteiligenden Lebensverhältnissen und erreichen gegen Ende ihrer Schullaufbahn nicht immer die Grundlagen für den Erwerb ihrer vollen beruflichen Handlungsfähigkeit. Wer sich wiederum mit schwächeren schulischen Leistungszertifikaten oder auch nicht sozial optimal eingeübten flexiblen Umgangsformen um Ausbildungsstellen bewirbt, wird eher zu den Bewerbern gerechnet, die bei mangelndem Stellenangebot am Ausbildungsmarkt ohne einen Ausbildungsvertrag bleiben.

Die Schwierigkeiten bei der klaren Abgrenzung der Zielgruppen werden allerdings durch die Bereitstellung eines umfassenden Instrumentariums von Fördermaßnahmen gelindert, mit denen alle denkbaren Problemlagen angegangen werden können. Tabelle 14 gibt den Überblick über die Möglichkeiten in beiden Rechtskreisen.

Tabelle 14: Instrumente zur Förderung der Berufsausbildung
(Teilstrategie 2 – Grundsatznormen der wesentlichen Instrumente)

Im Rechtskreis der Arbeitsförderung (SGB III) förderbare Instrumente					Im Rechtskreis der Grundsicherung (SGB II) förderbare Instrumente			
Rechtsnorm		Kurzbezeichnung	Teilstrategie	Pflichtleistg.	Rechtsnorm		Kurzbezeichnung	Teilstrategie
§ 48	SGB III	Berufsorientierungsmaßnahmen	2					
§ 49	SGB III	Berufseinstiegsbegleitung	2					
§ 51	SGB III	Berufsvorbereitende Bildungsmaßnahmen	2					
§ 53	SGB III	Vorbereitung auf den Hauptschulabschluss	2	P				
§ 54a	SGB III	Einstiegsqualifizierung	2		§ 54a	SGB III	Einstiegsqualifizierung	2
§ 56	SGB III	Berufsausbildungsbeihilfe	2	P				
§ 75	SGB III	Ausbildungsbegleitende Hilfen	2		§ 75	SGB III	Ausbildungsbegleitende Hilfen	2
§ 76	SGB III	Außerbetriebliche Berufsausbildung	2		§ 76	SGB III	Außerbetriebliche Berufsausbildung	2

Legende

- P = Pflichtleistung
- Farbunterlegung: weiß unterlegte Instrumente = nur im SGB III förderbar; hellgrau unterlegte Instrumente = in beiden Rechtskreisen förderbar
- Auswahlkriterien für wesentliche Leistungen: s. Tabelle 12

Quelle: eigene Darstellung

Der jeweils sinnvolle Einsatz dieser Instrumente lässt sich am besten erkennen, wenn man sich darauf konzentriert, dass es bei der Förderung der Ausbildung an der sog. „Ersten Schwelle" zwischen allgemeiner und beruflicher Bildung und in der Begleitung bis zum Erreichen des ersten Berufsabschlusses um einen klar definierten Zeitraum in der Berufsbiografie der betroffenen Personen geht – anders als beim Phänomen der Arbeitslosigkeit, das während der gesamten Berufsbiografie immer wieder auftreten kann. Der Einsatz der Instrumente ergibt sich hier nicht nur aus der Feststellung der Zielgruppenzugehörigkeit, sondern auch aus der Frage, wo die Jugendlichen in ihrer psychologischen, schulischen und beruflichen Entwicklung stehen. Wegen dieser Verknüpfung einzelner Maßnahmeformen mit spezifischen Positionen innerhalb der Entwicklung beruflicher Handlungsfähigkeit[84] spricht man auch vom „Übergangssystem" an der „Ersten Schwelle". Die Systematisierung der Fördermaßnahmen, insbesondere auch die Vermeidung, sich für eine einzelne Person wiederholender Förderinhalte, ist in der Ausbildungsmarktpolitik lange diskutiert worden und hat im Ergebnis zum heutigen Stand des Instrumentariums in dieser Teilstrategie geführt. Die folgende grafische Abbildung 25 soll den systematischen Zusammenhang zwischen Entwicklungspositionen, Zielgruppen und Förderinstrumenten verdeutlichen.

Vertiefte Maßnahmen zur Berufsorientierung

Diese Maßnahmen richten sich an Schüler gegen Ende ihrer Schullaufbahn – häufig in den Vorabgangsklassen –, um durch konzentrierte Beschäftigung mit dem Thema der beruflichen Zukunft frühzeitig möglichst alle Jugendlichen auf einen reibungslosen Übergang in das Berufsleben vorzubereiten. Es ist dies die am weitesten vorgelagerte Förderung und signalisiert so am deutlichsten, dass es im Bereich dieser Teilstrategie der Arbeitsmarktpolitik insbesondere darum geht, alle Kräfte zu bündeln, um möglichen späteren Problemen am Arbeitsmarkt vorzubeugen. Obwohl in Zeiten hoher Unterbeschäftigung am deutschen Arbeitsmarkt im politischen Raum immer wieder Zweifel am Wert beruflicher Qualifikationen

---

[84] Die berufliche Handlungsfähigkeit definiert das Berufsbildungsgesetz als „die für die Ausübung einer qualifizierten beruflichen Tätigkeit in einer sich wandelnden Arbeitswelt notwendigen beruflichen Fertigkeiten, Kenntnisse und Fähigkeiten" (§ 1 Abs. 3 BBiG). Es gibt drei mögliche Entwicklungsstufen vor oder am Beginn einer Berufsbiografie:
- noch ohne Grundlagen zum Erwerb der beruflichen Handlungsfähigkeit (= noch ohne „Berufsreife") als Schülerin oder Schüler allgemeinbildender Schulen
- erworbene Grundlagen zum Erwerb der beruflichen Handlungsfähigkeit („Berufsreife"), in der Regel erworben mit dem Schulabschluss
- auf dem Weg zum Erwerb der beruflichen Handlungsfähigkeit als Auszubildende oder Auszubildender

Die berufliche Handlungsfähigkeit ist mit dem erfolgreichen Abschluss der Berufsausbildung erreicht und ermöglicht den Eintritt in den Erwerbsarbeitsmarkt.

Abbildung 25: System der Instrumente zur Förderung der Berufsausbildung

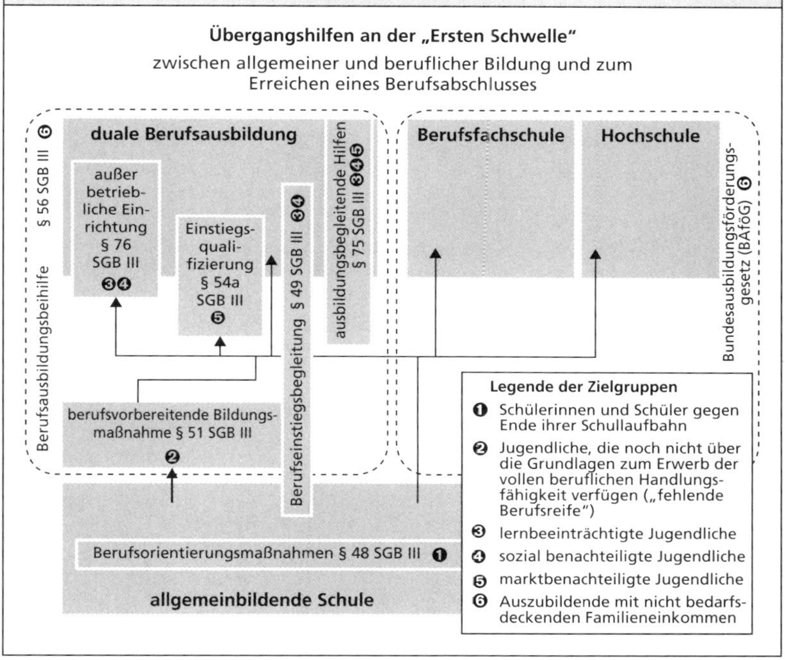

Quelle: eigene Darstellung

formuliert wurden, weist die Arbeitsmarktforschung seit Jahrzehnten nach, dass formale berufliche Qualifikationen das Risiko der Arbeitslosigkeit für Erwerbstätige erheblich mindern und dieser Effekt mit dem Niveau der beruflichen Bildung steigt (vgl. Weber/Weber 2013). Der Gesetzgeber reagiert hierauf mit einem deutlichen Qualifizierungsauftrag, der sich wie ein roter Faden durch das gesamte arbeitsmarktpolitische Instrumentarium zieht (vgl. Abschnitt 4.1.2). Berufsorientierende Veranstaltungen führen Berufsberater als Regelangebot an allgemeinbildenden Schulen und zusätzlich an unterschiedlichen Orten durch, an denen Berufswähler gut zu erreichen sind (z. B. auch in Form von Ausbildungs- und Studienmessen). § 48 SGB III eröffnet die Möglichkeit, diese Angebote – auch durch Dritte – noch auszuweiten, wenn Co-Finanziers (in der Regel die Schulträger) hierfür die Hälfte der entstehenden Kosten übernehmen.

Berufsvorbereitende Bildungsmaßnahmen

Derlei Maßnahmen richten sich an Jugendliche, die trotz ihres Weges durch das allgemeinbildende Schulsystem gegen Ende ihrer Schullaufbahn noch nicht die Grundlagen zum Erwerb der vollen beruflichen Handlungsfähigkeit („Berufsreife") erhalten haben. Dies kann mit oder ohne formalem Schulabschluss der Fall sein. Wurde der Hauptschulabschluss noch nicht erreicht, haben Teilnehmer an berufsvorbereitenden Bildungsmaßnahmen aus § 53 SGB III einen Rechtsanspruch darauf, innerhalb diese Maßnahmen auf eine Nachholprüfung zum Erwerb dieses Abschlusses vorbereitet zu werden. Mit dieser Rechtsstellung signalisiert der Gesetzgeber, dass ihm die Vorbeugung gegen Arbeitsmarktrisiken wegen fehlender formaler Qualifikation bedeutsamer ist als die Einhaltung der grundsätzlichen Zuständigkeitsgrenze zwischen allgemeiner und beruflicher Bildung, die zwischen den Ländern und dem Bund verläuft. Fehlende Allgemeinbildung, insbesondere ein fehlender allgemeinbildender Schulabschluss, wiewohl nach dem Berufsbildungsgesetz keine rechtliche Voraussetzung für die Aufnahme einer Berufsausbildung, wird in der Realität des Arbeitsmarktes zum gravierenden Hindernis und soll als solches beseitigt werden. Die fehlende Berufsreife, die wir als Begriff im vorgehenden Kapitel auch durchaus kritisch gesehen haben, kann sich aus drei Komponenten ergeben: schwache schulische Leistungen und damit das Fehlen wesentlicher Grundkompetenzen für das Ergreifen eines Berufes, schwierige soziale Lebenslagen und in der Folge geringere soziale Kompetenzen und Hemmnisse in der persönlichen Entwicklung sowie noch mangelnde Orientierung auf die Bedeutung des Berufseinstiegs und mögliche berufliche Bildungswege. Berufsvorbereitende Bildungsmaßnahmen sollen je nach individueller Betroffenheit der Jugendlichen auf allen drei Ebenen Unterstützung bieten – in einer Kombination, die dem einzelnen Jugendlichen gerecht wird und ihn optimal fördert. Diese Aufgabe ist ohne eine (auch zeit-, personal- und kosten-)intensive fachliche Arbeit nicht zu leisten. Es gilt, gerade für diese komplexen Fördermaßnahmen, die Qualität zu beauftragender Träger und den Entwicklungsfortschritt der Jugendlichen sorgfältig zu beurteilen.[85]
Für alle Maßnahmen zur Förderung der Berufsausbildung gilt der Grundsatz: So viel spezifische Unterstützung wie nötig, so marktnahe Ausbildung wie möglich. Deshalb soll von allen Maßnahmen aus darauf hingearbeitet werden, im Anschluss möglichst direkt eine „normale" Berufsausbildung, also ungefördert in einem Ausbildungsbetrieb am Markt oder in einer Berufsfachschule, aufzunehmen. Insbesondere im aus demografischen Gründen bevorstehenden generellen Umschwung vom Ausbildungsstellenmangel

[85] Neben der Qualitätssicherung der öffentlichen Dienstleister am Arbeitsmarkt selbst widmet sich auch das Bundesinstitut für Berufsbildung dieser Aufgabe und stellt unter der Adresse www.good-practice.de eine Informationsplattform zu allen Themen der Benachteiligtenförderung im Internet zur Verfügung. Die erfahrenen Träger haben sich zudem zum „Kooperationsverbund Jugendsozialarbeit" zusammengeschlossen und tauschen umfangreiche Materialien u. a. über die Internetpräsenz www.Jugendsozialarbeit.de aus.

zum Ausbildungsbewerbermangel sollte ein solcher direkter Übergang häufiger versucht werden und erfolgreich sein als in der Vergangenheit, auch weil Ausbildungsbetriebe bereit sind, ihre formalen Auswahlkriterien zu überdenken und ihre eigene Unterstützungsarbeit zu intensivieren. Wenn aber nach erfolgreicher Teilnahme berufsvorbereitender Bildungsmaßnahmen trotz nunmehr erlangter Berufsreife eine ungeförderte Ausbildung nicht möglich ist, stehen folgende weitere Förderinstrumente zur Verfügung.

Berufsausbildung in außerbetrieblichen Einrichtungen

Diese Ausbildung ist das förderintensivste Instrument. Sie ist deshalb auch nachrangig zu wählen, wenn auch eine geförderte Ausbildung mit geringerer Förderintensität nicht gefunden werden kann (vgl. § 76 Abs. 1 Nr. 1 SGB III). Hierbei handelt es sich um den kompletten Ersatz des dualen Ausbildungssystems für betroffene Jugendliche aus Mitteln der Sozialsysteme Arbeitslosenversicherung oder Grundsicherung. Die Grundanlage ist vergleichbar mit der berufsvorbereitenden Bildungsmaßnahme: Es kann intensive Unterstützung geleistet werden auf allen Ebenen, auf denen sich entsprechender Bedarf abzeichnet, also sowohl mittels einer intensiven Didaktik als auch durch die Bearbeitung sozialer Anforderungen. Wenn eine entsprechende Kooperation mit Ausbildungsbetrieben nicht möglich ist, werden auch eigene Einrichtungen geschaffen, in denen der praktische Teil der dualen Ausbildung im jeweiligen Beruf absolviert werden kann, also etwa Übungswerkstätten, Ausbildungsküchen oder Gewächshäuser. Während der gesamten Maßnahme bleibt der Auftrag bestehen, den Übergang in eine Ausbildung am Markt zu suchen. Wenn dies nicht gelingt, kann aber der gesamte Ausbildungsverlauf auf diese Weise absolviert werden. Damit platziert der Gesetzgeber hohe, auch finanzielle Ressourcen, um das prioritäre Ziel „Berufsabschluss für möglichst alle“ zu erreichen. Es kann allerdings sein, dass das Problem der Einmündung in eine dauerhafte bedarfsdeckende Berufstätigkeit von der Ersten an die Zweite Schwelle verschoben wird, weil Arbeitgeber in Marktsituationen mit hohem Fachkräfteangebot den realen Wert eines formalen Berufsabschlusses, der im geschützten Rahmen erworben wurde, skeptisch sehen. Die Beratungsfachkräfte wiederum übernehmen bei der Förderung einer außerbetrieblichen Berufsausbildung, weil sie anstelle des Marktes darüber entscheiden müssen, in welchen Berufen voraussichtlich bei Abschluss der Ausbildung ein Bedarf an Fachkräften bestehen wird.[86] Das Risiko einer Fehleinschätzung bei dieser Marktprognose wird zusätzlich erhöht durch den Einfluss, der sich aus dem hohen Einsatz finanzieller Mittel zum Aufbau der berufspraktischen Stätten ergibt: Wo erst einmal eine spezifische Werkstatt für die Ausbildung bestimmter Berufe eingerichtet wurde, wird ein dynamischer Wechsel der Berufspalette erschwert, wenn die Entwicklung des Marktes sie erfordert.

[86] Zur Schwierigkeit entsprechender Einschätzungen vgl. Abschnitt 2.3.

Ausbildungs- und umschulungsbegleitende Hilfen

Insbesondere wegen der beschriebenen Distanz außerbetrieblicher Berufsausbildungen zum Markt ist aus ökonomischen Gründen, aber auch aus Erwägungen der besseren sozialen Integration für benachteiligte Jugendliche die häufig bessere Alternative das Förderinstrument ausbildungsbegleitender Hilfen. Hier schließen Bewerber reguläre Ausbildungsverträge mit Ausbildungsbetrieben am Markt ab, erhalten aber zusätzlich zur Ausbildung im Betrieb und an der Berufsschule Stützunterricht und sozialpädagogische Betreuung bei einem Maßnahmeträger. Dies setzt ein hohes Engagement der Jugendlichen voraus, da diese Förderangebote in der Regel nach einem vollen Ausbildungs- bzw. Berufsschultag in Anspruch genommen werden müssen. Ausbildungsbegleitende Hilfen haben zum Ziel, eine im Erfolg tendenziell gefährdete reguläre duale Berufsausbildung dennoch erfolgreich abzuschließen. Typische Anlässe zur Aufnahme einer solchen Förderung sind der Übergang in betriebliche Ausbildung nach schwachem Schulabschluss oder berufsvorbereitenden Bildungsmaßnahmen (hier kann das Angebot der Hilfen auch genutzt werden, um einen Ausbildungsbetrieb zur Entscheidung für einen förderungsbedürftigen Jugendlichen zu ermutigen), eine nicht bestandene Zwischenprüfung oder die vorzeitige Lösung eines bestehenden dualen Ausbildungsverhältnisses.

Im Rahmen der Initiative „Zweite Chance" besteht jetzt auch die Möglichkeit, betriebliche Einzelumschulungen mit umschulungsbegleitenden Hilfen (ubH) zur Flankierung individueller Lernprobleme einzusetzen. Damit können die häufigeren Abbrüche minimiert und die exzellenten Übernahmechancen nach einem erfolgreichen Abschluss besser genutzt werden. Die Hilfen werden auf Grundlage von § 84 SGB III finanziert.

Einstiegsqualifizierung

Während ein Ausbildungsbetrieb auch bei der Förderung ausbildungsbegleitender Hilfen mit den betroffenen Jugendlichen einen ganz regulären Ausbildungsvertrag mit den damit verbundenen Verpflichtungen über die gesamte mehrjährige Ausbildungszeit schließt, umfasst die Beteiligung an einer Einstiegsqualifizierung für beide Seiten zunächst nur einen Zeitraum von mindestens sechs bis höchstens zwölf Monaten. Obwohl nach Abs. 4 des Grundsatzparagrafen 54a SGB III für dieses Instrument auch noch nicht voll berufsreife, sozial benachteiligte und lernbeeinträchtigte Jugendliche von dieser Möglichkeit profitieren können, dient dieses Instrument in erster Linie der Schaffung zusätzlicher Ausbildungsgelegenheiten für solche Jugendliche, die den genannten Zielgruppen nicht zugerechnet werden können, am Ende eines Jahreszeitraums zur Bewerbung und Vermittlung in Ausbildung als Schulabgänger aber noch keine Stelle erhalten haben. Betriebe machen also hier nicht in erster Linie Kompromisse bei der Auswahl ihrer Auszubildenden für ihr regulär vorhandenes Ausbildungsangebot, sondern verpflichten sich gegen Zahlung einer Kostenpauschale, für einen befristeten Zeitraum zusätzliche Bewerber in ihre betrieblichen Ausbildungsabläufe zu integrieren. In dieser Zeit erhalten sie alle regulären Ausbildungsinhalte, sowohl im Betrieb als auch an der Berufsschule. Ihr Qualifizierungsvertrag unterscheidet sich rechtlich zwar erheblich von einem regulären Ausbildungsvertrag, wird aber bei den zuständigen Kammern wie ein solcher registriert. Inhaltlich entspricht die Einstiegsqualifizierung somit genau dem ersten Abschnitt einer regulären dualen Berufsausbildung. Mit dieser Konstruktion verbindet der Gesetzgeber die Hoffnung, dass der ursprünglich zusätzlich übernommene Bewerber nach der Zeit der geförderten Einstiegsqualifizierung wegen seines persönlichen Lernfortschritts, vielleicht aber auch wegen verstärkter Nachfrage am Markt, nahtlos in ein reguläres Ausbildungsverhältnis übergehen kann, sei es gefördert oder ungefördert, sei es beim selben oder bei einem anderen Ausbildungsbetrieb, sei es in einen zweiten Ausbildungsabschnitt (z. B. nach zwölf Monaten Einstiegsqualifizierung in das zweite Ausbildungsjahr) oder notfalls in ein neu beginnendes, dann aber regulär verpflichtendes Ausbildungsverhältnis.

Berufseinstiegsbegleitung

Die Möglichkeit zur geförderten Berufseinstiegsbegleitung ermöglicht die Bereitstellung eines persönlichen Begleiters für förderungsbedürftige Jugendliche, der sie von der Vorabgangsklasse der allgemeinbildenden Schule bis ein halbes Jahr nach Beginn einer Berufsausbildung in allen Problemlagen unterstützt. Diese vom Gesetzgeber vorgesehene intensive Betreuung rundet das Gesamtbild der Instrumente in dieser Teilstrategie der arbeitsmarktpolitischen Förderung ab: In der beruflichen Ausbildung soll nichts unversucht bleiben, um möglichst allen Jugendlichen zum Berufsabschluss zu verhelfen. Arbeitsmarktpolitik fokussiert die berufliche Qualifizierung und legt hohen Wert auf ein vorausschauendes, Arbeitslosigkeit vorbeugendes Handeln der öffentlichen Dienstleister am Arbeitsmarkt.

4.2.3 Maßnahmen zur Förderung der beruflichen Weiterbildung Erwachsener

Der Vierte Abschnitt des Dritten Kapitels des SGB III trägt die Überschrift „Berufliche Weiterbildung" und erstreckt sich über die §§ 81 bis 87 SGB III. Dabei beschreiben die §§ 82 bis 87 SGB III die unterschiedlichen Kostenarten, die übernommen werden, wenn die Förderung der beruflichen Weiterbildung grundsätzlich als notwendig anerkannt und also positiv beschieden wurde. Tabelle 15 gibt eine Übersicht über die Grundsatznormen der arbeitsmarktpolitischen Förderinstrumente in den Rechtskreisen des SGB III und des SGB II zur Förderung der beruflichen Weiterbildung Erwachsener.

Qualifizierung zur Beseitigung struktureller Probleme

Die grundsätzliche Förderidee des Instruments zur beruflichen Weiterbildung wird in der Grundsatznorm des § 81 SGB III entfaltet. Hier machen insbesondere die Ausführungen in Abs. 1 Nr. 1 deutlich, dass der Gesetzgeber

Tabelle 15: Förderinstrumente der beruflichen Weiterbildung
(Teilstrategie 3 – Grundsatznormen der wesentlichen Instrumente)

Im Rechtskreis der Arbeitsförderung (SGB III) förderbare Instrumente					Im Rechtskreis der Grundsicherung (SGB II) förderbare Instrumente			
Rechtsnorm		Kurzbezeichnung	Teilstrategie	Pflichtleistg.	Rechtsnorm		Kurzbezeichnung	Teilstrategie
§ 81	SGB III	Berufliche Weiterbildung	3		§ 81	SGB III	Berufliche Weiterbildung	3
§ 82	SGB III	Berufliche Weiterbildung besonderer Arbeitnehmer	3	z. T.	§ 82	SGB III	Berufliche Weiterbildung besonderer Arbeitnehmer	3

Legende

- Pflichtleistung: z. T. = zum Teil – für einzelne Zielgruppen oder für Teilleistungen Teil – als Pflichtleistung gestaltet
- beide Instrumente in beiden Rechtskreisen förderbar
- Auswahlkriterien für wesentliche Leistungen: siehe Tabelle 12.

Quelle: eigene Darstellung

ein starkes Mittel gegen strukturelle Arbeitslosigkeit gestaltet hat, d. h. eine Therapie für Situationen am Arbeitsmarkt, in denen bisher erfolglos arbeitsuchenden Menschen durchaus offene Stellenangebote gegenüberstehen, das Qualifikationsprofil der Arbeitsuchenden aber nicht mit dem Anforderungsprofil aus den nachfragenden Unternehmen übereinstimmt und sie deshalb diese Gelegenheiten zum Wiedereinstieg in den Arbeitsmarkt nicht wahrnehmen können. Der Gesetzgeber erteilt den öffentlichen Dienstleistern am Arbeitsmarkt mit den beiden §§ 81 und 82 SGB III einen umfassenden Auftrag zur beruflichen Qualifizierung. Strukturelle Arbeitslosigkeit soll durch das Beseitigen der Ursachen, sprich das Finanzieren der Erlangung marktfähiger beruflicher Zertifikate nicht nur bekämpft werden, wenn sie bereits eingetreten ist, sondern auch, wenn eine solche Arbeitslosigkeit unmittelbar oder auch nur mittelbar droht (dieser stark akzentuierte Qualifizierungsauftrag wurde bereits in Abschnitt 4.1.2 herausgearbeitet). Berufliche Weiterbildung nach dem Vierten Abschnitt des Kapitels zur aktiven Arbeitsförderung im SGB III unterscheidet sich von den teilweise auch qualifizierenden Maßnahmen zur Aktivierung und beruflichen Eingliederung des Zweiten Abschnitts (vgl. Abschnitt 4.2.1) dadurch, dass es hier um die Vermittlung berufs*fachlicher* Kenntnisse und Zertifikate geht (und die entsprechenden Maßnahmen und ihre Förderung deshalb in der Regel auch längere Zeiträume in Anspruch nehmen als dort).

Solche Kenntnisse und Zertifikate können sich auf eine spezifische Anpassungsfortbildung beziehen, die auf bereits bestehende Kenntnisse aufbaut und diese modernen Entwicklungen anpasst oder sie entsprechend erweitert. Das können beispielsweise Zertifikate sein, wie etwa ein Gabelstaplerführerschein, Anwenderzertifizierungen für eine bestimmte Software oder einer IHK-Prüfung als Sicherheitsfachkraft. Die Förderung der beruflichen Weiterbildung kann sich aber auch auf den – erstmaligen oder neuen[87] – Erwerb eines kompletten Berufsabschlusses beziehen. Die Feststellung der Notwendigkeit – i. S. d. in Abschnitt 3.1.4 dargelegten Ermessensausübung – ergibt sich aus der Analyse, dass sich das persönlich ergebende Arbeitsmarktrisiko oder der gar schon eingetretene Risikofall der Arbeitslosigkeit als ein strukturell verursachtes Problem darstellt, d. h. die bisher erworbenen beruflichen Kenntnisse und Zertifikate lassen eine dauerhafte und unterhaltssichernde Integration in den Arbeitsmarkt nicht (mehr) zu, bei Erreichen des zu fördernden neuen beruflichen Qualifizierungsziels ist eine solche Integration aber wahrscheinlich. Die Prüfung der Notwendigkeit setzt somit hohe Arbeitsmarktexpertise bei den entscheidenden Fachkräften voraus. Sie müssen nicht nur die Dynamik beruflicher Teilarbeitsmärkte für die Vergangenheit und die aktuelle Situation am Arbeitsmarkt beurteilen, sondern auch ein prognostisches Urteil für den Zeitpunkt nach Erwerb des neuen beruflichen Zertifikats abgeben können.

Für Personen ohne Berufsabschluss erkennt der Gesetzgeber die Notwendigkeit einer beruflichen Weiterbildung grundsätzlich an und bezieht in diese Gruppe nicht nur diejenigen ein, die bisher noch nie eine mindestens zweijährige Berufsausbildung erfolgreich absolviert haben, sondern auch Personen, die „über einen Berufsabschluss verfügen, jedoch aufgrund einer mehr als vier Jahre ausgeübten Beschäftigung in an- oder ungelernter Tätigkeit eine dem Berufsabschluss entsprechende Beschäftigung voraussichtlich nicht mehr ausüben können" (§ 81 Abs. 2 Nr. 1 SGB III).

Mit diesem klaren Auftrag zur Förderung beruflicher Zertifikate bis hin zum vollen Berufsabschluss reagiert der Gesetzgeber – therapeutisch bei eingetretener und vorbeugend bei drohender Arbeitslosigkeit – auf die seit vielen Jahren am deutschen Arbeitsmarkt beständig sich erweisende Bedeutung beruflicher Qualifikationen für die Integration am Arbeitsmarkt. Insbesondere Personen ohne formalen Berufsabschluss sind im strukturellen Wandel des Arbeitsmarktes weit überproportional von Arbeitslosigkeit betroffen (vgl. Abbildung 26).

[87] Der geförderte Erwerb eines neuen Berufsabschlusses wird häufig „Umschulung" genannt.

Abbildung 26: Qualifikationsspezifische Arbeitslosenquoten in Deutschland (1975–2011) Männer und Frauen (in Prozent)

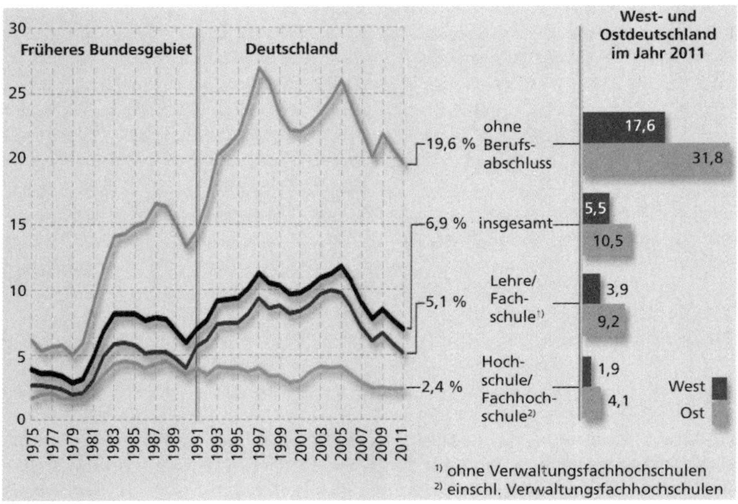

Anmerkung: Arbeitslose in Prozent aller zivilen Erwerbspersonen (ohne Auszubildende) gleicher Qualifikation; Erwerbstätige ohne Angabe zum Berufsabschluss nach Mikrozensus je Altersklasse proportional verteilt; bis 2004 Erwerbstätige im April; ab 2005 Erwerbstätige im Jahresdurchschnitt.

Quelle: Weber/Weber, 8.2

Förderung von beschäftigten Arbeitnehmern

Dieser anhaltende Zusammenhang hat dazu geführt, dass in jüngster Zeit die Förderung der beruflichen Weiterbildung aus öffentlichen Mitteln der Arbeitsmarktpolitik mit § 82 SGB III sogar auf Beschäftigte ausgeweitet wurde, die nicht nur noch in Arbeit sind, sondern auch nicht unmittelbar von Arbeitslosigkeit bedroht erscheinen. Die Förderung richtet sich an über 45-Jährige, die in kleinen und mittleren Betrieben während ihrer Weiterbildung beschäftigt bleiben und von ihrem Arbeitgeber auch weiterhin Arbeitsentgelt erhalten. Für diese Personen kann also angenommen werden, dass ihr Arbeitgeber gerade ein Interesse an ihrer Weiterbeschäftigung hat. Er nimmt für eine längere Zeit in Kauf, dass sie im Produktionsprozess bei laufender Lohnzahlung fehlen, weil er an ihrem Einsatz nach dem Erreichen des Qualifikationsziels auf einer höheren Produktivitätsstufe interessiert ist. Dass es sich um eine entsprechend umfassende – und damit auch zeit- und kostenaufwendige – Qualifizierung handeln muss, wird in § 82 Nr. 5 SGB III festgelegt.

Auftrag zum umfassenden Mitteleinsatz

In der Gesamtschau der Förderstrategie zur beruflichen Weiterbildung wird deutlich, dass der Gesetzgeber hier einen hohen Aufwand an öffentlichen Mitteln vorschreibt, um damit strukturelle und tendenziell nachhaltig zu erwartende Probleme am Arbeitsmarkt anzugehen. Als Kosten ergeben sich zum einen die in § 83 SGB III aufgelisteten und in den nachfolgenden §§ 84 bis 87 weiter detaillierten Weiterbildungskosten, die nicht nur die Lehrgangskosten umfassen – bei mehrmonatigen bis zweijährigen Trägermaßnahmen nicht selten ein fünfstelliger Euro-Betrag –, sondern auch Fahrtkosten, Kosten für auswärtige Unterbringung und Verpflegung sowie Kosten für die Betreuung von Kindern. Hinzu kommt für die Bezieher von Arbeitslosengeld oder Arbeitslosengeld II die Weiterzahlung einer entsprechenden Leistung zum Lebensunterhalt. In diesem Förderungsumfang ähnelt die berufliche Weiterbildung dem Bündel von Instrumenten zur Förderung der beruflichen Erstausbildung, wie sie in Abschnitt 4.2.2 dargestellt wurde. Hier wie dort wird eine längere Wegstrecke gefördert, um durch den Erwerb berufsfachlicher Qualifikationen – wo immer möglich hin zum Berufsabschluss oder zu auf diesem aufsetzenden Fortbildungen – struktureller Arbeitslosigkeit vorzubeugen oder diese zu beenden. Der inhaltliche Zusammenhang zwischen beiden Strategiebereichen wird auch deutlich aufgrund des Verweises von Berufsanfängern auf die Berufsausbildung oder berufsvorbereitende Bildungsmaßnahmen in § 81 Abs. 2 Satz 1 Nr. 2 SGB III sowie parallelen Rechtsanspruchs auf die Vorbereitung zum Nachholen eines noch fehlenden Hauptschulabschlusses (in § 53 SGB III und in § 81 Abs. 3 SGB III).

4

Das mächtige Instrumentarium zur Förderung der beruflichen Weiterbildung wird konsequent vollständig in den Bereich der Grundsicherung für Arbeitsuchende übernommen, weil dort tendenziell häufiger strukturelle Ursachen die Arbeitslosigkeit verursacht haben als im marktnäheren Bereich der Arbeitsförderung (SGB III). Insbesondere ein fehlender Berufsabschluss ist dort sehr viel häufiger. Über 80 Prozent aller Arbeitslosen noch ohne formalen Berufsabschluss werden im Rechtskreis des SGB II betreut.[88]

Bei der Aufgabe der Budgetsteuerung kann die Versuchung entstehen, gerade bei einem Instrument mit so hohem Aufwand pro Einzelfall restriktiv zu agieren. Es ist zu befürchten, dass dies in den vergangenen Jahren aufgrund fehlgesteuerter Anreize in den Zielvereinbarungsprozessen auch passiert ist. Wenn aber verstanden wurde, welch nachhaltige Integrationsziele mit der Qualifizierung erreicht werden können und sollen und welch hochrangigen Auftrag der Gesetzgeber mit diesem Instrument

[88] Vgl. BA (Hrsg.) 2012, S. 15

verbindet[89], gilt es, dieser Versuchung zu widerstehen[90] und diese Art der Förderung mit hoher Priorität zu prüfen[91]. Außerdem ist darauf zu achten, dass durch den Einsatz des Bildungsgutscheins die Inanspruchnahme der bereits bewilligten Förderung nicht gerade bei dem Personenkreis ausbleibt, der ihrer am stärksten bedarf und bei dem die höchste Steigerung der Integrationswahrscheinlichkeit erwartet werden kann. Nach § 81 Abs. 4 SGB III wird nach der grundsätzlichen Bewilligung der Förderung ein solcher Bildungsgutschein übergeben, mit dem die arbeitsuchende Person nach einer Sichtung des Angebots auf dem Markt der Bildungsanbieter selbstständig auf einen selbstgewählten Bildungsträger zugeht, bei dem er die Maßnahme zur beruflichen Weiterbildung durchführen möchte. Dieses Instrument und der dadurch in Gang gesetzte Auswahl- und Entscheidungsprozess soll die Autonomie der Qualifizierungsteilnehmer stärken und einen marktförmigen Wettbewerb zwischen den unterschiedlichen Bildungsanbietern vorantreiben. Gerade Personen mit geringerer formaler Bildung können sich bei dieser Aufgabe überfordert fühlen und den Gutschein deshalb seltener auch tatsächlich einlösen als Personen, die eher in der Lage sind, sich die dazu erforderlichen Informationen und Transparenz über das Bildungsangebot zu verschaffen und selbstbewusst auf einen gewählten Anbieter zuzugehen.[92]

Nun können die Beratungsfachkräfte zwar keine Empfehlungen für die Wahl eines bestimmten Bildungsträgers aussprechen, wenn die Zielsetzung zur marktförmigen Wahlfreiheit nicht konterkariert werden soll. Sehr wohl aber gehört es zur Beratungsaufgabe, gerade Ratsuchende mit geringen Vorkenntnissen in die Lage zu versetzen, ihre Wahlmöglichkeit und damit insbesondere die Bildungsförderung selbst in Anspruch nehmen zu können, z. B. durch ein intensives Gespräch über das Verfahren, mögliche Kriterien bei der Auswahl sowie die Nutzung von Informationsangeboten, mit denen sich ein Überblick über das (regionale) Bildungsangebot gewinnen lässt. Ein einfacher Verweis etwa auf die Online-Datenbank KURSNET reicht nicht aus.

4.2.4 Maßnahmen zur Stabilisierung der ersten Phase einer neu aufgenommenen Erwerbstätigkeit

Maßnahmen zur Stabilisierung der ersten Phase einer neu aufgenommenen Erwerbstätigkeit stellen sich sehr unterschiedlich dar, und die Instrumente unterschieden sich – anders als bei Maßnahmen zur Aktivierung und beruf-

---

89 In beiden Rechtskreisen zielt die Förderung der beruflichen Weiterbildung direkt auf die Umsetzung wesentlicher Bestimmungen im jeweiligen Grundsatzparagraphen 1: Im SGB III besteht ein direkter Zusammenhang mit dem Auftrag zur ständigen Verbesserung der Beschäftigungsstruktur (§ 1 Abs. 1 Satz 4 SGB III), im SGB II mit dem Auftrag, „dazu bei[zu]tragen, dass [die erwerbsfähigen Leistungsberechtigten ...] ihren Lebensunterhalt unabhängig von der Grundsicherung aus eigenen Mitteln und Kräften bestreiten können" (§ 1 Abs. 2 Satz 1 SGB II).

90 Vgl. Abschnitt 4.3.2

91 Vgl. Abschnitt 4.3.1

92 Vgl. Bruttel, O. 2003, S. 617 f.; Kruppe, T. 2008, S. 14, 29

lichen Eingliederung oder bei der Förderung der beruflichen Weiterbildung – auch zwischen den beiden Rechtskreisen des SGB II und des SGB III. In dieser Teilaufgabe tauchen zudem zum ersten Mal originäre Instrumente der Grundsicherung für Arbeitsuchende auf, sprich Möglichkeiten zur Förderung, die es so nur für erwerbsfähige Hilfebedürftige[93] gibt. Die folgende Tabelle 16 zeigt eine Übersicht der Instrumente dieser Teilaufgabe.

Tabelle 16: Förderinstrumente zur Stabilisierung neuer Beschäftigungsverhältnisse
(Teilstrategie 4 – Grundsatznormen der wesentlichen Instrumente)

Im Rechtskreis der Arbeitsförderung (SGB III) förderbare Instrumente					Im Rechtskreis der Grundsicherung (SGB II) förderbare Instrumente			
Rechtsnorm		Kurzbezeichnung	Teilstrategie	Pflichtleistg.	Rechtsnorm		Kurzbezeichnung	Teilstrategie
§ 88	SGB III	Eingliederungszuschuss	4		§ 88	SGB III	Eingliederungszuschuss	4
§ 93	SGB III	Gründungszuschuss	4		§ 16b	SGB II	Einstiegsgeld	4
					§ 16c	SGB II	Sachleistungen für Selbstständigkeit	4

Legende

- Pflichtleistung: keine
- Farbunterlegung:

weiß unterlegte Instrumente = nur im SGB III förderbar
hellgrau unterlegte Instrumente = in beiden Rechtskreisen förderbar
dunkelgrau unterlegte Instrumente = nur im SGB II förderbar

- Auswahlkriterien für wesentliche Leistungen: siehe Tabelle 12

Quelle: eigene Darstellung

Gemeinsam ist diesen Instrumenten, dass ihre Förderung weiterläuft oder erst einsetzt, während die Personen bereits eine neue Erwerbstätigkeit aufgenommen haben. Sie werden deshalb auch als „beschäftigungsbegleitende

[93] Der Gesetzestext des SGB II spricht inzwischen von „erwerbsfähigen Leistungsberechtigten". Im Rahmen dieses Kapitels wird der früher verwandte Begriff der „erwerbsfähigen Hilfebedürftigen" aber weiter verwendet, weil er die beiden Zielgruppen der Förderung zwischen SGB II und SGB III deutlicher unterscheiden hilft (erwerbsfähig und leistungsberechtigt sind auch die Berechtigten der Arbeitsförderung nach dem SGB III).

Maßnahmen" bezeichnet. Das ist ein wesentlicher Unterschied zu den Instrumenten zur Aktivierung und beruflichen Eingliederung wie auch der Förderung der beruflichen Weiterbildung, die *vor* der Aufnahme einer Erwerbstätigkeit zur Anwendung kommen, diese erst ermöglichen sollen und mit einer dem Förderziel entsprechenden Einmündung der geförderten Person in den Arbeitsmarkt eingestellt werden können. Eine erfolgreiche Bewerbung wäre ohne diese Unterstützung grundsätzlich – unabhängig von einem einzelnen Arbeitgeber – nicht möglich. Maßnahmen zur Aktivierung und beruflichen Eingliederung ermöglichen entweder durch rein finanzielle Unterstützung die Bewerbung bei Arbeitgebern (und beseitigen damit ein friktionelles Problem) oder durch Vermittlung außerfachlicher Kompetenzen (gehen also ein strukturelles Problem geringeren Umfangs an). Bei einer Qualifizierungsmaßnahme nach § 81 SGB III geht es um die Förderung umfassenderer berufsfachlicher Kompetenzen (d. h. um die Behebung eines größeren strukturellen Mismatch). Im Unterschied zu diesen beiden arbeitsmarktpolitischen Teilstrategien hat der Gesetzgeber mit den beschäftigungsbegleitenden Leistungen Instrumente für Situationen geschaffen, in denen die Prüfung der individuellen persönlichen Voraussetzungen der arbeitsuchenden Person auf der einen Seite und der Aufnahmefähigkeit des Arbeitsmarktes auf der anderen, der Seite der Nachfrage, ergeben hat, dass grundsätzlich sehr wohl die Chance zur Aufnahme einer Erwerbstätigkeit besteht, ohne dass sich zuvor bei der Person wesentliche Veränderungen ergeben. Es gibt also durchaus einen für die Person passenden Platz im Arbeitsmarkt. Aber es gibt Anzeichen dafür, dass eine dauerhafte Einmündung in diesen Platz einer Stabilisierung in der Anfangsphase bedarf.

Eingliederungszuschuss zur vertieften Einarbeitung

Der Eingliederungszuschuss nach § 88 SGB III kann in Situationen helfen, in denen ein konkreter Arbeitgeber sich durchaus eine dauerhafte Einstellung einer konkreten arbeitsuchenden Person vorstellen kann. Er bejaht die grundsätzliche Eignung ihrer beruflichen Qualifikation und auch die grundsätzliche Eignung der Person zur Aufnahme in sein betriebliches Umfeld einschließlich des kollegialen Kreises seiner übrigen Belegschaft. Er sieht allerdings die Notwendigkeit einer vertieften Einarbeitung dieser Person in ihre neue berufliche Aufgabe – z. B. weil die Person längere Zeit nicht mehr in ihrem Beruf gearbeitet hat oder weil sie bisher ihren Beruf in einem anderen Produktionsumfeld ausgeübt hat und deshalb beispielsweise mit einem dem neuen vergleichbaren Maschinenpark noch keine Erfahrung sammeln konnte. Der Arbeitgeber macht außerdem glaubhaft, dass diese vertiefte Einarbeitung in der ersten Zeit der Anstellung zu einem Produktivitätsausfall führen wird, den er betriebswirtschaftlich nicht tragen kann – entweder durch geringere Belastbarkeit des neuen Mitarbeiters selbst oder durch Einsatz eines Betreuers während der Einarbeitung. Der so entstehende – über das übliche Maß bei Neueinstellungen hinausgehende – Produktivitätsverlust soll mittels der Zahlung des Eingliederungszuschusses für den Arbeitgeber kompensiert werden. § 88 SGB III spricht vom „Ausgleich einer Minderleistung". Und da sich das Ausmaß dieser Minderleistung nur ganz individuell bestimmen lässt, als Ergebnis der vertieften Einarbeitung einer konkreten Person mit ihrem individuellen Kompetenzprofil auf einer konkreten Arbeitsstelle mit ihrem individuellen Anforderungsprofil[94], ist nach der grundsätzlichen Ermessensentscheidung zur Förderung auch noch über die konkrete Dauer und Höhe der Leistungszahlung zu entscheiden, für die der Gesetzgeber in § 89 SGB III konsequent jeweils nur einen Höchstwert und keinen Fixwert bestimmt hat. Er fordert vielmehr (in Satz 1) ausdrücklich eine individuelle Anpassung der Leistung und normiert in § 92 SGB III mehrere Bestimmungen, die einem dem Förderziel widersprechenden „Mitnahmeeffekt" vorbeugen sollen.

Einstiegsgeld als Anreiz zur Einstiegsbeschäftigung

Das Einstiegsgeld nach § 16b SGB II ist eine originäre Leistung der Grundsicherung für Arbeitsuchende (SGB II). Es enthält zwei unterschiedliche Zielrichtungen für die Integration der arbeitsuchenden Person in eine neue Erwerbstätigkeit: Mit dem Einstiegsgeld kann sowohl die Aufnahme einer sozialversicherten Beschäftigung als auch einer selbstständigen Erwerbstätigkeit als Unternehmer gefördert werden (§ 16b Abs. 1 Satz 1 SGB II). Die Nutzung des Instruments zur Existenzgründungsförderung behandelt der folgende Unterabschnitt. Gemeinsam ist beiden Optionen, dass die in der Grundsicherung häufig vor einer höheren (Wieder-)Eintrittsschwelle in den Arbeitsmarkt stehenden Personen, z. B. weil sie bereits längere Zeit ohne Arbeit waren oder bisher nur geringe berufliche Qualifikationen erwerben konnten, den Anreiz erhalten sollen, einen ersten Schritt in den Arbeitsmarkt zu wagen, auch wenn mit diesem Schritt zunächst noch kein unterhaltssicherndes Einkommen erwartet werden kann. Die damit verbundene Absicht besteht darin, die geförderte Person besser in die Lage zu versetzen, sich nach dieser Einstiegsphase auch zu dauerhaft unterhaltssichernden Erwerbspositionen im Arbeitsmarkt weiterentwickeln zu können, indem die Arbeitslosigkeit beendet und (erneut) erste berufliche Erfahrungen und Bewährung im Arbeitsmarkt gesammelt werden – eine Aussicht, die bei weiter andauernder Arbeitslosigkeit kaum bestünde. Die Prüfung der Notwendigkeit zur Förderung dieser Ermessensleistung besteht in der Klärung genau dieser Aussichten: ohne Einstiegsphase wahrscheinlich keine, nach einer Einstiegsphase wahrscheinlich deutlich erhöhte Chance auf unterhaltssichernde Erwerbstätigkeit.

---

94 Ein Missverständnis des Instruments liegt deshalb vor, wenn Arbeitgeber die Meldung von Stellenangeboten an die Zahlung eines Eingliederungszuschusses knüpfen. Eine solche Leistung für einen vermittelten Arbeitnehmer, der wegen seiner mitgebrachten Kompetenzen keiner vertieften Einarbeitung bedarf (oder nicht im vom Arbeitgeber gewünschten Umfang), wäre gesetzeswidrig.

Bei der Variante zur Förderung des Einstiegs in sozialversicherte Beschäftigung besteht der Anreiz darin, dass der Arbeitnehmer zusätzlich zu seinem zunächst noch niedrigen Erwerbseinkommen das Einstiegsgeld als monatliches Zusatzeinkommen aus Mitteln der Grundsicherung erhält. Diese finanzielle Abfederung des Einstiegs in den Niedriglohnbereich kann auf bis zu zwei Jahre ausgedehnt werden (§ 16b Abs. 2 SGB II) und je nach Personenkreis bis zur vollen Höhe des Regelbedarfs zur Sicherung des Lebensunterhalts reichen[95]. Hier stellt sich die Frage, warum der Gesetzgeber diese durchaus bedeutende finanzielle Leistung zur Verfügung stellt, wenn doch gleichzeitig aus § 2 SGB II in Verbindung mit § 10 Abs. 1 SGB II und insbesondere § 10 Abs. 2 Nr. 1, 2 und 4 hervorgeht, dass erwerbsfähige Hilfebedürftige gezwungen werden, jede auch niedrig entlohnte Arbeit anzunehmen, um in Arbeit zu kommen und ihre Hilfebedürftigkeit zumindest zu verringern (§ 2 Abs. 1 Satz 1 SGB II). Ganz offensichtlich will der Gesetzgeber mit diesem Instrument ein starkes Gewicht in die Waagschale des Förderns legen, um zu einem gut ausgewogenen Verhältnis zwischen den beiden Grundprinzipien des Förderns und Forderns kommen zu können. Das Einstiegsgeld kann auch als Konkretisierung der Grundsatznorm in § 1 Abs. 2 Nr. 6 verstanden werden, der vorsieht, dass „Anreize zur Aufnahme und Ausübung einer Erwerbstätigkeit geschaffen und aufrechterhalten werden." Psychologisch kann dieser Anreiz auch dazu dienen, hilfebedürftigen Arbeitslosen dabei zu helfen, eine mögliche Verhaltensblockade aufzulösen, die aus der Hoffnung auf die bestmögliche Positionierung im Arbeitsmarkt, den ersten Einstieg in das zunächst erst Mögliche und damit den ersten Schritt auf dem Weg hin zum Optimum verhindert. Wer nach bis zu zweijähriger beruflicher Tätigkeit seine Beschäftigungsfähigkeit unter Beweis stellen konnte, wird eine bessere Startposition erlangt haben, sich beim selben oder einem anderen Arbeitgeber um eine Stelle oberhalb des Niedriglohnbereichs zu bewerben als direkt aus langanhaltender Arbeitslosigkeit heraus.[96]

Förderung der Existenzgründung – unterschiedlich je nach Rechtskreis

Als die Förderung einer selbstständigen Erwerbstätigkeit aus Mitteln der Arbeitslosenversicherung als Instrument in den Katalog arbeitsmarktpolitischer Fördermöglichkeiten eingeführt wurde[97], war damit ein Bruch in der

---

95 Die Bundesregierung hat von der Ermächtigung nach § 16b Abs. 3 SGB II Gebrauch gemacht und eine Rechtsverordnung erlassen, mit der die Bemessung des Einstiegsgeldes genauer bestimmt wird: die „Verordnung zur Bemessung von Einstiegsgeld (Einstiegsgeld-Verordnung – ESGV)".

96 Und auch fiskalisch gesehen ist dieses prioritäre Setzen auf den finanziellen Anreiz vor einer möglichen Drohung mit Sanktionen eine sinnvolle Priorität: Die Motivation zum Verbleib in einer durch Sanktionsdrohung erzwungenen Beschäftigung dürfte deutlich geringer und die Wahrscheinlichkeit zur Wiederkehr in Arbeitslosigkeit und damit in den (vollen) Bezug von Arbeitslosengeld II deutlich höher sein.

97 Im Jahr 1986 zunächst als „Überbrückungsgeld" nach § 55a AFG; vgl. Wießner, F. 1998, S. 124.

strengen Versicherungslogik der Arbeitsförderung verbunden. Mittel aus der Arbeitslosenversicherung sollten bis dahin nur zur Förderung neuer sozialversicherungspflichtiger Beschäftigungsverhältnisse verwendet werden. Die Förderung selbstständiger Erwerbsexistenzen ist aus der ganzheitlichen Perspektive auf den Arbeitsmarkt[98] aber ausgesprochen sinnvoll, weil

- Arbeitslosigkeit auch durch vom Markt erzwungene Aufgaben einer selbstständigen Erwerbstätigkeit entstehen kann[99],
- das Beenden der Arbeitslosigkeit durch Aufnahme einer (dauerhaft tragfähigen) selbstständigen Erwerbstätigkeit als sowohl sozialpolitisch wie volkswirtschaftlich erwünschter erfolgreicher Schritt zu sehen ist und
- sich aus der Neugründung eines Unternehmens perspektivisch weitere Einmündungsmöglichkeiten für Arbeitslose als Beschäftigte dieses Unternehmens ergeben können.

Die Aufnahme dieser Teilaufgabe in die Arbeitsmarktpolitik ist also konsequent und kann als Element einer umfassenderen wirtschaftspolitischen Strategie zur Erhöhung der Selbstständigenquote gesehen werden. Mit dem Paradigmenwechsel zum umfassenden Einbezug auch erwerbsfähiger Hilfebedürftiger in die arbeitsmarktpolitische Förderung (vgl. Abschnitt 4.1.4) wurde die Möglichkeit der Existenzgründung nicht mehr nur für eher marktnahe und hoch qualifizierte arbeitslose Menschen gesehen, sondern (unter Verwendung des politischen Begriffs der „Ich-AG") auch für jene, die ihre alltagspraktischen Fähigkeiten und Fertigkeiten in einer Vorstufe zu einer unterhaltssichernden Selbstständigkeit im wachsenden Sektor personen- und haushaltsbezogener Dienstleistungen nutzen können.[100] Entsprechend unterschiedlich gestaltet wurden zwei Instrumente: der Gründungszuschuss in der Arbeitsförderung (SGB III) und das Einstiegsgeld zur Förderung selbstständiger Erwerbstätigkeit in der Grundsicherung für Arbeitsuchend (SGB II).[101] Die folgende Tabelle 17 gibt eine Übersicht über die unterschiedlichen Modalitäten der Förderung.

---

98 Wie sie insbesondere in § 1 SGB III deutlich zum Ausdruck kommt.

99 Überwiegend zwar ohne, seit Einführung der Möglichkeit zur freiwilligen Arbeitslosenversicherung für Selbstständige aber durchaus auch mit Anspruch auf Arbeitslosengeld.

100 Vgl. Bensel u. a. 2002, S. 165

101 In einer kurzen Übergangszeit vor Einführung der Grundsicherung für Arbeitsuchende (SGB II) gab es zwei entsprechende Instrumente für die beiden Zielgruppen nebeneinander in der Arbeitsförderung (SGB III): das Überbrückungsgeld als Vorläufer des Gründungszuschusses und den Existenzgründungszuschuss als Vorläufer des Einstiegsgeldes zur Förderung selbstständiger Erwerbstätigkeit.

Tabelle 17: Instrumente zur Förderung selbstständiger Erwerbstätigkeit

Rechtskreis			SGB III	SGB II
Bezeichnung des Kerninstruments			**Gründungszuschuss** nach § 93 SGB III	**Einstiegsgeld** zur Förderung selbstständiger Erwerbstätigkeit nach § 16b SGB II
monatlich laufende Unterstützung	zum Lebensunterhalt	Höhe	**in Höhe des letzten Arbeitslosengeldes** (§ 94 Abs. 1 SGB III)	**zusätzlich zum** (durch das Erwerbseinkommen geminderten) **Arbeitslosengeld II:** ▪ **im Regelfall bis zu 50 % des Regelbedarfs** nach § 20 SGB II ▪ **im Einzelfall bis zu 100 % des Regelbedarfs** nach § 20 SGB II (§ 16b Abs. 2 und 3 SGB II i. V. m. § 1 ESGV)
		Dauer	**6 Monate** (§ 94 Abs. 1 SGB III)	**bis zu 24 Monate** (§ 16b Abs. 2 Satz 1 SGB II)
	zur sozialen Absicherung	Höhe	**300 Euro** (§ 94 SGB III)	**beitragslose Pflichtversicherung** als Leistungsempfänger
		Dauer	**bis zu 15 Monate** (§ 94 Abs. 1 und 2 SGB III)	**bis zu 24 Monate** (§ 16b Abs. 2 Satz 1 SGB II)
einmalige Leistung vor oder bei Beginn der Selbstständigkeit	zur Vorbereitung auf die Selbstständigkeit		**Existenzgründerseminar** (§ 45 Abs. 1 Nr.4 SGB III)	**Existenzgründerseminar** (§ 16 Abs. 1 Nr. 2 SGB II i. V. m. § 45 Abs. 1 Nr. 4 SGB III)
	zur Finanzierung der ersten Sachausstattung		**keine** (öffentlich geförderte Kredite außerhalb des SGB III möglich)	**bis zu 5.000 Euro** (§ 16c Abs. 1 SGB II)
begleitende Unterstützung			**keine** (öffentlich geförderte Begleitung außerhalb des SGB III möglich)	**Beratung oder Vermittlung von Kenntnissen und Fertigkeiten (Coaching) durch Dritte** (§ 16c Abs. 2 SGB II)

Quelle: eigene Darstellung

Diese Gestaltung macht die vom Gesetzgeber unterschiedlich gesehenen Zielgruppen der Existenzgründungsförderung in beiden Rechtskreisen deutlich: Während die existenzgründende Person aus der Arbeitsförderung (SGB III) tendenziell marktnäher qualifiziert, eine höhere, aber deutlich kürzere überbrückende Unterstützung zum Lebensunterhalt erhält und die

Sachausstattung des Unternehmens aus eigenen Mitteln oder kreditfinanziert organisieren kann, bedarf die existenzgründende Person aus der Grundsicherung für Arbeitsuchende (SGB II) einer längeren, aber bescheidener ausgestatteten Einstiegssubventionierung ihres monatlichen Einkommens, um erst nach einer längeren Einstiegsphase existenzsichernd im Markt Fuß fassen zu können. Diese Person kann die erste Sachausstattung des Unternehmens nicht aus eigenen Mitteln oder Krediten vom privaten Kapitalmarkt bestreiten; sie bedarf auch eher eines begleitenden Coachings.

Für beide Rechtskreise und für beide Zielgruppen ergeben sich aber dieselben vier Aspekte zur Prüfung der grundsätzlichen Erfolgsaussicht einer Existenzgründung aus der Arbeitslosigkeit heraus. Sie lassen sich in der folgenden Vier-Felder-Matrix (Tabelle 18) darstellen.

Tabelle 18: Aspekte zur Prüfung von Erfolgsaussichten bei einer Existenzgründung aus Arbeitslosigkeit

	fachlich	außerfachlich	Prüfung durch die Fachkraft
Unternehmensidee	Gibt es eine ertragsreiche Lücke im Markt für das geplante Produkt oder die geplante Dienstleistung?	Gibt es eine ausreichende finanzielle Grundlage für Aufbau und Erhalt des Unternehmens?	unter Berücksichtigung von Gutachten fachkundiger Stellen
Existenzgründende Person	Hat die Person die erforderlichen beruflichen Kenntnisse zur Herstellung des geplanten Produkts oder der geplanten Dienstleistung?	Ist die Person eine Unternehmerpersönlichkeit mit den erforderlichen kaufmännischen Grundkenntnissen und der besonderen persönlichen Belastbarkeit?	anhand der Ergebnisse des Profilings in der Beratung

Quelle: eigene Darstellung

In der Summe stellen sich die beschäftigungsbegleitenden Leistungen als heterogenes Bündel dar, denen aber gemeinsam ist, dass sie jeweils die erste Phase einer grundsätzlich durchaus sofort möglichen Integration in den Arbeitsmarkt stabilisieren. Im Rechtskreis des SGB III steht dafür der Eingliederungszuschuss zur vertieften Einarbeitung einer bereits beschäftigungsfähigen Person auf einem konkreten Arbeitsplatz beim neuen Arbeitgeber zur Verfügung oder die Anschubfinanzierung eines tragfähigen, nach kurzer Zeit existenzsichernden eigenen Unternehmens des Arbeitsuchenden. In der Grundsicherung für Arbeitsuchende (SGB II) kann ebenfalls der Eingliederungszuschuss dabei helfen, eine von Beginn an existenzsichernde Beschäftigung bei einem Arbeitgeber zu finden. Es kann aber – insbesondere für Personen mit geringerem formalen Qualifikationsniveau oder längerer Arbeitslosigkeit – auch eine sinnvolle Option sein, auf zunächst noch nicht existenzsicherndem Einkommensniveau einen ersten Einstieg in den Arbeitsmarkt zu finden, um nach einer solchen Einstiegsphase bessere Chancen auf ein höheres Einkommen zu haben. Für die Förderung dieser Option steht das Einstiegsgeld zur Verfügung – sowohl in einer Variante, die auf eine Aufwärtsmobilität im Arbeitsmarkt abhängiger Beschäftigung zielt, als auch in einer Variante zur Subventionierung eines längeren Weges hin zu einer existenzsichernden Selbstständigkeit.

4.2.5 Maßnahmen zur Abwendung drohender Arbeitslosigkeit Beschäftigter

Tabelle 19 gibt einen Überblick über die Grundsatznormen aller wesentlichen arbeitsmarktpolitischen Förderinstrumente in den Rechtskreisen des SGB II und des SGB III zur Abwendung drohender Arbeitslosigkeit Beschäftigter.

Tabelle 19: Förderinstrumente zur Abwendung drohender Arbeitslosigkeit
(Teilstrategie 5 – Grundsatznormen der wesentlichen Instrumente)

Im Rechtskreis der Arbeitsförderung (SGB III) förderbare Instrumente					Im Rechtskreis der Grundsicherung (SGB II) förderbare Instrumente		
Rechtsnorm		Kurzbezeichnung	Teilstrategie	Pflichtleistg.	Rechtsnorm	Kurzbezeichnung	Teilstrategie
§ 95	SGB III	Kurzarbeitergeld	5	P			
§ 101	SGB III	Saison-Kurzarbeitergeld	5	P			
§ 102	SGB III	Wintergeld	5	P			
§ 103	SGB III	Kurzarbeitergeld Heimarbeit	5	P			
§ 110	SGB III	Transfermaßnahmen	5	P			
§ 111	SGB III	Transferkurzarbeitergeld	5	P			

Legende
- alle Instrumente Pflichtleistungen; nur im Rechtskreis des SGB III förderbar
- Auswahlkriterien für wesentliche Leistungen: siehe Tabelle 12

Quelle: eigene Darstellung

Maßnahmen zur Vermeidung unmittelbar drohender Arbeitslosigkeit durch Förderung von Arbeitgebern finden sich ausschließlich im Rechtskreis des SGB III. Verhindert werden soll der Eintritt von Arbeitslosigkeit und das Entstehen von Ansprüchen auf Lohnersatzleistungen, die überwiegend im Rahmen der Arbeitslosenversicherung zu erwarten wären. Hier geht es jeweils um die Betroffenheit oftmals zahlreicher Arbeitnehmer von betrieblichen Problemlagen in dem Unternehmen, das sie beschäftigt. Je nach Art der Problemlage können drei unterschiedliche Wege beschritten werden:

- branchenunabhängige Kompensation unvorhersehbarer Produktionsausfälle
- Kompensation typisch wiederkehrender Produktionsausfälle in saisonabhängigen Betrieben
- Finanzierung betrieblicher Übergänge für Arbeitnehmer, die durch betriebliche Veränderungen von Arbeitsplatzabbau betroffen sind

Wegen der Größenordnung solcher Förderfälle wird die Entscheidung über die Förderung dieser Leistungen, die durchgängig vom Gesetzgeber als Pflichtleistungen ohne Ermessen gestaltet wurden, in der Regel nicht von einer einzelnen Fachkraft, sondern mittels Abstimmung im größeren Rahmen getroffen. Bei den beiden erstgenannten Wegen geht es im Wesentlichen um eine Lohnsubvention für Arbeitnehmer in Unternehmen, die ohne diese Zuschüsse gezwungen wären, sie mangels fehlender Einnahmen (aufgrund von Produktionsausfällen) zu entlassen. Die Leistung bringt großen Nutzen sowohl für die Arbeitnehmer, die auf diese Weise nicht arbeitslos werden, wie auch für die Unternehmen, die so in die Lage versetzt werden, ihre qualifizierten Kräfte im Betrieb zu halten und in der absehbaren Erholung des Produktionsniveaus sofort wieder voll einsetzen zu können.[102] Das klassische, saisonunabhängige Kurzarbeitergeld zur Kompensation unvorhersehbarer Produktionsausfälle hat Zeiten unterschiedlichst ausgeprägter Inanspruchnahme verzeichnet. War es über viele Jahre hinweg nur in eher seltenen Fällen zur Anwendung gekommen, so zeigte es sich in den Jahren der Finanz- und Wirtschaftskrise als bewährtes Instrument, zeitlich begrenzte Krisenlagen der Konjunktur möglichst nicht auf den Arbeitsmarkt durchschlagen zu lassen. Ein scheinbar überholtes Instrument aktiver Förderung wurde so gar zum Vorbild für andere Länder.

4.2.6 Maßnahmen zur Schaffung eines öffentlich geförderten zusätzlichen Arbeitsmarktsegments („Zweiter Arbeitsmarkt")

Bis zur Reform des arbeitsmarktpolitischen Instrumentariums zum 01.04.2012 gab es in diesem Teilauftrag zur Schaffung eines öffentlich geförderten zusätzlichen Arbeitsmarktsegments mit den Arbeitsbeschaffungsmaßnahmen ein klassisches und sehr bekanntes Förderinstrument der Arbeitsmarkt-

[102] Arbeitsmarkttheoretisch handelt es sich hier um ein reines Niveau-, kein Strukturproblem: Die Arbeitnehmer haben genau die Qualifikationen, die das Unternehmen benötigt; das Unternehmen hat kein dauerhaftes, sondern ein vorübergehendes Produktionsproblem. Es geht also um ein zeitlich befristetes, rein quantitatives Defizit.

politik, das besonders in den Jahren der Transformation der ehemaligen Planwirtschaft der DDR in die ostdeutsche Marktwirtschaft stark genutzt wurde. Beschäftigung schaffende Maßnahmen, häufig mit dem Begriff vom „Zweiten Arbeitsmarkt" bezeichnet, standen nicht selten im Zentrum der politischen Kontroverse um die Arbeitsmarktpolitik.

Die Grundidee dieser Teilstrategie besteht darin, zusätzliche und im öffentlichen Interesse liegende befristete Arbeitsplätze zu schaffen, um denjenigen, die auch bei Anwendung der zahlreichen Instrumente der anderen Teilstrategien zu einem gegebenen Zeitpunkt nicht in den „ersten", sprich den regulären, marktförmig organisierten Arbeitsmarkt integriert und auch nicht sinnvoll marktnah auf eine solche Integration vorbereitet werden können, dennoch eine Möglichkeit zur Beschäftigung zu verschaffen. Diese Grundidee und ihre Realisierung wurden von beiden gegensätzlichen Lagern der Kritik an der Arbeitsmarktpolitik immer wieder infrage gestellt. Die eine Seite forderte eine Aufhebung des Befristungsgedankens und plädierte dafür, einer Zielgruppe nicht geringen Umfangs, für die während ihres gesamten weiteren Erwerbslebens keine dauerhafte Integration in den Arbeitsmarkt mehr für möglich gehalten wurde, die alternative Beschäftigung in einem dauerhaft aus öffentlichen Mitteln voll finanzierten Zusatzsektor zu ermöglichen. Die Gegenseite wiederum lehnte jede Form eines Zweiten Arbeitsmarktes mit der Begründung ab, dass damit der Marktmechanismus für eine bedeutende Gruppe am Arbeitsmarkt aufgehoben und so verhindert werde, dass die notwendigen Anpassungen der Arbeitsuchenden sowohl an die Qualifikationsanforderungen als auch an das marktgängige Lohnniveau erfolgten. Beschäftigungsverhältnisse in Arbeitsbeschaffungsmaßnahmen wurden – wiewohl im beschützten Sektor zusätzlicher öffentlich geförderter Arbeiten angesiedelt – weitgehend als normale, tariflich entlohnte sozialversicherungspflichtige Beschäftigungsverhältnisse gestaltet und finanziert. Es dürfte ein Ergebnis dieser starken politischen Infragestellung in Verbindung mit dem enormen Kostenaufwand und sehr kritischen Evaluationsergebnissen[103] für Arbeitsbeschaffungsmaßnahmen sein, die dem Instrument nicht nur geringe Integrationsquoten bescheinigten, sondern geringere als ohne diese Förderung möglich gewesen wären, die zur Abschaffung dieses langjährigen Instruments aus dem SGB III geführt haben. Gleichzeitig schmilzt seit Jahren wegen stabilen Beschäftigungswachstums bei gleichzeitig rückläufigem Erwerbspersonenpotenzial (vgl. Kapitel 1) das quantitative Defizit an Arbeitsplätzen und lässt die Herausnahme eines größeren Personenkreises aus dem regulären Arbeitsmarkt immer weniger sinnvoll erscheinen.

[103] Zum detaillierteren Begriff der Evaluation siehe Abschnitt 4.3.1.

Tabelle 20: Instrumente des Zweiten Arbeitsmarktes
(Teilstrategie 6 – Grundsatznormen der wesentlichen Instrumente)

Im Rechtskreis der Arbeitsförderung (SGB III) förderbare Instrumente				Im Rechtskreis der Grundsicherung (SGB II) förderbare Instrumente			
Rechtsnorm	Kurzbezeichnung	Teilstrategie	Pflichtleistg.	Rechtsnorm		Kurzbezeichnung	Teilstrategie
				§ 16d	SGB II	Arbeitsgelegenheiten	6
				§ 16e	SGB II	Förderung von Arbeitsverhältnissen	6

Legende

- keine Pflichtleistungen; nur im Rechtskreis des SGB II förderbar
- Auswahlkriterien für wesentliche Leistungen: siehe Tabelle 12

Quelle: eigene Darstellung

Ein Rest dieser früher stark ausgeprägten Teilstrategie findet sich aber weiterhin als Möglichkeit für Arbeitsuchende mit aktuell starken Integrationshindernissen im Bereich der Grundsicherung für Arbeitsuchende, wo diese Zielgruppe (insbesondere auch Langzeitarbeitslose) typischerweise betreut und gefördert werden. Verblieben sind dort die beiden Instrumente Arbeitsgelegenheiten nach § 16d SGB II und die hochsubventionierte Förderung von Arbeitsverhältnissen nach § 16e SGB II.

Arbeitsgelegenheiten

Arbeitsgelegenheiten finden sich als Förderinstrument von Beginn an im jungen Rechtskreis des SGB II. Sie nehmen die Grundidee der Arbeitsbeschaffungsmaßnahmen auf, Arbeitsuchenden, die zu einem gegebenen Zeitpunkt nicht in den regulären Arbeitsmarkt integriert werden können, in absehbarer Zeit aber durchaus diese Chance wieder realisieren könnten, für eine befristete Zeit dennoch die Möglichkeit einer sinnvollen Beschäftigung zu geben. Diese soll verhindern, dass es aufgrund dauerhaften Verlusts einer erwerbsbezogenen Tagesstruktur zu den daraus typisch sich ergebenden physischen und psychischen Abbauprozessen kommt, und dazu beitragen, die Beschäftigungsfähigkeit der geförderten Personen zu erhalten oder wiederzuerlangen (§ 16d Abs. 1 Satz 1 SGB II). Um dieses vorgegebene Ziel der Beschäftigungsfähigkeit zu erreichen, kann nicht die Wahl einer beliebigen Arbeitsgelegenheit sinnvoll sein. Sie sollte zumindest im Umfeld des berufsfachlichen Bereichs liegen, der auch bei einer später denkbaren Integration in den regulären Arbeitsmarkt voraussichtlich angezielt werden dürfte. Eine solche inhaltliche Ausrichtung der Maßnahme ist zudem wichtig, um auch für die arbeitsuchende Person den Sinn dieses ersten Schrittes auf einem länger zu beschreitenden Weg transparent und verständlich zu machen und sie so für die Nutzung dieser Chance zu gewinnen. Gerade in der Beratung von schon länger Arbeitslosen mit der Erfahrung bereits mehrerer Misserfolge in der eigenen Erwerbsbiografie kann hier eine realistische Überzeugungsarbeit vonnöten sein, zumal Arbeitsgelegenheiten in der öffentlichen politischen Debatte mit Blick auf die nach § 16d Abs. 7 SGB II zahlbare Mehraufwandsentschädigung häufig als „Ein-Euro-Jobs“ diskreditiert werden.[104]

Um der tendenziell gegebenen Gefahr vorzubeugen, dass solche öffentlich finanzierten, zusätzlichen Arbeitsgelegenheiten Arbeitsplätze am regulären Arbeitsmarkt verdrängen, hat der Gesetzgeber für deren Gestaltung drei geprüfte Voraussetzungen zur Bedingung gemacht: Die geförderten Arbeiten müssen *zusätzlich* sein, im *öffentlichen Interesse* liegen und *wettbewerbsneutral* sein. Diese Begriffe werden in den Abs. 2 bis 4 des § 16d SGB II näher bestimmt.

Da es sich bei Trägern von Arbeitsgelegenheiten im Wesentlichen um öffentliche Institutionen handelt, gilt es bei der Zusätzlichkeit in der Regel darum, zu prüfen, ob der Träger gesetzlich zur Durchführung der Arbeiten verpflichtet ist (etwa durch Gesetz, Satzung oder Einzelentscheidung eines Legislativorgans, z. B. durch Gemeinderatsbeschluss) oder sie üblicherweise ausführt. Es soll nicht gefördert werden, was auch ohne diese Förderung[105] beauftragt und somit Arbeitsplätze am regulären Arbeitsmarkt generieren würde.

Das öffentliche Interesse liegt vor, wenn das Ergebnis der geförderten Arbeiten nicht der Erwirtschaftung eines Gewinns dient und nicht nur einem – willkürlich[106] – begrenzten Personenkreis, sondern der Allgemeinheit zugutekommt.

Von Wettbewerbsneutralität spricht man, wenn „Erwerbstätigkeit auf dem allgemeinen Arbeitsmarkt weder verdrängt noch in ihrer Entstehung ver-

---

[104] Mit der Bezeichnung „Ein-Euro-Job“ wird die Vorstellung vermittelt, hier würden Maßnahmeteilnehmer zu völlig unzumutbaren Löhnen als billige Arbeitskräfte ausgenutzt. Dies ist nicht nur falsch, weil es sich bei der Mehraufwandsentschädigung nicht um Arbeitslohn handelt, sondern insbesondere deshalb, weil diese Entschädigung zusätzlich zum Arbeitslosengeld II gezahlt wird. Ein lediger Leistungsempfänger, der 30 Stunden pro Woche in einer Arbeitsgelegenheit arbeitet, kommt so nicht selten zu einer Grundversorgung, für die am regulären Arbeitsmarkt ein Bruttostundenlohn von 10 Euro erzielt werden müsste.

[105] Zum selben Zeitpunkt: Eine Vorverlegung geplanter Arbeiten um zwei Jahre gilt als aktuell zusätzlich und ist daher förderbar (§ 16d Abs. 2 SGB II).

[106] Die Begrenzung auf einen größeren Personenkreis, wie z. B. ältere Menschen, Suchtgefährdete oder Jugendliche, ist natürlich möglich.

hindert wird" (§ 16d Abs. 4 SGB II). Hier geht es folglich um eine gesamtwirtschaftliche (regionale) Betrachtung, bei der in der Regel auch das Urteil regionaler Wirtschaftsvertreter, wie z. B. Kammern, eingeholt wird.

In der Anfangsphase der 2005 neu eingeführten Grundsicherung für Arbeitsuchende wurden Arbeitsgelegenheiten in starkem Maße gefördert (was auch die Kritik an diesem Förderungsinstrument genährt hat). Inzwischen ist die Anwendung der Arbeitsgelegenheiten aber auf ein Niveau abgesenkt worden, das der ausdrücklichen Nachrangigkeit dieses Instruments eher entspricht, die der Gesetzgeber in § 16d Abs. 5 SGB II nicht nur gegenüber der Vermittlung in den ersten Arbeitsmarkt, sondern auch gegenüber der Förderung mit marktnäheren arbeitsmarktpolitischen Instrumenten bestimmt hat.

Förderung von Arbeitsverhältnissen (zuvor Beschäftigungszuschuss)

Das letzte Instrument, das in dieser Darstellung aller wesentlichen Teilstrategien und Einzelinstrumente arbeitsmarktpolitischer Förderung kurz beschrieben werden soll, ist auch vom Gesetzgeber sehr deutlich als nachrangiges Mittel letzter Wahl gestaltet worden (zur Reihenfolge der vom Gesetzgeber vorgeschriebenen Prioritäten beim Einsatz der unterschiedlichen Instrumente insgesamt siehe Abschnitt 4.3.3). Um dies abzusichern, wurden in den Nr. 1 bis 3 des Abs. 3 in § 16e SGB II außerordentlich hohe Zugangshürden gesetzt: Nr. 1 bestimmt als Voraussetzung mindestens drei gleichzeitig vorliegende Vermittlungshemmnisse der Person, eine davon Langzeitarbeitslosigkeit. Nr. 2 schreibt zusätzlich vor, dass über mindestens sechs Monate bereits alle anderen Möglichkeiten ausgeschöpft wurden. Anders als im übrigen Bereich arbeitsmarktpolitischer Bestimmungen wird hier nicht nach der *Einschätzung* der Fachkraft gefragt, nach der anderes nicht möglich ist, sondern der *belegbare* konkrete Versuch vorgeschrieben. Und noch einmal zusätzlich wird der Fachkraft eine Prognose abverlangt, dass die zu fördernde Person voraussichtlich im gesamten Zeitraum der geplanten Förderung auf dem allgemeinen Arbeitsmarkt voraussichtlich nicht möglich ist. Der Personenkreis, für den eine solche Förderung infrage kommt, ist entsprechend klein. Bundesweit gab es im Jahr 2011 knapp 3.000 Förderfälle, bezogen auf den damaligen Beschäftigungszuschuss.[107]

Wenn diese Hürden aber genommen sind, ermöglicht der Gesetzgeber eine umfassende Förderung: Für einen Zeitraum von bis zu 24 Monaten innerhalb von fünf Jahren kann ein Arbeitgeber, der eine Person mit dieser Förderung einstellt, bis zu 75 Prozent seiner Lohnkosten als Zuschuss

[107] 2.982 Fälle = 0,17 Prozent aller Förderfälle außerhalb des Vermittlungsbudgets, vgl. Eingliederungsbilanz 2011 nach § 54 SGB II mit Daten zugelassener kommunaler Träger (siehe Tabelle 3).

erhalten. Dieser Umfang der Förderung in Verbindung mit der vom Gesetzgeber formulierten Abgrenzung zum „allgemeinen Arbeitsmarkt" macht deutlich, dass es sich hier um eine, wenn auch formal beschäftigungsbegleitende, im eigentlichen Sinne um eine Beschäftigung schaffende Maßnahme handelt. Ziel ist hier nicht die Stabilisierung eines so zustande gekommenen Arbeitsverhältnisses wie beim Eingliederungszuschuss, sondern die befristete Förderung eines zusätzlichen Arbeitsplatzes, der sofort zu kündigen ist, wenn sich doch eine marktnähere Chance eröffnet (nach § 16e Abs. 4 SGB II).

4.3 Zur Wirkung arbeitsmarktpolitischer Maßnahmen

Insgesamt zeigt sich für die Bundesrepublik Deutschland ein großes Spektrum an unterschiedlichen Integrationsinstrumenten. Nimmt man noch die verschiedenen EU-, Bundes-, Landes- und kommunalen Programme hinzu, ist es für Vermittlungs- und Beratungsfachkräfte nicht einfach, einen strukturierten Überblick zu behalten. Hier hoffen wir, durch die Differenzierung der Vermittlungsstrategien in Kapitel 3 und den Teilaufgaben des arbeitsmarktmarktpolitischen Instrumentariums in diesem Kapitel etwas mehr Ordnung hergestellt zu haben.

Für das gesetzliche Instrumentarium im SGB II und SGB III fassen die bisherigen Studien die Ergebnisse wie folgt zusammen (BMAS/IAB 2011, S. 29 f.):

> „Arbeitsmarktpolitik – und hier insbesondere die aktiven Leistungen – gehört in Deutschland zu den wissenschaftlich intensiv untersuchten Politikbereichen. Die bisherigen Befunde lassen sich in aller Kürze wie folgt zusammenfassen:
>
> – Quasi-marktlich organisierte Vermittlungsdienstleistungen verbessern die Integrationschancen instrumentenspezifisch nur für bestimmte Gruppen.
>
> – Die Förderung der beruflichen Weiterbildung und auch die ehemaligen nichtbetrieblichen Trainingsmaßnahmen verbessern die Integrationschancen häufig, die Wirkung erfolgt jedoch zeitverzögert und ist zum Teil eher schwach.
>
> – Betriebsnahe Instrumente der aktiven Arbeitsmarktpolitik, wie Eingliederungszuschüsse, Gründungsförderung oder die ehemaligen betrieblichen Trainingsmaßnahmen verbessern die Arbeitsmarktchancen der Geförderten; dabei besteht aber das Risiko von Mitnahmeeffekten.
>
> – Arbeitsbeschaffungsmaßnahmen verschlechtern die Integrationschancen der meisten Gruppen eher; Arbeitsgelegenheiten hingegen verbessern die Integrationschancen bestimmter Gruppen leicht."

Die Evaluationsergebnisse bestätigen bisher unsere stark individualisierende Sichtweise von Integration, Beratung und sachlogischem Einsatz der arbeitsmarktpolitischen Instrumente.

> „Die Wirkungsforschung im SGB II wie im SGB III zeigt, dass die meisten Instrumente wirksam sind – aber stets nur bezogen auf spezifische Förderungsbedarfe. Ein ideales Instrument für alle gibt es nicht. (...) Einen großen Einfluss auf die Wirkung eines Instruments haben das regionale Umfeld, die Organisation und Qualität der Maßnahme und besonders die Teilnehmerstruktur. Die Ergebnisse zeigen, dass sich der Maßnahmeneinsatz insgesamt noch nicht konsequent genug an dem Zuschnitt des Instruments und den individuellen Bedarfen der Arbeitslosen orientiert.
>
> Wird die Regelungsdichte bei Einzelinstrumenten zugunsten größerer dezentraler Flexibilität verringert, wächst die Herausforderung für die Vermittler weiter: Je komplexer und flexibler ein Instrumentenportfolio und je größer der Ermessensspielraum ist, desto höhere Qualifikation braucht es für den sachgerechten Umgang.
>
> Die Bedeutung des Instrumenteneinsatzes sollte insgesamt gegenüber intensiven Vermittlungs- und Betreuungsaktivitäten nicht überschätzt werden. Ein umfangreiches Betreuungsangebot und Übergangsmanagement, bei dem auch individuelle Problemlagen wie fehlende Kinderbetreuung oder gesundheitliche Probleme berücksichtigt werden, ist nach wie vor wichtig, um Langzeitbezug zu vermeiden" (Koch u. a. 2011, S. 8).

4

Die Evaluationsergebnisse führen zu zwei zentralen Erkenntnissen mit hoher Bedeutung für die Führungs- und Fachkräfte:

a) Standardisierungen sind nur in Grenzen hilfreich, die zeitintensive, kenntnisreiche und oftmals mühsame Begegnung mit den Arbeitsuchenden ist nicht zu ersetzen.

b) Beim Einsatz sind diejenigen Arbeitsmarktinstrumente erfolgreich, die nahe am Markt sind. Dies gilt es immer wieder zu berücksichtigen, nicht zuletzt, weil die Betroffenen selbst selten dauerhaft in beschützenden Maßnahmen bleiben wollen und nach dauerhaften Lösungen am Ersten Arbeitsmarkt suchen.

Abbildung 27: Arbeitsmarktinstrumente und ihre Wirkungen

Instrument	Wirkung*	Nebenwirkung/ Einschränkung	Evaluiert im SGB II	SGB III
Maßnahmen zur Verbesserung der Eingliederungschancen				
Vermittlung durch Dritte	0		✓	✓
Vermittlungsgutschein	+	Mitnahme		✓
Nicht-betriebliche Trainingsmaßnahmen	+		✓	✓
Betriebliche Trainingsmaßnahmen	++	Mitnahme	✓	✓
Berufliche Weiterbildung	+	zeitverzögerte Wirkung	✓	✓
Maßnahmen zur Beschäftigungsförderung				
Eingliederungszuschuss	++	Mitnahme/ Substitution	✓	✓
Gründungsförderung	++	Mitnahme/ Substitution	✓	✓
Beschäftigung schaffende Maßnahmen				
Arbeitsbeschaffungsmaßnahmen	0	Substitution/ Verdrängung	✓	✓
Arbeitsgelegenheiten	+	Substitution/ Verdrängung	✓	
Beschäftigungszuschuss	–	Substitution/ Verdrängung	✓	

*Beschäftigungswirkung: keine (0), leicht (+), spürbar (++), negativ (–).

Quelle: Koch u. a. 2011, S. 7

4.3.1 Controlling und Evaluation von Maßnahmen

Die Informationen aus den Eingliederungsbilanzen, weiteren Kennziffern aus der im Laufe der Folgejahre immer differenzierter ausgebildeten Controllings der öffentlichen Dienstleister am Arbeitsmarkt und aus den Ergebnissen der Maßnahme evaluierenden Arbeitsmarkt- und Berufsforschung können in der Gesamtschau zu einer umfassenden Beobachtung des Erfolges arbeitsmarktpolitischer Fördermaßnahmen genutzt werden. Diese ermöglicht es überhaupt erst, alle Aspekte, die § 7 SGB III für die Auswahl von Ermessensleistungen (vgl. Abb. 28) vorschreibt (vgl. Abschnitt 4.1.4), zu berücksichtigen. Die ständige Rückkopplung von Informationen über Ergebnisse nach der Förderung erst lässt ein Urteil zu, bei dem sowohl die „negative Notwendigkeit“ (ohne die gewählte Fördermaßnahme ist eine Integration in den Arbeitsmarkt nicht möglich) als auch die „positive Notwendigkeit“ (mit erfolgreicher Teilnahme an der gewählten Fördermaßnahme wird die Integrationswahrscheinlichkeit für die betreffende Person deutlich steigen) zu einem bestimmten Zeitpunkt beurteilt werden kann.

Abbildung 28: Aspekte der Ermessensausübung und der Steuerung der arbeitsmarktpolitischen Instrumente

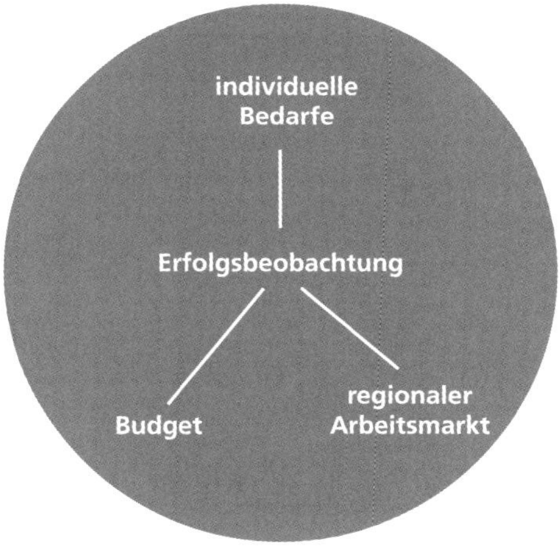

Quelle: eigene Darstellung

Die beiden Begriffe und Funktionen Controlling und Evaluation lassen sich nicht ganz trennscharf voneinander scheiden, beschreiben aber zwei unterschiedliche Teilaspekte der Erfolgsbeobachtung. Begriff und Funktion des Controlling wurden in der Sphäre betriebswirtschaftlicher Konzepte zur Organisation privatwirtschaftlicher Unternehmen ausgebildet, deren Zielsetzung die Erwirtschaftung eines Unternehmensgewinns ist – als Ergebnis möglichst hoher Absatzzahlen für die angebotenen Güter und Dienstleistungen bei gleichzeitig optimierter Kosten-Leistungs-Relation. Alle wesentlichen Kennziffern für die Steuerung des Unternehmens, besonders aber das übergeordnete Unternehmensziel sind quantitativ zu messen. Es geht darum, einen möglichst geringen Ressourceneinsatz (Input) zur Erzeugung möglichst hoher Produktionsstückzahlen zu nutzen, die sich am Markt zu einem Preis absetzen lassen, der – nach Abzug aller Kosten – einen möglichst hohen Gewinn (Output) erbringt. Die Beobachtung der quantitativen Entwicklung sowohl der Input- als auch der Output-Größen, sprich am Beginn und am Ende des Geschäftsprozesses, sowie einer Reihe von differenzierten Indikatoren zur Abbildung der gesamten Prozesskette zwischen diesen beiden Punkten soll zu Hinweisen führen, mit denen der jeweils nächste Durchlauf des Prozesses noch effizienter gestaltet werden kann. Dieses betriebswirtschaftliche Modell zur ökonomischen Optimierung von Geschäftsabläufen lässt sich auch sinnvoll auf die Organisation der Bereitstellung öffentlicher Dienstleistungen anwenden. Allerdings geht es hier nicht um die Erzielung eines möglichst hohen quantitativen Gewinns, sondern um die Erreichung der qualitativ beabsichtigten Effekte i. S. eines gemeinwohlorientierten Nutzens, des sog. Outcome – ganz so, wie er in den Grundsatznormen der jeweiligen gesetzlichen Grundlage des öffentlichen Verwaltungshandelns vom Gesetzgeber festgelegt wurde. In der Arbeitsmarktpolitik sind das die jeweiligen Eingangsparagrafen der Gesetzbücher SGB II und SGB III. Alle folgenden Einzelbestimmungen in beiden Gesetzbüchern wurden getroffen, um die dort genannten jeweils übergeordneten Ziele zu erreichen. Im SGB III ist das im Wesentlichen ein quantitativ ausgeglichener und qualitativ funktionsfähiger Arbeitsmarkt (vgl. Abschnitt 4.1.1), im SGB II geht es darum, erwerbsfähige Hilfebedürftige durch Integration in den Arbeitsmarkt dauerhaft von der Grundsicherung unabhängig zu machen. Eine Rückkopplung wesentlicher Erfolgskennzahlen zur verbesserten Steuerung muss deshalb sehr viel mehr als in der gewinnorientierten Wirtschaft Effekte sichtbar machen, die zum größeren Teil nur qualitativ zu messen sind. Sie können nur ansatzweise aus der Analyse von Geschäftsprozesszahlen erfolgen, die aktuell und vollständig, d. h. ohne Repräsentativprobleme als Abbildung enormer Fallzahlen vorliegen. Die Outcome-Steuerung öffentlicher Dienstleistungen im Allgemeinen und arbeitsmarktpolitischer Maßnahmen im Besonderen ist auf den Nachweis nachhaltiger Wirkung angewiesen. Sie kann ihre Ausgangs-Erkenntnisse deshalb nur in größerem Zeitabstand nach Ablauf des Prozesses gewinnen. Weil sie auch nach der Kausalität der Effekte fragen muss, spielen qualitative Forschungsmethoden eine ebenso wichtige Rolle. Es müssen u. a. folgende Fragen beantwortet werden:

- Hat eine arbeitsuchende Person nach einer erfolgreich durchlaufenen Fördermaßnahme *dauerhaft* Eingang in den Arbeitsmarkt gefunden?
- Hat dieser Maßnahmeteilnehmer Arbeit gefunden, weil er an der Maßnahme teilgenommen hatte oder etwa weil die (z. B. konjunkturell bedingt) positive Entwicklung der Aufnahmefähigkeit des Arbeitsmarktes dies ermöglicht hat?
- Hat ein Arbeitgeber sich zur Einstellung dieses Maßnahmeteilnehmers entschieden, weil die *Inhalte* der Maßnahme seine Beschäftigungsfähigkeit verbessert haben oder weil er ganz einfach wegen des so entstandenen Kontakts die Person als geeignet kennengelernt hat?

- Entspricht die neue Erwerbstätigkeit des Maßnahmeteilnehmers den Zielen, die mit der Förderung angestrebt wurden – oder hätte auch eine andere (vielleicht kostengünstigere) Maßnahme diesen Platz im Arbeitsmarkt erreichen lassen?

Die Antworten auf solche Fragen sind von Bedeutung, um künftige Förderentscheidungen i. S. d. Gesetzgebers treffen zu können oder die Gestaltung konkreter Maßnahmen bei konkreten Trägern zu überdenken, aber auch, um den Gesetzgeber bei Überlegungen zur inhaltlichen Veränderung des arbeitsmarktpolitischen Instrumentariums zu unterstützen. Um diese Art von Fragen beantworten zu können, bedarf es qualitativ deutlich weiterreichender Informationen, als es rein quantitative Integrationszahlen zulassen. Sie werden mit Mitteln der Evaluationsforschung verfolgt. Ein bedeutender Akteur dieser Forschung ist das Institut für Arbeitsmarkt- und Berufsforschung (IAB). In den vergangenen Jahren und Jahrzehnten waren allerdings Zahl, inhaltliche Tragweite und Geschwindigkeit von Gesetzesreformen, die das Instrumentarium arbeitsmarktpolitischer Fördermöglichkeiten verändert haben, so groß, dass die erst nach einiger Zeit nach Maßnahmeende aussagefähige Evaluation nicht selten erst dann veröffentlicht werden konnte, wenn das untersuchte Instrument schon wieder anders gestaltet war. Wesentliche Aussagen bleiben aber auch wegen der häufig im *Wesentlichen* gleichbleibenden Zielrichtung der Instrumente, wie sie in den Abschnitten 4.2.1 bis 4.2.6 beschrieben wurden, von Bedeutung für die Entscheidungsfindung der Akteure – auf der Ebene der im Einzelfall entscheidenden Fachkräfte in Beratung und Vermittlung, auf der Ebene der die Geschäftsprozesse insgesamt steuernden Führungskräfte[108] und auf der Ebene der politischen Gestalter arbeitsmarktpolitischer Instrumente. Das folgende Schaubild gibt einen Überblick über Akteure, Prozessschritte und Inhalte steuerungsrelevanter Impulse.

Budgetsteuerung und gesetzlicher Auftrag

Neben der Outcome-Orientierung gibt es zur gewinnorientierten Unternehmenssteuerung noch einen weiteren wesentlichen Unterschied in der Steuerung gemeinwohlorientierter Dienstleistungen am Arbeitsmarkt: Es kann nicht im Wesentlichen darum gehen, den vom Gesetzgeber bereitgestellten finanziellen Gesamt-Input zu minimieren. Die politisch ausgehandelte Entscheidung über ein bestimmtes Budget im Eingliederungstitel enthält jeweils auch die Willensbekundung des Gesetzgebers, dass der entsprechende Betrag für Ausgleichsprozesse am (stark unausgeglichenen) Arbeitsmarkt genutzt werden soll. Die Nebenbedingung zur Auswahl der am besten geeigneten Leistung, diese Entscheidung „unter Beachtung des Grundsatzes der Wirtschaftlichkeit und Sparsamkeit" zu treffen, soll Mittel, die für eine *gleich geeignete* kostengünstigere Maßnahme nicht verausgabt werden müssen, für eine andere förderungsbedürftige Person

[108] Im Rechtskreis des SGB III auch der Selbstverwaltungsgremien nach §§ 371 ff.

4

Abbildung 29: Prozesssteuerung arbeitsmarktpolitischer Förderung

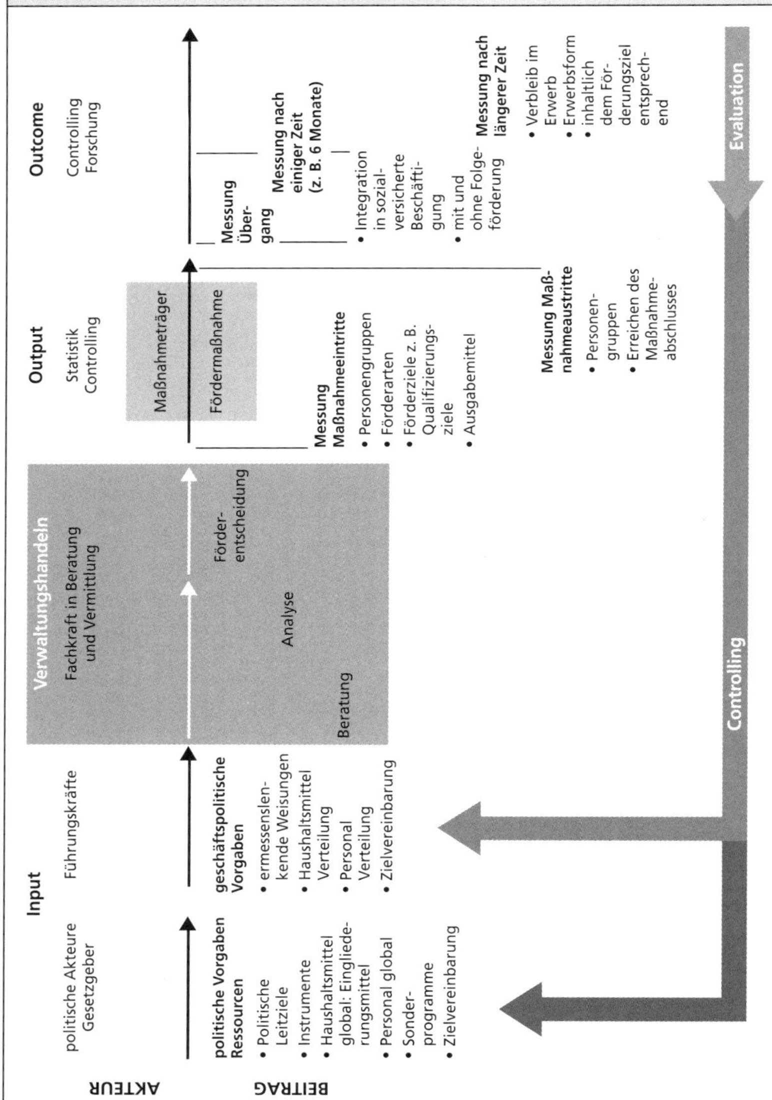

Quelle: eigene Darstellung

freimachen. Auch können aktuell im Haushalt einer Agentur für Arbeit oder eines Jobcenters fehlende finanzielle Mittel sozialrechtlich kein Grund zur Versagung einer als notwendig anzuerkennenden Ermessensleistung sein. Vielmehr muss die Verausgabung der Mittel so gesteuert werden, dass zu jedem Zeitpunkt des Jahres notwendige Mittel verfügbar sind. Es kann also in Summe nicht darum gehen, ein kostengünstigeres Instrument zu wählen, um Geld zu sparen, obwohl es weniger für eine konkrete Person in einer konkreten Arbeitsmarktsituation geeignet ist, ihre Beschäftigungsfähigkeit und ihre Integrationschance zu erhöhen. Auch der in der Praxis immer wiederkehrende Wunsch, möglichst alle Plätze in einer Gruppenmaßnahme zu besetzen, darf nicht zu einer solchen rechtswidrigen Förderentscheidung führen.

4.3.2 Realistische Erfolgserwartungen

Wir haben gesehen, dass die zahlreichen Instrumente im arbeitsmarktpolitischen Instrumentarium der Rechtskreise SGB II und SGB III sehr unterschiedlichen Teilaufgaben angehören und auch innerhalb der jeweiligen Teilstrategie einer jeweils unterschiedlichen Funktionslogik folgen. Das ist gerade der Grund für die Vielfalt der möglichen Förderinstrumente.

Die Förderlogik eines Instruments als Maßstab des Erfolgs

Entsprechend dieser Vielfalt müssen auch die möglichen erreichbaren Erfolge der jeweiligen Förderungsarten unterschiedlich gesehen werden. Dabei werden die inhaltlich unterschiedlich zu erwartenden qualitativen Fortschritte naturgemäß auch zu unterschiedlichen Ausschlägen in der Messung derselben quantitativen Kennziffern führen müssen. So kann etwa für eine arbeitsuchende Person, die wegen ihrer spezifischen Umstände und ihres Qualifikationsprofils zunächst erst über eine Arbeitsgelegenheit nach § 16d SGB II an den Arbeitsmarkt herangeführt werden soll, im Anschluss an diese Fördermaßnahme nicht mit gleicher Wahrscheinlichkeit die Einmündung in eine (ungeförderte) sozialversicherungspflichtige Beschäftigung erwartet werden wie für jemanden, für den mit einem Eingliederungszuschuss nach § 88 SGB III an seinen Arbeitgeber eine vertiefte Einarbeitung in ein Beschäftigungsverhältnis am ersten Arbeitsmarkt ermöglicht wird. Zu dessen Fortführen ist der Arbeitgeber sogar gesetzlich verpflichtet, wenn er den Zuschuss nicht zurückzahlen möchte.

In den Eingliederungsbilanzen nach § 11 SGB III und nach § 54 SGB II spielt die Eingliederungsquote eine zentrale Rolle für die Beurteilung des Erfolgs von Fördermaßnahmen. Die Eingliederungsquote gibt an, wie hoch der prozentuale Anteil an allen Maßnahmeteilnehmern derjenigen Teilnehmer ist, die sechs Monate nach Beendigung der Maßnahme sozialversichert beschäftigt sind. In der folgenden Übersicht (Tabelle 21) finden sich die entsprechenden Werte für ausgewählte Maßnahmen, die in den Jahren 2001 und 2011 durchgeführt wurden.

Tabelle 21: Ausgewählte Ergebnisse der Eingliederungsbilanz für die Jahre 2010 und 2011

Instrument	Anwendung im Jahr 2011 (Anzahl und Anteil der Förderfälle)				Erfolgsmessung anhand der Eingliederungsquote (in %)			
	Arbeitsförderung (SGB III)		Grundsicherung (SGB II)		Arbeitsförderung (SGB III)		Grundsicherung (SGB II)	
	Fälle 2011	Anteil an allen Förderungen (in %)	Fälle 2011	Anteil an allen Förderungen (in %)	2011 UB-Quote 9,7 %	2010 UB-Quote 11,1 %	2011 UB-Quote 9,7 %	2010 UB-Quote 11,1 %
nach Abschnitt 4.2.1								
Vermittlungsbudget	895.945	45,0	1.305.224	43,3	65,2	62,3	38,7	33,7
Maßnahmen zur Aktivierung und beruflichen Eingliederg – bei Trägern	222.616	11,2	571.813	19,0	43,9	42,4	24,3	22,9
Maßnahmen zur Aktivierung und beruflichen Eingliederg – bei Arbeitgebern	188.739	9,5	198.939	6,6	73,2	70,2	49,2	47,8
nach Abschnitt 4.2.2								
ausbildungsbegleitende Hilfen	62.131	3,1	4.441	0,1	77,4	79,8	67,2	71,0
außerbetriebliche Ausbildung	18.117	0,9	13.617	0,5	47,8	39,9	33,4	28,4
Einstiegsqualifizierung	18.368	0,9	8.709	0,3	71,2	67,2	57,1	54,7
nach Abschnitt 4.2.3								
Berufliche Weiterbildg. (bei SGB III Quoten ohne FbW für Beschäftigte)	148.011	7,4	156.826	5,2	63,2	54,7	33,7	29,2
nach Abschnitt 4.2.4								
Eingliederungszuschuss	76.435	3,8	110.877	3,7	82,2	80,0	70,8	67,7
Gründungszuschuss	133.819	6,7			22,7	19,7		
Einstiegsgeld – in sozialvers. Beschäftigung			21.056	0,7			63,5	61,6
Einstiegsgeld – in selbststdg. Erwerbstätigkt			11.238	0,4			11,6	9,0
nach Abschnitt 4.2.5								
Arbeitsgelegenheiten (mit Mehraufwandsentschädigung)			436.146	14,5			13,2	13,5
alle Förderarten (Quoten ohne Förderung der Selbstständigkeit und ohne 3.2.5)	1.989.476	100	3.012.103	100	64,8	59,3	32,9	29,2

Quelle: eigene Zusammenstellung nach Eingliederungsbilanzen 2011 für SGB II und SGB III (inkl. zkT), jeweils Tabellen 3a und 8b; Anteilswerte der Förderfälle: eigene Berechnungen

Bei einem vergleichenden Blick über die Werte dieser Übersichtstabelle scheint sich ein Hinweis auf die Abhängigkeit der Eingliederungserfolge von der Entwicklung der Aufnahmefähigkeit des Arbeitsmarktes zu ergeben: Parallel zur Verbesserung des Arbeitsmarktes (die Unterbeschäftigungsquote sank von 11,1 Prozent im Jahr 2010 auf 9,7 Prozent im Folgejahr 2011) ergaben sich (mit Ausnahme der ausbildungsbegleitenden Hilfen) bei allen wesentlichen, sehr unterschiedlich ausgerichteten Förderinstrumenten Verbesserungen in der Eingliederungsquote. Es erhöhte sich somit die Wahrscheinlichkeit für Maßnahmeteilnehmer, nach Ende der Förderung in sozialversicherte Beschäftigung integriert zu werden. Zwischen den unterschiedlichen Förderarten zeigen sich jedoch die oben beschriebenen zu erwartenden deutlichen Unterschiede in der Erfolgsquote. Dass ein einfacher Vergleich solcher Werte für unterschiedliche Instrumente untereinander wenig aussagt, markieren im Extremfall die Werte der beiden Instrumente zur Förderung der selbstständigen Existenzgründung aus der Arbeitslosigkeit heraus. Hier ist das Ziel der Förderung ja gerade nicht die Einmündung in die von der Eingliederungsquote als Erfolg erfasste sozialversicherte Beschäftigung, sondern in die nicht sozialversicherungspflichtige Erwerbsform der selbstständigen Tätigkeit.[109]

Der Blick über die unterschiedlichen Eingliederungsquoten ergibt gewiss einige ganz grundsätzliche Fraglichkeiten, etwa:

- Warum wird im Rechtskreis des SGB II mit seinem außerordentlich hohen Anteil an Arbeitslosen ohne formale Berufsausbildung das Instrument der Weiterbildungsförderung so selten genutzt?
- Weshalb ergeben sich bei Maßnahmen zur Aktivierung und beruflichen Eingliederung, die bei Trägern durchgeführt werden, nicht nur deutlich schlechtere Werte als bei Arbeitgebermaßnahmen, sondern auch absolut gesehen relativ geringe Übergangsquoten in Beschäftigung?
- Warum wird das Einstiegsgeld in sozialversicherte Beschäftigung trotz seiner im Vergleich recht hohen Eingliederungsquote so selten gefördert?

Interessanter als solch globale Fragen zum Instrumenteneinsatz dürfte aber der Vergleich derartiger Ergebniswerte im regionalen Vergleich auf der Ebene desselben Instruments zwischen Regionen und Akteuren mit vergleichbarer Aufnahmefähigkeit des Arbeitsmarktes (also beispielsweise innerhalb desselben Vergleichstyps) sein. Hier wie da (sowohl grundsätzlich wie regional vergleichend betrachtet), ist es wichtig, sich bewusst zu machen, dass diese erste Näherung an eine Erfolgsbetrachtung noch keine Erklärungen liefert. Sie ist eher ein guter Ausgangspunkt für zahlreiche, fach-

[109] Deshalb zeigt die Eingliederungsquote für Instrumente der Existenzgründungsförderung nicht zielentsprechende, gleichwohl global willkommene Erwerbsverläufe nach der Förderung. Bei der ebenso wie bei den anderen Instrumenten positiven Entwicklung der Eingliederungsquote stellt sich die Frage, ob die verbesserte Aufnahmefähigkeit des Arbeitsmarktes Teilnehmern dazu verholfen hat, den eigentlich prioritären Wunsch nach sozialversicherten Anstellungsverhältnissen zu verwirklichen und die nur als Nothilfe gedachte Existenzgründung aufzugeben.

lich tiefergehende Fragen und Untersuchungen hin auf dem Weg zu einer umfassenden Evaluation des Instrumenteneinsatzes und seiner Wirkung.[110] Letztlich ließe sich der Erfolg einer arbeitsmarktpolitischen Förderung, ein echter kausaler Zusammenhang zwischen Einstellung und Förderung, nur durch zielgerichtete Fragen an den einstellenden Arbeitgeber klären. Das ist in der hohen Zahl der Förderfälle natürlich nicht möglich.

4.3.3 Zielgerichtete Auswahl als Erfolgsfaktor

Die i. S. d. Gesetzgebers und der arbeitsuchenden Person zielgerichtete Auswahl der Förderinstrumente wiederum ließe sich nur durch die Untersuchung der jeweiligen Beratungsgespräche sowie der jeweiligen (prospektiven) Arbeitsmarktsituation klären. Auch das ist quantitativ nicht umfassend möglich.

Für die (selbst-)kritische Reflexion der konkreten Förderentscheidungen ist es insbesondere sinnvoll, die Überlegungen und Begründungen, die zu einer Förderentscheidung geführt haben, sehr differenziert und insbesondere unabhängig von wiederkehrenden Mustern sehr individuell zu formulieren. Eine geeignete Methode zur Qualitätssicherung sind auch kollegiale Fallbesprechungen. Die Aufgabenstellung in der beruflichen Beratung und Förderung ist so komplex und von zahlreichen unterschiedlichen Gesichtspunkten und Faktoren bestimmt, dass die Zusammenschau mehrerer Experten von besonderem Wert sein kann, um in der laufenden Förderpraxis Fehlentscheidungen, Optimierungsmöglichkeiten sowie Unterstützungs- und Veränderungsbedarfe zu identifizieren.

Förderketten oder Förderpläne?

Ziele von Fördermaßnahmen können sehr unterschiedlich sein. Insbesondere, wenn arbeitsuchende Menschen einen längeren Weg bis zu einer möglichen Integration in den ersten Arbeitsmarkt zu gehen haben, kann ein erfolgreicher Abschluss einer Maßnahme auch noch weit vor einer solchen Integration liegen. Für solche Falllagen kann es sinnvoll sein, mehrere Förderschritte hintereinander zu gehen, wenn sie transparent gemacht und

[110] Die Ergebnisse tiefergehender Analysen, wie sie insbesondere das Institut für Arbeitsmarkt- und Berufsforschung (IAB) regelmäßig vorlegt, sind zahlreich, differenziert und vielfältig. Sie können im Rahmen dieses Kapitels nicht angemessen dargestellt werden. Einen guten ersten Einstieg hierzu bietet der gemeinsam vom Bundesministerium für Arbeit und Soziales und dem IAB herausgegebene Sachstandsbericht zur Evaluation der Instrumente von 2011, im Internet erhältlich unter folgender Adresse:
http://doku.iab.de/grauepap/2011/Sachstandsbericht_Evaluation_Arbeitsmarktinstrumente.pdf
Regelmäßig erscheinen Aktualisierungen zu einzelnen Instrumenten und Strategiebereichen. Um sich darüber auf dem Laufenden zu halten, empfiehlt sich ein Abonnement der Schriftenreihe IAB-Kurzberichte, in der die Ergebnisse jeweils in verständlicher Form zusammengefasst präsentiert werden.

als konsequent aufeinanderfolgende Schritte eines vorgeplanten notwendigen Weges in Richtung auf und am Ende mit Einmündung in den Arbeitsmarkt verbunden sind. Eine solche Gesamtstrategie für eine Person kann als Förderplan gesehen werden. Er unterscheidet sich von durch den Gesetzgeber ausgeschlossenen Kettenförderungen (vgl. Abschnitt 4.2.6) dadurch, dass hier keine mehrmalige Förderung derselben Maßnahmeart auf derselben Entwicklungsstufe, sprich ohne erkennbaren Fortschritt, gewährt wird, sondern folgerichtige Schritte begangen werden, deren Fortschritt durch eine klare (Teil-)Zielbeschreibung erkennbar gemacht und mittels konsequenter Überprüfung der Zielerreichung abgesichert wird.

Prioritätenstruktur des arbeitsmarktpolitischen Instrumentariums – für die Einzelentscheidung ...

Für eine entsprechende Auswahl einzelner Instrumente und zur Bestimmung des Fortschritts auf dem Weg zur Integration hat der Gesetzgeber eine klare Prioritätenlogik in das Gesamtinstrumentarium eingeschrieben, die sich in der Gesamtbetrachtung der einzelnen Strategiebereiche und ihrer Einzelinstrumente erschließen lässt. Oberstes Ziel bei allem ist die möglichst qualifizierte und damit möglichst dauerhafte Integration arbeitsuchender Personen in den ersten Arbeitsmarkt, um damit Arbeitslosigkeit und hilfebedürftige Erwerbsfähige dauerhaft unabhängig von staatlicher Grundsicherung zu machen (§ 1 SGB II).

Dem Vorrang der Vermittlung in *dauerhafte* Beschäftigung (§ 4 Abs. 2 SGB III) am nächsten kommen arbeitsmarktpolitische Förderungen, die direkt in den ersten Arbeitsmarkt führen, d. h. beschäftigungsbegleitende Leistungen (Abschnitt 4.2.4) oder Maßnahmen zur Aktivierung und beruflichen Eingliederung, sofern sie im Anschluss direkt eine Integration ermöglichen (Abschnitt 4.2.1). Alle Schritte, die außerhalb des existenzsichernden Arbeitsmarktes selbst erfolgen, sind nur zulässig, sofern sie erkennen lassen, dass sie geeignet sind, den eigentlichen Erfolg, sprich den Übergang in dauerhafte existenzsichernde Erwerbstätigkeit, vorzubereiten. Das gilt insbesondere für Maßnahmen zur beruflichen Qualifizierung, ein dem Markt vorgelagertes Mittel erster Wahl, weil es – richtig justiert, insbesondere bezogen auf geeignete marktfähige berufliche Qualifikationen – in besonderer Weise in der Lage ist, direkt Chancen auf eine dauerhaft angelegte und existenzsichernd bezahlte Erwerbstätigkeit zu eröffnen. Es ist somit eng mit der höchsten Priorität verbunden. Nur für Personen, die den direkten Weg in den existenzsichernden Arbeitsmarkt auch mithilfe beruflicher Qualifizierung erkennbar nicht werden gehen können, kommt hilfsweise zunächst die Integration in prekäre Beschäftigung in Betracht, wenn sich für sie daraus begründet die Chance ergeben kann, sich nach beruflicher Bewährung dauerhaft in sichere und sichernde Beschäftigung weiterzuentwickeln.

Erst wenn all diese marktintegrierenden oder marktnah vorbereitenden Instrumente *begründet* nicht Erfolg versprechend zur Anwendung kommen können, kann hilfsweise eine Förderung aus dem Beschäftigung schaffenden Bereich (Abschnitt 4.2.6) erwogen werden. Eine Arbeitsgelegenheit ist aber nur dann zu befürworten, wenn sie inhaltlich so gestaltet ist, dass sie spätestens nach Ablauf dieser Maßnahme Chancen auf Schritte höherer Priorität eröffnet. Der Beschäftigungszuschuss ist durch seine hohen Förderungsvoraussetzungen (insbesondere nach § 16e Abs. 3 Nr. 2 und 3 SGB II) vom Gesetzgeber erkennbar als Mittel letzter Wahl gestaltet worden. Die Bereitstellung höchsten Mitteleinsatzes im Fall einer solchen Förderung macht aber deutlich, wie hochrangig er die Integration in Arbeit sieht.[111]

Abbildung 30: Prioritäten-Reihenfolge arbeitsmarktpolitischer Förderstrategien (ohne Ausbildungsförderung und Kurzarbeit)

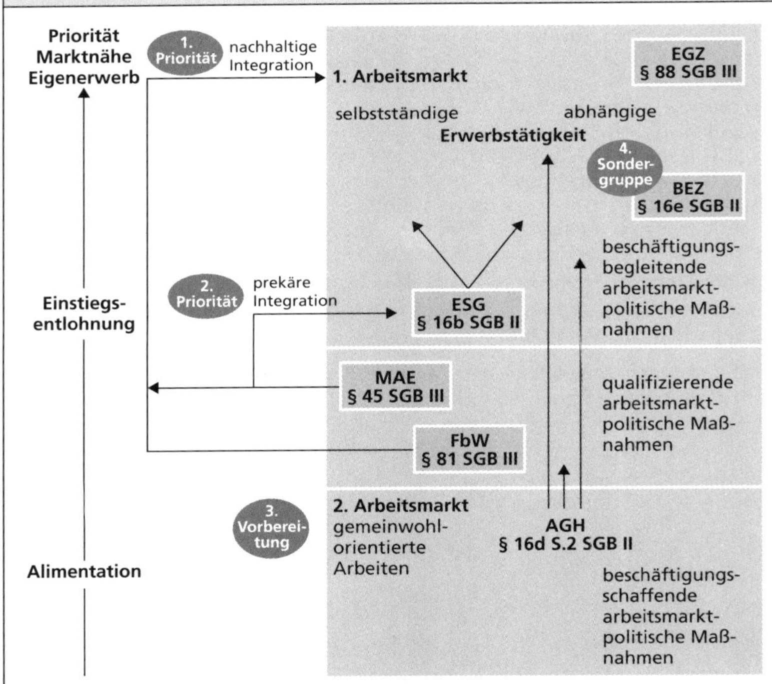

Quelle: eigene Darstellung

Zur Verdeutlichung einer möglichen Gestaltung eines solchen Förderplans, bei dem nacheinander mehrere unterschiedliche arbeitsmarktpolitische

111 Auch für die hier nicht verzeichneten Instrumente der Ausbildungsförderung (Abschnitt 4.2.2) gilt: je marktnäher, je eher.

Förderinstrumente zur Anwendung kommen können, soll das folgende Fallbeispiel dienen:

Fallbeispiel:

Eine Frau, Mitte 30, hat nach einer Berufsausbildung zur Verkäuferin in ihrem Beruf gearbeitet, geheiratet und wurde Mutter dreier Kinder, heute im Alter von 12, 8 und 4 Jahren. Vor 2 Jahren wurde die Ehe geschieden. In der Folge stellte sich eine depressive Erkrankung ein, die zu mehrmonatigem Klinikaufenthalt und Übernahme der Kinder in staatliche Obhut führte. Inzwischen konnte die Frau die Klinik verlassen, die akute depressive Erkrankung wurde erfolgreich therapiert, und sie erhält noch ergotherapeutische ambulante Unterstützung. Die Familie (ohne Vater) konnte erfolgreich wieder zusammengeführt werden. Sie bildet eine Bedarfsgemeinschaft in der Grundsicherung für Arbeitsuchende. Die Organisation des Haushalts und die Betreuung und Erziehung der Kinder funktionieren reibungslos. Die Frau möchte wieder erwerbstätig werden, gerne wieder in ihrem Beruf, z. B. als Kassiererin, verspürt aber starke Angst, die dadurch entstehende Belastung nicht tragen zu können und den Therapie- und sozialen Integrationserfolg dadurch wieder zu verlieren.[112]

In einer solchen Situation könnte beispielhaft folgender Integrationsplan mit Anwendung unterschiedlicher, im Zeitablauf aufeinanderfolgender Förderinstrumente sinnvoll sein:

Zunächst wird eine leichte Mitarbeit sehr geringen Stundenumfangs (zunächst vielleicht je zwei Stunden an drei Tagen der Woche) in einem geschützten Rahmen ohne Umsatzdruck, aber im beruflichen Zielfeld im Rahmen einer geförderten Arbeitsgelegenheit vereinbart, z. B. in einem Sozialkaufhaus bei einem Wohlfahrtsträger. Ziel ist hier zunächst das vorsichtige Testen der psychischen Belastbarkeit, die Rückeroberung von Fähigkeiten in einem kollegialen Umfeld und erste Wiederberührung mit dem beruflichen Bereich. In enger Abstimmung mit der Arbeitsuchenden und bei transparenter Überprüfung der Zielerreichung kann dann zunächst die Stundenzahl im selben Umfeld langsam erhöht werden. Das nächste Teilziel wäre hier die Testung und Wiederherstellung der körperlichen Belastbarkeit. Der nächste Schritt könnte die Betrauung mit Aufgaben höherer eigenständiger Verantwortung sein, etwa der Wechsel der Aufgaben im nun schon vertrauten Umfeld des Sozialkaufhauses von der Warenkommissionierung und Regalbefüllung ohne direkten Kundenkontakt zur stundenweisen Übernahme von Kassier- und Beratungsaufgaben am Kunden. Ziele sind hier die Herstellung der Beschäftigungsfähigkeitsaspekte persönlicher außerfachlicher und allgemeiner berufsfachlicher

[112] Für detaillierte Ausführungen zur Integrationsstrategie für arbeitsuchende Personen mit komplexen Problemlagen, siehe Kapitel 6 zum Fallmanagement.

Kompetenzen. Anschließend wäre – je nach konkreter Bedarfslage – an eine Fördermaßnahme zur beruflichen Anpassungsfortbildung zu denken (z. B. zu neuen Kassensystemen) oder alternativ zur Einarbeitung bei einem Arbeitgeber, zunächst vielleicht über ein Praktikum als Maßnahme zur beruflichen Eingliederung und anschließender Förderung eines regulären Arbeitsverhältnisses durch die Kompensation vertiefter Einarbeitungskosten mittels eines Eingliederungszuschusses an den Arbeitgeber. Erst danach wäre die Herstellung der vollen Beschäftigungsfähigkeit und damit die weitere ungeförderte Integration in ein Beschäftigungsverhältnis am ersten Arbeitsmarkt zu erwarten – in einem Stundenumfang je nach Möglichkeit der Kinderbetreuung.

In einem solchen umfangreichen Integrations- und Förderplan ergibt sich die Wirksamkeit der einzelnen Instrumente aus der situationsadäquaten Auswahl des Instruments, der zwischen Arbeitsuchenden und beratenden Fachkräften engen Abstimmung der Teilziele und der Erfolgskontrolle und der konsequenten Anpassung des nächstfolgenden (Förder-)Schritts. Eine Erfolgsmeldung i. S. d. Eingliederungsquote ist erst nach dem Ende des instrumentenreich begangenen Weges zu erwarten. Zur Messung des Erfolges arbeitsmarktpolitischer Maßnahmen bedarf es daher weiterer Kennziffern und qualitativer Begutachtung. Relativ gering ausfallende Integrationszahlen im direkten Anschluss an eine Instrumentenart können nicht automatisch zur Attestierung von Misserfolg und Infragestellung der Maßnahme führen.

... und für die regionale Planung des Instrumentenmix

Auf der Ebene der regionalen Planung der Mischung zwischen den unterschiedlichen Instrumenten in der Verteilung der Haushaltsmittel gilt eine Prioritätenstruktur, die sich nach der Analyse der regional vorherrschenden Ursachen der Arbeitslosigkeit richtet. So sind in einer Region mit hohem Anteil saisonal bestimmter Betriebe natürlich auch höhere Mittel für die Instrumente gegen saisonale Arbeitslosigkeit zu veranschlagen. Schwieriger ist die Beurteilung des Anteils, den strukturelle, insbesondere Qualifikationsunterschiede zwischen Angebot und Nachfrage am Arbeitsmarkt spielen, im Gegensatz zum Anteil der Arbeitslosigkeit, den ein regionales Arbeitsplatzdefizit verursacht. Qualifizierungsmaßnahmen können strukturelle Passung herstellen, nicht aber Arbeitsplätze am regulären Arbeitsmarkt generieren. In einer Defizitsituation kann ein höherer Anteil Beschäftigung schaffender Maßnahmen sinnvoll sein, bis das Zusammenwirken der Akteure auch außerhalb des engeren Wirkungskreises der Arbeitsmarktpolitik zu einem insgesamt höheren Beschäftigungsniveau führt. Dabei kann allerdings insbesondere eine vorausschauend qualifizierende Arbeitsmarktpolitik – etwa bei der Unterstützung der Ansiedlung neuer Unternehmen – eine Schlüsselrolle einnehmen und so ihre in § 1 SGB III für den Bund beschriebene beschäftigungspolitische Bedeutung auch auf regionaler Ebene gewinnen.

Beratung in der Arbeitsförderung und Grundsicherung

– M. Rübner, R. Göckler –

In diesem Kapitel soll Beratung als eine elementare Dienstleistung der Arbeitsförderung (SGB III) und Grundsicherung für Arbeitsuchende (SGB II) bestimmt und beschrieben werden. Zwei in unserem Zusammenhang zentrale Beratungsangebote werden dabei genauer untersucht: die berufliche Beratung und die sozialintegrative Beratung. Auch wenn die berufliche Beratung ihren rechtlichen Ausgangspunkt im SGB III hat und sozialintegrative Themen explizit nur im SGB II angesprochen werden, wollen wir zeigen, dass beide Beratungsangebote auch im jeweils anderen Rechtskreis eine wichtige Funktion übernehmen können und sich in der Praxis der Beratenden häufig überschneiden.

5.1 Beratung im Integrationskontext

Schwerpunktmäßig ist die Arbeit von Fachkräften aus beiden Rechtskreisen darauf gerichtet, leistungsberechtigte Personen bei der beruflichen Eingliederung zu unterstützen und – soweit erforderlich – umfassend zu betreuen. Dieser Unterstützungsprozess umfasst neben der Beratung eine breite Palette von Eingliederungsleistungen der Arbeitsförderung und Grundsicherung (§ 3 SGB III; § 14 ff. SGB II). Aufseiten des Leistungsberechtigten kommen bestimmte Mitwirkungspflichten hinzu. Das heißt:

1. Die Kommunikationsform der Beratung muss in diesem Unterstützungsprozess mit anderen Handlungsformen kombiniert werden.
2. Die Entscheidung über die Umsetzung von gesetzlich gerahmten Aktivitäten kann nicht allein in das Ermessen des Leistungsberechtigten gelegt werden.

Eine besondere Herausforderung für die Fachkräfte liegt darin, dass sie nicht nur im Einzelfall beraten, sondern auch Recht durchsetzen müssen. Dazu zählen Regelungen, die von der Sache her keine Übereinstimmung voraussetzen, sondern aus der Ermittlung von Sachverhalten und den Mitwirkungspflichten des Leistungsberechtigten abgeleitet werden können. Dass diese Gratwanderung anspruchsvoll, zugleich aber möglich ist, wird nicht nur im Rahmen von Fallstudien nachgewiesen (z. B. Hielscher/Ochs 2009; Göckler 2009; Schütz/Kupka/Koch/Kaltenborn 2011), sondern auch in der täglichen Praxis bewiesen. Der Wechsel von Rollen und Funktionen in einem Gespräch scheint empirisch leichter zu gelingen als konzeptionell vorstellbar. Das ist zunächst einmal ein positiver Befund. Gleichzeitig sind drei andere, eher kritische Umgangsformen mit Beratung im Integrationskontext zu beobachten.

- Der erste kritische Punkt betrifft den immer noch eher geringen Anteil von Beratung im Rahmen der Integrationsarbeit mit den Leistungsberechtigten. Aus unserer Sicht ist eine Reduzierung von Beratung auf einzelne, kurze Beratungssequenzen – hier ein fachlicher Rat, dort eine rechtliche Auskunft – dem Beitrag nicht angemessen, den Beratung im Rahmen des beruflichen und sozialen Integrationsprozesses spielen kann. Wie wir im Laufe des Kapitels zeigen wollen, ist Beratung keine

Dienstleistung, die einfach nur „nebenher" oder „auf die Schnelle" erledigt werden kann.

- Die zweite kritische Umgangsform mit Beratung betrifft deren Gleichsetzung mit einer freundlichen und zugewandten Gesprächsführung und die damit einhergehende Vorstellung, dass dadurch der Imperativ einer schnellstmöglichen Integration gegenüber dem „Kunden" besser vermittelbar sei. Die in Führungskreisen immer wieder anzutreffende (Über-)Betonung von „Beratung" wäre dann mehr Ausdruck einer öffentlichkeitswirksamen Begriffswolke, die den hoheitlichen Teil der Arbeitsmarktpolitik verschleiert. Trotz der vermeintlich hohen Bedeutung, die der Beratung hier verbal zugemessen wird, ist damit doch faktisch eine Entwertung verbunden, da ihre strategische Ausrichtung gleichsam extern und weniger professionsbezogen bestimmt wird.
- Zudem gibt es für den öffentlichen sozialintegrativen Beratungsauftrag bis heute keine ausgearbeiteten Umsetzungshinweise, kein abgesichertes und zumindest fachwissenschaftlich mehrheitlich tragfähiges Konzept (überraschenderweise auch nicht für das SGB XII). Zwischen der Selbsteinschätzung von Beratern und einem beratungswissenschaftlichen Anspruch klaffen oftmals Welten, die mangels Referenzrahmen nicht geschlossen werden können. Die sozialintegrative Beratungsarbeit ist von den Fachkräften permanent zu leisten, „und zwar ohne dass diese Leistung institutionell wie organisational, z. B. durch eine verankerte (kollegiale) Supervision unterstützt würde. (...) Mehr Forschung zur Vollzugspraxis in diesen Arbeitsfeldern wäre notwendig, um auf dieser Grundlage neue professionelle Modelle zu entwickeln" (Böhringer u. a. 2012, S. 248).

5

Vor dem Hintergrund dieser Beobachtungen wollen wir mit einigen grundsätzlichen Ausführungen beginnen, die die Bedingungen hilfreicher Beratung, ihre Grundstruktur und das für uns handlungsleitende Menschenbild betreffen. Danach gehen wir auf die Funktionen, Angebote, Inhalte und Grundsätze beruflicher und sozialintegrativer Beratung ein und grenzen Beratung von anderen Handlungsformen ab. Abschließend ordnen wir unsere Überlegungen in eine Unterscheidung zwischen Fach-, Rechts- und Lebensberatung ein.

5.2 Bausteine einer hilfreichen Beratung

Beratung ist eine ziel- und ergebnisorientierte Interaktion zwischen mindestens einem Ratsuchenden und einem Berater. Insoweit handelt es sich um „konzentrierte Arbeitsgespräche", mit deren Hilfe die beteiligten Parteien etwas erreichen wollen. Was genau, das ist von den Zielen abhängig, die die Interaktionspartner in das Gespräch einbringen bzw. auf die sie sich verständigen. Es kann z. B. um die Verbesserung der beruflichen Entscheidungsfähigkeit, die Klärung von Abhängigkeitsformen oder die Entwicklung von Integrationsstrategien gehen. Mithilfe welcher Vorkehrungen und Ansatzpunkte kann Beratung dazu beitragen, dass personenbezogene Ziele wie diese erreicht werden können? Bevor wir auf die jeweils besonderen Beiträge der beruflichen und sozialintegrativen Beratung eingehen, wollen wir drei Grundbausteine einer hilfreichen Beratung vorstellen, die in der Beratungsliteratur immer wieder zu finden sind. Diese Grundbausteine erlauben eine erste Annäherung an unseren Gegenstand und bieten zugleich pointierte Bezugspunkte für die Reflexion des eigenen Beratungsverhaltens.

1. **Beraterische Klärung:** Die Klärungsarbeit ist ein genuiner Beitrag von Beratung, d. h. Beratung soll Erkenntnis- und Reflexionsprozesse beim Ratsuchenden ermöglichen und fördern. Hilfreiche Beratung schafft die Voraussetzungen dafür, dass der Ratsuchende zur Klärung seiner aktuellen Situation, Ziele und Handlungsmöglichkeiten angeregt wird. Es können zwei Zugänge unterschieden werden: ein offener und ein strukturierter Zugang. Je nach Setting und Anlass der Beratung ist zu entscheiden, welcher der beiden Zugänge besser geeignet erscheint bzw. ob sich eine Kombination anbietet.

   - Der offene Zugang setzt auf die Bereitstellung eines „Erzählraums“, um beim Ratsuchenden Reflexionsprozesse zu fördern. Gerade in neueren Beratungsansätzen wird die Bedeutung von Methoden hervorgehoben, durch die der Ratsuchende zum Erzählen, Explorieren und Überdenken von Erfahrungen, Selbstzuschreibungen und Handlungsoptionen aus unterschiedlichen Perspektiven angeregt wird. Narrative, konstruktivistische und systemische Ansätze bieten hier entsprechende Anknüpfungspunkte (vgl. Engel/Sickendieck 2007; Iwert 2003; Groher 2007; Schwing/Fryszer 2006; auf einige Methoden wird später noch eingegangen). Diese Form der Klärungsarbeit setzt eine vertrauensvolle Zusammenarbeit voraus. Der Ratsuchende muss darauf vertrauen können, dass die Fragen des Beraters nicht der Ermittlung von sanktionsbewährten Tatbeständen dienen oder der Vorbereitung von einseitig festgelegten Problemlösungsprogrammen (vgl. Großmaß 2010; Schmitz/Bude/Otto 1989). Vielmehr geht es darum, dass der Ratsuchende seine aktuelle Situation, Denk- und Handlungsmuster aus einem neuen Blickwinkel betrachtet, Zusammenhänge erkennt und neue Erkenntnisse gewinnt.

   - Beim strukturierten Zugang kommen kriteriengeleitete Verfahren zum Einsatz, durch die bestimmte Aspekte der Person und ihres Umfeldes erhoben und bilanziert werden, z. B. die berufliche Eignung und Leistungsfähigkeit, das bestehende Unterstützungsnetzwerk, Interessen und Kompetenzen (vgl. Kapes/Mastie 1988; Pantucek 2009; Rübner 2012). Teilweise können diese Fragestellungen im Gespräch selbst bearbeitet werden, teilweise sind hierzu eigene Untersuchungsformate wie Test-, Assessment- oder Simulationsverfahren erforderlich. Aus der Beratungsperspektive ist jedoch entscheidend, dass der Ratsuchende an den auf diese Weise gewonnenen Erkenntnissen partizipieren kann. Die intellektuelle Verfügung über diagnostisches Wissen aufseiten des Experten ist noch keine hinreichende Grundlage für eine hilfreiche Beratung (vgl. Dewe/Scherr 1990). Insbesondere ein transparentes und strukturiertes Feedback sowie gemeinsame Schlussfolgerungen haben sich in verschiedenen Evaluationsstudien als besonders hilfreich erwiesen (Brown/McPartland 2005; Miller/Rose 2009). Beide Zugänge sollen dazu beitragen, dass der Ratsuchende ein differenziertes Verständnis seiner Situation gewinnt und zu konkreten Handlungsschritten ermutigt wird.

2. **Aktive Hilfe zur Problembewältigung und konkrete Handlungsschritte:** Eine zentrale Bewährungsprobe für den Erfolg einer Beratung ist die Anwendbarkeit ihrer Ergebnisse in der Lebenspraxis des Ratsuchenden. Der Berater kann den Ratsuchenden auf unterschiedliche Weise bei der Problembewältigung unterstützen. Die oben beschriebene Klärungsarbeit ist dabei ein zentraler Ansatzpunkt. Sind hier die notwendigen Klärungsprozesse eingeleitet, kommen weitere grundlegende Beratungsaktivitäten hinzu, die stärker auf die Problembewältigung im engeren Sinne abstellen:

   - *Rat und Auskunft:* Der Berater erläutert bestimmte Sachverhalte, informiert und gibt Empfehlungen. Die Erteilung von Rat und Auskunft ist aber nicht schon deswegen für den Adressaten hilfreich, weil das Gesagte wissenschaftlich richtig und sprachlich verständlich ist. In der Beratung geht es nicht in erster Linie um die Vermittlung eines allgemeinen Weltwissens. Im Rahmen einer personenbezogenen Beratung bemisst sich die Angemessenheit eines Rats oder einer Auskunft stets daran, ob sie einen Beitrag zur Bewältigung von Handlungsproblemen in der Lebenswelt des Ratsuchenden bieten kann oder nicht (vgl. Schmitz/Bude/Otto 1989; Dewe/Scherr 1990).

   - *Problemlösungsmethoden:* Ein wichtiger Beitrag von Beratung besteht darin, bereits im Gespräch selbst einen unmittelbaren Problemlösungsbeitrag zu erarbeiten. Dazu kann die Unterstützung bei der Entscheidungsfindung, die Entwicklung von Veränderungsmotivation oder die Erprobung neuer Kommunikationsstile gehören. Dieser Zugang erfordert allerdings ausreichende zeitliche Ressourcen und ein ausgeprägtes beratungsmethodisches Know-how (vgl. Rübner/Sprengard 2010).

   - *Anleitung:* Weiterhin kann der Berater den Ratsuchenden dazu anleiten, sich selbstständig mit bestimmten Sachverhalten außerhalb der Beratung zu beschäftigen. Er stellt ihm hierzu Unterlagen zur Verfügung und gibt Bearbeitungshinweise (z. B. zur Erstellung von Bewerbungsmappen).

- *Planung:* Planungsaktivitäten zählen zum festen Bestandteil vieler Beratungsgespräche und haben sich in der Forschung als sehr hilfreich erwiesen (vgl. Bimrose/Barnes/Hughes 2008; Peterson u. a. 2002). Berater und Ratsuchender stellen gemeinsam einen Handlungsplan auf, in dem Ziele, Aktivitäten und Zeitpunkte festgelegt werden. Auch der Einsatz zusätzlich erforderlicher Instrumente und Maßnahmen kann hier geplant und vereinbart werden (z. B. Trainings- und Lernprogramme, Mediation, Begutachtung). Ziel ist es, eine klare und für beide Seiten transparente Aktivitätenplanung zu erreichen, die einen intersubjektiven Verbindlichkeitsgrad aufweist und im Falle von Folgekontakten als systematischer Anknüpfungspunkt dient.

3. **Ressourcenaktivierung und Ermutigung:** Gerade in Handlungssituationen, die als belastend und komplex wahrgenommen werden, erscheint das Prinzip der Ressourcenaktivierung von besonderer Bedeutung. Hilfreiche Beratung zielt darauf ab, dass sich der Ratsuchende in seinen Stärken und positiven Seiten erfahren kann. Eine ressourcenorientierte Beratung richtet ihre Fragen, Reflexionsimpulse und Erhebungsinstrumente insoweit auf Stärken, Fähigkeiten, Gewohnheiten, Einstellungen und Ambitionen, die für den Veränderungsprozess gezielt genutzt werden können. Dieser Zugang ist keineswegs immer ein „Selbstläufer". Gerade in der Grundsicherungsarbeit gibt es viele Beispiele dafür, dass angesichts der Lebenssituation des Betroffenen nicht ohne Weiteres „aus dem Vollen" geschöpft werden kann und eine u. U. aufwendige, rekonstruktive Ressourcenarbeit erforderlich wird. In der Beratungsforschung wird immer wieder nachgewiesen, wie wichtig es ist, dass der Betroffene seinen Ansprechpartner als unterstützend, ermutigend und ihn in seinem Selbstwertgefühl positiv bestätigend erlebt (vgl. den Abschnitt 5.4 zum handlungsleitenden Menschenbild). Ressourcenaktivierung kann insoweit als ein durchgängiges Handlungsprinzip verstanden werden, das die gesamte Beratung durchzieht. Das heißt nicht, dass die im Handlungsfeld oder der Person des Ratsuchenden liegenden Handlungsbedarfe und Ressourcendefizite übersehen werden. Allerdings wird die Bedeutung eines ressourcenorientierten Zugangs in der Praxis immer wieder unterschätzt bzw. von einem defizitorientierten Blickwinkel überlagert.

Nicht alle der hier genannten Aspekte sind in jedem Gespräch gleichermaßen von Bedeutung. Deren Relevanz hängt maßgeblich vom Beratungsanlass und Beratungsverlauf ab. So gibt es Beratungsgespräche, die überwiegend von Klärungs- oder Analysearbeit geprägt sind, solche, bei denen die Ermutigung des Ratsuchenden im Mittelpunkt steht, oder aber Gespräche, bei denen die Erteilung von Rat und Auskunft zu konkreten Lösungsmöglichkeiten zentral ist. Dennoch können die drei Aspekte auch als Leitlinien einer hilfreichen Beratung verstanden werden, an denen sich der Beratende bei der Wahl seiner Vorgehensweise und Methodik grundsätzlich orientieren kann: Beratung zielt im Kern auf Klärungsprozesse, lebenspraktische Lösungsperspektiven und Ressourcenaktivierung oder -bereitstellung.

5.3 Grundstruktur von Beratung

Für das Verständnis beraterischer Prozesse ist es unerlässlich, auf die Struktur von Beratung einzugehen. Im Kontext der Arbeitsförderung und Grundsicherungsarbeit grenzt diese sich klar von Alltagsgesprächen, reinem Verwaltungshandeln, therapeutischen Beratungsangeboten und auch in der Sozialen Arbeit typischen sozialpädagogischen „Freizeitgesprächen"[113] ab. Ohne Kenntnis und Orientierung an einer grundlegenden Beratungsstruktur ist weder der gezielte und begründete Einsatz von Methoden und Techniken – gleich welcher Schule – möglich, noch kann Transparenz und Verständlichkeit für die Beratenen erzeugt werden. Zudem droht die Gefahr, insbesondere bei der Vielzahl unterschiedlicher Fragestellungen und Themen in der Beratungsarbeit, dass Beratende wie Ratsuchende den Überblick verlieren, auch wenn sich in der Praxis einzelne Phasen durchaus überlappen dürfen. Vor diesem Hintergrund können Fach- und Führungskräfte das konkret beobachtbare Beratungsverhalten systematischer beurteilen und von anderen Gesprächsformaten abgrenzen.

Wie ist die Grundstruktur von Gesprächen aufgebaut, wenn sie von beraterischen Organisationsprinzipien und nicht von rechtlichen, institutionellen oder therapeutischen Vorgaben und Kriterien geprägt wird? Einige Beispiele unterschiedlicher Ansätze zum Beratungsprozess sollen zeigen, dass alle anwendungsbezogenen Konzepte von einer ähnlichen Grundstruktur in der Beratung ausgehen. Im Regelfall unterscheiden sie sich lediglich in der Detailausformulierung der einzelnen Schritte.

Die überwiegende Mehrzahl der Beratungsansätze legt einen Problemlösungsprozess zugrunde, der im Kern aus drei Phasen besteht. Zunächst geht es um eine gemeinsame Situationsanalyse, anschließend um die Herausarbeitung von Zielperspektiven und schließlich um konkrete Handlungs- und Lösungsstrategien. Die Grundlogik dieses Vorgehens folgt zwar einem allgemeinen Problemlösungsansatz, jede Phase ist aber nach beraterischen Grundprinzipien ausgestaltet:

a) Anregung und Ermutigung des Ratsuchenden, seine Problemlage, Überlegungen und Ideen in den Prozess aktiv einzubringen

b) Problemlösungs- und ressourcenorientierte Bearbeitung der eingebrachten Themen und Anliegen

c) Entwicklung eines gemeinsam getragenen Verständnisses konkreter Ansatzpunkte und Aktivitäten innerhalb und außerhalb der Beratung

[113] Der Begriff „Freizeitgespräche" ist nicht abwertend zu verstehen. Er kennzeichnet typisch fachlich notwendige Kommunikationsformen, die sich im Alltag und Freizeitbereich zwischen Klienten und Mitarbeitern ergeben, beispielsweise bei Jugendmaßnahmen, im Rahmen von Werkunterrichten oder bei gemeinsamen Sport-, Spiel- und Freizeitmaßnahmen. Diese Gespräche folgen anderen Regeln als eine (terminierte) Beratung.

Tabelle 22: Beratungsstruktur in verschiedenen Einsatzfeldern

	Lösungsorientierte Beratung[1]	Systemische Beratung[2]	Kognitiv-verhaltensorientierte Beratung[3]	Beratung in der Sozialen Arbeit[4]	Berufliche Beratung im SGB III[5]
Analyse der aktuellen Situation	1. Erfassen und Definieren des Problems	1. Beziehung aufbauen 2. Anliegen konkretisieren	1. Vorklärung 2. Assessment 3. Problemdefinition	1. Klärung der Ausgangslage 2. Auftrags- und Kontextklärung 3. Hypothesenbildung	1. Ausgangsschilderung 2. Standortbestimmung 3. Konzentration auf Kernbereiche
Zielfindung	2. Formulieren des Ziels/der Lösung	3. Bearbeitungs- und Lösungsebene finden	4. Zielformulierung	4. Zielformulierung	4. Sondierung von Zieloptionen 5. Eingrenzung von Zielen 6. Zielfestlegung
Lösungswege	3. Intervenieren (Problemlösung) 4. Evaluieren	4. Impulse geben 5. Gespräch abschließen	5. Entwicklung eines individuellen Lernplans 6. Bilanz und Transfer	5. Interventionen 6. Evaluation	7. Sondierung von Lösungsoptionen 8. Strategieentwicklung 9. Planung der Umsetzung

[1] vgl. Bürgi/Eberhart 2004, 84 f.

[2] vgl. Brüggemann/Ehret-Ivankovic/Klütmann 2009, S. 14

[3] vgl. Peterson u. a. 2002

[4] vgl. Weber, 2005, S. 27 ff.

[5] vgl. Rübner/Sprengard 2011, S. 30

Die drei Phasen der Beratung werden nun noch etwas genauer beschrieben (vgl. Rübner 2012):

1. Situationsanalyse: Dieser Phase kommt eine Schlüsselrolle zu, denn sowohl auf der inhaltlichen Ebene als auch auf der Beziehungsebene muss eine gemeinsame Verständigungsbasis zwischen dem Ratsuchenden und dem Berater gefunden werden. Aufgabe des professionellen Beraters ist es, ein Klima zu fördern, das eine konstruktive Zusammenarbeit ermöglicht. Die beraterischen Aufgaben im Kontext der Situationsanalyse lassen sich wie folgt umreißen:

- Herstellung einer positiven Arbeitsbeziehung, die den weiteren Beratungsprozess trägt und einen Rahmen bietet, in dem sich der Ratsuchende zu seinem Anliegen und seinen Erfahrungen frei äußern kann

Abbildung 31: Problemlösungsprozess in der Beratung

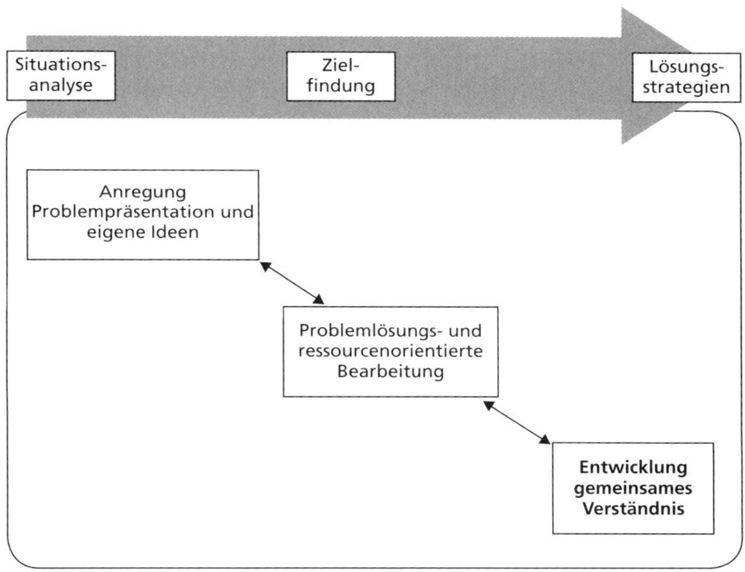

Quelle: eigene Darstellung

- Erzielung eines gemeinsamen Verständnisses über das Anliegen und den Gesprächsanlass
- Klärung von Handlungsbedarfen und Ressourcen des Ratsuchenden
- Förderung der Selbsteinschätzung des Ratsuchenden
- Gemeinsame Ableitung des Handlungs- und Unterstützungsbedarfs

Je nach Beratungsanlass werden unterschiedliche inhaltliche Bereiche zu klären sein (z. B. Stand im Berufswahlprozess oder Stand im Integrationsprozess; zur beschäftigungsorientierten Situationsanalyse vgl. hierzu ausführlich Kapitel 3.5).

2. Zielfindung: Diese Phase nimmt eine Brückenfunktion zwischen der Phase der Situationsanalyse und jener der Lösungsstrategien ein. Es geht darum, auf der Grundlage der erarbeiteten Sachverhalte Zielmarken für die weitere Problembearbeitung abzustecken, d. h. zu klären, worauf sich die möglichen nächsten Schritte eigentlich richten. Die in den Beratungsprozess eingebrachte Zielorientierung unterstützt den Ratsuchenden dabei, mögliche Problemfixierungen aufzulösen und sich auf ein angestrebtes Zukunftsszenario zu konzentrieren. Wichtig ist bei diesem Schritt, dass sich Berater und Ratsuchender auf gemeinsame Ziele der Problembearbeitung einigen, insoweit also eine Verständigungsbasis für die weitere Arbeit erreichen. Eine maximale Konkretisierung von Haupt- und Teilzielen ist mit dieser Phase nicht intendiert. Die Entscheidung über den Detaillierungs- und Konkretisierungsgrad sollte vielmehr personen- und sachgerecht erfolgen. Entscheidend ist, dass der weitere Problembearbeitungsprozess eine für beide Seiten ausreichend klare Zielrichtung erhält. Ohnehin ist die Zielarbeit mit dem ersten Beratungsgespräch nicht abgeschlossen, sondern wird im weiteren Beratungsprozess weiter konkretisiert. Der Verbindlichkeitsgrad der Zielvereinbarung ist vom konkreten Setting abhängig. Treten rechtlich verbindliche Regelungen hinzu, z. B. im Rahmen einer Eingliederungsvereinbarung, ist dies entsprechend transparent zu machen (vgl. Abschnitt 5.7.2).

3. Lösungsstrategien: Die Entwicklung und Planung spezifischer Lösungsstrategien stellt die dritte Phase der Beratung dar. Sie soll auf Basis der gemeinsamen Situationsanalyse und Zielfindung eine möglichst abgestimmte, individuelle Entwicklungsperspektive eröffnen. Der Lösungsprozess soll als gemeinsame Aufgabe angestoßen und schrittweise konkretisiert werden. Ein kompetenz- und ressourcenorientierter Beratungsansatz achtet darauf, dass die aktive Beteiligung des Ratsuchenden ein durchgängiges Handlungsprinzip darstellt. Auch wenn der Ratsuchende Unterstützung bei der Bewältigung seiner aktuellen Situation benötigt, kann grundsätzlich davon ausgegangen werden, dass er – entsprechend dem hier zugrunde gelegten, handlungsleitenden Menschenbild (siehe nächster Abschnitt) – über eine Reihe von Ideen und Ressourcen verfügt, um seinen Zielen näher zu kommen. Mit dieser Grundeinstellung und Fragen nach eigenen Ideen aktiviert der Berater das Lösungspotenzial des Ratsuchenden und stärkt dessen Selbstwirksamkeit. Auch der Berater selbst bringt seine Ideen und Vorschläge ein.

- Ausgangspunkte: Welche Ideen und Wege zur Zielerreichung sind bekannt?
- Ressourcen: Welche Personen- und Umweltressourcen des Ratsuchenden könnten sich als förderlich erweisen (unter Einbeziehung der Erkenntnisse aus der Standortbestimmung)?
- Netzwerke: Wer kann helfen (informelles und formelles Netzwerk)?
- Programme: Gibt es spezielle Programme oder Maßnahmen mit passender Zielrichtung?
- Prioritäten: Was kann und muss sofort, was später getan werden?

Für Auswahl und Einsatz geeigneter Lösungsstrategien kann sich der Berater an folgenden gedanklichen Leitfragen orientieren:

- Passt die Lösungsstrategie zur aktuellen Problemsituation und zu den Veränderungszielen?
- Passt sie zu seinen kognitiven und kommunikativen Fähigkeiten?
- Ist die Lösungsstrategie in Art und Umfang realistisch dimensioniert?
- Ist die Lösungsstrategie effektiv und zielführend?

Abschließend werden konkrete Aktivitäten geplant und vereinbart. Häufig kommt dabei ein mehr oder weniger umfassender Planungsbogen zum Einsatz, in dem entsprechende Aktivitäten und Etappenziele aufgelistet, zeitlich dimensioniert und in Bezug auf die Hauptziele priorisiert werden.

5.4 Handlungsleitendes Menschenbild

Abschließen wollen wir unsere einführenden Darstellungen mit einigen Kernaussagen zu dem hier zugrunde gelegten, für die Beratungsarbeit handlungsleitenden Menschenbild. Die Wurzeln dieses Menschenbildes gehen auf den humanistischen Denkansatz zurück und wurden im Hinblick auf die Beratungsprofession maßgeblich durch die Arbeiten von Carl R. Rogers (1972; 1983) angestoßen. Übertragen auf den arbeitsmarktpolitischen Kontext öffentlicher Beratung möchten wir einige Leitlinien und Konsequenzen aus diesem Menschenbild formulieren und dazu einladen, sie im Spiegel der eigenen Wertvorstellungen und Beratungsarbeit zu reflektieren und weiterzuentwickeln[114]:

- Menschen streben danach, eigenverantwortlich und autonom die Geschicke ihres Lebens zu bestimmen und sie verfügen über Kompetenzen, die sich für gelingendes Leben wie für berufliche Übergänge nutzen lassen, auch wenn diese durch Beratung und andere Unterstützungsformen erst einmal freigelegt werden müssen.
- Menschen streben nach Herausforderungen, suchen Anerkennung und Situationen der Bewältigung und Selbstbestätigung. Chancen für eine tragfähige Motivation bestehen, wenn es gelingt, positiv erlebbare individuelle Herausforderungen mit Fragen arbeitsmarktintegrativer Überlegungen zu verbinden. Beratung kann hierzu einen wertvollen Beitrag leisten.
- Bei erkennbarer In-Aktivität und Passivität von Personen, die erkennbare Vermittlungshemmnisse und ein erhöhtes Langzeitarbeitslosigkeitsrisiko aufweisen, ist zu fragen, inwieweit sie durch eine bedarfsgerechte Erweiterung des Beratungsangebots dabei unterstützt werden können, anstrebenswerte Ziele in ihrem Lebensumfeld zu entdecken und zu entwickeln. Die Einbeziehung des Lebensumfelds kann helfen, ein differenziertes Verständnis für die Handlungssituation der Person auszubilden und einem kontextverschlossenen Aktivierungsansatz vorzubeugen, der in manchen Fällen unweigerlich zu einem oftmals zerstörerischen Rückzug aus dem Hilfsbezug führt (vgl. Zahradnik/Schreyer/Götz 2012).

---

114 Wer sich intensiver mit dem eigenen Menschenbild und Beratungsverständnis auseinandersetzen will, dem sei folgende Lektüre empfohlen: McLeod, J.: Beraten lernen. Das Übungsbuch zur Entwicklung eines persönlichen Beratungskonzepts, dgvt-Verlag, Tübingen 2011; Ertelt, B. J./Schulz, W.: Handbuch Beratungskompetenz, Rosenberger Fachverlag, Leonberg 2008.

- Begegnet man Aggressionen, Zügellosigkeit oder übersteigerten Autonomiebedürfnissen, ist man in seiner professionellen Rolle besonders gefordert. Wenn es im unmittelbaren Interaktionsgeschehen zu verbal übergriffigen Erscheinungsformen kommt, muss darauf direkt reagiert und klar auf Grenzen und Spielregeln eines respektvollen Umgangs verwiesen werden, ggf. ist das Gespräch auch zu beenden. Dies unbestritten, wollen wir auf einen anderen, in den einschlägigen Diskussionen um „schwierige Kunden" und Mitwirkungspflichten vernachlässigten Aspekt hinweisen. Verhaltensweisen wie die beschriebenen können Ausdruck einer Selbstbehauptung sein, mit der die eigene Lebensform gegenüber Interventionen einer Behörde verteidigt wird. Böhnisch (2009) hat diese Haltungen und Einstellungen als „Bewältigungshandeln" beschrieben, mit denen Menschen ihre Handlungsfähigkeit sichern. Findet man im Gespräch unmittelbar keinen Zugang zu der Person, bietet sich eine handlungsentlastete Nachbetrachtung an, ggf. auch im Kontext einer kollegialen Beratung, in der die lebensgeschichtliche und soziale Einbettung der gezeigten Reaktionen und veränderte Beratungsinterventionen reflektiert werden können. Einen grundsätzlichen Zugang stellt die Klärungsarbeit dar, durch die die Handlungssituation der anderen Person besser verstehbar wird und Bewältigungsmöglichkeiten sachgerechter abgestimmt werden können (vgl. Abschnitte 5.2 und 5.8.5). In vielen Fällen ist diese Aufgabe nicht an Dritte delegierbar, sofern beraterische Arbeit auch mit diesen Arbeitsuchenden weiterhin geleistet werden soll.

Mit diesen handlungsleitenden Orientierungen können Beratungs- und Integrationsfachkräfte beider Rechtskreise angehalten werden, die notwendige Distanz zu bewahren, auch persönliche Angriffe zu versachlichen und gleichzeitig ihren Optimismus auf Veränderungen nicht zu verlieren, so entfernt konkrete Lösungsoptionen aktuell auch erscheinen mögen. Wenn sie selbst nicht an die Chance der persönlichen Veränderung und Besserung der Lebensverhältnisse ihrer Ratsuchenden glauben, ist eine hilfreiche Beratung weitgehend ausgeschlossen. Insoweit setzt Beratung ein positives Menschenbild im Grundsatz voraus.

5.5 Berufliche Beratung im Kontext der Beschäftigungsförderung

Als Dienstleistung wie auch als institutionalisiertes Angebot hat die Berufsberatung in Deutschland in erster Linie für die Zielgruppe der Berufserstwähler ein eigenes Profil ausgebildet. Es gibt einen eigenen Studiengang, spezialisiertes Personal, eine eigene Organisationseinheit und bundesweit geltende Kooperationsstrukturen mit allgemeinbildenden Schulen. Zudem kennen die meisten Schüler der Sekundarstufe I die Berufsberatung oder „ihren" Berufsberater. Dabei nimmt das Beratungsgespräch einen zentralen Stellenwert bei der Betreuung von jungen Menschen am Übergang von der Schule in den Beruf ein.

Ist die berufliche Beratung von Ratsuchenden damit ein Angebot, das sich primär an junge Berufserstwähler wenden sollte? Immerhin haben Erwachsene in der Regel ihren Beruf bereits gefunden, eine berufliche Qualifikation oder doch zumindest Berufserfahrungen in einem bestimmten Tätigkeitsfeld vorzuweisen. Mit Blick auf Personen, die arbeitslos geworden sind, könnte man argumentieren, dass diese ohnehin alle für sie zumutbaren Beschäftigungsverhältnisse annehmen müssen und insofern im Regelfall kein Bedarf an beruflicher Beratung besteht. Und für jene Fälle, für die der Ursprungsberuf nicht mehr infrage kommt, kann die zuständige Fachkraft die erforderlichen Selbstinformations- und Qualifikationsangebote bereithalten. Darüber hinaus könnte eine ausführliche berufliche Beratung den schnellstmöglichen Integrationsprozess unnötig verkomplizieren und aufhalten. Genau diese Auffassung wurde am deutlichsten in der Hochphase der Arbeitsmarkt- und Organisationsreformen im Zeitraum zwischen 2002 und 2006 vertreten. Jenseits der Zielgruppe der Berufserstwähler war für berufliche Beratung wenig Platz. Zu dem Leitmotto jener Zeit zählten Aussagen wie: „Vermittlung hat immer Vorrang" oder „Vermittler vermitteln". Die Notwendigkeit einer den Integrationsprozess begleitenden oder eigenständigen beruflichen Beratung wurde nicht gesehen, stattdessen war die schnellstmögliche Integration in Arbeit die zentrale Orientierungs- und Steuerungsgröße. Dieses arbeitsmarktpolitische Aufgabenverständnis, in dem Beratung als eigenständiger Beitrag nur noch für junge Menschen eine Rolle spielt, muss aus mindestens drei Überlegungen heraus kritisch betrachtet werden:

1. Die Reduzierung von Beratung auf Berufserstwähler steht im deutlichen Kontrast zu der international geführten Diskussion zur Rolle der Berufsberatung in modernen Arbeitsgesellschaften, die insbesondere durch Studien der OECD und Beschlüssen der EU zum lebenslangen Lernen auch politische Relevanz bekommen haben (OECD 2004; EU 2004, 2008). Nach Auffassung des Rates der Europäischen Union und der im Rat vereinigten Vertreter der Regierungen der Mitgliedstaaten spielt ein effizientes Beratungsangebot „eine entscheidende Rolle bei der Förderung der sozialen Eingliederung, der sozialen Gerechtigkeit, der Gleichstellung der Geschlechter und der aktiven Bürgerbeteiligung, indem die Bürger dazu motiviert und dabei unterstützt werden, das Angebot der allgemeinen und beruflichen Bildung zu nutzen sowie realistische und sinnvolle Laufbahnentscheidungen zu treffen" (EU 2004, S. 3). Damit verbindet sich die Überzeugung, dass eine primäre Ausrichtung von Beratungsangeboten auf den Berufswahlprozess von jungen Menschen den Anforderungen moderner Arbeitsgesellschaften nicht gerecht werden kann. Beratung wird vielmehr als ein strategisch wichtiges Teilelement für die Umsetzung von EU-weiten Strategien gesehen und den Mitgliedsländern der Ausbau aufeinander abgestimmter Beratungsangebote empfohlen (EU 2008).

2. Im Recht der Arbeitsförderung (SGB III) ist ein deutlich breiteres Verständnis von Berufsberatung zu finden. In der Begründung der Bundesregierung zur Einführung des Sozialgesetzbuches III heißt es dazu: „Die

einheitliche Bezeichnung des Beratungsangebots für Jugendliche und Erwachsene als Berufsberatung entspricht dem heute üblichen internationalen Sprachgebrauch und unterstreicht, dass Berufswahl und berufliche Entwicklung heute mehr denn je ein lang andauernder gestufter Prozess ist und auch bei Erwachsenen, die bereits am Erwerbsleben teilnehmen, oft erhebliche Berufswahlprobleme auftreten, die eine umfassende Berufsberatung, häufig sogar eine völlige berufliche Neuorientierung erfordern" (BT-Drucksache 13/4941, 1996, S. 159). Im Recht der Arbeitsförderung selbst werden die rechtlichen Voraussetzungen für ein bundesweites, individualisiertes und qualitativ hochwertiges Beratungsangebot für Jugendliche und Erwachsene gelegt.

3. Schließlich steht die geringe Berücksichtigung beruflicher Beratung in einem gewissen Widerspruch zu den damaligen Reformversprechen, nunmehr moderne Dienstleistungen am Arbeitsmarkt anzubieten. Eine zentrale Leitidee dieser Tage lautete: „Eigenaktivitäten auslösen – Sicherheit einlösen". In der sog. Hartz-Kommission, die im Jahr 2002 einberufen wurde, um die Grundrisse einer neuen Arbeitsmarktpolitik zu entwerfen, wurde diese Idee wie folgt konkretisiert: „Dem Arbeitslosen werden Wahl- und Handlungsoptionen dargestellt, die ihn befähigen, Entscheidungen über seine weiteren Beschäftigungsperspektiven zu treffen. Die angebotenen Dienstleistungen setzen ihn in die Lage, selbst im Sinne des Integrationszieles tätig zu werden [...] Im Gegenzug hilft ihm das integrierte System der Beratung, Betreuung und materiellen Absicherung, diese Handlungsoptionen wahrzunehmen, auftretende Probleme und Belastungen zu bewältigen und individuelle Lösungen der Integration in Beschäftigung zu finden" (Bensel u. a. 2002, S. 45). Die konkrete Ausgestaltung sollte sich an den unterschiedlichen Bedarfslagen der Kunden orientieren und in ein individuell angepasstes Unterstützungsangebot münden. In der von der Kommission vorgeschlagenen Systematik von Kundengruppen fand diese Idee ihren semantischen Niederschlag: Die Bezeichnungen „Beratungskunden" und „Betreuungskunden" vermittelten den Eindruck einer Dienstleistungsorientierung, in der berufliche Beratung eine tragende Rolle einnehmen könnte (a. a. O., S. 70 ff.).

Auch die Einführung der Grundsicherung für Arbeitsuchende (SGB II) war mit einem besonderen Dienstleistungsversprechen angetreten. Danach sollte jeder „Hilfebedürftige" eine ganzheitliche und umfassende Unterstützung erhalten. Je nach Bedarf sollten dabei sozial- und arbeitsmarktintegrative Dienstleistungen im Vordergrund stehen (BT-Drucksache 15/1516, 2003, S. 44). Das Bundessozialgericht hat daraus abgeleitet, dass es sich bei Beratung und Aufklärung des Hilfebedürftigen durch den persönlichen Ansprechpartner um „Querschnittsaufgaben" handelt, die für das Aktivierungskonzept des SGB II von essenzieller Bedeutung sind (BSozG 2007, Rn. 17). Berufsberatung könnte immer dann ansetzen, wenn es um eine berufliche Bilanzierung und Neuorientierung nach längerer Arbeitslosigkeit geht, wenn berufliche Chancen auf dem Arbeitsmarkt ausgelotet und passende Fördermöglichkeiten besprochen werden sollen, wenn es bei schwierigen persönlichen und beruflichen Ausgangsbedingungen um individuelle Überlegungen und kreative Ansatzpunkte für die erfolgreiche Arbeitssuche geht.

Im Zuge der konkreten rechtlichen und organisatorischen Ausgestaltung der „modernen Dienstleistungen am Arbeitsmarkt" spielten diese Gesichtspunkte zunächst keine Rolle. Inzwischen sind eine Reihe von Ansätzen in beiden Rechtskreisen zu beobachten, die die Engführung des Dienstleistungsspektrums auf die schnellstmögliche Integration in den Markt zumindest relativieren. Neben der Stärkung von präventiven Angeboten ist auch eine verstärkte Sensibilisierung für Zielgruppen mit erhöhtem Betreuungsbedarf zu beobachten (BA 2013a). Zudem wurden bzw. werden neue Beratungskonzepte in den Agenturen für Arbeit und den gemeinsamen Einrichtungen der Grundsicherung für Arbeitsuchende eingeführt. Dabei spielt die integrationsbegleitende berufliche Beratung eine konzeptionell wichtige Rolle (Rübner/Sprengard 2011). Wie weit diese Entwicklungen tatsächlich tragen, d. h. wie weit sie in die gelebte Praxis der Agenturen und Grundsicherungsstellen reicht und ein breiter Personenkreis davon profitiert, ist eine offene Frage, die eine kritische Evaluationsforschung im Auge behalten sollte.

Ziel der folgenden Abschnitte ist es, die zentralen rechtlichen und fachlichen Grundlagen beruflicher Beratung zu vermitteln und zwar für beide hier infrage kommenden Rechtskreise: für die Arbeitsförderung (SGB III) und die Grundsicherung für Arbeitsuchende (SGB II). Nach unserer Auffassung kann berufliche Beratung dabei als ein integraler Bestandteil moderner Dienstleistungen am Arbeitsmarkt verstanden werden. Die Dienstleistung der beruflichen Beratung wird im Recht der Arbeitsförderung (SGB III) begründet. Die einschlägigen Bestimmungen zählen zu den stabilsten Rechtsnormen der Arbeitsförderung, in ihrem Kern bestehen sie seit fast 80 Jahren. Nach Einführung des 3. Buches Sozialgesetzbuch im Jahr 1997 wurden die Beratungsnormen lediglich einige Male in sprachlicher Hinsicht angepasst.

Die öffentliche Berufsberatung zählt:

- zu den Sozialleistungen, genauer gesagt zu den Dienstleistungen (§ 11 SGB I)
- im SGB II zu den Leistungen zur Eingliederung in Arbeit (§ 16 Abs. 1 SGB II)
- im SGB III zu den Leistungen der aktiven Arbeitsförderung (§ 3 SGB III)

Damit hat Berufsberatung jeweils einen Beitrag zu den Zielen der Arbeitsförderung (§ 1 SGB III) bzw. der Grundsicherung (§ 1 SGB II) zu leisten (vgl. auch Kapitel 2).

Da die Verwaltungs- und Leistungsträger der Arbeitsförderung und Grundsicherung ihren Handlungsauftrag aus dem Sozialgesetz beziehen, muss das rechtliche Fundament der öffentlichen Berufsberatung genauer analysiert werden. Dabei wird es weniger um einen ausführlichen Rechtskommentar zu den Beratungsnormen gehen, es sollen vielmehr die Umrisse einer anspruchsvollen Dienstleistung entwickelt werden, die sowohl im Recht der Arbeitsförderung als auch im Recht der Grundsicherung fundiert sind.[115]

5.6 Grundlagen beruflicher Beratung im Recht der Arbeitsförderung (SGB III)

5.6.1 Funktion von Beratung im Recht der Arbeitsförderung

In der Gesetzesbegründung von 1997 (BT-Drucksache 13/4941, 1996, S. 141) heißt es, dass Beratung und Vermittlung wegen „ihrer besonderen Funktion" den Leistungen für die berechtigten Gruppen vorangestellt wurden.[116]

Worin besteht diese besondere Funktion der Beratung? In Anlehnung an Rübner (2011a) können drei Aspekte unterschieden werden:

1. Zunächst ist auf den besonderen Zuschnitt der Beratungsnormen zu verweisen, der eine besondere Affinität zu den Artikeln der Berufsfreiheit und Handlungsfreiheit im Grundgesetz aufweist:

   - Alle Deutschen haben das Recht, Beruf, Arbeitsplatz und Ausbildungsstätte frei zu wählen (Art. 12 Abs. 1 Satz 1 GG).
   - Jeder hat das Recht auf die freie Entfaltung seiner Persönlichkeit, soweit er nicht die Rechte anderer verletzt und nicht gegen die verfassungsmäßige Ordnung oder das Sittengesetz verstößt (Art. 2 Abs. 1 GG).

   Auf diese Grundrechte wird im Sozialrecht unmittelbar Bezug genommen. Das Recht des Sozialgesetzbuches soll dazu beitragen, „gleiche Voraussetzungen" für die „freie Entfaltung der Persönlichkeit" zu schaffen und den Erwerb des Lebensunterhalts durch eine „frei gewählte Tätigkeit" zu ermöglichen (§ 1 Abs. 1 SGB I). Nach Auslegung des Bundesverfassungsgerichts soll die Berufswahl ein „Akt der Selbstbestimmung" und des „freien Willensentschlusses des Einzelnen" sein (BVerfG 1958, S. 403). Der Artikel zur Berufsfreiheit gewährleistet dabei jedermann das Recht, eine „eigene Abwägung von Chancen und Risiken im Lichte selbstgewählter Kriterien" vorzunehmen (vgl. BVerfG

---

[115] In der rechtlichen Beurteilung der Berufsberatung in der Arbeitsförderung (SGB III) stützen wir uns auf die Analysen von Rübner (2011a, 2011b, 2013a) und entwickeln sie unter dem Gesichtspunkt einer professionsbedürftigen, öffentlichen Dienstleistung am Arbeitsmarkt weiter.

[116] Seit 01.04.2012 ist die Systematisierung der Arbeitsförderungsleistungen nach den drei berechtigten Gruppen Arbeitnehmer, Arbeitsgeber und Träger zwar aufgegeben und durch eine Gliederung nach Bedarfslagen ersetzt worden; gleichwohl bleibt die Berufsberatung den weiteren Sozialleistungen der Arbeitsförderung vorangestellt.

2011, Rn. 97 f.). Es gehört zu den Aufgaben der Berufsberatung, diesen Prozess durch fundierte Auskünfte und Raterteilung zu fördern, ohne den Ratsuchenden seine Entscheidung kraft vermeintlich besserer Einsicht abzunehmen oder ihn (durch geschickten Einsatz von Gesprächstechniken) in eine Berufsrichtung zu lenken, die er von sich aus gar nicht anstrebt (BVerfG, ebd.).

2. Bei der Bewertung des Stellenwerts von Berufsberatung muss – wie im einleitenden Abschnitt bereits angedeutet – auch auf gesamtgesellschaftliche Entwicklungen Bezug genommen werden. Die beschleunigten Veränderungsprozesse auf wirtschaftlicher, politischer und sozialstruktureller Ebene gehen mit einem erhöhten individuellen Orientierungs-, Entscheidungs- und Planungsbedarf einher, der insbesondere auch die Bereiche Bildung, Beruf und Beschäftigung betrifft. Die daraus erwachsene Bedeutung eines individualisierten und flächendeckenden Beratungsangebots für Personen aller Altersgruppen wird von der Bundesregierung immer wieder bestätigt (BT-Drucksache 13/4941, 1996, S. 159; 16/4578, 2007, S. 2 f.; 17/6277, 2011, S. 2, 10).

3. Die spezifische Bedeutung von Beratung für die Ziele der Arbeitsförderung kommt im SGB III an mehreren Stellen zum Ausdruck. Ausdrückliche Erwähnung findet die Berufsberatung zuerst in § 2 SGB III, in der sie in einer Reihe mit bevorzugt zu erbringenden weiteren Dienstleistungen der Agentur für Arbeit genannt wird, um Arbeitnehmer bei der Vorbereitung der Berufswahl und Erschließung beruflicher Entwicklungsmöglichkeiten zu unterstützen. Damit wird ihr präventiver Charakter, unabhängig von einem Vermittlungsauftrag bzw. einer drohenden oder bereits eingetretenen Arbeitslosigkeit betont. Weiterhin werden der Einsatz und die Auswahl von Leistungen der aktiven Arbeitsförderung an ein vorgeschaltetes Beratungs- und Vermittlungsgespräch gekoppelt (§§ 5 und 7 SGB III). Auch wird das Angebot von Beratung im Zusammenhang mit dem Grundsatz der Vereinbarkeit von Familie und Beruf als eine Kernleistung ausgezeichnet (§ 8 Abs. 2 SGB III). Neben der Unterstützung bei Fragen der Berufswahl und beruflichen Entwicklung soll berufliche Beratung zudem eine wichtige Funktion für die bedarfsgerechte Ausgestaltung und den effektiven Einsatz von Leistungen der aktiven Arbeitsförderung übernehmen.

5.6.2 Ansprüche an ein bundesweites Beratungsangebot

Für die BA ergibt sich aus § 29 SGB III die Pflicht, ein bundesweites Beratungsangebot für junge Menschen und Erwachsene sicherzustellen und auch unter Bedingungen knapper Haushaltsmittel aufrechtzuerhalten. Danach hat die Agentur für Arbeit jungen Menschen und Erwachsenen, die am Arbeitsleben teilnehmen oder teilnehmen wollen, Berufsberatung anzubieten. Zudem ist die Berufsberatung kostenlos auszuüben (§ 42 Abs. 1 SGB III). Von dem Beratungsangebot muss erwartet werden, dass es dem Beratungsbedarf der Zielgruppen in Art und Umfang grundsätzlich gerecht werden kann und weiterentwickelt wird, z. B. um neue Zugangswege und Medien. Wie aus § 29 SGB III ersichtlich, richtet sich die Berufsberatung an einen breiten Adressatenkreis, d. h. es sind alle jungen Menschen und Erwachsene anspruchsberechtigt, die am Arbeitsleben teilnehmen wollen oder bereits teilnehmen, was uns wiederum auf die grundrechtliche Sicherung der Berufsfreiheit verweist. Eine Beschränkung auf arbeitslose, unmittelbar arbeitsuchende oder versicherungspflichtig beschäftigte Personen ist – wie für die meisten anderen Regelungen der Arbeitsförderung – nicht vorgesehen. Auch wenn die berufliche Beratung unabhängig von anderen Leistungen der Arbeitsförderung genutzt werden kann, soll sie nicht als ein isoliert stehendes Angebot ausgestaltet werden. Es geht vielmehr um eine sinnvolle Verknüpfung mit anderen Dienstleistungsangeboten, insbesondere mit Selbstinformationseinrichtungen (§ 40 Abs. 2 SGB III), Berufsorientierung (§ 33 SGB III) und Vermittlungsangeboten (§ 35 SGB III). Für Umfang und Grenzen des Beratungsangebots ist auf die Beratungsinhalte abzustellen, mit denen wir uns im Folgenden befassen wollen.

5.6.3 Umfang und Bedeutung der Beratungsinhalte

Welche Gegenstände können in der beruflichen Beratung bearbeitet werden? Eine Bestimmung der Beratungsinhalte findet sich in § 30 SGB III:

Die Berufsberatung umfasst die Erteilung von Auskunft und Rat

1. zur Berufswahl, zur beruflichen Entwicklung und zum Berufswechsel,
2. zur Lage und Entwicklung des Arbeitsmarkts und der Berufe,
3. zu den Möglichkeiten der beruflichen Bildung,
4. zur Ausbildungs- und Arbeitsstellensuche,
5. zu Leistungen der Arbeitsförderung,
6. zu Fragen der Ausbildungsförderung und der schulischen Bildung, soweit sie für die Berufswahl und die berufliche Bildung von Bedeutung sind.

Wie man sieht, wird hier ein breites Spektrum von Fragestellungen eröffnet. Zudem ist ein weites Verständnis von „Beruf" zugrunde zu legen: Nach Auffassung des Bundesverfassungsgerichts ist im Hinblick auf Art. 12 GG unter „Beruf" jede auf Erwerb gerichtete Tätigkeit zu verstehen, die „auf Dauer angelegt ist und der Schaffung und Aufrechterhaltung einer Lebensgrundlage" dient (BVerfG 2000, S. 212 f.). Eingeschlossen sind selbstständig und unselbstständig ausgeübte Berufe und „staatlich gebundene" Berufe. Sofern für den Ratsuchenden von Bedeutung, sollen dabei auch Kenntnisse über den Arbeitsmarkt des Europäischen Wirtschaftsraums einfließen (§ 29 Abs. 3 SGB III).

Auf wichtige fachliche, förderrechtliche und integrationsrelevante Grundlagen dieser Inhalte sind wir in den Kapiteln 1 bis 4 ausführlich eingegangen. Sie sind Teil der unverzichtbaren Expertise von Fachkräften im Beschäftigungskontext, um fachkundigen Rat bzw. richtige Informationen geben zu können. Im Kontext der Beschäftigungsförderung muss Beratung auch förderrechtliche und integrationsbezogene Fragestellungen umfassen und kann sich nicht auf (psychologische oder soziologische) Aspekte der Laufbahnentwicklung beschränken, wie das für einen Großteil der beruflichen Beratungsliteratur zu konstatieren ist (vgl. exemplarisch den aktuellen Überblick bei Zunker 2012).

5.6.4 Grundsätze beruflicher Beratung

Im Recht der Arbeitsförderung wird der individuelle Zuschnitt beruflicher Beratung betont. Danach sind Art und Umfang der Beratung am Beratungsbedarf der Ratsuchenden auszurichten (§ 29 Abs. 2 SGB III). Dieser Einzelfallbezug wird im Gesetz weiter konkretisiert, wenn es heißt, dass bei der Berufsberatung Neigung, Eignung und Leistungsfähigkeit der Ratsuchenden sowie die Beschäftigungsmöglichkeiten zu berücksichtigen sind (§ 31 Abs. 1 SGB III). Indirekt spricht sich der Gesetzgeber damit für einen ressourcenorientierten Beratungsansatz aus. Die Fachkraft ist danach gefordert, die Eignung, Neigung und Leistungsfähigkeit der Ratsuchenden zu erkennen und für den Beratungsprozess fruchtbar zu machen. Gleichzeitig können aus einer entwicklungsbezogenen Perspektive Potenziale sichtbar gemacht werden, die für die Erreichung beruflicher Ziele von Bedeutung sein können. Zudem kann der Ratsuchende durch die fachkundige Berücksichtigung der persönlichen Voraussetzungen und objektiven Beschäftigungsmöglichkeiten auf mögliche Überforderungen und unzureichende Passungen aufmerksam gemacht werden. Die Entwicklung und Ausprägung der individuellen Neigung, Eignung und Leistungsfähigkeit werden grundlegend beeinflusst durch die persönlichen Lebensverhältnisse und weitere soziale Bezüge, in denen der Einzelne steht. Ein kontextbezogenes Begriffsverständnis der Berufswahlsituation – wie es in der Gesetzesbegründung angedeutet wird (BT-Drucksache 13/4941, 1996, S. 159) – wird in der neueren Beratungsliteratur zunehmend gefordert (Savickas u. a. 2009; Nestmann 2011). Die neuere Laufbahnforschung stützt diese Überlegungen, indem betont wird, dass bei der Berufsberatung auf eine Betrachtung der „Person-im-Kontext und nicht nur auf die persönlichen Interessen oder Persönlichkeitseigenschaften des Klienten" ankommt (Hirschi 2013, S. 105). Anders aber als in der sozial-integrativen Beratung geht es in der Berufsberatung im Kern nicht um eine umfassende Berücksichtigung sozialer Problemlagen und eine darauf abzielende Unterstützung. Vielmehr muss der Berufsbezug gewahrt bleiben. Beispiele sind: der Einfluss von Familie und Freunden auf berufliche Präferenzen und Pläne des Ratsuchenden, die familiäre Betreuungssituation im Hinblick auf berufliche und räumliche Mobilität, psychische Belastungssituationen in ihren Auswirkungen auf die aktuelle Leistungsfähigkeit. Ferner können auch übergreifende soziale Bezüge wie kulturelle, migrations- und geschlechtsspezifische Aspekte einfließen, wenn sie erkennbar auf die Neigung, Eignung und Leistungsfähigkeit des Ratsuchenden Einfluss nehmen.

Im Hinblick auf die Grundsätze der Berufsberatung ist es wichtig zu betonen, dass in der Beratung nur Auskunft und Rat erteilt werden (§ 30 SGB III) und keine zusätzlichen rechtsverbindlichen Regelungen (Verwaltungsakt, öffentlich-rechtlicher Vertrag) getroffen werden (vgl. dazu ausführlich Rübner 2013b). Auskünfte sind Aussagen über Sachverhalte, die in die Beratung eingebracht werden. Ein Rat geht darüber insoweit hinaus, als dass eine wertende Meinungsäußerung abgegeben wird. Dabei bleibt der Rat von seinem Wesen her stets Empfehlung und nimmt dem Ratsuchenden das Treffen einer eigenverantworteten Entscheidung nicht ab. Vielmehr unterstellt ein Rat dessen grundlegende Handlungsfähigkeit (Pohlmann 2006). Ob dem Rat gefolgt oder nicht gefolgt wird, resultiert insoweit nicht aus einer drohenden Rechtsfolge, sondern aus eigenem Willensentschluss. Daher wird im Zusammenhang mit Beratung auch von „schlicht hoheitlichem Handeln" gesprochen.

5.7 Berufliche Beratung in der Grundsicherung für Arbeitsuchende

5.7.1 Funktion und Aufgabe beruflicher Beratung in der Grundsicherung

Im Recht der Grundsicherung für Arbeitsuchende wird die Berufsberatung rechtssystematisch zu den Leistungen zur Eingliederung in Arbeit gezählt und als Ermessensleistung ausgestaltet (§ 16 Abs. 1 Satz 1 Nr. 1 SGB II). Erwerbsfähige Leistungsberechtigte haben danach gegenüber dem zuständigen Träger der Grundsicherung für Arbeitsuchende (§§ 6–6b SGB II) keinen Rechtsanspruch auf Berufsberatung. Davon unberührt bleibt der Rechtsanspruch auf Berufsberatung gegenüber der Agentur für Arbeit bestehen, d. h. jeder junge Mensch oder Erwachsene, der nach dem SGB II erwerbsfähiger Leistungsberechtigter ist, kann bei der Agentur für Arbeit Berufsberatung in Anspruch nehmen.

Berufsberatung fällt nicht in den durch § 22 Abs. 4 SGB III ausgeschlossenen Kreis von Leistungen der aktiven Arbeitsförderung an erwerbsfähige Leistungsberechtigte. Damit bleibt eine wichtige Funktion der Berufsberatung im Sozialrecht auch für erwerbsfähige Leistungsberechtigte gewahrt, nämlich jenseits bestimmter, leistungsrechtlich begründeter Mitwirkungspflichten und Eingliederungsziele den Ratsuchenden vollumfänglich bei seiner freien beruflichen Orientierung und Entscheidungsfindung zu unterstützen. Im Folgenden soll es aber nicht um die Verweisung von Bürgern von einem Leistungsträger zu einem anderen gehen, sondern um die Frage, inwieweit die berufliche Beratung auch in der Grundsicherung für Arbeitsuchende eine wichtige Rolle spielen kann.

Die Grundsicherung für Arbeitsuchende soll es Leistungsberechtigten ermöglichen, ein Leben zu führen, das der „Würde des Menschen" entspricht (§ 1 Abs. 1 SGB II). Trotz dieser breiten, verfassungsrechtlich fundierten Bestimmung der zentralen Funktion der Grundsicherung ist ihre Zielbestimmung klar auf die Eingliederung in Arbeit fokussiert, allerdings in einem deutlich weiteren Sinne als im SGB III. Folgerichtig wird die Vermittlung in Arbeit als eine zentrale Leistung im Recht der Grundsicherung ausgewiesen (§ 16 Abs. 1 Satz 1 SGB II). Vermittlungsaktivitäten und Eingliederungsvereinbarung, aber auch die sonstigen Leistungen zur Eingliederung, insbesondere die aus dem Recht der Arbeitsförderung entlehnten Förderleistungen (§ 16 SGB II), setzen jedoch eine berufliche Zielperspektive voraus, an der sich diese Aktivitäten orientieren. Dies gilt in der Regel auch dann, wenn ein bestehendes Beschäftigungsverhältnis nicht bedarfsdeckend ist oder kommunale bzw. sozial-integrative Leistungen angeboten werden; Letztere müssen für die Eingliederung in Arbeit erforderlich sein (§ 16a SGB II). In einigen Fällen können die Eingliederungsziele direkt aus der Berufsbiografie des Leistungsberechtigten abgeleitet werden, sodass sich die weiteren Aktivitäten unmittelbar auf die Realisierung dieses Ziels konzentrieren können, z. B. in Form von Vermittlungsvorschlägen, Bewerbungstrainings, Eigenbemühungen oder Eingliederungszuschüssen. Diese Konstellation verkörpert die Idealvorstellung der Aktivierungsphilosophie der Grundsicherung. Davon ausgehend ist die schnellstmögliche Integration in Arbeit bei Ausschöpfung aller Möglichkeiten zur Beendigung oder Verringerung der Hilfebedürftigkeit seitens des Leistungsberechtigten anzustreben (§§ 1, 2, 15a SGB II). In vielen Fällen muss eine konkrete Eingliederungsperspektive aber zunächst erarbeitet werden, um gezielte Vermittlungs- und Unterstützungsleistungen planen und anbieten zu können. Hierbei spielen – je nach Fallkonstellation und Arbeitsmarktlage – unterschiedliche Teilziele eine Rolle. Aus der Forschung wissen wir, dass die Erarbeitung beruflicher Ziele dabei keineswegs immer im Vordergrund steht, sondern schwierige, z. T. unmittelbar drängende Fragen in den persönlichen Lebensverhältnissen und sozialen Bezügen vorherrschen und bearbeitet werden müssen (vgl. die Abschnitte zur sozialintegrativen Beratung weiter unten). Auch müssen vor der eigentlichen Integrationsarbeit immer wieder komplexe Schnittstellenprobleme und Zuständigkeitsregelungen zwischen den Sozialleistungsträgern geklärt werden (z. B. Rehabilitationsbedarf, Arbeitsfähigkeit, Erwerbsminderung).

Ab einem bestimmten Punkt im Betreuungsprozess ist aber unweigerlich die Bestimmung eines oder mehrerer Zielberufe erforderlich. Eine solche Zielbestimmung kann unmittelbar zu Beginn oder erst im Laufe des Betreuungsprozesses erfolgen, z. B. weil sich die zuvor festgelegte berufliche Zielperspektive als nicht erreichbar herausgestellt hat oder weil zunächst die Beschäftigungsfähigkeit des Leistungsberechtigten im Vordergrund stand.

Die Bestimmung einer konkreten beruflichen Zielperspektive kann nun ihrerseits auf unterschiedliche Weise vorgenommen werden. Im Rahmen des bestehenden Sozialrechtsverhältnisses sind hier zwei Hauptvarianten denkbar: Der integrationsrelevante Zielberuf wird entweder von der Fachkraft auf Basis der eigenen Einschätzung festgelegt oder zusammen mit dem Leistungsberechtigten erarbeitet. Das SGB II selbst macht keine Aussage dazu, wie bei der Erarbeitung eines Zielberufs konkret vorzugehen ist. Auch den Gesetzesmaterialien ist hierzu kein unmittelbarer Hinweis zu entnehmen. Rechtlich gesehen sind jedoch beide Varianten möglich. Einerseits zielt das SGB II auf eine möglichst rasche Integration in Arbeit, die wenig Zeit für Klärungsprozesse einräumt (§§ 1–3, 15a SGB II). Den Leistungsberechtigten kann dabei jede Arbeit innerhalb der Grenzen des § 10 Abs. 1 SGB II zugemutet werden.

Auf Grundlage der Berücksichtigung der persönlichen und sozialen Voraussetzungen des Leistungsberechtigten (§ 3 SGB II) kann der persönliche Ansprechpartner bestimmte Zielberufe setzen.

Andererseits ist den allgemeinen Grundsätzen des Sozialgesetzes zu entnehmen, dass auch den Wünschen des Berechtigten entsprochen werden soll, soweit sie angemessen sind und der Inhalt der zugrundliegenden Rechte und Pflichten nach Art und Umfang nicht im Einzelnen bestimmt ist (§ 33 SGB I). Zudem wird die Berufsberatung als eine Leistung zur Eingliederung nach § 16 SGB II ausdrücklich vorgesehen, d. h. der mit ihr verknüpfte und beschriebene „Thematisierungsraum" auch in der Grundsicherung eröffnet. Verstärkt wird diese Perspektive durch die Auslegung der Rolle des „persönlichen Ansprechpartners" i. S. d. § 14 SGB III seitens des Bundessozialgerichts. In zwei Entscheidungen hat es festgestellt, dass mit dem persönlichen Ansprechpartner eine gesetzlich normierte weitgehende Beratungs- und Aufklärungspflicht gegenüber dem erwerbsfähigen Leistungsberechtigten über den jeweiligen Beratungsanlass hinaus besteht (BSozG 2007, Rn. 17). Diese Interpretationslinie hat die Bundesregierung mit der Neufassung des § 4 SGB II aufgegriffen: In den Gesetzesmaterialien heißt es, dass Beratung auf das „gesamte Leistungsspektrum der Grundsicherung für Arbeitsuchende" zu erstrecken ist (BT-Drucksache 17/3404, 2010, S. 149). Diese Argumentationslinien begründen und eröffnen jedenfalls den Weg einer gemeinsamen, beratenden Arbeit bei der Entwicklung von Zielberufen, auf die sich der weitere Integrationsprozess konzentrieren kann.

Der Beitrag beruflicher Beratung in der Grundsicherung ist nicht auf die Erarbeitung eines Zielberufs beschränkt. Das weiter oben skizzierte Spektrum möglicher Beratungsinhalte (§ 30 SGB III) eröffnet weitere Anknüpfungspunkte, die dem Leitgedanken einer umfassenden Unterstützung durch einen persönlichen Ansprechpartner entsprechen. So kann der Leistungsberechtigte mithilfe beruflicher Beratung dabei unterstützt werden,

- eine möglichst differenzierte und realistische berufliche Selbsteinschätzung zu entwickeln,
- wichtige Informationen über die Lage und Entwicklung von spezifischen Berufen und Weiterbildungsmöglichkeiten zu finden,
- Entwicklungsbedarf und Handlungsmöglichkeiten zur Verbesserung der eigenen Leistungsfähigkeit zu erkennen,

- Entscheidungskriterien für die Auswahl eines passenden Bildungsanbieters zu erarbeiten,
- kreative, auf die eigene Situation passenden Such- und Bewerbungsstrategien zu entwickeln, aber auch
- mit Absagen und leerlaufenden beruflichen Ambitionen umzugehen.

Die Auswahl und Inanspruchnahme einer Eingliederungsleistung kann mit einem Beratungsbedarf ebenfalls verbunden sein, gerade bei komplexeren Leistungen und Lebenslagen. Mögliche Themen wären z. B. die Besprechung von beruflichen Zielen im Rahmen einer in Erwägung gezogenen Umschulung zum Altenpfleger oder das planvolle Vorgehen beim Einlösen eines Vermittlungs-, Aktivierungs-, Bildungs- oder Teilhabegutscheins (Forschungsergebnisse verdeutlichen, dass gerade un- und angelernte Arbeitslose im Hinblick auf ein gezieltes „Gutschein-Management" einen erhöhten Beratungsbedarf haben). Die Entscheidungskompetenz über den Einsatz von Eingliederungsleistungen verbleibt jedoch beim persönlichen Ansprechpartner. Die rechtswirksame Entscheidung ist insoweit keine Beratung, sondern Ausdruck einer hoheitlichen Handlungsform (Verwaltungsakt, Zusicherung). Die Konsequenzen aus rechtsverbindlichen Entscheidungen können wiederum von Beratung begleitet werden, z. B. wenn es um die Frage geht, welche Qualifizierungsalternativen zu einer geförderten Weiterbildungsmaßnahme infrage kommen oder welche Lehren aus einer Sanktion gezogen werden können. Die Integrationsarbeit im SGB II kann damit grundsätzlich an zentrale Themen beruflicher Beratung anknüpfen und dies umso mehr, je weniger der Integrationsprozess in Arbeit und Ausbildung ein „Selbstläufer" ist, der zu einer absehbar schnellen und nachhaltigen beruflichen Eingliederung führt.

5.7.2 Zu beachtende Grundsätze und ihre Grenzen

Im Rahmen der beruflichen Beratung im Kontext der Grundsicherungsarbeit sind die oben skizzierten Kriterien und Grundsätze zu berücksichtigen:

- Orientierung am Beratungsbedarf des Ratsuchenden (§ 29 Abs. 2 SGB III)
- Erteilung von Auskunft und Rat i. S. von Wissenserklärungen und Empfehlungen (§ 30 SGB III)
- Berücksichtigung von Neigung, Eignung und Leistungsfähigkeit des Ratsuchenden sowie der Beschäftigungsmöglichkeiten (§ 3 Abs. 1 SGB II; § 31 Abs. 1 SGB III)

Darin kommen zwei für Beratung elementare Aspekte zum Ausdruck:

1. Die Öffnung für die Perspektive der Leistungsberechtigten
2. Der Verzicht auf eine unmittelbar rechtsverbindliche Regulierung der besprochenen Sachverhalte

Diese Art personenbezogener Dienstleistung ist in sanktionsbewährten Handlungskontexten wie der Grundsicherung keineswegs selbstverständlich und nicht ohne Risiko. Mit der Öffnung für die Perspektive des Leistungsberechtigten wird das Spektrum möglicher Themen breiter und eine Abstimmung über die zu behandelnden Fragestellungen in der Beratung erforderlich. Auch gerät der Leistungsberechtigte stärker als „Person" ins Blickfeld, als wenn lediglich Merkmalslisten abgefragt werden.

In der Beratungskommunikation selbst basiert die Asymmetrie zwischen den Gesprächspartnern auf dem spezifischen Fach- und Methodenwissen des persönlichen Ansprechpartners, nicht jedoch in seiner Amtsträgerschaft, die ihn zu hoheitlichem, d. h. Recht vollziehendem Handeln bevollmächtigt. Die Annahme oder Befolgung eines Rats setzt eine positive, auf Überzeugung gründende Stellungnahme des Leistungsberechtigten voraus. Sie geht nicht auf die Vermeidung von nachteiligen Rechtsfolgen zurück. Das schließt eine spätere Festlegung dieser Tätigkeiten im Rahmen einer rechtsgebundenen Eingliederungsvereinbarung nicht aus. Für den Leistungsberechtigten muss jedoch klar erkennbar und begründet nachvollziehbar sein, ob er in einer bestimmten Situation Rat und Auskunft erhält oder mit Rechtsfolgen belegte Verpflichtungen eingeht (Rollenklarheit).

Der Gesetzgeber hat eindeutig bestimmt, dass der Leistungsberechtigte und dessen persönliche Ansprechpartner im Regelfall nicht mit einem unverbindlichen Ratschlag auseinandergehen können, sondern eine Eingliederungsvereinbarung abschließen sollen, die rechtsverbindliche Regelungen für beide Seiten enthält (§§ 15, 31 SGB II). Bildlich gesprochen laufen in der Eingliederungsvereinbarung die verschiedenen Fäden der Integrationsarbeit zusammen. Dazu gehören im Rechtsrahmen der Grundsicherung auch Regelungen, die von der Sache her keine Übereinstimmung voraussetzen, sondern aus der Ermittlung von Sachverhalten und den Mitwirkungspflichten des Leistungsberechtigten abgeleitet werden können. Die Idee einer Vereinbarung ist demnach nur sinnvoll, wenn aus dem konkreten Gespräch heraus *auch* gemeinsam erarbeitete Gesichtspunkte einfließen. Diese Gesichtspunkte wären dann Ergebnis der Beratungsarbeit, überführt in eine verbindliche Eingliederungsvereinbarung. Eingliederungsvereinbarungen stellen insoweit eine anspruchsvolle Aufgabe dar und sind unmittelbarer Ausdruck eines „doppelten Mandats": In ihnen soll der individuelle Bedarf des Leistungsberechtigten genauso seinen Niederschlag finden wie die konkreten Mitwirkungspflichten, die der Gesetzgeber bei Inanspruchnahme von Grundsicherungsleistungen verlangt. Hinzu kommt ein weiterer Gesichtspunkt: Eine einseitige Lastenverschiebung von Mitwirkungspflichten auf den Leistungsberechtigten läuft der Idee einer vertragsähnlichen Gestaltung der Eingliederungsvereinbarung zuwider. Von daher ist auf Ausgewogenheit des Forderns und Förderns zu achten. Die Erstellung einer Eingliederungsvereinbarung „auf Augenhöhe" – wie sie die Evaluationsforschung bislang noch relativ selten vorfindet (Schütz/Kupka/Koch/Kaltenborn 2011) – ist dabei aber nur eine von vielen anspruchsvollen Interaktionsaufgaben im Rahmen der Grundsicherungsarbeit.

5.7.3 Voraussetzungen für die Stärkung beruflicher Beratung in der Grundsicherung

Im Recht der Grundsicherung wird ein Thematisierungsraum für berufliche Beratung zwar prinzipiell begründet, tatsächlich ist die faktische Ermöglichung der Handlungsform „Beratung" in der Grundsicherung aber höchst anspruchsvoll. Wenn Berufsberatung im Leistungsprozess der Grundsicherungsarbeit mehr sein soll als ein gelegentlich anzutreffendes Randphänomen, mehr auch als ein wohlklingendes Label für Kundenfreundlichkeit, sind auf mehreren Ebenen neue Akzente zu setzen.[117]

Überregionale Arbeitsmarktpolitik und sozialpolitischer Diskurs: Das Recht der Grundsicherung für Arbeitsuchende ist durch eine grundlegende Ambivalenz zwischen einer schnellstmöglichen Eingliederung in Arbeit und einer umfassenden, durchaus zeitintensiven Unterstützung der Leistungsberechtigten gekennzeichnet. Das eröffnet der lokalen Ebene zwar einerseits gewisse Handlungsspielräume, andererseits überlässt es der Gesetzgeber den Grundsicherungsstellen und Fachkräften, sich an diesen Spannungsverhältnissen programmatisch und einzelfallbezogen abzuarbeiten. Angesichts der arbeitsmarktpolitisch relevanten Entwicklungstrends (Internationalisierung, Wissensgesellschaft, Demografie, Teilhabechancen, Mobilität, öffentliche Finanzen) werden neue Grundsatzentscheidungen aber zunehmend virulent. So sind Erwerbspersonen gefordert, ihre Berufsbiografie eigenverantwortlich zu gestalten, beruflich flexibel und mobil zu bleiben und eine lebenslange Weiterbildungsbereitschaft auszubilden. In einschlägigen Resolutionen der Europäischen Kommission und des Europäischen Rates werden Strategiefelder identifiziert, die auf die Stärkung von Laufbahnkompetenzen, auf die bessere Verzahnung von Bildungs- und Beschäftigungspolitik und die Inklusion von Risikogruppen gerichtet sind. Die Mitgliedstaaten sind aufgefordert, diese Strategiefelder gezielt anzugehen (European Commission 2010; Cedefop 2011). Insofern ist Beratung vor Ort auf übergreifende Lösungsansätze der Politik oftmals angewiesen, will sie nicht einseitig die Verantwortung für strukturelle Nachteile auf die Betroffenen verschieben.

Daran anknüpfend könnte eine stärker präventiv und nachhaltig ansetzende Grundsicherungspolitik darauf abzielen, ein breiteres Verständnis von Eigenverantwortung und Beschäftigungsfähigkeit zu entwickeln. Die Übernahme von Eigenverantwortung bedarf aber – und das verkennt eine reine Aktivierungspolitik – einer „lebensweltlichen Verankerung", wie Hirseland/Ramos Lobato (2012, S. 288) in Anknüpfung an eine empirische Untersuchung zum „Teilhabeerleben im reformierten Sozialstaat" schreiben: „Wie unsere Ergebnisse nahelegen, sind Anerkennung und Selbstachtung die hierfür entscheidenden Ressourcen. Sozial- und arbeitsmarktpoli-

[117] In weiten Teilen können die vorgetragenen Argrumente auch auf den Rechtskontext der Arbeitsförderung übertragen werden, insoweit wir es mit arbeitslosen Menschen, insbesondere solchen im Leistungsbezug, zu tun haben.

tische Strategien, die dies ermöglichen, dürften sich daher langfristig ‚auszahlen', als sie über die Ermöglichung erfahrbarer Teilhabe insgesamt sozial-integrativ und exklusionspräventiv wirken."

Jenseits einseitiger Aktivierungsappelle und einer Engführung auf die schnellstmögliche Integration könnten hier neben bestimmten Maßnahmen wie der Förderung von Arbeitsverhältnissen auch Dienstleistungen wie die berufliche und sozialintegrative Beratung eine wichtige Rolle übernehmen. Eine eindeutige rechtliche Verankerung wäre zudem in der Lage, diese Perspektive auch handlungswirksam werden zu lassen. Berufliche Beratung würde sich insoweit nicht mehr nur an junge Berufserstwähler und leistungsfähige Marktteilnehmer wenden, sondern im Rahmen der Integrationsarbeit auch marktfernere Gruppen einbeziehen und bei der Entwicklung von Berufsperspektiven unterstützen.

Lokale Steuerungs- und Organisationsstrukturen: Aus der Forschung können inzwischen einige gut belegbare Empfehlungen gegeben werden, wie es trotz rechtlicher Vorgaben und organisatorischer Rahmung gelingen kann, eine individualisierte Dienstleistung wie die berufliche Beratung anzubieten (vgl. Hofmann u. a. 2010; Bartelheimer u. a. 2012). Genannt werden Investitionen in die Qualifikation des Personals, ausreichend große Zeitfenster und zeitliche Freiräume für Folgetermine, verbesserte Betreuungsrelationen und eine Erweiterung der Kenngrößen über Integrationszahlen hinaus. Um es auf einen in der Professionsforschung lange bekannten Nenner zu bringen: Eine professionelle, personale Dienstleistung ist auf ausreichend dezentrale Handlungsspielräume für die Fachkräfte angewiesen. Dies setzt aufseiten der Führungskräfte die Anerkennung professioneller Standards und Vertrauen in die kompetente Arbeit der Fachkräfte voraus. Teilweise wird dies im Bereich des spezialisierten Fallmanagements innerhalb der Grundsicherungsstellen umgesetzt (vgl. Kapitel 6). Im Bereich der Arbeitsförderung sind diese Handlungsspielräume am ehesten im Bereich der Organisationseinheit der Berufsberatung und seit einiger Zeit in den Teams zur „ganzheitlichen internen Integrationsberatung" zu beobachten, die auf arbeitslose Leistungsempfänger mit sog. „komplexen Profillagen" spezialisiert sind (BA 2011b). Gleichwohl bleibt das Spannungsverhältnis zwischen organisatorischer Feinsteuerung und Einzelfallbezug auch in diesen Fällen bestehen: „Diesen einzelfallbezogenen, reflexiven Handlungsmodus zu institutionalisieren, würde möglicherweise auch die organisational wie rechtlich verankerten Verfahren selbst infrage stellen und nicht zuletzt die tatsächliche Komplexität der Fallbearbeitung sichtbar machen, eine Komplexität, die die persönlichen Ansprechpartner/-innen in ihrer alltäglichen Arbeit permanent als Anforderung und Überforderung spüren" (Böhringer u. a. 2012, S. 248).

Handlungsorientierung der Fachkräfte: In einer Befragung des IAB zum Aufgabenverständnis von Fachkräften in beiden Rechtskreisen (Boockmann u. a. 2010, S. 5) gab die Mehrzahl der befragten Mitarbeiter aus der Grundsicherung an, sich als „Dienstleister" zu verstehen (41 Prozent). Ein weiterer beträchtlicher Anteil sieht sich als „Sozialarbeiter" (38 Prozent) und nur ein kleinerer Anteil von 12 Prozent gab an, sich vorzugsweise als Sachbearbeiter für das Sozialrecht zu verstehen (weitere 5 Prozent sehen sich als Makler, 4 Prozent ohne Zuordnung). Hinsichtlich der notwendigen Handlungsorientierung auf die individuelle Situation und Anliegen von Leistungsberechtigten sind diese Befunde positiv zu werten. Allerdings müssen Befragungen dieser Art vorsichtig interpretiert werden, da Selbstzuschreibungen ein nicht unerhebliches Maß an sozialer Erwünschtheit enthalten können und unter einem „Dienstleister" oder „Sozialarbeiter" sehr Unterschiedliches verstanden werden kann. Zudem ist die in der Realsituation tatsächlich gezeigte Handlungsorientierung möglicherweise eine andere. Insgesamt erfordert eine Dienstleistung wie die berufliche Beratung von der Fachkraft jedoch, dass sie sich auf den Unterstützungsbedarf des Einzelfalls einlässt und den Leistungsberechtigten aktiv in den Prozess einbezieht. Dieses Aufgabenverständnis grenzt sich deutlich ab von einer Handlungsorientierung, die ihren Schwerpunkt auf das normgerechte Bewerberverhalten und Nachhalten von Pflichten legt (vgl. die Typologie bei Bartelheimer 2012). Neben regelmäßigen Qualifikationen und qualitätssichernden Maßnahmen auf der Organisationsebene ist die grundsätzliche Bereitschaft der Mitarbeiter erforderlich, in jenen anspruchsvollen Kommunikationsprozess einzutreten, der mit einer beruflichen (oder auch sozial-integrativen) Beratung verbunden ist. Gerade in einer ambivalenten Handlungssituation, wie sie durch das SGB II geschaffen wird, in der ein nur vage bestimmter Bogen von einer vollumfänglichen Mitwirkung bis zu einer umfassenden Unterstützung gespannt wird, ist es erforderlich, dass die Fachkräfte immer auch selbst Wege finden und Spielräume nutzen, um eine von der Person des Leistungsberechtigten ausgehende und seine Autonomie respektierende Denk- und Handlungsweise auszuprägen (vgl. Hielscher/Ochs 2009). In der sozialwissenschaftlichen Forschungsliteratur hat sich für diese Mitarbeitergruppe, die beratende, betreuende und vermittelnde Aufgaben wahrnehmen, der Begriff der „Street-level bureaucrats" durchgesetzt, die „trotz Verfahrensvorschriften stets über ein hohes Maß an Autonomie in Form diskretionärer Handlungsspielräume [verfügen]. Sie sind das ‚Gesicht' der öffentlichen Verwaltung und entscheiden (mit), welche Leistungen welchen Kunden in welcher Art und Weise zugesprochen werden" (Osiander/Steinke 2011, S. 10). Eine in dieser Form eigenaktive Rollengestaltung ist unter den gegebenen Handlungsbedingungen erforderlich, um in der Interaktion mit dem Klienten die Grundsätze und Ansprüche (beruflicher) Beratung überhaupt zur Geltung bringen zu können: Öffnung für die Perspektive des anderen einerseits und gemeinsame Erarbeitung von Zielen und Handlungsstrategien andererseits.

5.8 Ein sozialintegrativer Beratungsansatz für die Beschäftigungsförderung

Die vorhergehenden Ausführungen zum beruflichen Beratungsauftrag deuteten bereits an, dass der Gesetzgeber mit dem SGB II ein sozial- und arbeitsmarktpolitisch bis heute sehr umstrittenes Vorhaben in die Tat umsetzte. Der Verpflichtung der Betroffenen, „alle Möglichkeiten zur Beendigung oder Verringerung ihrer Hilfebedürftigkeit" (§ 2 Abs. 1 SGB II) auszuschöpfen, stehen andererseits integrationsfördernde Angebote von Qualifizierung, Arbeitgeberhilfen oder Existenzgründungshilfen zur Seite. Ergänzt wird das Dienstleistungsangebot der Grundsicherung durch sozial flankierende Leistungen, die von der Sicherstellung einer Mittagsmahlzeit für die Schulkinder, über Schuldnerberatung, Suchtberatung, Bereitstellung eines Kindergartenplatzes, Unterstützung bei der Sicherstellung von Pflegeleistungen für Angehörige bis zur psychosozialen Beratung reicht. Das Leistungsspektrum der Grundsicherung geht weit über die klassischen Säulen einer Sozialversicherung hinaus. Gleichzeitig fügte der Gesetzesmechanismus Zwangsmaßnahmen ein, die die Bereitschaft zur Aufnahme einer Erwerbstätigkeit steigern sollen (Kürzungen und Einstellung der existenzsichernden Leistungen). Diese Zwangsmechanismen sind es, die von vielen Akteuren für die rasante Entwicklung prekärer Beschäftigung verantwortlich gemacht werden. Damit rückte die Bundesregierung die Koppelung von arbeitsmarktbezogenen, beschäftigungs- und bildungsfördernden sowie sozialgesetzlichen Aufgaben bei einem Sozialleistungsträger, den Jobcentern, in den Mittelpunkt ihrer Überlegungen. Die begleitenden arbeitsmarkt- und sozialrechtlichen Reformen zu Beginn des 21. Jahrhunderts führten zu einer erheblichen Verschiebung bisheriger „Normalitätsauffassungen", insbesondere in Bezug auf das „Normalarbeitsverhältnis". Es zeigt sich, „dass die in den Nachkriegsjahrzehnten verbindlichen Normen und eine im Prinzip für die gesamte Gesellschaft geltende ‚Normalität' keinen gültigen Bewertungsmaßstab mehr abgeben" (Mayer-Anhuja u. a. 2012, S. 38). Konsequenterweise nehmen in Zeiten persönlicher Verunsicherung und Orientierungslosigkeit nicht nur die Fragen nach der beruflichen Integration zu, sondern – insbesondere bei bereits marginalisierten Personengruppen – auch Fragen der sozialen Teilhabe und Existenzsicherung. Dies schon im Bereich der klassischen Arbeitsförderung des SGB III, da bei vielen Arbeitslosen die Regelleistung des Arbeitslosengeldes I nicht mehr ausreicht, den eigenen Lebensunterhalt für sich und die Familie zu sichern.

5.8.1 Funktion und Aufgabe eines sozialintegrativen Beratungsansatzes

Eine rein berufsbezogene Beratung und Hilfegewährung, so auch der Gesetzgeber, konnte den Anliegen der Menschen in einer armutsbedrohten Situation wohl nicht gerecht werden. Die Gründe, warum Menschen auf dem Arbeitsmarkt nicht, zu wenig oder nicht erfolgreich Arbeit nachfragen, sind so vielfältig, dass rein arbeitsmarktbezogene Hilfen, wie sie das SGB III zur Verfügung stellt, nicht ausreichen. Deshalb stellte der Gesetzgeber bereits bei der Begründung auf eine umfassende Betreuung der betroffenen Menschen ab. „Die Vorschrift" zum Grundsatz des Förderns (§ 14 SGB II), „knüpft an die Aussagen zur Förderung des Erwerbsfähigen, insbesondere zur Eigenverantwortung, an und stellt klar, dass der Erwerbsfähige von der Agentur für Arbeit umfassend zu unterstützen ist. Dies bedeutet mehr als das Beraten und Vermitteln. Die Agentur für Arbeit hat alle Einflussfaktoren für die berufliche Eingliederung zu berücksichtigen und alle erforderliche Unterstützung zu geben, die sich mit den Grundsätzen der Sparsamkeit und Wirtschaftlichkeit vereinbaren lässt. Hierzu gehört bei Bedarf auch die intensive Betreuung. Die Zuordnung nach Möglichkeit nur eines Ansprechpartners soll ein kompetentes Fallmanagement sicherstellen, ein Vertrauensverhältnis zwischen dem Erwerbsfähigen und dem Mitarbeiter der Agentur für Arbeit fördern und der Effizienz der Betreuung des Erwerbsfähigen dienen" (BT-Drucksache 15/1516, S. 54; Hervorh. d. d. V.).

Mit der verspäteten Übernahme des Begriffs der Menschenwürde in § 1 SGB II (2010) folgte der Gesetzgeber der durch das Bundesverfassungsgericht immer wieder bestätigten Orientierung an den Menschenrechtsverpflichtungen von Verfassung und Gesetzgebung. „Die Beachtung der Menschenwürde hat über die Bedeutung für den Gesetzgeber hinaus Bedeutung bei der Leistungserbringung, beim Leistungsvollzug, bei der Anwendung unbestimmter Rechtsbegriffe und bei der Ausübung des Ermessens durch die Leistungsträger" (Münder 2011, Rn. Z. 6). So bleibt das Grundgesetz für die Mitarbeiter in der Beschäftigungsförderung keine abstrakte Norm jenseits der Praxis, sondern findet Eingang in das alltagspraktische Handeln und Entscheiden am Schreibtisch.

In den Leistungsgrundsätzen (§ 3 SGB II) werden die Grundsicherungsträger verpflichtet, Eignung, individuelle Lebenssituation, familiäre Situation, die Dauer der Hilfebedürftigkeit und die Nachhaltigkeit der Eingliederung bei ihren Überlegungen zu berücksichtigen. Dass dem Gesetzgeber die Breite möglicher Anliegen an die Mitarbeiter der Grundsicherung bewusst war, kommt auch darin zum Ausdruck, dass er bei den Leistungsformen des § 3 SGB II auf Folgendes hinweist. Die zuständigen Träger haben darauf hinzuwirken, „dass erwerbsfähige Leistungsberechtigte und die mit ihnen in einer Bedarfsgemeinschaft lebenden Personen die erforderliche Beratung und Hilfe anderer Träger (…) erhalten." Der weitere Kontext des SGB II mit seiner Vielzahl an Hilfen und Vernetzungsmöglichkeiten verdeutlicht, dass es sich dabei keineswegs ausschließlich um andere Sozialleistungsträger des Sozialgesetzbuches handelt, sondern dass die gesamte Breite der (gewerblichen und karitativen) Trägerlandschaft in das Hilfegeschehen einbezogen werden soll, wenn es die individuelle Situation erfordert.

Die Einbettung von Beratung, Vermittlung und Betreuung in den allgemeinen Dienstleistungsbegriff des § 4 Abs. 1 Nr. 1 SGB II weist auf einige zentrale Aspekte für den Alltag der Grundsicherungsarbeit hin:

1. Die Leistungen „Dienstleistung", „Geldleistung" und „Sachleistung" sind im Gesetz abschließend geregelt. Weitere Hilfen stehen der Grundsicherung nicht zur Verfügung.

2. Die Reihenfolge der Auflistung impliziert Nachrangigkeit, d. h. die allgemeinen Dienstleistungen der Beratung, Vermittlung und Betreuung sind vorrangige Leistungen, bevor Geld- und Sachmittel zu gewähren sind.

3. „Dienstleistungen sind alle im SGB II vorgesehenen persönlichen Hilfen und Betreuungsleistungen, die keine Geld- oder Sachleistungen sind (...). Hierzu gehören nach Abs. 1 Nr. 1 insbesondere Information, Beratung und umfassende Unterstützung durch einen persönlichen Ansprechpartner (...). Das Gesetz lässt offen, ob der Ansprechpartner der Verwaltung angehört oder nach § 6 Abs. 1 S. 2 SGB II einem beauftragten Dritten zugehörig ist" (Luthe in: Hauck/Noftz, SGB II K § 4, Rn. 13).

4. „Die Aufgabe der Unterstützung ist umfassend zu verstehen. Sie beinhaltet alle erforderlichen Aktivitäten zur Eingliederung in Arbeit und insbesondere alle in § 16 aufgeführten Eingliederungsleistungen (insofern diese nicht als Geld- oder Sachleistungen gewährt werden) sowie ihre Vermittlung und Kombination nach Maßgabe der in § 3 aufgeführten Leistungsgrundsätze. (...) Hierin aber erschöpft sich die Aufgabe der Unterstützung nicht. In Betracht kommt weiterhin die Erteilung von Hinweisen, die Vorbereitung von Kontakten, die Begleitung zu sozialen Diensten und zu sonstigen Möglichkeiten aktiver Teilnahme am Leben in der Gemeinschaft" (a. a. O. Rn.16).

Bezieht man jetzt die erweiterten Möglichkeiten der sozial-integrativen Angebote der §§ 16a, 28 und 29 SGB II mit ein, wird deutlich, dass das Leistungsspektrum der Grundsicherung weit über den Rahmen der klassischen Vermittlungs- und Beratungsarbeit im SGB III hinausreicht. Nachhilfeleistungen für versetzungsgefährdete Kinder, das Mittagessen in der Schule, die Teilnahme an Schulausflügen, die Verweisung/Begleitung auf/zu psychosoziale/n Betreuungsangebote/n, Schuldner- und Suchtberatungsangebote oder die Unterstützung bei der Bereitstellung von Ganztagsbetreuungsplätzen oder pflegeunterstützenden Maßnahmen machen deutlich, wie weit das Hilfespektrum in der Grundsicherung reicht. „In der Gesamtbetrachtung sieht sich die Aufgabe der Information und Unterstützung damit eingebettet in ein umfassendes sozialrechtliches Betreuungsverhältnis, welches durch den hohen Einzelfallbezug derartiger Dienstleistungen (§ 3 Abs. 1) und unter Berücksichtigung von Wünschen der Leistungsberechtigten (§ 33 SGB I) sowie der mit ihnen ggf. auch kollidierenden Fachstandards sog. Fallmanager umfassender gesetzlicher Determination kaum zugänglich und von daher stark durch den jeweiligen Situationskontext geprägt wird (...)" (a. a. O. Rn.18). Denn eigentliches Ziel der Hilfe ist nach § 1 Abs. 1 SGB II die Stärkung der Eigenverantwortung von Hilfebedürftigen. Sie ist somit eine sozialhilfetypische „Hilfe zur Selbsthilfe" (vgl. auch § 1 SGB XII) und entspricht insofern den Forderungen des Nachranggrundsatzes als einem Architekturprinzip öffentlicher Fürsorge" (Luthe in: Hauck/Noftz, SGB II K § 4, Rn. 10b).

Insofern passen juristische Deutungsmuster eines sozialintegrativen Beratungsansatzes durchaus mit sozialwissenschaftlichen Überlegungen in diesem Feld zusammen: „Pragmatisch betrachtet könnte man den Dienstleistungsauftrag einer *sozialintegrativen Arbeitsmarktpolitik* so fassen, dass er einerseits vermittlungsorientiert ausgerichtet ist und andererseits die weiteren Lebensperspektiven der Zielgruppen – nach Maßgabe der (bislang) für abhängig Beschäftigte durchschnittlich bestehenden Spielräume der sozialen und wirtschaftlichen Selbstverwirklichung – gezielt mit berücksichtigt, bei entsprechenden Defiziten also ein zielführendes soziales ‚Empowerment' gewährleistet" (Bode 2011, S. 322). Ein derartiges Selbstverständnis muss weitreichende Auswirkungen auf die Qualifikation der dort beschäftigten Fachkräfte haben.

5.8.2 Angebotsstruktur sozialintegrativer Beratung

Die umsetzenden Behörden sind grundsätzlich frei in ihrer Entscheidung, welche beraterische Kompetenz sie für spezielle Notlagen selbst vorhalten wollen und wann sie auf spezialisierte Dienstleister i. S. d. § 6 Abs. 1 Satz 2 SGB II zurückgreifen wollen. Allerdings haben sie Sorge dafür zu tragen, dass die in § 1 Abs. 2 SGB II genannten Zielsetzungen des Gesetzgebers angestrebt werden. Dies impliziert eine eigenständige und nicht delegierbare Sicherstellung des leistungsrechtlichen Lebensunterhalts durch eigene Organisationsstrukturen und eine zumindest auf den Alltag von Menschen in prekären Lebenssituationen (Armutsverhältnisse) ausgerichtete Beratung und Betreuung mit eigenem Personal, das sich dem Auftrag arbeitsmarktintegrativer Vorgehensweisen und sozialintegrativer Unterstützung bewusst ist.

Diesen als „persönliche Ansprechpartner" (§ 14 SGB II) bezeichneten Mitarbeitern sind die grundlegenden Arbeitsmittel, Kenntnisse und finanziellen Möglichkeiten im Rahmen des Eingliederungsbudgets zur Verfügung zu stellen, um entsprechende Beratungen und Zielplanungen mit den Ratsuchenden durchführen zu können. § 3 Abs. 1 SGB II i. V. m. § 16 SGB II räumt den Leistungsträgern bei der Umsetzung und Ausgestaltung der Hilfen ein großes Ermessen ein. Die von der Rechtsdogmatik entwickelten Grundsätze bei der Ermessensausübung weisen aber darauf hin, dass eine Segmentierung von Personenkreisen, mit der Folge des Ausschlusses oder Minimalisierung von Ermessensleistungen für bestimmte Personenkreise ausgeschlossen ist. Die Praktiken der Grundsicherungsträger, insbesondere die standardisierten Vermittlungsprozesse, müssen unter diesem Gesichtspunkt kritisch betrachtet werden.

In der Praxis der Grundsicherungsstellen treffen die Prinzipien einer nach einheitlichen Kriterien aufgestellten Bundesbehörde und die „bunte Vielfalt" kommunaler Organisationsvarianten munter aufeinander. Die Folge ist ein eher bunter Flickenteppich, nach denen die Jobcenter ihr Beratungsangebot vorhalten. Die klaren Organisationsstrukturen des SGB III für die Berufsberatung sind in den Beratungsangeboten der Jobcenter so nicht zu finden.

5.8.3 Zur Heterogenität der Anliegen und den beraterischen „Leerstellen"

Es gibt nur wenige beraterische Einsatzfelder, in denen es die Fachkräfte mit einer derartigen Breite menschlicher und fachlicher Anliegen zu tun bekommen, wie es in der Grundsicherung für Arbeitsuchende oft der Alltag ist. Die anderen sozialgesetzlichen Handlungsfelder sind, bei aller Varianz der Einzelschicksale, doch immer dominiert von einer zentralen Hilfe auslösende Bedarfssituation, die ausgeht von einer Behinderung, einer gesundheitlichen Störung, der altersgerechten Versorgung oder Pflege/Wohl eines Kindes. Obwohl auch in der Grundsicherung formal die Bedarfslage ausgelöst wird durch fehlende Arbeit, kumulieren hier Bedarfslagen wie ansonsten nur noch in der verbliebenen Sozialhilfe des SGB XII. Grundlegend ist die Lebenssituation der Menschen in der Grundsicherung mit dem Thema Armut verknüpft und dies erklärt, warum sehr häufig andere Themen im Vordergrund einer Beratung stehen als die Frage nach beruflichen Optionen. Die Kombination von lebenssichernden Leistungen am Existenzminimum und der Auftrag, arbeitsmarkt- und sozialintegrative Aufgaben für und mit Betroffenen wahrzunehmen, bedingen diese anspruchsvolle und heterogene Ausgangslage für die umsetzenden Fachkräfte. Im Jahresbericht 2011 stellte die BA (2012a, S. 9) fest, dass nur etwas mehr als die Hälfte der Leistungsbezieher in der Grundsicherung überhaupt aktivierbar i. S. d. Grundlogik des SGB II ist. „Dass ein Großteil der Arbeitslosengeld II-Bezieher nicht arbeitslos gemeldet ist, hängt damit zusammen, dass diese Personen erwerbstätig sind, kleine Kinder betreuen, dauerhaft erkrankt sind, Angehörige pflegen oder sich noch in der Ausbildung befinden". Die Mitarbeiter der Grundsicherung sind für die meisten Anliegen ihrer Ratsuchenden zunächst einmal die erste Anlaufstation für viele Fragen des täglichen (Über-)Lebens.

Befragt man Schulungsteilnehmer zu Beginn einer Fallmanagementschulung, welche Anliegen ihre Kunden in den letzten Tagen an sie herangetragen haben, so finden sich in der Regel recht viele Belege für die Heterogenität der Anliegen. Kartenabfragen offerieren regelmäßig, worum es in den Beratungsgesprächen der Grundsicherung geht (vgl. Abbildung 32).

Clustert man grob die gegebenen Hinweise, so ergeben sich Problemstellungen aus dem (Sozial-)Rechtsbereich (Zuständigkeit anderer Leistungsträger, Erläuterungen zu den eigenen Leistungen, arbeitsrechtliche Fragen, Privatrechts- oder Versicherungsfragen), Hilfebedarfe aus dem sozialintegrativen Spektrum (psychische Schwierigkeiten, Krankmeldungen, familiäre Konflikte, Suchtproblematiken, Schulden und entsprechende Folgen wie Miet- oder Nebenkostenrückstände, Wohnungsprobleme, Verwahrlosung u. Ä.) sowie Fragestellungen zu den arbeitsmarktintegrativen Hilfen der Grundsicherung (Selbstständigkeit, Bewerbungsfragen, Qualifizierung und Ausbildung, Fragen zu den einzelnen Instrumenten der Arbeitsförderung). Die betroffenen Mitarbeiter geben an, dass sie mehrheitlich mit eher formalen oder sozialintegrativen Anforderungen beschäftigt sind als mit Fragen nach Ausbildung, Arbeit oder Selbstständigkeit.

Abbildung 32: Heterogenität von Beratungsanliegen in der Grundsicherung

15 Teilnehmer einer Fortbildung für FM auf die Bitte, Fragen und Problemstellungen des gestrigen Tages aufzulisten (Mehrfachnennungen in Klammern)

(Sozial-)Rechtsfragen/ Themen	Stärker sozial-integrative Fragestellung/Themen	Arbeitsmarktintegrative Fragestellungen/Themen

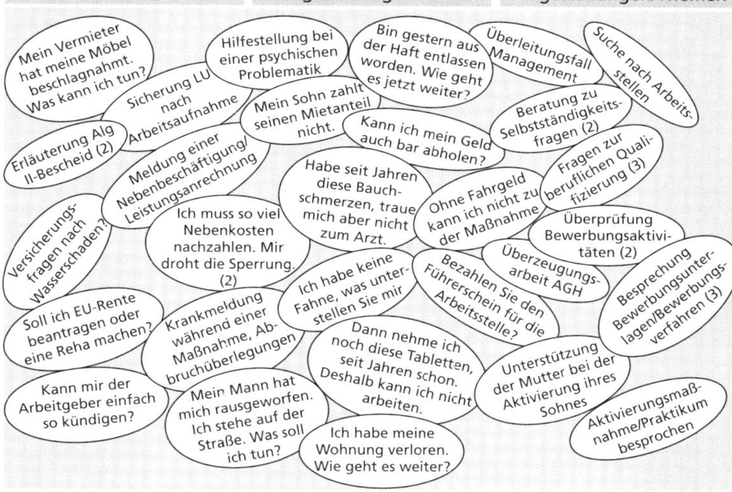

Quelle: eigene Schulungsunterlage

Der Vorwurf an die Grundsicherungsarbeit, ihr Blick sei „arbeitsmarktfixiert" (vgl. Michel-Schwartze 2008, S. 83), erweist sich bei näherem Hinsehen als wenig tragfähig (vgl. Schütz u. a. 2011, S. 83 f., 94 f.). Die Aufgabe besteht allerdings darin, nicht zu vergessen, dass das Ziel der Bemühungen auf die Frage der Arbeitsmarktintegration ausgerichtet bleiben muss. Dabei ist zu unterscheiden, ob arbeitsmarktintegrative Überlegungen zu früh kommen und nachhaltige Integrationsüberlegungen dadurch unterlaufen (Überforderung), oder ob direkte arbeitsmarktintegrative Bemühungen Teil der Lösung sein können, die auch sozialintegrative Themen betreffen.

Die qualitativen Forschungsergebnisse zur Beratungsarbeit im SGB II belegen bisher relativ homogen, dass die individuellen Belange und Sichtweisen der Menschen zu wenig Berücksichtigung finden. Bereits im Abschlussbericht zur Evaluation der Experimentierklausel nach § 6c SGB II konstatieren die Forscher, dass „schließlich (...) noch seltener auf die persönliche Problemlage abgestimmte Maßnahmen wie z. B. Schuldnerberatung oder Suchtberatung ergriffen [werden]. Dies gilt ausnahmslos für alle Teilstichproben der Kundenbefragung. Es lässt sich somit weder eine zunehmende Sensibi-

5

lisierung der Fachkräfte in den Grundsicherungsstellen für derartige Problemlagen noch ein zielgerichteter Umgang mit denselben verzeichnen" (BT-Drucksache 16/11488, S. 83).

Die qualitative Forschung zu den Gesprächsthemen und -inhalten in der Grundsicherung wird hier noch deutlicher und skizziert die beraterischen Umsetzungsprobleme (einige Beispiele):

- „Zweitens hat sich bei den Analysen auf der individuellen Ebene gezeigt, dass der Anspruch, die Teilhabe durch individuelle und passgenaue Leistungen zu fördern, noch nicht gleichmäßig gut umgesetzt wird. Die Aktivierung, zumindest in ihrer ursprünglichen, engen Bedeutung, läuft bei vielen der Leistungsbezieher ins Leere. (...) In der weiten Auffassung kann auch dies alles ‚Aktivierung' sein, die wirklich auf Herstellung größtmöglicher Autonomie mit dem Ziel existenzsichernder Erwerbstätigkeit bei den Leistungsempfängern zielt. Um diese umsetzen zu können, wäre aber eine Erhöhung der Professionalität bei den Fachkräften angeraten, die die Bedarfe und Möglichkeiten der Leistungsbezieher genau einschätzen und passgenau darauf reagieren müssen – bei entsprechend flexiblen Handlungsrahmen" (Koch/Kupka/Steinke 2009, S. 272 f.).
- „Bezüglich der Gesprächssituation besteht etwa die oft von Vermittlern nicht oder nur wenig reflektierte Problematik darin, dass die Krise des Klienten, in der er sich wegen seiner Arbeitslosigkeit befindet, also seine Arbeitslosigkeitskrise, die subjektiv sehr unterschiedlich ausfällt, nicht oder kaum zur Grundlage der Gesprächseinrichtung und -führung gemacht wird. Das hat nun wiederum auch systematische Gründe, denn dafür reichten selbst die insgesamt verbesserten Rahmenbedingungen der Kommunikationssituation nicht aus. D. h., hier verspricht das Gesetz etwas, was die Mitarbeiter nicht realisieren können. Aber auch die für den Klienten prägende Zwangssituation wird eher totgeschwiegen als handlungsplanerisch berücksichtigt" (Ludwig-Mayerhofer/Behrend/Sondermann 2009, S. 277).
- Die Fähigkeiten und Möglichkeiten individueller auf Kundenerwartungen und -bedürfnisse einzugehen, wird einerseits durch fehlende Kompetenzen der Beratungs- und Vermittlungsfachkräfte begrenzt, andererseits durch die Versuche insbesondere der BA, den Beratungsprozess selbst zu standardisieren. In Verbindung mit dem eher starren rechtlichen Rahmen führt dies schnell zu einer qualitativen und quantitativen Beratungsdominanz der Fachkräfte („Monologstrukturen"), in der die subjektiven Deutungsmuster der Kunden zu wenig einbezogen werden. „Außerdem werden die Erst- und Folgegespräche in beiden Rechtskreisen klar von den Fachkräften dominiert, insbesondere was die Themensetzungen angeht (80 Prozent Ersthematisierungen), aber auch hinsichtlich der Gesprächsanteile" (Schütz u. a. 2011, S. 321).
- In den sog. „Sanktionsgesprächen" führt die Dominanz der Machtstrukturen, die sich auch in den stark monologisierenden Teilen ausdrückt, dazu, dass sich die Mehrzahl der Betroffenen „unverstanden (fühlt), es bleiben zu oft reale Gegebenheiten, die sie als unabänderlich und für ihr Leben bestimmend betrachten, außen vor" (Göckler 2009, S. 317 f.).

Wer sich in der Grundsicherung umschaut, der erkennt, dass das vom Gesetzgeber in den Vordergrund gestellte Thema der Aktivierung zur Aufnahme einer Arbeit immer dann zurücktreten muss, wenn die Anforderungen, die das Leben momentan an die Menschen heranträgt, an sich schon eine Überforderung darstellen oder die innere Bereitschaft und Fähigkeit, sich nach lang anhaltender Arbeitslosigkeit wieder mit den Chancen einer Arbeitstätigkeit auseinanderzusetzen, noch wachsen muss. Selbst wenn das Thema Arbeit oder Ausbildung durch die Mechanismen von Profiling und Eingliederungsvereinbarung vorrangig in der Bearbeitung erscheint, bleiben sozialpädagogische Fachkenntnisse erforderlich (vgl. Hirseland/Ramos Lobato 2010, S. 33), weil lebensalltägliche Sorgen und Nöte, wie etwa Armutserfahrungen, Sozialisationsbedingungen, Bildungsdefizite und Misserfolgserlebnisse, die gedankliche Konzentration bei vielen Menschen in der Grundsicherung auf die Ausweglosigkeit ihrer Situation ausgerichtet haben. Auch dann, wenn sich an der „Oberfläche" zunächst nichts davon zeigt, bleiben die Menschen oft in dysfunktionalen Gedankenabläufen verfangen und auch naheliegende und erreichbare Lösungsoptionen können nicht mehr angemessen bewertet werden. Diese Lageorientierung (vgl. Heckhausen/Heckhausen 2006, S. 218) bedingt oftmals das Aufschieben von unerledigten Arbeiten, einen erhöhten Zeitbedarf zum Treffen einer Entscheidung, die Konzentration auf unwesentliche Nebenaspekte, die mangelnde Verarbeitung vorhandener Informationen oder die fehlenden Möglichkeiten, komplexe Alternativen auf leistbare Handlungsmöglichkeiten zu reduzieren, was gleichzeitig zu einem Anstieg der Unsicherheit führt, die sich nicht selten in Ängsten vor dem Gang zum Jobcenter äußert. Auch wenn die Heterogenität von Kunden in der Grundsicherung erheblich ist, zeigt sich bei einer eher entspannten Arbeitsmarktlage in Süddeutschland momentan (Stand 2013), dass es einen relativ konstanten Anteil von Menschen gibt, bei der auch ein aufnahmefähiger Arbeitsmarkt nicht (vor-)schnell zur Einstellung bereit ist. Klassische Vermittlungsstrategien, wie sie auch in Kapitel 3 des Buches dargestellt sind, verfehlen hier oftmals ihre Wirkung.

5.8.4 Grundverständnis einer sozialintegrativen Beratung in der Beschäftigungsförderung von SGB II und SGB III

Eine allgemeine Sozialberatung versteht sich stark als verrechtliche Unterstützung der Klientel, die anwaltlich bei der Durchsetzung von Rechtsansprüchen gegenüber Sozialleistungsträgern berät. Gestützt auf § 13 ff. SGB I wird Sozialberatung verstanden als „Rechtsberatung, Beratung, Auskunft, Aufklärung und persönliche Hilfe in allen sozialen Angelegenheiten, einschließlich der ihnen folgenden notwendigen Unterstützungsleistungen zur Realisierung des jeweiligen Beratungsgegenstandes" (Groth 1989, S. 15 f.). Seit dem Gesetz über außergerichtliche Rechtsdienstleistungen (RDG, in Kraft getreten zum 01.07.2008) dürfen unentgeltliche Rechtsdienstleistungen und entsprechende Angebote von öffentlichen und anerkannten Stellen (z. B. Verbraucherschutzzentralen, Verbände der freien Wohlfahrtspflege) ohne Fachkundeprüfungen und Kontrollmechanismen angeboten werden. In einer moderneren sozialpädagogischen Erweiterung setzt Sozialberatung „an der Überwindung der sozialen Probleme des Einzelnen an, bezieht sein Umfeld sowie die vorliegenden gesellschaftlichen und kommunalpolitischen Rahmenbedingungen vor Ort mit ein und schließt mit der Einflussnahme auf bestehende negative Strukturen und Rahmenbedingungen ab, um übergreifende Problematiken und typische Konflikte langfristig reduzieren zu können" (Langhorst/Schwill 2011, S. 48).

Die Frage lässt sich stellen, ob der sozialintegrative Beratungsanspruch einer (Dienstleistungs-)Behörde diesem Ansatz gerecht werden kann. Der grundsätzliche Beratungs-, Informations- und Aufklärungsanspruch der §§ 13 ff. SGB I ergeht ja prinzipiell an die Sozialleistungsträger selbst und müsste eine unabhängige Sozialberatung überflüssig machen, die von vielen Sozialverbänden und Teilen der Politik seit Langem gefordert wird. Die nachfolgenden Überlegungen verstehen wir bewusst als geöffnete Überlegungen, die ausgehend vom Grundsicherungsauftrag des SGB II auch in der Arbeitsförderung des SGB III oder bei beauftragten Bildungs- und Beschäftigungsträgern ihren Widerhall finden sollten. Wir sprechen daher in diesem Zusammenhang von sozialintegrativen Beratungsansätzen in der Beschäftigungsförderung.

Beratungs- und Vermittlungsfachkräfte der Beschäftigungsförderung stehen immer vor dem Dilemma, einerseits einen „Fall" voranzubringen und hierfür auch öffentliche Gelder einzusetzen, andererseits durch Sparzwänge und betriebswirtschaftliche Überlegungen sowie rechtliche Kontrollfunktionen das mögliche Hilfespektrum einzugrenzen. In vielen anderen Situationen diskutiert die Soziale Arbeit dieses Dilemma seit Jahrzehnten als „doppeltes Mandat". Für diese versucht R. Lutz (2011, S. 21 f.) herauszuarbeiten, dass es dieses Dilemma in der Praxis nicht geben kann. „Im alltäglichen Kontakt mit den Klienten aber hat sie [Anm. d. V.: die Soziale Arbeit] nur ein Mandat: Sie ist beauftragt mit den Menschen an deren subjektiven und kollektiven Problemlagen zu arbeiten, Unterstützung zu bieten und Zugänge zu eröffnen; dabei ist notwendig das Verhalten und Handeln der Menschen mit ihnen zu thematisieren, um somit Lebensweisen und Lebensführungen neu auszurichten. Dies geht nur mit den Menschen und nicht gegen diese, und es muss ihnen nutzen."

Auch wenn die gesetzgeberische Rahmung die Rolle der Mitarbeiter in den Jobcentern deutlicher in Richtung Mittler statt Klientenanwalt verschiebt, ist die Ausgangssituation dennoch vergleichbar. Eine nachhaltige Arbeit ist nur mit den Menschen möglich, nicht gegen sie. Sozialberaterische Ansätze, beispielsweise in der Sozialhilfe, wurden schon immer von den Beratungsanlässen und Beratungsfragen der Ratsuchenden gesteuert. Ihre Kennzeichen sind die Orientierung an der materiellen Lage der Betroffenen, die Offenheit für persönliche und familiäre Probleme, ein breites Repertoire an Handlungsformen (Information, Beratung, Hilfeplanung, Hilfeleistung, Anleitung, Fallmanagement) und eine hohe Beteiligungsintensität weiterer Fachkräfte aus unterschiedlichen Feldern (vgl. Bartelheimer 2000,

S. 11 ff.). Weder kann sich eine unabhängige Sozialberatung bedingungslos als klientenanwaltlich verstehen, noch die Grundsicherungsarbeit sich ausschließlich als hoheitlich und arbeitsmarktfixiert. Wie immer ist die Realität selten an den Eckpunkten von Schwarz oder Weiß zu finden, sondern verortet sich in den unterschiedlichen Grautönen zwischen den Extremen.

In der Arbeit mit den unterschiedlichen Kundengruppen der Beschäftigungsförderung bestimmt weiterhin die Einbindung in ein reguläres sozialversicherungspflichtiges Arbeitsverhältnis einen bedeutsamen Aspekt menschlicher Lebensführung und gesellschaftlicher Teilhabe. Die sozialversicherungsrechtlichen Leitplanken für zentrale menschliche Lebensrisiken sind primär an diese Form der Arbeitsverhältnisse gekoppelt, auch wenn die Entwicklungen Anlass zur Sorge geben (vgl. Kapitel 1) und eine dringend notwendige Anpassung des „sozialen Risikomanagements" i. S. d. Ausgestaltung von Übergangsmärkten erforderlich scheint (vgl. Schmid 2011). Auch unter den Prämissen individualisierter, risikoträchtiger und hürdenvoller Arbeitsmärkte bleibt die klassische Erwerbsarbeit zentral für die Identitätskonstruktion der Menschen. „Gerade weil die Teilhabe an Erwerbsarbeit und das damit verbundene Einkommen die soziale Position von Menschen in der Gesellschaft bestimmen, bleibt sie zentral in der Identitätsarbeit. Erwerbslose schichten ihre Identität nicht einfach um (...), sondern gruppieren sie zentral um die Abwesenheit von Arbeit und die damit verbundenen Verluste an persönlichem Sinn und sozialer Einbindung" (Keupp u. a. 1999, S. 129).

Ein sozialintegrativer Beratungsansatz in der Beschäftigungsförderung benötigt unabhängig von der späteren Bearbeitung und Lösung zunächst einen Zugang zu all den Problemstellungen, die die Ratsuchenden herantragen. Von daher steht ein sozialintegratives Beratungsverständnis in der Beschäftigungsförderung sicherlich in der Tradition sozialpädagogischer Handlungsformen und Beratungsansätze, wie sie in anderen sozialversicherungsrechtlichen Kontexten ebenfalls vorkommen (SGB V, SGB VIII, SGB IX, SGB XII), wenn auch mit eigener Akzentuierung. Ein sozialintegrativer Beratungsansatz in der Beschäftigungsförderung zeichnet sich durch ein Verständnis aus, der ihn unterscheidbar macht von der Einzelfallhilfe in der Sozialen Arbeit, von psychosozialen Beratungsansätzen unterschiedlicher Professionen und therapeutisch-medizinischen Angeboten. Kennzeichen für diesen eigenständigen beraterischen Beitrag könnten sein:

a) Die beratungsbezogene Fachexpertise zu den Fragen von Arbeit, Ausbildung und Beschäftigung i. w. S. sowie den lebenssichernden und integrativen Leistungen der Grundsicherung/Arbeitsförderung. Dieses Beratungsverständnis verfügt über bildungs- und berufsberaterische Grundkompetenzen, die eine grundlegende Bearbeitung dieser Aufgaben, ggf. unter Einschaltung von Fachexpertise, ermöglicht.

b) Ein offenes und angstfreies Zugehen und Einfühlen auf/in menschliche Lebenssituationen, die als belastend, behindernd und ausgrenzend erlebt werden, egal wie weit weg von bürgerlichen „Normalvorstellungen" diese Lebensumstände auch sind. Die besondere Kompetenz der sozialintegrativen Beratung liegt in diesem Spektrum im Zugang, der

Erhebung und Bewertung der bisherigen Lösungsversuche und einer ersten Feststellung von Unterstützungs- und Bedarfslagen und schließt daher an Aspekte einer psychosozialen Beratung an. Diese anspruchsvollen beraterischen Aufgaben sind nicht gleichzusetzen mit dem Anspruch, zu allen denkbaren Themen beraterisch vertieft zu handeln. In den meisten Fällen, in denen nicht das Thema „Arbeit i. w. S." im Mittelpunkt steht, wird es darum gehen müssen die Menschen so zu sensibilisieren, dass sie professionelle Hilfe außerhalb der Beschäftigungsförderung in Anspruch nehmen – eine anspruchsvolle, in Teilen immer wieder auch sozialpädagogische Aufgabe, gleichzeitig aber auch der notwendige Schutz, sich mit den „Problemen dieser Welt" nicht zu übernehmen. Es geht dabei nicht um ein Wegschieben von Verantwortung, sondern um eine professionsethische Grenzziehung, die die Bedeutung der speziellen Beratungsangebote der Partner unterstreicht. Es geht nicht um Konkurrenz, sondern um gemeinsame und abgestimmte Fallarbeit zum Nutzen der Betroffenen (vgl. Kapitel 6).

c) Im Fortgang der Beratungsarbeit und im Benehmen mit den eingeschalteten betreuenden Professionen gilt es herauszuarbeiten, wann die Priorität für soziale Hilfsangebote in die Chance, arbeitsmarktintegrative Angebote zu unterbreiten, umschlägt. Die im Kapitel zum Fallmanagement aufgezeigten Notwendigkeiten zur Vernetzung der Sozialleistungsträger und insbesondere der Grundsicherungsträger (vgl. § 4 Abs. 2; § 6 Abs. 1 SGB II; § 9 Abs. 3; § 9a SGB III) unterstreichen hier, dass eine derartige Entscheidung selten als singuläre Entscheidung der Sozialleistungsträger möglich ist.

Diese genannten Kennzeichen bedürfen der Erläuterung:

Zu a): Bereits die berufsberatungsbezogene Fachexpertise weist den Weg dahin, dass es nicht nur darum gehen kann, Kunden der Sozialleistungsträger den Leistungskatalog sowie die Mitwirkungspflichten der Sozialgesetzbücher darzustellen. Schon Fragen des Profilings bzw. der Kompetenzermittlung stellen sich im Kontext jugendlicher Erstberufswähler, bei langzeitarbeitslosen Menschen, bei Menschen aus unterschiedlichen Kulturkreisen oder Menschen in besonders belasteten Situationen nicht als mechanistisches Erhebungsverfahren dar. Das, was der Grundsicherungsberatung an spezifischen Kompetenzen gegenüber einer allgemeinen Berufs- oder Bildungsberatung fehlt, muss durch spezifische Kompetenzen des Feldes ausgeglichen werden. Hierzu gehört, dass den Beratern in der Beschäftigungsförderung sehr viel bewusster sein muss, wie bereits die organisatorischen Verfahren, die mehr oder weniger sowohl bei staatlichen wie bei karitativen und gewerblichen Trägern zum Einsatz kommen, dazu beitragen können, Ausgrenzung und Widerstand zu erzeugen. Wer Kompetenzen feststellen will, gerät zwangsläufig in die Situation, Inkompetenz zu entdecken und dies als Machtwerkzeug zu missbrauchen. Gerade Menschen, die um ihre Selbstachtung ringen müssen, lassen sich dann ungern auf Praktiken ein, deren Adressierung an die Betroffenen darauf ausgerichtet ist, die „Einstellung zu sich selbst, zu ihren Möglichkeiten, Begrenzungen und den eigenen (In-)Kompetenzen zu bearbeiten. Hierbei ist nicht das Selbst der Bezugspunkt, das hinsichtlich eines Idealbildes zu Optimierungen und Verbesserungen aufgerufen wird, sondern das Selbstbild, das an die als unumgänglich ausgemachten Bedingungen des Arbeitsmarktes angepasst werden soll" (Ott 2011, S. 84).

Europäische Studien belegen, dass bei Menschen in Langzeitarbeitslosigkeit die individuellen Lebenserfahrungen zum Hauptgegenstand der Analysen und Überlegungen werden müssen. „Folglich müssen auch die individuellen Gründe der sozialen Ausgrenzung der Betroffenen in diesem Zusammenhang analysiert werden. (...) In einer typischen Wiedereingliederungssituation können die Kompetenzen und Fähigkeiten, die sich ein Mensch im Laufe seines Berufslebens und seines sozialen und persönlichen Werdegangs angeeignet hat, nur dann vollständig festgestellt werden, wenn zuvor auch untersucht wird, wie er seine soziale Ausgrenzung erlebt hat. Diese für eine erfolgreiche Beratung grundlegende Notwendigkeit setzt folglich voraus, dass der Berater vorurteilslos ans Werk geht" (Pirotto 2003, S. 174). Für die Beratung in der Beschäftigungsförderung insgesamt gehören demnach Fragen wie etwa Kunden ihre Arbeitslosigkeit erlebt haben, welche Mechanismen sie entwickelt haben mit den Folgen umzugehen und wie sie die bisherigen Kontakte zu Ämtern rund um die Armuts- und Arbeitslosigkeitsbürokratie erlebt haben, zu den „Pflichtthemen" in der Beratungsarbeit. Derartige Gesprächsthemen finden sich bisher in den Beratungen der Grundsicherung viel zu selten. Die öffentlichen Arbeits- und Sozialverwaltungen tun gut daran, ihre Strategien nicht ausschließlich auf ein statistisches Profiling abzustellen, das seine Wirkung eher in einem präventiven Bereich entfalten kann. Gerade sog. „Soft Skills" und individuelle Lebenssituationen bedürfen immer der gemeinsamen Bewertung in der Beratung und sind einem rein statistischen Profiling kaum zugänglich.

Zu b): Die Fähigkeit, die Heterogenität unterschiedlich belastender Lebenssituationen einzufangen, ist anspruchsvoll. Die Untersuchungen zu den nordrhein-westfälischen Sozialagenturen zeigten vor Einführung des SGB II, wie vielfältig derartige Lebenssituationen sein können (vgl. MASQT NW 2000, S. 61). Danach wurden folgende Problembereiche (Mehrfachnennungen möglich) identifiziert: Sozialhilfe (= finanzielle Leistungen, 86,6 Prozent), Leistungen des SGB III (21,8 Prozent), andere Geldleistungen (34,7 Prozent), andere Einkommensprobleme (2,6 Prozent), Schuldenproblematik (11,3 Prozent), Wohnungsprobleme (29,1 Prozent), andere rechtliche Fragen (7,0 Prozent), persönliche/familiäre Probleme (23,6 Prozent) sowie gesundheitliche/psychosoziale Probleme (22,2 Prozent). Hinter jedem genannten Beratungsanlass verbirgt sich eine Vielzahl unterschiedlicher Vertiefungen, die im zitierten Bericht genauer erhoben wurden. Exemplarisch verbargen sich hinter dem Thema Wohnungsprobleme z. B. Fragen der Wohnungslosigkeit, Wohnungssicherung, Wohnungsunterversorgung, Wohnungskosten oder der Wohnungssuche. Bei den gesundheitlichen/psychosozialen Inhalten waren es Themen wie gesundheitliche Probleme, psychische Erkrankungen, Suchtprobleme und -erkrankungen, eingeschränkte

Arbeitsfähigkeit, ärztliche/therapeutische Behandlungsnotwendigkeiten, gesundheitliche Probleme von Angehörigen u. Ä. (a. a. O., S. 63). In gut einem Drittel aller Fälle wiesen die Beratungsinhalte drei und mehr derartiger Themenkomplexe auf. Sie zeigen auf, wie sehr die Themen Gesundheit, Wohlbefinden, Lebenseinstellungen, Bildung und Ausgrenzung mit Armutserfahrungen verknüpft sind und Fragen der Arbeitsaufnahme tangieren. Auch die Sozialhilfestudien von Burmann/Sellin/Trube (2000, S. 71) belegten, wie sehr die Betroffenen unter ihrer derzeitigen Situation litten. Schlaflosigkeit (81 Prozent), Unfähigkeit mit der finanziellen Lage umzugehen (62 Prozent), Überforderungssymptome (74 Prozent) und Zukunftsängste (83 Prozent) zählten zu den regelmäßigen Beschreibungen, die die Betroffenen bezüglich ihrer Lebenssituation abgaben.

Neuere Studien belegen, dass die Beratungsarbeit in der Grundsicherung noch viel zu wenig von diesen Unterstützungsbedarfen Kenntnis nimmt (vgl. Abbildung 33). Mangelnde Beratungskompetenz, Unkenntnis der Mitarbeiter, Sorge um die zukünftige Vermittlungsfähigkeit, ein eng geführtes und weitgehend standardisiertes Betreuungskonzept und ein Controllingsystem, welches diese Beratungsarbeit in keiner Weise honoriert, sind einige der Erklärungsfaktoren hierfür.

Das sozialintegrative Beratungsverständnis muss sich deshalb daran orientieren, diese Themen (kultur-)sensibel anzusprechen und ggf. auch in einer längeren Perspektive zu begleiten und nachzuhalten, wenn das Vertrauen der Kunden sich nicht bei den ersten Beratungen einstellt. Derartige Beratungsanforderungen lassen sich nicht mit einem Controllingsystem abbilden, wie es jetzt in den Jobcentern beispielsweise mit den „Internen Kontrollsystemen (IKS)" erneut versucht wird. So bedeutsam Prozessbeschreibungen i. S. von Transparenz und Schulung auch sein mögen – sie bergen die Illusion, man habe die Realität im Griff. Organisationen bemerken dann häufig nicht mehr, dass ihre Mitarbeiter vor Ort zwei Welten zusammenführen müssen, die sich immer weiter voneinander entfernen: die Organisation, die die Menschen draußen nicht mehr versteht, und die betroffenen Menschen, die nicht mehr verstehen, was und wie die Organisation mit ihnen verfährt. Die Zukunft von Beratung und Case Management liegt bei den Arbeitsmarktdienstleistungen nicht in der Perfektionierung derartiger Standardisierungsprozesse, die als „Steuerungsillusionen dazu führen, dass der grundlegende Anspruch des Case Managements, eine dem individuellen ‚Fall' angemessene Leistung zu realisieren, gründlich verfehlt wird" (Reis/Ludwig 2011, S. 76).

Zu c): Dieser Aspekt weist auf die absolut unterschätzte Notwendigkeit einer vernetzten Arbeit in der Grundsicherung hin. Wenn in Schulungen immer wieder die Erfahrung mitgeteilt wird, dass Außendienste nicht zugelassen, reglementiert und beschnitten werden, so sind dies Indizien für ein mangelhaftes Verständnis dieser Arbeit. Da die konkreten Lösungen sozialintegrativer Fragestellungen nur sehr selten innerhalb der Jobcenterarbeit gelingen können, ist die Zusammenarbeit mit den externen Experten zwingend erforderlich, um nachhaltige Wirkungen der Arbeit zu sichern.

Abbildung 33: Problemlagen und flankierende Leistungen

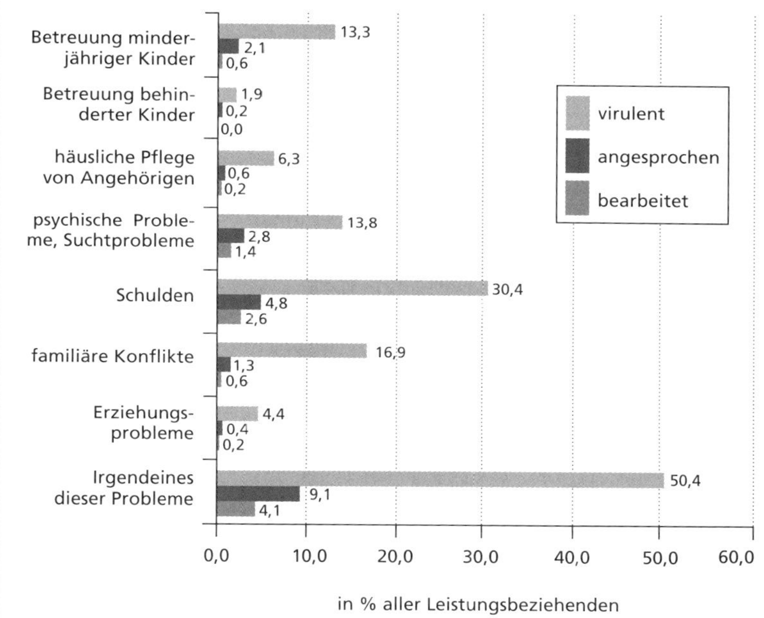

Quelle: Brussig/Knuth 2011, S. 33

Nur selten berichten die Mitarbeiter von den typischen Hilfen im Fallmanagement (vgl. Göckler 2012a, S. 159 ff.), die als Teamberatung, Fallkonferenz, kollegiale Beratung oder Teambesprechung Hinweise darauf geben, dass es zu einer systematischen Zusammenarbeit zwischen unterschiedlich Beteiligten am Fall gekommen ist. Im Verständnis eines Fallmanagementansatzes ist die Koordinierung und Begleitung der unterschiedlichen professionellen Angebote zwingender Bestandteil der Arbeit (vgl. Kapitel 6). Von daher treffen auch auf die sozialintegrative Beratungsarbeit der Beschäftigungsförderung wesentliche Standards zur psychosozialen Beratung zu. Der größte Unterschied besteht darin, dass sich die Mitarbeiter in diesem Feld darauf beschränken, in der Erarbeitung der Lösungswege die Inanspruchnahme der Fachdienste zu verankern, die Kunden in der Inanspruchnahme adäquater Hilfen zu bestärken und ggf. zu begleiten. „In dem dialogisch gestalteten Prozess, der auf die Entwicklung von Handlungskompetenzen, auf die Klärung, die Be- und Verarbeitung von Emotionen und auf die Veränderung Problem verursachender struktureller Verhältnisse gerichtet ist,

- sollen erreichbare Ziele definiert und reflektierte Entscheidungen gefällt werden,
- sollen Handlungspläne entworfen werden, die den Bedürfnissen, Interessen und Fähigkeiten des Individuums, der Gruppe oder Organisation entsprechen,
- sollen persönliche, soziale, Organisations- oder Umweltressourcen identifiziert und genutzt werden, um dadurch selbst gesteckte Ziele erreichen oder Aufgaben gerecht werden zu können und
- soll eine Unterstützung gegeben werden beim Umgang mit nicht behebbaren/auflösbaren Belastungen.

Das Ziel der Beratung ist in der Regel erreicht, wenn die Beratenen Entscheidungen und Problembewältigungswege gefunden haben, die sie bewusst und eigenverantwortlich in ihren Bezügen umsetzen können. Hierzu gehört auch, dass Selbsthilfepotenziale und soziale Ressourcen in lebensweltlichen (Familie, Nachbarschaft, Gemeinwesen und Gesellschaft) und arbeitsweltlichen (Team, Organisation und Institution) Bezügen erschlossen werden" (Arbeitsgemeinschaft Beratungswesen 2003).

Die Vielfalt der Beratungsanliegen in der Grundsicherungsarbeit gebietet es demnach, die eigenen Grenzen genauer wahrzunehmen und beraterisch zu offenbaren. Wie beim Fallmanagementansatz ist dies auch in der Beratungsarbeit in der Beschäftigungsförderung ein Schutz vor Überforderung durch die Kundenanliegen und den gesetzlichen Gestaltungsauftrag gleichermaßen.

5.8.5 Umsetzungshinweise der sozialintegrativen Beratung in der Beschäftigungsförderung

Es gibt viele Themen, die die grundsätzlich sozialintegrative Beratung im Kontext der Beschäftigungsförderung kennzeichnen (zum Überblick vgl. Mehlich 2005; Paul/Moser 2009). Aus der Arbeitslosenberatung und -forschung sind zahlreiche Themen bekannt, die – im Ausprägungsgrad unterschiedlich nach Alter, Geschlecht, familiärer und ökonomischer Lage oder kulturellem Hintergrund – mehr oder weniger regelmäßig zum Gegenstand von Beratung werden. Nach wie vor stehen mit der Erfahrung der (Langzeit-)Arbeitslosigkeit in Verbindung (vgl. Schoppa 2010):

- Enttäuschung, Kränkung, Ausgeliefertsein
- Selbstzweifel, Scham- und Schuldgefühle
- Hilflosigkeit und Herausforderung, Verlust von (Teil-)Identität und Rolle
- Suche nach Stabilität und Selbstwert, nach Sinn und Anerkennung, Bestätigung und Wertschätzung
- Erfahrung von Ausgrenzung und Isolierung

- z. T. Verlust der Zeitstruktur, Entstrukturierung des Alltags
- Aufrechterhaltung von Hoffnung und Optimismus
- berufliche, persönliche Neupositionierung oder Anpassung von Plänen
- Zukunftsängste
- Schwanken zwischen eigenem Versagen und gesellschaftlichen, ökonomischen oder/und arbeitsmarktlichen Zuschreibungen
- steigende Gesundheitsrisiken (Vermeidung von Eigenverantwortung, Lethargie, Zunahme Suchtgefahren)
- innerfamiliärer Konfliktstoff/Erleben und Verarbeitung innerhalb der Familie
- Einengung/Verlust sozialer Kontakte
- zunehmende ökonomische Einengung
- politische und gesellschaftliche Neubewertung/Radikalisierung

All diese Situationen werden individuell unterschiedlich verarbeitet und betont. Eine typische Arbeitslosenkarriere oder -erkrankung ist nur mit sehr groben Kategorien abbildbar, die im Einzelfall nicht tragen. Hinzu kommen diejenigen Personen, die aufgrund ihrer Sozialisation den Verlust von Arbeit nicht als Problem erkennen können, da sie in einer Umgebung aufgewachsen sind, der (reguläre sozialversicherungspflichtige) Arbeit weitgehend unbekannt ist.

Von daher dürften in einer sozialintegrativen Beratung regelmäßig und fortgesetzt Themen zu bearbeiten sein, die als „Basisinhalt" erst den Zugang zu nachhaltigen und erfolgreichen arbeitsmarktlichen Integrationsstrategien gewährleisten. Hierzu gehören:

1. Vorbelastungen und -erfahrungen klären: Zu Beginn der Beratung steht ein sog. „Clearing", wie Kunden ihre Situation einschätzen, mit welchen Vorbehalten, Erwartungen und Ängsten sie kommen. Es ist auffällig, wie wenig diesem Thema in den Beratungen Raum gegeben wird, obwohl „Hartz IV" und die Folgen seit der Entstehung kontrovers diskutiert werden. Man geht sofort ans „Eingemachte", tut so, als seien die Rahmenbedingungen allen klar und unveränderbar. Das Spiel der „Bearbeitbarkeit von Fällen" beginnt genau hier, indem bestimmte Kontexte erst gar nicht thematisiert werden, die aber für ein weitergehendes Fallverständnis zwingend erforderlich wären. Stattdessen steht beiderseitig die „Handlungsfähigkeit am Fall" im Mittelpunkt, die – von der unhinterfragten Fiktion einer erfolgreichen arbeitsmarktlichen Integration geprägt – pragmatisch die Kooperationsformen regelt. „Oder anders ausgedrückt: Die Annahme der Kooperation aufrechtzuerhalten, ist Voraussetzung für die Aufrechterhaltung der Annahme ‚Integration in den Arbeitsmarkt'" (Böhringer u. a. 2012, S. 246 f.). Wer mitbekommt, wie groß Vorbehalte gegenüber Grundsicherungsträgern, Jugendämtern, Arbeitsagenturen und deren beauftragte Agenten sein können, der darf nicht davon ausgehen, dass allein die Einigung auf das (Zwangs-)Thema „Arbeitsaufnahme" schon ausreicht, eine kommunikativ gute Ausgangssituation zu schaffen.

Allerdings zeigt sich auch immer wieder, dass die Kunden zwischen der Person des Beraters und seiner Rolle/dem gesetzlichen Auftrag unterscheiden können – eine Chance für die Beratung, die gut ausgebildete Beratungsfachkräfte zu nutzen wissen. Zu Beginn sollten demnach Themenkomplexe stehen, wie sich die Kunden fühlten, als sie die Einladung (Vorladung) erhielten, welche Erfahrungen sie mit der Behörde/dem Berater schon gemacht, wie sie die letzten Tage/Wochen vor dem zu verhandelnden Ereignis erlebt oder mit wem sie noch über die Situation gesprochen haben. Die beraterische Fähigkeit besteht hier insbesondere darin, sich mit der Wahrnehmungswelt der Kunden ein Stück zu synchronisieren, um Verständnis und Logik der Lebenswelt nachvollziehen zu können. Erst wenn es gelingt, die Welt näherungsweise aus der Perspektive der Betroffenen zu interpretieren, können daraus nachhaltige Stabilisierungs- und Integrationspläne erwachsen. Die Erarbeitung der Deutungsmuster und das Wertesystem des Ratsuchenden sind zentrale Eckpfeiler für Lösungsansätze, die auch i. S. d. Kunden tragfähig sind.

2. Rollenklärung und rechtliche Aufklärung – Transparenz herstellen: Wenn sich ein unklarer Dienstleistungsauftrag mit hoheitlichen Aufgaben mischt, entsteht regelmäßig eine unklare Ausgangssituation. Wann ist mein Berater Helfer, Begleiter und Unterstützer, wann Kontrolleur und Sanktionierer? Im Regelfall sprechen die Berater die rechtlichen Mitwirkungspflichten zum Ende der ersten Eingliederungsvereinbarung erstmals ausführlich an. In den meisten Fällen besteht über die grundlegende Zieldefinition „Aufnahme einer Arbeit" ja auch Einvernehmen, zumindest an der Oberfläche. Die Schwierigkeiten tauchen immer dann auf, wenn Integrationsüberlegungen und Chanceneinschätzungen aufseiten der Berater nicht mit denen der Ratsuchenden korrespondieren. Die Literatur über Beratung in Zwangskontexten ist sich weitgehend einig darüber, dass es zu einem frühen Zeitpunkt Beratungsthema werden muss, welche Rolle(n) der Berater im Betreuungs- und Beratungsprozess der Grundsicherung einnimmt bzw. einnehmen kann. Gute Beratungsfachkräfte können beispielsweise ein „Zeichensystem" entwickeln, mit dem innerhalb der Beratung ein Rollenwechsel angezeigt werden kann. Aus der unterstützenden und begleitenden Rolle auszusteigen, weil leistungsrelevante Dinge zur Sprache kommen oder sanktionsbelastete Themen eruiert werden müssen, sollte mit einem klaren sprachlichen und/oder zeigenden Hinweis erkennbar sein. „Über den Schutz seiner persönlichen Daten wird jeder Kunde vorher genau informiert. Mit Kundinnen, die Hemmungen haben Grenzen aufzuzeigen, kann man Signale („Ausstrecken der Handflächen als STOPP-Signal") oder Formulierungshilfen („Ich kann nicht darüber sprechen", „das ist mir zu viel", „ich fühle mich bei dem Thema nicht gut ...") ausmachen, die beiden Seiten ein gutes Gefühl im Gespräch erhalten, obgleich ein Inhalt verschlossen bleibt" (Golze/Göckler 2010, S. 12). Werden diese Dinge spielerisch und regelmäßig eingeübt, stellen sich beide Seiten unkompliziert auf diese Art der Kommunikation ein.

Diese kurzen Hinweise sollen allerdings den Blick darauf nicht verstellen, dass eine Ausweitung des Beratungsbegriffs auf Zwangskontexte auch Nebenwirkungen hat und stets die Gefahr heraufbeschwören kann, Beratungsangebote generell zu diskreditieren. „Es erscheint heute schlicht realitätsangemessen", schreibt Nestmann (2012, S. 27), „Zwangskonstellationen von Beratung sensibel zu realisieren und wohl auch mit neuen zu rechnen. Sie sind zu thematisieren und zu kritisieren, genau zu untersuchen und verantwortlich zu handhaben. Sie zu negieren und zu vernachlässigen, sie an andere oft ‚nachgeordnete' Verwaltungsprofessionen zu delegieren scheint keine Lösung."

3. Motivation als gestaltbaren Zustand verstehen: Arbeitslose Menschen sind in der Regel nicht motiviert oder unmotiviert. Die häufig in den Beratungsprotokollen festzustellende Aussage von Fachkräften, dass ihre Kunden keine Hinweise zu einer veränderten Sichtweise gegeben haben, von daher nicht motiviert für Veränderungen seien, stellt keine tragfähige Option dar. Menschen sind immer mehr oder weniger für oder gegen etwas motiviert. Miller und Rollnick (2009, S. 42) gehen sogar davon aus, dass Motivation das „Resultat einer Interaktion zwischen Personen [ist]. Dies weicht etwas von der allgemeinen Vorstellung ab, dass Motivation etwas Inneres ist, das in der Person als ein Zustand oder Charakterzug existiert. Motivation für eine Veränderung kann nicht nur durch den zwischenmenschlichen Kontext beeinflusst werden, sondern geht in direkter Weise aus ihm hervor."

Die Herausforderung an Fachkräfte lautet demnach: Gestalten Sie Ihr Beratungsgespräch so, dass Ihre Kunden Interesse an einer weiteren Zusammenarbeit mit Ihnen haben. Für eine Verweigerung von Zusammenarbeit haben die meisten Kunden im Regelfall durchaus nachvollziehbare Gründe. Schon eine „Motivationsdiagnostik", die Einstufung in „Klientengruppen" oder „Maßnahmen von der Stange" sind häufig Gründe, warum es mit der Zusammenarbeit nicht klappt (Conen 2007, S. 55 ff.). Auch ein neutrales Profiling signalisiert die „Erhebung von (In-)Kompetenzen der Erwerbslosen, denen grundsätzlich unterstellt wird, sie seien sich ihrer eigenen Stärken und Kompetenzen nicht bewusst, weshalb diese herausgearbeitet und bewusst gemacht werden sollen" (Ott 2011, S. 282). Zwangskontexte verstärken diese Erfahrungen noch und sind immer ein Anlass, über das Für und Wider, das Erlebte und Vermiedene mit den Betroffenen zu sprechen. Es ist etwas schief gelaufen und die sich daraus ergebenden Konsequenzen für beide Seiten bieten die Chance, einen vertieften Blick auf bisherige Kooperationsstrukturen zu werfen. Bleiben dabei auch die Beratungsfachkräfte offen für einen kritischen Blick auf das eigene Tun, werden Kooperationsstrukturen gefestigt, selbst wenn negative Entscheidungen nicht zu vermeiden sind.

4. Werteexploration: Ein Thema, dessen Bearbeitung sich spätestens auszahlt, wenn konkrete Integrationsplanungen anstehen. Wie stellen Menschen sich ihr (Berufs-)Leben vor? Von welchen Leitsätzen und Überzeugungen lassen sie sich tragen? Wie sieht ihr Alltag in fünf oder zehn Jahren aus, wenn alles optimal verlaufen sollte? Was hat bei ihnen hohe Bedeutung, welche Dinge sind nicht so wichtig? Die Grundsicherung hat bei ihrer Integrationsstrategie die Eignung, die individuelle Lebenssituation, insbesondere die familiäre Situation, die voraussichtliche Dauer der Hilfebedürftigkeit und die Dauerhaftigkeit der Eingliederung zu berücksichtigen (§ 3 Abs. 1 SGB II). Dies stellt zwingend darauf ab, dass es keinesfalls darum gehen kann, die Menschen in jedwede Beschäftigung zu drücken, selbst wenn sie keinen Widerstand zeigen. Nachhaltig wird die Integrationsarbeit nur, wenn neben den strukturellen Rahmenbedingungen zunehmend prekärer Beschäftigung (dieses Dilemma kann die Beschäftigungsförderung gar nicht lösen) auch erkennbar wird, dass der Kunde mit diesem Integrationsangebot elementare Kompetenzen einsetzen kann, die ihm Anerkennung und soziale Eingebundenheit sichern. Je besser es dem Berater gelingt, zentrale Werte, auf denen die Betroffenen ihr Verhalten ausrichten, mit dem Integrationsziel zu verbinden, umso wahrscheinlicher werden Erfolg und Nachhaltigkeit der Strategie. Deshalb empfiehlt es sich, zu einem sehr frühen Zeitpunkt mit der Thematisierung derartiger Zusammenhänge zu beginnen, die man beraterisch durchaus sinnvoll in Beziehung zur Berufswegplanung erheben kann. Es gibt Methoden und Techniken, die Berater dabei unterstützen, dieses Thema erfolgreich zu bearbeiten (Skalierungstechniken, Wertepyramide oder -kreis etc.).

5. Wahlmöglichkeiten schaffen: Zur Kongruenzsteigerung und Verbesserung der Beteiligungsstruktur sind Wahlmöglichkeiten zu schaffen. Jede Verengung auf die Wahl zwischen der Pflicht/Sanktion und nur einer (ungeliebten) Handlungsalternative stärkt Reaktanzreaktionen aufseiten der Kunden. Eine offene Herangehensweise, die zunächst einmal die Alternativen aus dem Blickwinkel der betroffenen Klienten erarbeitet und dann mit variablen Angeboten ergänzt, lässt den Betroffenen Wahlmöglichkeiten und erfüllt damit Ansprüche prozeduraler Fairness und Selbstwirksamkeit, die in einem hoheitlichen Verfahren ansonsten nicht gegeben sind. So können aus Vermeidungsstrategien durchaus gewollte Veränderungsstrategien werden, die aus dem Blickwinkel des Kunden weit über den Zwangskontext hinausreichen. Es ist gar nicht so selten, dass im Rahmen von Zwangskontexten auch nachhaltige Veränderungsabsichten auftreten, die ohne diesen Kontext gar nicht oder nicht so schnell erreichbar gewesen wären. Dies ist kein Appell für eine Zunahme von Sanktionspraktiken bei den Grundsicherungsstellen. Die Gefahr der „Verselbstständigung derartiger Praktiken" ist nicht von der Hand zu weisen. Es ist aber ein Plädoyer dafür, wenn sich die Sanktionsthematik schon nicht vermeiden lässt, diese wirkungsvoll für abgestimmte Veränderungen zu nutzen und nicht auf erzwungene und angepasste Wirkungen zu setzen, die nicht lange halten können. Zudem wird klar, warum eine eindimensionale Handlungsstrategie eher schädlich ist, als bei komplexen Unterstützungsbedarfen wirklich Hilfe zu entfalten.

6. Anwaltliche Vertretung: Internationale Studien belegen immer wieder (vgl. Chi-Fang 2006; Brülle u. a. 2006, S. 32 ff.), dass es besonders diejenigen Klientengruppen schwer haben, einer Sanktions- und Kontrollentscheidung zu entgehen, die entweder einer sozial auffälligen Minorität angehören, über langjährige Sozialhilfekarrieren verfügen oder nachhaltig abweichendes und widerstrebendes Verhalten zeigen. Den an bürgerlichen Normalitätsvorstellungen orientierten Beratungsfachkräften fällt es dabei schwer, sich in die lebensweltlichen Bezüge ihrer Kunden zu versetzen und das Verhalten als Bewältigungshandeln zu verstehen, das gleichzeitig anerkannt und umgeleitet werden kann (vgl. Böhnisch 2009). „Negative Erfahrungen im Umgang mit Behörden, fehlende intellektuelle und sprachliche Möglichkeiten sowie wenig angepasstes Verhalten führen schnell dazu, dieses Verhalten zu einer zentralen Eigenschaft zu deklarieren und als festes Persönlichkeitsmuster den Menschen zuzuschreiben (der/die ist eben so!). Dass diese ‚öffentlichen' Wahrnehmungsmuster bei den Betroffenen zur Ausprägung von angepassten und selbstwerterhaltenden Verhaltensstrategien führen, wird selten hinterfragt. Die negative Wahrnehmung des gezeigten Verhaltens führt dann häufig dazu, dass auch berechtigte Forderungen der Klientinnen nach rechtlich abgesicherter Hilfeleistung nicht mehr eingelöst werden. Die Menschen verlieren jeden behördlichen und z. T. auch karitativen Rückhalt, der sie befähigen würde, rechtlich zustehende Leistungen auch einzufordern und zu erhalten. Ohne Unterstützung werden besonders vulnerable Personengruppen von ihnen zustehenden Leistungen ausgeschlossen, weil sie nicht in der Lage sind, die notwendigen strukturellen Voraussetzungen für die Leistungserbringung zu schaffen (fehlende Unterlagen, Vereinbarung und Einhaltung von Terminen, Einholen von Gutachten, Verzögerung in der Antragsbearbeitung, kaum sprachlich nutzbare Entlastungsmuster etc.). Hier haben Betreuung und Beratung die Aufgabe, die Menschen für Verwaltungsprozesse zu sensibilisieren und sie dort zu unterstützen, wo sie mit eigener Kraft den Sprung zur Hilfe nicht bewältigen können. Im Zweifel bedeutet dies, innerhalb oder außerhalb des Systems auch den Konflikt mit den verweigernden Systemteilen zu suchen und auszuhalten. Ist dies für Klientinnen erlebbar, werden sich auch schwierigere Beratungssituationen im Vertrauen auf eine grundsätzlich unterstützende und positive Haltung der Beratungsfachkräfte besser bewältigen lassen" (Göckler 2012b, S. 92).

7. Gesundheitsthemen: Die Ausführungen in den vorangegangenen Kapiteln haben bereits gezeigt, dass insbesondere Langzeitarbeitslosigkeit mit einer Zunahme von gesundheitlichen Risiken verbunden ist. Dabei zeigt sich in der Praxis, dass das Thema gesundheitlicher Schädigungen, die während der Erwerbsphase auftraten, beraterischen Bemühungen überwiegend gut zugängig sind. Für die Betroffenen mildert ein derartiger Umstand die Eigenverantwortung für das Scheitern und schafft Gelegenheit für einen „medizinisch gedeckten Rückzugsraum". Genau aus diesem Umstand heraus scheuen viele vermittlungsorientiert arbeitende Berater ein vertieftes Eingehen auf gesundheitliche Problematiken. Nimmt man sich die Zeit für ein sorgfältiges Nachfragen, für lösungsorientierte Ansätze und für das zusätzliche Einholen von Fachexpertise, lassen sich jedoch, teilweise auch unter Nutzung von beruflichen Rehabilitationsmöglichkeiten, sachgerechte Rückkehrstrategien entwerfen. Dies wird umso schwieriger, je mehr sich derartige „Rückzugsräume" mit Orientierungen auf den Übergang in Vorruhestand oder Rente mischen. Noch schwieriger wird die Thematisierung gesundheitlicher Risiken, wenn sie Folge lang anhaltender Arbeitslosigkeitserfahrungen sind. Häufig sind die Wahrnehmungen der Betroffenen auf andere Muster ausgerichtet und blenden die in den letzten Jahren zunehmenden gesundheitlichen Einschränkungen aus bzw. entschuldigen diese mit dem allgemeinen „Älterwerden". Wie werden die Erfahrungen der Arbeitslosigkeit verarbeitet? Was hat sich „schleichend" als negative Veränderung im Alltag eingespielt? Wie haben sich Gewohnheiten dem engeren Geldbeutel angepasst? All diese Fragen sind nur selten in den ersten Beratungen thematisierbar. Aus dem Fallmanagement ist bekannt, wie hilfreich für derartige Themen ein abgestimmter und förderlicher Hausbesuch sein kann. Die wenigen Fachkräfte in den Schulungen, die von gelegentlichen Außendiensten bei Betroffenen berichten, stimmen einheitlich darin überein, dass ein solcher Besuch die Menschen offener gemacht hat, mit ihren Beratern auch über derartige Themen zu sprechen.

8. Das Thema Finanzen: Nicht selten vollzieht sich die Arbeit in der Beschäftigungsförderung an der Schwelle zum (Nicht-)Existenzminimum. Über die Höhe wird seit Bestehen der Sozialhilfe/Grundsicherung gesellschaftlich kontrovers gestritten. Lohnabstandsgebot, soziokulturelles Existenzminimum und Rechtsprechung des Bundesverfassungsgerichts bestimmen die Diskussion. Unabhängig davon sind sich die Experten der Arbeitslosenforschung einig, dass die ökonomischen Einbußen durch Arbeitslosigkeit zunehmend zu einem Problem für nahezu alle Betroffenen werden, insbesondere wenn die Arbeitslosigkeit länger anhält und mehrere Personen einer Bedarfsgemeinschaft betroffen sind. Auch wenn den meisten Familien in der Grundsicherung die Versorgung mit Gütern des Grundbedarfs gelingt, stellen Untersuchungen bei höherwertigen Konsumgütern sowie kultureller und sozialer Teilhabe eine Unterversorgung gegenüber Haushalten mit gesicherten Einkommensverhältnissen fest. „Besonders deutlich zeigt unsere Analyse die angespannte finanzielle Situation der betroffenen Familien: SGB-II-Haushalte mit Kindern können kaum finanzielle Rücklagen bilden oder unerwartete Ausgaben bewältigen" (Lietzmann u. a. 2011, S. 10). Die Sorge um die Existenzsicherung lässt viele Betroffene nicht schlafen, Verschuldung und einseitige Ernährung steigern die Gefahr gesundheitlich-seelischer Belastungen. Viele der Betroffenen scheuen das Gespräch über finanzielle Dinge. „Verschuldung und existenzielle Sorgen können unbemerkt einen Beratungsprozess beeinflussen. Es gilt, dass Geld zu haben oder eben nicht zu haben einen großen Einfluss auf unseren Selbstwert, unsere Selbstachtung und das soziale Umfeld hat. Wenn in einer Beratung eine finanzielle Notlage nicht bekannt ist, können Anstrengungen und Fortschritte oft nicht ausreichend gewürdigt werden"

(Hombach/Dingerkus 2008, S. 83). Die Mechanismen, mit knappen Mitteln umzugehen, die Bewältigung einmaliger und kostenträchtiger Anschaffungen, die Nutzung der „Tafeln“, familiäre Unterstützungssysteme und weitere Bewältigungsformen eröffnen sowohl den Blick auf nutzbare Ressourcen wie auf zusätzliche Unterstützung. Diese Themen berühren die Beratungsfachkräfte oft unangenehm, weil sie erstens an der Höhe der Leistungen nichts ändern können und zweitens dies auch als Eindringen in die Privatsphäre betrachten. Was soll man als Berater da auch schon machen? Die Thematisierung der Einkommenssituation und daraus resultierenden Belastungen ist jedoch von grundlegender Bedeutung für den Beratungs- und letztendlich auch Integrationserfolg und kann nicht bunt bebilderten Ratgebern überlassen werden. In vielen Fällen wird eine „plumpe“ Befragung nach dem Motto „Haben Sie Schulden?“ eher verneinend beantwortet. Immer wieder kann man die Erfahrung machen, dass Kunden ihre Schuldensituation verschweigen und auf die eher formale Frage ausweichend reagieren. Beginnen Fachkräfte jedoch sehr vorsichtig damit, die Lebenssituation unter den restriktiven Bedingungen knapper Ressourcen zu eruieren und Verständnis für die vielfältigen einschränkenden Folgen zu zeigen, ergeben sich häufig nahtlos Themen, aus denen sich Überschuldungsprozesse und handlungsbegrenzende Einschränkungen erkennen lassen. Bei weitergehenden Überlegungen zur arbeitsmarktlichen Integration können diese Themen sowohl als Motivationsgrundlage wie auch als zu bearbeitender Handlungsbedarf herangezogen werden.

9. Ressourcenorientierte Hausaufgaben: Hausaufgaben unterscheiden sich von den in der Grundsicherung typischerweise vorkommenden behördlichen Verfahren der Integrationsplanung und Eingliederungsvereinbarung (vgl. Ausführungen zum Fallmanagement in Kapitel 6). Sie sollten schriftlich fixiert werden, können aber je nach Situation und Kundenkonstitution auch mündlich abgesprochen werden. Sie sind in ihrer Struktur sehr viel näher an den Menschen und beschäftigen sich mit als subjektiv belastend erlebten Umständen. Von daher unterliegen Hausaufgaben auch keinem rechtlichen Sanktionsmechanismus, sondern basieren auf Einsicht und Interesse der Kunden. Sie sind vor allem in der lösungsorientierten Beratung (Bamberger 2010) ein Instrument des „Briefing“, mit der angedachte/erarbeitete Lösungen möglichst schnell und erfahrbar ausprobiert werden sollen. Bamberger unterscheidet in Anlehnung an Eberling/Hargens (1996) fünf Aufgabenkategorien:

a. **Nachdenken** – z. B. über das, was gegenwärtig positiv verläuft und deshalb unverändert bleiben sollte

b. **Beobachten** – z. B. was in den Zeiten von Ausnahmen, von gering oder gar nicht belastenden Situationen anders ist und als Baustein für eine Lösung genutzt werden könnte

c. **Vorhersagen** – z. B. in welchem Ausprägungsgrad das Problem in den nächsten Tagen variieren wird und sich dadurch auch mehr oder weniger rasch in Richtung einer (Auf-)Lösung bewegt

d. **So-tun-als-ob** – z. B. so zu handeln, leben, agieren, als wäre die Lösung schon da, das „Wunder" eingetreten

e. **Zielorientiertes Handeln** – z. B. mehr von dem zu tun, was schon funktioniert, oder bei Belastungen eine Kleinigkeit gezielt zu verändern

„All diesen Aufgaben", schreibt Bamberger (2010, S. 165), „ist gemeinsam, dass sie den Klienten dazu einladen, irgendetwas anders zu machen als zuvor – sei es, dass er über bestimmte Dinge anders nachdenkt, sie anders betrachtet, sie anders einschätzt oder anders handhabt. Damit soll Neues in Gang gebracht werden, das im Weiteren neue Erfahrungen mit der eigenen Person und in der Interaktion mit anderen ermöglicht. Daraus werden hilfreiche Erfahrungen, wenn dieser Klient in der Nutzung seiner Ressourcen unmittelbar Selbstwirksamkeit erlebt." Dementsprechend können Hausaufgaben sowohl berufsintegrative Aufgabenanteile enthalten wie auch Aufgabenanteile zur Neugestaltung von Lebensumständen umfassen. Zu den typischen Hausaufgaben zählen beispielsweise „ein Bild malen" (zu einem komplexeren Thema), „Tagebuch führen" (zu einem bestimmten Thema), „Haushaltslisten erstellen" (um über finanzielle Ressourcen besser urteilen zu können), „Berufe zerlegen" (um Kompetenzen und Qualifizierungsbedarf zu ermitteln), „Eigenschaftspyramiden erstellen" (um sich klarer bei Bewerbungen oder anderen Themen positionieren zu können), „etwas anderes machen" (um aus – negativen – Handlungsroutinen auszubrechen) oder „Briefe schreiben" (um sich über ein Problem, eine Person oder ein Anliegen Klarheit zu verschaffen). Die Aufgaben müssen nach intellektueller Leistungsfähigkeit und Beziehungssicherheit zum Berater variieren und bleiben ein Selbstklärungsangebot an die Betroffenen ohne Verpflichtung.

10. Beziehungsgestaltung und Reflexion als durchgehende Aufgabe: Die besonderen Machtstrukturen in der Grundsicherungsarbeit bergen permanent die Gefahr, dass eine bis dahin gelungene Kooperationsstruktur schnell zerbricht, wenn die Integrations- und Lebensbewältigungsstrategien strittig werden. Das immer wieder Hineinhören und Hineinversetzen in die klientenbezogene Gefühlswelt und Sicht der Dinge wirkt grundsätzlich entlastend und deeskalierend auf jede Beratungssituation. Dies stärkt das beraterische Verhältnis, wenn der Kunde auch in den nachfolgenden Gesprächen das Gefühl hat, er stehe mit seinen Anliegen im Zentrum des Interesses. Für den Berater ist die Aufgabe der Beziehungsgestaltung gleichzeitig ein Kontrollmittel, sich nicht zu sehr von den organisationsbezogenen Mechanismen vereinnahmen zu lassen und nicht nachzulassen, den Kunden in den Mittelpunkt seiner Beratungsarbeit zu stellen. Wenn Berater die Beziehungsebene nicht aus dem Auge verlieren, nehmen sie Reaktionen früher wahr, achten stärker auf eigene Ausdrucksweisen und non-verbale Signale, betonen die Wahrnehmungen und Gefühle des Gegenübers und reflektieren dies vor dem Hintergrund des gesetzlichen und organisationalen Auftrags. Die Aufgaben der Beziehungsgestaltung tragen dazu bei, die Fortsetzung von Beratungsdienstleistungen zu ermöglichen, selbst wenn im konkreten Fall dissonante Bewertungen des Geschehens nicht zu vermeiden sind. Hier zahlt sich eine gute, variationsreiche Beraterausbildung aus, die begleitet von Supervision und kollegialer Beratung nicht aufhört, über das eigene Tun zu reflektieren (vgl. Göckler 2009, S. 253 ff.). Hier besteht bei den staatlichen wie bei vielen gewerblichen und karitativen Trägern der Beschäftigungsförderung dringender Nachholbedarf. „Für die Ausformung eines hierfür notwendigen reflexiven Modus des Handelns stellt die Institution Jobcenter aber kaum adäquate Möglichkeiten und Hilfsmittel bereit" (Böhringer u. a. 2012, S. 248). Erst langsam setzt sich durch, dass diese Beratungsformen institutionell von Formen der kollegialen Beratung und Supervision begleitet werden müssen (vgl. Bolte u. a. 2012), wollen die Berater nicht vorschnell ausbrennen oder die Gesetzes- und Organisationsrealitäten ungebrochen an die Betroffenen weiterleiten, die sich nur selten adäquat dagegen zur Wehr setzen können.

5.9 Öffentliche Beratung als Fach-, Rechts- und Lebensberatung

In diesem abschließenden Abschnitt wollen wir auf eine für öffentliche Beratungsangebote wichtige Unterscheidung eingehen. Die beiden von uns behandelten Beratungsformen – die berufliche und sozialintegrative Beratung – können jeweils den Charakter einer Fach-, Rechts- oder Lebensberatung annehmen (vgl. Rübner 2011b). Die jeweilige Ausprägung ist abhängig von den behandelten Fragestellungen, Anliegen und den institutionellen Rahmenbedingungen, unter denen die Beratung stattfindet.

Fachberatung: Unter einer „Fachberatung" verstehen wir ein Beratungsgespräch, in dem Sachfragen im Mittelpunkt stehen, die mittels richtiger, vollständiger und verständlicher Auskünfte und Ratschläge bearbeitet werden können. In der Fachberatung stehen weniger das Wertesystem, die Lebensführung, das Selbstverständnis oder die Lebensumstände des Ratsuchenden im Mittelpunkt der Überlegungen. Es geht nicht um eine intensive Klärungs- und Reflexionsarbeit die eigene Laufbahngestaltung und Lebensführung betreffend, sondern um Fragen danach, welche Handlungsmöglichkeiten, Optionen und Angebote am besten zu den Zielen und Voraussetzungen der Person passen. Es ist das Spezialwissen des Beraters, auf die die Fragen des Ratsuchenden zielen: Welche Möglichkeiten gibt es? Welche passen am besten zu meinen persönlichen Voraussetzungen? Welche davon können Sie besonders empfehlen? Die Beratungsfachkraft übernimmt hier überwiegend die Rolle eines Experten, der über die fraglichen Sachverhalte einzelfallbezogen und zuverlässig Aussagen machen und Empfehlungen abgeben kann. Während im Fall der Berufsberatung Sachfragen – etwa zur Lage und Entwicklung des Arbeitsmarktes und der Berufe, zu Bildungsmöglichkeiten, zur Arbeitsplatzsuche – durchaus dominieren können, kann eine sozialintegrative Beratung in den seltensten Fällen nur Fachberatung sein, da sie stets vor dem Hintergrund einer prekären Lebenslage und Lebensführung stattfindet. Sachfragen – „Wie viel muss ich monatlich einsparen?", „Welche Hilfen gibt es für meine Erkrankung?" oder „Was bedeuten die Testergebnisse?" – sind insoweit oftmals eng mit lebenspraktischen Fragestellungen und existenziellen Konsequenzen verknüpft.

Rechtsberatung: Von einer „Rechtsberatung" sprechen wir, wenn über die (sozial-)rechtlichen Gestaltungsmöglichkeiten im Einzelfall beraten wird. Nach § 14 SGB I hat jede Person einen Anspruch auf Beratung über ihre Rechte und Pflichten nach dem Sozialgesetzbuch, die für sie von Bedeutung sind oder in Zukunft von Bedeutung sein können. Eine Rechtsberatung muss dabei keineswegs immer von dem Berechtigten selbst beantragt werden. Aufgrund der komplexen Rechtslage ist der Leistungsträger verpflichtet, auch „initiativ" über bestimmte, für die Person relevante, rechtliche Gestaltungsmöglichkeiten zu beraten (zur sog. „Spontanberatung" vgl. Rübner 2011a, Rn. 13 ff., 34 ff.). Eine Berufsberatung wird zu einer Rechtsberatung, wenn die Leistungen der aktiven Arbeitsförderung bzw. die Eingliederungsleistungen der Grundsicherung im Mittelpunkt stehen. Ausgehend vom Anliegen des Ratsuchenden kann über die berufsrelevanten Fördermöglichkeiten des jeweiligen Gesetzbuches beraten werden, ohne dass schon eine Förderzusage ausgesprochen werden muss. Ganz ähnlich kann über die sozialintegrativen Gestaltungsmöglichkeiten des Sozialgesetzes beraten werden, insbesondere über spezielle Beratungs- oder Fördermöglichkeiten der einschlägigen Sozialgesetzbücher und zuständigen Träger. Gleichwohl wird sowohl die Berufsberatung als auch die sozialintegrative Beratung nur streckenweise eine Rechtsberatung sein können, da ihr jeweiliger Gegenstand – die berufliche Laufbahngestaltung und persönliche Lebenslage der Betroffenen – zwar sozialrechtlich gerahmt, nicht aber bestimmt ist, wie das etwa für das materielle Leistungsrecht der Fall ist. Bei der Berufsberatung kommen mindestens Anteile einer Fachberatung dazu, während die sozialintegrative Beratung meist auch Lebensberatung ist.

Von der Rechtsberatung abzugrenzen ist die Belehrung über Rechte und Pflichten, in der die Integrationsfachkraft zwar auf den Empfängerhorizont des Leistungsberechtigten bezogen kommunizieren kann, aber nicht berät. Insoweit stellt die Rechtsfolgenbelehrung wie auch die explizite Prüfung eines Sanktionstatbestands oder die Veranlassung einer Sanktion *keine* Beratung dar. Hier wird unmittelbar hoheitliches Handeln umgesetzt, was für den Betroffenen ausreichend klar ersichtlich sein muss. Der Wechsel zwischen den jeweiligen Modi „Beratung'" und (hoheitliches) „Verwaltungshandeln" muss als zentrale Herausforderung für eine gelingende Beratungsumsetzung verstanden werden, der nur reflexiv begleitet gelingt.

Lebensberatung: Mit „Lebensberatung" ist gemeint, dass in der Beratung nicht allein sachliche und rechtliche Gegenstände angesprochen werden, sondern auf die konkrete Lebenslage und Lebensführung des Betroffenen bezogene, identitätsstiftende Fragestellungen bearbeitet werden. Seit der Umsetzung des verfassungsgerichtlichen Urteils zur Regelsatzberechnung bei Kindern durch die Bundesregierung im Jahr 2010 wird deutlich, wie sehr sich beispielsweise die Regelungen zum Bildungs- und Teilhabepaket in der Grundsicherung (§ 28 f. SGB II) aus dem engen Korsett von Arbeitsmarktinklusion und Existenzsicherung lösen und in übergreifende Lebenszusammenhänge der Betroffenen hineinwirken. In der Bundesrepublik hat sich die „Lebensberatung" – im Fachdiskurs häufig auch als „psychosoziale Beratung" bezeichnet – in den 1970er-Jahren überwiegend in Abgrenzung von staatlicher Autorität als ein „alternatives" Angebot etabliert und professionalisiert. Inzwischen sind es gerade auch staatliche Stellen, die Auftraggeber oder Leistungsträger von Lebensberatung geworden sind (vgl. hierzu Großmaß 2012). Als selbstständige *öffentliche* Aufgabe wird diese Form der Beratung rechtlich verankert, wenn sie zur Entstehungssicherung eines Grundrechts geboten erscheint (vgl. Richter 1999, Rn. 3 ff.). Davon ist zum einen im Hinblick auf das Grundrecht der Berufsfreiheit auszugehen, zu dessen Entstehung Berufsberatung beitragen kann, wenn grundlegende, für die Lebensgestaltung des Ratsuchenden richtungsweisende Fragen zur Berufswahl, beruflichen Entwicklung und zum Berufswechsel in den Mittelpunkt rücken. Entsprechend muss der Beitrag der sozialintegrativen Beratung darin gesehen werden, zur Sicherung eines menschenwürdigen Lebens beizutragen (§ 1 SGB II), gerade vor dem Hintergrund prekärer Lebensumstände und Lebenslagen. Soweit der Betroffene das von sich aus wünscht, kann er – umfassender als das bei einer Fach- und Rechtsberatung möglich wäre – im Hinblick auf seine beruflichen Orientierungs- und Entwicklungsprozesse sowie seine persönlichen Lebensverhältnisse unterstützt werden. Das ist allerdings nur auf freiwilliger Basis möglich, d. h. der Leistungsberechtigte muss bereit sein, über seine inneren und äußeren Lebenssachverhalte zu berichten und mit dem Berater nach Lösungsmöglichkeiten zu suchen. Eine solche Bereitschaft kann sich aber erst ausbilden, wenn ein Beratungssetting angeboten wird, das einen solchen „Thematisierungsraum" ermöglicht. Im Falle der Berufsberatung nach § 29 ff. SGB III, freiwillig aufgesucht und nachgefragt durch einen jungen Menschen oder Erwachsenen ohne Leistungsbezug, sind zumindest die rechtlichen Voraussetzungen dafür geschaffen worden. Die neuere Laufbahnforschung bestätigt sogar, dass Berufsberatung und Lebensberatung sich in vielen Situationen kaum mehr trennen lassen (vgl. Hirschi 2013, S. 105). Für Gespräche, die unter Bedingungen eines leistungsrechtlich mitbestimmten Handlungsrahmens stattfinden, kann ein solches Setting allerdings nicht ohne Weiteres unterstellt oder erwartet werden. Im Gegenteil: Zahlreiche rechtliche und organisatorische Regelungen stehen der Ermöglichung einer ganzheitlichen Beratung geradezu entgegen. In der fachwissenschaftlichen Diskussion ist noch umstritten, ob unter den Bedingungen der Grundsicherungsarbeit kundenorientierte Beratungsangebote überhaupt umsetzbar sind. Dass es auch in den qualitativen Studien immer wieder Nachweise gibt, dass dies gelingen kann, sollte die Suche nach den gelingenden Faktoren für gute Beratung in diesem Kontext in den Vordergrund rücken.

Trotz dieser schwierigen Ausgangsbedingungen haben sich in den öffentlichen Beratungsangeboten – der Arbeitslosenversicherung und der Grundsicherung für Arbeitsuchende – einige Teillösungen herauskristallisiert, mithilfe derer auch für Personen im Leistungsbezug ganzheitliche Beratungsangebote unterbreitet werden können. Es lassen sich zwei Arten von Teillösungen unterscheiden, die in der Praxis mitunter in kombinierter Form auftreten.[118]

1. Die erste Teillösung kann unter die Überschrift „spezialisierte, ganzheitliche Betreuungsangebote" gefasst werden. Zielgruppe dieser Betreuungsangebote sind komplexere Fallkonstellationen, bei denen eine schnelle bzw. zeitnahe Integration unwahrscheinlich ist und direkte, arbeitsplatzbezogene Vermittlungsstrategien zunächst ausscheiden (vgl. Kapitel 3). Die zuständigen Fachkräfte arbeiten zwar weiterhin unter den sozialrechtlichen Rahmenbedingungen, entscheidend ist aber, dass ihnen organisatorisch ein breiterer Handlungsspielraum für die individuelle Fallarbeit zugestanden wird. Damit wird der Zugang zu einem komplexeren Dienstleistungsspektrum sowie mittel- und langfristig angelegten Integrationsstrategien möglich. Durch diese institutionelle Weichenstellung eröffnet sich für den Leistungsberechtigten und die Integrationsfachkraft ein Handlungsraum, in dem eine ganzheitliche Beratung bedarfsbezogen angeboten und durchgeführt werden kann. In der Praxis finden sich „spezialisierte, ganzheitliche Betreuungsangebote" teilweise als Regelangebote, teilweise als Modellprojekte ausdifferenziert. Beispiele für spezialisierte Regelangebote sind die Teams zur „internen ganzheitlichen Beratung" in den Agenturen für Arbeit und in einigen Ausprägungsvarianten das Fallmanagement in den Grundsicherungsstellen.[119]

2. Die zweite Teillösung kann mit „Einschaltung spezialisierter Beratungsstellen" umschrieben werden. Wie die Überschrift bereits nahelegt, besteht diese Teillösung darin, dass die Integrationsfachkräfte nicht selbst tätig werden, wenn sie einen besonderen beruflichen oder sozialintegrativen Beratungsbedarf beim Leistungsberechtigten erkennen, sondern spezialisierte Träger einschalten. Die besondere Funktion dieser Träger besteht nicht allein darin, dass sie über eine besondere Expertise und Erfahrung verfügen, sondern sich vollumfänglich auf den Beratungsauftrag konzentrieren können, keine Sanktionsmittel einsetzen oder Mitwirkungspflichten einfordern. Die Anbieter gehören zum institutionellen Unterstützungsnetzwerk, das die jeweilige Integrationsfachkraft nutzen

---

118 Die Unterscheidung von Teillösungen wurde durch die richtungsweisende Analyse von Rogers (1972, S. 104 ff.) angeregt.

119 Auf einzelne Modellprojekte soll hier nicht näher eingegangen werden. Hingewiesen sei lediglich auf das wissenschaftlich evaluierte und gut dokumentierte Projekt „PRIMUS" im Jobcenter Saarbrücken, das auf eine ganzheitliche Beratung und Unterstützung von Bedarfsgemeinschaften mit ungünstigen Integrationsprognosen abzielte (vgl. Bartelheimer u. a. 2012).

> kann. Wir finden diese Praxis am deutlichsten in der Grundsicherungsarbeit ausgeprägt, etwa wenn die Berufsberatung der Agentur für Arbeit eingeschaltet (§ 29 SGB III) oder auf kommunale Leistungen wie die Sucht- oder Schuldenberatung zurückgegriffen wird (§ 16a SGB II). Im Fallmanagement zählt der Aufbau institutioneller Unterstützungsstrukturen und die fallbezogene Einschaltung von spezialisierten Beratungsanbietern zum integralen Bestandteil der Methodik (vgl. Kapitel 6).

In der „Regelvermittlung" finden sich solche erweiterten beraterischen Gestaltungsspielräume zumeist nicht. Dennoch kann auch unter den üblichen geschäftspolitischen Vorgaben Beratung stattfinden. Schwerpunktmäßig dürfte es sich dabei aber eher um eine Fach- und Rechtsberatung handeln als um das, was wir hier als berufliche und sozialintegrative „Lebensberatung" beschrieben haben. Nichtsdestotrotz ist auch im Rahmen einer Fach- und Rechtsberatung das prinzipielle Spannungsverhältnis von Ergebnisoffenheit und Mitwirkungspflicht, Rat und Vorgabe weder aufgehoben noch zu unterschätzen. Das Beratungsgespräch mit dem Kunden ist der Ort, an dem unterschiedliche Ansprüche einfließen und ausbalanciert werden müssen. Das stellt hohe methodische, soziale und personale Anforderungen an die mit der Beratung betrauten Fachkräfte. Gefordert sind auch die zuständigen Leistungsträger, diejenigen Voraussetzungen zu schaffen, damit ihre Mitarbeiter die notwendigen Kompetenzen ausbilden und umsetzen können.

Case Management in der Beschäftigungsförderung: Das beschäftigungsorientierte Fallmanagement

– R. Göckler, U. Jäger –

6.1 Das Handlungskonzept Case Management: Definitionen und Abgrenzungen

Case Management (CM) als ein wirkungsorientiertes Verfahren verspricht in vielen Handlungsfeldern sozialer Dienstleistungen Nutzen. Dies gilt in der individualisierten Fallarbeit genauso wie in der Entwicklung von Organisationen, bei der Weiterentwicklung von Supportstrukturen sowie bei der Vernetzung unterschiedlichster Dienstleister. Nicht nur in Deutschland zeigt sich eine große Zersplitterung des Sozial- und Gesundheitswesens mit seinen unterschiedlichen öffentlichen und privaten (karitativen und gewerblichen) Dienstleistungsangeboten. Unterschiedliche Kostenträger und Zielsetzungen, zersplitterte Hilfeleistungen, unterschiedliche Beratungs- und Therapiekonzepte oder Heilverfahren sind die Folge. Bis heute machen Fachleute aus dem Sozial- und Gesundheitswesen richtigerweise Schluss an den Grenzen, die ihnen fachlich verantwortbar erscheinen. Die betroffenen Klienten, Patienten oder Kunden bleiben dann oft zurück mit einer zwar individuellen, aber in ihrer Lebenswirklichkeit bruchstückhaft erscheinenden Hilfeleistung. Stichworte wie Lebensweltorientierung, Sozialraum, Empowerment und Ganzheitlichkeit, die kennzeichnend für die Entwicklung der Sozialen Arbeit in den letzten Jahrzehnten waren, fordern allerdings einen integrierenden Blick auf den Gesamtzusammenhang individualisierter Lebensverhältnisse. So stellt Kämper als Fazit einer Befragung einkommensschwacher Familien mit minderjährigen Kindern im Braunschweiger Land fest, „dass die Lebenswirklichkeit von Haushalten mit minderjährigen Kindern und geringem Einkommen von komplexen und sich überlagernden Problemen gekennzeichnet ist und u. a. das Hilfesystem dieses nicht widerspiegelt und hierauf bisher keine wirksame Antwort bietet" (Kämper 2012, S. 105).

Der Case Managementansatz kann daher nur ein transdisziplinärer sein, der sich nicht eindimensional auf bestimmte Arbeitsfelder beschränkt, sondern dessen Existenzberechtigung gerade darin besteht, dass er nicht Spezialdisziplin ist und sich als moderierend zwischen den verschiedenen Anwendungsfeldern versteht. „Es ist für das Konzept Case Management wesentlich, dass in ihm innerhalb des Systems der humandienstlichen Versorgung und zwischen seinen Sektoren und Komponenten, in denen und mit denen Kooperation und Koordination erreicht werden soll, ein Brückenschlag vom System zur persönlichen Lebensführung und vice versa erfolgt" (Wendt 2008, S. 15).

Die Case Management Society of America (CMSA 2010) definiert Case Management wie folgt und macht damit den vernetzenden und interdisziplinären Gedanken deutlich:

> „Case management is a collaborative process of assessment, planning, facilitation, care coordination, evaluation, and advocacy for options and services to meet an individual's and family's comprehensive health needs through communication and available resources to promote quality cost effective outcomes."

Diese Definition, die von den meisten berufsständischen Vertretungen mittlerweile übernommen wurde, verdeutlicht zunächst, das Case Management

- ein strukturierter Prozess ist (assessment, planning, facilitation, care coordination, evaluation),
- nur im Zusammenwirken mit den Betroffenen erfolgen kann (collaborative, advocacy, communication) und
- letztendlich Unterstützungsressourcen wirtschaftlich zu vernetzen und zu erbringen hat (available resources to promote, cost effective outcomes).

Das Besondere des Handlungskonzepts Case Management besteht nach den Rahmenempfehlungen der Deutschen Gesellschaft für Care und Case Management (DGCC) darin, „dass drei Ebenen aufeinander bezogen sind: die **Einzelfall-**, die **Organisations-** und die **institutionelle Netzwerkebene**" (DGCC 2011, S. 4). Folgende Indikationskriterien werden hier genannt:

> Case Management ist indiziert, wenn Versorgungssysteme, in denen unterschiedliche Professionen tätig sind und die in der Regel einrichtungsübergreifend fungieren, auf die komplexe Hilfesituation der Adressaten/Klienten der Hilfe ausgerichtet werden sollen.

Kennzeichen für das Angebot der Unterstützung im Case Management sind demzufolge das Vorliegen einer komplexen Bedarfslage, die Beteiligung mehrerer Leistungsanbieter, die aufeinander abgestimmt werden müssen, das Fehlen oder Versagen von Regelversorgungspfaden, die Feststellung fehlender Ressourcen des Adressaten-/Klientensystems (Subsidiarität) und das Einverständnis des Adressaten-/Klientensystems (Arbeitsbündnis) (vgl. a. a. O., S. 3).

Die Fachgruppe Arbeitsmarktintegration innerhalb der DGCC erweitert die bestehenden Ansätze im beschäftigungsorientierten Case Management (BCM) wie folgt:

(1) Beschäftigungsorientiertes Case Management (BCM) unterstützt bei der Bewältigung schwieriger Lebenslagen mit komplexem Hilfebedarf im Fall fehlender oder bedrohter Beschäftigung. Das Ziel ist eine möglichst existenzsichernde Teilhabe am Arbeitsleben. In enger Abstimmung mit den Klienten fördert es den Erhalt oder die Herstellung von Beschäftigungsfähigkeit unter Berücksichtigung der individuellen Lebenssituation.

(2) BCM bewegt sich im Spannungsfeld zwischen den Bedürfnissen und den Ressourcen der Klienten/innen, den Möglichkeiten und Anforderungen des Arbeitsmarktes sowie des gesellschaftlichen Kontextes und den gegebenen gesetzlichen Rahmenbedingungen. Die Herausforderung des BCM liegt darin, in diesem Spannungsfeld einen für alle Seiten (Klient/innen – Wirtschaft – Staat) akzeptablen Ausgleich zu finden.

(3) BCM basiert auf dem wissenschaftsorientierten Verständnis von CM i. S. d. Leitlinien der DGCC.

6.2 Begriffsabgrenzungen

Care Management/Managed Care: Die Begriffe werden in der Literatur nicht immer sauber getrennt. In der Praxis verwischen insbesondere im Gesundheitswesen die Grenzen. Grundsätzlich macht es jedoch Sinn, die beiden Verfahren begrifflich auseinanderzuhalten. Care Management (Care = Sorge/Schutz) übersetzt man am besten mit Versorgungsmanagement. Care Management richtet sich konsequent an den Versorgungsstrukturen im jeweiligen Einsatzfeld aus. Prinzipiell ist die Planung von Versorgung und Hilfe möglich, ohne über Einzelfälle Kenntnis zu haben. Care Management setzt dazu auf aggregierte Daten, während Case Management vom Einzelfall aus denkt und daraus abgeleitete Versorgungswege entwickelt oder nutzt. Schaut Care Management vom Versorgungssystem aus und versucht optimale und wirtschaftliche (hoher Kostendruck) Versorgungsnetze zu entwickeln, ist Case Management ohne Kontakt zum Menschen, für den Unterstützung geplant und organisiert werden soll, kaum denkbar. In vielen Fällen kann Case Management eine Teilfunktion von Managed Care im Rahmen eines übergreifenden Versorgungskonzepts darstellen. „Legt das Case Management den Fokus auf die methodische Vernetzung der Strukturen zur Förderung selbstbestimmten Lebens und der Bewältigung der Lebenslagen im personalen Einzelfall (...), so stellt Care Management eine Strategie der integrierten Anbieterlandschaften (...) dar" (Schulz-Nieswandt 2009, S. 107).

Innerhalb der Literatur findet sich auch immer wieder eine Unterscheidung zwischen Managed Care als „Summe aller Steuerungs- und Integrationsinstrumente, um nach Managementgrundsätzen eine bedarfsgerechte, hohe Qualität und Wirtschaftlichkeit in der Gesundheitsversorgung zu gewährleisten" und dem Care Management, bei dem es um die Strukturierung des Versorgungsmanagements bei komplexen Problemen und über Institutionsgrenzen hinweggeht (Weber-Halter 2011, S. 36). Die begriffliche Trennung bleibt jedoch unscharf und wenig praxiswirksam.

Disease Management: Unter Krankheitsmanagement versteht man „im Grundsatz ein Instrument zur Steuerung der Behandlung und Betreuung von Patienten mit definierten Gesundheitsstörungen" (Greulich u. a. 2002, S. 1). Verfahren des Disease Managements richten sich an konkreten Krankheitsbildern aus (z. B. Krebs, Diabetes etc.) und entwickeln über institutionelle Grenzen hinaus entsprechende Behandlungs- und Betreuungskonzepte. Auch hier kann Case Management als Teilverfahren wieder zum Einsatz kommen. Den Begriff Disease Management finden wir nur im Gesundheitsbereich.

Einzelfallhilfe/Case Work: Gehört zum klassischen Methodenrepertoire der Sozialen Arbeit. Sie umfasst eine intensive Beratung und Betreuung der Person, die im Mittelpunkt der Bemühungen steht („soziale Diagnose"). In der modernen Erweiterung prägen vor allem systemische Beratungsansätze das Bild der Einzelfallhilfe. Case Work wird heute i. S. multiperspektivischer und integrativer Konzepte auch immer stärker vom

Angebot materieller, instrumenteller und lebenspraktischer Hilfen flankiert und weitet sich auf den Vernetzungsgedanken aus. In neueren Modellen verschwimmen die Grenzen zum Case Management, wenn die Phasen des Betreuungsprozesses im Case Management übernommen und um weitere Elemente erweitert werden (vgl. Meinhold 2005, S. 364). Eine „Vermengung" der geschichtlich wie faktisch berechtigten Trennung von Case Work und Case Management führt häufig dazu, dass die spezifischen Profile und Kompetenzen beider Ansätze verloren gehen. Die intensive beraterische, pädagogisch-therapeutische Arbeit mit den Klientensystemen bleibt unersetzlich („Beziehungsarbeit") und sollte mit dem Aufbau und der Vernetzung eines sozialen und formalen Helfernetzes nicht verwechselt werden. Im Unterschied zum Case Work bleibt im Case Management eine durchgehende Fallverantwortung bestehen, die beraterische Aufgaben der Planung von Hilfen, steuernde Funktionen unterschiedlicher Hilfeleistungen im Netz und die Versorgung einer übergeordneten Planungsebene (Care Management) mit entsprechenden Daten zusammenführt.

6.3 Vom 19. Jahrhundert bis zur Neuzeit: Aspekte der geschichtlichen Entwicklung des Ansatzes

6.3.1 Frühe historische Entwicklungslinien

Case Management hat historisch keinen eindeutig zeitlich festzumachenden Beginn. Es entwickelte sich vielmehr in einem facettenreichen Prozess, der im 19. Jahrhundert begann, einer Zeit, in der Politik und Gesellschaft unter anderem auf zwei große Entwicklungen reagieren mussten:

- die in kriegerischen Auseinandersetzungen zunehmend eingesetzten Massenvernichtungswaffen und die damit neuartigen Herausforderungen der medizinischen und pflegerischen Versorgung der Verwundeten und Versehrten sowie
- die zunehmende Armut in der Zeit der Industrialisierung (Pauperismus)

Zander (2005, S. 93) nennt als Beispiel den US-amerikanischen Sezessionskrieg (1861–1865), in dem Pflegekräfte wie Clara Barton verwundete und kranke Soldaten systematisch aufsuchten und versorgten. In diesem Zusammenhang ist auch der Name Florence Nightingale (GB) zu erwähnen. Ihr gelang zwischen 1853 und 1856 beim ersten modernen Stellungskrieg (Krimkrieg) mit hohen Verlusten und einer bis dahin ungekannten Zahl an Verwundungen, Folgeerkrankungen und Behinderungen eine grundlegende Reform des britischen Lazarettwesens. Sie verbesserte die Hygienesituation, kochte die Verbände aus und wechselte die Bettwäsche regelmäßig, baute eine provisorische Kanalisation und verhinderte so Infektionen; zudem sorgte sie für eine gesündere Ernährung der Verwundeten. Der Pflegebereich wurde gegen Ende des 19. Jahrhunderts auf kommunale ambulante Pflegedienste und die professionelle Betreuung von Menschen mit Behinderungen ausgedehnt. In der Nachzeichnung der Entwicklungslinien des CM im US-amerikanischen Kontext verweist Lowery (2008, S. 4 ff.) sehr stark auf die Entwicklungen im Gesundheitssektor. Zwar wirkten bereits im frühen 20. Jahrhundert Fachkräfte der Sozialen Arbeit und Pflegefachkräfte gemeinsam im öffentlichen Gesundheitswesen, die treibenden Verwerfungen der damaligen Zeit wurden jedoch in der Tat politisch und gesellschaftlich vornehmlich unter Gesundheitsaspekten diskutiert. 1943 wird erstmals vermerkt (a. a. O., S. 4), dass CM als in-house Angebot im Rahmen beruflicher Rehabilitation „as a cost management measure for workers compensation insurance" eingesetzt wurde.

Im sozialen Feld entwickelten sich erste Ansätze eines CM im Zuge der Siedlerbewegungen, die in Armenvierteln der amerikanischen und europäischen Großstädte um die Wende zum 20. Jahrhundert soziale Dienste anboten. In speziellen Einrichtungen wurden Nahrung, Obdach sowie eine Grundbildung vermittelt bzw. organisiert, in Großbritannien auch unter starker Beteiligung von studentischen Gruppen. In den USA dienten sie vor allem dazu, den Neuankömmlingen aus der ganzen Welt Integrationshilfe zu leisten. Die US-amerikanischen Settlement-Organisationen leisteten zudem erste Formen der Jugendhilfe, um frühen kriminellen Jugendkarrieren vorzubeugen.

In Deutschland und Österreich etablierte sich die Bewegung vor allem bei der Schaffung von Wohnraum durch den Einsatz eigener Arbeitskraft, einer frühen Form von sozialen Empowermentansätzen. Diese historischen Entwicklungslinien weisen schon auf einen zentralen Aspekt des Case Managementansatzes hin: Die personale Integration von beraterischer Hilfe und fallspezifischer Vernetzung als Handlungskonzept des CM.

6.3.2 Jüngere Entwicklung in den USA, Großbritannien und Deutschland

Die Verbreitung des jüngeren CM-Ansatzes ist vor allem auf die Reorganisation von Pflegediensten und sozialen Versorgungsstrukturen in den USA zurückzuführen. Stationäre Versorgungsangebote für chronisch psychisch Kranke, für pflegebedürftige Menschen und geistig behinderte Menschen wurden in den 1960/70er-Jahren in den USA zurückgefahren und teilweise aufgelöst. „Man hielt es von den Rechten der Bürger her nicht mehr für vertretbar, sie in Heimen und Anstalten festzuhalten, und hatte auch erkannt, dass die Versorgung dort die Insassen lebensuntüchtig macht, viel kostet und mehr schadet als nutzt" (Wendt 2010, S. 17). Kaum eine Feststellung verdeutlicht besser die Doppelfunktion des Case Managementansatzes: Autonomiepotenziale durch Hilfe zur Selbsthilfe stärken und dabei durch Vernetzung wirtschaftlicher arbeiten. Denn mit den weiterhin bestehenden vielfältigen und komplexen Bedarfslagen der Klienten waren die fragmentierten sozialen Dienste in den Regionen und Kommunen überfordert. Mitte der 70er-Jahre wurde daraufhin auf Initiative des „National Institute of Mental Health" Case Management als Standard zur Betreuung von seelisch erkrankten Personen und zur Unterstützung der Kommunen eingeführt.

CM sorgte nicht nur für eine angemessene Zuweisung der Klienten zu den unterschiedlichen Diensten des Gesundheitssystems, sondern auch für ganz grundlegende Dinge wie die Organisation von Obdach und Verpflegung. Worauf es ankam, war „Service Integration", eine fallbezogene Zusammenführung und Koordination von Diensten durch den Case Manager – idealerweise mit dem Betroffenen selbst oder seiner Familie. In den 80er-Jahren setzte eine starke Ausdifferenzierung des CM nach Zielgruppen ein, die sich in den 90er-Jahren beschleunigte. CM wurde zunehmend als Werkzeug gesehen, um Kosten zu reduzieren und die überhandnehmenden und als ineffektiv angesehenen, verstreuten Dienstleistungen einzudämmen. In den USA ist CM mittlerweile als das Praxismodell der kommunalen Sozialdienstleistungssysteme überhaupt anzusehen.

Anders als in den USA mit ihren verstreuten Diensten und Förderprogrammen ist die Entwicklung von „Community Care" als gemeindegestütztes Versorgungssystem mit dem Instrumentarium des CM in Großbritannien Ausfluss politischer Willensbildung. Hier haben die lokalen Sozialdienste den gesetzlichen Auftrag erhalten, bei Hilfebedürftigkeit ein CM einzusetzen und nach Bedarfsklärung erforderliche Dienstleistungen (im Rahmen eines von den amtlichen Case Managern verwalteten Budgets) zu beschaffen – unabhängig von den Anbietern, denen nach Vereinbarung die Leistungserbringung übertragen wird. In GB gibt es somit eine Trennung von Beschaffern und Dienstleistern. Beweggrund dieser Regelung ist die Vereinigung der fachlichen mit der wirtschaftlichen Verantwortung. Wer Leistungen „einkauft", muss darauf achten, dass sie bezahlbar sind. Das Management der humandienstlichen Versorgung wird zukünftig stärker mit der Regelförderung des „persönlichen Budgets" (analog SGB IX) zu arbeiten haben.

In Deutschland erschien der Begriff CM zum ersten Mal Ende der 1970er-/ Anfang der 80er-Jahre. Anwendungsfelder von CM zeigten sich zunächst, wie auch in anderen europäischen Ländern, in der ambulanten und stationären Alten- und Behindertenhilfe. Als adäquate Strategie für mehr Wirtschaftlichkeit und Effizienz im Sozial- und Gesundheitswesen wurde CM 1995 von Krankenkassen und 1997 von Rehabilitationsträgern empfohlen.

Im kommunalen Sektor starteten Mitte der 90er-Jahre Erprobungen zu Case Managementansätzen im Rahmen neuer Steuerungsmodelle. Die Kommunale Gemeinschaftsstelle schrieb bereits 1997, dass es notwendig sei, von einer „auf Rechtmäßigkeit konzentrierten Verwaltung der Sozialhilfe hin zu einem aktiven und auf ‚Hilfe zur Selbsthilfe' gerichteten „Fallmanagement" zu kommen" (KGSt 1997, S. 26).

Mittlerweile wird CM als sinnvolles Vernetzungskonzept in vielen sozialen Arbeitsfeldern angesehen. Case Management in unterschiedlicher Qualität und Reichweite findet sich exemplarisch in der Altenarbeit, der Pflege, im Gesundheitswesen, der gesetzlichen Betreuung, der Kinder-, Jugend- und Familienhilfe, aber auch in der Straffälligenhilfe, für chronisch Suchtkranke, in der psychiatrischen Versorgung und der Integration langzeitarbeitsloser und/oder behinderter Menschen in den Arbeitsmarkt. Private Versicherungen setzen Case Manager im Rahmen der Regulierung von Schadensfällen ein, Krankenkassen betreuen mit dem Verfahren Beschäftigte, denen der Verlust des Arbeitsplatzes nach langen Krankheitsphasen droht, Behindertenorganisationen versuchen mit CM behinderte Menschen in Arbeit zu halten, Krankenhäuser versuchen medizinische und soziale Hilfen nach schwerwiegenden Erkrankungen durch Case Management zu vernetzen.

Das zentrale Defizit von Case Managementansätzen im sozialen Einsatzbereich bleibt jedoch gegenüber dem Gesundheitssektor im engeren Sinne, dass es im Hinblick auf diagnostische Verfahren immer ein Stück schwieriger sein wird, die Unterstützungsbedarfe nach den Prinzipien Eigenleistungsfähigkeit und Fremdhilfe auszutarieren und detailliert abgesichert festzustellen (Technologiedefizit). Mit einer klaren medizinischen Diagnose lassen sich über Testreihen weitgehend idealtypische Standards erarbeiten, die es in dieser Form für soziale Einsatzbelange selten geben kann. Nicht nur die Eigenlogik der Betroffenen spielt hier eine bedeutendere Rolle, sondern auch die Fähigkeit und Begabung der ausübenden Fachkräfte. Begriffe wie Beziehungsgestaltung, Arbeitsbündnis, Transparenz und Partizipation haben als „unspezifische Wirkdimensionen (...) eine Reihe (steuerbarer) institutioneller Voraussetzungen und sind professionell gestaltbar. Allerdings ist die Gestaltung dieser Dimensionen fallspezifisch, von intersubjektiven Prozessen und Konstellationen abhängig und insofern kaum sinnvoll manualisierbar" (Otto u. a. 2010, S. 19).

Mit anderen Worten: Operationstechniken, Salben und Medikamente, Pflegestandards etc. wirken bei fachlich tragfähiger medizinischer Diagnose in den allermeisten Fällen immer auf die gleiche Art und Weise, führen entsprechend zur Heilung oder Linderung des krankhaften Zustands, die individuelle Beratungsarbeit ist jeweils fallspezifisch neu zu entwickeln, ihre Wirkung ist nicht garantiert und lässt sich nur bedingt steuern.

6.4 Beschäftigungsorientiertes Fallmanagement: Rechtliche und konzeptionelle Grundlagen

Im spezifischen Kontext des SGB II ist in der Regel von „beschäftigungsorientiertem Fallmanagement" und nicht von „Case Management" die Rede. In der Begründung zur Einführung der Grundsicherung für Arbeitsuchende bezeichnete der Gesetzgeber Fallmanagement zwar als „Kernelement" (BT-Drucksache 15/1516, S. 44), die Dienstleistung wurde jedoch nicht im Gesetz verankert oder begrifflich näher bestimmt. Für die Akteure in der Grundsicherung für Arbeitsuchende stellte sich daher die Frage, wie das beschäftigungsorientierte Fallmanagement zu definieren und auszugestalten sei.

Im April 2005 empfahl die Bundesagentur für Arbeit den Grundsicherungsstellen die Umsetzung eines Fachkonzepts, das zuvor innerhalb weniger Monate von einem interdisziplinären Arbeitskreis aus Wissenschaftlern, kommunalen Mitarbeitern und Fachkräften der Bundesagentur erarbeitet worden war. Das ausdrücklich als Angebot bezeichnete Konzept sollte sowohl den Arbeitsgemeinschaften als auch den optierenden Kommunen Hinweise für eine mögliche Optimierung ihres regionalen Fallmanagements geben (vgl. Arbeitskreis 2004, S. 1 ff. und BA 2005, S. 1).

Seither gilt das Fachkonzept – mit kleineren Änderungen – als ein Leitkonzept für das feldspezifische Verständnis eines beschäftigungsorientierten Fallmanagements. Die Dienstleistung wird hier wie folgt definiert:

> Fallmanagement in der Beschäftigungsförderung ist ein auf den Kunden ausgerichteter Prozess mit dem Ziel der möglichst nachhaltigen Integration in den Arbeitsmarkt. In diesem kooperativen Prozess werden vorhandene individuelle Ressourcen und multiple Problemlagen methodisch erfasst und gemeinsam Versorgungsangebote und Dienstleistungen geplant, die anschließend vom Fallmanager implementiert, koordiniert, überwacht und evaluiert werden. So wird der individuelle Versorgungsbedarf eines Kunden im Hinblick auf das Ziel der mittel- und/oder unmittelbaren Arbeitsmarktintegration durch Beratung und Bereitstellung der verfügbaren Ressourcen abgedeckt und seine Mitwirkung eingefordert (Arbeitskreis 2004, S. 10).

Das Konzept entstand aus vier unterschiedlichen, hier zusammengeführten Entwicklungslinien:

1. Im Bericht der Kommission über „Moderne Dienstleistungen am Arbeitsmarkt" (kurz: Hartz-Bericht) wurde erstmals regierungsnah der Begriff Fallmanagement im Kontext der Arbeitsförderung erwähnt. Es heißt dort: „Kunden mit weitergehendem Beratungs- und Betreuungsbedarf (Betreuungskunden) werden einem Fallmanager zugeordnet. Er steuert die Gesamtheit des im individuellen Falle erforderlichen Dienstleistungsangebotes des JobCenters" (Kommission 2002, S. 74). Dieser Ansatz wurde, wie viele weitere der Kommission, in den Gesetzen für „Moderne Dienstleistungen am Arbeitsmarkt" (Hartz I-IV) übernommen, wobei sich einige Vorschläge als relativ wirkungslos erwiesen und nicht fortgeführt wurden.
2. Im Vorfeld des SGB II haben mehrere Kommunen Case Managementansätze erprobt (u. a. Kiel, Bremen, Köln). Die Kölner Agentur für Arbeit und die Kölner Sozial- und Jugendverwaltung betrieben ab 1998 eine vertraglich geregelte Kooperation zum Abbau von Jugend- und Langzeitarbeitslosigkeit. Neue Wege der Zusammenarbeit zwischen Arbeits- und Sozialämtern mit unterschiedlichen Schwerpunkten waren Gegenstand von bundesweit 30 Modellvorhaben in den Jahren 2001–2003.[120] Als Beispiel für den Bereich der „aktivierenden Sozialhilfe" sei das 2001 gestartete Modellprojekt der „Sozialagenturen" des nordrhein-westfälischen Sozialministeriums genannt. Dabei wurde die Sozialhilfe mit

[120] sog. „MoZArT-Projekte", vgl. BT-Drucksache 15/1516, S. 43

Angeboten der Arbeitsverwaltung und weiteren sozialen Diensten wie Wohnungshilfe, Suchtberatung, Schuldnerberatung, Familienberatung, Kinderbetreuung usw. verbunden. Ziel war es, die Sozialhilfeempfänger einzelfallbezogen so zu stabilisieren, dass sie wieder unabhängig von der öffentlichen Unterstützung werden und insbesondere zurück ins Erwerbsleben finden. Die Mitarbeiter verstanden sich dabei als „soziale Assistenten" und übernahmen für Menschen in prekären Lebenslagen eine Lotsenfunktion. Es wurde zusammen mit dem Sozialhilfeempfänger eine Leistungskette gestaltet und für eine effektive Koordination, Kooperation und Vernetzung gesorgt. Über die Sozialagenturen sollte ein final ausgerichteter Leistungsprozess gesteuert werden, der gemeinsam von mehreren Akteuren realisiert wurde. Die wissenschaftliche Begleitforschung vieler Projekte hat die hier gewonnenen Erkenntnisse für das Fachkonzept nutzbar gemacht.

3. Noch vor dem Inkrafttreten des SGB II am 01.01.2005 nahm der Deutsche Verein für öffentliche und private Fürsorge den gesetzgeberischen Impuls auf und verabschiedete erste „Empfehlungen des Deutschen Vereins zu Qualitätsstandards für das Fallmanagement" (veröffentlicht in NDV 2004), die er im Jahr 2009 aktualisierte.
4. Übergreifend vollzog sich die Dynamik des Case Managementansatzes in Deutschland sicherlich auch durch die bis dato gescheiterten Bemühungen, langzeitarbeitslose Menschen wieder in Arbeit zu bringen. Deutschland zählte zu den Staaten in der OECD, die die höchsten Quoten an verfestigter Arbeitslosigkeit aufwiesen. Zudem ging die Schere zwischen Arm und Reich immer weiter auseinander und begann, das bisher eher korporatistisch angelegte System infrage zu stellen.

Aufgrund der fehlenden gesetzlichen Verankerung und mangels sonstiger Weisungen war es den umsetzenden regionalen Grundsicherungsstellen überlassen, ob, in welcher Form und zu welchem Zeitpunkt sie Fallmanagement einführen wollten. Dabei handelte es sich, neben grundsätzlichen Erwägungen, immer auch um eine Frage von Personalschlüsseln, denn der Gesetzgeber empfahl in der Gesetzesbegründung einen Stellenschlüssel von 1:75 für Fallmanager.

Die Umsetzung des Fallmanagements wurde mehrfach vom Bundesrechnungshof geprüft. In seinem Prüfbericht vom 29.04.2008 nach § 88 Abs. 2 BHO (S. 4) heißt es dazu:

> Die Begründung zum SGB II sieht mit dem sogenannten Fallmanagement die Einrichtung einer speziellen Intensivbetreuung für arbeitsmarktferne erwerbsfähige Hilfebedürftige vor. Einzelne Grundsicherungsstellen boten aus Kostengründen auch Personen mit multiplen Vermittlungshemmnissen kein Fallmanagement an. Sie hielten es für wirtschaftlicher, sich um integrationsnahe Kunden zu kümmern. Bei Grundsicherungsstellen, die ein Fallmanagement eingerichtet hatten, fehlte häufig eine sachgerechte, die Verhältnisse des Einzelfalls berücksichtigende Steuerung des Zugangs. Teilweise wurde das Fallmanage-

ment nach Ablauf bestimmter Zeiträume ungeachtet eines messbaren Integrationsfortschritts abgebrochen. Dies verstieß nach Auffassung des Bundesrechnungshofes gegen die Pflicht der Grundsicherungsstellen, erwerbsfähige Hilfebedürftige umfassend zu betreuen.

Der Bundesrechnungshof bemängelte in seinem Bericht, weitestgehend unabhängig von der Organisationsform, insbesondere:

- die Zeitdauer bis zu einem umfassenden abklärenden Erstgespräch mit den KundenInnen
- die fehlende individuelle Feststellung von Leistungsdefiziten und Stärken
- unzureichende und verspätet abgeschlossene Eingliederungsvereinbarungen
- fehlende Zugangs- und Abgangskriterien in und aus dem Fallmanagement
- fehlende Erfolgsindikatoren

Der Gesetzgeber schreckt bisher trotz der zahlreichen Anpassungen des SGB II bedauerlicherweise vor gesetzlichen Regelungen zum beschäftigungsorientierten Fallmanagement zurück. Um dennoch qualitative Verbesserungen, Transparenz und fachlich begründete Standards in allen Grundsicherungsstellen zu erreichen, erarbeiteten in der Folge des Bundesrechnungshofberichts das BMAS und die BA unter Beteiligung von Vertretern der kommunalen Spitzenverbände einen „Handlungsleitfaden zum Fallmanagement in der Grundsicherung für Arbeitsuchende (SGB II)". Der Leitfaden macht deutlich, „dass jede Grundsicherungsstelle ein qualifiziertes Fallmanagement vorzuhalten hat und (...) dass arbeitsmarktferne Personen, die für ihre Eingliederung einer Intensivbetreuung in Form von Fallmanagement bedürfen, auch in allen Grundsicherungsstellen gleichermaßen grundsätzlich Zugang zum Fallmanagement haben müssen. Es bedarf daher verbindlicher einheitlicher Mindestkriterien für den Zugang zum und für die Beendigung von Fallmanagement" (BMAS u. a. 2010, S. 2). Diese sollen sich jedoch in die vorhandenen örtlichen Umsetzungsansätze einfügen. „Darüber hinaus sind Qualitätsstandards einzuhalten, etwa zu Intensität, Tiefe und Dauer des Fallmanagements, Fristen, Prozessabläufen, Qualifikation des Personals und Dokumentation. Diese Qualitätsstandards sollen im Sinne der dezentralen Aufgabenwahrnehmung – unter Beachtung der gesetzlichen Vorgaben und sonstigen verbindlichen Anforderungen an die Aufgabenwahrnehmung – vor Ort anhand der strukturellen Rahmenbedingungen, der unterschiedlichen Zusammensetzung und Struktur der Hilfeempfänger, der jeweiligen Arbeitsmarkt- und Integrationsprogramme und Erfahrungen bei der Umsetzung des SGB II sowie der verfügbaren Ressourcen und der gesetzten Schwerpunkte bestimmt werden" (a. a. O., S. 3).

6.5 Das Prozessmodell des Case Managements

Eine einheitliche Sprachregelung zu den Prozessschritten im Case Management gibt es nicht. Mit unterschiedlicher Akzentuierung lassen sich aber immer mindestens vier Kernelemente herausstellen, die als zentrale Prozessschritte erkennbar werden. Sie umfassen einen diagnostischen Teil, eine Vereinbarung über Ziel und Weg der Unterstützungsangebote, das Linking und die Steuerung von Hilfen sowie eine Überwachung und Evaluation der erreichten Ziele. Nachfolgende Übersicht (Tabelle 23) zeigt die Verwendung unterschiedlicher Begrifflichkeiten.

Tabelle 23: Unterschiedliche Begriffsverwendungen in den Prozessphasen des Case Managements

Quelle / Prozessschritt / Fokus	Neuffer 2009	CMSA 2010	DGCC 2011	Deutscher Verein 2004	Fachkonzept 2005
Fallaufnahme	Intakte Klärungshilfe Erstberatung	Client Selection Process	Klärungsphase: Access, Case Finding, Intake	Beratung und Herstellen eines Arbeitsbündnisses	Beratung und Herstellen eines Arbeitsbündnisses
Fall-Verstehen	Assessment	Client Assessment	Assessment	Probleme erkennen und verorten	Assessment-Probleme erkennen und verorten
Fallentwicklung **Fallbegleitung**	Hilfebedarf Hilfeplanung Linking Monitoring Re-Assessment	Problem/ Opportunity Identification Planning Monitoring	Serviceplanung Linking Monitoring	Ziele vereinbaren, Hilfsangebote planen, Leistungen Dritter einzelfallbezogen steuern	Integrationsplanung und Eingliederungsvereinbarung, Leistungssteuerung
Fallabschluss	Abschluss Evaluation	Outcomes Termination of CM Services	Evaluation	Den Einzelfall begleitend und abschließend beobachten und bewerten	Ergebnissicherung-Controlling
Strukturelle Verknüpfungen			Strukturbeeinflussung/ Netzwerkarbeit		

Quelle: eigene Darstellung

Die folgende analytisch getrennte Darstellung der Phasen des Case Managementprozesses geht von der handlungsfeldübergreifenden Rahmenempfehlung der DGCC aus und bezieht Spezifika des beschäftigungsorientierten Fallmanagements mit ein.

6.5.1 Klärungsphase: Fallübernahme

In dieser Phase werden drei unabhängige Schritte zusammengefasst: Wie wird CM vermittelt, sprich potenziellen Nutzern bekannt gemacht, und die Kontaktaufnahme formal geregelt (Access)? Anhand welcher Kriterien erfolgt eine abgesicherte Zuordnung zum CM (Case Finding)? Wie beginnt das Verfahren, d. h. wie wird die Fallübernahme gestaltet (Intake)?

Für das beschäftigungsorientierte Fallmanagement empfiehlt das Fachkonzept den Arbeitsgemeinschaften und optierenden Kommunen folgende Definition als Instrument der Zugangssteuerung:

> Eine Übernahme in das beschäftigungsorientierte Fallmanagement ist in der Regel angezeigt, wenn
>
> - ein erwerbsfähiger Hilfebedürftiger drei abgrenzbare schwerwiegende Vermittlungshemmnisse aufweist, die in seiner Person und/oder Bedarfsgemeinschaft begründet sind und
> - eine Beschäftigungsintegration ohne Prozessunterstützung durch ein Fallmanagement nicht erreicht oder erheblich verzögert würde.
>
> Abweichungen von dieser Zugangsdefinition sind möglich, wenn bei Neuzugängen auf der Basis eines abgesicherten Profilings das Risiko der Langzeitarbeitslosigkeit erkennbar [ist] und durch Prozessunterstützung des Fallmanagements die Wahrscheinlichkeit des Eintritts minimiert werden kann (Prophylaxeaspekt) (Arbeitskreis 2004, S. 12).[121]

Für die Grundsicherungsstellen im Zuständigkeitsbereich der Bundesagentur für Arbeit gilt inzwischen die Geschäftsanweisung Nr. 01/2010, durch die der Fallzugang systematisch an das sog. 4-Phasen-Modell der Integrationsarbeit gekoppelt wird. Die BA hat mit dieser Weisung den zwischen ihr, dem BMAS und den kommunalen Spitzenverbänden vereinbarten Handlungsleitfaden zum Fallmanagement umgesetzt.

Es heißt dort:

> „Für den Zugang in das beschäftigungsorientierte Fallmanagement sind die nachfolgenden Kriterien verbindlich:
>
> a) Komplexe Profillage (Entwicklungsprofil, Stabilisierungsprofil oder Unterstützungsprofil) mit mindestens drei Handlungsbedarfen in den Schlüsselgruppen ‚Rahmenbedingungen[122]' und/oder ‚Leistungsfähigkeit[123]';

121 Von dieser präventiven Ausrichtung des letzten Absatzes ist die BA durch die Koppelung des Fallmanagements an ihr 4-Phasen-Modell zwischenzeitlich abgerückt.

122 z. B. örtliche Mobilität, persönliche Rahmenbedingungen, Wohnsituation

123 z. B. vermittlungsrelevante gesundheitliche Einschränkungen

b) Einschätzung, dass die Betreuung im Fallmanagement zu konkreten Integrationsfortschritten mit dem Ziel der mittel- bis langfristigen Beseitigung bzw. Verringerung des Hilfebedarfs durch Integration in Beschäftigung führt.

Kunden, bei denen diese Voraussetzungen erfüllt sind, sollen einen Zugang in das beschäftigungsorientierte Fallmanagement erhalten. Sofern kein Zugang erfolgt, sind die dafür maßgeblichen Gründe (...) zu dokumentieren (z. B. die für das Fallmanagement erforderliche Mitwirkung wird vom eHb[124] verweigert)."

Mit dem letzten Satz wird noch einmal bestätigt, dass das Fallmanagementverständnis im SGB II aus Sicht der Bundesagentur auf Freiwilligkeit beruht.

Ist der organisationsbezogene Zugang geklärt, gilt es, auf der Interaktionsebene zwischen Adressat/Klient ein „Arbeitsbündnis" zu schaffen. Im Fachkonzept heißt es hierzu: „Ein Arbeitsbündnis herzustellen, ist eine nicht immer leichte Aufgabe. Erfolgreiches Fallmanagement setzt Dialogbereitschaft beim Ratsuchenden voraus, den Willen, sich zu offenbaren und sich mit einem Gegenüber über Probleme und mögliche Lösungen auszutauschen" (Arbeitskreis 2004, S. 17). Bereits dieser Schritt, in dem Rollen geklärt, Vor- und Nachteile einer Kooperation besprochen und unter Umständen Vorbehalte des Kunden ausgeräumt werden müssen, erfordert eine hohe Beratungskompetenz auf der Seite des Fallmanagers.

6.5.2 Assessment

Im Assessment, dem „Herzstück" des Case Managements, geht es um die Lebenssituation und den „subjektiven" Bedarf aus Sicht des Adressaten sowie um den „objektiven" Bedarf i. S. einer fachlich erhobenen individuellen Ressourcen- und Problemanalyse. Die Erhebung, Bewertung und Dokumentation der subjektiven Einschätzungen, Bedürfnisse, Erwartungen und Problembewältigungsressourcen soll ein Fall-Verstehen ermöglichen, durch das sich eine Brücke zu den (verfügbaren) Unterstützungsangeboten schlagen lässt. Weitere adressatenbezogene Leitprinzipien wie Lebensweltorientierung und Empowerment (vgl. DGCC 2011, S. 10) verdeutlichen die Komplexität (nicht nur) dieses Prozessschrittes. Hier wird die qualitative Grundlage für die Fallsteuerung gelegt, wobei der Begriff Fall „hier nicht für den Menschen steht, sondern für seine problematische Situation, die es – im Ganzen und im Detail – zu bewältigen gilt. Sie „ist der Fall" und Gegenstand der ziel- und lösungsorientierten professionellen Bemühung. (...) Die gemeinsame Reflexion und Verständigung darüber, *„was der Fall ist"*, führt zur Zusammenarbeit der Beteiligten" (Wendt 2005, S. 15). In der Beschäftigungsförderung dient das Assessment dazu, „Informationen, Daten und objektivierte Einschätzungen zur Person/der Bedarfsgemeinschaft, der

[124] seit 2011 eLb – erwerbsfähiger Leistungsberechtigter

[sic] vorhandenen Ressourcen sowie Kompetenzen und Strategien zur Überwindung der vermittlungshemmenden Merkmale zu gewinnen und daraus eine Ordnung, Würdigung und Beurteilung der sozialen und arbeitsmarktrelevanten Maßnahmen abzuleiten" (Arbeitskreis 2004, S. 20).

Methodisch werden hier häufig Fragenkataloge, Interviewleitfäden, Analysehilfen, Dokumentationsbögen und geeignete Software eingesetzt. Es ist aber i. S. von Kooperation und Beratungsstandards darauf zu achten, dass diese Instrumente nicht zu einem „verhörähnlichen" Prozedere verleiten. Standardisierung ist hilfreich, wenn es im Hinblick auf die abgestimmte Verantwortung und Unterstützung zu einer Vereinbarung gekommen ist und konkrete Umsetzungsbemühungen gestartet werden können. Der Beratungsprozess im Assessment ist freizuhalten von vordefinierenden Festlegungen für Kundengruppen, Klientenbedarfe, zu besetzende Maßnahmen u. Ä. Zu schnelle, oberflächliche Klärungen ohne ausreichende Rückkoppelung an die Betroffenen verhindern einen Erfolg versprechenden und wirtschaftlich vertretbaren Zielplanungsprozess. Die im vorhergehenden Kapitel entworfene Grundstruktur eines sozialintegrativen Beratungsansatzes ist hier sicherlich hilfreich. Mögliche Gesprächsbereiche, die vor dem Hintergrund datenschutzrechtlicher Begrenzungen auf mittel- und unmittelbare Themen arbeitsmarktbezogener Integrationsüberlegungen zu begrenzen sind, sind in Tabelle 24 dargestellt. Die Orientierungs- oder Erhebungsbereiche im Assessment beziehen sich auf die Merkmale einer ökonomischen Mindestsicherung, der Analyse von sozialer Eingebundenheit und Handlungsfähigkeit und die für Vermittlungsfragen notwendigen Profilingerhebungen.

Es kann in diesem Zusammenhang nicht oft genug betont werden, dass Indikatorenmodelle hilfreich sind, um „graue Lebensbereiche" nicht zu übersehen und blinde Flecken auch aufseiten der Betroffenen einzubinden. Ein reduktionistisch-technologisches Verständnis von sozialen Lebensrealitäten, demzufolge Wirkungen von sozialen Dienstleistungen gezielt planbar und widerspruchsfrei messbar wären, läuft ins Leere.

Die dokumentierte und priorisierte Bedarfsfeststellung bildet dann die Grundlage für die weitere Service- bzw. Integrationsplanung.

Wegen der Bedeutung und Komplexität dieses Prozessschritts kennt die Handlungsform CM das sog. Re-Assessment. Ein Re-Assessment kommt immer dann zum Einsatz, wenn grundlegende Zielabsprachen nachhaltig verfehlt werden, sich zwischenzeitlich weitreichende Veränderungen in den persönlichen Kontexten des Adressaten ergeben haben oder die formalen Voraussetzungen (gesetzliche Änderungen, Budgetrestriktionen etc.) sich verändern. Re-Assessment soll verhindern, dass sich grundlegende Erarbeitungsfehler kontinuierlich fortsetzen (Festschreibung) bzw. gravierende Veränderungen nicht zu einer Zielanpassung führen.

Tabelle 24: Mögliche Erhebungsbereiche im Rahmen eines beschäftigungsorientierten Assessments

Potenzielle Erhebungsbereiche	Orientierung
Merkmalsbereich Soziale Sicherung	
Materielle Sicherung ▪ Einnahmen/Vermögen ▪ Ausgaben (wöchentl./monatl./jährl.) ▪ Schwierigkeiten (Verschuldung, Ansprüche sozialer Sicherung, Wirtschaftlichkeit der Haushaltsführung) ▪ …	**Sicherstellung Grundsicherungsbedarf** Feststellungen ▪ mit eigenen Ressourcen lösbar (Lebensführung, lfd. Tilgungen, Pfändungen etc.) ▪ zugeordnete formale Unterstützungsnetzwerke (Schuldnerberatung etc.) ▪ Unterstützungsbedarf/Koordination Case Management ▪ …
Wohnraumsituation ▪ Größe und Ausstattung ▪ Wohnungszustand (Isolierung, Schimmelbildung) ▪ Lage/Erreichbarkeit mit öffentl. Verkehrsmitteln ▪ besonderer Wohnbedarf (Krankheit/Behinderung/Kinderbetreuung etc.) ▪ Mietschulden, Energieversorgung ▪ …	**KdU-Richtlinien, Mietspiegel** Feststellungen ▪ mit eigenen Ressourcen aufgreifbar ▪ zugeordnete formale Unterstützungsnetzwerke (Wohnungsamt, Wohnungsbaugesellschaften, Mietervereine, Rechtsschutz) ▪ Unterstützungsbedarf/Koordination Case Management ▪ …
Arbeit/Ausbildung (Profiling) ▪ Arbeitslosenstatus ▪ prekäre Beschäftigung ▪ nicht-existenzsichernde Beschäftigung ▪ generelle Nähe zu den Arbeits-/Ausbildungsmarktanforderungen ▪ …	**Sozialversicherungspflichtiges Normalarbeitsverhältnis mit existenzsichernder Entlohnung** Feststellungen ▪ mit eigenen Ressourcen lösbar ▪ zugeordnete formale Unterstützungsnetzwerke (Integrationsstrategien, Qualifizierungsmaßnahmen, weitere arbeitsmarktpolitische Instrumente) ▪ Unterstützungsbedarf/Koordination Case Management ▪ …

noch: Tabelle 24: Mögliche Erhebungsbereiche im Rahmen eines beschäftigungsorientierten Assessments

Potenzielle Erhebungsbereiche	Orientierung
Soziale Unterstützung/Lage/Handlungsfähigkeit	
Eingebundenheit/Vernetzung ▪ Zugang zu formalen Netzwerken (Gesundheitsdienste, soziale Sicherung, Bildungsbereich, Sprache etc.) ▪ Zugang zu informellen Netzen (Soziale Unterstützung/Eingebundenheit in Freundeskreise, Familie, Nachbarschaft, Vereinsamung/Isolation) ▪ …	**Nutzung rechtlich formaler und sozialer Netze (Teilhabe)** Feststellungen ▪ keine Hinderungsgründe, formelle Angebote zu nutzen ▪ Mindestkontakte im sozialen Netz können sichergestellt werden ▪ Unterstützungsbedarf/Koordination Case Management i. S. einer formellen und/oder sozialen Vernetzungsstrategie ▪ …
Soziale/Persönliche Handlungsfähigkeit ▪ alltägliche Handlungskompetenz ▪ Organisationskompetenz ▪ Sozialkompetenz ▪ Konfliktfähigkeit ▪ Bildungsstatus ▪ …	**Normalitätsannäherung/Lebensbewältigung** Feststellungen ▪ Kontingenzgefühl/Stimmigkeit der Lebensumstände i. w. S. als befriedigende reziproke Lebensführung ▪ Unabhängigkeit/Selbstbestimmtheit ▪ Unterstützungsbedarf/Koordination Case Management ▪ …
Arbeitsmarktbezogene Kompetenzen (Profiling)	
Einstellung/Interesse/Motivation zum Thema Beschäftigung ▪ Suchaktivitäten/Bewerbungserfahrungen ▪ Einstellung zur Arbeit/Erfahrungen mit Arbeitslosigkeit und ALO-Verwaltung ▪ Beschäftigungsalternativen außerhalb Erwerbsarbeit denkbar ▪ Durchhaltevermögen/-willen	**Leistungsrechtliche Unabhängigkeit/ Selbstbestimmtheit** Feststellungen ▪ sinnstiftendes Tun als Orientierung, Beschäftigungswunsch stabilisieren, Selbstvertrauen stärken ▪ Arbeitserfahrungen ermöglichen/ Sicherheit gewinnen ▪ gegenseitige Erwartungshaltungen klären ▪ Unterstützungsbedarf/Koordination Case Management ▪ …

6

noch: Tabelle 24: Mögliche Erhebungsbereiche im Rahmen eines beschäftigungsorientierten Assessments

Potenzielle Erhebungsbereiche	Orientierung
Arbeitsmarktbezogene Kompetenzen (Profiling)	
Gesundheit ■ Vorerkrankungen, chronische Erkrankungen ■ Akuterkrankungen/Behandlungsbedürftigkeit ■ ärztliches Leistungsbild ■ Selbsteinschätzung ■ gesundheitsbedingte Lösung von Arbeitsverhältnissen in der Vorzeit ■ ...	**Gesundheit/angemessener Umgang mit chronifizierten Erkrankungen/ Schmerzfreiheit/Arbeitsfähigkeit** Feststellungen ■ ärztliche Begutachtung ■ medizinische Reha/Kuren ■ Unterstützungsbedarf/Koordination Case Management ■ ...
Kompetenzen in Arbeit/Ausbildung (Profiling) ■ Schulbesuche ■ Ausbildung/Studium ■ Arbeitstätigkeiten ■ Weiterbildungen ■ Engagement/besondere Fähigkeiten ■ Interessen, Eignung	**Beschäftigungsfähigkeit als Leitorientierung** Feststellungen ■ arbeitsmarktbezogene Ressourcen ■ Vermittlungshemmnisse ■ Berufswahlklarheit ■ Einsatz arbeitsmarktpolitischer Instrumente ■ Berufswahlhilfen (professionelle Angebote) ■ Unterstützungsbedarf/Koordination Case Management ■ ...

Quelle: angelehnt an Hansen 2009, S. 17 ff.; eigene Anpassungen

6.5.3 Serviceplanung: Integrationsplanung

Aufbauend auf den im Assessment formulierten Bedarfsbereichen werden in diesem Prozessschritt die Ziele und Unterstützungsleistungen mit dem Adressaten dialogisch vereinbart (Integrationsplanung). Ergebnis ist ein (schriftlicher) Serviceplan, die verbindliche und an den/die Kostenträger rückgekoppelte Grundlage der Maßnahme- und Leistungsdurchführung in Kooperation mit anderen Beteiligten des Netzwerks. Bei der Serviceplanung findet ein Abgleich zwischen den Bedarfslagen und den Realisierungsmöglichkeiten vor Ort statt. Innensicht des Falls und Außenwelt werden hier zusammengeführt, was auf eine weitreichende Kompetenzverschiebung beim CM in dieser Phase verweist (vgl. Kapitel 6.9). Die sich aus der Zusammenführung ergebende Interpretationsnotwendigkeit ist nur als kommunikativer Prozess zwischen beiden Akteuren vorstellbar, als Abgleich unterschiedlicher Sicht- und Interpretationsmuster, bei der es kein „Über- und Unter-"geben kann.

Im Regelfall beinhaltet der Serviceplan – analog dem Hilfeplanverfahren aus der Sozialen Arbeit – folgende Präzisierungen:

- eine häufig zweidimensionale Zielformulierung (Grob-/Feinziel), bei der auf eine wirkungsorientierte und positiv-aktive Formulierung zu achten ist
- eine Verknüpfung von Zielen mit konkreten Handlungsschritten, Maßnahmen oder Leistungen
- die Festlegung der für die Ausführung der Teilschritte jeweils verantwortlichen Person (Adressat, CM, Leistungsträger, Dritte, Familienangehörige)
- eine Zeitplanung, in der mit konkreter Terminsetzung oder Nennung eines Zeitkorridors die Teilschritte umgesetzt werden sollen
- die zugehörigen Leistungs- und Kostenträger – sofern möglich und erforderlich

Im Kontext des SGB II bildet die Trennung zwischen Integrationsplanung und (sanktionsbewehrter) Eingliederungsvereinbarung (§ 15) ein Spezifikum. „Die handlungsleitende Hilfeplanung ist nicht identisch mit der ebenfalls im Konsens abzuschließenden Eingliederungsvereinbarung, die durch ihren Abschluss rechtliche Verbindlichkeit bekommt und deren Nichteinhaltung sanktioniert werden kann" (Deutscher Verein 2009, S. 5). In der Integrationsplanung besteht die Chance, auch unterhalb einer sanktionsbewehrten Eingliederungsvereinbarung Möglichkeiten der Erprobung festzuhalten, die auch scheitern dürfen. Dies schafft größere Wahlmöglichkeiten und steigert die Motivation, sich auf Neues einzulassen. In die Eingliederungsvereinbarung würden dann nur noch die Rechte und Pflichten aufgenommen, die rechtlich vorgeschrieben oder unstrittig sind.

Die sich aus der Integrationsplanung ergebenden Aufgaben für die Fachkräfte verstehen sich als „Beauftragung", in und für Namen der Leistungsberechtigten Hilfen zu organisieren, zu akquirieren und auf ihre ordnungsgemäße Erledigung zu dringen.

6.5.4 Linking: Leistungssteuerung und Vernetzung

„Linking ist ein Prozess, der die Vermittlung des Adressaten/Klienten an passende formelle und informelle Angebote umfasst. Dazu gehören neben der Ermittlung der richtigen Leistungsanbieter und ökonomisch vertretbarer Angebote auch die Vorbereitung zur Kontaktaufnahme und gegebenenfalls die Begleitung des Adressaten/Klienten zum Angebot" (DGCC 2011, S. 26). In der Phase des Linkings zeigt sich die Verknüpfung zur Systemebene, d. h. zur fallübergreifenden Steuerung i. S. eines übergeordneten

Care Managements. „Eine zentrale Qualität von Fallmanagement bemisst sich (...) an der Kompetenz, Hilfsangebote in einer Weise zu vermitteln, dass sie auf die besondere Bedarfslage des Einzelfalls zugeschnitten sind. Dies beinhaltet, dass der Fallmanager Steuerungskompetenzen gegenüber den Leistungsträgern besitzt, deren Angebote in Anspruch genommen werden sollen. Es geht darum, einzelne benötigte Leistungen entsprechend der Eingliederungsvereinbarung verbindlich zu steuern. Leistungssteuerung ist dann besonders flexibel zu realisieren, wenn potenzielle Anbieter über Leistungs- oder Konzessionsverträge eingebunden sind und Fallmanager über Budgets verfügen, die sie fallspezifisch einsetzen können" (Arbeitskreis 2004, S. 29). Bedarfe, die der Fallmanager aufgrund von Defiziten in den Angeboten nicht befriedigen kann, sind an die übergeordnete Ebene zurückzukoppeln. Neben Kontraktmanagement und dem Abschluss von Kooperationsvereinbarungen kann Linking z. B. mithilfe von Fallkonferenzen oder Gremienarbeit durchgeführt werden.

6.5.5 Monitoring und Evaluation: Ergebnissicherung

Während Monitoring die Phase der Überwachung, Regulierung und Nachsteuerung implementierter Hilfeleistungen regelt, steht Evaluation am Ende des Case Managementprozesses und beinhaltet eine abschließende Bewertung und Beurteilung der Dienstleistung.

Für das Monitoring ist aus Sicht des Case Managers die „richtige Balance zwischen guter Informiertheit, Kontrolle oder Intervention und der Selbstregulierung der Beteiligten" (DGCC 2011, S. 30) von entscheidender Bedeutung. Das Mindestmaß an Informationen über den jeweiligen Stand im Unterstützungsprozess ermöglicht erst eine Abweichungsanalyse und die Einleitung einer entsprechenden Nachsteuerung. Case Manager nehmen dadurch frühzeitig Einfluss auf die Leistungserbringung, um die verhandelten Ziele nicht zu unterlaufen. Gleichzeitig gilt es, die jeweilige fachliche und institutionelle Eigenlogik der beteiligten Partner zu achten und die Selbstwirksamkeitserfahrungen der Adressaten zu fördern. Gutes CM definiert in den Leistungsabsprachen mit Netzwerkpartnern sowie in den Phasen Serviceplanung und Linking bereits die zentralen Indikatoren, die im Rahmen des Monitorings überwacht werden. So lassen sich Irritationen bei den Beteiligten vermeiden.

Sind Ziele auf der Seite des Adressaten des Case Managements dauerhaft nicht zu erreichen oder werden diese nachhaltig verfehlt, führt der Weg zwingend in ein Re-Assessment.

6.5.6 Beendigung des Case Managements

„Das Ende eines Case Managements ist dann gegeben, wenn die im Serviceplan gesetzten Ziele in angemessener Weise erreicht wurden bzw. ihre Weiterverfolgung eingestellt wird, z. B. auf Wunsch des Adressaten/Klienten oder aus ökonomischen Gründen der Case Management-Einrichtung"

(DGCC 2011, S. 35). Die Beendigung des CM-Prozesses sollte mit den Adressaten sowie den weiteren Beteiligten vereinbart werden und sich nicht in erster Linie an vordefinierten Betreuungszeiträumen orientieren.

Allerdings gibt der Gesetzgeber die Grobziele in § 48b Abs. 3 SGB II vor, die mit dem Verfahren im Rahmen der Beschäftigungsförderung anzustreben sind: Verringerung der Hilfebedürftigkeit, Verbesserung der Integration in Erwerbstätigkeit, Vermeidung von langfristigem Leistungsbezug sowie Verbesserung der sozialen Teilhabe. Die differenzierteren Kennziffern zu den Festlegungen finden sich in der Verordnung zur Festlegung der Kennzahlen nach § 48a SGB II, bleiben aber bezogen auf das Fallmanagement unterkomplex.

Da CM im Regelfall die komplexen Bedarfs- und Unterstützungslagen erfasst, sind zu enge und rein arbeitsmarktintegrative Erfolgsindikatoren kaum hilfreich bei der Bemessung von „Erfolg" im Fallmanagement. Harte Controllingdaten der Leistungsträger dürfen nicht Top-Down und unreflektiert als Indikatoren für eine Evaluation des CM genutzt werden. Wirkungsorientierte Steuerung, die sich ausschließlich an vorgegebenen quantitativen Leistungszielen – analog der Produktionswirtschaft – orientiert, verfehlt zentrale Unterschiede zwischen einer auf Beziehung und Kooperation angewiesenen humanen Dienstleistung, wie sie Beratung und Case Management darstellen. Die teilweise zerstörerische Wirkung eindimensionaler Erfolgskennzahlen haben beispielsweise Conrads/Huber/Staudinger (2008) im Rahmen des Programms „50plus" gut dokumentiert. Im Hinblick auf die Komplexität der Fälle ist ein Mix aus weichen Zufriedenheits- und Veränderungsdaten mit harten Erfolgsfaktoren erforderlich, die gleichrangig in eine Gesamtbewertung einfließen. Die häufig sehr kurzfristig atmenden Kennziffern eines reinen auf Arbeitsmarktintegration ausgerichteten Controllings unterminieren fachliche Standards sozialer Dienstleistungen in unterschiedlichen Handlungsfeldern, wie Gutachten des Bundesrechnungshofes immer wieder belegen.

Für die konkrete Fallarbeit in den Jobcentern oder bei Auftrag nehmenden Bildungs- und Beschäftigungsträgern empfiehlt es sich daher, konkrete Kriterien für eine Beendigung der Betreuung durch das Case Management festzulegen. Diese Kriterien müssen sicherstellen, dass

- die konkrete Fallarbeit der Fallmanager vor Ort nicht durch immer höhere Fallzahlen ihre adäquate Arbeitsgrundlage verliert,
- sich nicht ausschließlich die Fallgestaltungen sammeln, bei denen es eher um eine dauerhafte Stabilisierung der Situation geht, jedoch eine Entwicklung zur Aufnahme einer Arbeitstätigkeit nicht mehr erkennbar ist (Vorsicht: Keine vorschnellen Typisierungen/Einstufungen! Die aktuellen Entwicklungen zeigen, dass Menschen wieder arbeiten, die noch vor einigen Jahren als unvermittelbar galten),
- stabilisierte Personen, bei denen ausschließlich die Arbeitsmarktungleichgewichte eine Integration verhindern (kein komplexer Hilfebedarf mehr erkennbar), nicht automatisch in der Betreuung des Case Managements bleiben.

Letzterer Personenkreis sollte zurück in die klassische Vermittlungsarbeit; der mittlere Personenkreis kann durch einen externen Träger eine grundlegende Begleitung (Angebote) erfahren, die auch sicherstellt, dass bei einem Veränderungswunsch oder einer Verbesserung der Lebenssituation die Person zurück in die Regelbetreuung des Fallmanagements gelangen kann.

Die Geschäftsanweisung 01/2010 der BA sieht folgende Regularien für die Beendigung des Betreuungsprozesses im Fallmanagement vor:

- Die Betreuung im Fallmanagement soll beendet werden, wenn die (...) genannten Voraussetzungen nicht mehr vorliegen und eingeschätzt werden kann, dass der Hilfebedürftige auch ohne Betreuung im Fallmanagement Integrationsfortschritte erzielt bzw. in Beschäftigung integriert werden kann.
- Mit Ablauf von sechs Monaten nach Zuweisung in das Fallmanagement sind die Gründe für dessen Fortführung sowie dessen prognostizierbare Erfolgsaussichten vom Fallmanager bzw. vom persönlichen Ansprechpartner mit Fallmanagementaufgaben zu dokumentieren. Die Überprüfung der Fortführung soll danach alle sechs Monate wiederholt werden.
- Die Betreuung im Fallmanagement soll in der Regel nicht länger als zwei Jahre andauern. Die Gründe für die Beendigung sind zu dokumentieren."

6.6 Organisationsvarianten des beschäftigungsorientierten Fallmanagements in den Jobcentern

„Der Gesetzgeber hat sich im SGB II nicht auf ein bestimmtes Fallmanagementkonzept festgelegt. Hinzu kommt, dass die örtlichen Grundsicherungsstellen in ablauf- und aufbauorganisatorischer Hinsicht weitgehende Gestaltungsfreiheit haben. Das gibt den Verantwortlichen vor Ort die Möglichkeit, für eine umfassende und zielgerichtete Unterstützung der erwerbsfähigen Hilfebedürftigen die jeweils optimale Lösung unter Berücksichtigung ihrer konkreten örtlichen Gegebenheiten und Erfahrungen zu erarbeiten. Bei der Ausgestaltung von Fallmanagement und dessen Einbindung in die gesamte Eingliederungstätigkeit hat sich dementsprechend eine vielfältige Praxis entwickelt, die dem dezentralen Ansatz des SGB II entspricht" (BMAS u. a. 2010, S. 3).

Dieses Zitat aus dem bereits erwähnten Handlungsleitfaden zum Fallmanagement zeigt die Spielräume, die die Grundsicherungsstellen von Anfang an hinsichtlich der Umsetzung des SGB II hatten.

Die Bandbreite hinsichtlich der Ausgestaltung der Leistungsprozesse wird durch die folgenden Ausführungen aus dem ersten Bericht zur Evaluation der Experimentierklausel nach § 6c SGB II (vgl. BT-Drucksache 16/11488, 2008, S. 17 f.) deutlich.

Spezialisiertes Fallmanagement oder generalisiertes Fallmanagement?

Grundsicherungsstellen werden zunächst unterschieden nach denjenigen, die Fallmanagement nur für bestimmte Fälle und durch organisatorisch auf Fallmanagement spezialisiertes Personal durchführen (sog. Spezialisiertes Fallmanagement) und solchen, die das gesamte Personal für Fallmanagementaufgaben (neben anderen Formen von Betreuung) einsetzen, das dann bei allen oder auch nur einem Teil der Kunden angewandt wird (sog. Generalisiertes Fallmanagement). Bei diesem Differenzierungskriterium gab es große Unterschiede zwischen den kommunalen und den gemeinsamen Jobcentern.

Während 77 Prozent der gemeinsamen Jobcenter im Rahmen der Organisationserhebung im Jahr 2007 angaben, einen spezialisierten Fallmanagementansatz zu verfolgen, gab mit 81 Prozent die überwiegende Mehrheit der kommunalen Jobcenter an, einen generalisierten Fallmanagementansatz zu praktizieren.

Fallmanagement mit Vermittlungsaufgaben

In einem zweiten Schritt prüften die Forscher, ob Fallmanager auch für die unmittelbare Vermittlung auf den allgemeinen Arbeitsmarkt zuständig sind. Rund zwei Drittel aller Grundsicherungsstellen gaben an, die Vermittlung auf dem allgemeinen Arbeitsmarkt in das jeweils praktizierte Fallmanagement zu integrieren. Dabei gab es keine wesentlichen Unterschiede zwischen den Modellen der Aufgabenwahrnehmung.

Fallmanagement mit Leistungssachbearbeitung

Schließlich wurde der Frage nachgegangen, ob die für Fallmanagement bzw. Eingliederungsleistungen zuständige Person auch der Ansprechpartner für Leistungen zur Sicherung des Lebensunterhalts ist. Die Spezialisierung der Leistungssachbearbeitung (die für Fallmanagement bzw. Eingliederungsleistungen zuständige Person ist nicht auch Ansprechpartner für die Leistungssachbearbeitung) stellt das eindeutig dominierende Modell dar. 93 Prozent aller Grundsicherungsstellen verfolgten den Angaben der Leitungspersonen zufolge diesen Ansatz. Die kommunalen Jobcenter gaben dabei jedoch mit 17 Prozent deutlich häufiger an, das integrierte Modell zu praktizieren als die gemeinsamen Jobcenter (6 Prozent).

Ganzheitliches Fallmanagement

Über die bisher genannten Organisationsformen hinaus versuchen einige wenige Jobcenter, das gesamte Aufgabenspektrum des SGB II in die Hand einer festen Fachkraft zu legen, die die leistungsgewährenden, die sozial- und arbeitsmarktintegrativen Aufgaben sowie die Integrationsstrategien verantwortet. In diesem Sinne steht den Betroffenen tatsächlich nur eine Fachkraft gegenüber und es kommt zu deutlich günstigeren Betreuungsrelationen. Genz und Manz (2012, S. 581) verteidigen dieses Modell unter dem Stichwort „Geld und Liebe" als „Hilfe aus einer Hand". Sie sehen eine Reduzierung der internen Schnittstellen und eine Reduktion fehlerhafter Diagnostik als entscheidenden Vorteil. Die Problematik einer fachlichen Überforderung wird zwar erkannt, aber als lösbar bezeichnet. Sowohl die Rückmeldungen der Fachkräfte aus Schulungen wie die Ergebnisse der wissenschaftlichen Evaluation legen allerdings nahe, die Trennung der formalen Leistungsgewährung von den Aufgaben der Integration vorzusehen.

Im Verständnis dieses Handbuchs präferieren wir aus guten Gründen eine spezialisierte Variante des beschäftigungsorientierten Fallmanagements, das sich von arbeitsmarktintegrativen Aufgaben nicht verabschiedet.

6.7 Evaluationsergebnisse zur Umsetzung des SGB II

Mit dem bereits zitierten Ersten Abschlussbericht der § 6c-Forschung hat die Bundesregierung ein sehr umfangreiches Forschungsvorhaben dokumentiert, welches jedoch keine klare Empfehlung für oder gegen eine der untersuchten Organisationsvarianten aussprach. Hier sollen die Aussagen mit Bezug zum beschäftigungsorientierten Fallmanagement interessieren, die unabhängig von der Gestaltung der Aufgabenwahrnehmung gelten. Danach zeigen sich folgende Indikatoren als vorteilhaft bzw. nachteilig in Bezug auf die Integration in Beschäftigung und die Überwindung der Hilfebedürftigkeit (vgl. BT-Drucksache 16/11488, 2008, S. 21 f.):

(1) Ganzheitliche Betreuung: Die Konzentration auf eine verantwortliche Person, allerdings ohne den Einschluss der Leistungsgewährung, hat insbesondere bei Älteren und Männern positiven Einfluss auf die Integrationswahrscheinlichkeit.

(2) Intensive Betreuung: Die Analysen zeigen positive Wirkungen für eine günstige Betreuungsrelation und eine hohe Anzahl von Mitarbeitern insbesondere im Fallmanagement, frühe und ausführliche Erstgespräche (ggf. inklusive Sofortangeboten) sowie eine enge Kontaktdichte, gerade in der Anfangszeit.

(3) Aktivierende Betreuung: Ein hoher Stellenwert der Kinderbetreuung, ein vermittlungsorientierter Maßnahmeeinsatz sowie eine stärker durchgreifende Sanktionspolitik (die sich insgesamt aber auf einem eher niedrigen Niveau bewegt) zeigen gute Ergebnisse im Hinblick auf eine Erhöhung der Integrationswahrscheinlichkeit.

(4) Qualifizierte Betreuung: Die Qualifikation des Personals scheint ein weiterer Prädiktor für erfolgreiche Integrationsarbeit zu sein.

Signifikant negativ für die Gruppe der Frauen wirken hingegen eine zu starre Kundensegmentierung und ein gemeinsamer Arbeitgeberservice mit der BA; hier werden Selektionsvorgänge vermutet.

Schlussfolgernd daraus wären Jobcenter gut beraten, die Orientierung am breiteren Vernetzungsgedanken des Case Managements für alle Mitarbeiter zu verankern (generalistischer Ansatz), für Menschen mit erheblichem Koordinierungsbedarf in komplexen Lebenssituationen aber an einer spezialisierten Form des Case Managements festzuhalten. Geht es vorrangig um die Stabilisierung der Lebenssituation, um die Wiedererlangung einer grundlegenden Beschäftigungsfähigkeit und um die Koordination einer Vielzahl unterschiedlicher Akteure, so ist eine vorrangige Orientierung auf eine Arbeitsaufnahme kontrainduziert und eher schädlich. Hier erweist sich die spezialisierte Variante des beschäftigungsorientierten Fallmanagements als mittel- und langfristig erfolgreichere Organisationsentscheidung, gerade auch im Interesse der Betroffenen.

6.8 Die Diskussion um den „neoliberalen“ Kern des Case Managements

Ewers (2005, S. 44) wies in der Aufarbeitung der anglo-amerikanischen Case Managemententwicklung bereits darauf hin, dass insbesondere in den letzten 20 Jahren CM sehr viel stärker i. S. einer Zugangs- und Ausgabenkontrolle gebraucht wird. „In dieser Phase wurde Case Management von den politisch Verantwortlichen mit hohen Erwartungen für die Reduzierung von Versorgungsausgaben verknüpft und als Serviceleistung für das System instrumentalisiert.“ Die Diskussion um Effizienz und Effektivität im Verhältnis zum advokatorischen Auftrag ist in der deutschen Sozialarbeit voll entbrannt. Insbesondere der Einsatz der Programmatik im Kontext der Grundsicherung für Arbeitsuchende (Hartz IV) stößt innerhalb der Sozialen Arbeit und Teilen der Politik auf heftige Kritik. Immer wieder versuchen Autoren, das Konzept des beschäftigungsorientierten Fallmanagements vor dem Hintergrund des Selbstverständnisses der Sozialen Arbeit infrage zu stellen und es einem grundlegend neo-liberalen Ansatz zuzuordnen (vgl. Seithe 2010).

„Fallmanagement in seiner Funktion als sogenannter neuer Weg in der Beschäftigungsförderung beinhaltet aufgrund seiner Determination durch Beschäftigungspolitik eine Abkehr von theoretischen, aber auch von ethischen Grundlagen der Fallarbeit und des CM der sozialen Arbeit (…). Für CM gilt die Relation zwischen einer i. S. der Menschenwürde und der Bezugsgruppenstandards wünschenswerten Lebenslage und der defizitären Lebenssituation ihrer Klientel als handlungsleitend. Für Fallmanager gilt die Relation zwischen beobachteten Marktbedarfen und beobachteten formalen und sozialen Qualifikationen (= Defizite) ihrer Klientel als Handlungsimperativ“ (Elkeles/Michel-Schwartz 2009, S. 234 ff.).

Die Übersicht der heterogenen Beratungsanliegen aus dem Beratungskapitel (Abbildung 32) hat jedoch bereits gezeigt, dass die enge Verbindung mit Armutsproblematiken sowie die existenzielle Bedeutung der lebenssichernden Leistungen eine starre Fixierung der Fachkräfte auf das Thema Arbeitsmarktintegration gar nicht zulassen. Die Fachkräfte beklagen sich in den Schulungen immer wieder, dass sie oftmals viele Gespräche benötigen, bis ihre Ratsuchenden bereit und fähig zur Aufnahme arbeitsmarktintegrativer Überlegungen sind. Von einer Analyse der Marktbedarfe sind die meisten Fallmanagementfachkräfte weit entfernt.

In diesem Fall ist es hilfreich, sich noch einmal auf die unterschiedlichen Rollen zu konzentrieren, die CM einnehmen können und die Wendt (2010, S. 185 ff.) so zutreffend als Systemagent (Gate Keeper), Kundenanwalt (Advocacy), Versorgungsmanager (Supporter) und Dienstemakler (Broker) beschrieben hat. Sie dienen unterschiedlichen Herren, aber weder bei Wendt noch bei anderen Autoren ist erkennbar, dass es sich jeweils um eine abqualifizierende Beschreibung der jeweiligen Varianten handelt. Alle Angebotsformen haben als CM ihre Berechtigung, basieren auf vergleichbaren Prozessstandards, sind inhaltlich und beim strategischen Vorgehen nur in Nuancen verschoben und können erfolgreich arbeiten.

Abbildung 34: Rollen im Case Management

CM als Systemagent	**CM als Kundenanwalt**	**CM als Versorgungsmanager**	**CM als Dienstemakler**
Zielorientiertes Arbeiten auf vertraglicher Grundlage beim Leistungsanbieter	Unabhängige Rolle vom Leistungserbringer	Sicherstellung der Leistungserbringung	Gewerblicher CM im Auftrag eines Leistungsnehmers
Aufgabenerledigung als Informant und Vermittler oder Begleiter	Abklärung von Unterstützungs- und Versorgungsbedarf	im Auftrag des Leistungsträgers oder	Angebotserstellung
	Unterstützung bei Beantragung der Leistung	als Qualitätsbeauftragter bei einem Dienstleister	Angebotsüberwachung

CM vertreten das Versorgungssystem intern oder extern
CM vertreten die Nutzer
CM vermitteln zwischen den Seiten

Aber:
Alle Angebotsformen haben als CM ihre Berechtigung und können i. S. der Klienten erfolgreich arbeiten

Quelle: Wendt 2010

Je nach Auftraggeber, gesetzlichem Rahmen oder zur Verfügung stehendem Budget verschieben sich in den Berufsrollen graduell die Umsetzungsperspektiven, ohne dass das Handlungskonzept selbst obsolet wird.

Unbestritten bleibt, dass das Verfahren Case Management in der Tat dazu angelegt ist, durch Synergieeffekte, verbesserte Kooperation und Vernetzung von Leistungsangeboten auch für einen wirtschaftlichen Einsatz der Ressourcen zu stehen. Das Verfahren des Case Managements ist allerdings auch keine „Universalmethode", die grundsätzlich immer und überall geeignet ist und Heil und Hilfe verspricht. Case Management, so Kleve (2009, S. 87), „lässt sich nicht so einführen, wie es theoretisch erdacht wurde. Die komplexe Praxis kann diesbezüglich nicht einem theoretischen Plan entsprechend gestaltet werden, sie bleibt im positiven Sinne widerständig, der theoretischen Logik entgegen stehend, ja widersinnig" (ähnlich Pantucek 2007, S. 432 f.). Wenn dies so ist, zeigen sich hier die grundsätzlich unterschiedlichen Ausrichtungen zwischen Case Work und Case Management. Während beim Case Work die Beziehungsarbeit im Mittelpunkt steht, stellt Löcherbach (2009, S. 269) nüchtern fest: „(...) im ‚Case Management' steuert das Programm, das zur Bewältigung der vorgefundenen und ausgehandelten Problemkonstellation notwendig ist, die (Arbeits-)Beziehung und nicht umgekehrt. Gemanagt wird ein Fall in strukturierter Vorgehensweise und prozeduraler Fairness – dieses Verständnis ist untrennbar mit Case Management verknüpft."

Dass hierbei die Beziehung zum Klienten nicht zur Randgröße degeneriert, sichern beispielsweise die Leitprinzipien der DGCC zur Umsetzung von CM in der Praxis. Zu den Leitprinzipien des Case Managements, unabhängig von den Berufsrollen, zählen (vgl. DGCC 2011) bezogen auf den Adressaten eine konsequente Klientenorientierung, Lebensweltorientierung, Ganzheitlichkeit, Ressourcenorientierung und Empowerment.

6.9 Case Manager – Anforderungen und Kompetenzen

Aus den bisherigen Ausführungen zum CM wurde deutlich, dass in den verschiedenen Phasen der Fallbetreuung unterschiedliche Kompetenzprofile erforderlich sind. Liegen die Kompetenzen, hier verstanden als befähigende Dispositionen selbst organisierten Handelns (vgl. Erpenbeck/von Rosenstiel 2007), in der frühen Phase des Fallverstehens eher auf beraterischen Befähigungen, so treten beim Linking und der Evaluation eher steuernde, vernetzende und empirisch validierende Kompetenzen in den Vordergrund. Abbildung 35 veranschaulicht idealtypisch den Wechsel in den Kompetenzanforderungen.

Abbildung 35: Kompetenzwechsel im Anforderungsprozess des Case Managements

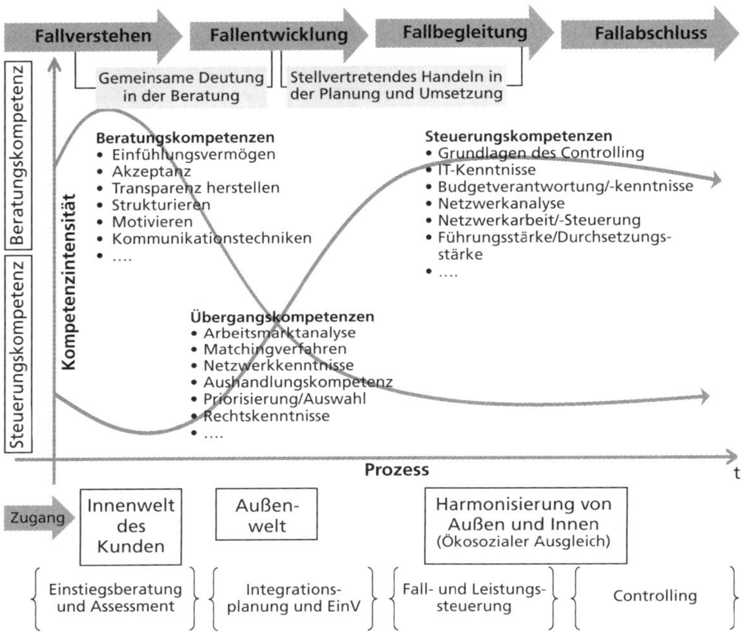

Quelle: Göckler 2012a, S. 134

Löcherbach (2009, S. 244 f.) fasst die Kompetenzen für Case Manager in einer generalistischen Perspektive wie folgt zusammen:

Tabelle 25: Kompetenzanforderungen im Fallmanagement

Kompetenzbereiche	Kompetenzen	Beispiele/Erläuterungen
Berufliches Selbstverständnis	▪ Positive Grundeinstellung gegenüber den verschiedenen Kunden (Klienten, Kooperationspartner) ▪ Klarheit über Funktion als CM ▪ Ressourcenorientierung ▪ Patient-/Klientenorientierung als ethische Grundlage	Klienten-/Kundenbeziehung als wirkungsorientierte Ausrichtung, Rollenambiguität, Work-Life-Balance

noch: *Tabelle 25: Kompetenzanforderungen im Fallmanagement*

Kompetenzbereiche	Kompetenzen	Beispiele/Erläuterungen
Sach- und Systemkompetenz	▪ Erklärungs- und Handlungswissen ▪ Organisationswissen ▪ Kenntnis der medizinischen und sozialen Infra- und Versorgungsstruktur ▪ Kulturelles Wissen ▪ Arbeitsfeldspezifisches Wissen	Case Managementkonzepte und Strategien, Rechts- und Verwaltungskenntnisse, Wissen über Organisationsentwicklung, Wissen über Zielgruppen, Lebenslage und Lebensumstände, soziale Zusammenhänge von Gesundheit und Krankheit, BWL-Kenntnisse
Methoden- und Verfahrenskompetenz	▪ Networking ▪ Verfahrenskompetenz in Assessment, Serviceplanung, Linking, Monitoring ▪ Coaching ▪ Wissensmanagement ▪ Evaluationskompetenz	Analytische, informatorische, planerische, verfahrenssichere Fähigkeiten, Ressourcenallokation und -sicherung, Präsentation, Medienkompetenz, EDV-Kompetenz
Soziale Kompetenz	▪ Kommunikationskompetenz ▪ Kooperative Handlungskompetenz ▪ Koordinationskompetenz ▪ Kritik- und Konfliktfähigkeit ▪ Fähigkeit zur multidisziplinären Zusammenarbeit	Initiierung und Moderierung multidisziplinärer und interinstitutioneller Zusammenarbeit, Zuverlässigkeit und Verbindlichkeit, Einfühlungs-, Wahrnehmungs- und Differenzierungsvermögen, stringentes Verhalten und Konsequenz, Verhandlungsführung, Systemsteuerung, Rollenperformanz
Selbstkompetenz	▪ Selbstsicherheit und Selbstbewusstsein ▪ Reflexionskompetenz	Kontaktfähigkeit, Offenheit, Authentizität, Belastbarkeit, Initiative, Selbstreflexion, Urteilsbildung und Selbstorganisation

Quelle: Löcherbach 2009, S. 244 f.; eigene Anpassungen

Vor diesem Hintergrund wird verständlich, wenn die DGCC davon ausgeht, dass CM eine zusätzliche Qualifizierung erfordert, die erst in der Verbindung aus zuträglicher hochschulischer bzw. fachadäquater Ausbildung und Berufserfahrung zu einer professionellen Wahrnehmung der Aufgaben führt.

6.10 Erfolgskritische Faktoren bei der Implementierung von Case Management

Implementationsüberlegungen von Case Management bedürfen einiger Vorüberlegungen, bevor man zu Umsetzungskonzepten schreitet. Damit Case Management auf der Fallebene überhaupt Wirkungen erzeugen kann, sind auf der System- und Organisationsebene weitreichende Rahmenbedingungen erforderlich. Dem „Run" auf das Erfolgskonzept Case Management stehen zwischenzeitlich viele Implementationsprobleme gegenüber, bis hin zu einer Distanzierung insbesondere aus dem Feld der Sozialen Arbeit (vgl. Nodes 2010). Wer ernsthaft als Träger nach der Methode des Case Managements arbeiten möchte, muss zunächst seine Organisation und die Organisationskultur verändern. Wie schwierig das sein kann, insbesondere im Kontext behördlicher Zusammenhänge, zeigen exemplarisch die Studien von Kolbe/Reis (2008, S. 123 ff.) zur Implementierung von CM in der Grundsicherung. Hiernach sind es vor allem drei Gründe, die einer wirksamen Entfaltung im Wege stehen und trotz aller Kosmetik eine fachgerechte Implementierung des CM unterlaufen:

- Die Leistungsprozesse bleiben weiterhin durch das Zielsystem des Bundes und der Bundesagentur für Arbeit dominiert, das sich am Regelsystem der Arbeitsförderung im SGB III orientiert und den Fürsorgecharakter der Grundsicherung nur unzureichend aufnimmt („Pfadabhängigkeit").
- In der Folge greifen Selektionsprozesse, die durch weitgehende Creamingprozesse gerade demjenigen Personenkreis Mittel vorenthalten, der ihrer am meisten bedarf. Die Konsequenzen der bisherigen Kundensteuerung im SGB III und die teils massive Kritik an der Bundesagentur für Arbeit am Umgang mit sog. „Betreuungskunden" findet pfadabhängig in der Grundsicherung so ihre Fortsetzung.
- Die Pfadabhängigkeit zeigt sich zudem nochmals in der Auswahl beteiligter Dritter, die nur jeweils isoliert den bisherigen Praktiken der beiden Grundsicherungsträger folgen. „Der Grundgedanke der passgenauen vom Bedarf der Person ausgehenden Hilfe rückt damit zu Gunsten ‚bewährter Strukturen' zumindest vorübergehend in den Hintergrund" (a. a. O., S. 125).

Die für eine wirkungsvolle Implementation des beschäftigungsorientierten Fallmanagements notwendigen Organisationsreformen, die tiefe Einschnitte in bestehende Organisations-, Lenkungs- und Leistungsstrukturen erfordern, lassen sich bisher nur ansatzweise erkennen.

Auf der Ebene der Organisation treffen die Anforderungen der Fachkräfte, die Case Management umsetzen, auf die Rahmenbedingungen, welche die Gesetzgebung, der Markt bzw. die soziale Infrastruktur für diese anspruchsvolle Aufgabe bereitstellen (vgl. Abbildung 36).

Einer Implementierung von Case Management muss demnach zwingend eine Klärung organisationsinterner Prozesse sowie eine Analyse der Infra-

Abbildung 36: Implementationssektoren der Steuerung von CM

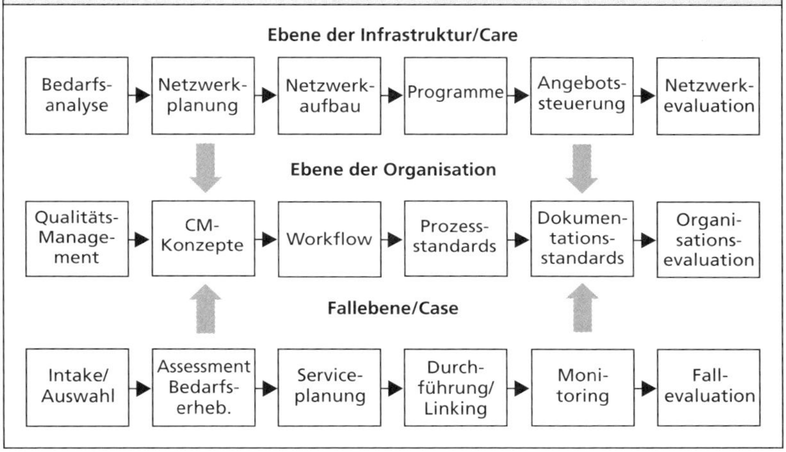

Quelle: Löcherbach/Mennemann 2009, S. 30

struktur wie der Zielgruppen vorausgehen. Zu diesen vorbereitenden Arbeiten zählen Löcherbach/Mennemann (2009, S. 37):

- Analyse der künftigen Bedarfslagen und Versorgungsangebote
- Erarbeitung und Definition künftiger Schnittstellen mit internen und externen Stellen
- Welche positiven Wirkungen einer verbesserten Versorgungsqualität sollen angestrebt werden (Zieldimensionen)?
- Ressourcen der Institution feststellen
- Variationen der internen und externen Kooperation und Koordination überprüfen (Verträge, Vereinbarungen, Konferenzen, Fallarbeit)
- Nutzen und Kosten abwägen (Wirtschaftlichkeit)

Im Arbeitsprozess der organisationalen Anpassung sind die Fallanforderungen mit den internen und externen Rahmenbedingungen so zu verzahnen, dass wirkungsvolle Hilfe möglich wird.

In der ersten Phase eines Implementierungsprozesses sollte sich dies beispielsweise in einer eigenständigen Organisationsstruktur der Implementierung (Projektgruppe, Beteiligungsmanagement, Zeitplanung) ausdrücken, die den innovativen und verändernden Charakter des Ansatzes sichtbar macht. Die Festschreibung der Case Management-Orientierung in den organisationsbegründenden Leitlinien (Leitprinzipien, -bild, Reichweite, Ziele) ist ebenso bedeutsam wie auch die Fixierung der wesentlichen Indikatoren für die Bestimmung und Auswahlmechanismen der Zielgruppen. Außerdem muss das CM mit ggf. nicht veränderten Organisationsstrukturen und dem Qualitätsmanagement verknüpft und die Entwicklung von institutionsbezogenen und professionsübergreifenden Lernsphären (Kollegiale Beratung, Supervision, Qualitätszirkel) gefördert werden (vgl. Löcherbach/Mennemann 2009, S. 37 f.).

Im weiteren Verlauf der Implementierung gilt es, insbesondere die beteiligten Fachkräfte für die Ausarbeitung detaillierter Regelungen in die Pflicht zu nehmen. Handbuchartig sind Auswahl und Dokumentation der Arbeitsinstrumente für die einzelnen Prozessschritte zu entwerfen, die Anpassung der bestehenden Instrumente im Hinblick auf CM vorzunehmen, veränderte Zielvorstellungen, Controlling und Wirtschaftlichkeitsvorstellungen im Prozess des CM zu beschreiben und möglichst operationalisierbar zu gestalten, eigene „Erfolgskennziffern" zur Bewertung der Pilotphase festzulegen, die Infrastrukturmaßnahmen zu optimieren (Anpassung IT, Räumlichkeiten) und Datenschutzregularien zu klären.

Auf der Infrastrukturebene müssen Maßnahmen und Anbieter identifiziert werden, ihre Bedeutung für den CM-Ansatz im Feld ist spezifiziert zu beschreiben und Zusammenarbeitsformen in den unterschiedlichen Regulierungsgraden (Vergabe/Dienstleistungsnehmer, Kontraktmanagement, Vereinbarungen, Netzwerke auf Augenhöhe etc.) sind zu klären. Insbesondere hieraus bezieht der CM-Ansatz seine Wirtschaftlichkeit und Wirkung.

Für Löcherbach/Mennemann (2009, S. 41) zeigt sich CM dann gut implementiert, wenn folgende Erfolgsparameter vorliegen:

- „Positive Effekte der Fallarbeit (effects and impacts)
- Art und Weise, wie Angebote und Maßnahmen vorgehalten und verknüpft werden
- Funktionsfähigkeit formaler Kooperationsverfahren
- Systematische Umsetzung der Verfahrensweisen
- Systematische Bedarfsermittlung und Angebotssteuerung
- Effekte und Effizienz der Kooperation (Kosten-Nutzen-Analyse)"

Konkretisiert identifizierten Kolbe/Reis (2005) für ein gelingendes Fallmanagement bei ihren Untersuchungen zu den nordrhein-westfälischen Sozialagenturen folgende Faktoren:

- Ausdehnung des Gestaltungs- und Entscheidungsspielraums der Mitarbeiter
- Flankierung des Autonomiegewinns durch eine entsprechende Qualifizierung

- Einführung professioneller Unterstützungsformen (Coaching, Supervision, kollegiale Fallberatung, Fortbildung)
- Anpassung der Organisationsstrukturen an das CM, insbesondere im Rahmen der Zugangssteuerung und Schnittstellen
- Erarbeitung transparenter Erfolgskriterien
- Vorgesetztenschulungen und Ausrichtung der individuellen Zielvereinbarungen an den Zielen des CM
- Funktional-technische, führungsbezogene und organisatorische Unterstützung bei der Schaffung, Sicherung und Weiterentwicklung von funktionierenden Unterstützungsangeboten (Netzwerken)

6.11 Vernetzung im Case Management – eine Aufgabe nicht nur für Führungskräfte

Zahlreiche Studien über eine erfolgreiche Implementierung von Case Managementansätzen zeigen, dass der (Miss-)Erfolg zentral daran gekoppelt ist, wie der Ansatz als durchgängiges Prinzip von den Führungskräften getragen und in der Organisationsstruktur verankert wird. Ein Case Managementansatz, ohne dass die Führung dies nachhaltig mitträgt („Eye catcher"), ist nicht denkbar.

Es ist unsinnig, führt sogar in der Mehrzahl zu erheblichen Irritationen, zu Frust bei den Mitarbeitern und Partnern sowie zu erheblichen Reibungsverlusten an den Schnittstellen, wenn man eine intensive Case Managementschulung für die Mitarbeiter vorsieht, Organisation und Führung aber glauben, damit ihre Schuldigkeit getan zu haben. Bisher tun sich, wenn auch aus unterschiedlichen Gründen, die umsetzenden Jobcenter schwer mit einer konsequenten und organisationsgetragenen Einführung des beschäftigungsorientierten Fallmanagements. Insbesondere auch deshalb, weil der Bundesgesetzgeber einseitig an einer „Honorierung" integrationsausgerichteter Ziele festhält und die sozial stabilisierenden Wirkungen der Grundsicherung auf den vielfältigen individuellen, lokalen und gesamtgesellschaftlichen Ebenen kaum würdigt.

6.11.1 Netzwerkarbeit im Jobcenter

Case Management ist auf funktionierende Netzwerke angewiesen, die in Konzeption, Absprache und Umsetzung nur über die beteiligten Führungskräfte verankert werden können. Der Netzwerkbegriff ist bereits schillernd. Man kann personale und organisationale Netzwerke auseinanderhalten, formale und informelle, die Netzwerkbildung auf den verschiedenen Ebenen und die damit verbundenen Steuerungsfragen (vgl. Abbildung 37).

- Die einzelnen Fallmanager arbeiten mit dem persönlichen Netzwerk der Kunden (Ressourcen), nutzen ihre persönlichen Kontakte für eine Betreuungsoptimierung und greifen bei erkannten sozial- und arbeitsmarktintegrativen Schwierigkeiten auf strukturelle Angebote der Organisation zurück (Mikrobene). Dies geschieht in einem transparenten und nachvollziehbaren Verfahren, wobei die Koordination der Leistungen sicherzustellen ist – eine der zentralen Aufgaben des Case Managements.
- Die Führungskräfte des Jobcenters (Mesoebene) planen auf der Grundlage der Daten aus den einzelnen Fallerfassungen und in Absprache mit den Fallmanagern die notwendigen Unterstützungsnetzwerke. Grundlegend gilt, dass die Notwendigkeit für formalisierte Zusammenarbeitsstrukturen wächst, je häufiger die Dienste der Netzwerkpartner genutzt werden. Werden die Dienste Dritter aus den Haushaltsmitteln des Jobcenters bezahlt, so sollen die Mechanismen des Fallmanagements bereits in den Vergabeunterlagen berücksichtigt werden. Standards, Qualitätsmerkmale und Zusammenarbeitsroutinen können so bereits zum integrativen Bestandteil der Vertragsgestaltung werden. Das Jobcenter steht als Finanzier im Zentrum des Netzwerks (zentrumsorganisierte Netzwerke). Sind Leistungen Dritter erforderlich, die nicht aus den Haushaltsmitteln des Jobcenters stammen, so kann Kooperation nur i. S. freier Aushandlungsmechanismen entstehen. Eigenlogiken der beteiligten Träger und Kundenbedürfnisse treten hier stärker in den Vordergrund. Nicht zuletzt sollte i. S. qualitativer und innovativer Weiterentwicklung diese Form der Netzwerkbildung greifen, wenn neue Produkte und Formen der Zusammenarbeit erprobt werden sollen. Selbst wenn das Jobcenter in die finanzielle Mitverantwortung geht, empfiehlt sich in diesen Phasen die Kooperation auf Augenhöhe und eine gemeinsame „Erfolgsverwertung“.
- Auf der Makroebene geht es um eine grundsätzliche Überprüfung/Anpassung und Veränderung der Hilfestruktur in einem lokalen Setting. Dies kann über eine Information/Beeinflussung der gesetzgeberischen Organe durch unterschiedliche Akteursnetzwerke der Grundsicherung (Arbeitskreise der Leitungsebene in Bundes- oder Landesnetzwerken, Einschaltung der Vertretungsinstanzen (Zentrale/Regionaldirektionen der Bundesagentur für Arbeit, kommunale Spitzenverbände, Deutscher Verein, KGSt etc.). Grundsätzlich wäre auf dieser Ebene aber auch eine Netzwerkstruktur auf kommunaler Ebene anzusiedeln, die die Aufgaben des Jobcenters und der Grundsicherung in einen größeren lokalen Kontext stellt. Beispielhaft seien hier lokale Ausbildungsbündnisse, Vernetzung der Jugendarbeit, Wirtschaftsförderung u. Ä. genannt. In der Regel werden diese Aufgaben von den Amts- oder Geschäftsführungen der Jobcenter wahrgenommen.

Abbildung 37: Netzwerkebenen im beschäftigungsorientierten Fallmanagement

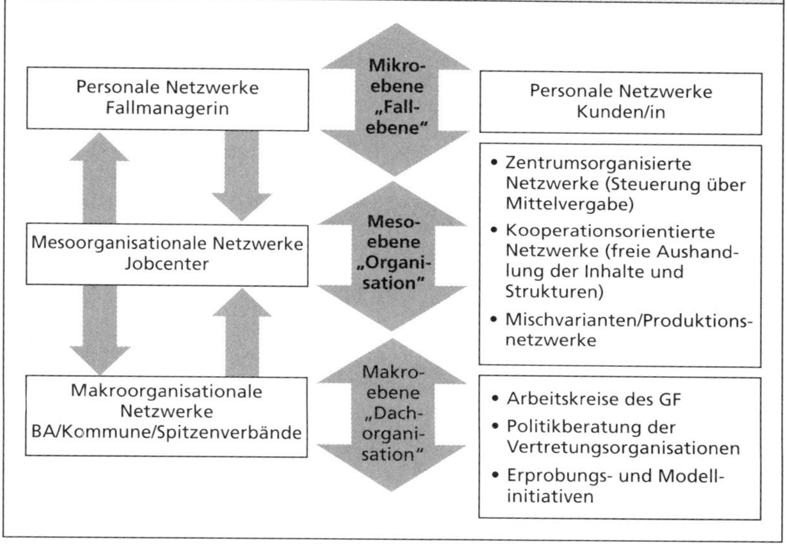

Quelle: Göckler 2012a

Die Aufgaben zur Etablierung und Festigung von unterschiedlichen Netzwerken müssen sukzessive mit der Implementation von Case Managementstrukturen entwickelt werden. Dabei ist in der Entwicklung der Kooperationsstrukturen auf folgende Funktionen i. S. des Fallmanagements zu achten (vgl. Mennemann 2006, S. 13):

1. Wie ist die unterschiedliche Zuständigkeit des Case Managers im Netzwerk geregelt?

2. Welche Zugriffsmöglichkeiten des Case Managers auf die Dienste gibt es und in welcher Form?

3. Wie ist die innere Struktur des Netzwerks (Entscheidungs- und Veränderungsprozesse)?

4. Wie verbindlich ist der Grad der Standardisierung der Zusammenarbeit?

5. Wie sind die Rahmenbedingungen der Stellen für das Case Management hierin abgebildet?

Deshalb ergeben sich idealtypisch Kriterien (a. a. O., S. 14) für ein funktionierendes Netzwerk, die sich beziehen auf die Festlegung gemeinsamer Ziele, den jeweiligen Kenntnisstand über die Arbeit der lokalen Akteure, ein gemeinsam entwickeltes Selbstverständnis vernetzter Arbeit, eine Orientierung am Bedarf der Menschen und den finanziellen Rahmenbedingungen (Budget), der wirtschaftliche Einsatz von Netzwerkressourcen, die Abstimmung und regelmäßige Aktualisierung der Leistungsspektren, die Abstimmung und Angleichung der Arbeitsinstrumente (Übergabeprotokolle, Erhebungsverfahren etc.), die Verlässlichkeit und Transparenz der Zusammenarbeit, die Schnittstellenklärung einschließlich datenschutzrechtlicher Besonderheiten der wechselseitigen Nutzung sowie des Zugriffs auf ein verfügbares Informationssystem sowie die Einrichtung z. B. interdisziplinärer Qualitätszirkel, Fallbesprechungen, Leitungsrunden etc.

Zumindest zur Orientierung können diese Eckpfeiler dienen, wenngleich sicherlich im Hinblick auf den gesetzlichen Auftrag nicht alle Punkte eins zu eins umsetzbar sein werden.

6.11.2 Voraussetzungen für eine erfolgreiche Implementierung von Fallmanagement in den Jobcentern

Selbst wenn Jobcenter zunächst dazu tendieren, einen generalistischen Ansatz von Fallmanagement zu verfolgen, müssen sie organisatorisch die Verfahren und Methoden des Case Managements ermöglichen. Dies heißt vor allem:

a) Das Einsetzen einer Software, die den Case Managementprozess abbilden kann und die Möglichkeit schafft, hieraus „Erfolgs- oder Misserfolgskennzahlen" zu generieren.

b) Die Schulung der Mitarbeiter so weit vorzunehmen, dass sie den grundlegenden Betreuungsprozess verstehen und in einer allgemeineren Art (gegenüber der spezialisierten Variante) umsetzen können.

c) Die Erarbeitung eines Fallmanagementkonzepts, das die konkreten Bedingungen zu den Prozessschritten (Ablaufstandards), die Zu- und Abgangsregelungen, die einsetzbaren Mittel und Hilfen und die Verankerung im Leitbild festhält.

Einige Praxiserfahrungen aus den Anfangsjahren können bei der Umsetzung erste Orientierungen geben:

- Je größer das Jobcenter, desto eher ist eine Spezialisierung der Fachkräfte sinnvoll. Sowohl für die Kompetenzentwicklung der Mitarbeiter wie für die kooperierenden Netzwerke sind feste Ansprechpartner ein Gewinn. Auf jeden Fall sollten sich Jobcenter mit folgenden Sonderfunktionen beschäftigen, was allerdings nur heißt, dass sich die Fach- und Führungskräfte auf einer Koordinations- und Netzwerkebene verantwortlich für das jeweilige Thema fühlen sollten:

  - Aufbau und Struktur von Kinderbetreuungsplätzen/Alleinerziehende
  - Zusammenarbeit mit der Jugendhilfe/Planung von berufsfördernden pädagogischen Angeboten (Ausbildungs- und Arbeitsmarktprogramm U25)
  - Suchthilfekoordination
  - Gesundheitsorientierung/psychosoziale Betreuung/psychische Erkrankungen (u. a. in Verbindung mit Reha)
- Weitere Sonderfunktionen können sinnvoll sein, wenn die Größe des Jobcenters und die Fülle von Angeboten ansonsten kaum überschaubar wären. Hierzu zählen Sonderfunktionen im Bereich der Schuldnerberatung, der Integration spezifischer Migrantengruppen, der Beschäftigungssicherung älterer Leistungsberechtigter oder der Koordination von Angeboten des Zweiten und Dritten Arbeitsmarktes. Diese Funktionen hängen aber nicht zwingend mit Fallmanagementaufgaben zusammen.
- Als vorteilhaft hat sich eindeutig die räumliche Nähe zur Leistungssachbearbeitung erwiesen. Immer wieder sind Fragen zur Sicherung des Lebensunterhalts und weitergehende Fragen des Leistungsrechts auch Beratungsgegenstand beim persönlichen Ansprechpartner/Fallmanager. Kurze Wege, im Idealfall die Zusammenlegung in einem Team, sind gerade aus Kundensicht ein großes Plus i. S. eines ganzheitlichen Betreuungsansatzes.
- Auch die Verzahnung mit arbeitsmarktintegrativen Aufgaben/Arbeitgeberkontakten ist für die Umsetzung eines Fallmanagements förderlich. Die Verbindung mit einem ganzheitlichen Ansatz, der auch die Leistungsgewährung umfasst, stellt jedoch eine Überforderung der Mitarbeiter dar, selbst wenn sich dadurch die Betreuungsrelationen deutlich günstiger gestalten. Die wissenschaftliche Begleitforschung zeigt eindeutig, dass diese Variante bei der Zielerreichung deutlich schlechtere Ergebnisse liefert.

6.11.3 Sozialraumorientierung

Der aus der Sozialen Arbeit stammende Begriff der Sozialraumorientierung mag für den Vernetzungsgedanken im beschäftigungsorientierten Fallmanagement zunächst befremdlich klingen, geht es doch vornehmlich um soziale und arbeitsmarktbezogene Lösungen für Einzelfälle.

Sozialräume kann man aus einer individualistischen Perspektive betrachten, bei der Sozialraum das ausmacht, was für die Individuen das für soziales Leben erreichbare/erfahrbare Lebensumfeld bedeutet. Für eine an das Bett gefesselte kranke Person stellt sich Sozialraum sicherlich anders dar als für eine mobile Jugendliche oder einen international tätigen Manager. „Im Grunde gibt es so viele Sozialräume wie Individuen" (Hinte 2010, S. 668). Die individuellen Auswirkungen von Sozialräumen sind im Rahmen des Assessments an zahlreichen Stellen spürbar: Auf welche sozialen Ressourcen kann der Betroffene zurückgreifen? Wie ist sein Wohnort an den öffentlichen Nahverkehr angeschlossen, um Arbeit oder Ausbildung zu erreichen? Welche Versorgungsstruktur mit Bildung und Betreuung gibt es für Kinder? etc. Schon hier zeigt sich, dass es doch Überlappungen gibt, die mehr als die Einzelperson betreffen. Das Wohngebiet weist zahlreiche Merkmale von Verdichtungen auf (Straßenführung, Bebauung, Infrastruktur, Umweltbelastungen etc.), die kennzeichnend für ein Sozialraumverständnis als eher kommunale Steuerungsgröße sind (vgl. a. a. O., S. 668 f.). Zur Klarstellung positioniert Noack (2012, o. S.) den Begriff Sozialraum zwischen individuellem Lebensweltraum und dem kommunal-verwaltenden Verständnis des Planungsraums und definiert ihn als gewachsene räumliche Gemeinschaft innerhalb der Planungsräume, über deren Beziehungsnetze Ressourcen solidarisch ausgetauscht werden.

In diesem Sinne ist Beschäftigungsförderung über Bildungs- und Beschäftigungsträger sowie als gänzliche oder teilweise kommunale Verwaltungsaufgabe (optierende/gemeinsame Jobcenter), bei der Bedeutung von existenzsichernder Arbeit für gelingendes Leben, ein wichtiger Eckpfeiler kommunaler Sozialplanung und sozialräumlicher Aktivitäten. Bisher stellt eine strukturelle Verzahnung von bildungs- und beschäftigungspolitischen Angeboten mit sozialräumlichen Projekten und Entwicklungen eher die Ausnahme als die Regel dar. Groeger-Roth u. a. (2010, S. 199) beschreiben Szenarien bei fehlender Einbindung wie folgt:

> „Ohne diesen Einbezug [Anm. d. V.: von Arbeitsmarkt- und Beschäftigungsförderung] und bei Aufrechterhaltung einer rein individuell ansetzenden Förderstrategie besteht die Gefahr, dass an der Problematik benachteiligter Bevölkerungsgruppen (...) vorbei gearbeitet wird und in Bezug auf die angesprochenen Sozialräume ein sog. ‚Creaming'-Effekt erzeugt wird: Personen mit wenig Vermittlungshemmnissen werden erreicht und ziehen bei erfolgreicher Vermittlung aus den betroffenen Gebieten weg. Personen mit größeren Vermittlungshemmnissen ziehen in die Gebiete nach und diese bewegen sich hin zu einer immer problematischeren Bevölkerungsstruktur."

Arbeitet man die Fundamente sozialräumlicher Arbeit aus dem Blickwinkel der Sozialen Arbeit heraus, so kann es keinesfalls um Angebote der Sozialadministration gehen, sondern um ein „Erfahren" der Absichten, Ziele und Willensäußerungen der unmittelbar Betroffenen. Die innerhalb der Sozialen Arbeit weitgehend unstrittigen Prinzipien der Sozialraumorientierung lassen sich plakativ skizzieren mit a) ausschließliche Orientierung am Willen/den Interessen der Menschen, b) Aktivierung vor Betreuung, c) Nutzung personaler und sozialräumlicher Ressourcen, d) Aktivitäten sind auf Gruppierungen in Wohnumfeld angelegt und e) Vernetzung und Kooperation der Angebote/Dienste vor Ort (vgl. Fehren 2009, S. 288 f.).

Der Begriff Sozialraum hängt mit dem hier skizzierten Verständnis der Steuerung im Case Management auf den verschiedenen Ebenen zusammen, weil sozialräumliche Arbeitsansätze als Meso-Arbeit die Mikroebene des Falles und die Makroebene strukturbeeinflussender Akteure verbinden können. Sozialraumarbeit orientiert sich notwendigerweise an den „Wechselwirkungen zwischen der Welt der Institutionen und den Lebenswelten der Bürger und Bürgerinnen" (a. a. O., S. 290). Der Unterschied besteht darin, dass sich sozialraumorientierte Arbeit grundsätzlicher von Einzelfällen löst und auf räumlich zentrierte Zielgruppen fokussiert. Dabei dürfte sich eine große Schnittmenge zwischen den sozialräumlichen Zielgruppen bestimmter Stadtviertel und den Leistungsberechtigten im Jobcenter ergeben. Es gibt Stadtviertel, in denen sind mehr als 75 Prozent der Bevölkerung durchgängig oder zeitweise auf Leistungen der Grundsicherung angewiesen.

Nun soll hier nicht von einem eigenständigen Ansatz sozialräumlicher Arbeit des beschäftigungsorientierten Fallmanagements ausgegangen werden, sondern von den Überlegungen, die Kompetenzen des Fallmanagements und der Beschäftigungsförderung in sozialräumliche Projekte einzubringen. Kommunal-administrative oder freie Sozialraumarbeit unterschiedlicher Akteure bieten ein nahezu ideales Arbeitsfeld der Vernetzung und schaffen – oft eher unspektakulär – pragmatische Lösungsansätze unter unmittelbarer Beteiligung der Betroffenen. In vielen Fällen beklagen die lokalen Akteure, dass ihnen ein unkonventioneller Zugang zu den Grundsicherungsstellen fehlt. Insbesondere die Betroffenen selbst wünschen sich häufig genug einen unkomplizierten Zugang, über den sie zumindest grundlegende Fragen besprechen oder Informationen erhalten können, auch ohne unmittelbaren Einzelfallbezug. Die Versuche vieler kommunaler Akteure, die Grundsicherungsstellen durch eine Präsenz in vielen Stadtteilen bürgernäher zu machen, zeugen von der Notwendigkeit einer lokal kleinräumigen Vernetzung.

Einige Beispiele, wie das beschäftigungsorientierte Fallmanagement i. S. einer Sozialraumorientierung der Grundsicherung „ein Gesicht" geben könnte:

- Das kirchliche Stadtteilbüro bietet wöchentlich eine Sozialsprechstunde an. Einmal monatlich werden die Beratungsfachkräfte von einem Fallmanager des Jobcenters unterstützt (offene Sprechstunde), der die spezifischen Fragen zur Grundsicherung mit den Betroffenen bespricht. Vielen Menschen des Wohngebiets fällt es leichter, ihre Fragen in einem anderen räumlichen Setting zu stellen als im Jobcenter selbst.
- Bürgerschaftliche Akteure beschließen eine „Informationsmeile" im Rahmen eines Stadtteilfestes, in dem sich die sozialen, freien und behördlichen Anlaufstellen des Stadtteiles mit ihren Angeboten präsentieren sollen. Das beschäftigungsorientierte Fallmanagement ist mit einem Stand präsent, der besondere Schulungs-, Qualifizierungs- oder Trainingsangebote in räumlicher Nähe für arbeitslose Menschen präsentiert.

- Es gibt zahlreiche weitere sozialräumliche Angebote, in die sich das Fallmanagement regelmäßig oder sporadisch einbringen könnte, um zu einem bürgernäheren Erscheinungsbild der Jobcenter beizutragen: die Selbsthilfegruppe alleinerziehender Mütter, in der die Fallmanagerin Möglichkeiten und Finanzierung von Strategien der arbeitsmarktlichen Rückkehr frühzeitig thematisiert. Den Arbeitslosentreff, in dem der Fallmanager gemeinsam mit den Betroffenen überlegt, wie berufliche Einstiegsszenarien nach längerer Arbeitslosigkeit aussehen könnten. Die gemeinnützige Hobbywerkstatt, in der bei einem Tag der offenen Tür die Fallmanagerin und ein Berufsberater der Agentur für Arbeit Beratung und Angebote für jugendliche Erstberufswähler mit gebrochenen Schulkarrieren offerieren. Der „Strickclub" von Frauen mit Migrationshintergrund, in dem die Fallmanagerin (ggf. mit Dolmetscher) einen Vortrag über die Zugänge und Besonderheiten des deutschen Ausbildungssystems hält oder die Gruppe zu einem Besuch in das Berufsinformationszentrum der Agentur für Arbeit einlädt.

Dies alles ist möglich, wenn sich das beschäftigungsorientierte Fallmanagement nicht nur als eine besondere Form der Einzelfallhilfe versteht. Vernetzung lässt sich nicht am Schreibtisch betreiben. Sie verlangt, dass die Fallmanagementfachkraft die wirklichen Verhältnisse draußen kennt, die Leistungsangebote der Partner und ihre Passgenauigkeit für ihre Kunden einschätzen kann sowie von Möglichkeiten weiß, ungewohnte Pfade der Hilfe zu beschreiten. Dazu muss sie wissen, wer in der Landschaft der Beschäftigungsförderung und sozial flankierenden Hilfen welche Angebote unterbreitet und wie flexibel die einzelnen Leistungsanbieter sind, ihre Angebote auf besondere Bedarfssituationen hin auszurichten. Fallmanager sind mindestens einmal wöchentlich „vor Ort" und können mittels ihrer Organisation unkompliziert und frei ihre Einsätze im Außendienst planen.

6.12 Die sozialintegrativen Leistungen der Grundsicherung

Nicht nur im beschäftigungsorientierten Fallmanagement, hier aber sicherlich besonders, erlangen die sozialintegrativen Angebote, die der Gesetzgeber für den Einsatz im SGB II vorsieht, eine besondere Bedeutung. Sie zeigen eindeutig, dass dieses Gesetz ein Hybrid aus sozial- und arbeitsmarktpolitischen Instrumenten ist, das zu den beiden Bezugsgesetzen SGB III und SGB XII Parallelen und Unterschiede aufweist. Die sozialintegrativen Leistungen gehen deutlich über die Strukturen der klassisch abgegrenzten Sozialversicherungszweige hinaus und stellen Bezüge zur Bildungs-, Gesundheits- und Armutspolitik her. Nur im SGB II, im SGB IX und im SGB XII hat der Gesetzgeber zugelassen, dass das ansonsten versäulte System der klassischen Versicherungszweige aufgebrochen wird. Die konsequente Weiterführung und Loslösung aus dem Versicherungsprinzip (Leistungen auf Basis eingezahlter Versicherungsbeiträge) hin zum Fürsorgeprinzip (Leistungen auf Basis der Bedürftigkeit, unabhängig von vorhergehenden Versicherungszeiten) ermöglicht diese Öffnung.

In §§ 16a und 28 SGB II sind die kommunalen Leistungen für eine „ganzheitliche Betreuung und Unterstützung bei der Eingliederung in Arbeit" sowie die Leistungen aus dem Bildungs- und Teilhabepaket aufgeführt, die nachfolgend kurz skizziert werden sollen.

6.12.1 Schuldnerberatung

Überschuldung führt im Rahmen der arbeitsmarktbezogenen Integrationsarbeit zu Friktionen, die von „Verzögerung", „zusätzlichen Eingliederungsmitteln" bis hin zum Vermittlungsausschluss bzw. zur Vermittlungsverweigerung" reichen können. Die Praxis kennt zahlreiche Beispiele, in denen Fachkräfte wie Betroffene sich nur schwer vorstellen können, wie eine Arbeitsaufnahme gelingen kann, wenn mehrere einhunderttausend Euro Schulden existieren und unzählige Pfändungsbeschlüsse nur darauf warten, dass der Arbeitnehmer eine geregelte Beschäftigung aufnimmt. Allerdings sind derartige Schuldenhöhen eher Ausnahme- als Regelfall. Eine Studie des Schufa-Verbraucherbeirats (Lechner 2009) identifizierte drei unterschiedliche Personengruppen im Rahmen von Insolvenzverfahren, denen auch differenzierte Hilfestellungen gegenüberstehen müssen.

a) Als „Opfer moderner biografischer Risiken" – überwiegend Arbeitslosigkeit, eine gescheiterte Selbstständigkeit oder das Zerbrechen einer Beziehung/Ehe – werden Betroffene bezeichnet (ca. 50 Prozent), denen lediglich ein neuer Start ermöglicht und keine Jahre währende Zeit der Bewährung auferlegt werden muss. Sie haben beste Chancen allein durch die Eröffnung des Insolvenzverfahrens einen neuerlichen Anfang erfolgreich zu gestalten. Der durchschnittliche Schuldenstand lag 2010 bei 27.000 Euro.

b) „Insolvente mit Orientierungsproblemen" (42 Prozent) hingegen benötigen nach vier Jahren des Wohlverhaltens noch ein wenig Zeit und Hilfe. Hilfe, die vor neuerlichen finanziellen Katastrophen bewahren kann und den Weg zurück in die Mitte der Gesellschaft ebnet.

Während beim vorhergehenden Typus Beratung hilfreich erscheint, um das Verfahren zu verkürzen und seinen Erfolg zu sichern, ist diese c) bei „Insolventen mit andauerndem Beratungsbedarf" (8 Prozent) unabdingbar. In Anbetracht des Bildes, das bei diesem Typ von insolventen Verbrauchern auf Grundlage der empirischen Befunde gezeichnet wird, wäre es einseitig, die Integrations- und Inklusionsfortschritte durch das Verfahren vollkommen zu negieren. Ohne kompetente Hilfe nach der Eröffnung des Verfahrens ist für diese Betroffenen die Chance aber sehr groß, durch die Drehtür des Insolvenzverfahrens in abermalige Überschuldungsprobleme zu geraten (Lechner 2009, S. 4).

Rückmeldungen aus den Jobcentern und bei Bildungs- und Beschäftigungsträgern zeigen, dass alle drei Typen identifizierbar sind. Sie zeigen, dass nicht gleich jedes Verschuldungsproblem zur Verschiebung von arbeitsmarktlichen Integrationsplanungen führen sollte, sondern dass differenziert und häufig parallel die Themen Integration und Umgang mit Schulden angegangen werden können.

Neben allgemeinen Forderungen nach einer besseren Finanzierung der Schuldnerberatungsstellen sind auf der Seite der Führungs- und Fachkräfte in der Beschäftigungsförderung folgende Aktivitäten wichtig:

- Die Wartezeiten der Schuldnerberatungsstellen (2010 durchschnittlich 4,7 Monate) genau beobachten und über Verhandlungen auf der Mesoebene gegensteuern, wenn die Wartezeiten einen gerade noch erträglichen Korridor überschreiten. Als Obergrenze sollte eine Wartezeit von drei Monaten gelten.
- Im Benehmen mit der/den örtlichen Schuldnerberatungsstellen klären, welche vorbereitenden Schritte bereits von den Fachkräften der Beschäftigungsförderung eingeleitet werden können, um das Verfahren zu beschleunigen.
- Mit den Schuldnerberatungsstellen klären, wie die Kooperation mit und bezüglich der überstellten Adressaten beispielsweise aus der Grundsicherung aussehen muss (Wie erfolgt die Kontaktaufnahme? Wann werden Zwischenberichte ausgetauscht? Bei welchen Informationen unterrichten sich die Fachkräfte wechselseitig? Wie wird der Datenschutz sichergestellt? Wer übernimmt die Fallführung? Wie werden Fälle abgeschlossen? etc.). Der jeweiligen Eigenlogik und den rechtlichen Rahmenbedingungen der beteiligten Akteure ist dabei angemessen Rechnung zu tragen.

6.12.2 Suchtberatung

Suchtgefährdungen und Abhängigkeiten treten den Ergebnissen der empirischen Forschung nach unter Arbeitslosen häufiger auf. Ansätze guter Praxis bei der arbeitsmarktbezogenen Integration Suchtkranker im Zusammenwirken von Grundsicherungsstellen und Suchtberatungsstellen wurden im Rahmen eines Forschungsprojektes evaluiert (Henkel 2008; Henke u. a. 2009). Im Kern ergaben sich folgende Feststellungen:

- Sucht ist oft ein gravierendes Vermittlungshemmnis und Arbeitslosigkeit ein herausragendes Problem in der Praxis der Suchthilfe.
- Beruflich-soziale Integration ist ein zentrales Ziel sowohl des SGB II als auch der Suchthilfe/Suchtrehabilitation (gemeinsame Schnittmenge).
- Hohe Betreuungsrelationen und fehlende Grundkompetenzen bei den Mitarbeitern in der Grundsicherung zum Thema erschweren die Kooperation.
- Die Schwierigkeiten bestehen überwiegend im Erkennen suchtspezifischer Erkrankungsformen, der Überleitung an eine ambulante Suchtberatungsstelle und in der Frage der formalen Zusammenarbeit und Verpflichtung (Datenschutz, Sanktionen).

- Es sind nur wenige Arbeitshilfen in der Praxis verfügbar, speziell geschulte Ansprechpartner der Grundsicherungsstellen stehen kaum zur Verfügung.
- Es bestehen zwar vielfältige Zusammenarbeitsstrukturen und Vernetzungen, diese sind jedoch wenig abgesichert. „Ca. 40 Prozent der Grundsicherungsstellen führen jedoch bislang keine gemeinsamen Fallgespräche durch, die die kooperative Fallbetreuung verbessern könnten. Nur teilweise erfolgt eine Rücksprache mit der Suchtberatung, bevor Sanktionen verhängt werden" (a. a. O., S. 159).
- Die Vernetzung/Kooperation im Rahmen stationärer Einrichtungen (Rehabilitation) ist noch deutlich schlechter.
- Die Fördermöglichkeiten, insbesondere speziell auf die Suchtproblematik abgestimmte Förderangebote, sind nicht ausgeschöpft.

Die zentralen Herausforderungen für Führungs- und Fachkräfte in der Beschäftigungsförderung bestehen folgerichtig darin,

a) die Kooperationsformen zwischen Jobcentern/Arbeitsagenturen und ambulanten Suchtberatungsstellen so zu regeln, dass wechselseitig die bedeutsamen Informationen im Einvernehmen mit den Betroffenen ausgetauscht werden können. Dabei sollten auch personale Formen der Zusammenarbeit angeregt werden (Fallkonferenzen, Hospitationen, Erfahrungsaustausch), die datenschutzrechtlichen Regularien abgesichert (hier gehen viele Stellen den Weg, dass nur Daten aus der Grundsicherung weitergegeben werden, denen der Betroffene zugestimmt hat, umgekehrt die Suchtberatung nur die Daten weitergibt, die für Fragen der Arbeitsmarktintegration relevant sind. Das therapeutische Setting bleibt so geschützt) und die konkreten Zusammenarbeitsformen vereinbart werden.

b) einen grundlegenden Schulungsbaustein zum Thema Sucht für alle Fachkräfte in der Grundsicherung aufzubauen und innerhalb des ersten Jahres nach der Aufgabenübertragung umzusetzen. Gleichzeitig sollten in der Suchtberatung tätige Fachkräfte auch einen Einblick in die Arbeit der Jobcenter erhalten.

c) im Rahmen eines beschäftigungsorientierten Fallmanagements mindestens eine Fachkraft (bei größeren Grundsicherungsstellen auch mehr) als zentralen Kooperationspartner für das Thema Sucht zu qualifizieren und für die interne Ansprache und externe Koordination abzustellen.

6.12.3 Kinderbetreuung und Pflege von Angehörigen

Alleinerziehende stellen im Kontext der Grundsicherungsleistungen den höchsten Anteil der Hilfebezieher, wenn man in Haushaltskontexten rechnet. „39,4 Prozent der Alleinerziehenden-Haushalte lebten – zumindest zeitweise – im Jahr 2012 (jahresdurchschnittlich) von Leistungen des SGB II (nach 39,6 Prozent im Vorjahr, alle Haushalte: 10,3 Prozent – Vorjahr 10,6 Prozent). Damit haben Alleinerziehende noch immer das höchste Risiko, hilfebedürftig zu bleiben", schreibt die BA in ihrem SGB II-Jahresbericht (BA 2013b, S. 30).

Die Auswirkungen auf die Kinder erregen seit einigen Jahren zunehmend die Öffentlichkeit. Das IAB untersuchte 2011 in einem Lebenslagenansatz die Auswirkungen der Armut auf Kinder im SGB II-Bezug. Im Ergebnis „zeigt sich, dass die SGB-II-Leistungen die elementare Grundversorgung gewährleisten: Auf eine warme Mahlzeit pro Tag, Heizung, Bad, Toilette, Gefrierschrank oder Waschmaschine müssen weniger als 3 Prozent der Kinder in SGB-II-Haushalten aus finanziellen Gründen verzichten. Benachteiligungen ergeben sich aber durchaus bei Gütern, denen eine hohe Relevanz beigemessen wird. So leben Kinder im SGB-II-Bezug häufiger in Haushalten, in denen nicht für jedes Haushaltsmitglied ausreichende Winterkleidung vorhanden ist (13 Prozent) oder in Wohnungen mit feuchten Wänden oder Fußböden (6 Prozent), die ein gesundheitliches Risiko darstellen können.(...) Mehr als die Hälfte der Kinder im SGB-II-Bezug lebt in Haushalten, in denen unerwartete Ausgaben nur unzureichend geschultert werden können. Noch häufiger kann kein fester Betrag pro Monat gespart werden. Dies ist insofern bedeutsam, da mit der Einführung des Arbeitslosengeldes II Einmalzahlungen für größere Anschaffungen abgeschafft wurden" (Lietzmann u. a. 2011, S. 7 f.).

Im Hinblick auf die demografischen Effekte ist das Risiko „alleinerziehend" gesellschaftlich sowie sozial- und versicherungsrechtlich unzureichend abgesichert. Neben der Beratung und den integrationsunterstützenden Leistungen wird es für die Grundsicherungsträger insbesondere darauf ankommen, die kommunale Verantwortung für das Einrichten entsprechender Betreuungsplätze für noch nicht schulpflichtige Kinder herauszustellen. Parallel dazu müssen die Schulzeiten besser abgesichert werden und ggf. auch über die klassischen Betreuungszeiten am Nachmittag die Arbeitstätigkeit der Alleinerziehenden ermöglichen. Mit Selbsthilfearrangements und Qualifizierung sollten die Ressourcen der Alleinerziehenden gebündelt werden. Allerdings ist im Gegensatz zu vielen Publikationen, in denen es immer wieder um eine bessere Vereinbarkeit von Familie und Beruf für gut ausgebildete Fachkräfte geht, für die Grundsicherung zu konstatieren, dass sich neben dem ungenügenden Kinderbetreuungsangebot sehr häufig auch qualifikationsbezogene Probleme (fehlender Schul- oder Berufsabschluss) in der Zielgruppe der Alleinerziehenden zeigen.

Die Grundsicherungsstellen sind aufgrund ihres gesetzlichen Auftrags gehalten, die Situation der Alleinerziehenden nachhaltig zu verbessern. Hierzu zählen Aktivitäten auf den unterschiedlichsten Ebenen:

- Schaffung/Beteiligung an einem/eines Netzwerk/s zur Verbesserung der Kinderbetreuungssituation für alle Altersstufen in der Region.
- Absprachen mit den kommunalen Planern, das öffentliche Betreuungsangebot vor allem in Brennpunktbezirken deutlich zu erhöhen.

- Vereinbarungen mit der Jugendhilfe, integrationsfähigen und -bereiten Alleinerziehenden in der Grundsicherung ein vorrangiges Besetzungsrecht freier öffentlicher Kinderbetreuungsmöglichkeiten einzuräumen.
- Initiierung von Maßnahmen, mit denen Alleinerziehende für Kindertagesbetreuung und Pflege qualifiziert werden können (Familienhelfer, Tagesmütter, Kinderpflege etc.). Daraus folgend Schaffung privater Initiativen zur Verbesserung der lokalen Betreuungsrelation.
- Stärkere Ausrichtung der arbeitsmarktintegrativen Angebote auf marktnahe Angebote für Alleinerziehende. Parallel dazu Schaffung von teilqualifizierenden, modularen und teilschichtigen Angeboten für die Betroffenen.
- Nutzung der Anregungen, die Politik und Organisationen für die Beratung und Begleitung von Alleinerziehenden bereitstellen (z. B. Arbeitshilfe „Alleinerziehende" der BA für Integrationsfachkräfte, „Leitfaden für die Förderung von Alleinerziehenden im SGB II" für Führungskräfte, Online-Handbuch lokale Bündnisse für Familien etc.).

6.12.4 Psychosoziale Angebote

Der Anteil von Hilfesuchenden, die vorübergehend oder beständig in ihrer psychischen Gesundheit beeinträchtigt sind, nimmt zu. Leider sind die Erfassungsstatistiken gerade im Hinblick auf SGB II-Bezieher nicht mehr lückenlos, seit Arbeitsunfähigkeit aus Arbeitslosigkeit (AU) in den Datenbeständen der Krankenversicherungen nicht mehr meldepflichtig ist.

An dieser Stelle sind Ausführungen zu Erscheinungsformen und frühzeitigen Identifikationsmöglichkeiten durch Mitarbeiter der Grundsicherung wenig sinnvoll. Aus zahlreichen Untersuchungen lassen sich einige allgemeine Hinweise zum Umgang der Grundsicherung mit dem Thema Gesundheit, Gesundheitsförderung und psychosozialen Angeboten identifizieren (vgl. zusammenfassend Hollederer 2009).

- Im Gegensatz zu beschäftigten Arbeitnehmern ist sowohl das Morbiditäts- wie das Mortalitätsrisiko von Arbeitslosen höher.
- Eine „typische" Arbeitslosenkrankheit gibt es nicht. Alle Krankheitsbilder sind auch bei nicht Arbeitslosen vorzufinden. Allerdings mehren sich Hinweise auf verstärkte psychische Erkrankungsbilder.
- Die Verarbeitung der Arbeitslosigkeitserfahrungen ist individuell sehr unterschiedlich und kaum Gegenstand der Beratung in der Grundsicherung.
- Bisher ist nicht eindeutig zu identifizieren, ob riskantere Lebensweisen zu den höheren Gesundheitsrisiken geführt haben oder ob diese bereits vorher bestanden und Anlass für die Arbeitslosigkeit waren. Vermutlich sind beide Ursachen in negativen Involvierungsdynamiken verwoben.

- Einseitige Angebote der Gesundheitsförderung erreichen oftmals gerade den Personenkreis nicht, der ihrer am meisten bedarf.
- Gute Erfahrungen liegen in Bezug auf eine (freiwillige) Verknüpfung von beschäftigungsfördernden/qualifizierenden Angeboten mit gesundheitsfördernden Angeboten vor.
- Es empfehlen sich im Hinblick auf psychosoziale Angebote differenzierte Vorgehensweisen und eine intensive Schulung der Fachkräfte im Fallmanagement.

6.12.5 Bildungs- und Teilhabepaket

Das sog. „Bildungs- und Teilhabepaket" (BTP) gewährt Ansprüche nicht nur für Kinder, Jugendliche und junge Erwachsene unter 25 Jahren, die Leistungen der Grundsicherung (SGB II) oder Sozialhilfe (SGB XII) beziehen. Auch Familien, die einen Kinderzuschlag nach dem Bundeskindergeldgesetz erhalten und Kinder in Familien mit Leistungen nach dem Asylbewerberleistungsgesetz können das Bildungs- und Teilhabepaket nutzen.

Für die Grundsicherung sind die Leistungen für Bildung und Teilhabe sowie das Verfahren in §§ 28, 29 SGB II geregelt, einem Unterabschnitt der Sicherungsleistungen zum Lebensunterhalt. Das BMAS, das mit dem Bildungs- und Teilhabepaket einerseits die fehlenden Mittel aus dem Regelsatzurteil des Bundesverfassungsgerichts nachschiebt, andererseits diese Leistungen überwiegend nicht bar auszahlt, sondern im Regelfall den umsetzenden Einrichtungen zur Verfügung stellt, hat zur Beschleunigung des Verfahrens eine eigene Homepage geschaltet: http://www.bildungspaket.bmas.de/

Formal regelt das Bildungs- und Teilhabepaket folgende Leistungen:

Leistungen für kulturelle und sportliche Förderung: Bedürftige Kinder sollen in der Freizeit nicht ausgeschlossen sein, sondern bei Sport, Spiel oder Kultur mitmachen. Deswegen wird bis zur Vollendung des 18. Lebensjahres der Beitrag für den Sportverein oder die Musikschule in Höhe von monatlich bis zu 10 Euro übernommen.

Leistungen für Schulbedarf: Damit bedürftige Kinder mit den nötigen Lernmaterialien ausgestattet sind, wird ihnen zweimal jährlich ein Zuschuss überwiesen – zu Beginn des Schuljahres 70 Euro und zum zweiten Halbjahr 30 Euro, insgesamt also 100 Euro. Diese Leistung ist nicht neu, sondern wurde vorher als Einmalbetrag gezahlt. Es ist die einzige Leistung, die die Hilfeempfänger bar und ohne Nachweisführung erhalten.

Leistungen zur Schülerbeförderung: Insbesondere wer eine weiterführende Schule besucht, hat oft einen weiten Schulweg. Sind die Beförderungskosten erforderlich und werden sie nicht anderweitig übernommen, werden diese Ausgaben erstattet. In der Regel erstattet diese Kosten direkt der Schulträger.

Leistungen zur Lernförderung: Bedürftige Schülerinnen und Schüler können Lernförderung in Anspruch nehmen, wenn nur dadurch das Lernziel – in der Regel die Versetzung in die nächste Klasse – erreicht werden kann. Voraussetzung ist, dass die Schule den Bedarf bestätigt und keine vergleichbaren schulischen Angebote bestehen. Die Ausführungen machen keine Vorgaben dazu, mit welcher Qualifikation die Nachhilfetätigkeit verbunden ist.

Mittagessen in Kita, Schule und Hort: Einen Zuschuss für das gemeinsame Mittagessen gibt es, wenn Kita, Schule oder Hort ein entsprechendes Angebot bereithalten. Der verbleibende Eigenanteil der Eltern liegt bei einem Euro pro Tag. Es gibt erste Hinweise darüber, dass bisher kostenfreie Angebote nach der Einführung des BTP mit geringen Kostensätzen zu Buche schlagen.

Tagesausflüge und Klassenfahrten: Eintägige Ausflüge in Schulen und Kitas werden zusätzlich finanziert. Die Kosten mehrtägiger Klassenfahrten werden wie bisher erstattet.

Es bleibt den regionalen Behörden vor Ort überlassen, wie sie das Bildungs- und Teilhabepaket administrieren. Zahlreiche Landesministerien haben hierzu den umsetzenden Behörden Vorgaben (Ausführungsbestimmungen) oder Hilfestellungen an die Hand gegeben. Auch einzelne Kommunen haben mittlerweile die Umsetzung des BTP in geregelten Verfahrensabläufen aufgearbeitet und der Öffentlichkeit vorgestellt.

Für das beschäftigungsorientierte Fallmanagement und seine Vernetzungsoptionen sind gerade diese Leistungen alltagspraktisch wirksam, weil sie unmittelbar als Hilfe wahrnehmbar sind. Praktiker berichten immer wieder, wie positiv sich die Zusammenarbeit mit Familien/Alleinerziehenden gestalten lässt, wird eine gemeinsame Sorge um die Kinder zum Gegenstand der Beratung.

Insgesamt zeigt sich, dass das Leistungsspektrum des SGB II die klassische Versäulung der sonstigen Sozialversicherungszweige verlassen hat. Die Möglichkeiten, Hilfeleistungen mittels Finanzierung oder Vernetzung für Leistungsberechtigte zu erschließen, umfassen ein umfangreiches Paket an sozial- und arbeitsmarktintegrativen Angeboten, welches in dieser Form weder dem klassischen Sozial- noch dem vormaligen Arbeitsamt zur Verfügung stand.

Literaturverzeichnis

Adnett, N. (1996): European Labour Markets. Analysis & Policy. London: Longman.

Altmann, J. (2009): Volkswirtschaftslehre. Einführende Theorie mit praktischen Bezügen. Stuttgart: Lucius & Lucius/UTB.

Apel, H./Baumgarten, D./Büschel, U./Dengler, K./Fertig, M./Hägele, H./Hense, C./Hirseland, A./Hohmeyer, K./Kettner, A./Kluve, J./Koch, S./Kvasnicka, M./Moczall, A./Puxi, M./Ramos Lobato, P./Schaffner, S./Voit, A./Wolff, J. (2011): Evaluation der Leistungen zur Beschäftigungsförderung nach § 16e Abs. 10 SGB II. Endbericht (Bundesministerium für Arbeit und Soziales. Forschungsbericht Arbeitsmarkt, 413). Köln.

Arbeitsförderungsgesetz – Kommentar Bd. I. §§ 1–133: 3. Aufl. 1. Reihe: Arbeitsförderungsgesetz Gesamtwerk: Gagel, Alexander [Hrsg.]: Arbeitsförderungsgesetz – Kommentar. München: Beck, 1996–1999.

Arbeitsgemeinschaft Beratungswesen (2003): Psychosoziales Beratungsverständnis der Arbeitsgemeinschaft Beratungswesen (6. Version). Köln. [http://www.beratung-aktuell.de/beratungsverstaendnis.html; 04.12.2013]

Arbeitskreis Beschäftigungsorientiertes Fallmanagement im SGB II (2004): Fachkonzept Beschäftigungsorientiertes Fallmanagement im SGB II. Bundesagentur für Arbeit (Hrsg.) 2005. Nürnberg. [http://www.arbeitsagentur.de/zentraler-Content/A03-Berufsberatung/A033-Erwerbspersonen/Publikationen/pdf/Fallmanagement-Fachkonzept.pdf; 04.12.2013]

Asendorpf, J. B. (2007): Psychologie der Persönlichkeit. Heidelberg: Springer.

Auer, P. (1996): „Erwerbs- und Beschäftigungsquoten in Europa: Konvergenz oder Divergenz?“ In: inforMISEP Maßnahmen, Nr. 56, Focus, S. 29–39.

7

Baas, T./Brücker, H. (2010): Wirkungen der Zuwanderungen aus den neuen mittel- und osteuropäischen EU-Staaten auf Arbeitsmarkt und Gesamtwirtschaft. Expertise im Auftrag des Gesprächskreises Migration und Integration der Friedrich-Ebert-Stiftung. Bonn. [http://library.fes.de/pdf-files/wiso/07432.pdf; 04.12.2013]

Baethge, M. (2008): Das berufliche Bildungswesen in Deutschland am Beginn des 21. Jahrhunderts. In: Cortina, K. S./Baumert, J./Leschinsky, A./Mayer, K. U./Trommer, L. (Hrsg.): Das Bildungswesen in der Bundesrepublik Deutschland. Reinbek bei Hamburg: Rowohlt, S. 541–598.

Bahrenberg, R./Bens, W./Bohrke-Petrovic, S./Büchner, H./Düsing-Schatz, A./Gundermann, P./Kassner, V./Kleffner-Zimmermann, A./Klein, V./Link, Th./Locker, H./Müller-Kohlenberg, L./Nolte, F.J./Syring, C./Kohlenberg, L./Bundesanstalt für Arbeit (2002): Richtig beraten. Anregungen. Techniken. Grundwerk beruflicher Beratung. Band 2. Nürnberg.

Bamberger, G. G. (2010): Lösungsorientierte Beratung. Praxishandbuch. Weinheim: Beltz.

Bandura, A. (1997): Self-Efficacy. The Exercise of Control. New York: Freemann and Company.

Bartelheimer, P. (2000): Sozialberatung. Handbuch für die EDV-gestützte Dokumentation von Beratung in prekären materiellen Lebenslagen. Unter Mitarbeit von J. Henke, C. Reis und L. Splittstößer. Göttingen. [http://www.sofi-goettingen.de/fileadmin/Peter_Bartelheimer/Literatur/Handbuch_Sozialberatung.pdf; 04.12.2013]

Bartelheimer, P. (2012): Doppeltes Mandat und gelenktes Ermessen. Beratung und Vermittlung in der Arbeitsverwaltung zwischen Prozessvorgaben und Aushandlung. DGS-Kongress 2012. Ad-hoc-Gruppe: Der Ermessensspielraum. [http://www.sofi-goettingen.de; 04.12.2013]

Bartelheimer, P./Henke, J./Kotlenga, S./Pagels, N./Schelkle, B. (2012): „Es lässt sich mit allen arbeiten": PRIMUS – Arbeitsmarktdienstleistung zwischen Vermittlung und Fallmanagement (IAB-Forschungsbericht 05/2012). Nürnberg.

Baßeler, U./Heinrich, J./Utecht, B. (2010): Grundlagen und Probleme der Volkswirtschaft. Stuttgart: Schaeffer-Poeschl.

Behrend, O./Ludwig-Mayerhofer, W./Sondermann, A./Hirseland, A. (2006): Reform der Arbeitsverwaltung: Im Schatten der Aufmerksamkeit – die Arbeitsvermittler. IAB-Kurzbericht Nr. 21/2006. Nürnberg.

Bensel, N./Fiedler, J./Fischer, H./Gasse, P./Hartz, P./Jann, W./Kraljic, P./Kunkel-Weber, I./ Luft, K./Schartau, H./Schickler, W./Schleyer, H.-E./Schmid, G./Tiefensee, W./Voscherau, E. (2002): Moderne Dienstleistungen am Arbeitsmarkt. Vorschläge der Kommission zum Abbau der Arbeitslosigkeit und zur Umstrukturierung der Bundesanstalt für Arbeit. Berlin.

Bernhard, S./Wolff, J. (2011): Förderinstrument im SGB III. Der Gründungszuschuss aus Sicht der Praxis. IAB-Kurzbericht Nr. 22/2011. Nürnberg.

BIBB (Hrsg.) (2005): 25 Jahre berufliche Benachteiligtenförderung – vom Modellprogramm zur Daueraufgabe – Fachtagung des Bundesinstituts für Berufsbildung am 27./28. September 2005 in Bonn. [http://www.good-practice.de/25jahre_bnf_textfassung.pdf; 04.12.2013]

Bielenski, H. (2000): Erwerbswünsche und Arbeitszeitpräferenzen in Deutschland und Europa. Ergebnisse einer Repräsentativbefragung. In: WSI Mitteilungen, Heft 4, S. 228–237.

Bimrose, J./Barnes, S.-A./Hughes, D. (2008): Adult Career Progression and Advancement: A five year study of the effectiveness of guidance. London/Coventry: Warwick Institute for Employment Research/Department for Innovation, Universities and Skills [Report to Government].

BMAS (2011): Arbeitskräftereport. Referat Öffentlichkeitsarbeit (Hrsg.). Berlin.

BMAS/BA/Kommunale Spitzenverbände (2010): Gemeinsame Empfehlung zum Fallmanagement im SGB II: Handlungsleitfaden.

BMAS/IAB (2011): Sachstandsbericht der Evaluation der Instrumente vom 17.01.2011. Berlin, Nürnberg. [www.iab.de]

Bode, I. (2011): Soziale Dienstleistungen am Arbeitsmarkt. In: Evers, A./Heinze, R. G./ Olk, T. (Hrsg.): Handbuch Soziale Dienste. Wiesbaden: VS, S. 317–332.

Böhm, K./Drasch, K./Götz, S./Pausch, S. (2011): Potenziale für den Arbeitsmarkt. Frauen zwischen Beruf und Familie. IAB-Kurzbericht Nr. 23/2011. Nürnberg.

Böhnisch, L. (2009): Abweichendes Verhalten. Eine pädagogisch-soziologische Einführung. Weinheim: Juventa/Beltz.

Böhringer, D./Karl, U./Müller, H./Schröer, W./Wolff, S. (2012): Den Fall bearbeitbar halten. Gespräche in Jobcentern mit jungen Menschen. Rekonstruktive Forschung in der Sozialen Arbeit. Band 13. Opladen. Berlin: B. Budrich.

Boll, C./Bonin, H./Gerlach, I./Hank, K./Laß, I./Nehrkorn-Ludwig, M. A./Reich, N./Reuß, K./Schnabel, R./Schneider, K./Stichnoth, H./Wilke, C. (2013): Geburten und Kinderwünsche in Deutschland: Bestandsaufnahme, Einflussfaktoren und Datenquellen. Gutachten für die Prognos AG. Mannheim. [http://ftp.zew.de/pub/zew-docs/gutachten/TeilstudieFertilitaet2013.pdf; 04.12.2013]

Bolte, A./Göbel, M./Göckler, R./Lohmann, B./Raith, A./Reiche I./Wettlaufer, A. (2012): Beratung zwischen Fördern und Fordern. Supervision und Coaching im Jobcenter. Fachinformation: Dokumente zu Supervision und Beratung, Band 3. Deutsche Gesellschaft für Supervision (Hrsg.). Kassel: university press.

Boockmann, B./Koch, S./Rosemann, M./Stops, M./Verbeek, H. (2010): Fördern und Fordern aus Sicht der Vermittler. IAB-Kurzbericht Nr. 25/2010. Nürnberg.

Borjas, G. (2012): Labor Economics. Blacklick: McGraw Hill.

Brown, S. D./McPartland, E. B. (2005): „Career interventions: Current status and future directions." In: W. B. Walsh/M. L. Savickas (Eds.): Handbook of vocational psychology: Theory, research, and practice. Mahwah, pp. 195–226. Lawrence Erlbaum Associates (LEA).

Brücker, H. (2013): Auswirkungen der Einwanderung auf Arbeitsmarkt und Sozialstaat: Neue Erkenntnisse und Schlussfolgerungen für die Einwanderungspolitik. Bertelsmann-Stiftung (Hrsg.). Bielefeld. [http://www.bertelsmann-stiftung.de/cps/rde/xbcr/SID-671A2348-3D5280AF/bst/xcms_bst_dms_37927__2.pdf; 04.12.2013]

Brücker, H./Christoph, B./Dietz, M./Fuchs, J./Fuchs, S./Haas, A./Hummel, M./Jahn, D./Kleinert, C./Kruppe, T./Kubis, A./Leber, U./Müller, A./Osiander, C./Schmerer, H.-J./Söhnlein, D./Spitznagel, E./Stabler, J./Stegmaier, J./Walwei, U./Wanger, S./Wapler, R./Weber, B./Weber, E./Zika, G. (2012): Fachkräftebedarf: Analyse und Handlungsstrategien. In: Brücker, H./Klinger, S./Möller, J./Walwei, U. (Hrsg.) (2012): Handbuch Arbeitsmarkt 2013. Analysen, Daten, Fakten (IAB-Bibliothek 334). Bielefeld: Bertelsmann, S. 205–290.

Brüggemann, H./Ehret-Ivankovic, K./Klütmann, C. (2009): Systemische Beratung in fünf Gängen. Ein Leitfaden. Göttingen: Vandenhoeck & Ruprecht.

Brülle, H./von Freyberg, T./Hobusch, T./Kinstler, H./Kolbe, C./Reinmüller, R./Reis, C./Wende, L. (2006): Fallmanagement in der Arbeit mit Arbeitslosen. Ein kritischer Leitfaden. Frankfurt/Main: Fachhochschulverlag.

Brussig, M./Knuth, M. (2011): Die Zukunft der Grundsicherung – Individualisieren, konzentrieren, intensivieren. Expertise im Auftrag der Abteilung Wirtschafts- und Sozialpolitik der Friedrich-Ebert-Stiftung. Bonn: Friedrich-Ebert-Stiftung. [http://library.fes.de/pdf-files/wiso/08713.pdf; 04.12.2013]

Bruttel, O. (2003): Eine erste Analyse des „Bildungsgutscheins". In: Wirtschaftsdienst, Jg. 83, Heft 9, S. 613–620. [http://www.wirtschaftsdienst.eu/downloads/getfile.php?id=135; 70.10.2013]

Bude, H./Lantermann, E.-D. (2006): Soziale Exklusion und Exklusionsempfinden. In: Kölner Zeitschrift für Soziologie und Sozialpsychologie, Heft 2, S. 233–252.

Bundesagentur für Arbeit (2005): Einführung des Fachkonzeptes „Beschäftigungsorientiertes Fallmanagement" und Eckpunktepapier zur Einbettung des Fachkonzeptes in die Steuerungslogik des Kundenzentrums. Handlungsempfehlung Aktuelles Nr. 4. v. 22.04.2005. Nürnberg.

Bundesagentur für Arbeit (2006): HEGA 10/06-01 – Allgemeines Gleichbehandlungsgesetz (AGG). [http://www.arbeitsagentur.de/nn_164862/zentraler-Content/HEGA-Internet/A04-Vermittlung/Dokument/HEGA-10-2006-Allgemeines-Gleichbehandlungsgesetz.html; 04.12.2013]

Bundesagentur für Arbeit (2011a): Erfolgreiche Arbeitsuche sowie Förderung vor und bei Beschäftigungsaufnahme. Methodenbericht. Nürnberg. [http://statistik.arbeitsagentur.de/Statischer-Content/Grundlagen/Methodenberichte/Generische-Publikationen/Methodenbericht-Erfolgreiche-Arbeitsuche.pdf; 04.12.2013]

Bundesagentur für Arbeit (2011b): Fachkonzept Integrationsberatung SGB III. Interne ganzheitliche Integrationsleistung im SGB III (Inga). Nürnberg.

Bundesagentur für Arbeit – Statistik (2011c): Kurzinformation zur Arbeitsmarktstatistik. Nürnberg. [http://statistik.arbeitsagentur.de/Statischer-Content/Grundlagen/Kurzinformationen/Generische-Publikationen/Kurzinformation-Arbeitsmarktstatistik.pdf; 04.12.2013]

Bundesagentur für Arbeit (2012a): Arbeitsmarktbericht 2011. Nürnberg.

Bundesagentur für Arbeit (2012b): Arbeitsmarktberichterstattung: Der Arbeitsmarkt in Deutschland. Strukturen der Arbeitslosigkeit. Nürnberg. [http://statistik.arbeitsagentur.de/Statischer-Content/Arbeitsmarktberichte/Berichte-Broschueren/Arbeitsmarkt/Generische-Publikationen/Strukturen-der-Arbeitslosigkeit-2012-05.pdf; 04.12.2013]

Bundesagentur für Arbeit (2012c): Fachliche Hinweise zu Bundesfreiwilligendienst, Jugendfreiwilligendiensten und Ehrenamt (HEGA 08/2012–12). Nürnberg.

Bundesagentur für Arbeit (2012d): Initiative zur Flankierung des Strukturwandels (HEGA 12/2012–06). Nürnberg.

Bundesagentur für Arbeit (2012e): Qualifizierungsberatung. Geplante Umsetzung. Stand 01.08.2012. [http://www.arbeitsagentur.de/nn_27836/zentraler-Content/Qualifizierungsberatung/Allgemein/QB-Geplante-Umsetzung. html; 04.12.2013]

Bundesagentur für Arbeit (2013a): BA 2020. Antworten der Bundesagentur für Arbeit auf Fragen der Zukunft. Nürnberg.

Bundesagentur für Arbeit (2013b): Grundsicherung für Arbeitsuchende. Ziele setzen, Stärken stärken, Arbeitsmarkt nutzen. Jahresbericht 2012. Zahlen. Daten. Fakten. Nürnberg. [http://www.arbeitsagentur.de/zentraler-Content/Veroeffentlichungen/SGB-II/SGBII-Jahresbericht-2012.pdf; 04.12.2013]

Bundesarbeitsgemeinschaft für Unterstützte Beschäftigung (Hrsg.) (2011): Europäischer Werkzeugkoffer für Unterstützte Beschäftigung. Hamburg. [http://www.access-ifd.de/root/img/pool/dokumente/dokumente_artikel/euse_toolkit_downloadversion.pdf; 04.12.2013]

Bundesbeauftragter für den Datenschutz und die Informationsfreiheit BfDI (Hrsg.) (2011): Datenschutz ist .... [http://www.bfdi.bund.de/SharedDocs/Publikationen/Faltblaetter/Datenschutz-ist.pdf?__blob=publicationFile; 04.12.2013]

Bundesbeauftragter für den Datenschutz und die Informationsfreiheit BfDI (Hrsg.) (2012): Sozialdatenschutz – Rechte der Versicherten. [http://www.bfdi.bund.de/SharedDocs/Publikationen/Infobroschueren/BfDI_Info_3_Sozialdatenschutz. pdf?__blob=publicationFile; 04.12.2013]

Bundesministerium des Innern (2011): Demografiebericht. Bericht der Bundesregierung zur demografischen Lage und künftigen Entwicklung des Landes. Berlin. [http://

www.bmi.bund.de/SharedDocs/Downloads/DE/Broschueren/2012/demografiebericht.pdf?__blob=publicationFile; 04.12.2013]

Bundesministerium für Arbeit und Soziales (2011): Rahmenzielvereinbarung zwischen der Bundesregierung, vertreten durch das Bundesministerium für Arbeit und Soziales, und der Bundesagentur für Arbeit zur Durchführung der Arbeitsförderung nach dem Dritten Buch Sozialgesetzbuch (RZV SGB III). Berlin. [http://www.bmas.de/SharedDocs/Downloads/DE/rzv-sgb3.pdf?__blob=publicationFile; 04.12.2013]

Bundesinstitut für Berufsbildung (2013): Datenreport zum Berufsbildungsbericht 2013. Bonn. [www.bibb.de]

Burmann, N./Sellin, C./Trube, A. (2000): Ausstiegsberatung für Sozialhilfeempfänger. Konzepte, Instrumente und Ergebnisse eines vergleichenden Modells. Frankfurt/Main: Eigenverlag des Deutschen Vereins für öffentliche und private Fürsorge.

Caliendo, M./Hogenacker, J./Künn, S./Wießner, F. (2012): Gründungszuschuss für Arbeitslose: Bislang solider Nachfolger der früheren Programme. IAB-Kurzbericht Nr. 02/2012. Nürnberg.

Case Management Society of America (CMSA) (2010): Standards of practice for Case Management. Revised 2010, Little Rock, Arkansas. [http://www.cmsa.org/Individual/MemberToolkit/StandardsofPractice/tabid/69/Default.aspx; 04.12.2013]

Cedefop (Hrsg.) (2011): Lifelong guidance across Europe: reviewing policy progress and future prospects. Working paper No. 11. Luxembourg: European Union.

Chi-Fang, W. (2006): The Role of Sanctions in Work-Based Welfare Reform. University of Wisconsin. [https://kb.osu.edu/dspace/bitstream/handle/1811/25148/18CHI-FANG-WUPDF.pdf?sequence=3; 04.12.2013]

Conen, M.-L. (2007): Wie kann ich Ihnen helfen, mich wieder loszuwerden? In: Conen, M.-L./Cecchin, G. (Hrsg.): „Wie kann ich Ihnen helfen, mich wieder loszuwerden?“ Therapie und Beratung in Zwangskontexten. Heidelberg: Carl Auer, S. 15–176.

Conrad, C. A. (1999): Entwicklungen der Konjunkturtheorie seit Keynes und ihr Beitrag zur Konjunkturpolitik – eine vergleichende Bewertung. In: Konjunkturpolitik. Zeitschrift für angewandte Wirtschaftsforschung. Applied Economics Quarterly. Heft 3, S. 188–218.

Conrads, R./Huber, A./Staudinger, T. (2009): Vom innovativen Netzwerk zum geschlossenen System – ein Trauerspiel des Erfolgs in fünf Akten. In: Brauer, K./Korge, G. (Hrsg.): Perspektive 50plus? Theorie und Evaluation der Arbeitsmarktintegration Älterer. Wiesbaden: VS, S. 163–188.

Cortina, K./Baumert, J./Leschinsky, A./Mayer, K. U./Trommer, L. (Hrsg) (2008): Das Bildungswesen in der Bundesrepublik Deutschland: Strukturen und Entwicklungen im Überblick. Reinbek.

Deutscher Verein für öffentliche und private Fürsorge (2004): Empfehlungen des Deutschen Vereins zu Qualitätsstandards für das Fallmanagement. In: NDV (84) 5, S. 149–153.

Deutscher Verein für öffentliche und private Fürsorge (2009): Anforderungen an das Fallmanagement im SGB II. Berlin. [http://www.deutscher-verein.de/05-empfehlungen/empfehlungen_archiv/2009/pdf/DV%2001-09.pdf; 04.12.2013]

Dewe, B./Scherr, A. (1990): Beratung und Beratungskommunikation. In: Neue Praxis, 6/1990, S. 488–502.

Dietz, M./Müller, G./Trappmann, M. (2009): Bedarfsgemeinschaften im SGB II. Warum Aufstocker trotz Arbeit bedürftig bleiben. IAB-Kurzbericht Nr. 2/2009. Nürnberg.

Dietz, M./Röttger, C./Szameitat, J. (2011): Betriebliche Personalsuche und Stellenbesetzungen. Neueinstellungen gelingen am besten über persönliche Kontakte. IAB-Kurzbericht Nr. 26/2011. Nürnberg.

Dietz, M./Kubis, A./Leber, U./Müller, A./Stegmaier, J. (2013): Personalsuche in Deutschland. Kleine und mittlere Betriebe im Wettbewerb um Fachkräfte. IAB-Kurzbericht Nr. 10/2013. Nürnberg.

Dionisius, R./Lissek, N./Schier, F. (2011): Einmündungen im Übergangsbereich rückläufig. In: BWP Heft 4/2011, S. 4 f.

Dobischat, R./Kühnlein, G./Schurgatz, R. (2012): Ausbildungsreife. Ein umstrittener Begriff beim Übergang Jugendlicher in eine Berufsausbildung. Arbeitspapier 189. Hans-Böckler-Stiftung. Düsseldorf.

Egan, G. (2009): The Skilled Helper: A Problem-Management and Opportunity-Development Approach to Helping. Belmont: Wadsworth.

Eichert, M. (1994/2001): Langzeitarbeitslosigkeit und ihre Bekämpfung: eine Tagung der Friedrich-Ebert-Stiftung am 21. November 1994 in Gera. Bonn. [http://library.fes.de/fulltext/fo-wirtschaft/00364toc.htm; 04.12.2013]

Eichhorst, W./Profit, S./Thode, E. (2001): Benchmarking Deutschland: Arbeitsmarkt und Beschäftigung. Bericht der Arbeitsgruppe Benchmarking und der Bertelsmann Stiftung an das Bündnis für Arbeit, Ausbildung und Wettbewerbsfähigkeit. Berlin: Springer.

Eisentraut, R./Wagner, G. (2002): Evaluierung von Vermittlungsagenturen auf kommunaler Ebene. Förderung von Maßnahmen zur Erprobung zusätzlicher Wege in der Arbeitsmarktpolitik. Projektübergreifender Ergebnisbericht. Bundesministerium für Arbeit und Sozialordnung (Hrsg.). Forschungsbericht Nr. 293. Bonn, S. 89.

Elkeles, T./Michel-Schwartz, B. (2009): Gesundheitsförderung in der Fortbildung für Fallmanager und Arbeitsvermittler. In: Hollederer, A. (Hrsg.): Gesundheit von Arbeitslosen fördern! Ein Handbuch für Wissenschaft und Praxis. Frankfurt/Main: Fachhochschulverlag, S. 230–260.

Empter, S./Frick, F. (Hrsg.) (1999): Beschäftigungsorientierte Sozialpolitik in Kommunen. Gütersloh. Bertelsmann-Stiftung. [http://www.bertelsmann-stiftung.de/bst/de/media/xcms_bst_dms_14279_14280_2.pdf; 04.12.2013]

Engel, F./Sickendieck, U. (2007): „Narrative Beratung: Sprache, Erzählungen und Metaphern in der Beratung." In: Nestmann, F./Engel, F./Sickendieck, U. (Hrsg.): Das Handbuch der Beratung. Band 2: Ansätze, Methoden und Felder (2. Aufl.). Tübingen: dgvt.

Engelen-Kefer/U.; Kühl, J./Peschel, P. (1995): Beschäftigungspolitik. Wege zur Vollbeschäftigung im Europäischen Binnenmarkt. Köln: Bund.

Erpenbeck, J./von Rosenstiel, L. (2007): Einführung. In: Erpenbeck, J./von Rosenstiel, L. (Hrsg.): Handbuch Kompetenzmessung. Erkennen, verstehen und bewerten von Kompetenzen in der betrieblichen, pädagogischen und psychologischen Praxis. Stuttgart: Schäffer-Poeschel, S. XVII–XLVI.

Ertelt, B.J./Schulz, W.E. (2008): Handbuch Beratungskompetenz. Mit Übungen zur Entwicklung von Beratungsfähigkeiten in Bildung und Beruf. Leonberg: Rosenberger.

EU (2004): Entschließung des Rates der EU und der im Rat vereinigten Vertreter der Regierungen der Mitgliedstaaten über den Ausbau der Politiken, Systeme und Praktiken auf dem Gebiet der lebensbegleitenden Beratung. Dokument 9286/04 EDUC 89 SOC 234. [http://ec.europa.eu/education/lifelong-learning-policy/doc/guidance/resolution2004_de.pdf; 04.12.2013]

EU (2008): Entschließung des Rates und der im Rat vereinigten Vertreter der Regierungen der Mitgliedstaaten über „Bessere Integration lebensbegleitender Beratung in Strategien lebenslangen Lernens", Dokument 14398 EDUC 241 SOC 607. [http://register.consilium.europa.eu/pdf/de/08/st15/st15030.de08.pdf; 04.12.2013]

European Commission (2010): Communication from the Commission. Europe 2020. A strategy for smart, sustainable and inclusive growth. Brussels. [http://eur-lex.europa.eu/LexUriServ/LexUriServ.do?uri=COM:2010:2020:FIN:EN:PDF, 04.12.2013]

Ewers, M. (2005): Das anglo-amerikanische Case Management: Konzeptionelle und methodische Grundlagen. In: Ewers, M./Schaeffer, D. (Hrsg.): Case Management in Theorie und Praxis. Bern: Hans Huber. S. 53–90.

Fehren, O. (2009): Was ist ein Sozialraum? Annäherung an ein Kunstwerk. In: Soziale Arbeit, Heft 8, S. 286–293.

Forschungskonsortium (2012): Evaluation der Berufseinstiegsbegleitung nach § 421s SGB III – Zwischenbericht 2012. Vorgelegt vom Forschungskonsortium IAW e. V. Tübingen. SÖSTRA GmbH Berlin. SOKO-Institut GmbH Bielefeld. Institut für Erziehungswissenschaft Tübingen. Tübingen, Berlin, Bielefeld und Frankfurt. [http://www.iaw.edu/w/IAWPDF.php?id=963&name=BEREB_3_Zwischenbericht_2012.pdf; 04.12.2013]

Franck, M./Egle, F./Göckler, R./Zahn, E. (2002): Der Arbeitsmarkt. Grundzusammenhänge und Theorieansätze. Akademie Verlags- und Druckgesellschaft: Essen.

Franz, W. (2009): Arbeitsmarktökonomik. Heidelberg: Springer.

Fuchs, J./Hummel, M./Hutter, C./Klinger, S./Wanger, S./Weber, E./Weigand, R./Zika, G. (2013): IAB-Prognose 2013. Der Arbeitsmarkt bekommt konjunkturellen Rückenwind. IAB-Kurzbericht Nr. 6/2013. Nürnberg.

Genz, H./Manz, U. (2012): Fallmanagement im Jobcenter Mannheim. In: Egle, F./Genz, H. (Hrsg.): Fit für Arbeitsvermittlung, Beratung und Integration. Frankfurt/Main: P. Lang, S. 571–587.

Gerner, H.-D./Wießner, F. (2012): Solo-Selbstständige: Die Förderung bewährt sich, der soziale Schutz nicht immer. IAB-Kurzbericht Nr. 23/2012. Nürnberg.

Gerrig, R. J./Zimbardo, P. G. (2011): Psychologie. München: Pearson.

Göckler, R./Rudolph, H. (2004): Vom Profiling, den Vermittlungshemmnissen und den Zuweisungskriterien zum Fallmanagement – Eine Einführung. Anlage 2 des Fachkonzeptes zum beschäftigungsorientierten Fallmanagement. Hrsg. von der Bundesagentur für Arbeit. Nürnberg. [http://www.tacheles-sozialhilfe.de/aktuelles/2005/fachkonzept-fallmanagement-anlagen.pdf; 04.12.2013]

Göckler, R. (2009): Beratung im Sanktionskontext. Sanktionsgespräche in der Grundsicherung für Arbeitssuchende. Theorie und Praxis der Umsetzung. Tübingen: dgvt.

Göckler, R. (2012a): Beschäftigungsorientiertes Fallmanagement. Betreuung und Vermittlung in der Grundsicherung für Arbeitsuchende (SGB II). Case Management in der Praxis. Regensburg: Walhalla.

Göckler, R. (2012b): Zwangskontexte in der Beschäftigungsförderung – Beratung unter Sanktionsdruck. In: VPP – Verhaltenstherapie & psychosoziale Praxis, (44) 1. Sonderheft Beratung in Zwangskontexten – Eine Kontroverse: Positionen zum Umgang mit Nicht-Freiwilligkeit in Beratungen. Tübingen, S. 83–97.

Golze, M./Göckler, R. (2010): Berufliche Beratung im Fallmanagement der Grundsicherung für Arbeitsuchende (SGB II). Forum, Zeitschrift des Deutschen Verbandes für Bildungs- und Berufsberatung e. V., Heft 1, S. 5–17.

Gorlov, V. (2009): Warum gibt es kaum Ingenieurinnen? Gründe für eine geschlechts(un)spezifische Berufswahl. Deutschland und Schweden im Vergleich (Bamberger Beiträge zur Soziologie, 04), Bamberg: University of Bamberg Press.

Greulich, A./Berchtold, P./Löffel, N. (Hrsg.) (2002): Disease Management. Patient und Prozess im Mittelpunkt. Heidelberg: Hüthig.

Groeger-Roth, F./Neumaier, M./Thies, R. (2010): Beschäftigungsförderung im und für den Stadtteil. Erfahrungen und Konzepte aus der Gemeinwesenarbeit. In: Informationen zur Raumentwicklung, Heft 2 – 3/2010, S. 197–206.

Groher, E. (2007): Beschäftigungsorientierte Beratung. Ein Beitrag aus sozialkonstruktionistischer Perspektive. Hamburg.

Großmaß, R. (2010): Hard to reach – Beratung in Zwangskontexten. Labonté-Roset, R./Hoefert, H.-W./Cornel, H. (Hrsg.): Hard to reach. Schwer erreichbare Klienten in der Sozialen Arbeit. Berlin: Schibri, S. 173–185.

Großmaß, R. (2012): Freiwilligkeit in der Beratung – ein Mythos oder methodische Notwendigkeit? In: Verhaltenstherapie und Psychosoziale Praxis – VPP, Beratung in Zwangskontexten (2012), Nr. 1, 44. Jg., S. 12 f.

Groth, A. (1989): Alles was recht ist – Sozialberatung als ein Mittel von Armutsbekämpfung. Lüneburg: Verlag für demokratische Kultur und Politik.

Grözinger, G./Matiaske, W./Tobsch, V. (2008): Arbeitszeitwünsche, Arbeitslosigkeit und Arbeitszeitpolitik. SOEPpapers on Multidisciplinary Panel Data Research. Hrsg. vom DIW. Berlin. [http://www.diw.de/documents/publikationen/73/82923/diw_sp0103.pdf; 04.12.2013]

Grünheid, E./Fiedler, C. (2013): Bevölkerungsentwicklung. Daten, Fakten, Trends zum demografischen Wandel. Herausgeber Bundesinstitut für Bevölkerungsforschung. Wiesbaden.

Haller, D. (2006): Evaluation des Case Management-Verfahrens der Sozialhilfe der Stadt Basel. Vorstudie im Auftrag der Sozialhilfe der Stadt Basel. Bern: Fachhochschule, Fachbereich Soziale Arbeit.

Hansen, E. (2009): Das Case Management als „‚Art' of the State". In: Neue Praxis Nr. 5, S. 507–522.

Hauck, K./Noftz, W.: Loseblattwerk. Sozialgesetzbuch (SGB) II: Grundsicherung für Arbeitsuchende. Kommentar (Stand 2012). Berlin: Erich Schmidt.

Heckhausen, J./Heckhausen, H. (2006): Motivation und Handeln. Heidelberg: Springer.

Henkel, D. (2008): Stand der internationalen Forschung zur Prävalenz von Substanzproblemen bei Arbeitslosen und zur Arbeitslosigkeit als Risikofaktor für die Entwicklung von Substanzproblemen: Alkohol, Tabak, Medikamente, Drogen. In: Henkel, D./Zemlin, U. (Hrsg.): Arbeitslosigkeit und Sucht. Ein Handbuch für Wissenschaft und Praxis. Frankfurt/Main: Fachhochschulverlag, S. 10–69.

Henke, J./Henkel, D./Nägele, B./Pagels, N./Wagner, A. (2009): Erhebung von Ansätzen guter Praxis zur Integration Suchtkranker ins Erwerbsleben im Rahmen des SGB II, Abschlussbericht. FIA Forschungsteam Internationaler Arbeitsmarkt (Hrsg.). Berlin.

Heyer, G./Koch, S./Stephan, G./Wolff, J. (2012): Evaluation der aktiven Arbeitsmarktpolitik: Ein Sachstandsbericht für die Instrumentenreform 2011. IAB Discussion Paper 17/2011. Nürnberg.

Hielscher, V./Ochs, P. (2009): Arbeitslose als Kunden? Beratungsgespräche in der Arbeitsvermittlung zwischen Druck und Dialog. Berlin: Ed. Sigma.

Hierming, B./Jaehrling, K./Kalina, T./Vanselow, A./Weinkopf, C. (2005): Stellenbesetzungsprozesse im Bereich „einfacher" Dienstleistungen. Abschlussbericht einer Studie im Auftrag des Bundesministeriums für Wirtschaft und Arbeit. Berlin, S. 234 f. [http://www.iaq.uni-due.de/aktuell/veroeff/2005/hieming01.pdf; 04.12.2013]

Hinte, H./Rinne, U./Zimmermann, K. F. (2011): Ein Punktesystem zur bedarfsorientierten Steuerung der Zuwanderung nach Deutschland. IZA Research Report Nr. 35. [http://www.iza.org/files/report35.pdf; 04.12.2013]

Hinte, W. (2010): Von der Gemeinwesenarbeit über die Sozialraumorientierung zur Initiierung von bürgerschaftlichem Engagement. In: Thole, W. (Hrsg.): Grundriss Soziale Arbeit. Ein einführendes Handbuch. Wiesbaden: VS Verlag, S. 663–676.

Hirschi, A. (2013): Neuere Theorien der Laufbahnforschung und deren Implikationen für die Beratungspraxis. In: Hammer, M./Kanelutti-Chilas, E./Melter, I. (Hrsg.): Zukunftsfeld Bildungs- und Berufsberatung II. Das Gemeinsame in der Differenz finden. Bielefeld: wbv-Verlag, S. 105–113.

Hirseland, A./Ramos Lobato, P. R. (2010): Armutsdynamik und Arbeitsmarkt. Entstehung, Verfestigung und Überwindung von Hilfebedürftigkeit bei Erwerbsfähigen. IAB-Forschungsbericht 03/2010. Nürnberg.

Hirseland, A./Ramos Lobato, P. R. (2012): Zwischen „Hartz IV" und geförderter Beschäftigung. Positionierung und Teilhabeerleben im reformierten Sozialstaat. In: Bereswill, M. u. a. (Hrsg.): Wechselverhältnisse im Wohlfahrtsstaat. Dynamiken gesellschaftlicher Justierungsprozesse. Münster: Westfälisches Dampfboot, S. 273–291.

Hofmann, B./Krug, G./Sowa, F./Theuer, S./Wolf, K. (2010): Modellprojekt in den Arbeitsagenturen: Kürzere Arbeitslosigkeit durch mehr Vermittler. IAB-Kurzbericht Nr. 09/2010. Nürnberg.

Höft, S./Funke, U. (2006): Simulationsorientierte Verfahren der Personalauswahl. In: Schuler, H. (Hrsg.): Lehrbuch der Personalpsychologie. Göttingen: Hogrefe.

Hollederer, A. (Hrsg.) (2009): Gesundheit von Arbeitslosen fördern! Ein Handbuch für Wissenschaft und Praxis. Frankfurt/Main: Fachhochschulverlag.

Hombach, B./Dingerkus, R. (2008): Finanzielle Sorgen – ein unsichtbares Mitglied im Beratungssetting? In: Bünder, P./Schmitz, L./Krumpholz, D. (Hrsg.): Neue Konzepte und Praxis systemischer Beratung. Berlin: Frank & Timme, S. 83–88.

Institut für Stadt- und Regionalentwicklung (ISR)/Institut für angewandte Sozialwissenschaft (infas) (2008): Methodenanhang zum Abschlussbericht Mai 2008 an das Bundesministerium für Arbeit und Soziales. Evaluation der Experimentierklausel nach § 6c

SGB II – Projekt-Nr. 43/05. Frankfurt/Main, Bonn. [http://www.bmas.de/SharedDocs/Downloads/DE/PDF-Publikationen/forschungsbericht-f386-methodenanhang.pdf;jsessionid=5FA4A01C85DB5DAD6C93FD900E100236?__blob=publicationFile; 04.12.2013]

Iwert, M. (2003): Vom narrativen Interview zur narrativen Gesprächsführungsmethode. Eine Konzeption des gezielten Fremdverstehens für den Anwendungsbereich pädagogischer Tätigkeiten. Stuttgart.

Jäger, A. O. (1984): Intelligenzstrukturforschung: Konkurrierende Modelle, neue Entwicklungen, Perspektiven. Psychologische Rundschau, Heft 35, S. 21–35.

Joussen, J. (2008): § 9 AGG und die europäischen Grenzen für das kirchliche Arbeitsrecht. In NZA 12/2008, S. 675–679.

Kapes, J. T./Moran Mastie, M. (Ed.) (1988): A Counselor's Guide to Career Assessment Instruments. 2nd. Edited. Virginia: The National Career Development Association.

Kämper, A. (2012): Wirksame Wege für Familien mit geringem Einkommen. In: NDV Heft 3, S. 103–110.

Kaufmann, K./Hummel, M./Rudolph, H. (2012): Bildung und Ausbildung. Datenanhang zu zentralen Indikatoren des deutschen Arbeitsmarktes. In: Brücker, H./Klinger, S./Möller, J./Walwei, U. (Hrsg.) (2012): Handbuch Arbeitsmarkt 2013. Analysen, Daten, Fakten (IAB-Bibliothek 334). Bielefeld: Bertelsmann.

Kavemann, B./Steffan, E. (2013): Zehn Jahre Prostitutionsgesetz und die Kontroversen um die Auswirkungen. In: Bundeszentrale für politische Bildung (Hrsg.): Aus Politik und Zeitgeschehen Heft 9, S. 9–15.

Keupp, H./Ahbe, T./Gmür, W./Höfer, R./Mitzscherlich, B./Kraus, W./Straus, F. (1999): Identitätskonstruktionen. Das Patchwork der Identitäten in der Spätmoderne. Reinbek bei Hamburg: Rowohlt Taschenbuch.

Kleinmann, M./Manzey, D./Schumacher, S./Fleishman, E. A. (2010): Fleishman-Job-Analyse-System für eigenschaftsbezogene Anforderungsanalysen: F-JAS. Deutschsprachige Bearbeitung des Fleishman Job Analysis Survey. Göttingen: Hogrefe.

Kleve, H. (2009): Theorie und Praxis! Weitere Typen der Case-Management-Kritik. In: Case Management (6), 2, S. 85–88.

Klös, H.-P./Egle, F. (1999): Stellenbesetzungsprobleme trotz hoher Arbeitslosigkeit im Bereich des Arbeitsamtes Bielefeld/Gütersloh. Gutachten des Instituts der deutschen Wirtschaft Köln. Gütersloh: Bertelsmann.

Knapp, U. (2004): Beschäftigungs- und Arbeitsmarktpolitik. Diskussionsbeiträge aus dem Fachgebiet Volkswirtschaftslehre an der HWP. [http://www.wiso.uni-hamburg.de/fileadmin/wiso_dwp_vwl/Diskussionspapiere/Knapp/ArbMPol.pdf; 04.12.2013]

Koch, S./Krug, G./Stops, M. (2009): Zur Bedeutung von öffentlicher Arbeitsvermittlung und Beratung in der Arbeitsmarktkrise. In: Sozialer Fortschritt 11, S. 241–248.

Koch, S./Kupka, P./Steinke, J. (2009): Aktivierung, Erwerbstätigkeit und Teilhabe. Vier Jahre Grundsicherung für Arbeitsuchende (IAB-Bibliothek 315). Nürnberg, Bielefeld: Bertelsmann.

Koch, S./Kupka, P. (2012): Öffentlich geförderte Beschäftigung: Integration und Teilhabe für Langzeitarbeitslose. Expertise im Auftrag der Abteilung Wirtschafts- und Sozialpolitik der Friedrich-Ebert-Stiftung (WISO-Diskurs). Bonn: Friedrich-Ebert-Stiftung.

Koch, S./Spies, C./Stephan, G./Wolff, J. (2011): Kurz vor der Reform. Arbeitsmarktinstrumente auf dem Prüfstand. IAB-Kurzbericht Nr. 11/2011, Nürnberg.

Kohn, K. (2009a): Kernkompetenzen in der Bildungs- und Berufsberatung 1: Wissen über Bildungs- und Berufswege sowie berufliche Arbeitsmärkte. Schwerte: Deutscher Verband für Bildungs- und Berufsberatung e. V.

Kohn, K. (2009b): Den Pudding an die Wand nageln. Von der unverzichtbaren Kunst Berufsfelder abzustecken. In: Informationen für die Bildungs- und Berufsberatung, Ausgabe Nr. 24 vom 21. Mai 2009, S. 1–6. [http://www.kohnpage.de/iBB/24.pdf; 04.12.2013]

Kohn, K. (2011): Migrationsspezifische beschäftigungsorientierte Beratung – spezifische Themen, spezifische Bedarfe. Ergebnisse einer Delphi-Breitband-Erhebung. Berlin.

Kolbe, C./Reis, C. (2005): Vom Case Management zum Fallmanagement. Zur Praxis des Case Managements in der Sozialhilfe und der kommunalen Beschäftigungsförderung am Vorabend von Hartz IV. Frankfurt/Main: Fachhochschulverlag.

Kolbe, C./Reis, C. (2008): Die praktische Umsetzung des Fallmanagements nach dem SGB II. Eine empirische Studie. Frankfurt/Main: Fachhochschulverlag.

Koller, L./Neder, N./Rudolph, H./Trappmann, M. (2012): Selbstständige in der Grundsicherung: Viel Arbeit für wenig Geld. IAB-Kurzbericht Nr. 22/2012. Nürnberg.

Kommission „Moderne Dienstleistungen am Arbeitsmarkt" (2002): Bericht. Vorschläge der Kommission zum Abbau der Arbeitslosigkeit und zur Umstrukturierung der Bundesanstalt für Arbeit. Lahr.

Kommunale Gemeinschaftsstelle (KGSt) (1997): Steuerung der Sozialhilfe. Bericht Nr. 11. Köln.

Konle-Seidl, R. (2009): Erfassung von Arbeitslosigkeit im internationalen Vergleich. Notwendige Anpassung oder unzulässige Tricks? IAB-Kurzbericht Nr. 4/2009. Nürnberg.

Kratzer, N. (2003): Arbeitskraft in Entgrenzung. Grenzenlose Anforderungen, erweiterte Spielräume, begrenzte Ressourcen. Berlin: edition sigma.

Krebs, T./Behrends, S. (2002): Einkommens- und Verbrauchsstichprobe 2003. Den finanziellen Überblick wahren. In: Wirtschaft und Statistik 11, S. 952–958.

Kretschmer, A. (2005): Die Organisation der Arbeitsvermittlung. Ökonomische Analyse und Gestaltungsempfehlungen aus der australischen Vermittlungspraxis. Berlin: Logos.

Kröger, M./van Suntum, U. (1999): Mit aktiver Arbeitsmarktpolitik aus der Beschäftigungsmisere? Gütersloh: Bertelsmann Stiftung.

Kroll, L. E./Lampert, T./Lange, C./Ziese, T. (2008): Entwicklung und Einflussgrößen der gesunden Lebenserwartung. Veröffentlichung des WZB, SP I 2008-306; Berlin.

Kromphardt, J. (1987): Arbeitslosigkeit und Inflation. Eine Einführung in die makroökonomischen Kontroversen. Göttingen: Vandenhoeck u. Ruprecht.

Krug, G./Stephan, G. (2011): 3. Ergebnisbericht zum Modellprojekt Pinguin in den Agenturen Bautzen, Leipzig und Mönchengladbach. Nürnberg.

Kruppe, T. (2008): Selektivität bei der Einlösung von Bildungsgutscheinen. IAB-Discussion Paper 17/2008. Nürnberg. [http://doku.iab.de/discussionpapers/2008/dp1708.pdf; 04.12.2013]

Kupka, P./Wolters, M. (2010): Erweiterte vertiefte Berufsorientierung. Überblick, Praxiserfahrungen und Evaluationsperspektiven. IAB-Forschungsbericht 10/2010. Nürnberg.

Langhorst, K./Schwill, M. (2011): Grundlagen. In: Krüger, R. (Hrsg.): Sozialberatung. Werkbuch für Studium und Berufspraxis. Wiesbaden: VS, S. 14–83.

Lampert, T./Kroll, L.E./von der Lippe, E./Müters, S./Stolzenberg, H. (2013): Sozioökonomischer Status und Gesundheit. Ergebnisse der Studie zur Gesundheit Erwachsener in Deutschland (DEGS1). In: Bundesgesundheitsblatt 5–6, S. 814–821.

Lechner, G. (2009): Eine zweite Chance für alle gescheiterten Schuldner? Längsschnittstudie zur Evaluation des Verbraucherinsolvenzverfahrens. Initiiert durch den Schufa-Verbraucherbeirat. [http://www.schufa-verbraucherbeirat.de/media/themenundprojekte/downloads/wirkungsstudie_verbraucherinsolvenzverfahren_final.pdf; 04.12.2013]

Leschinsky, A./Cortina, K. (2008): Zur sozialen Einbettung bildungspolitischer Trends in der Bundesrepublik. In: Cortina, K. u. a. (Hrsg.), S. 21–51.

Lietzmann, T./Tophoven, S./Wenzig, C. (2011): Grundsicherung und Einkommensarmut. Bedürftige Kinder und ihre Lebensumstände. IAB-Kurzbericht Nr. 6/2011. Nürnberg.

Locke, E. A./Latham, G. P. (1990): A Theory of Goal Setting and Task Performance. Englewood Cliffs.

Löcherbach, P./Mennemann, H. (2009): Theoretische Überlegungen: Case Management und Hilfeplanung nach § 36 SGB VIII. In: Löcherbach, P./Mennemann, H./Hermsen, T. (Hrsg.): Case Management in der Jugendhilfe. München, Basel: Reinhardt, S. 26–83.

Löcherbach, P. (2009): Qualifizierung im Case Management. Bedarf und Angebote. In: Löcherbach, P./Klug, W./Remmel-Faßbender, R./Wendt, W. R. (2009): Case Management. Fall- und Systemsteuerung in der Sozialen Arbeit. Basel: Ernst Reinhardt, S. 226–257.

Lott, M. (2010): Soziodemografische Muster der Qualifikationsstruktur von Erwerbstätigkeit und Unterbeschäftigung (IAB-Forschungsbericht 02/10). Nürnberg.

Lott, M./Spitznagel, E. (2010): Präventive Arbeitsmarktpolitik: Impulse für die berufliche Weiterbildung im Betrieb. IAB-Kurzbericht Nr. 11/2010. Nürnberg.

Lowery, S. (2008): History and Evolution of Case Management. In: Powell, S., Tahan, H. (Ed.): CMSA Core Curriculum for Case Management. Philadelphia: Lippincott Raven pp. 3–16.

Lutz, R. (2011): Das Mandat der sozialen Arbeit. Wiesbaden: VS.

Marzinzik, K. (2007): Verhandeln, „was der Fall ist" – Perspektiven für ein parteiliches Case-Management. In: Schmidt, B./Kolip, P. (Hrsg.): Gesundheitsförderung im aktivierenden Sozialstaat. Weinheim: Juventa, S. 191–202.

MASQT (Hrsg.) (2000): Modellprojekt „Sozialbüros" NRW. Endbericht. Düsseldorf (Ministerium für Arbeit und Soziales, Qualifikation und Technologie).

McLeod, J. (2011): Beraten lernen. Das Übungsbuch zur Entwicklung eines persönlichen Beratungskonzepts. Tübingen: dgvt.

Mehlich, M. (2005): Langzeitarbeitslosigkeit. Individuelle Bewältigung im gesellschaftlichen Kontext. Baden-Baden: Nomos.

Meinhold, M. (2005): Einzelfallhilfe/Case-Management. In: Otto, H.-U./Thiersch, H. (Hrsg.): Handbuch Sozialarbeit, Sozialpädagogik. Basel: E. Reinhardt, S. 361–367.

Mendolicchio, C./Rhein, T. (2012): Ländervergleich in Westeuropa. Wo sich Bildung für Frauen mehr lohnt als für Männer. IAB-Kurzbericht Nr. 5/2012. Nürnberg.

Mennemann, H. (2006): Case Management auf der Systemebene – Aufbau von Netzwerken. In: Case Management (3) Heft 1, S. 12–17.

Michel-Schwartze, B. (2008): Die strukturelle Devianz des beschäftigungsorientierten Fallmanagements. Wie viel Case Management steckt im Fallmanagement? In: Müller, M./Ehlers, C. (Hrsg): Case Management als Brücke: Arbeitsfelder und Organisationsformen. Schriftenreihe der Alice-Salomon-Fachhochschule. Band 4, Berlin: Schibri.

Miller, W. R./Rollnick, S. (2004): Motivierende Gesprächsführung. Freiburg: Lambertus.

Miller, W. R./Rose, G. S. (2009): Toward a Theory of Motivational Interviewing. American Psychologist, 64 (6), S. 527–537.

Möller, J./Walwei, U. (2009), Editorial. In: Koch, S. u. a. (Hrsg.): Aktivierung, Erwerbstätigkeit und Teilhabe. Vier Jahre Grundsicherung für Arbeitsuchende. Bielefeld: Bertelsmann, S. 11 f.

Müller, A./Rebien, M./Stops, M. (2011). Einschaltungspotenzial für den Arbeitgeber-Service der Bundesagentur für Arbeit. Ergebnisse aus der IAB-Erhebung des Gesamtwirtschaftlichen Stellenangebots (IAB-Stellungnahme 10/2011). Nürnberg.

7

Münder, J. (2011) (Hrsg.): Sozialgesetzbuch II. Grundsicherung für Arbeitsuchende. Lehr- und Praxiskommentar. Baden-Baden: Nomos.

Nationaler Pakt für Ausbildung und Fachkräftenachwuchs in Deutschland (2006): Kriterienkatalog zur Ausbildungsreife. Ein Konzept für die Praxis. Nürnberg, Berlin. [http://www.pakt-fuer-ausbildung.de; 04.12.2013]

Nestmann, F. (2011): Anforderungen an eine nachhaltige Beratung in Bildung und Beruf – Ein Plädoyer für die Wiedervereinigung von „Counselling" und „Guidance". In: Hammerer, M./Kanelutti, E./Melter, I. (Hrsg.): Zukunftsfeld Bildungs- und Berufsberatung. Neue Entwicklungen aus Wissenschaft und Praxis. Bielefeld: wbv, S. 59–79.

Nestmann, F. (2012): Zwangsberatung ist keine Beratung – Beratung braucht die Freiheit der Wahl. Verhaltenstherapie & Psychosoziale Praxis, S. 23–28.

Neuffer, M. (2009): Case Management. Soziale Arbeit mit Einzelnen und Familien (4. Aufl.). Weinheim: Juventa.

Noack, M. (2012): Der Raum als Scharnier zwischen Lebenswelt und Hilfesystem. [http://www.sozialraum.de/der-raum-als-scharnier-zwischen-lebenswelt-und-hilfesystem.php; 04.12.2013]

Nodes, W. (2010): Contra Case Management – über die Enteignung eines Begriffes und die Folgen. In: Case Management (7), 01, S. 11–14.

Ochs, P./Institut für Sozialforschung und Sozialwirtschaft e.V. (ISO) (2006): Organisatorischer Umbau der Bundesagentur für Arbeit. Evaluation der Maßnahmen zur Umsetzung der Vorschläge der Hartz-Kommission. Arbeitspaket 2. Evaluationsbericht

2006 im Auftrag des Bundesministeriums für Arbeit und Soziales (BMAS). Saarbrücken. [http://www.iso-institut.de/download/2007_01_16_iso-ochs-Bericht_BAEval_%20AP2.pdf; 04.12.2013]

OECD (2000): OECD Beschäftigungsausblick. Paris.

OECD (2004): Berufsberatung – ein Handbuch für Politisch Verantwortliche. Paris: OECD, Europäische Gemeinschaften.

Oschmiansky, F./Ebach, M. (2009): Aktive Arbeitsmarktpolitik im Wandel. In: Aus Politik und Zeitgeschichte: Beilage zur Wochenzeitung Das Parlament, Heft 27, S. 15–20.

Osiander, C./Steinke, J. (2011): Street-level bureaucrats in der Arbeitsverwaltung. Dienstleistungsprozesse und reformierte Arbeitsvermittlung aus Sicht der Vermittler. In: Zeitschrift für Sozialreform, Jg. 57, Heft 2, S. 149–173.

Ott, M. (2011): Aktivierung von (In-)Kompetenz. Praktiken im Profiling – eine machtanalytische Ethnographie. Konstanz: UVK.

Otto, H.- U./Polutta, A./Ziegler, H. (2010): Zum Diskurs um evidenzbasierte Soziale Arbeit. In: dgl. (Hrsg.): What Works? – Welches Wissen braucht die Soziale Arbeit? Zum Konzept evidenzbasierter Praxis. Opladen: B. Budrich.

Pahl, J.-P. (2013): Berufsforschung und Berufswissenschaft – Eine Einführung zu Ausformungen, Aufgaben und Perspektiven. In: Pahl, J.-P./Herkner, V. (Hrsg.): Handbuch Berufsforschung. Bielefeld: wbv, S. 17–37.

Pantucek, P. (2007): Falleinschätzung im Case Management. In: Soziale Arbeit, Heft 11/12, S. 432–440.

Pantucek, P. (2009): Soziale Diagnostik. Verfahren für die Praxis Sozialer Arbeit. Wien: Böhlau.

Paul, K. I./Moser, K. (2009): Metaanalytische Moderatoranalysen zu den psychischen Auswirkungen der Arbeitslosigkeit. Ein Überblick. In: Hollederer, A. (Hrsg.): Gesundheit von Arbeitslosen fördern! Ein Handbuch für Wissenschaft und Praxis. Frankfurt/Main: Fachhochschulverlag, S. 39–61.

Paulus, W./Schweitzer, R./Wiemer, S. (2010): Klassifikation der Berufe 2010 – Entwicklung und Ergebnis. Nürnberg. [http://doku.iab.de/externe/2011/k110121r05.pdf; 04.12.2013]

Peterson, G. W./Sampson, J. P./Lenz, J. G./Reardon, J. G. (2002): A Cognitive Information Processing Approach to Career Problem Solving and Decision Making. In: D. Brown & associates (Eds.): Career Choice and Development. Fourth Edition. San Francisco: Jossey-Bass, pp. 312–369.

Pfeiffer, S./Hacket, A./Ritter, T./Schütt, P. (2008): Arbeitsvermögen und Arbeitslosigkeit. Empirische und theoretische Ergebnisse der SGB-II Evaluation. München: ISF München. E-Paper [www.isf-muenchen.de/pdf/Arbeitsvermoegen_und_Arbeitslosigkeit.pdf; 04.12.2013]

Pirotto, P. (2003): Berufsberatung als Instrument der sozialen Eingliederung. Theoretische Bewertung einer praktischen Erfahrung. In: Cedefop (Hrsg.): Agora X. Soziale und berufliche Orientierung und Beratung. Cedefop Panorama series Nr. 64, Amt für amtliche Veröffentlichungen der Europäischen Gemeinschaften (Hrsg.). Luxemburg, S. 169–176.

Plicht, H. (2010): Das neue Fachkonzept berufsvorbereitender Bildungsmaßnahmen der BA in der Praxis. Ergebnisse aus der Begleitforschung BvB (IAB Forschungsbericht 7/2010). Nürnberg.

Pohlmann, M. (2006): Beratung als Interaktionsform – Perspektiven, Trends und Herausforderungen. In: Pohlmann, M./Zillmann, T. (Hrsg): Beratung und Weiterbildung. Fallstudien, Aufgaben und Lösungen. München: Oldenbourg. S. 31–47.

Rademacher, M. (2012): Kommentar zu § 35 SGB III. In: Gemeinschaftskommentar zum Arbeitsförderungsrecht (GK-SGB III) (2012). Köln: Luchterhand.

Rademacher, M. (2012): Kommentar zu § 36 SGB III. In: Gemeinschaftskommentar zum Arbeitsförderungsrecht (GK-SGB III) (2012). Köln: Luchterhand.

Reis, C./Bartelheimer, P./Kinstler, H.-J./Kolbe, C./Reinmüller, R./Vieth, A./von Freyberg, T./Wende, L. (2003): Pilotprojekt „Integrierte Hilfe zur Arbeit" (Endbericht der wissenschaftlichen Begleitung). Frankfurt/Main.

Reis, C./Ludwig, M. (2011): Steuerungsillusionen und ihre praktischen Wirkungen. Das „Vier-Phasen-Modell" der Bundesagentur für Arbeit als Lehrstück für Case Management. In: Case Management (4) 2, S. 67–77.

Rixen, S.: Kommentar zu § 36 SGB III. In: Eicher, W./Schlegel, R. (2012): SGB III. Sozialgesetzbuch Drittes Buch – Arbeitsförderung –. Kommentar mit Nebenrecht. Köln: Luchterhand.

Rogers, C. R. (1972): Die nicht-direktive Beratung. Frankfurt/Main. [Original: Counseling and Psychotherapy. Boston 1942]

Rogers, C. R. (1983): Die klientenzentrierte Gesprächspsychotherapie. München.

Rosa, H. (2005): Beschleunigung. Die Veränderung der Zeitstrukturen in der Moderne. Frankfurt: Suhrkamp.

Rudolph, H. (1998): Risiko von Langzeitarbeitslosigkeit frühzeitig erkennen. Berechnung der Verbleibswahrscheinlichkeit von Arbeitslosen. IAB-Werkstattbericht 14. Nürnberg.

Rübner, M. (2011a): Beratungsangebot. Rechtskommentar zu § 29 SGB III. In: Schönefelder, E./Kranz, G./Wanka, R.: Kommentar zum Sozialgesetzbuch III – Arbeitsförderung. 16. Ergänzungs-Lieferung. Stuttgart: Kohlhammer.

Rübner, M. (2011b): Berufsberatung. Rechtskommentar zu § 30 SGB III. In: Schönefelder, E./Kranz, G./Wanka, R.: Kommentar zum Sozialgesetzbuch III – Arbeitsförderung. 16. Ergänzungs-Lieferung. Stuttgart: Kohlhammer.

Rübner, M. (2012): Beratung von Auszubildenden mit erhöhtem Abbruchsrisiko. Konzeptionelle Überlegungen zur Ausgestaltung des Beratungsprozesses. In: Baumeler, C./Ertelt, B. J./Frey, A. (Hrsg.): Diagnostik und Prävention von Abbrüchen in der Berufsbildung. Band 1 der Reihe Arbeit, Beruf und Beratung. Landau: Empirische Pädagogik, S. 314–343.

Rübner, M. (2013a): Grundsätze der Berufsberatung. Rechtskommentar zu § 31 SGB III. In: Schönefelder, E./Kranz, G./Wanka, R.: Kommentar zum Sozialgesetzbuch III – Arbeitsförderung. 17. Ergänzungs-Lieferung. Stuttgart: Kohlhammer.

Rübner, M. (2013b): Eignungsfeststellung. Rechtskommentar zu § 32 SGB III. In: Schönefelder, E./Kranz, G./Wanka, R.: Kommentar zum Sozialgesetzbuch III – Arbeitsförderung. 17. Ergänzungs-Lieferung. Stuttgart: Kohlhammer.

Rübner, M./Höft, S. (2012): Berufliche Eignungsdiagnostik im Übergang Schule-Beruf. In: Stadt Offenbach, Amt für Arbeitsförderung (Hrsg.): Berufsorientierung und Kompetenzen. Methoden – Tools – Projekte. Gütersloh: wbv, S. 25–51.

Rübner, M./Sprengard, B. (2010): Handbuch für Berufsberaterinnen und Berufsberater. Beratungskonzeption der Bundesagentur für Arbeit. Band I. Nürnberg: Bundesagentur für Arbeit.

Rübner, M./Sprengard, B. (2011): Beratungskonzeption der Bundesagentur für Arbeit – Grundlagen. Nürnberg: Bundesagentur für Arbeit. [http://www.arbeitsagentur.de/zentraler-Content/Veroeffentlichungen/Beratung/Beratungskonzeption-der-BA-Grundlagen.pdf; 04.12.2013]

Savickas, M. L. u. a. (2009): „Life designing: A paradigm for career construction in the 21st century." Journal of Vocational Behavior 75, pp. 239–250.

Scharpf, F. W./Kromphardt, J./Franz, W./Walwei, U. (1999): Abbau der Arbeitslosigkeit durch Lohnsubventionen? In: Wirtschaftsdienst, Heft 8, S. 455 ff.

Schlüter, A. (2010): Bildungsberatung – eine Einführung. In: Schlüter, A. (Hrsg.): Bildungsberatung. Eine Einführung für Studierende. Opladen: B. Budrich, S. 9–15.

Schmuhl, H.-W. (2003): Arbeitsmarktpolitik und Arbeitsverwaltung in Deutschland 1871–2002. Beiträge zur Arbeitsmarkt- und Berufsforschung, Band 270. Institut für Arbeitsmarkt- und Berufsforschung (Hrsg.). Nürnberg.

Schmid, G. (1993): Übergänge in die Vollbeschäftigung. Formen und Finanzierung einer zukunftsgerechten Arbeitsmarktpolitik. WZB discussion paper 208. Berlin.

Schmid, G. (2002): Wege in eine neue Vollbeschäftigung: Übergangsarbeitsmärkte und aktivierende Arbeitsmarktpolitik. Frankfurt/Main: Campus.

Schmid, G. (2004): Soziales Risikomanagement durch Übergangsarbeitsmärkte. WZB discussion paper 110. Berlin. [http://bibliothek.wzb.eu/pdf/2004/i04-110.pdf; 04.12.2013]

Schmid, G. (2011): Übergänge am Arbeitsmarkt. Arbeit, nicht nur Arbeitslosigkeit versichern. Berlin: Edition Sigma.

Schmitz, E./Bude, H./Otto, C. (1989): Beratung als Praxisform „angewandter Aufklärung". In: Beck, U./Bonß, W. (Hrsg.): Weder Sozialtechnologie noch Aufklärung. Frankfurt/Main, S. 122–148.

Schoppa, H.-G. (2010): Der Verlust des Arbeitsplatzes. Beratung von arbeitslosen Menschen. Göttingen: Vandenhoeck & Ruprecht.

Schramm, S. F./Soss, J./Fording, R. C./Houser, L. (2009): Deciding to Discipline. Race, Choice and Punishment at the Frontlines of Welfare Reform. In: American Sociological Review 74, S. 398–422.

Schuler, H. (2002): Das Einstellungsinterview. Göttingen.

Schuler, H./Höft, S. (2007): Diagnose berufliche Eignung und Leistung. In: Schuler, H. (Hrsg.): Lehrbuch Organisationspsychologie. Bern: Huber, S. 289–343.

Schulz-Nieswandt. F. (2009): Case und Care Management – ihre Komplementärstruktur. In: Case Management (6) 2, Economica, S. 107.

Schütz, H./Kupka, P./Koch, S./Kaltenborn, B. (2011): Eingliederungsvereinbarungen in der Praxis: Reformziele noch nicht erreicht. IAB-Kurzbericht Nr. 18/2011. Nürnberg.

Schütz, H./Steinwede, J./Schröder, H./Kaltenborn, B./Wielage, N./Christel, G./Kupka, P. (2011): Vermittlung und Beratung in der Praxis. Eine Analyse von Dienstleistungsprozessen am Arbeitsmarkt (IAB-Bibliothek 330). Bielefeld: Bertelsmann.

Schwing, R./Fryszer, A. (2006): Systemisches Handwerk. Werkzeug für die Praxis. Göttingen: Vandenhoeck & Ruprecht.

Seithe, M. (2010): Schwarzbuch Soziale Arbeit. Wiesbaden: VS.

Sell, S. (2006): Modernisierung und Professionalisierung der Arbeitsvermittlung. Strategien, Konzepte und Modelle unter Berücksichtigung internationaler Erfahrungen. Bonn. [http://library.fes.de/pdf-files/stabsabteilung/03921.pdf; 04.12.2013]

Sesselmeier, W./Funk, L./Waas, B. (2010): Arbeitsmarkttheorien. Eine ökonomisch-juristische Einführung. Heidelberg: Springer.

Sickendiek, U. (2007): Theorien und Konzepte beruflicher Beratung. In: Sickendiek, U. u. a. (Hrsg.), S. 53–100.

Sickendiek, U. u. a. (Hrsg.) (2007): Beratung in Bildung, Beruf und Beschäftigung. Tübingen: Deutsche Gesellschaft für Verhaltenstherapie.

Sievert, S./Klingholz, R. (2012): Alt aber glücklich. Führt eine schrumpfende und alternde Bevölkerung zu weniger Wohlstand? Discussion Paper Nr. 7. Berliner Institut für Bevölkerung und Entwicklung (Hrsg). Berlin. [http://www.berlin-institut.org/fileadmin/user_upload/Alt_aber_gluecklich/DiscussionPaper_AltAberGluecklich_Online.pdf; 04.12.2013]

SOFI (2011): Evaluation/Implementationsanalyse zum Projekt „Interne ganzheitliche Unterstützung zur Integration im SGB III" (PINGUIN): Agenturen Bautzen, Leipzig, Mönchengladbach. Schlussbericht. Soziologisches Forschungsinstitut: Göttingen.

Spokane, A. R./Luchetta, E. J./Richwine, M. H. (2002): Holland's Theory of Personalities in Work Environments. In: D. Brown & Associates (Eds.): Career Choice and Development. San Francisco, CA: Jossey-Bass, pp. 373–426.

Statistisches Bundesamt (2009): Bevölkerung Deutschlands bis 2060. 12. Koordinierte Bevölkerungsvorausberechnung. Wiesbaden.

Statistisches Bundesamt (2011): Bevölkerungs- und Haushaltsentwicklung im Bund und in den Ländern. Heft 1, Hrsg. von den statistischen Ämtern des Bundes und der Länder. Wiesbaden.

Statistisches Bundesamt (2012): Geburten in Deutschland 2012. Wiesbaden. [https://www.destatis.de/DE/Publikationen/Thematisch/Bevoelkerung/Bevoelkerungsbewegung/BroschuereGeburtenDeutschland0120007129004.pdf?__blob=publicationFile; 04.12.2013]

Statistisches Bundesamt, Wissenschaftszentrum Berlin für Sozialforschung, Sozioökonomisches Panel, Deutsches Institut für Wirtschaftsforschung (2011): Datenreport 2011. Ein Sozialbericht für die Bundesrepublik Deutschland. 2 Bände, Ausgabe der bpb. Bonn.

Stimmer, F. (2006): Grundlagen des Methodischen Handelns in der Sozialen Arbeit. Stuttgart: Kohlhammer.

Thurow, L. C. (1975): Generating inequality: Mechanisms of distribution in the U.S. economy. New York: Basic Books.

Tivig, T./F. Waldenberger (Hrsg.) (2011): Deutschland im Demografischen Wandel. Ein Vergleich mit Japan. Rostocker Zentrum zur Erforschung des Demografischen Wandels. [http://www.zdwa.de/zdwa/artikel/broschuere/Broschuere_2011_komplett.pdf; 04.12.2013]

Van Suntum, U. (2005): Die unsichtbare Hand. Ökonomisches Denken gestern und heute. Berlin: Springer.

Wagner, J. (1985): Arbeitsmarktsegmentation und Beschäftigung im weltwirtschaftsinduzierten Strukturwandel. In: MittAB (18) 3, Nürnberg, S. 356–368.

Wagner, S. (2011): Ungenutzte Potenziale in der Teilzeit. Viele Frauen würden gerne länger arbeiten. IAB-Kurzbericht Nr. 9/2011. Nürnberg.

Walwei, U. (1995): Brutto- und Nettoeffekte der Arbeitsvermittlung. Möglichkeiten und Grenzen der Messung ihres Nutzens für Arbeitsuchende, Betriebe und die Volkswirtschaft. In: Mitteilungen aus der Arbeitsmarkt- und Berufsforschung, Heft 4, S. 516–524.

Walter, B. (2005): Von der Sozialhilfe zum eigenen Unternehmen. ProGES – Pro Gründen, Erhalten, Sichern. In: GRÜNDUNG-AKTUELL, Heft 10. [http://www.gruendung-aktuell.de/cms/index.php?page=sheagfa&content_id= 164; 04.12.2013]

Weber, B./Weber, E. (2013): Qualifikation und Arbeitsmarkt. Bildung ist der beste Schutz vor Arbeitslosigkeit. IAB-Kurzbericht Nr. 4/2013. Nürnberg. [http://doku.iab.de/kurzber/2013/kb0413.pdf; 04.12.2013]

Weber, E. (2005): Beratungsmethodik in der Sozialarbeit. Luzern: Interact.

Weber-Halter, E. (2011): Praxishandbuch Case Management. Professioneller Versorgungsprozess ohne Triage. Bern: Verlag Hans Huber.

Wendt, W. R. (2005): Case Management. Stand und Positionen in der Bundesrepublik. In: Löcherbach, P./Klug, W./Remmel-Faßbender, R./Wendt, W. R. (Hrsg): Case Management. Fall und Systemsteuerung in der Sozialen Arbeit. München: Ernst Reinhardt.

Wendt, W. R. (2008): Case Management als „Brücke“. Die Varianz in der Gestaltung des Übergangs. In: Müller, M./Ehlers, C. (Hrsg.): Case Management als Brücke. Berlin: Schibri, S. 14–28.

Wendt, W. R. (2010): Case Management im Sozial- und Gesundheitswesen. Eine Einführung. Freiburg/Breisgau: Lambertus.

Wießner, F. (1998): Das Überbrückungsgeld als Instrument der Arbeitsmarktpolitik – eine Zwischenbilanz. In: Mitteilungen aus der Arbeitsmarkt- und Berufsforschung, Jg. 31, Heft 1, S. 123–142. [http://doku.iab.de/mittab/1998/1998_1_MittAB_Wiessner.pdf; 04.12.2013]

Zahradnik, F./Schreyer, F./Götz, S. (2012): Und dann haben sie mir alles gesperrt. Sanktionierender Wohlfahrtsstaat und Lebensverläufe junger Arbeitsloser. In: Mansel, J./Speck, K. (Hrsg.): Jugend und Arbeit. Empirische Bestandsaufnahmen und Analysen (Jugendforschung). Beltz Juventa, S. 157–191.

Zander, K. (2005): Case Management, klinische Pfade und CareMaps: Stand der Entwicklung und Diskussion in den USA. In: Ewers, M./Schaeffer, D. (Hrsg.): Case Management in Theorie und Praxis. Bern: Hans Huber, S. 91–115.

ZEW/IAQ/TNS Emnid (2008): Evaluation der Experimentierklausel nach § 6c SGB II. Untersuchungsfeld 3: Wirkungs- und Effizienzanalyse. Abschlussbericht.

Zika, G. u. a. (2012): Qualifikations- und Berufsfeldprojektionen bis 2030. In der Arbeitszeit steckt noch eine Menge Potenzial. IAB-Kurzbericht Nr. 18/2012. Nürnberg. [http://doku.iab.de/kurzber/2012/kb1812.pdf; 04.12.2013]

Zielkowski, F. (2009): Eingliederungsorientierte Arbeitsmarktpolitik in Deutschland. Inaugural-Dissertation zur Erlangung des akademischen Grades eines Doktors der Wirtschafts- und Sozialwissenschaften. Erlangen, Nürnberg. [http://d-nb.info/1001296591/34; 04.12.2013]

Zunker, V. G. (2012): Career Counseling. A Holistic Approach. 8th edition. Brooks/cole: International edition.

Stichwortverzeichnis

8

8

8

8

8

E-Book inklusive

E-Book inklusive: Lesen wo und wann Sie wollen

Ihr Code zum Download des E-Books

3VE-TBU-HNG

Mit diesem Code können Sie das E-Book (PDF-Format) von unserer Homepage herunterladen:

- Gehen Sie zu **www.walhalla.de/inklusive** oder nutzen Sie den nebenstehenden QR-Code.
- Geben Sie den Code und dann Ihre E-Mail-Adresse ein.
- Der Link zum Download wird Ihnen in einer E-Mail zur Verfügung gestellt.

Wir setzen auf Vertrauen
Das E-Book wird mit dem Download-Datum und Ihrer E-Mail-Adresse in Form eines Wasserzeichens versehen. Weitere Sicherungsmaßnahmen (sog. Digital Rights Management – DRM) erfolgen nicht; Sie können Ihr E-Book deshalb auf mehrere Geräte aufspielen und lesen.

Wir weisen darauf hin, dass Sie dieses E-Book nur für Ihren persönlichen Gebrauch nutzen dürfen. Eine entgeltliche oder unentgeltliche Weitergabe an Dritte ist nicht erlaubt. Auch das Einspeisen des E-Books in ein Netzwerk (z.B. Behörden-, Bibliotheksserver, Unternehmens-Intranet) ist nicht erlaubt.

Sollten Sie an einer Serverlösung interessiert sein, wenden Sie sich bitte an den WALHALLA Kundenservice; wir bieten hierfür attraktive Lösungen an (Tel. 09 41/56 84 210).

Bitte sorgen Sie mit Ihrem Nutzungsverhalten dafür, dass wir auch in Zukunft unsere E-Books DRM-frei anbieten können!

WALHALLA FACHVERLAG